I0029122

Karl Abel

Koptische Untersuchungen

Band 2

Karl Abel

Koptische Untersuchungen
Band 2

ISBN/EAN: 9783743344457

Hergestellt in Europa, USA, Kanada, Australien, Japan

Cover: Foto ©ninafisch / pixelio.de

Manufactured and distributed by brebook publishing software (www.brebook.com)

Karl Abel

Koptische Untersuchungen

Zweites Buch.

Der Begriff des Guten und Gütigen.

ⲛⲁⲛⲉ.

Nach einem im Hamitischen und Semitischen einflussreichen Gesetz, dass auch in anderen Sprachen seine Spuren hinterlassen hat, bedeuten viele ägyptische Stämme gleichzeitig ein Etwas und sein Gegentheil. Gewöhnlich, aber nicht immer, trennt eine leise phonetische Aenderung beide Formen.

Im Koptischen lassen sich folgende Fälle anführen: ⲃⲱⲕ ire, ⲟⲩⲱϩ stare, requies; ⲃⲟⲗ solvere, ⲙⲟⲣ ligare; ⲑⲁϣ segregare, ligare; ⲑⲉⲣⲡ (ⲧⲱⲣⲡ) diripere, suere; ⲕⲁⲃ prudens, ϣⲱⲟⲩ stultus; ⲕⲁⲡ volare, ϩⲉⲓ cadere; ⲕⲁϯ intelligere, ϩⲟϭ, ⲥⲟϭ stultus; ⲕⲉⲗⲡ occultare, ϭⲱⲗⲡ ostendere; ⲕⲱⲃ multiplex, ⲕⲟⲩⲓ parum; ⲕⲱⲣϥ alacris, piger; ⲗⲁⲁⲩ aliquis, nullus; ⲗⲁⲩϣ sollicitudo, ⲗⲉϣⲓ gaudium; ⲙⲛ atque, nullus; ⲙⲟⲩ aqua, ⲙⲟⲩⲉ ignis, insula; ⲙⲏⲛ manere, ⲙⲟⲛⲙⲛ movere; ⲙⲟⲛⲓ subducere, adpellere; ⲛⲁϩⲙ jugum subire, liberare; ⲛⲉϩ funis, findere; ⲛⲟⲩϩ funis, separare; ⲟⲩⲁϩ persequi, ⲟⲩⲱϩ pergere, stare; ⲟⲩⲉϣ, ⲟⲩⲉⲥⲑⲱⲛ vastus, angustus, sine; ⲟⲩⲟⲣⲡ emittere, ⲟⲣⲡ constrictum tenere; ⲟⲩϫⲁⲓ sanari, ⲟϫⲛ perire; ⲡⲱⲣϫ vulnerare, ⲡⲁϩⲣⲉ sanare; ⲡⲁϩ dividere, ⲫⲱϩ miscere; ⲣⲱⲕϩ urere, ⲣⲟϣ, ϩⲣⲏϭ frigere; ⲥⲁⲧ projicere, ⲥⲉⲧ redimere; ⲥⲁϩ amovere, ⲥⲉⲩϩ conjungere; ⲥⲉⲃⲓ secare, ϣⲱⲛϥ conjungere; ⲥⲕⲁⲓ laborare, ⲥⲁϩⲉⲙ languere, deficere; ⲥⲙⲏ vox, auditus; ⲥⲣϥⲉ otiari, operam dare; ⲧⲁⲣⲕ lucidus, ϫⲱⲣϩ nox; ⲧⲁϩⲟ demere, ⲧⲁϩ statuere;

ⲧⲱⲙ annectere, ⲧⲙ deest; ⲫⲉⲛϩ pervenire, ⲫⲟⲛϩ convertere se; ⲭⲟⲛ obscuritas, ϧⲏⲃⲥ lux; ⲭⲣⲉⲙ obscuritas, ⲭⲣⲱⲙ ignis; ⲱⲡ jungere, dividere; ϣⲁⲧ, ϣⲉⲧ projicere, indigere, petere; ϣⲟⲟⲛⲧ amovere, ϧⲉⲛⲧ, ϧⲟⲩⲛ proximum esse; ϣⲟⲧ dividere, ϩⲉⲧⲛ conjungere; ϣⲟⲩⲟ fluere, defluere, exsiccare; ϣⲱⲃ sumere, ϣⲱⲛϥ tradere; ϣⲱⲡ suscipere, amovere; ϧⲱⲧⲉⲃ lacerare, conjungere; ϧⲣⲱⲟⲩ clamare, ϩⲟⲩⲣⲱⲟⲩ tranquillus; ϩⲃ, ϩⲃⲥ occultare, lampas, lucere; ϩⲉⲗⲓ minari, ϩⲟⲩⲣ metus; ϩⲟⲡ aspicere, occultus; ϫⲁϥ gelu, ϫⲟϥ ustio; ϫⲟⲗ sepire, paries, foramen; ϫⲱⲗϩ amicire, nudare; ϫⲱⲃ superare, infirmus; ϭⲱⲗϫ adhaerere, abstinere; ϭⲛⲁⲁⲩ alacris, piger. Viel mehr Beispiele würden mit stärkerer Lautveränderung nachzuweisen sein.

Die letztere Bemerkung bezieht sich auch auf die hieroglyphische Wiedergabe der meisten obigen Beispiele. Sie würde nur nach einer umfassenden Darlegung ägyptischer Lautgesetze thunlich sein — eine weitläuftige Aufgabe, welche eine eigene Schrift erfordert. Für unseren gegenwärtigen Zweck genügt es, die Thatsache der Erscheinung festzustellen. Für das Koptische werden die obigen Beispiele dies erreichen; sie durch das Zeugniss der älteren Sprache zu stützen, folgen eine Anzahl solcher hieroglyphischer Fälle, denen sich koptische Nachfolge, wenn auch nur in e i n e r Bedeutung, lautlich erhalten anschliesst:

 *ȧhab*, jubilare, 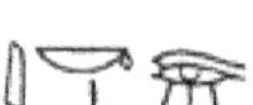 *ȧkb*, ϩⲏⲃ, lamentari

 ⲕⲉⲃ, frigidus, ⲭⲃⲟⲃ refrigerium,  *kep*, ⲕⲱⲃ ϩⲏⲙ, ϫⲟϥ calidus

 *kef*, capere, linquere, ϭⲉⲡ capere

 *kek*, ignis, lux, 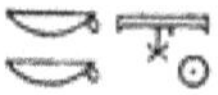 *kek*, ⲭⲁⲕⲓ, nox, obscurus,

 *kemkem*, ϭⲉⲙϭⲟⲙ acrem, fortem esse,  *ken*, ϭⲛⲁⲩ, pigrum, infirmum esse

ken, ϭⲛⲉ, fortis, validus, *ken*, ϭⲟⲃ, ϣⲟⲙ, infirmus

ken, vulnerare, *sān*, mederi, medicina

ma, ⲙⲏ, ⲁⲙⲁⲓⲟ, aqua, *ma-t*, ripa, litus, insula

men, stare, movere, ⲙⲟⲛⲓ stare, ⲙⲏⲛ manere, ⲙⲟⲛⲙⲉⲛ movere

men, ⲙⲛ, ⲙⲙⲟⲛ, non, *menī*, pars, ⲙⲛ atque

meχ, vacuus, deficere, *meḥ*, plenus, abundantia

net', contundere, molere, *net'*, texere, *net*, omnis, totus

net's, exiguus, *neχt*, ⲛⲓϣϯ, magnus

nāš, ⲛⲁϣ, infirmus, debilis, parvus, quantus

rekḥ, urere, lucere, ⲗⲓⲕ obscurari, *ruh*, ⲣⲟⲩϩⲉ vesper

sχai, ⲥⲉϩ, ⲥⲁϩ, secare, dividere, sculpere, scribere, *seḥ*, ⲥⲉⲩϩ colligere, conjungere

ṭūa, ⲧⲁⲓⲟ, honorare, adorare, *ṭūa*, ⲧⲟⲩⲉⲓⲟ, contemnere, repudiare

ṭem, secare, *ṭem*, conjungere, colligere

tem, ⲧⲱⲙ, includere, *tem*, excludere

tep, supra, *ṭūa*, sub, inferi, ϭⲛⲟⲩ profundus

ṭerp, sumere, dare, ⲧⲱⲣⲡ sumere, rapere

χef, videre, *šep*, coecus

χen, stare, *χen*, ire

χers, separare, *χerš*, conjungere

šep, ϣⲟⲡ projicere, ϫⲁⲩ ponere

šebn, ϣⲟⲡ, ϭⲟⲡ capere

šebn, ϣⲱⲛϥ conjungere, *senf*, ⲥⲁⲛⲁϥ secare

šem, ⲕⲓⲙ movere, *χen*, consistere, manere

šep, ϣⲟⲡ, capere, accipere

ḥap, ϩⲃⲥ, ϫⲉⲛ, ϧⲏⲓⲃⲓ tegere, *ḥanu*, ⲕⲁϩⲏⲩ nudus

ḥer, ϧⲉⲗⲗⲟⲧ, mons, altus, *ḥer*, super, *χer*, ⲉϧⲣⲏⲓ, sub, infra.

Auf Grund des erkannten Gesetzes würden wir danach berechtigt sein, wenn wir ein Wort fänden, das sowohl *utilis* als *inutilis* besagte, beide Bedeutungen als zwei Wendungen einer unbestimmteren, ungeschiedenen Grundbedeutung anzusehen, also einer und derselben Wurzel beizulegen. Denselben Schluss zu ziehen wären wir genöthigt, wenn uns ein Wort begegnete, das nur *inutilis* besagte, das aber ein anderes, durch regelmässigen Lautwechsel ihm verwandtes Wort neben sich hätte, welches das fehlende Complement seiner Bedeutung, das *utilis*, ausdrückte. Letzterer Fall liegt vor. ⲕⲱⲣϥ heisst inutilis, oder vielmehr inutile reddere, destruere, destructus und hat in *karpu*, percutere seinen Vorgänger; ⲛⲟϥⲣⲉ *nefer*, bedeutet utilis, bonus, und ist sowohl semasiologisch als etymologisch leicht auf ⲕⲱⲣϥ zurückzuführen. In ersterer Beziehung ist es ersichtlich, dass neben dem percutere, destruere, inutile reddere, des ⲕⲱⲣϥ die Bedeutung des polarischen Gegensatzes, des uti, utilis, um so eher in ⲛⲟϥⲣⲉ hervorgetreten sein muss, als neben oder vielleicht über dem *karpu*, ⲕⲱⲣϥ eine andere, ebenso consonantirte Wurzel *klp* steht, welche rapere, capere, sumere bedeutend, sowohl die gewaltsame Handlung des ⲕⲱⲣϥ, als den nächsten Zweck derselben zusammen besagt. (*χelep*, ϫⲟⲣⲡ, pugnus, vola manus, *ṭerp*, ⲧⲱⲣⲡ, percutere, rapere, in vielfachen lautlichen Wendungen, bei denen die Erweichung des anlautenden ⲕ einerseits zu ϩ, ϧ, ϫ, anderseits zu ϭ, ϫ, ϣ, ⲧ, ⲑ, ⲥ alle möglichen Stufen durchläuft.) Etymologisch aber gehört ⲛⲟϥⲣⲉ zu ⲕⲱⲣϥ, weil anlautender Guttural sich ungemein häufig nasalirt, danach abfällt, und das ursprüngliche modificirende ⲛ als seinen selbstständigen Vertreter und einzigen Rest zurücklässt. Man vergleiche für den Process: *keb*, ⲕⲏⲃ, multus, ϩⲛⲟⲩϥⲉ abundantia, ⲕⲁⲛⲓⲙ omnis, *neb*, ⲛⲓⲙ omnis; *keb*, ϩⲱⲃ, halitus, ventus, ⲕⲛⲓϥⲉ, *snūu*, ventus, ⲛⲓϥⲉ, *nef*, halitus, ventus; *keb*, ⲕⲉⲃ, ⲕⲁⲃⲓ, vas, ϩⲛⲁⲩ vas, *nen*, vas; *kef*, potestas, auctoritas, (*kemkom*, ϭⲉⲙϭⲟⲙ, praevalere, potens) *ḥonf*. rex, ϭⲛⲟⲩ jubere, *neb*, ⲛⲏⲃ dominus; *hef*, ϭⲱⲃ timere, *ḥenf*, ϩⲛϥ timere, ⲛⲟⲩϣⲛ (für ⲛⲟⲩⲛϣ) *nešen*, timere; *kefā*, capere, ϭⲓⲛ capere, ϭⲛⲟϥ vindeminus, decerpere, *nem*, capere, *nem*, addere, ⲛⲉⲙ atque; *χeb*, ϣⲉϥ percutere; *ṭenp*, ϭⲛⲟⲩϥ malleus, securis, *neb*, malleus, ⲛⲁⲃⲓ baculus, lancea; *ḥept*, ϩⲱⲡⲧ, ϩⲱⲧⲡ conjungere, *χnum*, ϣⲱⲛϥ, ϣⲱⲛϥ conjungere, *nebṭ*, ⲛⲟⲩⲃⲧ, conjungere, plectere; *ḳap*, ϫⲁⲡⲓ, fundere, fluere, *ḥonbi*, fons, ϩⲟⲛⲃⲉ fons, *neb*, ⲛⲉⲉⲃ, fluere, natare, ⲛⲉⲉⲃⲉ navis; *neb*, liquescere, *nen*, fundere, lavare; *ḥem*, ϩⲟⲙ, videre, ϩⲛⲓⲙ, ϩⲛⲓⲙ non videre, dormire, *kamen*, qui non videt oder coecus, ⲛⲁⲩ, *nen*, videre; *šau*, ϣⲁⲩ, ϩⲏⲩ, ϭⲛⲁⲩ, ⲛⲟⲩϥⲓ utilis. In den meisten Fällen ist die sowohl den stammhaften Guttural als wucherischen Nasal tragende Zwischenbildung nicht mehr vorhanden, und der Vorgang nur noch aus den sein Anfangs- und Endstadium bezeichnenden Formen zu erkennen. Z. B. *kep*, ⲕⲱⲡ · urere, *nebt*, ignis; *koṭ*, ⲕⲧⲟ vertere, ⲕⲁⲧ flectere, *nāt*, ⲛⲉⲧϥ torquere; *kar*, ⲕⲟⲟⲣⲉ, ϭⲟⲗ rapere, ⲛⲟⲩⲣⲓ vultur, gryphus u. s. w. Zu den letzten Beispielen gehört auch *nefer*, ⲛⲟϥⲣⲉ, dessen Zwischenstadium ⲕⲛⲟϥⲣⲉ verschwunden, und nur aus *ḳarpu*, ⲕⲱⲣϥ zu erschliessen ist. Für die Versetzung der beiden auslautenden Consonanten in *ḳarp-u*, ⲛⲟϥⲣ-ⲉ, liegt ein durchgreifendes Gesetz vor: 1) ⲣϥ, ϥⲣ *ḳarpu*, percutere, *nefer*, phallus (cfr. *χeb*, percutere, ϩⲁⲓ maritus, *nhep*, ⲛⲉϩⲡ percutere, coitum facere, gravidam facere, für *knep*, *χnep*), ϣⲁⲣϥ urere, ⲕⲣⲱⲙ ignis, *nefer*, ignis; *erpe*, ϩⲣⲏⲣⲉ, florere (einmal An-, einmal Auslaut ab S. 20, 132) *nefer*, planta; *repi*, *arpi*, ϫⲉⲗ, ϫⲉⲗ, *nefer* juvenis. 2) ⲛϥ, ⲃⲛ: *šep*, ϣⲱⲛϥ, conjungere, *šebn*, conjungere, *senef*, ⲥⲁⲛⲁϥ, secare, dividere. 3) *sf, fs:* *χep*, movere, persequi, *χesf*, amovere, *χft*, *χfs*, admovere, pone, cum. 4) *ḥb, bḥ*: ⲕⲟⲃϩ, jungere, *neḥb*, ⲛⲁϩⲃⲓ jugum; 5) *bs, sb*: *χeb*, *χebs*, *χesba*, percutere, fodere. 6) ϫⲛ, ⲃⲕ, ⲃⲥ: ⲥⲟⲃⲕ, ϭⲱϫⲛ, parvus, ϩⲱϫⲛ, ϩⲉⲃⲥ operire und andere vielfache Fälle, von denen die häufigsten, die des *t*-Suffixes, für das Hieroglyphische bereits unter ⲑⲙⲁⲓⲉ besprochen sind, und für das Koptische im ersten Kapitel des dritten Buches erneut besprochen werden.

ⲛⲟϥⲣⲉ, oder mit Abfall des auslautenden ⲣ (S. 132) ⲛⲟϥ, — letzteres vorhanden in der Form ⲛⲟⲩϥⲓ — heisst also ursprünglich «nützlich». Durch die nach Brugsch, Wörterbuch (S. VIII) und Hieroglyphengrammatik (S. 38) nicht weiter zu erweisende Anlautsreduplication erhalten wir aus diesem ⲛⲟⲩϥⲓ das Wort, das den Gegenstand dieses Kapitels bildet, ⲛⲁⲛⲟⲩϥ, oder mit allmähliger Abschleifung des labialen Auslauts, ⲛⲁⲛⲟⲩ, ⲛⲁⲛⲉⲩ, ⲛⲁⲛⲉ. Für letztere Modification verweisen wir theils auf das S. 208, Anmerk. 1 Gesagte, theils auf die folgenden Beispiele: ⲟⲩϥ = ⲟⲩ: ϣⲟⲩⲟ, ⲥⲟⲩϥⲓ rivus, ϩⲟⲩ, ϩⲛⲟⲩϥⲓ copia; ϥ = ⲟⲩ: ⲟⲩⲁⲧⲃ, ϥⲓⲧ ferre, ϩⲣⲟⲟⲩ clamare, ϩⲣⲁϥ risus, ⲧⲟⲩⲛⲥ, ⲧⲟϥⲥ instigare, ϩⲟⲩⲣⲟ inopia, ⲕⲣⲟϥ demere, furari, ϭⲛⲟⲩ, ϫⲛⲟϥ saccus; ⲟⲩ *ab* in Aus-, An- und Inlaut: *ahab*, (ϩⲓⲛⲃ) clamare, ϫⲱⲟⲩ, ϫⲱ, ϫⲉ clamare, vocare, dicere: ϫⲡⲟ, ϫⲱⲟⲩ, ϫⲟ generare; ⲟⲩⲣⲟ, ⲉⲣⲣⲟ, ⲣ̄ⲣⲟ rex; ⲛⲟⲩⲥ, ⲟⲩⲉⲧⲃ, ⲟⲩⲉⲧ, ⲉⲧ secare, separare; ⲕⲗⲟⲙⲗⲉⲙ, ⲥⲗⲟⲩⲗⲟⲗ involvere; ϣⲟⲗ plectere.

Nachdem wir so ⲛⲁⲛⲉ mit ⲕⲱⲣϥ identificirt, und ursprüngliches *utilis* in ihm gefunden haben, erhalten wir eine weitere Bestätigung unserer Derivation darin, dass schon ⲕⲱⲣϥ, das Anfangswort der Reihe, zu *utilis* wird. Dies ist ϭⲛⲁⲩ. Für den Wechsel von ϥ, ⲁⲩ vergleiche SS. 208, 327, 465. Was den Wechsel von ⲣ in ⲛ betrifft (Schwartze, Gramm. Lautlehre § 279), so ist er selbst im Koptischen häufiger, als Schwartze annimmt, noch häufiger aber im Hieroglyphischen, und zwischen Hieroglyphisch und Koptisch. Im letzteren Fall zeigt Hieroglyphisch gewöhnlich ⲛ gegen koptisches ⲣ. Man vergleiche 1) ⲣ und ⲛ. ⲙⲟⲣ, *ben*, cingere, vertere, *beben*, circulus; ⲙⲛⲱⲣ, *ban*, non esse; *pereš*, *penš*, globulus (Stern, Glossar zum Papyr. Ebers 32); *ṭer*, *àtennu*, pulsare, occidere; ϫⲉⲣ, *ṭar*, *àtn*, explorare, calculare. 2) ⲗ und ⲛ: ⲗⲁⲥ, *nes*, lingua; ⲙⲟⲩⲗⲁϩ, *menḥ*, cera; ⲕⲉⲗⲡ, *χenp*, furari; ϣⲟⲗⲙⲉ, *χennus*, *χenemms*, culex; ϫⲁⲗϫⲟⲩ, ϭⲉⲛϭⲗⲱ, vespertilio. 3) ⲣ, ⲗ, ⲛ: *ārk*, involvere, ⲁⲗⲟⲕ, implicatio, circulus, *ànq*, amplecti, *àns*, vestis; ⲁⲣⲉϩ custodire, ⲗⲟϩ cura, custodia, *neh*, cura; *kerker*, ⲕⲉⲗ, ⲕⲟⲩⲗⲱⲗ, volvere, ⲕⲉⲗⲗⲉ genu, cylindrus, ⲕⲟⲣⲕⲉ annulus, ⲕⲣⲟⲥ circulus, *kerker*, ϩⲁⲗⲁⲕ, ϩⲱⲗⲕ annulus, ϣⲟⲗⲕ, ϣⲉⲛⲧ plicare, *ternu*, circulus *àtennu*, circulus; ϭⲟⲟⲗ, *šer*, obturare, claudere, *àtinu*, carcer. 4) Häufung ⲛⲣ:

benr, ⲃⲉⲛⲓ, dactylus,  *mer*, ⲙⲉⲣⲉ, ⲙⲉⲛⲣⲉ amare etc. — So gesellt sich ϭⲛⲁⲩ zu ⲕⲱⲣϥ. Allerdings findet sich, wie wir S. 464 gesehen haben, neben diesem ϭⲛⲁⲩ, utilis, ein *šau*, ϣⲁⲩ in derselben Bedeutung, welches nach dem Nasalirungsgesetz von S. 463 das ϭⲛⲁⲩ ebenfalls erzeugt haben kann. Dieses *šau* indess führt auf ϣⲱⲃ uti, ϣⲟⲛ sumere, ϭⲟⲛ sumere, capere, rapere zurück, gelangt also in die begriffliche Nähe des obengenannten ⲕⲱⲣϥ destruere, dem ⲧⲟⲣⲡ rapere, ϩⲉⲗⲙ arripere u. a. zur Seite stehen.

Fälle, in denen solche mehrfache Ableitungen von mehreren verwandten, oder nicht verwandten Stämmen etymologisch und semasiologisch möglich sind, drängen sich dem ägyptischen Beobachter so zahlreich auf, dass er nicht umhin kann, ihr Zusammenwirken in der Sprachbildung anzunehmen. Dass im Aegyptischen und in den ihm verwandten Sprachen viele Worte mehrere Wurzeln gehabt haben, ist eine Thatsache, auf welche wir durch Homonymie und bewegliche Lautgesetze zwingend hingewiesen werden. Im vorliegenden Fall wurden wir beim Anfang der Untersuchung auf eine einer Schlagwurzel gleichlautende Raubwurzel aufmerksam gemacht; an ihrem Ende begegnen wir einer zweiten Raubwurzel, aus der die Entwickelung ebenfalls vor sich gegangen sein kann.

Fassen wir das Resultat der etymologischen Betrachtung zusammen, so ist ⲛⲁⲛⲉ einerseits dasjenige, was man raubt oder nimmt, weil man es gebraucht, andererseits das, was man nicht zerstört, und demnach brauchbar gelassen hat. Wie die Gesittung der Wildheit, so folgt diesem rauhen Ursprunge des Wortes der mildere Sinn seiner späteren Zeit.

ⲛⲁⲛⲉ ist in der koptischen Periode ein durch den Zweck geadeltes ⲙⲏⲓ. Wenn ⲙⲏⲓ das ist, was seinem Begriff entspricht, ohne besondere Rücksicht auf den Gegenstand des Begriffs und die Wirksamkeit desselben zu nehmen; wenn тафмни den Gegenstand des Begriffs aber nicht die Wirksamkeit desselben betonend, das Ausgezeichnete ist, das seinem Begriff genügt; so haben wir in нане dagegen dasjenige, was, weil es in sich selber vollkommen ist, seiner idealen Bestimmung, die wesentlichen und reinen Zwecke der Welt zu fördern, genügen kann, will und thut. нане würde daher auf Sachen gehend «trefflich und nützlich», auf Menschen und Menschliches bezogen «sittlich und wohlthätig» bedeuten, wenn es nicht seine schöne Eigenthümlichkeit wäre, Ursache und Wirkung verschwimmen, und in einen allgemeinen, alles ungesondert umschliessenden Gedanken aufgehen zu lassen. Dadurch zieht sich einerseits sowohl «trefflich und nützlich» als «sittlich und wohlthätig» in den einen gleichen Gedanken der wohlwirkenden Vollkommenheit zusammen; andererseits spielen die einzelnen Elemente jedes dieser beiden Glieder in das andere hinein, so dass die Sache, die нане ist, etwas von der Sittlichkeit des Geistes zu haben, der Geist, der нане genannt wird, dagegen mit der naturgesetzlichen Sicherheit einer nützlichen Sache imprägnirt zu sein scheint. Der Begriff der wohlthätig wirkenden Vollkommenheit ist eben ein so mächtiger, dass er ihre verschiedensten Träger, sowie alle ihre verschiedenen Weisen sich geltend zu machen, in einem einzigen Worte zu umfangen, und damit die ganze innere Mannichfaltigkeit derselben gegen das Wichtigere, das ihnen Gemeinsame zurücktreten zu lassen vermocht hat.

Ein Henker kann berufsmässig von einem guten Strick, wird aber häufiger menschlich von der guten Tugend sprechen. Mit anderen Worten, was als in sich vollkommen und wohlthätig wirksam angesehen wird, ist dem sittlichen Drange der menschlichen Natur gemäss gewöhnlich, obschon nicht nothwendigerweise, das die wesentlichen und edelen Zwecke der Welt direct Fördernde

— das Nutzende, Erhebende, Erfreuende. Daraus ergiebt sich die regelmässige Beziehung des ⲛⲁⲛⲉ einerseits auf die geschätzten sachlichen und geistigen Besitzthümer der Menschheit, die darauf gegründeten Handlungen und die dazu mitwirkenden Umstände und Vorkommnisse; sowie andererseits auf die Menschen selbst und auf Gott, insofern sie immer oder zeitig, ganz oder theilweis vollendet in sich, wohlthätig wirken. Zur Bezeichnung schlechter Dinge aber, die, je vollkommener sie in sich sind, nur desto übler werden für alles andere um sie herum, kann ⲛⲁⲛⲉ nur da gebraucht werden, wo sie als einem guten Zweck dienend, und somit indirect Gutes wirkend, dargestellt werden. Der ägyptische Henker könnte von einem guten Strick nur als qualverkürzend sprechen, aber nicht bloss, weil er fest ist und nicht reisst.

Im Gegensatz zu manchen anderen Sprachen, in denen der Begriff «gut», «vollkommen und Erwünschtes wirkend» bedeutet, ist ⲛⲁⲛⲉ fast durchweg «vollkommen und dem Rechten, Edelen und Erfreulichen dienend.» Ein bedeutsamer Unterschied.

Indess nur fast durchweg, nicht ganz. Neben dieser wahren, eigentlichen und sehr überwiegenden Bedeutung des ⲛⲁⲛⲉ läuft eine andere, welche das edele Fördern nicht auf die innere Wesenheit des Fördernden, sondern auf seine zeitweilige, den Umständen entsprechende Dienlichkeit zurückführt. Es ist nicht immer leicht, zwischen beiden Bedeutungen zu unterscheiden, da viele Dinge, die «gut» genannt werden, es nicht so emphatisch sind, dass man nicht zweifeln könnte, ob sie nicht vielmehr unter den bezeichneten Umständen so wirken, als es immer und innerlich sind. Wo die zweite Bedeutung sicher hervortritt, wird gut zu «weise», «klug» und «zweckmässig»: «Es ist gut vor Thoren zu schweigen.» «Ein guter Ort zum Aufschlagen der Zelte.»

In der ersten Bedeutung kann ⲛⲁⲛⲉ sich nur auf

das beziehen, was zu reinen, schönen und wesentlichen Zwecken förderlich ist oder erscheint; in der zweiten auf alles Vernünftige. Doch ist auch die zweite unfähig das Wort seines edelen Charakters zu entkleiden. Abgesehen von ihrer ungemeinen Seltenheit, schliesst sie das Schlechte und Niedrige geradezu aus der Sphäre des Vernünftigen aus. Sie sagt «gut» für «zweckmässig», wo es sich um Klugheitsschlüsse in sittlich weniger wichtigen Dingen handelt, aber nie wo das Böse als das Profitable dargestellt wird. Ein guter Mantel für den Regen kann durch **ⲛⲁⲛⲉ** gegeben werden; ein guter Schlüssel zum Einbrechen nie. Das Wort sinkt also niemals zum alten «tauglich» wieder herab, sondern behält immer genug von seiner erworbenen sittlichen Grundfarbe, um selbst, wo sie erblasst, Unsittliches abzulehnen.

In dem so umrissenen Gebiet herrscht es unumschränkt. Es ist «trefflich und nützlich», «sittlich und wohlthätig» mit allen ihren Synonymen zugleich. Jede der vielen Schattirungen, die so in dem Wort enthalten sind, kann sich aus dem ganzen Inhalt desselben heraus-, und in ein schärferes Licht hineinheben, je nachdem es der Zusammenhang verlangt; doch die freundliche Gesammtfärbung des Wortes, die das Wie und Warum so wenig scheidet, dass sie jedes mögliche Woher gestattet, bleibt der stets gegenwärtige Hintergrund, auf dem die einzelnen Nüancen sich wohl geltend machen, den sie aber nicht zu verdecken vermögen.

Es ist überflüssig zu bemerken, dass, abgesehen von dem oberwähnten, ernsten Unterschied, bonus, good, gut, wenn auch nicht genau, so doch im Wesentlichen dieselben Mischungsbestandtheile aufweisen, wie **ⲛⲁⲛⲉ**. Alle sind sie derselbe schöne Gedanke, der die Erfahrung der Menschheit von einer den Seelen, Sachen und Verhältnissen häufig innewohnenden gleichzeitigen Vollendung und willigen Erspriesslichkeit ausdrückt, und der, diese tröstliche Thatsache für wichtiger haltend als die Scheidung der Quellen, denen sie entspringt, für die Gesammtheit ihrer Erscheinungen ein einziges Wort geschaffen hat, das in seinem vagen, unanalysirenden Wohllaut klingt wie Musik, wo es gesprochen wird — gut. Gott ist gut, und eine Maschine, ja ein Stecken kann es sein. Die Tugend ist gut, und das Laster hat seinen guten Zweck im Plan der Welt. Aus schlechten Zeiten werden wieder gute, und ein Hund, der schlecht zum Jagen ist, kann gut sein zum Schutz.

Für ⲛⲁⲛⲉ wird diese Definition, abgesehen von dem Gebrauch, durch Vergleich mit den griechischen Worten belegt, für die es in der Bibelübersetzung gesagt wird, sowie mit den arabischen, die in der Version der Gebetbücher für das ägyptische Original eintreten. Es steht sowohl für *καλός* das allgemeine Gute, als für *ἀγαθός* das religiös-sittlich Gute, als für *χρηϛός* das wohlthätige Gute — obschon allerdings für die beiden letzteren, da sie religiöse Begriffe enthalten, die griechischen Worte selbst der Fremdwortregel gemäss mit grösserem Nachdruck eintreten können. Arabisch dagegen haben wir für ⲛⲁⲛⲉ خير das religiös-sittlich Gute, صلح das Vollkommene, Richtige, Redliche, und sehr ungenau حسن das Schöne u. s. w. Deutlicher liesse sich der weite, alles Einschlagende aufnehmende Begriff des ⲛⲁⲛⲉ nicht erweisen.

I. Beginnen wir das reiche Verzeichniss seiner Anwendungen mit den sinnlichen Gütern, die der Mensch am nöthigsten bedarf:

1) Die ganze Schöpfung:

Gen. 1, 31. ⲟⲩⲟϩ ⲁϥ ⲛⲁⲩ ⲛϫⲉ ⲫ ⲛⲟⲩϯ ⲉ ϩⲱⲃ ⲛⲓⲃⲉⲛ ⲉⲧ ⲁϥ ⲑⲁⲙⲓⲱⲟⲩ ⲟⲩⲟϩ ϩⲏⲡⲡⲉ ⲛⲁⲛⲉⲩ ⲉ ⲙⲁϣⲱ.

καὶ εἶδεν ὁ θεὸς τὰ πάντα ὅσα ἐποίησε, καὶ ἰδοὺ καλὰ λίαν.

Die Elemente der Schöpfung: Erde, Wasser, Luft Licht:

Gen. 1, 10 (1, 12. 1, 21. 1, 25). ⲟⲩⲟϩ ⲁϥ ⲙⲟⲩϯ ⲛϫⲉ ⲫ ⲛⲟⲩϯ ⲉ ⲡⲓ ϣⲟⲩⲓⲉ ϫⲉ ⲡ ⲕⲁϩⲓ, ⲟⲩⲟϩ ⲛⲓ ⲙⲁ ⲛ ⲑⲱⲟⲩϯ ⲛⲧⲉ ⲛⲓ ⲙⲱⲟⲩ ⲁϥ ⲙⲟⲩϯ ⲉⲣⲱⲟⲩ ϫⲉ ⲛⲓ ⲁⲙⲁⲓⲟⲩ. ⲟⲩⲟϩ ⲁϥ ⲛⲁⲩ ⲛϫⲉ ⲫ ⲛⲟⲩϯ ϫⲉ ⲛⲁⲛⲉϥ.

καὶ ἐκάλεσεν ὁ θεὸς τὴν ξηρὰν γῆν, καὶ τὰ συστήματα τῶν ὑδάτων ἐκάλεσε θαλάσσας. καὶ εἶδεν ὁ θεὸς ὅτι καλόν.

Tuki Rituale ⲥ̅ⲡ̅ⲉ̅. ⲙⲟⲓ ⲛ ⲟⲩ ⲥⲉⲙⲛⲓ ⲙ ⲡⲓ ⲕⲟⲥⲙⲟⲥ, ⲟⲩ ⲑⲱⲧ ⲉ ⲛⲁⲛⲉϥ ⲙ ⲡⲓ ⲁⲏⲣ.

ومزاجاً صالحاً الهوى

Da (nobis bonum) ordinem mundi et bonam temperaturam aëris.

Gen. 1, 4. ⲟⲩⲟϩ ⲁϥ ⲛⲁⲩ ⲛϫⲉ ⲫ ⲛⲟⲩϯ ⲉ ⲡⲓ ⲟⲩⲱⲓⲛⲓ ϫⲉ ⲛⲁⲛⲉϥ.

καὶ εἶδεν ὁ θεὸς τὸ φῶς, ὅτι καλόν.

Hosea 4, 13. ⲟⲩⲟϩ ⲛⲁⲩ ϣⲱⲧ ⲛ ⲛⲟⲩ ϣⲟⲩϣⲱⲟⲩϣⲓ ϩⲓϫⲉⲛ ⲛⲓ ⲁⲫⲏⲟⲩⲓ ⲛⲧⲉ ⲛⲓ ⲧⲱⲟⲩ, ⲟⲩⲟϩ ⲛⲁⲩ ⲉⲛⲥⲑⲟⲓ ⲛⲟⲩϥⲓ ⲉϩⲣⲏⲓ ϩⲓϫⲉⲛ ⲛⲓ ⲑⲁⲗ, ⲥⲁ ⲡⲉⲥⲏⲧ ⲡ ⲟⲩ ϫⲣⲓⲥ ⲛⲉⲙ ⲟⲩ ⲗⲉⲩⲕⲏ, ⲛⲉⲙ ⲛ ⲟⲩ ϣϣⲏⲛ ⲉϥ ⲟⲓ ⲛ ϧⲏⲓⲃⲓ ϫⲉ ⲛⲁⲛⲉ ⲧⲉϥ ϧⲏⲓⲃⲓ.

ἐπὶ τὰς κορυφὰς τῶν ὀρέων ἐθυσίαζον, καὶ ἐπὶ τοὺς βουνοὺς ἔθυον ὑποκάτω δρυὸς καὶ λεύκης, καὶ δένδρου συσκιάζοντος, ὅτι καλὸν σκέπη.

Saat, Baum und Frucht:

Matth. 13, 24. (13, 27. 37, 38 wo ⲟⲩ ϫⲣⲟϫ ⲉ ⲛⲁⲛⲉϥ oder ⲡⲓ ϫⲣⲟϫ ⲉⲑ ⲛⲁⲛⲉϥ) ⲁϥ ⲭⲱ ϧⲁ ⲧⲟⲧⲟⲩ ⲛ ⲕⲉ ⲡⲁⲣⲁⲃⲟⲗⲏ, ⲉϥ ϫⲱ ⲙⲙⲟⲥ ⲥ ⲟⲛⲓ ⲛϫⲉ ϯ ⲙⲉⲧⲟⲩⲣⲟ ⲛⲧⲉ ⲛⲓ ⲫⲏⲟⲩⲓ ⲛ ⲟⲩ ⲣⲱⲙⲓ ⲉ ⲁϥ ⲥⲉⲧ ⲟⲩ ϫⲣⲟϫ ⲉ ⲛⲁⲛⲉϥ ϧⲉⲛ ⲡⲉϥ ⲓⲟϩⲓ.

Ἄλλην παραβολὴν παρέθηκεν αὐτοῖς λέγων· Ὡμοιώθη ἡ βασιλεία τῶν οὐρανῶν ἀνθρώπῳ σπείροντι καλὸν σπέρμα ἐν τῷ ἀγρῷ αὐτοῦ.

Gen. 41, 5. ϩⲏⲡⲡⲉ ⲛⲁⲩ ⲛⲛⲟⲩ ⲉ ⲡ ϣⲱⲓ ⲛϫⲉ ⲍ̅ ⲛ ϧⲉⲙⲥ ϧⲉⲛ ⲟⲩ ⲗⲁϧⲉⲙ ⲛ ⲟⲩⲱⲧ ⲉⲩ ϫⲟⲛⲧ ⲟⲩⲟϩ ⲉ ⲛⲁⲛⲉⲩ.

καὶ ἰδοὶ ἑπτὰ στάχυες ἀνέβαινον ἐν τῷ πυθμένι ἑνὶ ἐκλεκτοὶ καὶ καλοί.

Ebenso Genesis 41, 22.

Gen. 2, 9. ⲟⲩⲟϩ ⲁ ⲫ ⲛⲟⲩϯ ⲑⲣⲉ ϣϣⲏⲛ ⲛⲓⲃⲉⲛ ⲓ ⲉ ⲡ ϣⲱⲓ ⲉⲃⲟⲗϧⲉⲛ ⲡ ⲕⲁϩⲓ ⲛ ⲕⲉ ⲥⲟⲡ ⲉⲑ ⲛⲉⲥⲱϥ ⲉ ⲟⲩ ϩⲟⲣⲁⲥⲓⲥ ⲛⲉⲙ ⲉⲑ ⲛⲁⲛⲉϥ ⲉ ⲟⲩ ϧⲣⲉ.

πᾶν ξύλον ὡραῖον εἰς ὅρασιν καὶ καλὸν εἰς βρῶσιν.

Gen. 41, 24. ⲟⲩⲟϩ ⲁ ⲡⲓ ⲍ̅ ⲛ ϧⲉⲙⲥ ⲉⲧ ϣⲟⲙ ⲉⲧ ⲟⲓ ⲛ ϫⲓⲙⲫⲉϩ ⲁⲩ ⲱⲙⲕ ⲙ ⲡⲓ ⲍ̅ ⲛ ϧⲉⲙⲥ ⲉⲑ ⲛⲁⲛⲉⲩ ⲟⲩⲟϩ ⲉⲧ ϫⲟⲛⲧ.

καὶ κατέπιον οἱ ἑπτὰ στάχυες οἱ λεπτοὶ καὶ ἀνεμόφθοροι τοὺς ἑπτὰ ςάχυας τοὺς καλοὺς καὶ τοὺς πλήρεις.

Gen. 3, 6. ⲟⲩⲟϩ ⲁⲥ ⲛⲁⲩ ⲛϫⲉ ϯ ⲥϩⲓⲙⲓ ϫⲉ ⲛⲁⲛⲉϥ ⲡⲓ ϣϣⲏⲛ ⲉ ⲫ ⲟⲩⲱⲙ.

καὶ εἶδεν ἡ γυνὴ ὅτι καλὸν τὸ ξύλον εἰς βρῶσιν.

Matth. 7, 17 (7, 18. 19. — 12, 33. Luc. 6, 43). ⲡⲁⲓ ⲣⲏϯ ϣϣⲏⲛ ⲛⲓⲃⲉⲛ ⲉⲑ ⲛⲁⲛⲉϥ ϣⲁϥ ⲉⲛ ⲟⲩⲧⲁϩ ⲉⲑ ⲛⲁⲛⲉϥ ⲉⲃⲟⲗ, ⲡⲓ ϣϣⲏⲛ ⲇⲉ ⲉⲧ ϩⲱⲟⲩ ϣⲁϥ ⲉⲛ ⲟⲩⲧⲁϩ ⲉϥ ϩⲱⲟⲩ ⲉⲃⲟⲗ.

οὕτως πᾶν δένδρον ἀγαθὸν καρποὺς καλοὺς ποιεῖ, το δὲ σαπρὸν δένδρον καρποὺς πονηροὺς ποιεῖ.

Matth. 3, 10 (Luc. 3, 9). ϩⲏⲇⲏ ⲇⲉ ⲡⲓ ⲕⲉⲗⲉⲃⲓⲛ ϥ ⲭⲏ ϧⲁ ⲑ ⲛⲟⲩⲛⲓ ⲛ ⲛⲓ ϣϣⲏⲛ. ϣϣⲏⲛ ⲟⲩⲛ ⲛⲓⲃⲉⲛ ⲉⲧⲉ ⲛ ϥⲛⲁ ⲉⲛ ⲟⲩⲧⲁϩ ⲉⲑ ⲛⲁⲛⲉϥ ⲉⲃⲟⲗ ⲁⲛ, ⲥⲉⲛⲁ ⲕⲟⲣϫϥ ⲛⲥⲉ ϩⲓⲧϥ ⲉ ⲡⲓ ⲭⲣⲱⲙ.

ἤδη δὲ ἡ ἀξίνη πρὸς τὴν ῥίζαν τῶν δένδρων κεῖται· πᾶν οὖν δένδρον μὴ ποιοῦν καρπὸν καλὸν ἐκκόπτεται καὶ εἰς πῦρ βάλλεται.

Joh. 2, 10. ⲡⲉϫⲁϥ ⲛⲁϥ ϫⲉ ⲣⲱⲙⲓ ⲛⲓⲃⲉⲛ ⲉ ϣⲁⲩ ⲭⲱ ⲙ ⲡⲓ ⲏⲣⲡ ⲉⲑ ⲛⲁⲛⲉϥ ⲛ ϣⲟⲣⲡ ⲟⲩⲟϩ ⲉϣⲱⲡ ⲁⲩ ϣⲁⲛ ⲑⲓϧⲓ ϣⲁⲩ ⲓⲛⲓ ⲙ ⲡⲉⲧ ⲥⲃⲟⲕ ⲉⲣⲟϥ. ⲛⲑⲟⲕ ⲇⲉ ⲁⲕ ⲁⲣⲉϩ ⲉ ⲡⲓ ⲏⲣⲡ ⲉⲑ ⲛⲁⲛⲉϥ ϣⲁ ϯ ⲛⲟⲩ.

καὶ λέγει αὐτῷ, πᾶς ἄνθρωπος πρῶτον τὸν καλὸν οἶνον τίθησιν, καὶ ὅταν μεθυσθῶσιν, τότε τὸν ἐλάσσω· σὺ τετήρηκας τὸν καλὸν οἶνον ἕως ἄρτι.

Fleisch:

Historia Monastica Aegypt. Z. 291. ⲁϥ ϫⲟⲟⲥ ⲟⲛ ϫⲉ ⲛⲁⲛⲟⲩ ⲟⲩⲉⲙ ⲁϥ ⲁⲩⲱ ⲉⲥⲉ ⲏⲣⲡ, ⲛⲧ ⲧⲙ ⲟⲩⲱⲙ ⲇⲉ ⲛ ⲛ ⲥⲁⲣⲝ ⲛ ⲛⲉⲕ ⲥⲛⲏⲩ ϩⲓⲧⲉⲛ ⲧ ⲕⲁⲧⲁⲗⲁⲗⲓⲁ.

Iterum dixit: Bonus est carnium esus, bonum est vinum. Sed non licet edere carnem fratrum tuorum calumniando.

Gen. 18, 7. ⲟⲩⲟϩ ⲁϥ ϭⲟϫⲓ ⲉ ⲛⲉϥ ⲉϩⲱⲟⲩ ⲛϫⲉ ⲁⲃⲣⲁⲁⲙ. ⲟⲩⲟϩ ⲁϥ ϭⲓ ⲛ ⲟⲩ ⲙⲁⲥⲓ ⲉϥ ϫⲏⲛ ⲉ ⲛⲁⲛⲉϥ.

καὶ εἰς τὰς βόας ἔδραμεν Ἀβραάμ, καὶ ἔλαβεν ἁπαλὸν μοσχάριον καὶ καλόν.

Gen. 41, 26. ϯ ⲍ̄ ⲛ ⲉϩⲉ ⲉⲑ ⲛⲁⲛⲉⲩ ⲍ̄ ⲛ ⲣⲟⲙⲡⲓ ⲛⲉ. ⲟⲩⲟϩ ⲡⲓ ⲍ̄ ⲛ ϧⲉⲙⲥ ⲉⲑ ⲛⲁⲛⲉⲩ ⲍ̄ ⲛ ⲣⲟⲙⲡⲓ ⲛⲉ.

Αἱ ἑπτὰ βόες αἱ καλαὶ ἑπτὰ ἔτη ἐστί. καὶ οἱ ἑπτὰ στάχυες οἱ καλοὶ ἑπτὰ ἔτη ἐστί.

Hesek. 24, 4. ⲟⲩⲟϩ ϩⲓⲟⲩⲓ ⲉϧⲣⲏⲓ ⲉⲣⲟϥ ⲙ ⲫⲁϫⲓ ⲫⲁϫⲓ ⲛⲓⲃⲉⲛ ⲉ ⲛⲁⲛⲉⲩ.

καὶ ἔμβαλε εἰς αὐτὸν τά διχοτομήματα, πᾶν διχοτόμημα καλὸν, σκέλος καὶ ὦμον ἐκσεσαρκισμένα ἀπὸ τῶν ὀστῶν, ἐξ ἐπιλέκτων κτηνῶν εἰλημμένων.

1. Tim. 4, 4. ϫⲉ ⲥⲱⲛⲧ ⲛⲓⲃⲉⲛ ⲛⲧⲉ ⲫ ⲛⲟⲩϯ ⲛⲁⲛⲉϥ, ⲟⲩⲟϩ ⲙⲙⲟⲛ ϩⲗⲓ ⲉϥ ϩⲱⲟⲩⲓ ⲉⲃⲟⲗ ⲉⲩ ϭⲓ ⲙⲙⲟϥ ϧⲉⲛ ⲟⲩ ϣⲉⲡ ϩⲙⲟⲧ.

ὅτι πᾶν κτίσμα θεοῦ καλὸν καὶ οὐδὲν ἀπόβλητον μετὰ εὐχαριστίας λαμβανόμενον.

Lev. 27, 10 (27, 33) (27, 12). ⲛⲛⲉϥ ϣⲉⲃⲓⲉ ⲡⲉⲑ ⲛⲁⲛⲉϥ ϧⲁ ⲡⲉⲧ ϩⲱⲟⲩ, ⲟⲩⲇⲉ ⲡⲉⲧ ϩⲱⲟⲩ ϧⲁ ⲡⲉⲑ ⲛⲁⲛⲉϥ. ⲉϣⲱⲡ ⲇⲉ ⲉϥⲛⲁ ϣⲓⲃϯ ⲛ ⲧⲉϥ ϣⲉⲃⲓⲉ ⲟⲩ ⲧⲉⲃⲛⲏ ϧⲁ ⲟⲩ ⲧⲉⲃⲛⲏ ⲉⲩⲉ ϣⲱⲡⲓ ⲉⲩ ⲟⲩⲁⲃ ⲛⲑⲟϥ ⲛⲉⲙ ⲧⲉϥ ϣⲉⲃⲓⲱ.

οὐκ ἀλλάξει αὐτὸ καλὸν πονηρῷ, οὐδὲ πονηρὸν καλῷ. ἐὰν δὲ ἀλλάσσων ἀλλάξῃ αυτὸ κτῆνος κτήνει, ἔσται αὐτὸ καὶ τὸ ἄλλαγμα ἅγια.

Land und Weide:

Deut. 1, 25. ⲁⲩ ϭⲓ ϧⲉⲛ ⲛⲟⲩ ϫⲓϫ ⲉⲃⲟⲗϧⲉⲛ ⲡ ⲟⲩⲧⲁϩ ⲛⲧⲉ ⲡ ⲕⲁϩⲓ ⲁⲩ ⲓⲛⲓ ⲉ ⲡⲉⲥⲏⲧ ϩⲁⲣⲟⲛ ⲟⲩⲟϩ ⲛⲁⲩ ϫⲱ ⲙⲙⲟⲥ ϫⲉ ⲛⲁⲛⲉ ⲡⲓ ⲕⲁϩⲓ ⲫⲏ ⲉⲧⲉ ⲡ ϭⲟⲓⲥ ⲡⲉⲛ ⲛⲟⲩϯ ⲛⲁ ⲧⲏⲓϥ ⲛⲁⲛ.

καὶ ἐλάβοσαν ἐν ταῖς χερσὶν αὐτῶν ἀπὸ τοῦ καρποῦ τῆς γῆς, καὶ κατήνεγκαν πρὸς ὑμᾶς, καὶ ἔλεγον. ἀγαθὴ ἡ γῆ, ἣν κύριος ὁ θεὸς ἡμῶν δίδωσιν ἡμῖν.

Hesek. 17, 8. ⲉⲩ ⲧ ⲕⲟⲓ ⲉ ⲛⲁⲛⲉⲥ ϩⲓϫⲉⲛ ⲟⲩ ⲛⲓϣϯ ⲙ ⲙⲱⲟⲩ ⲛⲑⲟⲥ ⲉⲥ ⲕⲉⲛⲓⲱⲟⲩⲧ ⲟⲩⲟϩ ⲉⲥⲉ ϫⲱ ⲛϩⲁⲛ ⲟⲩⲧⲁϩ ⲉ ⲑⲣⲉⲥ ϣⲱⲡⲓ ⲉⲩ ⲛⲓϣϯ ⲙ ⲃⲱ ⲛ ⲁⲗⲟⲗⲓ.

εἰς πεδίον καλὸν ἐφ' ὕδατι πολλῷ αὕτη πιαίνεται, τοῦ ποιεῖν βλαςοὺς καὶ φέρειν καρπὸν, τοῦ εἶναι εἰς ἄμπελον μεγάλην.

Hesek. 34, 18. ⲟⲩⲟϩ ⲛ ϯ ⲕⲏⲛ ⲁⲛ ⲉⲣⲱⲧⲉⲛ ϫⲉ ⲡⲓ ⲙⲁ ⲙ ⲙⲱⲛⲓ ⲉⲑ ⲛⲁⲛⲉϥ ⲁⲣⲉⲧⲉⲛ ⲙⲁⲛⲟⲩϥ.

καὶ οὐχ ἱκανὸν ὑμῖν, ὅτι τὴν καλὴν νομὴν ἐνέμεσθε;

Matth. 13, 8 (13, 23. Marc. 4, 8. 4, 20). ϩⲁⲛ ⲕⲉ ϫⲱⲟⲩⲛⲓ ⲇⲉ ⲁⲩ ϩⲉⲓ ⲉϫⲉⲛ ⲡⲓ ⲕⲁϩⲓ ⲉⲑ ⲛⲁⲛⲉϥ ⲟⲩⲟϩ ⲁⲩ ϯ ⲟⲩⲧⲁϩ ⲟⲩⲁⲓ ⲙⲉⲛ ⲁϥ ⲉⲣ ⲣ̅, ⲕⲉ ⲟⲩⲁⲓ ⲇⲉ ⲁϥ ⲉⲣ ⲝ̅, ⲕⲉ ⲟⲩⲁⲓ ⲇⲉ ⲁϥ ⲉⲣ ⲗ̅.

ἄλλα δὲ ἔπεσεν ἐπὶ τὴν γῆν τὴν καλὴν καὶ ἐδίδου καρπόν, ὃ μὲν ἑκατόν, ὃ δὲ ἑξήκοντα, ὃ δὲ τριάκοντα.

Salz:

Marc. 9, 48 (Luc. 15, 34). ⲛⲁⲛⲉ ⲡⲓ ϩⲙⲟⲩ ⲉϣⲱⲡ ⲇⲉ ⲛⲧⲉ ⲡⲓ ϩⲙⲟⲩ ⲉⲣ ⲁⲧϩⲙⲟⲩ, ⲉ ϣⲁⲩ ⲙⲟⲗϩϥ ϧⲉⲛ ⲟⲩ ⲙⲁⲣⲉ ϩⲙⲟⲩ ϣⲱⲡⲓ ϧⲉⲛ ⲑⲏⲛⲟⲩ, ⲟⲩⲟϩ ⲁⲣⲓ ϩⲓⲣⲏⲛⲏ ϧⲉⲛ ⲛⲉⲧⲉⲛ ⲉⲣⲏⲟⲩ.

καλὸν τὸ ἅλας· ἐὰν δὲ τὸ ἅλας ἄναλον γένηται, ἐν τίνι αὐτὸ ἀρτύσετε; ἔχετε ἐν ἑαυτοῖς ἅλα, καὶ εἰρηνεύετε ἐν ἀλλήλοις.

2) Es folgen zunächst die entbehrlichen, erst im Fortschritt der Gesittung nöthig werdenden sachlichen Besitzthümer. Z. B.:

Haus und Städte:

Deut. 8, 12. ⲙⲏⲡⲱⲥ ⲛⲧⲉⲕ ⲟⲩⲱⲙ ⲛⲧⲉⲕ ⲥⲓ ⲟⲩⲟϩ ⲁⲕ ϣⲁⲛ ⲕⲱⲧ ⲛ ϩⲁⲛ ⲏⲓ ⲉ ⲛⲁⲛⲉⲩ ⲟⲩⲟϩ ⲛⲧⲉⲕ ϣⲱⲡⲓ ⲛ ϧⲏⲧⲟⲩ.

μὴ φαγὼν καὶ ἐμπλησθεὶς καὶ οἰκίας καλὰς οἰκοδομήσας καὶ κατοικήσας ἐν αὐταῖς.

Jes. 5, 9. ⲉϣⲱⲡ ⲅⲁⲣ ⲁⲩ ϣⲁⲛ ϣⲱⲡⲓ ⲛϫⲉ ϩⲁⲛ ⲙⲏϣ ⲛ ⲏⲓ, ⲉⲩⲉ ϣⲱⲡⲓ ⲉ ⲡ ϣⲱϥ ϩⲁⲛ ⲛⲓϣϯ ⲉ ⲛⲁⲛⲉⲩ.

ἐὰν γὰρ γένωνται οἰκίαι πολλαί, εἰς ἔρημον ἔσονται μεγάλαι καὶ καλαί, καὶ οὐκ ἔσονται οἱ ἐνοικοῦντες ἐν αὐταῖς.

Lev. 27, 14. ⲟⲩⲟϩ ⲫ ⲣⲱⲙⲓ ⲫⲏ ⲉⲧ ⲛⲁ ⲉⲣ ⲁⲅⲓⲁⲍⲓⲛ ⲙ ⲡⲉϥ ⲏⲓ ⲉϥ ⲟⲩⲁⲃ ⲙ ⲡ ϭⲟⲓⲥ, ⲟⲩⲟϩ ⲉϥⲉ ⲉⲣⲧⲓⲙⲏ ⲉⲣⲟϥ ⲛϫⲉ ⲡⲓ ⲟⲩⲏⲃ ⲟⲩⲧⲉ ⲫⲏ ⲉⲧ ⲛⲁⲛⲉϥ ⲛⲉⲙ ⲟⲩⲧⲉ ⲫⲏ ⲉⲧ ϩⲱⲟⲩ.

καὶ ἄνθρωπος ὃς ἂν ἁγιάσῃ τὴν οἰκίαν αὐτοῦ ἁγίαν τῷ κυρίῳ, καὶ τιμήσεται αὐτὴν ὁ ἱερεὺς ἀναμέσον καλῆς καὶ ἀναμέσον πονηρᾶς.

De rebus S. Athanasii Z. 270. ⲁϥ ⲡⲱⲧ ⲛϭⲓ ⲡ ⲡⲉⲧ ⲟⲩⲁⲁⲃ ⲉⲧⲙⲙⲁⲩ ϩⲛ ⲟⲩ ϭⲓⲙⲡⲱⲧ ⲉ ⲛⲁⲛⲟⲩⲥ.

Fugit sanctus ibi ad bonum refugium.

Deut. 6, 10. ⲉ ϯ ⲛⲁⲕ ⲛ ϩⲁⲛ ⲛⲓϣϯ ⲙ ⲃⲁⲕⲓ ⲉ ⲛⲁⲛⲉⲩ ⲛⲏ ⲉⲧⲉ ⲙⲡⲉⲕ ⲕⲟⲧⲟⲩ.

δοῦναί σοι πόλεις μεγάλας καὶ καλάς.

Waffen:

Esaias 22, 18. ⲟⲩⲟϩ ⲉⲕⲉ ⲙⲟⲩ ⲙⲙⲁⲩ ⲟⲩⲟϩ ⲉϥⲉ ⲭⲱ ⲙ ⲡⲉⲕ ϩⲁⲣⲙⲁ ⲉⲑ ⲛⲁⲛⲉϥ ⲉⲩ ϣⲱϣ.

καὶ ἐκεῖ ἀποθανῇ, καὶ θήσει τὸ ἅρμα σου τὸ καλὸν εἰς ἀτιμίαν.

Gold, Perlen, Edelsteine:

Gen. 2, 12. ⲡⲓ ⲛⲟⲩⲃ ⲇⲉ ⲛⲧⲉ ⲡⲓ ⲕⲁϩⲓ ⲉⲧⲉⲙⲙⲁⲩ ⲛⲁⲛⲉϥ.

τὸ δὲ χρυσίον τῆς γῆς ἐκείνης καλόν.

Joel 3, 5. ⲉ ⲫ ⲙⲁ ϫⲉ ⲁⲣⲉⲧⲉⲛ ϭⲓ ⲙ ⲡⲁ ϩⲁⲧ ⲛⲉⲙ ⲡⲁ ⲛⲟⲩⲃ, ⲟⲩⲟϩ ⲛⲓ ⲥⲱⲧⲡ ⲛⲧⲏⲓ, ⲛⲉⲙ ⲛⲏ ⲉⲑ ⲛⲁⲛⲉⲩ ⲁⲣⲉⲧⲉⲛ ⲟⲗⲟⲩ ⲉϧⲟⲩⲛ ⲉ ⲛⲉⲧⲉⲛ ⲉⲣⲫⲏⲟⲩⲓ.

Ἀνθ' ὧν τὸ ἀργύριόν μου καὶ τὸ χρυσίον μου ἐλάβετε, καὶ τὰ ἐπίλεκτά μου τὰ καλὰ εἰσηνέγκατε εἰς τοὺς ναοὺς ὑμῶν.

Matth. 13, 45. ⲡⲁⲗⲓⲛ ⲉ ⲟⲛⲓ ⲛϫⲉ ϯ ⲙⲉⲧⲟⲩⲣⲟ ⲛⲧⲉ ⲛⲓ ⲫⲏⲟⲩⲓ ⲛ ⲟⲩ ⲣⲱⲙⲓ ⲛ ⲉϣⲱⲧ ⲉϥ ⲕⲱϯ ⲛⲥⲁ ϩⲁⲛ ⲁⲛⲁⲙⲏⲓ ⲉ ⲛⲁⲛⲉⲩ.

πάλιν ὁμοία ἐστὶν ἡ βασιλεία τῶν οὐρανῶν ἀνθρώπῳ ἐμπόρῳ ζητοῦντι καλοὺς μαργαρίτας.

Luc. 21, 5. ⲟⲩⲟϩ ⲉⲣⲉ ϩⲁⲛ ⲟⲩⲟⲛ ϫⲱ ⲙⲙⲟⲥ ⲉⲑⲃⲉ ⲡⲓ ⲉⲣⲫⲉⲓ ϫⲉ ⲁⲩ ⲥⲉⲗⲥⲱⲗϥ ⲛϧⲣⲏⲓ ϧⲉⲛ ϩⲁⲛ ⲱⲛⲓ ⲉ ⲛⲁⲛⲉⲩ ⲛⲉⲙ ϩⲁⲛ ⲁⲛⲁⲑⲉⲙⲁ, ⲡⲉϫⲁϥ.

καὶ τινων λεγόντων περὶ τοῦ ἱεροῦ, ὅτι λίθοις καλοῖς καὶ ἀναθήμασι κεκόσμηται, εἶπεν·

Hes. 28, 13. ⲱⲛⲓ ⲛⲓⲃⲉⲛ ⲉⲑ ⲛⲁⲛⲉⲩ ⲁⲕ ⲧⲏⲓⲧⲟⲩ ϩⲓⲱⲧⲕ, ⲟⲩ ⲥⲁⲣⲇⲓⲛⲟⲛ ⲛⲉⲙ ⲟⲩ ⲧⲟⲡⲁⲍⲓⲟⲛ.

πάντα λίθον χρηστὸν ἐνδέδεσαι, σάρδιον καὶ τοπάζιον (יָקָר).

Hausthiere:

Sermones Schenuthii Z. 469. ⲛⲑⲉ ⲅⲁⲣ ⲛ ⲟⲩ ϩⲧⲟ ⲉ ⲛⲁⲛⲟⲩϥ ⲁⲩⲱ ⲉϥ ϯ ⲥⲟⲉⲓⲧ ϩⲛ ⲧⲉϥ ϭⲓ ⲛ ⲙⲟⲟϣⲉ ⲁⲩⲱ ⲧⲉϥ ϭⲓ ⲛ ⲡⲱⲧ.

Boni equi instar, gradu et cursu praestans.

Gen. 27, 9. ⲟⲩⲟϩ ⲙⲁ ϣⲉ ⲛⲁⲕ ⲉ ⲛⲓ ⲉⲥⲱⲟⲩ, ⲟⲩⲟϩ ϭⲓ ⲛⲏⲓ ⲉⲃⲟⲗ ⲙⲙⲁⲩ ⲙ ⲙⲁⲥ ⲃ̅ ⲙ ⲃⲁⲉⲙⲡⲓ ⲉⲩ ϫⲏⲛ ⲉ ⲛⲁⲛⲉⲩ.

καὶ πορευθεὶς εἰς τὰ πρόβατα λάβε μοι ἐκεῖθεν δύο ἐρίφους ἁπαλοὺς καὶ καλούς.

Aller Besitz:

Gen. 30, 20. ⲡⲉϫⲉ ⲗⲓⲁ ⲇⲉ ϫⲉ, ⲁ ⲫ ⲛⲟⲩϯ ϯ ⲛⲏⲓ ⲛ ⲟⲩ ⲧⲁⲓⲟ ⲉ ⲛⲁⲛⲉϥ ⲛϧⲣⲏⲓ ϧⲉⲛ ⲡⲁⲓ ⲥⲛⲟⲩ ⲛⲧⲉ ϯⲛⲟⲩ. ⲉϥⲉ ⲙⲉⲛⲣⲓⲧ ⲛϫⲉ ⲡⲁ ϩⲁⲓ. ⲁⲓ ⲙⲓⲥⲓ ⲅⲁⲣ ⲛⲁϥ ⲛ ⲋ̅ ⲛ ϣⲏⲣⲓ.

καὶ εἶπε Λεία· δεδώρηται ὁ θεός μοι δῶρον καλὸν ἐν τῷ νῦν καιρῷ. αἱρετιεῖ με ὁ ἀνήρ μου. τέτοκα γὰρ αὐτῷ υἱοὺς ἕξ.

Tuki Theotokia ⲣ̅ⲋ̅ⲅ̅. ⲧⲁⲓⲟ ⲛⲓⲃⲉⲛ ⲉⲑ ⲛⲁⲛⲉⲩ ⲛⲉⲙ ⲇⲱⲣⲟⲛ ⲛⲓⲃⲉⲛ ⲉⲧ ϫⲏⲕ ⲉⲃⲟⲗ ⲉⲩ ⲛⲏⲩ ⲛⲁⲛ ⲉⲃⲟⲗ ⲉ ⲡ ϣⲱⲓ ϩⲓⲧⲉⲛ ⲫ ⲓⲱⲧ ⲛⲧⲉ ⲛⲓ ⲟⲩⲱⲓⲛⲓ.

كل كرامة صالحة

Omnia bona munera et omnia dona perfecta procedunt ab augusto patre luminum.

3) Sodann alles andere, dem Wohlergehen des Leibes Förderliche, z. B.:

Ruhe und Schlaf:

Gen. 49, 15. ⲟⲩⲟϩ ⲁϥ ⲛⲁⲩ ⲉ ⲡⲓ ⲙⲧⲟⲛ ϫⲉ ⲛⲁⲛⲉϥ, ⲟⲩⲟϩ ϫⲉ ⲛⲓ ⲕⲁϩⲓ ϫⲉ ϥ ⲕⲉⲛⲓⲱⲟⲩⲧ.

καὶ ἰδὼν τὴν ἀνάπαυσιν ὅτι καλὴ, καὶ τὴν γῆν ὅτι πίων.

Vita S. Theodori Sinensis (Z. 85). κε ⲅⲁⲣ ⲛⲉⲧ ⲁϥ ⲙⲟⲩ ⲁⲛ ⲛϫⲉ ⲑⲉⲟⲇⲱⲣⲟⲥ ⲁⲗⲗⲁ ⲉⲧ ⲁϥ ⲛⲕⲟⲧ ⲉ ⲛⲁⲛⲉϥ ⲙ ⲡ ⲉⲙⲑⲟ ⲙ ⲡ ⲟ̅ⲥ̅.

Theodorus enim mortuus non est, sed bonum somnium dormit coram Domino.

De obdormitione Mariae Z. 225 ⲁⲥ ϣⲱⲡⲉ ⲇⲉ ⲛⲧⲉⲣⲉⲥ ϯ ⲙ ⲡⲉⲥ ⲡⲛⲁ̅ ⲉ ⲛ ϭⲓϫ ⲙ ⲡ ⲛⲟⲩⲧⲉ, ⲁ ⲛ ⲁⲡⲟⲥⲧⲟⲗⲟⲥ ⲧⲁⲗⲟ ⲛ ⲛⲉⲩ ϭⲓϫ ⲉϫⲛ ⲛⲉⲥ ⲃⲁⲗ, ⲁⲥ ⲛⲕⲟⲧⲕ ϩⲛ ⲟⲩ ⲉⲛⲕⲟⲧⲕ ⲉ ⲛⲁⲛⲟⲩϥ ϩⲛ ⲧ ⲉⲩϣⲏ ⲛ ⲥⲟⲩ ϫⲟⲩⲱⲧ ⲙ ⲡ ⲉⲃⲟⲧ ⲓⲁⲛⲟⲩⲁⲣⲓⲟⲥ ⲉ ϩⲧⲟⲟⲩⲉ.

Et factum est quum reddidisset animam suam in manus dei, Apostolus manus imposuit oculis ejus. Obdormivit in somno bono nocte Januarii XXV tempore mutatino.

II. Danach die allgemeinen Verhältnisse des Lebens:

Gedeihliche Lage:

Acta Concilii Ephesini Z. 277. ⲛⲉⲓ ϣⲗⲏⲗ ⲡⲉ ⲛⲉ ⲥⲛⲏⲩ ⲛ ⲣⲉϥ ϩⲟⲧⲉ ⲛϩⲣⲁⲓ ϩⲛ ⲧⲉⲓ ⲕⲁⲧⲁⲥⲧⲁⲥⲓⲥ ⲧⲉⲛⲟⲩ ⲛ ⲧⲉⲓ ϭⲟⲧ ⲉⲧ ⲛⲁⲛⲟⲩⲥ ⲉⲧ ⲣⲁ ⲥⲱⲟⲩϩ ⲉϩⲟⲩⲛ ϩⲱ ⲙⲛ ⲧⲉⲧⲛ ⲥⲩⲛϩⲟⲇⲟⲥ ⲛ ϣⲟⲩⲟⲩⲱϣⲧ.

Optavi fratres pii in hoc bono rerum statu, ut ego quoque aggregarer synodo vestrae valde venerabili.

Rang:

1\. Tim. 3, 13. ⲛⲏ ⲅⲁⲣ ⲉⲧ ⲁⲩ ϣⲉⲙϣⲓ ⲛ ⲕⲁⲗⲱⲥ, ⲟⲩ ⲧⲱⲧⲉⲣ ⲉ ⲛⲁⲛⲉϥ ⲡⲉⲧ ⲟⲩ ⲑⲁⲙⲓⲟ ⲙⲙⲟϥ ⲛⲱⲟⲩ ⲛⲉⲙ ⲟⲩ ⲛⲓϣϯ ⲙ ⲡⲁⲣⲣⲏⲥⲓⲁ ϧⲉⲛ ⲡⲓ ⲛⲁϩϯ ⲫⲏ ⲉⲧ ϧⲉⲛ ⲡ ⲭⲣⲓⲥⲧⲟⲥ ⲓⲏⲥⲟⲩⲥ.

Οἱ γὰρ καλῶς διακονήσαντες βαθμὸν ἑαυτοῖς καλὸν περιποιοῦνται καὶ πολλὴν παῤῥησίαν ἐν πίστει τῇ ἐν Χριστῷ Ἰησοῦ.

1\. Tim. 3, 1. ϥ ⲉⲛϩⲟⲧ ⲛϫⲉ ⲡ ⲥⲁϫⲓ ⲫⲏ ⲉⲑ ⲟⲩⲱϣ ⲉ ⲟⲩ ⲙⲉⲧⲉⲡⲓⲥⲕⲟⲡⲟⲥ ⲟⲩ ϩⲱⲃ ⲉ ⲛⲁⲛⲉϥ ⲉⲧ ⲉϥ ⲉⲣ ⲉⲡⲓⲑⲩⲙⲓⲛ ⲉⲣⲟϥ.

πιςὸς ὁ λόγος· Εἴ τις ἐπισκοπῆς ὀρέγεται, καλοῦ ἔργου ἐπιθυμεῖ.

Ehre:

Tuki Theotokia ρ̅ζ̅ϭ̅. ταιο ниϧен εθ nανεϒ нем δω-ρον ниϧен ετ ϫнк εϧολ εϒ ннοϒ нαн εϧολ ε н ϣωι ϩιτεн ф ιωτ нτε ни οϒωιнι.

كل كرامة صالحة

Omnes boni honores (?) et omnia dona perfecta procedunt ab augusto luminum patre.

Ruf:

Menae Vita Archiep. Isaac (Z. 108). αϥ ϫωιλι ф мο-нαстнριοн м фα πιερфмεϒι εθ nανεϥ.

et habitabat in monasterio bonae memoriae.

Glück:

1\. Petri 3, 10. ε нαϒ ε ϩαн εϩοοϒ ε nανεϒ.

ἰδεῖν ἡμέρας ἀγαθάς.

Tuki Rituale ϲ̅κ̅ζ̅. ϫε нθοκ ετ ϯ н οϒ ϧρε нωοϒ ϧεн οϒ снοϒ ε nανεϥ.

في حينه الحسن

Quia dabis nobis cibum opportuno tempore.

Gen. 41, 35. οϒοϩ мαροϒ θοϒετ ни ϧρнοϒι тнροϒ нτε ϯ ζ̅ н ρомпи н ϩενοϒϥι εθ ннοϒ нαι εθ nανεϒ.

καὶ συναγαγέτωσαν πάντα τὰ βρώματα τῶν ἑπτὰ ἐτῶν τῶν ἐρχομένων τῶν καλῶν τούτων.

Num. 11, 18. нім εθ нα ϯ αϥ нαн ε οϒωм, οϒοϩ ϫε nανες нαн ε αн ϣωπι ϧεн χнмι.

τίς ἡμᾶς ψωμιεῖ κρέα; ὅτι καλὸν ἡμῖν ἐςιν ἐν Αἰγύπτῳ.

Hosea 2, 7. ϯнα мοϣι οϒοϩ нτα тαсθο ϩα πα ϩαι н ϣορπ ϫε нαρε πι πεθ nανεϥ ϣοπ нни м πι снοϒ ετεммαϒ εϩοτε ϯнοϒ.

πορεύσομαι, καὶ ἐπιςρέψω πρὸς τὸν ἄνδρα μου τὸν πρότερον, ὅτι καλῶς μοι ἦν τότε, ἢ νῦν.

Alter:

Gen. 15, 15. нθοκ δε εκε ϣε нακ ϩα νεκ ιοϯ ϧεн οϒ ϩιρннн, ε αϒ ϣαнοϒϣк ϧεн οϒ мετϧελλο ε nανες.

σὺ δὲ ἀπελεύσῃ πρὸς τοὺς πατέρας σου ἐν εἰρήνῃ τραφεὶς ἐν γήρᾳ καλῷ.

Gen. 25, 8. ⲟⲩⲟϩ ⲉⲧ ⲁϥ ⲙⲟⲩⲛⲕ ⲁϥ ⲙⲟⲩ ⲛϫⲉ ⲁⲃⲣⲁⲁⲙ ϧⲉⲛ ⲟⲩ ⲙⲉⲧϧⲉⲗⲗⲟ ⲉ ⲛⲁⲛⲉⲥ, ⲉ ⲟⲩ ϧⲉⲗⲗⲟ ⲡⲉ ⲟⲩⲟϩ ⲉϥ ϫⲏⲕ ⲉⲃⲟⲗ ϧⲉⲛ ϩⲁⲛ ⲉϩⲟⲟⲩ.

καὶ ἐκλείπων ἀπέθανεν Ἀβραὰμ ἐν γήρᾳ καλῷ, πρεσβύτης, καὶ πλήρης ἡμερῶν.

Historia Ecclesiae Alexandrinae Z. 260. ⲁⲗⲉⲝⲁⲛⲇⲣⲟⲥ ⲇⲉ ⲁϥ ⲙⲧⲟⲛ ⲙⲙⲟϥ ϩⲛ ⲟⲩ ⲙⲛⲧϩⲉⲗⲗⲟ ⲉⲧ ⲛⲁⲛⲟⲩⲥ.

Alexander autem mortuus est in bona senectute.

De obdormitione Mariae Z. 226. ⲙⲛⲧϩⲗⲗⲟ ⲉⲧ ⲛⲁⲛⲟⲩⲥ. bona senectus.

Seligkeit nach dem Tode:

Hist. Monast. Aegypt. Z. 329. ⲁⲗⲗⲁ ⲁⲓ ⲙⲉⲉⲩⲉ ⲟⲛ ⲉ ⲡⲉⲓ ⲕⲉⲧ ϫⲉ ⲙⲛ ⲗⲁⲁⲩ ⲛ ⲁⲅⲁⲑⲟⲛ ϩⲙ ⲡ ⲱⲛⲁϩ ⲙ ⲡⲁ ⲉⲓⲱⲧ, ⲁⲗⲗⲁ ⲛⲧⲁϥ ⲣ ⲡⲉϥ ⲟⲩⲟⲉⲓϣ ⲧⲏⲣϥ ϩⲛ ϩⲉⲛ ϣⲱⲛⲉ ⲙⲛ ϩⲛ ⲑⲗⲓⲯⲓⲥ ϣⲁⲛⲧⲉϥ ϩⲱⲱⲙⲉ ⲉⲃⲟⲗ, ⲁⲩⲱ ⲁϥ ⲙⲟⲩ ϩⲛ ⲟⲩ ϩⲓⲥⲉ, ⲟⲩⲇⲉ ⲙⲡⲉ ⲡ ⲕⲁϩ ϣⲱⲡ ⲉⲣⲟϥ ⲙ ⲡⲉϥ ⲥⲱⲙⲁ ϩⲛ ⲟⲩ ⲟⲩⲣⲟⲧ. ⲉϣϫⲉ ⲛⲁⲛⲟⲩϥ ⲛⲁϩⲣⲙ ⲡ ⲛⲟⲩⲧⲉ ϩⲛ ⲧ ϭⲓⲛⲱⲛⲁϩ ⲉⲧⲉⲙⲙⲁⲩ. ⲉⲧⲃⲉⲟⲩ ⲁϥ ϣⲉⲡ ⲛⲉⲓ ϩⲓⲥⲉ ⲧⲏⲣⲟⲩ?

Iterum cogitavi, nihil boni fuisse in patris vita. In omne tempus aegrotus et infirmus usque ad vitae excessum, mortuus est in dolore nec terra alacriter recepit ejus corpus. Quam bene (se habet nunc) apud deum in illa vita. Quare omnes illos dolores perpessus est?

Gepriesenes Andenken nach dem Tode:

Depositio ossium sanctorum (Z. 95). ⲡ ⲟⲩⲣⲟ ⲍⲏⲛⲱⲛ ⲫⲁ ⲡⲓ ⲉⲣⲫⲙⲉⲩⲓ ⲉⲑ ⲛⲁⲛⲉϥ.

Zenonis regis bonae memoriae.

III. Nachdem wir somit das mannigfaltige äussere Gute durchmustert, das dem Menschen gegeben wird, gehen wir zum seelischen über. Obschon das erstere nur die Beziehung zur Natur und dem äusseren Verhalten des Nebenmenschen betrifft, das letztere dagegen die höheren Beziehungen zu Gott und zum eigenen Ich; obschon das erstere die kleinsten, alltäglichsten und scheinbar zufälligsten Genüsse einschliesst, das letztere

KOPTISCHE UNTERSUCHUNGEN

VON

CARL ABEL Dr. Ph.

DER ZWEITEN HÄLFTE ERSTER THEIL.

BERLIN
FERD. DÜMMLERS VERLAGSBUCHHANDLUNG
HARRWITZ UND GOSSMANN
1877.

die edelsten inneren Schätze, deren der Mensch theilhaftig werden kann; obschon das erstere uns überwiegend ohne unser Zuthun zufällt, das letztere dagegen durch die Mitwirkung des eigenen sittlichen Willens verdient sein muss — so werden doch beide Kategorieen von der gleichen Grundansicht beherrscht, die alles zugleich Treffliche, Werthvolle und Wohlthätige ohne weitere Kritik seines Wirkens und Herkommens als trefflich, werthvoll und wohlthätig allein auffasst und mit dem einen Worte «gut» benennt. Wir erkennen nunmehr genauer, was sich uns schon in den einleitenden Bemerkungen darbot, dass die allgemeinste Auffassung des sittlich und sachlich Trefflichen die gleiche ist, und dass der Gutes wirkende Geist, nach dieser Lehre des ägyptischen (und manchen anderen) Volkes, ebensoviel Eingeborenes, Unwillkührliches an sich hat, als die nützliche Sache Geistiges. Diese Behauptung ist um so beachtenswerther, als sie das religiös Gute nicht ausschliesst, und demnach in einer geschichtlichen Periode, in der alle Glaubenssätze principiell für offenbart galten, die beste sichtbare Folge derselben, die Gutes wirkende Menschenseele, in naivem Widerspruch gleichzeitig für instinctiv dem eigenen inneren Wesen gehorchend erklärte.

War schon die in sich vollkommene, Vollkommenes wirkende Sache, die an sich vollkommene, die edele, so ist es um so natürlicher, dieselbe Begriffseinheit in Bezug auf den Geist wiederzufinden, dessen Vollkommenheit eben im inneren Adel besteht. Hier ist ⲛⲁⲛⲉ also ausschliesslich fromm, sittlich, liebend, wohlthätig, weise, rechtschaffen, pflichterfüllend.

1) So heisst der ganze Mensch, wenn er diese Eigenschaften besitzt:

Matth. 2, 17. ⲛ ⲛⲏ ⲉⲧ ϯ ϫⲱⲛⲧ ⲙ ⲡ ⲟ̅ⲥ̅ ϧⲉⲛ ⲛⲉⲧⲉⲛ ⲥⲁϫⲓ ⲟⲩⲟϩ ⲡⲉϫⲱⲧⲉⲛ ϫⲉ ⲉⲧ ⲁⲛ ϯ ϫⲱⲛⲧ ⲙ ⲡ ⲟ̅ⲥ̅ ϧⲉⲛ ⲟⲩ. ϧⲉⲛ ⲛ ϫⲓⲛ ⲑⲣⲉ ⲧⲉⲧⲉⲛ ϫⲟⲥ ϫⲉ ⲟⲩⲟⲛ ⲛⲓⲃⲉⲛ ⲉⲧ ⲓⲣⲓ ⲙ ⲡⲓ ⲡⲉⲧ ϩⲱⲟⲩ ⲛⲁⲛⲉϥ ⲙ ⲛ ⲉⲙⲑⲟ ⲙ ⲛ ⲟ̅ⲥ̅ ⲟⲩⲟϩ ⲛⲑⲟϥ ϩⲱϥ ⲁϥ ϯ ⲙⲁϯ ⲛϧⲏⲧⲟⲩ.

οἱ παροξύναντες τὸν θεὸν ἐν τοῖς λόγοις ὑμῶν, καὶ εἴπατε, ἐν τίνι παρωξύναμεν αὐτόν; ἐν τῷ λέγειν ὑμᾶς, πᾶς ποιῶν πονηρὸν καλὸν ἐνώπιον κυρίου, καὶ ἐν αὐτοῖς αὐτὸς εὐδόκησε.

Sermo S. Cyrilli Archiep. Alex. (Z. 31). ⲡⲉϫⲉ ⲫⲏ ⲉⲑ ⲟⲩⲁⲃ ⲁⲡⲁ ⲁⲛⲟⲩⲃ ⲙ ⲡⲓ ⲣⲱⲙⲓ ⲉⲑ ⲛⲁⲛⲉϥ ⲓⲟⲩⲗⲓⲟⲥ: ⲱ ⲡⲓ ⲣⲱⲙⲓ ⲛⲧⲉ ⲫϯ.

Dixit Sanctus Apa Anub ad virum probum Julium: O vir domini!

Hist. Monast. Aegypt. (Z. 311). ⲁⲩ ⲥⲟⲛ ϫⲛⲉ ⲟⲩ ϩⲗⲗⲟ ϫⲉ ⲉⲓ ϣⲁⲛ ⲛⲁⲩ ⲉⲩ ⲥⲟⲛ ⲉ ⲁⲓ ⲥⲱⲧⲙ ⲉⲩ ⲛⲟⲃⲉ ⲉⲧⲃⲏⲏⲧϥ ⲙⲉⲓ ⲙⲧⲟⲛ ⲉ ϫⲓⲧϥ ⲉϩⲟⲩⲛ ⲉ ⲡⲁ ⲏⲓ. ⲉⲓ ϣⲁⲛ ⲛⲁⲩ ⲇⲉ ⲉⲩ ⲥⲟⲛ ⲉⲛⲁⲛⲟⲩϥ ϣⲁⲓ ϣⲟⲡϥ ⲉⲣⲟⲓ ⲉⲓ ⲣⲁϣⲉ. ⲡⲉϫⲉ ⲡ ϩⲗⲗⲟ ⲛⲁϥ ϫⲉ ⲉϣϫⲉ ϣⲁⲕ ⲉⲓⲣⲉ ⲛ ⲟⲩ ⲕⲟⲩⲓ ⲛ ⲁⲅⲁⲑⲟⲛ ⲙⲛ ⲡⲉⲧ ⲛⲁⲛⲟⲩϥ, ⲉⲓⲉ ⲁⲣⲓ ⲣⲉ ⲙⲛ ⲡ ⲕⲉⲟⲩⲁ, ⲛⲧⲟϥ ⲅⲁⲣ ⲙⲛ ⲡⲉⲧ ϣⲱⲛⲉ.

Frater allocutus est senem dicens: Si fratrem vidi, quem audivi (esse) malum et profanum, promptus (et paratus) fui (hospitio) recipere eum domum. Si autem bonum fratrem vidi, recepi eum et gavisus sum. Dixit senex: Si benefacis bono viro, certo benefacere decet alii quoque. Ille enim aegrotus est.

Pistis Sophia 173. 275. ⲁⲥ ⲟⲩⲱϩⲙ ⲇⲉ ⲛϭⲓ ⲙⲁⲣⲓⲁⲙ ⲡⲉϫⲁⲥ ϫⲉ ⲡⲁ ϫⲟⲉⲓⲥ, ⲉ̈ⲓⲉ ϣⲱⲡⲉ ⲟⲩ ⲥⲟⲛ ⲛ ⲁⲅⲁⲑⲟⲥ ⲁⲩⲱ ⲉ ⲛⲁⲛⲟⲩϥ, ⲉ ⲁⲛ ⲡⲗⲏⲣⲟⲩ ⲙⲙⲟϥ ϩⲛ ⲙ ⲙⲩⲥⲧⲏⲣⲓⲟⲛ ⲧⲏⲣⲟⲩ ⲙ ⲡ ⲟⲩⲟⲉⲓⲛ. ⲁⲩⲱ ⲡ ⲥⲟⲛ ⲉⲧⲙⲙⲁⲩ ⲉ ⲟⲩⲛⲧⲁϥ ⲙⲙⲁⲩ ⲛ ⲟⲩ ⲥⲟⲛ ⲏ̅ ⲟⲩ ⲥⲩⲅⲅⲉⲛⲏⲥ, ϩⲁⲡⲁⲝ ⲁⲡⲗⲱⲥ ⲉ ⲟⲩⲛⲧⲁϥ ⲙⲙⲁⲩ ⲛ ⲟⲩ ⲣⲱⲙⲉ ⲉ ⲡ ⲧⲏⲣϥ ⲁⲩⲱ ⲡⲁⲓ ⲉⲩ ⲣⲉϥⲣ̅ⲛⲟⲃⲉ ⲡⲉ ⲁⲩⲱ ⲉⲩ ⲁⲥⲉⲃⲏⲥ ⲡⲉ.

Respondens de Mariam dixit: Mi domine, est frater *αγαϑος* et bonus, quem *επληρωσαμεν μυςηριοις* omnibus luminis, et fratri illi est frater aut *συγγενης ἁπαξ ἁπλως* est ei homo omnino et hic est peccator et *ασεβης* est.

Matth. 22, 10. ⲟⲩⲟϩ ⲉⲧ ⲁⲩⲓ ⲉⲃⲟⲗ ⲛϫⲉ ⲛⲓ ⲉⲃⲓⲁⲓⲕ ⲉⲧⲉⲙⲙⲁⲩ ϩⲓ ⲛⲓ ⲙⲱⲓⲧ ⲁⲩⲑⲱⲟⲩϯ ⲛ ⲟⲩⲟⲛ ⲛⲓⲃⲉⲛ ⲉⲧ ⲁⲩ ϫⲉⲙⲟⲩ ⲛⲏ ⲉⲧ ϩⲱⲟⲩ ⲛⲉⲙ ⲛⲏ ⲉⲑ ⲛⲁⲛⲉⲩ ⲟⲩⲟϩ ⲁϥ ⲙⲟϩ ⲛϫⲉ ⲛⲓ ϩⲟⲡ ⲉⲃⲟⲗϧⲉⲛ ⲛⲏ ⲉⲑ ⲣⲱⲧⲉⲃ.

καὶ ἐξελθόντες οἱ δοῦλοι ἐκεῖνοι εἰς τὰς ὁδοὺς συνήγαγον πάντας ὅσους εὗρον, πονηρούς τε καὶ αγαθούς· καὶ ἐπλήσθη ὁ γάμος ἀνακειμένων.

2) Der Mensch in bestimmten Beziehungen, in denen er diese Eigenschaften gezeigt hat:

Guter Diener:

Matth. 25, 21. ⲡⲉϫⲉ ⲡⲉϥ ⲡ̅ⲥ̅ ⲇⲉ ⲛⲁϥ ϫⲉ ⲕⲁⲗⲱⲥ ⲡⲓ ⲃⲱⲕ ⲉⲑ ⲛⲁⲛⲉϥ ⲟⲩⲟϩ ⲉⲧ ⲉⲛϩⲟⲧ, ⲉⲡⲓⲇⲏ ⲁⲕ ⲉⲛϩⲟⲧ ϧⲉⲛ ϩⲁⲛ ⲕⲟⲩϫⲓ ⲉⲓⲉ ⲭⲁⲕ ϩⲓϫⲉⲛ ϩⲁⲛ ⲛⲓϣϯ.

ἔφη αὐτῷ ὁ κύριος αὐτοῦ· Εὖ, δοῦλε ἀγαθὲ καὶ πιςέ, ἐπὶ ὀλίγα ἧς πιςός, ἐπὶ πολλῶν σε καταςήσω.

1. Tim. 4, 6. ⲟⲩ ⲇⲓⲁⲕⲱⲛ ⲉ ⲛⲁⲛⲉϥ ⲛⲧⲉ ⲡ ⲭ̅ⲥ̅ ⲉⲕ ϣⲁⲛⲉⲩϣ ϧⲉⲛ ϯ ⲥⲃⲱ ⲉⲑ ⲛⲁⲛⲉⲥ (ⲛⲧⲉ ⲡ ⲭ̅ⲥ̅).

ταῦτα ὑποτιθέμενος τοῖς ἀδελφοῖς καλὸς ἔσῃ διάκονος Χριστοῦ Ἰησοῦ, ἐντρεφόμενος τοῖς λόγοις τῆς πίστεως καὶ τῆς καλῆς διδασκαλίας ᾗ παρηκολούθηκας.

Guter Lehrer:

Tit. 2, 3. ⲉⲩ ⲟⲓ ⲛ ⲣⲉϥ ϯ ⲥⲃⲱ ⲉ ⲛⲁⲛⲉⲩ. *καλοδιδασκάλους.*

Guter Soldat Christi:

2. Tim. 2, 3. ⲁⲣⲓ ϣⲫⲏⲣ ⲛ ϣⲉⲡ ⲙⲕⲁϩ ⲙ ⲫ ⲣⲏϯ ⲛ ⲟⲩ ⲙⲁⲧⲟⲓ ⲉ ⲛⲁⲛⲉϥ ⲛⲧⲉ ⲡ ⲭ̅ⲥ̅ ⲓ̅ⲏ̅ⲥ̅.

Συγκακοπάθησον ὡς καλὸς στρατιώτης Χριστοῦ Ἰησοῦ.

Guter Verwalter Christi:

1. Petri 4, 10. ⲡⲓ ⲟⲩⲁⲓ ⲡⲓ ⲟⲩⲁⲓ ⲕⲁⲧⲁ ⲡⲓ ϩⲙⲟⲧ ⲉⲧ ⲁϥ ϭⲓⲧϥ, ⲉⲣⲉⲧⲉⲛ ϣⲉⲙϣⲓ ⲛϧⲏⲧϥ ϧⲁⲣⲓ ϧⲁⲣⲱⲧⲉⲛ ⲙ ⲫ ⲣⲏϯ ⲛ ϩⲁⲛ ⲟⲓⲕⲟⲛⲟⲙⲟⲥ ⲉ ⲛⲁⲛⲉⲩ ⲛⲧⲉ ⲡⲓ ϩⲙⲟⲧ ⲛⲧⲉ ⲫ ⲛⲟⲩϯ.

ἕκαςος καθὼς ἔλαβεν χάρισμα, εἰς ἑαυτοὺς αὐτὸ διακονοῦντες ὡς καλοὶ οἰκονόμοι ποικίλης χάριτος θεοῦ.

Maria, eine gute Mittlerin:

Tuki Rituale 234. ⲙⲁⲣⲓⲁ ⲱ ϯ ⲡⲣⲟⲥⲧⲁⲧⲏⲥ ⲉ ⲛⲁⲛⲉⲥ.

يا مريم الشفيعة الصالحة O Maria intercessor nostra bona.

Christus, guter Retter:

Tuki Rituale 78. ⲡⲉⲛ ⲥⲱⲧⲏⲣ ⲛ ⲁⲅⲁⲑⲟⲥ.

مخلصنا الصالح

3) Diese einzelnen Eigenschaften und Besitzthümer selbst. Wohin auch das gethane Gute gehört, sowohl als Bezeichnung der allgemeinen Handlungsweise eines Menschen, als seines Auftretens in einem bestimmten Fall, und für bestimmte Zwecke. Denn da, dem allgemeinen, Sittliches und Sachliches zumal umfassenden Charakter des Wortes gemäss, das in einem Einzelfall gethane Gute auf die ganze Handlungs- und Auffassungsweise des Betreffenden bezogen wird, so tritt in der Verbindung mit ⲉⲣ, ⲓⲣⲓ, ⲁⲓ dieser, in der einleitenden Definition hervorgehobene Charakterzug am schlagendsten hervor. Darüber mehr am Ende des Kapitels.

a) Die allgemeinsten auf Gott gehenden Eigenschaften.

Des Menschen ganze Gesinnung:

1. Tim. 2, 3 (5, 4). ⲫⲁⲓ ⲛⲁⲛⲉϥ ⲟⲩⲟϩ ϥ ϣⲟⲡ ⲙ ⲡ ⲉⲙⲑⲟ ⲙ ⲫ ⲛⲟⲩϯ ⲡⲉⲛ ⲥⲱⲧⲏⲣ.

τοῦτο γὰρ καλὸν καὶ ἀπόδεκτον ἐνώπιον τοῦ σωτῆρος ἡμῶν θεοῦ.

Luc. 8, 15. ⲫⲏ ⲇⲉ ⲉⲧ ⲁϥ ϩⲉⲓ ⲉϫⲉⲛ ⲡⲓ ⲕⲁϩⲓ ⲉⲑ ⲛⲁⲛⲉϥ ⲛⲁⲓ ⲛⲉ ⲛⲏ ⲉⲧ ⲁⲩ ⲥⲱⲧⲉⲙ ⲉ ⲡⲓ ⲥⲁϫⲓ ϧⲉⲛ ⲟⲩ ϩⲏⲧ ⲉ ⲛⲁⲛⲉϥ ⲟⲩⲟϩ ⲛ ⲁⲅⲁⲑⲟⲛ, ⲉⲩ ⲁⲙⲟⲛⲓ ⲙⲙⲟϥ ⲟⲩⲟϩ ϣⲁⲩ ⲉⲛ ⲟⲩⲧⲁϩ ⲉⲃⲟⲗϧⲉⲛ ⲟⲩ ϩⲩⲡⲟⲙⲟⲛⲏ.

τὸ δὲ ἐν τῇ καλῇ γῇ, οὗτοί εἰσιν οἵτινες ἐν καρδίᾳ καλῇ καὶ ἀγαθῇ ἀκούσαντες τὸν λόγον κατέχουσιν καὶ καρποφοροῦσιν ἐν ὑπομονῇ.

Vita Matthaei Abbatis, Mingar. 2, 258. ⲡⲁ ⲡⲉⲓ ⲣ̅ ⲡ ⲙⲉⲉⲩⲉ ⲉⲧ ⲛⲁⲛⲟⲩϥ ⲁⲩⲱ ⲉⲧ ⲥⲙⲁⲙⲁⲁⲧ.

haec mea cogitatio est bona et benedicta.

Röm. 7, 18. ϯ ⲥⲱⲟⲩⲛ ⲅⲁⲣ ϫⲉ ϥ ϣⲟⲡ ⲛϧⲏⲧ ⲁⲛ ⲉⲧⲉ ⲫⲁⲓ ⲡⲉ ϧⲉⲛ ⲧⲁ ⲥⲁⲣⲝ ⲛϫⲉ ⲡⲓ ⲡⲉⲑ ⲛⲁⲛⲉϥ.

οἶδα γὰρ ὅτι οὐκ οἰκεῖ ἐν ἐμοί — τοῦτ᾽ ἔςιν ἐν τῇ σαρκί μου — ἀγαθόν.

1. Tim. 6, 19. ⲉⲩ ϩⲓⲟⲩⲓ ⲛⲱⲟⲩ ⲉϧⲟⲩⲛ ⲛ ⲟⲩ ⲥⲉⲛϯ ⲉ ⲛⲁⲛⲉⲥ ⲉ ⲡⲉⲑ ⲛⲏⲟⲩ ϩⲓⲛⲁ ⲛⲥⲉ ⲁⲙⲟⲛⲓ ⲙ ⲡⲓ ⲱⲛϧ ⲛ ⲧⲁⲫⲙⲏⲓ.

ἀποθησαυρίζοντας ἑαυτοῖς θεμέλιον καλὸν εἰς τὸ μέλλον, ἵνα ἐπιλάβωνται τῆς ὄντως ζωῆς.

Jerem. 10, 5. ⲟⲩⲟϩ ⲙⲙⲟⲛ ⲡⲉⲑ ⲛⲁⲛⲉϥ ⲛϧⲏⲧⲟⲩ.

καὶ ἀγαθὸν οὐκ ἔςιν ἐν αὐτοῖς.

Sein Glaube und das, worauf er gegründet ist:

Tit. 2, 10. ⲁⲗⲗⲁ ⲉⲩ ⲟⲩⲱⲛϩ ⲉⲃⲟⲗ ⲙ ⲫ ⲛⲁϩϯ ⲧⲏⲣϥ ⲉⲑ ⲛⲁⲛⲉϥ.

ἀλλὰ πίςιν πᾶσαν ἐνδεικνυμένους ἀγαθήν.

2. Tim. 1, 14. ⲡⲓ ϫⲱⲓⲗⲓ ⲉⲑ ⲛⲁⲛⲉϥ ⲁⲣⲉϩ ⲉⲣⲟϥ ⲉⲃⲟⲗϩⲓⲧⲉⲛ ⲡⲓ ⲡ̅ⲛ̅ⲁ̅ ⲉⲑ ⲟⲩⲁⲃ ⲫⲏ ⲉⲧ ϣⲟⲡ ⲛϧⲏⲧⲉⲛ.

τὴν καλὴν παραθήκην φύλαξον διὰ πνεύματος ἁγίου τοῦ ἐνοικοῦντος ἐν ἡμῖν.

Sein Bekenntniss:

Tuki Rituale ⲥ̅ⲡ̅ⲅ̅. ⲁⲕ ⲉⲣ ⲟⲙⲟⲗⲟⲅⲓⲛ ⲛ ϯ ⲟⲙⲟⲗⲟⲅⲓⲁ ⲉⲑ ⲛⲁⲛⲉⲥ ⲛⲁϩⲣⲉⲛ ⲡⲟⲛⲧⲓⲟⲥ ⲡⲓⲗⲁⲧⲟⲥ.

الاعتراف الحسن

Bonam confessionem confessus es coram Pontio Pilato.

De S. Georgio martyre Z. 241. ⲁⲩⲱ ⲛ ⲧⲉⲓ ϩⲉ ⲁⲥ ϫⲱⲕ ⲉⲃⲟⲗ ⲛϭⲓ ⲧⲉⲩ ⲙⲁⲣⲧⲩⲣⲓⲁ ϩⲛ ⲟⲩ ϩⲟⲙⲟⲗⲟⲅⲓⲁ ⲉ ⲛⲁⲛⲟⲩⲥ ⲛ ⲥⲟⲩ ⲙⲏⲧⲉ ⲙ ⲡ ⲉⲃⲟⲧ ⲙϣⲓⲣ.

Hoc modo consummatum est eorum martyrium in bona professione die decimo mensis Mechir.

Seine Hoffnung:

2. Tessal. 2, 16. ⲛⲉⲙ ⲟⲩ ϩⲉⲗⲡⲓⲥ ⲉ ⲛⲁⲛⲉⲥ ϧⲉⲛ ⲟⲩ ϩⲙⲟⲧ.

καὶ ἐλπίδα ἀγαθὴν ἐν χάριτι.

Epistolae Archiepisc. Antiocheni Z. 605. ⲁⲩⲱ ϫⲉ ⲛⲛⲉⲓ ϫⲉ ϩⲁϩ ⲁ ⲛ ⲁⲣⲭⲱⲛ ⲉⲧ ⲧⲁⲓⲏⲩ ⲉⲓ ⲉⲃⲟⲗ, ⲁⲩ ⲕⲁⲑⲓⲥⲧⲁ ⲙ ⲡ ⲙⲏⲏϣⲉ ϩⲓⲧⲛ ϩⲛ ϩⲉⲗⲡⲓⲥ ⲉ ⲛⲁⲛⲟⲩⲟⲩ.

Magistratus illi honorati exiverunt et populum bono animo esse jusserunt.

Sein Gewissen:

Hebr. 13, 18. ⲧⲱⲃϩ ⲉϩⲣⲏⲓ ⲉϫⲱⲛ. ⲡⲉⲛ ϩⲏⲧ ⲇⲉ ⲟⲛⲧ ϫⲉ

ⲟⲩⲟⲛⲧⲁⲛ ⲙⲙⲁⲩ ⲛ ⲟⲩ ⲥⲩⲛⲏⲇⲏⲥⲓⲥ ⲉ ⲛⲁⲛⲉⲥ ϧⲉⲛ ⲟⲩⲟⲛ ⲛⲓⲃⲉⲛ ⲉⲛ ⲟⲩⲱϣ ⲉ ⲙⲟϣⲓ ⲛ ⲕⲁⲗⲱⲥ.

προσεύχεσθε περὶ ἡμῶν· πειθόμεθα γὰρ ὅτι καλὴν συνείδησιν ἔχομεν, ἐν πᾶσι καλῶς θέλοντες ἀναστρέφεσθαι.

1. Tim. 1, 5. ϧⲉⲛ ⲟⲩ ϩⲏⲧ ⲉϥ ⲟⲩⲁⲃ ⲛⲉⲙ ⲟⲩ ⲥⲩⲛⲏⲇⲏⲥⲓⲥ ⲉ ⲛⲁⲛⲉⲥ ⲛⲉⲙ ⲟⲩ ⲛⲁϩϯ ⲛ ⲁⲧⲙⲉⲧϣⲟⲃⲓ.

ἐκ καθαρᾶς καρδίας, καὶ συνειδήσεως ἀγαθῆς, καὶ πίςεως ἀνυποκρίτου.

1. Tim. 1, 19. 1. Petr. 3, 16, 21. ⲟⲩ ⲥⲩⲛⲏⲇⲏⲥⲓⲥ ⲉ ⲛⲁⲛⲉⲥ.

Opfermuth:

Matth. 18, 8. (18, 9. 26. 24. Marc. 9, 42. 43. 45. 47. 14, 21.) ⲓⲥϫⲉ ⲧⲉⲕ ϫⲓϫ ⲓⲉ ⲧⲉⲕ ϭⲁⲗⲟϫ ⲉⲣ ⲥⲕⲁⲛⲇⲁⲗⲓⲍⲓⲛ ⲙⲙⲟⲕ, ϫⲟϫⲟⲩ, ϩⲓⲧⲟⲩ ⲉⲃⲟⲗϩⲁ ⲣⲟⲕ. ⲛⲁⲛⲉⲥ ⲅⲁⲣ ⲛⲁⲕ ⲛⲧⲉⲕ ⲓ ⲉϧⲟⲩⲛ ⲉ ⲡⲓ ⲱⲛϧ ⲉⲕ ⲟⲓ ⲛ ϭⲁⲗⲉ ⲓⲉ ⲉⲕ ⲟⲓ ⲛ ϭⲁϫⲏ, ⲉϩⲟⲧⲉ ⲉ ⲟⲩⲟⲛ ϫⲓϫ ⲥⲛⲟⲩϯ ⲉⲣⲟⲕ ⲓⲉ ϭⲁⲗⲟϫ ⲥⲛⲟⲩϯ ⲛⲥⲉ ϩⲓⲧⲕ ⲉ ⲡⲓ ⲭⲣⲱⲙ ⲛ ⲉⲛⲉϩ.

εἰ δὲ ἡ χείρ σου ἢ ὁ πούς σου σκανδαλίζει σε, ἔκκοψον αὐτὸν καὶ βάλε ἀπὸ σοῦ. καλόν σοί ἐστιν εἰςελθεῖν εἰς τὴν ζωὴν χωλὸν ἢ κυλλόν, ἢ δύο χεῖρας ἢ δύο πόδας ἔχοντα βληθῆναι εἰς τὸ πῦρ τὸ αἰώνιον.

Demuth:

Historia Monastica Aegypt. Z. 301. ϩⲁϩ ⲅⲁⲣ ⲛⲉ ⲙ ⲡⲓⲣⲁⲥⲙⲟⲥ ⲛⲛⲁ ⲧⲉⲓ ⲙⲓⲛⲉ ⲙⲁⲗⲓⲥⲧⲁ ⲉⲩ ϣⲟⲟⲡ ϩⲛ ⲧ ⲙⲏⲧⲉ ⲛ ⲛ ⲣⲱⲙⲉ. ⲛⲁⲛⲟⲩⲥ ⲇⲉ ⲉ ⲧⲣⲉ ⲡ ⲣⲱⲙⲉ ⲥⲟⲩⲉⲛ ⲡⲉϥ ϣⲓ ⲙⲙⲓⲛ ⲙⲙⲟϥ, ⲉ ⲧⲣⲉϥ ⲡⲱⲧ ⲇⲉ ⲉⲃⲟⲗ ⲙ ⲡⲉ ϩⲣⲟϣ ⲛ ⲧ ⲙⲛⲧⲛⲟϭ. ⲛ ⲉⲧ ⲧⲁϫⲣⲏⲩ ⲇⲉ ϩⲓⲧⲛ ⲧ ⲡⲓⲥⲧⲓⲥ ϩⲛ ⲁⲧⲕⲓⲙ ⲉⲣⲟⲟⲩ ⲛⲉ.

Est enim multitudo tentationum talium quae (hominem) potissimum incessant in medio hominum; bonum est hominem nosse suam mensuram et fugere pondus gravitatis. Qui autem confirmati sunt in fide, immobiles erunt.

Gal. 4, 18. ⲛⲁⲛⲉⲥ ⲇⲉ ⲉ ⲭⲟϩ ϧⲉⲛ ⲡⲓ ⲡⲉⲑ ⲛⲁⲛⲉϥ ⲛ ⲥⲛⲟⲩ ⲛⲓⲃⲉⲛ, ⲟⲩⲟϩ ⲉⲓ ⲭⲏ ϧⲁⲧⲉⲛ ⲑⲏⲛⲟⲩ ⲙⲙⲁⲩⲁⲧϥ ⲁⲛ.

καλὸν δὲ τὸ ζηλοῦσθαι ἐν καλῷ πάντοτε, καὶ μὴ μόνον ἐν τῷ παρεῖναί με πρὸς ὑμᾶς.

1. Cor. 5, 6. ⲛⲁⲛⲉ ⲡⲉⲧⲉⲛ ϣⲟⲩϣⲟⲩ ⲁⲛ ⲛ ⲧⲉⲧⲉⲛ ⲉⲙⲓ ⲁⲛ ϫⲉ ⲟⲩ ⲕⲟⲩϫⲓ ⲛ ϣⲉⲙⲏⲣ ϣⲁϥ ⲟⲣⲉ ⲡⲓ ⲟⲩⲱϣⲉⲙ ⲧⲏⲣϥ ϭⲓ ϣⲉⲙⲏⲣ.

οὐ καλὸν τὸ καύχημα ὑμῶν. οὐκ οἴδατε ὅτι μικρὰ ζύμη ὅλον τὸ φύραμα ζυμοῖ;

b) Die Tugenden, die sich im Verkehr mit den Nebenmenschen zeigen, und diesen Verkehr und alle Handlungen desselben ebenfalls gut machen:

Tuki Euchologium ⲗ̅ⲟ̅. ⲡⲉⲧⲉⲛ ϫⲓⲛⲙⲟϣⲓ ⲙⲁⲣⲉϥ ϣⲱⲡⲓ ⲉϥ ⲉⲣϣⲁⲩ ϧⲉⲛ ⲛⲓ ⲉⲑⲛⲟⲥ, ϩⲓⲛⲁ ⲉϣⲱⲛ ⲁⲩ ⲥⲁϫⲓ ϧⲁⲣⲱⲧⲉⲛ ⲙ ⲫ ⲣⲏϯ ⲛ ϩⲁⲛ ⲥⲁⲙⲡⲉⲧϩⲱⲟⲩ. ⲉⲩ ⲛⲁⲩ ϫⲉ ⲉⲃⲟⲗϩⲓⲧⲉⲛ ⲛⲉⲧⲉⲛ ϩⲃⲏⲟⲩⲓ ⲉⲑ ⲛⲁⲛⲉⲩ.

اعمالكم الصالحة

Honesta sit vita vestra in conspectu populorum, ut si vobis maledixerint, videant vos recte agere.

Sermo (Mingarelli 2, 344). ⲙⲁⲣⲛ ⲛⲟⲩϫ ⲉⲃⲟⲗ ⲛ ⲛⲉⲛ ⲥⲩⲛⲏⲑⲓⲁ ⲉⲑ ⲟⲟⲩ, ⲛⲧⲛ ϯϩⲓⲱⲱ ⲛ ⲛ̅ ⲛ ⲁⲣⲉⲧⲏ ⲉⲧ ⲛⲁⲛⲟⲩ.

Abjiciamus pravas nostras consuetudines, ut bonis virtutibus induamur.

Ephes. 2, 10. ⲁⲛⲟⲛ ⲟⲩ ⲑⲁⲙⲓⲟ ⲅⲁⲣ ⲛⲧⲁϥ ⲉ ⲁϥ ⲥⲟⲛⲧⲉⲛ ϧⲉⲛ ⲡ ⲭⲣⲓⲥⲧⲟⲥ ⲓⲏⲥⲟⲩⲥ ⲉϩⲣⲏⲓ ⲉϫⲉⲛ ϩⲁⲛ ϩⲃⲏⲟⲩⲓ ⲉ ⲛⲁⲛⲉⲩ.

αὐτοῦ γάρ ἐσμεν ποίημα, κτισθέντες ἐν Χριςῷ Ἰησοῦ ἐπὶ ἔργοις ἀγαθοῖς.

Joh. 10, 32. 33. ⲁϥ ⲉⲣ ⲟⲩⲱ ⲛⲱⲟⲩ ⲛϫⲉ ⲓ̅ⲏ̅ⲥ̅ ⲉϥ ϫⲱ ⲙⲙⲟⲥ ϫⲉ ⲟⲩ ⲙⲏϣ ⲛ ϩⲱⲃ ⲉ ⲛⲁⲛⲉⲩ ⲁⲓ ⲧⲁⲙⲱⲧⲉⲛ ⲉⲣⲱⲟⲩ ⲉⲃⲟⲗϩⲓⲧⲉⲛ ⲡⲁ ⲓⲱⲧ. ⲉⲑⲃⲉ ⲁϣ ⲟⲩⲛ ⲛ ϩⲱⲃ ⲧⲉⲧⲉⲛ ⲛⲁϩⲓ ⲱⲛⲓ ⲉϫⲱⲓ.

ἀπεκρίθη αὐτοῖς ὁ Ἰησοῦς· πολλὰ καλὰ ἔργα ἔδειξα ὑμῖν ἐκ τοῦ πατρός μου· διὰ ποῖον αὐτῶν ἔργον με λιθάζετε;

Hülfe für Schwache und Arme, Ehrerbietung für Fromme, Reinheit und Würde des Wandels, Freiheit, Gerechtigkeit, Festigkeit, Selbstbeherrschung, verzeihende Liebe, Muth und Festigkeit in der rechten Lehre:

Titus 1, 8. ⲁⲗⲗⲁ ⲉ ⲟⲩ ⲙⲁⲓ ϣⲉⲙⲙⲟ ⲡⲉ, ⲙ ⲙⲁⲓ ⲡ ⲉⲑ

ⲛⲁⲛⲉϥ, ⲛ ⲥⲁⲃⲉ, ⲛ ⲑⲙⲏⲓ, ⲉϥ ⲧⲟⲩⲃⲏⲟⲩⲧ, ⲉ ⲟⲩ ⲉⲅⲕⲣⲁⲧⲏⲥ ⲡⲉ.

ἀλλὰ φιλόξενον, φιλάγαθον, σώφρονα, δίκαιον, ὅσιον, ἐγκρατῆ.

1. Tim. 5, 10. (5, 25. 6, 18.) ⲉⲩ ⲉⲣ ⲙⲉⲑⲣⲉ ϧⲁⲣⲟⲥ ϧⲉⲛ ϩⲁⲛ ϩⲃⲏⲟⲩⲓ ⲉ ⲛⲁⲛⲉⲩ ϫⲉ ⲁⲛ ⲁⲥ ϣⲁⲛⲉϣ ϣⲏⲣⲓ, ⲓⲉ ⲁⲥ ϣⲉⲡ ϣⲉⲙⲙⲟ ⲉⲣⲟⲥ, ⲓⲉ ⲁⲥ ⲓⲁ ⲣⲁⲧⲟⲩ ⲛ ⲛⲏ ⲉⲑ ⲟⲩⲁⲃ, ⲓⲉ ⲁⲥ ϣⲱⲡⲓ ϧⲁϫⲱⲟⲩ ⲛ ⲛⲏ ⲉⲧ ϩⲉϫϩⲱϫ, ⲓⲉ ⲁⲛ ⲁⲥ ⲙⲟϣⲓ ⲛⲥⲁ ϩⲱⲃ ⲛⲓⲃⲉⲛ ⲉⲑ ⲛⲁⲛⲉⲩ.

ἐν ἔργοις καλοῖς μαρτυρουμένη, εἰ ἐτεκνοτρόφησεν, εἰ ἐξενοδόχησεν, εἰ ἁγίων πόδας ἔνιψεν, εἰ θλιβομένοις ἐπήρκεσεν, εἰ παντὶ ἔργῳ ἀγαθῷ ἐπηκολούθησεν.

Tit. 2, 7. (2, 14. 3, 8. 3, 14. Hebr. 10, 24. 1. Pet. 2, 12.) ⲉⲕ ⲓⲣⲓ ⲙⲙⲟⲕ ⲛ ⲧⲩⲡⲟⲥ ⲛⲧⲉ ϩⲁⲛ ϩⲃⲏⲟⲩⲓ ⲉ ⲛⲁⲛⲉⲩ ϧⲉⲛ ϩⲱⲃ ⲛⲓⲃⲉⲛ, ϧⲉⲛ ϯ ⲙⲉⲧⲣⲉϥϯⲥⲃⲱ ϧⲉⲛ ϯ ⲙⲉⲧⲁⲧⲧⲁⲕⲟ, ⲟⲩ ⲥⲁϫⲓ ⲛ ⲥⲉⲙⲛⲟⲥ, ⲟⲩ ⲥⲁϫⲓ ⲉϥ ⲟⲩⲟϫ ⲛ ⲁⲧⲉⲣⲕⲁⲧⲁⲅⲓⲛⲱⲥⲕⲓⲛ ⲙⲙⲟϥ.

περὶ πάντα σεαυτὸν παρεχόμενος τύπον καλῶν ἔργων, ἐν τῇ διδασκαλίᾳ ἀφθορίαν, σεμνότητα, ἀφθαρσίαν.

Röm. 12, 17. (2. Cor. 8, 21.) ⲛ ⲧⲉⲧⲉⲛ ϯ ⲛ ⲟⲩ ⲡⲉⲧ ϩⲱⲟⲩ ⲁⲛ ⲛ ϩⲗⲓ ⲛ ⲧ ϣⲉⲃⲓⲱ ⲛ ⲟⲩ ⲡⲉⲧ ϩⲱⲟⲩ. ⲉⲣⲉⲧⲉⲛ ϥⲓ ⲙ ⲫ ⲣⲱⲟⲩϣ ⲛ ϩⲁⲛ ⲛ ⲉⲑ ⲛⲁⲛⲉⲩ ⲙ ⲛ ⲉⲙⲟⲟ ⲛ ⲣⲱⲙⲓ ⲛⲓⲃⲉⲛ.

μηδενὶ κακὸν ἀντὶ κακοῦ ἀποδιδόντες, προνοούμενοι καλα ἐνώπιον πάντων ἀνθρώπων.

Hebr. 13, 9. ⲛⲁⲛⲉⲥ ⲅⲁⲣ ⲉ ⲧⲁϫⲣⲉ ⲡⲉⲧⲉⲛ ϩⲏⲧ ϧⲉⲛ ⲟⲩ ϩⲙⲟⲧ.

καλὸν γὰρ χάριτι βεβαιοῦσθαι τὴν καρδίαν.

1. Tim. 6, 12. 13 (2. Tim. 4, 7). ⲁⲣⲓ ⲁⲅⲱⲛⲓⲍⲉⲥⲑⲉ ⲙ ⲡⲓ ⲁⲅⲱⲛ ⲉⲑ ⲛⲁⲛⲉϥ ⲛⲧⲉ ⲫ ⲛⲁϩϯ.

ἀγωνίζου τὸν καλὸν ἀγῶνα τῆς πίστεως.

c) Ausdauer in diesen Tugenden, ihr Lohn und ihre bekehrende Wirkung auf andere:

Röm. 2, 7. ⲛⲏ ⲙⲉⲛ ⲉⲧ ⲁⲩ ⲁⲙⲟⲛⲓ ⲛⲧⲟⲧⲟⲩ ϧⲉⲛ ⲟⲩ ϩⲱⲃ ⲉ ⲛⲁⲛⲉϥ ⲟⲩ ⲱⲟⲩ ⲛⲉⲙ ⲟⲩ ⲧⲁⲓⲟ ⲛⲉⲙ ⲟⲩ ⲙⲉⲧⲁⲧⲧⲁⲕⲟ ⲛ ⲛⲏ ⲉⲧ ⲕⲱϯ ⲛⲥⲁ ⲟⲩ ⲱⲛϧ ⲛ ⲉⲛⲉϩ.

τοῖς μὲν καθ' ὑπομονὴν ἔργου ἀγαθοῦ δόξαν καὶ τιμὴν καὶ ἀφθαρσίαν ζητοῦσι ζωὴν αἰώνιον.

Amos 5, 14. κωϯ ⲛⲥⲁ ⲟⲩ ⲡⲉⲑ ⲛⲁⲛⲉϥ. ⲟⲩⲟϩ ⲡⲓ ⲡⲉⲧ ϩⲱⲟⲩ ⲁⲛ, ϩⲟⲡⲱⲥ ⲛⲧⲉⲧⲉⲛ ⲱⲛϧ.

Ἐκζητήσατε τὸ καλὸν, καὶ μὴ πονηρὸν, ὅπως ζήσητε.

Tuki Pontificale ⲥ̅ⲟ̅ⲍ̅. ⲟⲩⲟϩ ⲛ ϯ ϣⲉⲃⲓⲱ ⲙ ⲡⲓ ⲟⲩⲁⲓ ⲡⲓ ⲟⲩⲁⲓ ⲕⲁⲧⲁ ⲛⲉϥ ϩⲃⲏⲟⲩⲓ ⲛⲧⲉ ⲟⲩ ⲡⲉⲑ ⲛⲁⲛⲉϥ ⲛⲧⲉ ⲟⲩ ⲡⲉⲧ ϩⲱⲟⲩ.

ان كان خيرا وان كان شرا

Unicuique retribues secundum opera sive bona sive mala.

Mirac. S. Coluthi (Georgi 147). ⲛⲥⲉ ⲕⲟⲧⲟⲩ ⲉ ⲡ ⲛⲟⲩⲧⲉ ϩⲓⲧⲛ ϩⲛ ϩⲃⲏⲩⲉ ⲉ ⲛⲁⲛⲟⲩⲟⲟⲩ.

Ut converterentur ad Deum per opera bona.

Matth. 5, 16. ⲡⲁⲓ ⲣⲏϯ ⲙⲁⲣⲉ ⲡⲉⲧⲉⲛ ⲟⲩⲱⲓⲛⲓ ⲉⲣ ⲟⲩⲱⲓⲛⲓ ⲙ ⲡ ⲉⲙⲑⲟ ⲛ ⲛⲓ ⲣⲱⲙⲓ, ϩⲟⲡⲱⲥ ⲛⲥⲉ ⲛⲁⲩ ⲉ ⲛⲉⲧⲉⲛ ϩⲃⲏⲟⲩⲓ ⲉⲑ ⲛⲁⲛⲉⲩ ⲟⲩⲟϩ ⲛⲥⲉ ϯ ⲱⲟⲩ ⲙ ⲡⲉⲧⲉⲛ ⲓⲱⲧ ⲉⲧ ϧⲉⲛ ⲛⲓ ⲫⲏⲟⲩⲓ.

οὕτω λαμψάτω τὸ φῶς ὑμῶν ἔμπροσθεν τῶν ἀνθρώπων, ὅπως ἴδωσιν ὑμῶν τὰ καλὰ ἔργα καὶ δοξάσωσι τὸν πατέρα ὑμῶν τὸν ἐν τοῖς οὐρανοῖς.

Hist. Monast. Aegypt. Z. 324. ⲁϥ ϫⲟⲟⲥ ⲛϭⲓ ⲟⲩ ϩⲗⲗⲟ ϫⲉ ϥ ⲥⲏϩ ϫⲉ ⲡ ⲇⲓⲕⲁⲓⲟⲥ ⲛⲁ ϫⲓⲥⲉ ⲛⲑⲉ ⲛ ⲟⲩ ⲃⲛⲛⲉ ⲉⲣⲉ ⲡ ⲗⲟⲅⲟⲥ ⲇⲉ ⲥⲩⲙⲁⲛⲉ ⲙ ⲡ ϫⲓⲥⲉ ⲛ ⲛⲉ ⲡⲣⲁⲝⲓⲥ ⲉⲧ ⲛⲁⲛⲟⲩⲟⲩ ⲙⲛ ⲡⲉⲧ ϩⲗⲟϭ.

Dixit senex: Scriptum est: Justus elevabitur sicuti palma. Erit monumenti instar altitudo operum bonorum et dulcedo.

Ebenso 1. Tim. 2, 10. 21. — 3, 17. — 5, 10. Tit. 1, 16.

d) Diesen Tugenden und zwar hauptsächlich der Liebe, Gerechtigkeit und Weisheit entspringen für die Beurtheilung und Behandlung der wichtigsten menschlichen Verhältnisse gewisse leitende Grundsätze, die, von so lauteren Quellen ausgehend, den Charakter ihres Ursprunges tragen.

Im Verhältniss zu allen Menschen heisst nun dies

«gut» die Grundsätze der Gerechtigkeit, Hülfe und Rücksicht auf die einzelnen Vorkommnisse des Lebens anwenden:

Röm. 14, 21. 1. Cor. 7, 1. 8, 26. ⲛⲁⲛⲉⲥ ⲉ ϣⲧⲉⲙ ⲟⲩⲉⲙ ⲁϥ, ⲟⲩⲇⲉ ⲉ ϣⲧⲉⲙ ⲥⲉ ⲏⲣⲡ, ⲟⲩⲇⲉ ⲫⲏ ⲉⲧⲉ ⲡⲉⲕ ⲥⲟⲛ ⲛⲁ ϭⲓ ϭⲣⲟⲡ ⲛ̀ϧⲏⲧϥ.

καλὸν τὸ μὴ φαγεῖν κρέα, μηδὲ πιεῖν οἶνον μηδὲ ἐν ᾧ ὁ ἀδελφός σου προσκόπτει ἢ σκανδαλίζεται ἢ ἀσθενεῖ.

Marc. 7, 27. ⲟⲩⲟϩ ⲁϥ ϫⲱ ⲙ̀ⲙⲟⲥ ⲛⲁⲥ ϫⲉ ⲭⲁⲥ ⲛ ϣⲟⲣⲡ ⲛⲧⲟⲩ ⲥⲓ ⲛϫⲉ ⲛⲓ ϣⲏⲣⲓ, ⲟⲩ ⲅⲁⲣ ⲛⲁⲛⲉⲥ ⲁⲛ ⲉ ⲉⲗ ⲡ ⲱⲓⲕ ⲛ ⲛⲓ ϣⲏⲣⲓ ⲉ ⲧⲏⲓϥ ⲛ ⲛⲓ ⲟⲩϩⲱⲣ.

καὶ ἔλεγεν αὐτῇ, Ἄφες πρῶτον χορτασθῆναι τὰ τέκνα· οὐ γάρ ἐστιν καλὸν λαβεῖν τὸν ἄρτον τῶν τέκνων καὶ τοῖς κυναρίοις βαλεῖν.

Und diesen Grundsätzen gemäss, was wir ihnen zu Theil werden lassen, so Sachliches wie Geistiges, bemessen:

Gerechte Gesetze machen und beobachten:

Homilia contra foeneratores (Mingarelli). ⲙⲁⲣⲛ ⲕⲱ ⲛⲁⲛ ⲛ ⲟⲩ ϣⲓ ⲙⲛ ⲟⲩ ⲕⲁⲛⲱⲛ ⲉ ⲛⲁⲛⲉϥ.

Imponamus nobis mensuram et regulam bonam.

Billigkeit walten lassen im Verkehr:

Luc. 6, 38. ⲙⲟⲓ ⲟⲩⲟϩ ⲛⲧⲟⲩ ϯ ⲛⲱⲧⲉⲛ ⲟⲩ ϣⲓ ⲉ ⲛⲁⲛⲉϥ ⲉϥ ⲙⲉϩ ⲉϥ ϩⲉⲛϩⲱⲛ ⲉϥ ⲫⲉⲛⲫⲱⲛ ⲉⲃⲟⲗ ⲥⲉⲛⲁ ⲧⲏⲓϥ ⲉϧⲣⲏⲓ ⲉ ⲕⲉⲛ ⲑⲏⲛⲟⲩ. ⲡⲓ ϣⲓ ⲅⲁⲣ ⲉ ⲧⲉⲧⲉⲛ ⲛⲁϣⲓ ⲙ̀ⲙⲟϥ, ⲁⲩ ⲛⲁϣⲓ ⲛⲱⲧⲉⲛ ⲙ̀ⲙⲟϥ.

δίδοτε, καὶ δοθήσεται ὑμῖν· μέτρον καλὸν, πεπιεσμένον, σεσαλευμένον, ὑπερεκχυνόμενον, δώσουσιν εἰς τὸν κόλπον ὑμῶν· τῷ γὰρ αὐτῷ μέτρῳ ᾧ μετρεῖτε, ἀντιμετρηθήσεται ὑμῖν.

Das Wort freundlich, tröstlich, nachsichtig gebrauchen:

Gen. 24, 50. ⲁϥ ⲉⲣ ⲟⲩⲱ ⲇⲉ ⲛϫⲉ ⲗⲁⲃⲁⲛ ⲛⲉⲙ ⲃⲁⲑⲟⲩⲏⲗ ⲡⲉϫⲱⲟⲩ ϫⲉ. ⲉⲧ ⲁϥ ⲓ ⲉⲃⲟⲗϩⲓⲧⲉⲛ ⲡⲟ̅ⲥ̅ ⲛϫⲉ ⲡⲁⲓ ϩⲱⲃ, ⲧⲉⲛⲛⲁ ϣϫⲉⲙϫⲟⲙ ⲁⲛ ⲉ ϯ ⲉϧⲟⲩⲛ ⲉϫⲱⲕ ⲛ ⲟⲩ ⲡⲉⲧ ϩⲱⲟⲩ ϧⲁ ⲟⲩ ⲡⲉⲑ ⲛⲁⲛⲉϥ.

ἀποκριθεὶς δὲ Λάβαν καὶ Βαθουὴλ εἶπαν· παρὰ κυρίου ἐξῆλθε τὸ πρᾶγμα τοῦτο, οὐ δυνησόμεσθά σοι ἀντειπεῖν κακὸν ἢ καλόν.

Zach. 1, 13. ⲟⲩⲟϩ ⲁϥ ⲉⲣ ⲟⲩⲱ ⲛϫⲉ ⲡ ⲟ̅ⲥ̅ ⲡⲓ ⲡⲁⲛⲧⲟⲕⲣⲁⲧⲱⲣ ⲙ ⲡⲓ ⲁⲅⲅⲉⲗⲟⲥ ⲉⲧ ⲥⲁϫⲓ ⲛϧⲣⲏⲓ ⲛϧⲏⲧ, ⲛ ϩⲁⲛ ⲥⲁϫⲓ ⲉ ⲛⲁⲛⲉⲩ ⲛⲉⲙ ϩⲁⲛ ⲥⲁϫⲓ ⲛ ⲛⲟⲙϯ.

καὶ ἀπεκρίθη κύριος παντοκράτωρ τῷ λαλοῦντι ἐν ἐμοὶ ῥήματα καλὰ καὶ λόγους παρακλητικούς.

Pistis Sophia 132. 208. ⲁⲩⲱ ⲡ ⲙⲩⲥⲧⲏⲣⲓⲟⲛ ⲉⲧⲙⲙⲁⲩ ⲛⲧⲟϥ ⲡⲉⲧ ⲥⲟⲟⲩⲛ ϫⲉ ⲉⲧⲃⲉ ⲟⲩ ⲁ ⲧ ⲕⲁⲧⲁⲗⲁⲗⲓⲁ ϣⲱⲡⲉ, ⲁⲩⲱ ⲉⲧⲃⲉ ⲟⲩ ⲁ ⲡ ϣⲁϫⲉ ⲉⲧ ⲛⲁⲛⲟⲩϥ ϣⲱⲡⲉ.

Mysterium illud cognoscit, qua propter *καταλαλια* facta sit, et quapropter sermo bonus factus sit.

Matth. 12, 34. ⲛⲓ ⲙⲓⲥⲓ ⲉⲃⲟⲗϧⲉⲛ ⲛⲓ ⲁϫⲱ ⲡⲱⲥ ⲟⲩⲟⲛ ϣϫⲟⲙ ⲙⲙⲱⲧⲉⲛ ⲉ ⲥⲁϫⲓ ⲛ ϩⲁⲛ ⲡⲉⲑ ⲛⲁⲛⲉⲩ ⲉⲣⲉⲧⲉⲛ ϩⲱⲟⲩ.

Γεννήματα ἐχιδνῶν, πῶς δύνασθε ἀγαθὰ λαλεῖν, πονηροὶ ὄντες;

Im Verhältniss zu solchen Menschen dagegen, denen wir uns fernstellen zu müssen glauben, weil wir ihre Gesinnungen nicht beeinflussen können, kehrt ⲛⲁⲛⲉ die kühle Seite seines Wesens heraus, und wird, wie bei Beurtheilung von Naturverhältnissen, «weise», «verständig» bis zum «Zweckmässigen» hinab:

Acta Concilii Niceni Z. 249. ⲛ ⲟⲩ ϩⲱⲃ ⲉ ⲛⲁⲛⲟⲩϥ ⲁⲛ ⲡⲉ ⲉ ⲧⲣⲉ ϩⲱ ⲛ ⲧⲉⲓ ⲙⲓⲛⲉ ϣⲱⲡⲉ.

bona res non est, ut ita fiat.

Acta Concilii Niceni Z. 249. Ebenso ϩⲟⲣⲟⲥ ⲉ̅.

Matth. 17, 4 (Marc. 9, 5. Luc. 9, 33). ⲁϥ ⲉⲣ ⲟⲩⲱ ⲇⲉ ⲛϫⲉ ⲡⲉⲧⲣⲟⲥ ⲡⲉϫⲁϥ ⲛ ⲓ̅ⲏ̅ⲥ̅ ϫⲉ ⲡⲁ ⲟ̅ⲥ̅ ⲛⲁⲛⲉⲥ ⲛⲁⲛ ⲛⲧⲉⲛ ϣⲱⲡⲓ ⲙ ⲡⲁⲓ ⲙⲁ. ⳩ ⲟⲩⲱϣ ⲛⲧⲉⲛ ⲑⲁⲙⲓⲟ ⲛ ⲅ̅ ⲛ ⲥⲕⲩⲛⲏ ⲙ ⲡⲁⲓ ⲙⲁ, ⲟⲩⲓ ⲛⲁⲕ, ⲟⲩⲓ ⲙ ⲙⲱⲩⲥⲏⲥ, ⲛⲉⲙ ⲟⲩⲓ ⲛ ⲏⲗⲓⲁⲥ.

ἀποκριθεὶς δὲ ὁ *Πέτρος* εἶπε τῷ *Ἰησοῦ*· *Κύριε*, καλόν ἐστιν ἡμᾶς ὧδε εἶναι· εἰ θέλεις ποιήσω ὧδε τρεῖς σκηνάς, σοί μίαν καὶ Μωυσεῖ μίαν, καὶ μίαν Ἠλίᾳ.

In welchem Fall der Sinn auch «erfreulich» sein kann.

Einen Schritt weiter in diesem Rückzug auf das eigene Ich, und wir haben anstatt des Zweckmässigen das was zweckmässig erscheint, was beliebt:

Jer. 40, 4. 47, 4. ⲟⲩⲟϩ ⲓⲥϫⲉ ⲛⲁⲛⲉ ⲡⲓ ϩⲱⲃ ⲙ ⲡⲉⲕ ⲙⲑⲟ ⲉ ⲓ ⲛⲉⲙⲏⲓ ⲉ ⲃⲁⲃⲩⲗⲱⲛ.

εἰ καλὸν ἐναντίον σου ἐλθεῖν μετ᾽ ἐμοῦ εἰς Βαβυλῶνα.

Zach. 11, 12. ⲓⲥϫⲉ ⲛⲁⲛⲉⲥ ⲙ ⲡⲉⲧⲉⲛ ⲙⲑⲟ.

εἰ καλὸν ἐνώπιον ὑμῶν ἐςι, δότε τὸν μισθόν μου.

Von Gott nahezu als Befehl:

Gen. 2, 18. ⲛⲁⲛⲉⲥ ⲁⲛ ⲉ ⲑⲣⲉ ⲡⲓ ⲣⲱⲙⲓ ϣⲱⲡⲓ ⲙⲙⲁⲩⲁⲧϥ.

οὐ καλὸν εἶναι τὸν ἄνθρωπον μόνον.

Numeri 24, 1. ⲟⲩⲟϩ ⲁϥ ⲛⲁⲩ ⲛϫⲉ ⲃⲁⲗⲁⲁⲙ ϫⲉ ⲛⲁⲛⲉ ⲡⲓ ϩⲱⲃ ⲙ ⲡ ⲉⲙⲑⲟ ⲙ ⲡ ⲟ̅ⲥ̅ ⲉ ⲥⲙⲟⲩ ⲉ ⲡ ⲓⲥⲣⲁⲏⲗ.

καὶ ἰδὼν Βαλαὰμ ὅτι καλόν ἐςιν ἐναντίον κυρίου εὐλογεῖν τὸν Ἰσραήλ.

Bei der edelen Grundfärbung des ⲛⲁⲛⲉ ist seine Verwendung in Fällen der beiden letzten Arten eine verhältnissmässig sehr seltene.

Schliesslich ist alles gut, was im Sinne der genannten Tugenden gethan und ersonnen wird, wenn nicht etwa ein Indifferentes, zeitweilig Förderndes zu verstehen und «zweckmässig» zu übersetzen ist:

Gesetz:

Hes. 20, 24. 25. ⲁⲩ ϭⲱϧⲉⲙ ⲛ ⲛⲁ ⲥⲁⲃⲃⲁⲧⲟⲛ ⲟⲩⲟϩ ⲛⲟⲩ ⲃⲁⲗ ⲛⲁⲩ ⲥⲁⲫⲁϩⲟⲩ ⲛ ⲛⲓ ⲟⲩⲱϣ ⲛⲧⲉ ⲛⲟⲩ ⲓⲟϯ. ⲁⲛⲟⲕ ϩⲱ ⲁⲓ ϯ ⲛⲑⲱⲟⲩ ⲛ ϩⲁⲛ ⲡⲣⲟⲥⲧⲁⲅⲙⲁ ⲉ ⲛⲁⲛⲉⲩ ⲁⲛ, ⲛⲉⲙ ϩⲁⲛ ⲙⲉⲑⲙⲏⲓ ⲛⲥⲉ ϣⲧⲉⲙ ⲱⲛϧ ⲁⲛ ⲛϧⲣⲏⲓ ⲛϧⲏⲧⲟⲩ.

καὶ τὰ σάββατά μου ἐβεβήλουν, καὶ ὀπίσω τῶν ἐνθυμημάτων τῶν πατέρων αὐτῶν ἦσαν οἱ ὀφθαλμοὶ αὐτῶν. καὶ ἐγὼ ἔδωκα αὐτοῖς προςτάγματα οὐ καλὰ, καὶ δικαιώματα ἐν οἷς οὐ ζήσονται ἐν αὐτοῖς.

Darüber hinaus gelangen wir zu einer Klasse von Beispielen, welche die oft erwähnte Grundfärbung des Wortes in besonders lehrreicher und schlagender Weise erläutert; denn selbst was an sich nicht gut ist, der Krieg, es dient dem Guten:

1. Tim. 1, 18. ⲛ ϯ ⲙⲉⲧⲙⲁⲧⲟⲓ ⲉⲑ ⲛⲁⲛⲉⲥ.
ταύτην τὴν παραγγελίαν παρατίθεμαί σοι, τέκνον Τιμόθεε, κατὰ τὰς προαγούσας ἐπὶ σὲ προφητείας, ἵνα στρατεύῃ ἐν αὐταῖς τὴν καλὴν στρατείαν.

Den Krieg im letzten Beispiel, unabhängig von seinem guten Zweck, deshalb als gut genannt anzusehen, weil er etwa in sich vollkommen und trefflich geführt wird, haben wir keine Berechtigung. Die ägyptische Sprache kennt diese Bedeutung des Begriffes, die in modernen Sprachen vielfach nachzuweisen ist, nicht. Lange Beobachtung hat auch nicht ein einziges sicheres Beispiel solchen gesunkenen Sinnes für ⲛⲁⲛⲉ ergeben, obschon «gut» und «good» leicht genug darin aufzufinden sind.

Was noch erübrigt, ist eine uneigentliche und befremdende Anwendung als «schön». Dass «schön» für «gut» gesagt wird, ist eine sich in vielen Sprachen wiederholende und leicht erklärliche Erscheinung, da ja das Sinnliche überall zu geistigen Tropen verwendet, und dabei begrifflich erhöht wird; dass dagegen, wie es unserem Wort im Aegyptischen gelegentlich, wenn auch äusserst selten geschieht, das umgekehrte Bild gebraucht, und «innerlich werthvoll» gesagt, aber «äusserlich gefällig» gemeint wird, ist eine Anomalie an sich, und eine Entstellung des Gedankens, die entweder eine ungemein wichtige und lehrreiche, oder die allerunbedeutendste Veranlassung hat — einen Irrthum. Soweit ich absehen kann, liegt nur eine fehlerhafte Uebersetzung aus dem Griechischen zu Grunde. Denn da *καλός*, das zuerst «schön» und dann auch «gut» bedeutet, als letzteres gewöhnlich mit ⲛⲁⲛⲉ gegeben wird, so lässt sich annehmen, dass bei der ungemeinen Häufigkeit dieser Fälle, in einigen wenigen auch da ⲛⲁⲛⲉ gesagt wurde, wo *καλὸς* «schön» gemeint war. Die anders unerklärbaren Beispiele dieser Art lassen sich leicht zählen:

Gen. 12, 14. ⲁⲩ ⲛⲁⲩ ⲛϫⲉ ⲛⲓ ⲣⲉⲙ ⲛ ⲭⲏⲙⲓ ⲉ ⲧⲉϥ ⲥϩⲓⲙⲓ, ϫⲉ ⲛⲁⲛⲉⲥ ⲉ ⲙⲁϣⲱ (יָפָה).

ἰδόντες οἱ Αἰγύπτιοι τὴν γυναῖκα αὐτοῦ, ὅτι καλὴ ἦν σφόδρα.

Gen. 6, 2. ⲉⲧ ⲁⲩ ⲛⲁⲩ ⲇⲉ ⲛϫⲉ ⲛⲓ ⲁⲅⲅⲉⲗⲟⲥ ⲛⲧⲉ ⲫ ⲛⲟⲩϯ ⲉ ⲛⲓ ϣⲉⲣⲓ ⲛⲧⲉ ⲛⲓ ⲣⲱⲙⲓ ϫⲉ ⲛⲁⲛⲉⲩ.

ἰδόντες δὲ οἱ υἱοὶ τοῦ θεοῦ τὰς θυγατέρας τῶν ἀνθρώπων, ὅτι καλαί εἰσιν.

Nah. 3, 4. ϯ ⲡⲟⲣⲛⲏ ⲉⲑ ⲛⲁⲛⲉⲥ ⲉⲧⲉ ⲟⲩⲟⲛ ⲧⲉⲥ ϩⲙⲟⲧ, ϯ ϩⲩⲅⲟⲩⲙⲉⲛⲟⲥ ⲛⲧⲉ ⲛⲓ ⲫⲁⲣⲙⲁⲅⲟⲥ.

πόρνη καλὴ, καὶ ἐπίχαρις ἡγουμένη φαρμάκων.

Amos 8, 13. ϧⲉⲛ ⲡⲓ ⲉϩⲟⲟⲩ ⲉⲧⲉⲙⲙⲁⲩ ⲉⲩⲉ ⲙⲟⲩⲛⲕ ⲛϫⲉ ⲛⲓ ⲡⲁⲣⲑⲉⲛⲟⲥ ⲉⲑ ⲛⲁⲛⲉⲩ ⲟⲩⲟϩ ⲛⲓ ϧⲉⲗϣⲓⲣⲓ ϧⲉⲛ ⲟⲩ ⲓⲃⲓ.

ἐν τῇ ἡμέρᾳ ἐκείνῃ ἐκλείψουσιν αἱ παρθένοι αἱ καλαὶ, καὶ οἱ νεανίσκοι ἐν δίψει.

Weniger auffallend sind die folgenden beiden Beispiele, da das ⲛⲁⲛⲉⲥ in ihnen durch besondere Erläuterung als auf das Sinnliche, das Aussehen gehend, bezeichnet wird:

Gen. 24, 16. ϯ ⲡⲁⲣⲑⲉⲛⲟⲥ ⲇⲉ ⲛⲉ ⲛⲁⲛⲉⲥ ⲡⲉ ϧⲉⲛ ⲡⲉⲥ ϩⲟ ⲉⲙⲁϣⲱ.

ἡ δὲ παρθένος ἦν καλὴ τῇ ὄψει σφόδρα.

Gen. 29, 17. ⲣⲁⲭⲏⲗ ⲇⲉ ⲛⲉ ⲛⲁⲛⲉⲥ ⲡⲉ ϧⲉⲛ ⲡⲉⲥ ⲥⲙⲟⲧ.

Ραχὴλ δὲ ἦν καλὴ τῷ εἴδει.

Und am wenigsten anstössig im Gebrauch dunkeler Bildersprache:

Zach. 11, 10. ⲟⲩⲟϩ ⲉⲓⲉ ϭⲓ ⲙ ⲡⲓ ϣⲃⲱⲧ ⲉⲑ ⲛⲁⲛⲉϥ, ⲟⲩⲟϩ ⲉⲓⲉ ϩⲉⲣⲃⲱⲣϥ.

καὶ λήψομαι τὴν ῥάβδον μου τὴν καλὴν, καὶ ἀποῤῥίψω αὐτὴν . . (amoenitas נֹעַם).

Der Vollständigkeit wegen sei bemerkt, dass *καλὸς* «schön» gewöhnlich ganz richtig mit ⲥⲁ, ⲥⲁⲓⲏ, ⲥⲁⲓⲱⲟⲩ, ⲛⲉⲥⲱ, pulcher wiedergegeben wird, und dass dieselben Worte den Begriff auch in den ägyptischen Originalschriften regelmässig vertreten:

Hos. 10, 11. ⲉⲫⲣⲉⲙ ⲟⲩ ⲃⲁϩⲥⲓ ⲧⲉ ⲉⲥ ⲧⲥⲁⲃⲏⲟⲩⲧ ⲉ ⲙⲉⲛⲣⲉ ⲟⲩ ϭⲣⲟ. ⲁⲛⲟⲕ ⲇⲉ ϯⲛⲁ ϣⲉ ⲛⲏⲓ ⲉϫⲉⲛ ⲡ ⲥⲁⲓ ⲛⲧⲉ ⲧⲉⲥ ⲛⲁϩⲃⲓ, ϯⲛⲁ ϩⲉⲙⲥⲓ ⲉϫⲉⲛ ⲉⲫⲣⲉⲙ.

Ἐφραίμ δάμαλις δεδιδαγμένη ἀγαπᾶν νεῖκος, ἐγὼ δὲ ἐπιλεύσομαι ἐπὶ τὸ κάλλιςον τοῦ τραχήλου αὐτῆς, ἐπιβιβῶ Ἐφραίμ (טוב).

Ezek. 16, 13. ⲁⲣⲉ ⲉⲣ ⲥⲁⲓⲥ ϧⲉⲛ ⲡⲓ ⲛⲟⲩⲃ ⲛⲉⲙ ⲡⲓ ϩⲁⲧ ⲟⲩⲟϩ ⲛⲉ ϩⲃⲱⲥ ⲉ ϩⲁⲛ ϣⲉⲛⲥ ⲛⲉ . . . . ⲟⲩⲟϩ ⲁⲣⲉ ϣⲱⲡⲓ ⲉ ⲛⲉⲥⲱⲥ ⲉ ⲙⲁϣⲱ. ⲟⲩⲟϩ ⲡⲉ ⲣⲁⲛ ⲁϥ ⲓ ⲉⲃⲟⲗϧⲉⲛ ⲛⲓ ⲉⲑⲛⲟⲥ ϧⲉⲛ ⲧⲟⲩ ⲙⲉⲧⲥⲁⲓⲉ (יפה).

καὶ ἐγένου καλὴ σφόδρα, καὶ ἐξῆλθέ σου ὄνομα ἐν τοῖς ἔθνεσιν ἐν τῷ κάλλει σου.

Dan. 1, 4. ⲛ ϩⲁⲛ ⲁⲗⲱⲟⲩⲓ ⲛ ϧⲉⲗϣⲓⲣⲓ ⲙⲙⲟⲛ, ϩⲗⲓ ⲛ ⲁϭⲛⲓ ⲛ ϧⲏⲧⲟⲩ ⲛ ⲥⲁⲓⲏ ϧⲉⲛ ⲡⲟⲩ ϩⲟ, ⲉⲩ ⲕⲁϯ ϧⲉⲛ ⲥⲃⲱ ⲛⲓⲃⲉⲛ.

νεανίσκους οἷς οὐκ ἔςιν ἐν αὐτοῖς μῶμος, καὶ καλοὺς τῇ ὄψει, καὶ συνιέντας ἐν πάσῃ σοφίᾳ.

Sermones Schenuthii Z. 454. ⲛⲉⲥⲱⲥ ϩⲛ ⲛⲉ ϩⲓⲟⲙⲉ.

pulchra inter mulieres.

Ja selbst in solchen an das eigentliche Gebiet des ⲛⲁⲛⲉ eng gränzenden Fällen, in denen nicht gerade «sittlich gut», sondern nur «sittlich gefällig» gesagt wird, fühlt der Kopte die Beimischung des «gefällig» schon als eine fremdartige, und übersetzt häufig mit Hervorhebung der sinnlichen, nicht der seelischen, das Sinnliche absolut ausschliessenden Seite:

Deut. 6, 18. ⲟⲩⲟϩ ⲉⲕⲉ ⲓⲣⲓ ⲙ ⲡⲓ ⲡⲉⲑ ⲛⲁⲛⲉϥ ⲛⲉⲙ ⲡⲓ ⲡⲉⲑ ⲣⲁⲛⲁϥ ⲙ ⲡ ⲉⲙⲑⲟ ⲙ ⲡ ⲟ̅ⲥ̅ ⲡⲉⲕ ⲛⲟⲩϯ.

καὶ ποιήσεις τὸ ἀρεςὸν καὶ τὸ καλὸν ἔναντι κυρίου τοῦ θεοῦ σου.

Was hier gemeint ist, ergiebt sich aus

Titus 2, 9. ⲉⲩ ⲣⲁⲛⲱⲟⲩ ϧⲉⲛ ϩⲱⲃ ⲛⲓⲃⲉⲛ.

ἐν πᾶσιν εὐαρέςους εἶναι.

IV. Nachdem die Anwendbarkeit des ⲛⲁⲛⲉ auf die verschiedensten Dinge, und die mannigfaltigen Arten des «gut», deren sie fähig sind, gezeigt worden ist, wird es natürlich erscheinen, seinen Begriff auf das absolut Gute ausgedehnt zu sehen. ⲛⲁⲛⲉ ist auch das reine, alles Gute umfassende Gute, sowohl als der Welt und uns selber innewohnendes Princip und höchster Gegenstand der Erkenntniss und Uebung, wie als Person, als Gott.

1) Lebendiges Princip der Welt, das allein ewiges Sein und Glück in sich hat und seinen Anhängern sichert:

Deut. 30, 15. ϩⲏⲡⲡⲉ ⲁⲓ ϯ ⲙ ⲡ ⲉⲙⲑⲟ ⲙ ⲡⲉⲕ ϩⲟ ⲙ ⲫ ⲟⲟⲩ ⲙ ⲡ ⲱⲛϧ ⲛⲉⲙ ⲫ ⲙⲟⲩ ⲡⲓ ⲡⲉⲑ ⲛⲁⲛⲉϥ ⲛⲉⲙ ⲡⲓ ⲡⲉⲧ ϩⲱⲟⲩ.

ἰδοὺ δέδωκα πρὸ προςώπου σου σήμερον τὴν ζωὴν καὶ τὸν θάνατον, τὸ ἀγαθὸν καὶ τὸ κακόν.

Röm. 7, 13. ⲡⲓ ⲡⲉⲑ ⲛⲁⲛⲉϥ ⲟⲩⲛ ⲁϥ ϣⲱⲡⲓ ⲛⲏⲓ ⲉⲩ ⲙⲟⲩ.

τὸ οὖν ἀγαθὸν ἐμοὶ γέγονεν θάνατος;

In schrecklichem Geheimniss erkannt vom Menschen durch die Sünde:

Gen. 3, 5. ⲧⲉⲧⲉⲛⲛⲁ ⲉⲣ ⲙ ⲫ ⲣⲏϯ ⲛ ϩⲁⲛ ⲛⲟⲩϯ ⲉ ⲟⲣⲉⲧⲉⲛ ⲥⲱⲟⲩⲛ ⲉ ⲟⲩ ⲡⲉⲑ ⲛⲁⲛⲉϥ ⲛⲉⲙ ⲟⲩ ⲡⲉⲧ ϩⲱⲟⲩ.

καὶ ἔσεσθε ὡς θεοί, γινώσκοντες καλὸν καὶ πονηρόν.

Gen. 3, 22. ⲟⲩⲟϩ ⲡⲉϫⲉ ⲡ ϭⲟⲓⲥ ⲫ ⲛⲟⲩϯ ϫⲉ ϩⲏⲡⲡⲉ ⲓⲥ ⲁⲇⲁⲙ ⲁϥ ⲉⲣ ⲙ ⲫ ⲣⲏϯ ⲛ ⲟⲩⲁⲓ ⲉⲃⲟⲗ ⲙⲙⲟⲛ, ⲉ ⲡ ϫⲓⲛ ⲥⲟⲩⲉⲛ ⲟⲩ ⲡⲉⲑ ⲛⲁⲛⲉϥ ⲛⲉⲙ ⲟⲩ ⲡⲉⲧ ϩⲱⲟⲩ.

καὶ εἶπεν ὁ θεός· ἰδοὺ Ἀδὰμ γέγονεν ὡς εἷς ἐξ ἡμῶν, τοῦ γινώσκειν καλὸν καὶ πονηρόν.

Aber erst durch die Erlösung der rechten Bethätigung zugänglich gemacht:

Pistis Sophia 177, 281. ⲉ ⲙⲛ ⲗⲁⲁⲩ ⲙⲙⲟⲟⲩ ⲁⲓⲥⲑⲁⲛⲉ ⲉ ⲗⲁⲁⲩ ⲛ ϩⲱⲃ ⲉⲓⲧⲉ ⲡⲉⲧ ⲛⲁⲛⲟⲩϥ ⲉⲓⲧⲉ ⲡⲉⲑ ⲟⲟⲩ.

Nihil eorum *αιςθανει* quidquam operis, *ειτε* bonum *ειτε* malum.

Jes. 5, 20. ⲟⲩⲟⲓ ⲛ ⲛⲏ ⲉⲧ ϫⲱ ⲙⲙⲟⲥ ⲉ ⲡⲓ ⲡⲉⲧ ϩⲱⲟⲩ ϫⲉ ⲛⲁⲛⲉϥ, ⲟⲩⲟϩ ⲡⲓ ⲡⲉⲑ ⲛⲁⲛⲉϥ ϫⲉ ϥ ϩⲱⲟⲩ.

οὐαὶ οἱ λέγοντες τὸ πονηρὸν καλόν, καὶ τὸ καλὸν πονηρόν.

Röm. 7, 18. ϯ ⲥⲱⲟⲩⲛ ⲅⲁⲣ ϫⲉ ϥ ϣⲟⲡ ⲛϧⲏⲧ ⲁⲛ ⲉⲧⲉ

ⲫⲁⲓ ⲡⲉ ϧⲉⲛ ⲧⲁ ⲥⲁⲣⲝ ⲛϫⲉ ⲡⲓ ⲡⲉⲑ ⲛⲁⲛⲉϥ ⲡⲓ. ⲟⲩⲱϣ ⲅⲁⲣ ϥ ⲭⲏ ⲛⲁϩⲣⲁⲓ. ⲉ ⲉⲣ ϩⲱⲃ ⲇⲉ ⲉ ⲡⲓ ⲡⲉⲑ ⲛⲁⲛⲉϥ. ⲙⲙⲟⲛ ⲡⲉ.

οἶδα γὰρ ὅτι οὐκ οἰκεῖ ἐν ἐμοί, τοῦτ᾽ ἔστιν ἐν τῇ σαρκί μου, ἀγαθόν. τὸ γὰρ θέλειν παράκειταί μοι, τὸ δὲ κατεργάζεσθαι τὸ καλὸν οὔ.

Vorher und nachher der Liebe und Bethätigung empfohlen, obschon nicht immer mit dem erwünschten Erfolg:

3. Joh. 11. ⲡⲁ ⲙⲉⲛⲣⲓⲧ ⲙⲡⲉⲣ ⲧⲉⲛ ⲑⲱⲛⲕ ⲉ ⲡⲓ ⲡⲉⲧ ϩⲱⲟⲩ ⲁⲗⲗⲁ ⲉ ⲡⲓ ⲡⲉⲑ ⲛⲁⲛⲉϥ.

ἀγαπητέ, μὴ μιμοῦ τὸ κακὸν, ἀλλὰ τὸ ἀγαθόν.

Mich. 6, 8. ⲁⲩ ⲧⲁⲙⲟⲕ ⲫ ⲣⲱⲙⲓ ϫⲉ ⲟⲩ ⲡⲉⲑ ⲛⲁⲛⲉϥ. ⲓⲉ ⲟⲩ ⲡⲉ ⲉⲧⲉ ⲡ̅ⲟ̅ⲥ̅ ⲕⲱϯ ⲛⲥⲱϥ ⲛⲧⲟⲧⲕ ⲁⲗⲗⲁ ⲉ ⲑⲣⲉⲕ ⲓⲣⲓ ⲛ ⲟⲩ ϩⲁⲡ.

εἰ ἀνηγγέλη σοι, ἄνθρωπε, τί καλόν; ἢ τί κύριος ἐκζητεῖ παρὰ σοῦ, ἀλλ᾽ ἢ τοῦ ποιεῖν κρῖμα.

Historia Ecclesiae Alexandrinae Z 268. ⲁⲕ ⲙⲉⲣⲉ ⲛ ⲕⲁⲕⲉ ⲡⲁⲣⲁ ⲡ ⲟⲩⲟⲉⲓⲛ, ⲁⲕ ⲙⲉⲣⲉ ⲛ ⲡⲉⲑ ⲟⲟⲩ ⲉ ϩⲟⲩⲉ ⲡⲉ ⲡⲉⲧ ⲛⲁⲛⲟⲩϥ, ⲡ ϭⲓ ⲛ ϫⲟⲛⲥ ⲛ ϩⲟⲩⲉ ⲛⲉⲛ ϣⲁϫⲉ ⲛ ⲧ ⲇⲓⲕⲁⲓⲟⲥⲩⲛⲏ.

Magis amavisti tenebras quam lucem, bonum quam malum, injustitiam quam verba justitiae.

Prochori Diaconi Vita S. Johannis (Mingarelli 2, 311). ⲁⲛ ϭⲛ̅ ⲡⲁⲓ ⲉϥ ⲧⲁⲕⲟ ⲛ ⲧⲉ ϩⲓⲏ ⲉⲧ ⲛⲁⲛⲟⲩⲥ ⲁⲩⲱ ⲉⲧ ⲥⲟⲩⲧⲱⲛ.

Invenimus eum corrumpentem viam bonam et rectam.

2) Gott, der die Welt und den sie belebenden guten Geist geschaffen, ist selbst ganz gut:

Zach. 9, 9. ϫⲉ ⲁⲅⲁⲑⲟⲛ ⲛⲓⲃⲉⲛ ⲛⲟⲩϥ ⲡⲉ, ⲟⲩⲟϩ ⲡⲉⲑ ⲛⲁⲛⲉϥ ⲛⲓⲃⲉⲛ ⲛⲟⲩϥ ⲡⲉ.

ὅτι εἴ τι ἀγαθὸν αὐτοῦ, καὶ εἴ τι καλὸν αὐτοῦ.

Ebenso Christus, den er zur Befruchtung dieses Princips gesandt:

Joh. 10, 11. 14. ⲁⲛⲟⲕ ⲡⲉ ⲡⲓ ⲙⲁⲛⲉⲥⲱⲟⲩ ⲉⲑ ⲛⲁⲛⲉϥ. ⲡⲓ

ⲙⲁⲛⲉⲥⲱⲟⲩ ⲉⲑ ⲛⲁⲛⲉϥ ϣⲁϥ ϯ ⲛ ⲧⲉϥ ⲯⲩⲭⲏ ⲉϩⲣⲏⲓ ⲉϫⲉⲛ ⲛⲉϥ ⲉⲥⲱⲟⲩ.

ἐγώ εἰμι ὁ ποιμὴν ὁ καλός. ὁ ποιμὴν ὁ καλὸς τὴν ψυχὴν αὐτοῦ τίθησιν ὑπὲρ τῶν προβάτων.

Jac. 2, 7. ⲙⲏ ⲛⲑⲱⲟⲩ ⲁⲛ ⲉⲧ ϫⲉ ⲟⲩⲁ ⲉ ⲡⲓ ⲣⲁⲛ ⲉⲑ ⲛⲁⲛⲉϥ ⲉⲧ ⲁⲩ ⲙⲟⲩϯ ⲙⲙⲟϥ ⲉϫⲉⲛ ⲑⲏⲛⲟⲩ.

οὐκ αὐτοὶ βλασφημοῦσι τὸ καλὸν ὄνομα τὸ ἐπικληθὲν ἐφ' ὑμᾶς;

Alle seine Gaben sind gut, sowohl in ihrem Was als in ihrem Wie:

Tuki Euchologium ⲩ̅ⲝ̅ⲁ̅. ⲡ ⲟ̅ⲥ̅ ⲫϯ ⲡⲓ ⲣⲉϥϯ ⲛ ⲛⲓ ⲁⲅⲁⲑⲟⲛ ⲧⲏⲣⲟⲩ ⲛⲉⲙ ⲡⲉⲑ ⲛⲁⲛⲉϥ ⲛⲓⲃⲉⲛ.

الرب الآله معطى جميع الخيرات وكل احسان

Deus auctor omnium munerum et donorum bonorum.

Tuki Rituale ⲥ̅ⲡ̅ⲍ̅. ϫⲉ ⲛⲑⲟⲕ ⲉⲧ ϯ ⲛ ⲟⲩ ϧⲣⲉ ⲛⲱⲟⲩ ϧⲉⲛ ⲟⲩ ⲥⲏⲟⲩ ⲉ ⲛⲁⲛⲉϥ. في حينه الحسن

Quia tu dabis nobis cibum opportuno tempore.

Zumal seine Gebote, da sie den Menschen selbst gut zu machen bezwecken:

Röm. 7, 12. ϯ ⲉⲛⲧⲟⲗⲏ ⲉ ⲟⲩⲁⲃ ⲟⲩⲟϩ ⲟⲩ ⲑⲙⲏⲓ ϫⲉ ⲟⲩⲟϩ ⲛⲁⲛⲉⲥ. *ἡ ἐντολὴ ἁγία, δικαία καὶ ἀγαθή.*

Röm. 7, 16. ⲓⲥϫⲉ ϫⲉ ⲫⲏ ⲉⲧⲉ ⲛ ϯ ⲟⲩⲁϣ ⲁⲛ ⲫⲁⲓ ⲡⲉ ϯ ⲣⲁ ⲙⲙⲟϥ, ϯ ϫⲱ ⲙⲙⲟⲥ ⲙⲉⲛ ⲉ ⲡⲓ ⲛⲟⲙⲟⲥ, ϫⲉ ⲛⲁⲛⲉϥ.

εἰ δὲ ὃ οὐ θέλω τοῦτο ποιῶ, σύμφημι τῷ νόμῳ ὅτι καλός.

Hebr. 6, 5. ⲟⲩⲟϩ ⲁⲩ ϫⲉⲙ ϯ ⲡⲓ ⲙ ⲡⲓ ⲥⲁϫⲓ ⲉⲑ ⲛⲁⲛⲉϥ ⲛⲧⲉ ⲫ ⲛⲟⲩϯ ⲛⲉⲙ ⲛⲓ ϫⲟⲙ ⲛⲧⲉ ⲡⲓ ⲉⲛⲉϩ ⲉⲑ ⲛⲏⲟⲩ.

καὶ καλὸν γευσαμένους θεοῦ ῥῆμα, δυνάμεις τε μέλλοντος αἰῶνος.

Und seine Vertheilung von Lohn und Strafe nach Verdienst:

Tuki Rituale ⲧ̅ⲓ̅ⲟ̅. ⲛⲉⲙ ⲉ ϯ ⲙ ⲡⲓ ⲟⲩⲁⲓ ⲡⲓ ⲟⲩⲁⲓ ⲕⲁⲧⲁ ⲛⲉϥ ϩⲃⲏⲟⲩⲓ ⲓⲧⲉ ⲟⲩ ⲡⲉⲑ ⲛⲁⲛⲉϥ ⲓⲧⲉ ⲟⲩ ⲡⲉⲧ ϩⲱⲟⲩ.

ويعطى واحدا واحدا نظير اعماله ان كان خيرا وان كان شرا

Qui suum cuique dat pro merito, bonum alteri, alteri malum.

Wir schliessen das lange, ereignissreiche, vom Himmel zur Erde, von der Allgüte zum geringfügigsten, nur zeitweilig gut angesehenen Dinge sich erstreckende Kapitel mit der Hervorhebung eines besonders wichtigen Charakterzuges unseres Wortes, der wirksamen Thätigkeit. Wie stark diese Seite seines complicirten Gesammtwesens ist, ergiebt sich daraus, dass im Gegensatz zu anderen, verwandten, aber engeren Worten, die weiter unten abgehandelt werden sollen, die Verbindung der Begriffe «gut» und «thun» fast ausschliesslich dem ⲛⲁⲛⲉ zufällt. Dies ist der Fall bei den drei Verbis des Thuns, dem schwachen ⲉⲣ, das sowohl «geschehen» als «geschehen lassen» bedeutet, dem starken ⲓⲣⲓ, das «schaffen» besagt, und dem nicht regierenden, sondern nur rückbezogenen ⲁⲓ «zu etwas machen». Ob dem ⲛⲁⲛⲉ das gegenständlich machende ϩⲱⲃ res hinzugesetzt wird, oder ob es abstracte allein steht, macht keinen Unterschied:

ⲉⲣ mit ϩⲱⲃ:

Ephes. 4, 28. ⲉϥ ⲉⲣ ϩⲱⲃ ⲉ ⲡⲓ ⲡⲉⲑ ⲛⲁⲛⲉϥ.

ἐργαζόμενος τὸ ἀγαθόν.

Marc. 14, 6. ⲓ̅ⲏ̅ⲥ̅ ⲇⲉ ⲡⲉϫⲁϥ ⲛⲱⲟⲩ ϫⲉ ⲭⲁⲥ, ⲁϩⲱⲧⲉⲛ ⲧⲉⲧⲉⲛ ϯ ϩⲓⲥⲓ ⲛⲁⲥ, ⲟⲩ ϩⲱⲃ ⲉ ⲛⲁⲛⲉϥ ⲉⲧ ⲁⲥ ⲉⲣ ϩⲱⲃ ⲉⲣⲟϥ ⲛϩⲏⲧ.

ὁ δὲ Ἰησοῦς εἶπεν, Ἄφες αὐτήν· τί αὐτῇ κόπους παρέχετε; καλὸν ἔργον εἰργάσατο ἐν ἐμοί.

Galat. 6, 10. ⲙⲁⲣⲉⲛ ⲉⲣ ϩⲱⲃ ⲉ ⲡⲓ ⲡⲉⲑ ⲛⲁⲛⲉϥ ⲛⲉⲙ ⲟⲩⲟⲛ ⲛⲓⲃⲉⲛ.

ἐργαζώμεθα τὸ ἀγαθὸν πρὸς πάντας.

1. Tim. 6, 8. ⲉ ⲉⲣ ϩⲱⲃ ⲉ ⲛⲁⲛⲉϥ ⲉ ⲉⲣ ⲣⲁⲙⲁⲟ ϩⲁⲛ ϩⲃⲏⲟⲩⲓ ⲉ ⲛⲁⲛⲉⲩ.

Ἀγαθοεργεῖν πλουτεῖν ἐν ἔργοις καλοῖς.

ⲉⲣ ohne ϩⲱⲃ:

Jer. 44 (51) 27. ϫⲉ ⲁⲛⲟⲕ ⲁⲓ ⲣⲟⲉⲓⲥ ⲉϩⲣⲏⲓ ⲉϫⲱⲟⲩ ⲉ ϯ ⲙⲕⲁϩ ⲛⲱⲟⲩ ⲟⲩⲟϩ ⲉⲓⲉ ⲉⲣ ⲡⲉⲑ ⲛⲁⲛⲉϥ ⲛⲱⲟⲩ ⲁⲛ.

ἐγρήγορα τοῦ κακῶσαι αὐτοὺς καὶ οὐκ ἀγαθῶσαι.

Gen. 26, 29. ⲉ ϣⲧⲉⲙ ⲑⲣⲉⲕ ⲓⲣⲓ ⲛⲉⲙⲁⲛ ⲛ ⲟⲩ ⲡⲉⲧ ϩⲱⲟⲩ ⲙ ⲫ ⲣⲏϯ ⲉⲧⲉ ⲙⲡⲉⲛ ⲟⲣⲃⲉⲕ ⲁⲛⲟⲛ, ⲛⲉⲙ ⲡⲓ ⲣⲏϯ ⲉⲧ ⲁⲛ ⲉⲣ ⲡⲉⲑ ⲛⲁⲛⲉϥ ⲛⲁⲕ ⲟⲩⲟϩ ϯⲛⲟⲩ ⲁⲛ ⲟⲩⲟⲣⲡⲕ ⲉⲃⲟⲗϧⲉⲛ ⲟⲩ ϩⲓⲣⲏⲛⲏ.
καὶ ὃν τρόπον ἐχρησάμεθά σοι καλῶς, καὶ ἐξαπεςείλαμέν σε μετ' εἰρήνης.

Vitae Abbatum Generalium (Mingarelli 2, 238). ⲕⲁⲓ ⲅⲁⲣ ⲟⲩ ⲣⲱⲙⲉ ⲉϥ ϩⲱⲟⲩ ⲉⲕ ϣⲁⲛ ⲉⲣ ⲡⲉⲧ ⲛⲁⲛⲟⲩϥ ⲛⲁϥ ϣⲁϥ ⲉⲓ ⲉⲩ ⲉⲥⲑⲏⲥⲓⲥ ⲛⲧⲉ ⲡ ⲁⲅⲁⲑⲟⲛ.

Malus enim homo si ei bene feceris, in boni cognitionem venire solet.

Matth. 12, 12. ϩⲱⲥⲧⲉ ⲥ ϣⲉ ⲛ ⲉⲣ ⲡⲉⲑ ⲛⲁⲛⲉϥ ϧⲉⲛ ⲛⲓ ⲥⲁⲃⲃⲁⲧⲟⲛ. *ὥςτε ἔξεςι τοῖς σάββασιν καλῶς ποιεῖν.*

ⲣⲉϥⲉⲣ als Thäterwort:

Tuki Euchologium ⲕ̅ⲅ̅. ⲡⲓ ⲣⲉϥⲉⲣⲡⲣⲁⲅⲙⲉⲛⲟⲛ ⲙ ⲡⲓ ⲡⲉⲑⲛⲁⲛⲉϥ ⲙ ⲡⲓ ⲅⲉⲛⲟⲥ ⲛ ⲛⲓ ⲣⲱⲙⲓ.
مبدع الخيرات لجنس البشر

Tuki Rituale 88. ⲙⲁⲣⲉⲛ ϣⲉⲡ ϩⲙⲟⲧ ⲛⲧⲟⲧϥ ⲙ ⲡⲓ ⲣⲉϥⲉⲣⲡⲉⲑⲛⲁⲛⲉϥ ⲟⲩⲟϩ ⲛ ⲛⲁⲏⲧ ⲫϯ ⲫ ⲓⲱⲧ ⲡⲉⲛ ⲟ̅ⲥ̅.
فلنشكر صانع الخيرات الرووف الله ابو ربنا

Fave, o benefactor misericors (opifex benignitatis et misericordiae), pater noster et deus.

Tuki Rituale ⲣ̅ⲟ̅ⲁ̅ (Theotokia ⲣ̅ⲙ̅ⲇ̅. Pontificale ⲩ̅ⲟ̅ⲉ̅). ⲡⲓ ⲣⲉϥⲉⲣⲡⲉⲑⲛⲁⲛⲉϥ ⲛⲧⲉ ⲛⲉⲛ ⲯⲩⲭⲏ.
صانع الخيرات المحسن لنفوسنا

benefactor animarum nostrarum.

Abstractum vom Thäterwort:

Tuki Euchologium ⲕ̅. ⲁⲣⲓ ϩⲙⲟⲧ ⲛⲁⲛ ⲙ ⲡⲓ ⲕⲉⲫⲁⲗⲉⲟⲛ ⲛⲧⲉ ⲛⲏ ⲉⲧⲉ ⲛⲟⲩⲕ ⲙⲉⲧⲣⲉϥⲉⲣⲡⲉⲑⲛⲁⲛⲉϥ ⲛⲧⲉ ⲡⲉⲕ ⲙⲟⲛⲟⲅⲉⲛⲏⲥ ⲛ ϣⲏⲣⲓ. راس الخيرت

Largire nobis maximam partem tuae beneficientiae per filium tuum unigenitum.

Tuki Euchologium ⲩ̅ⲑ̅ (Pontificale ⲩ̅ⲍ̅). ⲫⲏ ⲉⲧ ⲁϥ ϫⲱⲕ ⲉⲃⲟⲗ ⲛ ϯ ⲟⲓⲕⲟⲛⲟⲙⲓⲁ ϩⲓⲧⲉⲛ ⲧⲉϥ ⲙⲉⲧⲣⲉϥⲉⲣⲡⲉⲑⲛⲁⲛⲉϥ.
الذى اكمل التدبير باحسانه

Qui perfecit instituta sua generosa benignitate.

Anderes Thäterwort mit ⲥⲁ:

1. Petri 2, 14. ⲉⲩ ϭⲓ ⲙ ⲡⲓ ϣⲓϣ ⲙ ⲡⲓ ⲥⲁ ⲙ ⲡⲉⲧ ϩⲱⲟⲩ ⲉⲩ ϣⲟⲩϣⲟⲩ ⲇⲉ ⲙ ⲡⲓ ⲥⲁ ⲙ ⲡⲉⲑ ⲛⲁⲛⲉϥ.

εἰς ἐκδίκησιν κακοποιῶν, ἔπαινον δὲ ἀγαθοποιῶν.

Matth. 5, 45. ϥ ⲟⲣⲟ ⲙ ⲡⲉϥ ⲣⲏ ϣⲁⲓ ⲉϫⲉⲛ ⲛⲓ ⲥⲁ ⲙ ⲡⲉⲧ ϩⲱⲟⲩ ⲛⲉⲙ ⲛⲓ ⲥⲁ ⲙ ⲡⲉⲑ ⲛⲁⲛⲉϥ.

τὸν ἥλιον αὐτοῦ ἀνατέλλει ἐπὶ πονηροὺς καὶ ἀγαθούς.

ⲓⲣⲓ mit ϩⲱⲃ:

Röm. 9, 11. ⲙⲡⲁⲧⲟⲩ ⲓⲣⲓ ⲛ ⲟⲩ ϩⲱⲃ ⲉ ⲛⲁⲛⲉϥ ⲓⲉ ⲉϥ ϩⲱⲟⲩ.

μηδὲ πραξάντων τι ἀγαθὸν ἢ φαῦλον.

ⲓⲣⲓ ohne ϩⲱⲃ:

Acta S. Epime (Georgi 383). ⲉ ⲁ ⲡⲓ ⲇⲓⲁⲃⲟⲗⲟⲥ ⲉⲣⲫ-ⲑⲟⲛⲓⲛ ⲉⲣⲟⲥ ⲉⲑⲃⲉ ⲛⲓ ⲡⲉⲑ ⲛⲁⲛⲉⲩ ⲉⲛ ⲁⲥ ⲓⲣⲓ ⲙⲙⲟⲩ.

Cui Diabolus invidet ob opera bona quae faciebat.

Gen. 6, 9. ⲡⲓ ⲡⲉⲑ ⲛⲁⲛⲉϥ ⲇⲉ ⲉⲛ ⲓⲣⲓ ⲙⲙⲟϥ, ⲙⲡⲉⲛ ⲑⲣⲉⲛ ⲉⲣ ⲛⲕⲁⲕⲓⲛ.

τὸ δὲ καλὸν ποιοῦντες μὴ ἐγκακῶμεν· καιρῷ γὰρ ἰδίῳ θερίσομεν μὴ ἐκλυόμενοι.

Deut. 6, 18 (12, 28). ⲟⲩⲟϩ ⲉⲕⲉ ⲓⲣⲓ ⲙ ⲡⲓ ⲡⲉⲑ ⲛⲁⲛⲉϥ ⲛⲉⲙ ⲡⲓ ⲡⲉⲑ ⲣⲁⲛⲁϥ ⲙ ⲡ ⲉⲙⲑⲟ ⲙ ⲡ ⲟ̅ⲥ̅ ⲡⲉⲕ ⲛⲟⲩϯ.

καὶ ποιήσεις τὸ ἄριςον καὶ τὸ καλὸν ἔναντι κυρίου τοῦ θεοῦ σου.

Joh. 5, 29. ⲟⲩⲟϩ ⲉⲩ ⲉⲓ ⲉⲃⲟⲗ ⲛϫⲉ ⲛⲏ ⲉⲧ ⲁⲩ ⲓⲣⲓ ⲛ ⲛⲓ ⲡⲉⲑ ⲛⲁⲛⲉⲩ ⲉⲩ ⲁⲛⲁⲥⲧⲁⲥⲓⲥ ⲛ ⲱⲛϧ, ⲟⲩⲟϩ ⲛⲏ ⲉⲧ ⲁⲩ ⲓⲣⲓ ⲛ ⲛⲓ ⲡⲉⲧ ϩⲱⲟⲩ ⲉⲩ ⲁⲛⲁⲥⲧⲁⲥⲓⲥ ⲛ ⲕⲣⲓⲥⲓⲥ.

καὶ ἐκπορεύσονται οἱ τὰ ἀγαθὰ ποιήσαντες εἰς ἀνάςασιν ζωῆς, οἱ τὰ φαῦλα πράξαντες εἰς ἀνάστασιν κρίσεως.

Röm. 3, 8. ⲙⲁⲣⲉⲛ ⲓⲣⲓ ⲛ ⲛⲓ ⲡⲉⲧ ϩⲱⲟⲩ ϩⲓⲛⲁ ⲛⲥⲉ ⲓ ⲛⲁⲛ ⲛϫⲉ ⲛⲓ ⲡⲉⲑ ⲛⲁⲛⲉⲩ.

ποιήσωμεν τὰ κακά, ἵνα ἔλθῃ τὰ ἀγαθά.

Acta 14, 17 (16). ⲉϥ ⲓⲣⲓ ⲛ ϩⲁⲛ ⲡⲉⲑ ⲛⲁⲛⲉⲩ. *ἀγαθουργῶν.*

Luc. 6, 27. ⲙⲉⲛⲣⲉ ⲛⲉⲧⲉⲛ ϫⲁϫⲓ ⲁⲣⲓ ⲡⲉⲑ ⲛⲁⲛⲉϥ ⲛ ⲛⲏ ⲉⲑ ⲙⲟⲥϯ ⲙⲙⲱⲧⲉⲛ.

ἀγαπᾶτε τοὺς ἐχθροὺς ὑμῶν, καλῶς ποιεῖτε τοῖς μισοῦσιν ὑμᾶς.

Tuki Theotokia ϛ̄. ⲁⲣⲓ ⲡⲉⲑ ⲛⲁⲛⲉϥ ⲛ ⲟ̄ⲥ̄ ϧⲉⲛ ⲡⲉⲕ ϯ-ⲙⲁϯ ⲉ ⲥⲓⲱⲛ. (ﺑﺎﻟﻌ)

Beneficiis auge Siona secundum tuam voluntatem.

Weitere Beispiele von ⲓⲣⲓ ⲙ ⲡⲓ ⲡⲉⲑ ⲛⲁⲛⲉϥ 1. Petr. 2, 15. 20. — 3, 6. 17. — 3. Joh. 11. — 1. Petr. 4, 19. — Deut. 12, 25. — 13, 18. — 21, 9. — Esaias 1, 17.

ⲁⲓ mit ϩⲱⲃ als reddere darauf bezogen, aber es nicht regierend:

2. Cor. 5, 10. ϩⲓⲛⲁ ⲛⲓ ⲟⲩⲁⲓ ⲛⲓ ⲟⲩⲁⲓ ϭⲓ ⲕⲁⲧⲁ ⲛⲓ ϩⲃⲏⲟⲩⲓ ⲉⲧ ⲁϥ ⲁⲓⲧⲟⲩ ⲉⲃⲟⲗϩⲓⲧⲉⲛ ⲡⲓ ⲥⲱⲙⲁ ⲓⲧⲉ ⲟⲩ ⲡⲉⲑ ⲛⲁⲛⲉϥ ⲓⲧⲉ ⲟⲩ ⲡⲉⲧ ϩⲱⲟⲩ.

ἵνα κομίσηται ἕκαςος τὰ διὰ τοῦ σώματος πρὸς ἃ ἔπραξεν εἴτε ἀγαθὸν εἴτε φαῦλον.

Matth. 26, 10 (Marc. 14, 6). ⲉⲧ ⲁϥ ⲉⲙⲓ ⲇⲉ ⲛϫⲉ ⲓ̄ⲏ̄ⲥ̄ ⲡⲉϫⲁϥ ⲛⲱⲟⲩ ϫⲉ ⲉⲑⲃⲉ ⲟⲩ ⲧⲉⲧⲉⲛ ⲟⲩⲁϩ ϧⲓⲥⲓ ⲉ ϯ ⲥϩⲓⲙⲓ, ⲟⲩ ϩⲱⲃ ⲅⲁⲣ ⲉ ⲛⲁⲛⲉϥ ⲡⲉⲧ ⲁⲥ ⲁⲓϥ ⲉⲣⲟⲓ.

γνοὺς δὲ ὁ Ἰησοῦς εἶπεν αὐτοῖς· Τί κόπους παρέχετε τῇ γυναικί; ἔργον γὰρ καλὸν εἰργάσατο εἰς ἐμέ.

ⲁⲓ ohne ϩⲱⲃ, als reddere auf ⲛⲁⲛⲉ bezogen, aber es nicht regierend:

Jer. 4, 22. ϩⲁⲛ ⲥⲁⲃⲉⲩ ⲛⲉ ⲉ ⲓⲣⲓ ⲙ ⲡⲓ ⲡⲉⲧ ϩⲱⲟⲩ, ⲡⲓ ⲡⲉⲑ ⲛⲁⲛⲉϥ ⲇⲉ ⲙⲡⲟⲩ ⲥⲟⲩⲱⲛϥ ⲉ ⲁⲓϥ.

σοφοί εἰσι τὸ κακοποιῆσαι, τὸ δὲ καλῶς ποιῆσαι οὐκ ἐπέγνωσαν.

Jac. 4, 17. ⲫⲏ ⲟⲩⲛ ⲉⲧ ⲥⲱⲟⲩⲛ ⲛ ⲟⲩ ⲡⲉⲑ ⲛⲁⲛⲉϥ ⲉ ⲁⲓϥ ⲟⲩⲟϩ ⲛⲧⲉϥ ϣⲧⲉⲙ ⲁⲓϥ ⲟⲩ ⲛⲟⲃⲓ ⲟⲩ ⲛⲟⲃⲓ ⲛⲁϥ ⲡⲉ. [*ἐστίν.*
εἰδότι οὖν καλὸν ποιεῖν, καὶ μὴ ποιοῦντι, ἁμαρτία αὐτῷ

Num. 24, 13. ⲙⲙⲟⲛ ϣϫⲟⲙ ⲙⲙⲟⲓ ⲉ ⲉⲣ ⲡⲁⲣⲁⲃⲉⲛⲓⲛ ⲙ ⲡⲓ ⲥⲁϫⲓ ⲛⲧⲉ ⲫ ⲛⲟⲩϯ ⲉ ⲁⲓϥ ⲉϥ ϩⲱⲟⲩ ⲓⲉ ⲉ ⲛⲁⲛⲉϥ ⲉⲃⲟⲗϩⲓⲧⲟⲧ.

οὐ δυνήσομαι παραβῆναι τὸ ῥῆμα κυρίου ποιῆσαι αὐτὸ καλὸν ἢ πονηρὸν παρ' ἐμαυτοῦ.

Exod. 18, 9. ⲁϥ ⲉⲣ ϣⲫⲏⲣⲓ ⲇⲉ ⲛϫⲉ ⲓⲟⲑⲟⲣ ⲉϫⲉⲛ ⲛⲓ ⲡⲉⲑ ⲛⲁⲛⲉⲩ ⲧⲏⲣⲟⲩ ⲛⲏ ⲉⲧ ⲁϥ ⲁⲓⲧⲟⲩ ⲛⲱⲟⲩ ⲛϫⲉ ⲡ ϭⲟⲓⲥ.

ἐξέςη δὲ Ἰοθὸρ ἐπὶ πᾶσι τοῖς ἀγαθοῖς οἷς ἐποίησεν αὐτοῖς κύριος.

Deut. 1, 14. ⲛⲁⲛⲉ ⲡⲓ ⲥⲁϫⲓ ⲫⲏ ⲉⲧ ⲁⲕ ⲥⲁϫⲓ ⲙⲙⲟϥ ⲉ ⲁⲓϥ.
καὶ εἴπατε, καλὸν τὸ ῥῆμα ὃ ἐλάλησας ποιῆσαι.

ⲉⲣ, die schwächere Form, steht hauptsächlich bei der ersten Person Singul. und Plural.; ⲓⲣⲓ, die stärkere, zieht die zweite und dritte Person vor, und zwar um so mehr, je mehr in der zweiten das Sollen, in der dritten die Vollendung betont ist. Diese Unterscheidung macht ⲉⲣ auch in der zweiten, seltener in der dritten, möglich hinter dem bezweifelnden ϣⲁⲛ und ähnlichen, die Thatsächlichkeit schwächenden Partikeln; während ⲓⲣⲓ seinerseits auch in der ersten eintritt, wo ⲙⲁⲣⲉ und ⲛⲧⲁ ihm befehlend den Weg gebahnt haben. Auch haben die Tempora Einfluss, so dass in Fällen, in denen beide möglich sind, ⲁⲓ sich leichter dem ⲓⲣⲓ, ⲉⲓ eher dem ⲉⲣ gesellt. Mit derselben Vertheilung des Nachdrucks hängt es ferner zusammen, dass ⲓⲣⲓ immer ⲡⲓ ⲛⲉⲑ ⲛⲁⲛⲉϥ, ⲉⲣ dagegen nur ⲛⲉⲑ ⲛⲁⲛⲉϥ hinter sich hat. Dass ⲡⲓ ⲡⲉⲧ, ⲫⲏ ⲉⲧ nachdrücklicher und verbaler sind, als das kürzere, schwächere und mehr adjectivische ⲡⲉⲧ, haben wir bei Gelegenheit der Substantivirung S. 189—194 gesehen.

Wenn wir bei Besprechung der Charaktervocalbedeutungen S. 398 sagten, dass die Bewegung, welche *u* (*o*) *a*, *e* getrennt, in *i* nicht zum Durchbruch gekommen sei, so finden wir nunmehr, dass dies unklar gebliebene *i*, welches, activ und passiv, sinnlich und geistig zugleich, sich von *u*, *o*, *a* nur dadurch unterscheidet, dass es häufiger activisch als passivisch, häufiger intransitiv als transitiv ist, auch in seinem Verhältniss zum *e* eine zart nuancirte Eigenthümlichkeit zeigt. Einerseits ist dies die bereits S. 310. 311 erwähnte Forderung der mit ⲓ suffigirten Formen, so weit sie vorhanden sind, in Fällen objectlosen Gebrauchs oder vom Object getrennter Stellung vor unsuffigirten den Vorrang zu beanspruchen. Diese Forderung resultirt nun, da Suffix ⲓ sich gern zu Charaktervocal ⲓ gesellt, in dem vorwiegenden Gebrauch der ι-Charaktervocal-Formen in objectloser, objectgetrennter und intransitiver Stellung. Andererseits haben wir die grössere Nachdrücklichkeit des nach allen Richtungen möglichen ι dem engen und sinnlichen ϵ gegenüber soeben bemerkt, und u. a. durch seinen Gebrauch beim Particip, dessen Neigung zu starkem, häufig intensivirendem Ausdruck S. 225. 389. 411 gezeigt wurde, belegt. Dieses letzte Argument lässt sich noch eine Stufe weiter führen. Heisst es ιρι ⲙ ⲡⲓ ⲡⲉⲑ ⲛⲁⲛⲉϥ gegen ⲉⲣ ⲡⲉⲑ ⲛⲁⲛⲉϥ, so heisst es eben so sicher ⲛⲏ ⲉⲧ ⲟϭⲓ ⲛ ϯ ⲙⲉⲑⲙⲏⲓ (*διψῶντες τὴν δικαιοσύνην* Matth. 5, 6), ⲫⲏ ⲉⲧ ⲟϭⲓ ⲙⲁⲣⲉϥ ⲓ ϩⲁⲣⲟⲓ (*ἐάν τις διψᾷ, ἐρχέσθω πρός μὲ καὶ πινέτω* Joh. 7, 37), aber nicht ⲫⲏ ⲉⲧ ⲓϭⲓ oder ⲫⲏ ⲉⲧ ⲉⲓϭⲓ oder ⲫⲏ ⲉⲧ ⲉϭⲓ. Mit anderen Worten, stehen sich nur ι- und ϵ-Parallelformen gegenüber, so bildet die ι-Form das Particip; sind aber ι-, ϵ- und ο-Parallelformen vorhanden, so giebt ι sein Vorrecht zu Gunsten des ο, als der stärkeren Form, ab. So bestätigt sich der Verhältnisswerth der drei Vocale auch in diesem Punkte. Auf der somit gewonnenen und mehrfach befestigten Grundlage fussend lernen wir Unterscheidungen wie die folgende würdigen:

ⲓϭⲓ:

Matth. 25, 35. ⲁⲓ ϩⲕⲟ ⲅⲁⲣ ⲟⲩⲟϩ ⲁⲧⲉⲧⲉⲛ ⲧⲉⲙⲙⲟⲓ ⲁⲓ ⲓϭⲓ ⲟⲩⲟϩ ⲁⲧⲉⲧⲉⲛ ⲧⲥⲟⲓ ⲛⲁⲓ ⲟⲓ ⲛ ϣⲉⲙⲙⲟ ⲟⲩⲟϩ ⲁⲧⲉⲧⲉⲛ ϣⲟⲡⲧ ⲉⲣⲱⲧⲉⲛ.

ἐπείνασα γὰρ καὶ ἐδώκατέ μοι φαγεῖν, ἐδίψησα καὶ ἐποτίσατέ με, ξένος ἤμην καὶ συνηγάγετέ με.

Dagegen ⲟϭⲓ:

Matth. 25, 37. ⲧⲟⲧⲉ ⲉⲩⲉ ⲉⲣ ⲟⲩⲱ ⲛⲁϥ ⲛϫⲉ ⲛⲓ ⲑⲙⲏⲓ ⲉⲩ ϫⲱ ⲙⲙⲟⲥ ϫⲉ ⲡⲉⲛ ⲟ̅ⲥ̅ ⲉⲧ ⲁⲛ ⲛⲁⲩ ⲉⲣⲟⲕ ⲛ ⲟ ⲛⲁⲩ ⲉⲕ ϩⲟⲕⲣ ⲟⲩⲟϩ ⲁⲛ ⲧⲉⲙⲙⲟⲕ ⲓⲉ ⲉⲕ ⲟϭⲓ ⲟⲩⲟϩ ⲁⲛ ⲧⲥⲟⲕ.

τότε ἀποκριθήσονται αὐτῷ οἱ δίκαιοι λέγοντες Κύριε πότε σε εἴδομεν πεινῶντα καὶ ἐθρέψαμεν; ἢ διψῶντα καὶ ἐποτίσαμεν;

Derselbe Unterschied wird Matth. 25, 42 und 25, 44 gemacht: beide Mal verlangt intransitives Verbum finitum ıϭı, während die in üblicher Weise vollzogene Uebersetzung des griechischen Participii durch Präsens (ек) mit participivirenden Präpositional- und Pronominal-Anknüpfung (ерок) den Eintritt des оϭı zur Folge hat. Der Werth solcher Beispiele wird um so erfreulicher erscheinen, wenn wir uns vergegenwärtigen, wie wenig sich ohne derartige specielle Anlässe, dem zwischen ı und о bestehenden Verhältniss gemäss, die Bedeutungen von ıϭı und оϭı sondern. Beide sind sinnlich und geistig zugleich, und gehen im allgemeinen ohne erkennbare Wahl durcheinander:

ıϭı sinnlich:

Röm. 12, 20. ⲁⲗⲗⲁ ⲉϣⲱⲡ ⲁⲣⲉ ϣⲁⲛ ⲡⲉⲕ ϫⲁϫⲓ ϩⲕⲟ ⲙⲁ ⲧⲉⲙⲙⲟϥ, ⲁϥ ϣⲁⲛ ıϭı ⲙⲁ ⲧⲥⲟϥ.

ἐὰν οὖν πεινᾷ ὁ ἐχθρός σου, ψώμιζε αὐτόν· ἐὰν διψᾷ, πότιζε αὐτόν.

Exod. 17, 3. ⲁϥ ıϭı ⲇⲉ ⲙⲙⲁⲩ ⲛϫⲉ ⲡⲓ ⲗⲁⲟⲥ.

ἐδίψησε δὲ ἐκεῖ ὁ λαὸς ὕδατι.

ıϭı geistig:

Joh. 6, 35. ⲫⲏ ⲉⲑ ⲛⲁϩϯ ⲉⲣⲟⲓ ⲛⲛⲉϥ ıϭı ϣⲁ ⲉⲛⲉϩ.

καὶ ὁ πιςεύων εἰς ἐμὲ οὐ μὴ διψήσῃ πώποτε.

Ps. 42, 3. ⲁⲥ ıϭı ⲛϫⲉ ⲧⲁ ⲯⲩⲭⲏ ⲉϩⲣⲏⲓ ϩⲁ ⲫϯ.

ἐδίψησεν ἡ ψυχή μου πρὸς τὸν θεόν.

Ps. 63, 2. ⲁⲥ ıϭı ⲛϭⲏⲧⲕ ⲛϫⲉ ⲧⲁ ⲯⲩⲭⲏ.

ὁ θεὸς ὁ θεός μου . . . . ἐδίψησέ σοι ἡ ψυχή μου.

оϭı sinnlich:

Joh. 19, 28. ⲙⲉⲛⲉⲛⲥⲁ ⲛⲁⲓ ⲉⲧ ⲁϥ ⲛⲁⲩ ⲛϫⲉ ⲓ̅ⲏ̅ⲥ̅ ϫⲉ ϩⲏϫⲏ ⲁ ϩⲱⲃ ⲛⲓⲃⲉⲛ ϫⲱⲕ ⲉⲃⲟⲗ ϩⲓⲛⲁ ⲛⲧⲉ ϯ ⲅⲣⲁⲫⲏ ϫⲱⲕ ⲉⲃⲟⲗ ⲡⲉϫⲁϥ ϫⲉ ϯ оϭı.

Μετὰ τοῦτο εἰδὼς ὁ Ἰησοῦς, ὅτι ἤδη πάντα τετέλεσται, ἵνα τελειωθῇ ἡ γραφή, λέγει, Διψῶ.

оϭı geistig:

Joh. 7, 37. ⲫⲏ ⲉⲧ оϭı ⲙⲁⲣⲉϥ ı ϩⲁⲣⲟⲓ ⲛⲧⲉϥ ⲥⲱ.

Ἐάν τις διψᾷ, ἐρχέσθω πρός με καὶ πινέτω. Ὁ πιστεύων εἰς ἐμέ, καθὼς εἶπεν ἡ γραφή, ποταμοὶ ἐκ τῆς κοιλίας αὐτοῦ ῥεύσουσιν ὕδατος ζῶντος.

Wir haben bei den Verbalverzeichnissen des Kapitels ⲙⲁⲓ, wo es sich um Intensivirung und Passivirung handelte, keinen Anlass gehabt, die schwankenden ⲓ-Charaktervocal-Formen auszusondern. Gegenwärtig indess ist die eben gethane Behauptung zu erweisen, dass ⲓ-Suffix sich gern zu ⲓ-Charaktervocal geselle, und somit ⲓ-Charaktervocal indirect in denjenigen Verbindungen zur Prävalenz gebracht werde, in denen ⲓ-Suffix syntaktisch gefordert ist. Demnach folgt die Tabelle aller Verben mit ⲓ-Charaktervocal, sei es, dass sie denselben ausschliesslich oder parallel haben, mit den zugehörigen Suffixen:

ϭⲓ intumescere
ϭⲓⲥⲓ, ϭⲁⲥ secare serra
ⲉⲓⲥ putrescere?
ⲑⲓϭⲥ supplantare
ⲑⲓϩⲓ, ⲑⲁϩⲓ inebriare,
ⲓ, ⲉⲓ venire
ⲓⲁ, ⲓⲱ, ⲉⲓⲁ lavare
ⲓⲁⲧ, ⲉⲓⲁⲧ considerare
ⲓϭⲓ, ⲉϭⲉ, ⲉⲓϭⲉ, ⲟϭ, ⲟϭⲉ sitire
ⲓⲉⲗⲉⲗ, ⲉⲓⲁⲗⲁⲗ fulgere
ⲓⲙⲉ, ⲓⲙⲓ, ⲉⲓⲙⲉ scire
ⲓⲛⲓ, ⲉⲓⲛⲉ similem esse
ⲓⲟⲣⲙ, ⲉⲓⲟⲣⲙ intueri
ⲓⲟⲣϩ, ⲉⲓⲱⲣϩ, ⲉⲓⲉⲣϩ videre
ⲓⲣⲓ, ⲓⲗⲓ, ⲉⲣ facere
ⲓϣⲓ, ⲁϣ, ⲉϣ suspendere
ⲓϥⲧ, ⲟϥⲧ, ⲉⲓϥⲧ infigere, ⲓϥⲧ clavus
ⲕⲗⲓⲛⲓ sculpere
ⲕⲓⲙ movere
ⲗⲓϭⲉ, ⲗⲁϭⲉ, ⲗⲟϭⲉ insanire
ⲗⲱⲓⲗⲓ natare
ⲗⲓⲙⲓ, ⲣⲓⲙⲓ, ⲣⲙⲏⲓ flere, ⲉⲣⲙⲏ lachryma
ⲗⲓⲥ, ⲗⲉⲥ, ⲗⲱⲥ terere
ⲙⲓⲥ, ⲙⲓⲥⲓ, ⲙⲉⲥ, ⲙⲁⲥ gignere
ⲙⲓϣⲓ, ⲙⲉϣⲉ, ⲙⲉϣ, ⲙⲁϣ percutere, ⲙⲏϣ incus
ⲛⲉϥ, ⲛⲓϥⲓ, ⲛⲓϥⲉ afflare
ⲟⲩⲓⲥⲓ, ϭⲓ intumescere
ⲡⲓⲣⲉ siehe ⲫⲓⲣⲓ
ⲡⲓⲥⲉ, ⲡⲱⲥⲉ, ⲡⲁⲥⲧ coquere
ⲣⲓⲕⲓ inclinare, ⲣⲉⲕⲣⲓⲕⲓ dormitare, ⲣⲉⲕ, ⲣⲁⲕⲓ inclinare, ⲣⲁⲕⲓ inclinari
ⲣⲓⲙⲓ siehe ⲗⲓⲙⲓ
ⲥⲓ, ⲥⲉⲓ satiari, saturem esse
ⲥⲓⲕⲉ molere
ⲥⲙⲓⲛⲉ, ⲥⲙⲓⲛ, ⲥⲉⲙⲛⲓ constituere
ⲥⲓⲛ, ⲥⲉⲛ, ⲥⲓⲛⲓⲱⲟⲩ praeterire

сиιιι ludere?	ϩι, ϩωοⲩι projicere
ⲥⲣιⲧ, ⲥⲣⲓⲧ spicas legere	ϩιⲉ dirigere
ⲥιⲧⲉ, ⲥⲁϯ, ⲥⲁⲧ, ⲥⲉⲧ seminare	ϩιοι scrutari
ⲥιϣⲉ, ⲥⲁϣⲉ amarum esse	ϩιοⲩⲉ percutere
ⲥιϩⲉ insanire	ϩⲗοιⲗⲉ natare
ⲫι osculari	ϩιⲛⲏⲃ, ϩιⲛιⲙ dormire
ⲫιⲣι, ⲫοⲣι florescere, splendere	ϩιⲥι siehe ϧιⲥι
ⲫιⲣι nuntiare	ϩιⲧⲉ contorquere
ⲫιⲥι, ⲫⲁⲥ, ⲫⲉⲥ coquere	ϫι, ϭι accipere, ϫιοⲩω augeri
ϣι metiri	ϫι plantare
ϣιⲁι crescere	ϫιⲉι ferire
ϣιⲃ, ϣⲁⲃι, ϣⲃ̀, ϣοⲃ, ϣοⲃϯ, ϣⲉⲃιω mutare	ϫιⲙι, ϫⲉⲙ invenire
ϣιⲕ, ϣⲉⲕ, ϣωⲕ, ϣⲁⲕ fodere, ϣⲏⲕ profundus	ϫⲡι debere
ϣιⲛⲉ, ϣⲉⲛ quaerere	ϫⲡιⲉ, ϫⲡιο, ϫⲡⲉι reprehendere
ϣιⲡι, ϣιⲡⲉ, ϣⲡιⲧ erubescere	ϫιⲥⲉ, ϫιⲥι, ϫⲉⲥⲧ, ϭοⲥⲉ elevare
ϣιⲧⲉ, ϣⲉⲧ, ϣⲁⲧ, ϣωⲧ reddere, exigere, petere	ϭι siehe ϫι
ϣⲫιⲧ, ϣⲫⲉⲧ revereri	ϭιοⲩι furari
ϥι, ϥⲁι, ϥιⲧ, ϥιⲉιⲁⲧ attollere	ϭιⲗⲕ, ϭοⲗⲕ extendere
ϧιⲥι (ϩιⲥι), ϧοⲥι laborare	ϭιⲙι augurari
ϧιϯ veterascere, atterere	ϭιⲥι siehe ϫιⲥι
	ϭιⲉⲧ, ϭⲉⲉⲧ, ϭⲏⲛⲧ manere
	ϭιϯ luctari
	ϯ, ⲧⲉι, ⲧⲏι, ⲧοι dare

Unter diesen 69 Verben mit Charaktervocal ι haben 37, und mit den 10, in denen das ι bereits zu ausschliesslichem ⲉ herabgesunken ist, 47, also über zwei Drittel Suffix ι. Nur einige wenige nehmen ⲧ, ϯ an. Von den den Charaktervocal ι nicht zeigenden suffigirten Verben haben dagegen nur 34 unter 146, also weniger als ein Viertel, Suffix ι.

ⲙⲛⲧⲡⲉⲧⲛⲁⲛⲟⲩϥ.

ⲛⲁⲛⲉ eignet sich aus zwei Gründen nicht zur abstracten Substantivbildung mit ⲙⲉⲧ: einmal geht es nicht auf Personen allein, sondern auch auf Sachen, und wird somit gegen die persönlich bezogene Form der Abstraction disponirt; sodann aber heisst es gut, nicht blos gütig, und schliesst deshalb sowohl durch die grössere Fülle als Ruhe seiner Bedeutung ein ⲙⲉⲧⲛⲁⲛⲉ aus. Wenn die sahidische Bibelübersetzung dennoch in

Gal. 5, 22. *ὁ δε καρπὸς τοῦ πνεύματος ἐςιν ἀγάπη, χάρα, εἰρήνη, μακροθυμία, χρηςότης, ἀγαθωσύνη, πίςις*

die beiden letzten Worte als ⲟⲩ ⲙⲛⲧⲡⲉⲧⲛⲁⲛⲟⲩϥ ⲟⲩ ⲛⲁϩϯ giebt, so ist das eine der wenigen, diesem Dialect eigenthümlichen, gehäuften Bildungen, die das Memphitische nicht kennt, und die selbst im Sahidischen die seltene Ausnahme, aber nicht die Regel sind. Gewöhnlich ist die Güte koptisch ⲙⲉⲧϩⲉⲗϫ, d. h. die Gütigkeit oder, fremd ausgedrückt, ⲙⲉⲧⲭⲣⲏⲥⲧⲟⲥ. Verwendet man ⲛⲁⲛⲉ dafür, so kann es nur ⲡⲓ ⲡⲉⲑ ⲛⲁⲛⲉϥ lauten, was aber weniger eine thätige, als eine ruhende Eigenschaft des Charakters, weniger die Gütigkeit als das Gute ausdrückt, und deshalb zur Bezeichnung der ersteren meistens für unfähig gehalten wird. Eins der seltenen Beispiele (das nach ϧⲉⲛ übrigens nur ⲡⲉⲑ — siehe ⲇⲓⲕⲉⲟⲥ — zeigt) ist:

Ephes. 5, 9. ⲡ ⲟⲩⲧⲁϩ ⲅⲁⲣ ⲛⲧⲉ ⲡⲓ ⲟⲩⲱⲓⲛⲓ ⲁϥ ⲛϩⲣⲏⲓ ϧⲉⲛ ⲡⲉⲑ ⲛⲁⲛⲉϥ ⲛⲓⲃⲉⲛ ⲛⲉⲙ ⲟⲩ ⲇⲓⲕⲉⲟⲥⲩⲛⲏ ⲛⲉⲙ ⲟⲩ ⲙⲉⲑⲙⲏⲓ.

ὁ γὰρ καρπὸς τοῦ φωτὸς ἐν πάσῃ ἀγαθωσύνῃ καὶ δικαιοσύνῃ καὶ ἀληθείᾳ.

Weiteres unter ⲙⲉⲧⲁⲅⲁⲑⲟⲥ.

ⲁⲅⲁⲑⲟⲥ.

In ⲁⲅⲁⲑⲟⲥ treffen wir wieder auf eines jener religiösen Fremdwörter, die, wie wir bei ⲇⲓⲕⲉⲟⲥ gesehen, die neue und ausländische Bezeichnung den Begriffen des neuen und ausländischen Glaubens hinzugebracht haben. Wie bei ⲇⲓⲕⲉⲟⲥ indessen, so hat auch bei ⲁⲅⲁⲑⲟⲥ diese dogmatische Rücksicht nicht genügt, dem fremden Laut den Eintritt in die ägyptische Sprache zu eröffnen. Es ist vielmehr in diesem, wie in dem erst erwähnten Falle, eine besondere synonymische Ursache dazu gekommen, ein Zwang, welchen sowohl der grössere Reichthum der griechischen Sprache, als die dem Griechischen nicht völlig entsprechende Bedeutung der nächststehenden koptischen Wörter auf die Bibelübersetzer und ihre priesterlichen Nachfolger ausgeübt hat.

Wenn ⲇⲓⲕⲉⲟⲥ Bürgerrecht erhielt, weil ⲑⲙⲏⲓ, das in der Bibelübersetzung gewöhnlich für *δίκαιος* gesagt wird, in manchen Stellen für das ihm doch noch näher stehende *ἀληθής* schon verbraucht war, so musste *ἀγαθός* nicht weniger zugelassen werden, wo es, mit *καλός* gemeinsam auftretend, dem Uebersetzer nichts übrig liess, als eines der beiden Concurrenten mit dem, wo sie getrennt erscheinen, beide gleichmässig ersetzenden ⲛⲁⲛⲉ zu geben, das andere aber originaliter in den ägyptischen Text hinüberzunehmen. Dass in einem solchen Falle nur das ernstere *ἀγαθός*, nicht das weltliche *καλός* adoptirt werden konnte, erklärt sich aus dem Hange, die dogmatische Sprache zu präcisiren, die alltägliche aber verhältnissmässig unberührt zu lassen. Demgemäss finden wir in allen Fällen der bekannten, obschon in den griechischen Testamenten nicht allzu häufigen Verbindung *καλὸς καὶ ἀγαθός* das erstere Wort mit ⲛⲁⲛⲉ übersetzt, das letztere dagegen als ⲁⲅⲁⲑⲟⲥ geradezu erhalten. Eine umgekehrte Wiedergabe findet niemals statt:

Luc. 8, 15. ⲫⲏ ⲇⲉ ⲉⲧ ⲁϥ ϩⲉⲓ ⲉϫⲉⲛ ⲡⲓ ⲕⲁϩⲓ ⲉⲑ ⲛⲁⲛⲉϥ ⲛⲁⲓ ⲛⲉ ⲛⲏ ⲉⲧ ⲁⲩ ⲥⲱⲧⲉⲙ ⲉ ⲡⲓ ⲥⲁϫⲓ ϧⲉⲛ ⲟⲩ ϩⲏⲧ ⲉ ⲛⲁⲛⲉϥ ⲟⲩⲟϩ ⲛ ⲁⲅⲁⲑⲟⲛ, ⲉⲩ ⲁⲙⲟⲛⲓ ⲉⲣⲟϥ ⲟⲩⲟϩ ϣⲁⲩ ⲉⲛ ⲟⲩⲧⲁϩ ⲉⲃⲟⲗϧⲉⲛ ⲟⲩ ϩⲩⲡⲟⲙⲟⲛⲏ.

τὸ δὲ ἐν τῇ καλῇ γῇ, οὗτοί εἰσιν οἵτινες ἐν καρδίᾳ καλῇ καὶ ἀγαθῇ ἀκούσαντες τὸν λόγον κατέχουσι καὶ καρποφοροῦσιν ἐν ὑπομονῇ.

Zach. 9, 17. ϫⲉ ⲁⲅⲁⲑⲟⲛ ⲛⲓⲃⲉⲛ ⲛⲟⲩϥ ⲛⲉ ⲟⲩⲟϩ ⲡⲉⲑ ⲛⲁⲛⲉϥ ⲛⲓⲃⲉⲛ ⲛⲟⲩϥ ⲡⲉ.

ὅτι εἴ τι ἀγαθὸν αὐτοῦ, καὶ εἴ τι καλὸν αὐτοῦ.

Nach diesem Muster müssen nicht übertragene, sondern ägyptisch geschriebene Passagen, welche ⲛⲁⲛⲉ und ⲁⲅⲁⲑⲟⲥ neben einander enthalten, als *καλὸς κἀγαθός* aufgefasst werden, obschon die Reihenfolge der koptischen Worte gewöhnlich die umgekehrte ist:

Tuki Euchologium ⲫ̅ⲝ̅ⲁ̅. ⲡ ⲟ̅ⲥ̅ ⲫϯ ⲡⲓ ⲣⲉϥϯ ⲛ ⲛⲓ ⲁⲅⲁⲑⲟⲛ ⲧⲏⲣⲟⲩ ⲛⲉⲙ ⲛⲓ ⲡⲉⲑ ⲛⲁⲛⲉϥ ⲛⲓⲃⲉⲛ.

الرب الاله معطى جميع الخيرات وكل احسان

Deus auctor omnium munerum et donorum bonorum.

Hist. Monast. Aegypt. Z. 311. ⲟⲩ ⲥⲟⲛ ϫⲛⲉ ⲟⲩ ϩⲗⲗⲟ ϫⲉ ⲉⲓ ϣⲁⲛ ⲛⲁⲩ ⲟⲩ ⲥⲟⲛ ⲉ ⲁⲓ ⲥⲱⲧⲙ ⲉϥ ⲛⲟⲃⲉ ⲉⲧⲃⲏⲏⲧϥ ⲙⲉⲓ ⲙⲧⲟⲛ ⲉ ϫⲓⲧϥ ⲉϩⲟⲩⲛ ⲉ ⲡⲁ ⲏⲓ. ⲉⲓ ϣⲁⲛ ⲛⲁⲩ ⲇⲉ ⲟⲩ ⲥⲟⲛ ⲉ ⲛⲁⲛⲟⲩϥ ϣⲁⲓ ϣⲟⲡϥ ⲉⲣⲟⲓ ⲉⲓ ⲣⲁϣⲉ. ⲡⲉϫⲉ ⲡ ϩⲗⲗⲟ ⲛⲁϥ ϫⲉ ⲉϣϫⲉ ϣⲁⲕ ⲉⲓⲣⲉ ⲛ ⲟⲩ ⲕⲟⲩⲓ ⲛ ⲁⲅⲁⲑⲟⲛ ⲙⲛ ⲡⲉⲧ ⲛⲁⲛⲟⲩϥ ⲉⲓⲉ ⲁⲣⲓ ⲣⲉ ⲙⲛ ⲡ ⲕⲉⲟⲩⲁ. ⲛⲧⲟϥ ⲅⲁⲣ ⲙⲛ ⲡⲉⲧ ϣⲱⲛⲉ.

Frater allocutus est senem dicens: Si fratrem vidi, quem

audivi esse malum et profanum, promptus et paratus fui recipere eum domum. Si autem bonum fratrem vidi, recepi eum et gavisus sum. Dixit senex: Si benefacis bono viro, certo benefacere decet alii quoque. Ille enim aegrotus est.

Der Araber vertirt im ersten Beispiel **ⲁⲅⲁⲑⲟⲥ** ganz richtig mit خير «Geistig Gutes», **ⲛⲁⲛⲉϥ** dagegen mit احسان «Irdisch Gutes, Wohlfahrt». Vielleicht hat die in den späteren rituellen Texten gegen das Griechische gewöhnlich veränderte Reihenfolge beider Worte ihren Grund in der ungleich erhabeneren Bedeutung des **ⲁⲅⲁ-ⲑⲟⲥ**, ein Motiv, das durch ähnliche Behandlung anderer dogmatischer Worte nahegelegt wird.

Könnte es nach den vielen Fällen, in welchen wir in dem nächstvorhergehenden Abschnitt *καλός* durch **ⲛⲁⲛⲉ** übersetzt gefunden haben, noch nöthig erscheinen, zu zeigen, dass das eine dem andern zu genügen vermag, und dass ein Gegensatz, ein Missverhältniss zwischen beiden erst da fühlbar wird, wo ein gleichzeitig auftretendes *ἀγαθός* das **ⲛⲁⲛⲉ** als noch wahlverwandter für sich reclamirt, so liesse sich dafür ein stützender Nebenbeweis beibringen. Man betrachte die folgende, sich öfter wiederholende Verbindung von **ⲛⲁⲛⲉ** und **ⲣⲁⲛ**:

Deut. 6, 18 (12, 28). **ⲟⲩⲟϩ ⲉⲕⲉ ⲓⲣⲓ ⲙ ⲡⲓ ⲡⲉⲑ ⲛⲁⲛⲉϥ ⲛⲉⲙ ⲡⲓ ⲡⲉⲑ ⲣⲁⲛⲁϥ ⲙ ⲡ ⲉⲙⲑⲟ ⲙ ⲡ ⲟ̅ⲥ̅ ⲡⲉⲕ ⲛⲟⲩϯ.**

καὶ ποιήσεις τὸ ἄριστον καὶ τὸ καλὸν ἔναντι κυρίου τοῦ θεοῦ σου.

Es gilt hier *τὸ ἄριστον* und *τὸ καλόν* zu übersetzen. Und was finden wir? **ⲛⲁⲛⲉ** stark genug für das *ἄριστον*, und *καλόν* mit einem blossen placens, jucundus abgespeist. Daraus ergiebt sich, dass, obschon, wo das glaubensschwere *ἀγαθός* und das weltlichere *καλός* zusammen wiederzugeben sind, **ⲛⲁⲛⲉ** sich eher für das letztere eignet, andere gewichtige mit *καλός* verbundene Adjectiva, und wären es selbst so starke wie *ἄριστος*, das **ⲛⲁⲛⲉ** für sich für gut genug halten, für *καλός* aber nichts als irgend ein drittes, leichteres Wort übrig lassen. ⲛⲁⲛⲉ — wie dieser Nebenbeweis, den oben geführten Hauptbeweis erhärtend, lehrt — ist also durchaus nicht bloss *καλός*, sondern, wo nicht besondere Umstände dies hindern, ein superlativisch darüber hinausgehender Begriff. Es ist sowohl *ἀγαθός* als *καλός*, und macht die erhabenere Seite seiner Bedeutung gegen alle Adjective geltend, ausgenommen das dogmatisch hehre ⲁⲅⲁⲑⲟⲥ selbst. In aufsteigendem Ernst ergiebt sich so die Reihe ⲣⲁⲛ, ⲛⲁⲛⲉ, ⲁⲅⲁⲑⲟⲥ, deren ersteres Glied die mehr sinnliche Seite des *καλός* vertritt, also als «gut» eigentlich nicht recht brauchbar ist; deren drittes den entgegengesetzten Pol des Begriffes, die religiöse Gutheit, enthält; während das zweite, vermittelnd, sowohl erstes und drittes — sinnliches *καλὸς* und dogmatisches *ἀγαθός* — umfasst, als die Zwischenstufe beider, das sittliche *καλός*.

Das gegenseitige Verhältniss dieser Wörter bildet eine gute Erläuterung der Thatsache, dass, wenn zwei Synonyma derselben Sprache zwei sich schneidenden Kreisen zu vergleichen sind, die sich mit einem Theil ihres Inhalts decken mit einem anderen aber excentrisch auseinandergehen*), dieselbe Erscheinung zwischen zwei sich zunächst stehenden Worten zweier Sprachen in erhöhtem Maasse stattzufinden pflegt. Denn während die theilweis stattfindende Deckung in einer Sprache stabil ist, so ist das Entsprechen zweier verschiedenen Sprachen angehörigen Worte unter allen Umständen ein so lockeres, dass es durch den Zusammenhang gänzlich aufgehoben werden kann. Dazu gehören demnach, obschon dem vorliegenden Fall ferner stehend, die zahlreichen Beispiele, in denen ein Wort, auf das man beim Uebersetzen zunächst verfallen würde, dennoch unmöglich

*) Lafaye, Dictionnaire des synonymes de la langue française. Paris 1861. p. XXXIX ff.

gemacht wird, weil der Zusammenhang, in welchem das wiederzugebende Wort im Original auftritt, allzusehr von demjenigen Theile seiner Bedeutung beeinflusst ist, welche ausserhalb des sich deckenden Theiles beider Begriffskreise liegt. So ist z. B. deutsch «arm» allerdings englisch poor; aber my poor father ist meistens «mein guter» oder gar «mein verstorbener Vater», und nur selten «mein armer Vater». Bedeutsamer und auf unsern Ausgangspunkt zurückführend ist die durch das Gesagte belegte Lehre, dass ein Wort regelmässig für ein anderes Wort einer fremden Sprache gebraucht werden kann, und ihm dabei doch nur so lange leidlich äquivalent zu sein braucht, als es nicht für ein anderes ihm noch näher stehendes Wort derselben Sprache in Anspruch genommen wird. Wir haben gesehen, dass ⲛⲁⲛⲉ, obschon gewöhnlich sowohl für *ἀγαθός* als für *καλός* gebraucht, wo es sie einzeln wiederzugeben hat, doch nur so weit das eine oder das andere ist, dass es einerseits *ἀγαθός* nicht mehr zu ersetzen vermag, wo es in der Phrase *καλὸς κἀγαθός* nöthiger erfordert wird für *καλός*, während es andererseits wiederum für *καλός* versagt, wo es in *ἄριςον καὶ καλόν* dem ersteren näher steht, als dem letzteren. Um dem ersteren dieser beiden Fälle mit der religiösen Treue gerecht zu werden, die die Bibelübersetzung erforderte, hat man *ἀγαθός* der ägyptischen Sprache einverleibt; um Stellen der letzteren Art zu übertragen, blieb dagegen — da sich ebenfalls nur **ein** geeignetes ägyptisches Wort auffinden liess, die weltlicheren Begriffe aber, um die es sich handelte, nicht so leicht griechisch gegeben wurden – nichts anderes übrig, als das zweite griechische Wort mit einem unpassenden koptischen zu übersetzen: ⲣⲁⲛ.

In der vorstehenden Darlegung der das *ἀγαθός* ägyptisirenden Umstände ist unser Wort als erster, denn das ihm zunächst stehende *καλός*, und somit als für den dogmatischen Gebrauch geeigneter bezeichnet worden. Dieser Charakter liess sich zunächst aus dem die Aegyptisirung griechischer Wörter beherrschenden allgemeinen Gesetz vermuthen; wurde sodann durch die griechische Synonymik beider Wörter, zumal in der Septuaginta und dem Neuen Testament, bestätigt; und fand weitere werthvolle Bewahrheitung in der Thatsache, dass bei Uebersetzung des *καλὸς κἀγαθός* stets das zweite, nie das erste Wort erhalten geblieben ist. Zu diesen auf das Griechische recurrirenden Gründen kommen andere, ebenso gewichtige aus dem ägyptischen Gebrauch des adoptirten Wortes selbst.

Wo ⲁⲅⲁⲑⲟⲥ neben ⲛⲁⲛⲉ auftritt, ist es fast immer ernster, religiöser, abstracter, als sein in diesem Falle irdischer, praktischer, concreter gesinnter Nachbar:

Matth. 7, 11. ⲓⲥϫⲉ ⲟⲩⲛ ⲛⲑⲱⲧⲉⲛ ϩⲁⲛ ⲥⲁ ⲙ ⲡⲉⲧ ϩⲱⲟⲩ ⲧⲉⲧⲉⲛ ⲥⲱⲟⲩⲛ ⲉ ϯ ⲛ ⲛⲓ ⲧⲁⲓⲟ ⲉⲑ ⲛⲁⲛⲉⲩ ⲛ ⲛⲉⲧⲉⲛ ϣⲏⲣⲓ ⲁⲩ ⲏⲣ ⲙⲁⲗⲗⲟⲛ ⲡⲉⲧⲉⲛ ⲓⲱⲧ ⲉⲧ ϧⲉⲛ ⲛⲓ ⲫⲏⲟⲩⲓ ⲉϥⲉ ϯ ⲛ ⲛⲓ ⲁⲅⲁⲑⲟⲛ ⲛ ⲛⲏ ⲉⲑ ⲛⲁ ⲉⲣ ⲉⲧⲓⲛ ⲙⲙⲟϥ.

εἰ οὖν ὑμεῖς πονηροὶ ὄντες οἴδατε δόματα ἀγαθὰ διδόναι τοῖς τέκνοις ὑμῶν, πόσῳ μᾶλλον ὁ πατὴρ ὑμῶν ὁ ἐν τοῖς οὐρανοῖς δώσει ἀγαθὰ τοῖς αἰτοῦσιν αὐτόν;

Das himmlische Gute ist ⲁⲅⲁⲑⲟⲥ, die guten Häuser sind ⲛⲁⲛⲉ.

Vita Abbatum Generalium (Mingar. 2, 238). ⲕⲁⲓ ⲅⲁⲣ ⲟⲩ ⲣⲱⲙⲉ ⲉϥ ϩⲟⲟⲩ ⲉⲕ ϣⲁⲛ ⲉⲣ ⲡⲉⲧ ⲛⲁⲛⲟⲩϥ ⲛⲁϥ ϣⲁϥ ⲉⲓ ⲉⲩ ⲉⲥⲑⲏⲥⲓⲥ ⲛⲧⲉ ⲡ ⲁⲅⲁⲑⲟⲛ.

Malus enim homo si ei bene feceris, in boni cognitionem venire solet.

Der Begriff des Guten ist ⲁⲅⲁⲑⲟⲥ, die erzeigte Wohlthat ⲛⲁⲛⲉ.

Ausnahmen finden sich allerdings, aber so selten, dass sie die Regel bestätigen. Die mir bekannten sind späteren Klosterschriften entnommen, in denen geistliche Worte manchmal absichtlich auf irdische Dinge, wie um sie zu heiligen, übertragen wurden:

Hist. Monast. Aegypt. Z. 321. ϫⲓ ⲥⲃⲱ ⲉⲣ ⲡ ⲡⲉⲧ ⲛⲁⲛⲟⲩϥ, ϣⲓⲛⲉ ⲛⲥⲁ ϩⲁⲡ, ⲁⲩⲱ ⲉϣⲱⲡⲉ ⲛⲉⲧⲛ ⲛⲟⲃⲉ ⲟ ⲛⲑⲉ ⲛ ⲛⲉⲓ ⲫⲟⲓⲛⲓⲕⲟⲛ ϯⲛⲁ ⲧⲣⲉⲩ ⲟⲩⲃⲁϣ ⲛⲑⲉ ⲛ ⲟⲩ ⲭⲓⲱⲛ, ⲁⲩⲱ ⲉⲧⲉⲧⲛ ϣⲁⲛ ⲟⲩⲱϣ ⲛⲧⲉⲧⲛ ⲥⲱⲧⲙ ⲛⲥⲱⲓ ⲛ ⲁⲅⲁⲑⲟⲛ ⲙ ⲡ ⲕⲁϩ ⲧⲉⲧⲛⲁ ⲟⲩⲟⲙⲟⲩ. ⲁⲛⲟⲕ ⲇⲉ ⲁⲓ ϫⲟⲟⲥ ϫⲉ ⲁⲛⲅ ⲟⲩ ⲡⲟⲣⲛⲟⲥ.

Discite rectum sequi, et colere fas. Si vestra peccata sunt quasi rubra, ego ea faciam alba sicuti nivem; et si mihi vultis obedire, terrae bonis fruemini Ego autem respondi: Incestus sum.

Hist. Monast. Aegypt. Z. 329. ⲁⲗⲗⲁ ⲁⲓ ⲙⲉⲉⲩⲉ ⲟⲛ ⲉ ⲡⲉⲓ ⲛⲉⲧ ϫⲉ ⲙⲛ ⲗⲁⲁⲩ ⲛ ⲁⲅⲁⲑⲟⲛ ϩⲙ ⲡ ⲱⲛⲁϩ ⲙ ⲡⲁ ⲉⲓⲱⲧ, ⲁⲗⲗⲁ ⲛⲧⲁϥ ⲣ ⲡⲉϥ ⲟⲩⲟⲉⲓϣ ⲧⲏⲣϥ ϩⲛ ϩⲉⲛ ϣⲱⲛⲉ ⲙⲛ ϩⲛ ⲑⲗⲓⲯⲓⲥ ϣⲁⲛⲧⲉϥ ϩⲱⲱⲙⲉ ⲉⲃⲟⲗ, ⲁⲩⲱ ⲁϥ ⲙⲟⲩ ϩⲛ ⲟⲩ ϩⲓⲥⲉ, ⲟⲩⲇⲉ ⲙⲡⲉ ⲡ ⲕⲁϩ ϣⲱⲡ ⲉⲣⲟϥ ⲙ ⲡⲉϥ ⲥⲱⲙⲁ ϩⲛ ⲟⲩ ⲟⲩⲣⲟⲧ. ⲉϣϫⲉ ⲛⲁⲛⲟⲩϥ ⲛⲁϩⲣⲙ ⲡ ⲛⲟⲩⲧⲉ ϩⲛ ⲧ ϭⲓ ⲛ ⲱⲛⲁϩ ⲉⲧⲙⲙⲁⲩ. ⲉⲧⲃⲉ ⲟⲩ ⲁϥ ϣⲉⲡ ⲛⲉⲓ ϩⲓⲥⲉ ⲧⲏⲣⲟⲩ?

Iterum cogitavi nihil boni fuisse in patris vita. Semper aegrotus et infirmus usque ad vitae finem mortuus est in dolore, nec terra alacriter recepit ejus corpus. Quam bene se habet nunc apud deum in illa vita. Quare omnes illos dolores perpessus est?

Im ersten Beispiel ist die Sittlichkeit, im zweiten sogar das himmlische Leben selber ⲛⲁⲛⲉ; im ersten die Frucht der Erde, im zweiten das Ganze der Lebensschicksale ⲁⲅⲁⲑⲟⲥ. Die ungemeine Seltenheit dieses Gebrauchs legt ihm indess keinerlei Werth für das Ganze der Wortbedeutung bei.

Seinem aus dem Vorstehenden sich ergebenden, erhabenen Wesen gemäss ist denn auch die ganze Verwendung des ⲁⲅⲁⲑⲟⲥ. Das Gute als Besitz wird von ihm als Himmelsgabe bezeichnet, und ist, innere Glückseligkeit gewährend, überwiegend geistiger Art; das Gute als Gegenstand religiösen Wissens, Wollens und Seins ist sein eigentliches Gebiet; jede andere Beziehung bleibt gelegentlicher, sporadischer Art.

Das Gute als Besitz bedeutend umfasst ⲁⲅⲁⲑⲟⲥ gewöhnlich alles himmlische und irdische Gute zusammen, alle ewige und irdische Glückseligkeit und Wohlfahrt gemeinsam. Von Gott stammend, ist das Gute, das ⲁⲅⲁⲑⲟⲥ ist, alles Gute auf einmal:

Ps. 24, 14. ⲧⲉϥ ⲯⲩⲭⲏ ⲉⲥⲉ ϣⲱⲡⲓ ϧⲉⲛ ϩⲁⲛ ⲁⲅⲁⲑⲟⲛ.
ἡ ψυχὴ αὐτοῦ ἐν ἀγαθοῖς αὐλισθήσεται.

Sermones Schenuthii Z. 447. ⲙ ⲙⲛⲧϣⲁⲛϩⲧⲏϥ ⲙ ⲙⲛⲧⲛⲁⲏⲧ ⲙ ⲙⲛⲧⲭⲣⲏⲥⲧⲟⲥ ⲙ ⲙⲛⲧⲣⲉⲙⲣⲁϣ ⲑ ⲉⲗⲡⲓⲥ ⲛ ϩⲱⲃ ⲛⲓⲙ ⲛ ⲁⲅⲁⲑⲟⲛ ⲡⲉⲧ ϩⲙ ⲡⲉϥ ⲥⲟⲃⲧⲉ ⲏ ⲡⲉϥ ⲧⲱϣ ⲧⲏⲣϥ.

Misericordia, indulgentia, benignitas, mansuetudo, spes omnis boni, in universa dispositione et ordine ejus.

Jer. 5, 25. ⲛⲉⲧⲉⲛ ⲁⲛⲟⲙⲓⲁ ⲁⲩ ⲣⲓⲕⲓ ⲛ ⲛⲁⲓ ⲥⲁⲃⲟⲗ ⲙⲙⲱⲧⲉⲛ ⲟⲩⲟϩ ⲛⲉⲧⲉⲛ ⲛⲟⲃⲓ ⲁⲩ ⲱⲗⲓ ⲛ ⲛⲓ ⲁⲅⲁⲑⲟⲛ ⲉⲃⲟⲗ ϩⲁ ⲣⲱⲧⲉⲛ.

αἱ ἀνομίαι ὑμῶν ἐξέκλιναν ταῦτα, καὶ αἱ ἁμαρτίαι ὑμῶν ἀπέστησαν τὰ ἀγαθὰ ἀφ' ὑμῶν.

Hebr. 9, 11. ⲡ ⲭⲣⲓⲥⲧⲟⲥ ⲇⲉ ⲉⲧ ⲁϥ ⲓ ⲡⲓ ⲁⲣⲭⲓⲉⲣⲉⲩⲥ ⲛⲧⲉ ⲛⲓ ⲁⲅⲁⲑⲟⲛ ⲉⲑ ⲛⲁ ϣⲱⲡⲓ.

Χριστὸς δὲ παραγενόμενος ἀρχιερεὺς τῶν μελλόντων ἀγαθῶν.

Besonders ersichtlich ist dieser nach Himmel und Erde gleichzeitig gerichtete Sinn des ⲁⲅⲁⲑⲟⲥ in dem folgenden Beispiel, welches das Wort zweimal hintereinander, das erstemal irdisch und himmlisch zugleich, das zweitemal himmlisch allein enthält:

Hist. Monast. Aegypt. 322. ⲟⲩ ⲁϣⲛϭⲟⲧ ⲧⲉ ⲧ ⲙⲛⲧⲁⲅⲁⲑⲟⲥ ⲉⲧⲉ ⲟⲩⲛⲧⲁϥⲥ ⲡ ⲛⲟⲩⲧⲉ ⲉϩⲟⲩⲛ ⲉ ⲛⲉⲧ ⲡⲏⲧ ⲉϩⲟⲩⲛ ⲉⲣⲟϥ ϩⲛ ⲟⲩ ⲙⲛⲧϩⲁⲕ. ⲁⲩⲱ ϫⲉ ⲛⲉⲩ ϣⲟⲣⲡ ⲛ ⲛⲟⲃⲉ ⲛⲧⲁⲩ ⲁⲁⲩ ϣⲁⲩ ⲧⲃⲃⲟ ⲛⲁⲩ ϩⲓⲧⲛ ⲧ ⲙⲉⲧⲁⲛⲟⲓⲁ. ⲁⲩⲱ ⲟⲛ ϫⲉ ⲛ ⲣⲣⲏⲧ ⲛⲧⲁϥ ⲣⲣⲏⲧ ⲙⲙⲟⲟⲩ ϥⲛⲁ ⲧⲁⲁⲩ ⲙⲛ ⲛ ⲁⲅⲁⲑⲟⲛ ⲧⲏⲣⲟⲩ . . . . . ⲧⲁⲓ ⲟⲛ ⲧⲉ ⲑⲉ ⲉϥ ⲛⲁ † ⲛⲁⲛ ⲛ ⲛ ⲁⲅⲁⲑⲟⲛ ⲛ ⲑ ⲓⲗⲏⲙ ⲛ ⲧ ⲡⲉ.

Infinita benignitas domino inest erga eos qui confugiunt ad eum in alacritate. Priora eorum peccata purificata sunt poenitentia. Et promissionem promisit iis, omnia bona se iis daturum esse. Pariter nobis dabi bona Hierosolymorum coelestium.

Der Reuige erhält schon hier alles Gute, im Jenseits aber den vollen Segen des himmlischen Jerusalems.

Die arabisirten Aegypter in den Gebetbüchern — letztere kennen ⲛⲁⲛⲉ kaum — folgen dem dogmatischen Instinct, der das ägyptische Wort für die Ritualien weniger geeignet fand, und übersetzen das griechische, das an seine Stelle tritt, constant als geistige Gabe صالح und خير:

Tuki Rituale 58. ⲙⲁ ⲧⲁⲥⲑⲟ ⲫϯ ⲉϧⲟⲩⲛ ⲉ ⲧⲉⲕ ϩⲟϯ ⲛⲉⲙ ⲡⲉⲕ ϭⲓϣϣⲱⲟⲩ. ⲙⲁ ⲙⲁϯ ⲉ ⲑⲣⲉⲛ ϣⲱⲡⲓ ϧⲉⲛ ⲧ ⲁⲡⲟⲗⲁⲩ-ⲥⲓⲥ ⲛⲧⲉ ⲛⲉⲕ ⲁⲅⲁⲑⲟⲛ.

ردنا يا الله الي خوفك وشوقك ويسر ان نكون في نياح خيراتك

Restitue nos in timorem et desiderium tui. Fac ut fruamur tuis bonis (muneribus).

Tuki Rituale 49. ⲟⲩⲟϩ ⲧⲉⲛ ⲉⲣϩⲟⲩⲟ ϧⲉⲛ ϩⲱⲃ ⲛⲓⲃⲉⲛ ⲛ ⲁⲅⲁⲑⲟⲛ.

ونتفاضل في كل عمل صالح

ut abundemus omnibus rebus bonis.

Tuki Rituale 32. ⲛⲏ ⲉⲧ ϩⲉϫϩⲱϫ ⲣⲱϣⲓ ⲉⲣⲱⲟⲩ ⲉ ⲡⲓ ⲁⲅⲁⲑⲟⲛ.

المضيقين اكففهم بالخيرات

Qui afflicti sunt da iis bonum.

Doch ist ⲁⲅⲁⲑⲟⲥ im älteren Koptisch nur selten auf himmlische Güter allein bezogen worden. Es war zu gewaltig für getheilten Begriff, und bequemt sich ungern dazu, den einen Theil der göttlichen Gaben, und sei es selbst der seelische im Gegensatz zum materiellen, für mehr ⲁⲅⲁⲑⲟⲥ zu halten, als den andern:

Luc. 1, 53. ⲛⲏ ⲉⲧ ϩⲟⲕⲉⲣ ⲁϥ ⲑⲣⲟⲩ ⲥⲓ ⲛ ⲁⲅⲁⲑⲱⲛ ⲟⲩⲟϩ ⲛⲏ ⲉⲧ ⲟⲓ ⲛ ⲣⲁⲙⲁⲟ ⲁϥ ⲟⲩⲟⲣⲡⲟⲩ ⲉⲃⲟⲗ ⲉⲩ ϣⲟⲩⲓⲧ.

πεινῶντας ἐνέπλησεν ἀγαθῶν καὶ πλουτοῦντας ἐξαπέστειλε κενούς.

Tuki Euchologium ϛ̅. ⲉⲓⲉ ⲛⲁϩϯ ⲉ ⲛ ϫⲓⲛ ⲛⲁⲩ ⲉ ⲛⲓ ⲁⲅⲁⲑⲟⲛ ⲛⲧⲉ ⲛ ⲟ̅ⲥ̅ ϧⲉⲛ ⲡ ⲕⲁϩⲓ ⲛⲧⲉ ⲛⲏ ⲉⲧ ⲟⲛϩ.

خيرات الرب

Spero videre bona (munera) dei in terra viventium (i. e. immortalium).

Tuki Theotokia ⲣ̅ⲟ̅ⲍ̅. ⲉⲑⲃⲉ ⲫⲁⲓ ⲁ ⲡⲉⲛ ⲥⲱⲧⲏⲣ ⲟⲗϥ ⲉϧⲟⲩⲛ ⲉ ⲧⲉϥ ⲙⲉⲧⲟⲩⲣⲟ ⲁϥ ϯ ⲛⲁϥ ⲛ ⲛⲓ ⲁⲅⲁⲑⲟⲛ ⲛⲏ ⲉⲧⲉ ⲙⲡⲉ ⲃⲁⲗ ⲛⲁⲩ ⲉⲣⲱⲟⲩ. (الخيرات)

Propterea salvator noster recepit eum in regnum suum et dedit ei bona quae (nullius unquam hominis) oculus vidit.

Fast nie aber, wie wir schon bei den mit ⲡⲁⲛⲉ contrastirten Beispielen bemerkt, geht es auf weltliche Güter ausschliesslich:

Luc. 12, 18. 19. ⲟⲩⲟϩ ⲡⲉϫⲁϥ ϫⲉ ⲫⲁⲓ ϯⲛⲁ ⲁⲓϥ ϯⲛⲁ ϣⲟⲣϣⲉⲣ ⲛ ⲛⲁ ⲁⲡⲟⲑⲏⲕⲏ ⲟⲩⲟϩ ϯⲛⲁ ⲕⲟⲧⲟⲩ ⲛ ⲛⲓϣϯ ⲛ ϩⲟⲩⲟ, ⲟⲩⲟϩ ⲛⲧⲁ ⲑⲱⲟⲩϯ ⲉⲙⲁⲩ ⲙ ⲡⲁ ⲥⲟⲩⲟ ⲧⲏⲣϥ ⲛⲉⲙ ⲛⲁ ⲁⲅⲁⲑⲟⲛ. ⲟⲩⲟϩ ϯⲛⲁ ϫⲟⲥ ⲛ ⲧⲁ ⲯⲩⲭⲏ ϫⲉ ⲧⲁ ⲯⲩⲭⲏ ⲟⲩⲟⲛ ⲟⲩ ⲙⲏϣ ⲛ ⲁⲅⲁⲑⲟⲛ ⲭⲏ ⲛⲉ ⲛ ⲟⲩ ⲙⲏϣ ⲛ ⲣⲟⲙⲡⲓ ⲙⲧⲟⲛ ⲙⲙⲟ ⲟⲩⲱⲙ ⲥⲱ ⲟⲩⲛⲟϥ ⲙⲙⲟ.

καὶ εἶπεν· τοῦτο ποιήσω· καθελῶ μου τὰς ἀποθήκας καὶ μείζονας οἰκοδομήσω, καὶ συνάξω ἐκεῖ πάντα τὰ γεννήματά μου, καὶ τὰ ἀγαθά μου. καὶ ἐρῶ τῇ ψυχῇ μου, ψυχή, ἔχεις πολλὰ ἀγαθὰ κείμενα εἰς ἔτη πολλά· ἀναπαύου, φάγε, πίε, εὐφραίνου.

In diesem Fall kann, obschon von Korn und Wein die Rede ist, die an die «Seele» gerichtete Anrede das unerwartete ⲁⲅⲁⲑⲟⲛ verursacht haben. Man erinnere sich nun, wie das ganze grosse Gebiet aller möglichen idealen und sinnlichen Güter regelmässig mit ⲡⲁⲛⲉ bezeichnet wurde, und der Charakterunterschied beider Worte fällt in die Augen.

Schon als Besitz so überwiegend seelisch, zielt ⲁⲅⲁⲑⲟⲥ als Gegenstand seelischer Thätigkeit um so mehr auf die höchste, die religiöse Art derselben. Und zwar sowohl im Wissen und Wollen, als im Thun und ganzen Sein.

Im Wissen ist es das religiös geschaute, allgemeine, nicht das durch Erfahrung oder Moral erkannte Gute eines einzelnen Falles:

Esaias 7, 15. ⲟⲩ ⲃⲟⲩⲧⲩⲣⲟⲛ ⲛⲉⲙ ⲟⲩ ⲉⲃⲓⲱ ⲉϥⲉ ⲟⲩⲟⲙⲟⲩ ⲙⲡⲁⲧⲉϥ ⲥⲱⲟⲩⲛ ϫⲉ ⲉϥ ⲙⲟⲥϯ ⲙ ⲡⲓ ⲡⲉⲧ ϩⲱⲟⲩ ⲛⲧⲉϥ ⲥⲱⲧⲡ ⲙ ⲡⲓ ⲁⲅⲁⲑⲟⲛ.

βούτυρον καὶ μέλι φάγεται πρὶν ἢ γνῶναι αὐτὸν ἢ προελέσθαι πονηρά, ἐκλέξασθαι τὸ ἀγαθόν.

Deut. 1, 39. ⲛⲉⲧⲉⲛ ⲁⲗⲱⲟⲩⲓ ⲉⲧ ⲁⲣⲉⲧⲉⲛ ϫⲟⲥ ϫⲉ ⲉⲩⲉ ϣⲱⲡⲓ ⲉ ⲡ ϩⲱⲗⲉⲙ ⲛⲉⲙ ⲁⲗⲟⲩ ⲛⲓⲃⲉⲛ ⲙ ⲃⲉⲣⲓ ⲫⲏ ⲉⲧⲉ ϥ ⲥⲱⲟⲩⲛ ⲁⲛ ⲙ ⲫ ⲟⲟⲩ ⲛ ⲟⲩ ⲁⲅⲁⲑⲟⲛ ⲓⲉ ⲟⲩ ⲡⲉⲧ ϩⲱⲟⲩ ⲛⲁⲓ ⲉⲩⲉ ϣⲉⲛⲱⲟⲩ ⲉϧⲟⲩⲛ ⲉⲙⲁⲩ.

καὶ πᾶν παιδίον νέον, ὅςτις οὐκ οἶδε σήμερον ἀγαθὸν ἢ κακόν, οὗτοι εἰςελεύσοντοι ἐκεῖ.

Dieselbe Weite, Höhe und Tiefe behält es, wo der Wissende es anderen lehrt. Es ist immer vorwiegend das ganze Gute, nicht das Detail der praktischen Moral:

Encomium Abbatis Psjol Z. 377. ⲛⲧⲁϥ ⲁⲑⲉⲧⲉⲓ ⲅⲁⲣ ⲁⲛ ⲛ ⲛⲟⲩⲟⲩ, ⲁϥ ϯ ⲉⲧⲟⲟⲧⲟⲩ ⲛ ϩⲉⲛ ⲕⲟⲟⲩⲉ, ⲁⲗⲗⲁ ⲛⲧⲁϥ ⲟⲩⲉϩ ⲁⲅⲁⲑⲟⲛ ⲉϩⲣⲁⲓ ⲉϫⲱⲟⲩ, ⲁϥ ⲕⲟⲥⲙⲉⲓ ⲙⲙⲟⲛ ϩⲛ ⲛⲁⲓ ⲙⲛ ⲛⲉⲓ ⲕⲟⲟⲩⲉ.

Non abolevit quae illorum sunt, sed addidit iis (sc. praeceptis veterum prophetarum) nonnulla, et adstruens bonum super iis, una alteraque re nos auxit et ornavit.

Tuki Rituale 22. ⲉⲕⲉ ⲉⲣⲭⲁⲣⲓⲍⲉⲥⲑⲉ ⲛⲱⲟⲩ ⲛ ⲛⲓ ⲁⲅⲁⲑⲟⲛ ⲛⲧⲉ ⲛⲉⲕ ⲉⲩⲁⲅⲅⲉⲗⲓⲁ.

تمن نعم خيرات مواعيدك

Dabis iis bona tui evangelii.

Wo er es will:

Pistis Sophia 67. 103 (Ps. 50). ⲁⲕ ⲉⲓⲣⲉ ⲙ̄ ⲟⲩ ⲕⲣⲟϥ, ⲁⲕ ⲙⲉⲣⲉ ⲧ ⲕⲁⲕⲓⲁ ⲙ̄ ϩⲟⲩⲟ ⲉ ⲡ ⲁⲅⲁⲑⲟⲛ.

Fecisti dolum, dilexisti *κακιαν* magis quam *αγαθον*.

Wo er es thut:

Mit ιρι:

1. Pet. 3, 11. ⲙⲁⲣⲉϥ ⲣⲓⲕⲓ ⲥⲁⲃⲟⲗ ⲙ ⲡⲓ ⲡⲉⲧ ϩⲱⲟⲩ ⲟⲩⲟϩ ⲛⲧⲉϥ ⲓⲣⲓ ⲙ ⲡⲓ ⲁⲅⲁⲑⲟⲛ.

Ἐκκλινάτω δὲ ἀπὸ κακοῦ καὶ ποιησάτω ἀγαθόν.

Mit ⲉⲣ:

Pistis Soph. 241, 387. ⲟⲩ ⲣⲱⲙⲉ ⲉ ⲙⲡⲉϥ ⲉⲣ ⲛⲟⲃⲉ ⲁⲗⲗⲁ ⲉϥ ⲣ ⲁⲅⲁⲑⲟⲛ ⲉϥ ⲙⲏⲛ ⲉⲃⲟⲗ.

Homo qui haud commisit peccatum, *ἀλλα* fecit *ἀγαθον* constanter.

Röm. 2, 10. ⲟⲩ ⲱⲟⲩ ⲇⲉ ⲛⲉⲙ ⲟⲩ ⲧⲁⲓⲟ ⲛⲉⲙ ⲟⲩ ϩⲓⲣⲏⲛⲏ ⲛ ⲟⲩⲟⲛ ⲛⲓⲃⲉⲛ ⲉⲧ ⲉⲣ ϩⲱⲃ ⲉ ⲡⲓ ⲁⲅⲁⲑⲟⲛ, ⲡⲓ ⲓⲟⲩⲇⲁⲓ ⲛ ϣⲟⲣⲡ ⲛⲉⲙ ⲡⲓ ⲟⲩⲉⲓⲛⲓⲛ.

Δόξα δὲ καὶ τιμὴ καὶ εἰρήνη παντὶ τῷ ἐργαζομένῳ τὸ ἀγαθόν, Ἰουδαίῳ τε πρῶτον καὶ Ἕλληνι.

Und in einem auf Gott gehenden Beispiele, das eigentlich an eine spätere Stelle gehört, und hier nur wegen der gemeinsamen Behandlung des ⲉⲣ aufgeführt wird:

Tetrasticha Z. 648. ⲙⲡⲣ ⲛⲟϫⲧ ⲛ ⲛⲟⲩⲧⲉ ⲙⲛ ⲛ ⲉⲛⲧ ⲁⲕ ϯ ⲛⲁⲩ ⲙ ⲡ ϫⲱⲱⲙⲉ ⲙ ⲡ ⲧⲟⲩⲉⲓⲟ ⲁⲗⲗⲁ ⲁⲣⲓ ⲁⲅⲁⲑⲟⲛ ⲛ ⲙⲙⲁⲓ ϩⲛ ⲧ ϣⲉⲃⲃⲉⲓⲱ ⲙⲛ ⲡ ⲧⲟⲩⲉⲓⲟ.

Ne rejicias me, domine, qui illis dedisti librum repudiationis,
Sed beneficiis auge me in reconciliatione et remissione.

Mit ⲁⲓ:

Matth. 19, 16. ⲫ ⲣⲉϥϯⲥⲃⲱ ⲛ ⲁⲅⲁⲑⲟⲥ ⲟⲩ ⲛ ⲁⲅⲁⲑⲟⲛ ⲉ ϯ ⲛⲁ ⲁⲓϥ ϩⲓⲛⲁ ⲛⲧⲁ ⲉⲣ ⲕⲗⲏⲣⲟⲛⲟⲙⲓⲛ ⲛ ⲟⲩ ⲱⲛϧ ⲛ ⲉⲛⲉϩ.

Διδάσκαλε ἀγαθέ, τί ἀγαθὸν ποιήσω, ἵνα σχῶ ζωὴν αἰώνιον;

Ausnahmen, in denen sich ⲁⲅⲁⲑⲟⲥ auf eine oder mehrere bestimmte Handlungen bezieht, wird man äusserst wenige finden. Und auch die, welche sich etwa nachweisen lassen, haben häufig einen an das Abstracte gränzenden Sinn. Z. B. die folgenden Stellen, in denen die Fülle der einzelnen guten Handlungen fast ein einiges, ganzes gutes Wesen ausmacht:

Act. 9, 36. ⲑⲁⲓ ⲛⲁⲥ ⲙⲉϩ ⲛ ϩⲱⲃ ⲛ ⲁⲅⲁⲑⲟⲛ ⲛⲉⲙ ⲛⲓ ⲙⲉⲑⲛⲁⲏⲧ ⲉ ⲛⲁⲥ ⲓⲣⲓ ⲙⲙⲱⲟⲩ.

αὕτη ἦν πλήρης ἔργων ἀγαθῶν καὶ ἐλεημοσυνῶν ὧν ἐποίει.

2. Thess. 2, 17. ⲉϥⲉϯ ⲛⲟⲙϯ ⲛ ⲛⲉⲧⲉⲛ ϩⲏⲧ ⲟⲩⲟϩ ⲉϥⲉ ⲧⲁϫⲣⲉ ⲑⲏⲛⲟⲩ ϧⲉⲛ ϩⲱⲃ ⲛⲓⲃⲉⲛ ⲛⲉⲙ ⲥⲁϫⲓ ⲛⲓⲃⲉⲛ ⲛ ⲁⲅⲁⲑⲟⲛ.

παρακαλέσαι ὑμῶν τὰς καρδίας, καὶ στηρίξαι ἐν παντὶ ἔργῳ καὶ λόγῳ ἀγαθῷ.

Epistolae Archiepiscopi Antiocheni Z. 604. ϩⲱⲃ ⲛⲓⲙ ⲛ ⲁⲅⲁⲑⲟⲛ ⲉⲧ ⲛⲁ ϣⲱⲡⲉ ⲉⲓⲧⲉ ϩⲛ ⲧ ⲁⲛϯⲟⲭⲓⲁ ⲉⲓⲧⲉ ϩⲙ ⲡⲉ ⲕⲉ ⲥⲉⲡⲉ ⲙ ⲙⲉⲣⲟⲥ ⲛⲧⲉ ⲧ ⲁⲛⲁⲧⲟⲗⲏ ⲁⲛⲟⲕ ⲉⲓ ⲱⲡ ⲙⲙⲟⲟⲩ ⲉ ⲛⲉⲧⲛ ϣⲗⲏⲗ ⲉⲧ ⲟⲩⲁⲁⲃ.

Omne bonum quod fit sive in Antiochia sive in reliquo Oriente tribuo precibus vestris.

Detail der angeführten Art dagegen, ob man es nun mehr als Meinung und Wissen, oder mehr als Wollen und Thun auffasse, enthalten solche Ausnahmsfälle, wie die folgenden:

Vitae Abbatum Generalium (Mingarelli 2, 229). ⲁⲗⲗⲁ ⲉⲡⲉⲓⲇⲏ ⲕ ⲥⲟⲟⲩⲛ ϫⲉ ⲟⲩⲛ ϩⲁϩ ⲛ ⲧⲁⲅⲙⲁ ⲛ ⲣⲱⲙⲉ ϩⲛ ⲧ ⲕⲟⲓⲛⲱⲛⲓⲁ, ⲉⲓⲧⲉ ϩⲗⲗⲟ, ⲉⲓⲧⲉ ⲕⲟⲩⲓ, ⲉⲓⲧⲉ ⲣⲙ ⲛ ⲃⲣⲣⲉ, ⲉⲧⲃⲉ ⲡⲁⲓ ⲁⲓ ϫⲟⲟⲥ ϫⲉ ⲟⲩ ⲁⲅⲁⲑⲟⲛ ⲡⲉ ⲉⲩϣⲁⲛ ⲉⲓ ϣⲁ ⲣⲟⲛ ⲉ ⲧⲣⲉⲛ ϫⲓⲧⲟⲩ ⲉ ⲧ ⲥⲩⲛⲁⲝⲓⲥ ⲙ ⲡ ⲛⲁⲩ ⲙ ⲡⲉ ϣⲗⲏⲗ.

Sed quoniam plures nosti in coenobiis esse hominum ordines, sive senum, sive parvulorum, sive tyronum, ideo dixi bonum esse, ut, cum ad nos (externi) veniant, eos ad Synaxim ducamus orationis tempore.

Homilia contra foeneratores, Mingarelli 2, 325. ⲉⲧⲃⲉ ⲡⲁⲓ ⲟⲩ ⲁⲅⲁⲑⲟⲛ ⲡⲉ ⲉ ⲧⲣⲛ ⲧⲁϫⲣⲉ ⲛ ϣⲁϫⲉ ϩⲓⲧⲛ ϩⲛ ⲙⲁⲣ-ⲧⲩⲣⲓⲁ.

Ideo bonum est, ut quod dixi testimoniis confirmemus.

Gewöhnlich verblieben Beispiele dieser concreteren Art dem ⲛⲁⲛⲉ, dessen auf irdisches Sein und Leben gehende Bedeutung die Fälle des guten Thuns überhaupt ungleich zahlreicher an sich zieht, als ⲁⲅⲁⲑⲟⲥ. Vortrefflich zeigt diesen Unterschied beider der folgende Context:

De Vita Abbatis Pahom Z. 640. ⲛⲉ ϣⲁϥϣⲗⲏⲗ ⲟⲛ ⲡⲉ ⲉϫⲙ ⲡⲓ ⲕⲉ ϣⲟⲙⲛⲧ ⲛ ⲧⲁⲅⲙⲁ ⲛ ⲣⲱⲙⲉ. ϣⲟⲣⲡ ⲙⲉⲛ ⲉϫⲛ ⲛⲉⲛⲧ ⲁⲩ ⲁⲣⲭⲉⲓ ⲉ ⲡ ⲁⲅⲁⲑⲟⲛ, ϫⲉⲕⲁⲥ ⲉⲣⲉ ⲡ ϫⲟⲉⲓⲥ ϯⲑⲉ ⲛⲁⲩ ⲉ ⲧⲣⲉⲩ ϫⲱⲕ ⲉⲃⲟⲗ ⲛϩⲏⲧϥ ⲁϫⲛ ⲗⲁⲁⲩ ⲛ ϫⲣⲟⲡ. ⲙⲛⲛⲥⲱⲥ ⲉϫⲛ ⲛⲉⲛⲧ ⲁⲩ ⲁⲣⲭⲉⲓ ⲛ ⲣ ϩⲱⲃ ⲉ ⲡ ⲡⲉⲧ ⲛⲁⲛⲟⲩϥ ⲙⲡⲟⲩ ⲉϣ ϭⲙϭⲟⲙ ⲉⲃⲟⲗ ⲛ ⲛ ⲣⲟⲟⲩϣ ⲉⲧ ϣⲟⲩⲉⲓⲧ ⲉⲧ ⲥⲱⲕ ⲙⲙⲟⲟⲩ .... ϫⲉⲕⲁⲥ ⲉϥⲉ ϯⲑⲉ ⲛⲁⲩ ϩⲱⲟⲩ ⲛ ⲣ ϩⲱⲃ ⲕⲁⲗⲱⲥ ϩⲙ ⲡ ⲧⲣⲉϥ ϥⲓ ⲉⲃⲟⲗ ⲙⲙⲟⲟⲩ ⲛ ⲣⲟⲟⲩϣ ⲛⲓⲙ ⲛⲧⲉ ⲡⲉⲓ ⲕⲟⲥⲙⲟⲥ.

Orabat itaque pro tribus hominum generibus. Primum pro iis qui recte agant orabat, ut opera sua sine ulla offensione ad finem perducere Dominus iis permittat. Deinde pro iis, qui quum bono operi laborem impendant, vanas sollicitudines sese opprimentes vincere non possint, (orabat), ut Dominus daret iis facultatem bene certandi et omnes superandi hujus mundi curas.

Alles gute Sein und Thun ⲡ ⲁⲅⲁⲑⲟⲛ, das bestimmte gute Werk, dem einer grade obliegt, ⲡ ⲡⲉⲧ ⲛⲁⲛⲟⲩϥ.

Vom ganzen Guten, als Gegenstand des Handelns, ist nur ein Schritt zum ganzen Guten als Gegenstand des Nachdenkens, als Abstraction. So sehr das auf die Gesammtheit des Guten gehende Wort sich zu diesem abgezogenen Gebrauch zu eignen scheint, so wenige Fälle desselben lassen sich aufweisen. Wir geben zwei Beispiele dieser Art (von denen nur eins indess sicher hierher gehört), und sehen alsbald, warum sie so selten sind:

Acta Concilii Niceni Z. 248. ⲙⲛⲉ ⲛ ⲛⲟⲩⲧⲉ ⲥⲛⲧ ⲗⲁⲁⲩ ⲉϥ ϩⲟⲟⲩ ⲛ ⲕⲉ ⲇⲁⲓⲙⲟⲛⲓⲟⲛ ⲉⲧ ϩⲟⲟⲩ ⲁⲛ ϩⲛ ⲧⲉⲩ ⲫⲩⲥⲓⲥ ⲁⲗⲗⲁ ϩⲛ ⲧⲉⲩ ⲡⲣⲟϩⲁⲓⲣⲉⲥⲓⲥ. ⲛ ⲕⲉ ⲁⲅⲅⲉⲗⲟⲥ ⲇⲉ ⲙ ⲡ ⲛⲟⲩⲧⲉ ⲧⲉⲩ ⲡⲣⲟϩⲁⲓⲣⲉⲥⲓⲥ ⲁⲥ ϫⲁⲥⲧⲟⲩ ϩⲙ ⲡ ⲁⲅⲁⲑⲟⲛ.

Deus non creavit aliquod malum, neque daemonia natura sua mala sunt, sed voluntate. Dei Angelos autem voluntas sustulit ad bonum.

Matth. 12, 35. ⲡⲓ ⲁⲅⲁⲑⲟⲥ ⲛ ⲣⲱⲙⲓ ⲉⲃⲟⲗϧⲉⲛ ⲡⲉϥ ⲁϩⲟ ⲛ ⲁⲅⲁⲑⲟⲛ ϣⲁϥ ⲧⲁⲟⲩⲟ ⲙ ⲡⲓ ⲁⲅⲁⲑⲟⲛ ⲉⲃⲟⲗ, ⲟⲩⲟϩ ⲡⲓ ⲣⲱⲙⲓ ⲉⲧ ϩⲱⲟⲩ ⲉⲃⲟⲗϧⲉⲛ ⲡⲉϥ ⲁϩⲟ ⲉⲧ ϩⲱⲟⲩ ϣⲁϥ ⲧⲁⲟⲩⲟ ⲛ ⲛⲓ ⲡⲉⲧ ϩⲱⲟⲩ ⲉⲃⲟⲗ.

ὁ ἀγαθὸς ἄνθρωπος ἐκ τοῦ ἀγαθοῦ θησαυροῦ ἐκβάλλει ἀγαθά, καὶ ὁ πονηρὸς ἄνθρωπος ἐκ τοῦ πονηροῦ θησαυροῦ ἐκβάλλει πονηρά.

Das gesammte Gute, nicht als abstractes Princip der Welt, sondern als persönliche, wollende Kraft genommen, ist Gott. Ihm kommt unser Wort eigenthümlich zu. Ihm gesellt es sich als eine stetige, nothwendige Inhärenz. Ihm wohnt es unabänderlich inne, und seinem Namen tritt es, sein wesentliches Sein bezeichnend, als eine natürliche und ständige Ergänzung zur Seite. Vergleichen wir diese Thatsache einerseits mit dem Widerwillen des Wortes gegen abstracten philosophischen Gebrauch, und erinnern wir uns andererseits, mit wie frommem Ernst es alles Wissen, Wollen und Haben des Guten betrachtete, so ergiebt sich, dass es die empfundene Heiligkeit seines Begriffs gewesen ist, welche ⲁⲅⲁⲑⲟⲥ von der metaphysischen Seite weg, und nach der wärmeren Richtung der Religion hin hat gravitiren lassen. Es ist freilich alles Gute zusammen, aber immer nur als Wissen und Wollen und Haben denkender Wesen, und zwar, seinem ausgedehnten Umfange gemäss, vor allem Gottes. Was von Gott kommt und in seinem Sinne geschieht, ist im tiefsten Innern ⲁⲅⲁⲑⲟⲥ. Und so ist es Gott selbst *κατ᾽ ἐξοχήν*.

So in der feierlichen Assertion des Glaubensbekenntnisses:

Acta Concilii Niceni Z. 248. ⲛⲉ ⲅⲛⲱⲙⲏ ⲛ ⲧ ⲥⲩⲛϩⲟⲇⲟⲥ ⲉⲧ ⲟⲩⲁⲁⲃ. ⲡ ⲛⲟⲩⲧⲉ ⲛ ⲉⲓⲱⲧ ⲟⲩ ⲁⲅⲁⲑⲟⲥ ⲡⲉ. ⲓ̅ⲥ̅ ⲡⲉ ⲭ̅ⲥ̅ ⲡ ϫⲟⲉⲓⲥ ⲡⲉ ⲁⲩⲱ ⲡ ⲛⲟⲩⲧⲉ. ⲟⲩ ⲁⲅⲁⲑⲟⲥ ⲡⲉ ⲡ ⲡ̅ⲛ̅ⲁ̅ ⲉⲧ ⲟⲩⲁⲁⲃ.

Sententiae Sancti Concilii. Deus pater bonus est. Jesus Christus Dominus est et Deus. Spiritus Sanctus bonus est.

So in den Gebeten als stehende Formel:

Guter Vater:

De obdormitione Mariae (Z.) ⲡⲁ ⲉⲓⲱⲧ ⲛ ⲁⲅⲁⲑⲟⲥ.

Pater meus bonus.

Tuki Rituale 2. Euchologium ⲙ̅ⲉ̅. ⲙ̅ⲏ̅. ⲧ̅ⲟ̅ⲁ̅. Pontificale ⲓ̅ⲅ̅. ⲣ̅ϥ̅ⲉ̅. ⲧⲉⲛ ⲟⲩⲱϣⲧ ⲙⲙⲟⲕ ⲱ ⲡ ⲭ̅ⲥ̅ ⲛⲉⲙ ⲡⲉⲕ ⲓⲱⲧ ⲛ ⲁⲅⲁⲑⲟⲥ ⲛⲉⲙ ⲡⲓ ⲡ̅ⲛ̅ⲁ̅ ⲉⲑⲩ.

نسجد لك ايها المسيح مع ابيك الصالح والروح القدس

Adoramus te, o Christe, una cum patre tuo perfecto (ac probo) et spiritu sancto.

Guter Herr:

Tuki Pontificale ⲕ̅ⲉ̅. ⲫ ⲛⲏⲃ ⲡⲓ ⲁⲅⲁⲑⲟⲥ. السيد الصالح

Dominus sanctus et bonus.

Tuki Euchologium ⲗ̅. ⲧⲉⲛ ϣⲉⲡϩⲙⲟⲧ ⲛⲧⲟⲧⲕ ⲫ ⲛⲏⲃ ⲡⲓ ⲁⲅⲁⲑⲟⲥ (wie gewöhnlich الصالح).

Gratias agimus tibi domine benigne.

Guter Retter:

Tuki Rituale 72. ⲡⲉⲛ ⲥⲱⲧⲏⲣ ⲛ ⲁⲅⲁⲑⲟⲥ (صالح).

Guter und darum gütiger Erhörer:

Acta S. Jacobi (Georgi 253). ⲥⲱⲧⲙ ⲉⲣⲟⲓ ⲡ ϫⲟⲉⲓⲥ ϫⲉ ⲛⲧⲕ ⲟⲩ ⲁⲅⲁⲑⲟⲥ.

Exaudi me, domine, quia tu bonus es.

Tuki Rituale ⲥ̅ⲗ̅ⲉ̅. ϩⲱⲥ ⲁⲅⲁⲑⲟⲥ ⲟⲩⲟϩ ⲙ ⲙⲁⲓⲣⲱⲙⲓ ⲫϯ.

Quam bonus et benignus deus.

In den mystischen Schriften als eines der gewöhnlichen Epitheta des geheimnissvollen Namens Zebaoth, welche dem Worte inhäriren, und ohne die es kaum ausgesprochen worden ist:

Pistis Sophia 123. 193. ⲥⲁⲃⲁⲱⲑ ⲡ ⲛⲟϭ ϩⲱⲱϥ ⲡ̅ ⲁⲅⲁ-ⲑⲟⲥ ⲡⲁⲓ ⲉⲛⲧ ⲁⲓ ⲙⲟⲩⲧⲉ ⲉⲣⲟϥ ϫⲉ ⲡⲁ ⲉⲓⲱⲧ.

Sabaoth magnus quoque *ἀγαθός*, quem vocavi meum patrem.

Pistis Sophia 81. 126. ⲁⲓ ⲉⲓ ⲉⲃⲟⲗϩⲙ̅ ⲡ ϫⲓⲥⲉ ⲁⲓ ⲃⲱⲕ ⲉϩⲟⲩⲛ ⲉ ⲥⲁⲃⲁⲱⲑ ⲡ ⲁⲅⲁⲑⲟⲥ, ⲁⲓ ϩⲱⲗϭ̅ ⲉ ϯ ϭⲟⲙ ⲛ ⲟⲩⲟⲉⲓⲛ ⲉⲧ ⲛϩⲏⲧϥ̅.

Excessus ex altitudine veni in Sabaothem *ἀγαθόν*, amplexus sum vim luminis quae in eo

— und so oft.

Und überall, sowohl in der Bibelübersetzung, wie in den rituellen Schriften, als Bezeichnung jeder einzelnen Eigenschaft und That des göttlichen Wesens:

Esaias 39, 8. ⲟⲩ ⲁⲅⲁⲑⲟⲛ ⲡⲉ ⲡⲓ ⲥⲁϫⲓ ⲛⲧⲉ ⲡ ⲟ̅ⲥ̅ ⲉⲧ ⲁϥ ⲥⲁϫⲓ ⲙⲙⲟϥ ⲙⲁⲣⲉⲥ ϣⲟⲡⲓ ⲛϫⲉ ⲟⲩ ϩⲓⲣⲏⲛⲏ ⲛⲉⲙ ⲟⲩ ⲙⲉⲑⲙⲏⲓ ϧⲉⲛ ⲛⲁ ⲉϩⲟⲟⲩ.

Ἀγαθὸς ὁ λόγος κυρίου ὃν ἐλάλησε, γενέσθω δὲ εἰρήνη καὶ δικαιοσύνη ἐν ταῖς ἡμέραις μου.

Tuki Rituale 147. ⲟⲩⲟϩ ⲥⲟⲩⲧⲱⲛ ⲛⲉⲛ ⲉϧⲟⲩⲛ ⲉ ⲡⲉⲕ ⲟⲩⲱϣ ⲉⲑ̅ⲩ̅ ⲛ ⲁⲅⲁⲑⲟⲛ.

وقومنا الى ارادتك المقدسة الصالحة

Et dirige nos secundum tuam voluntatem sanctam et bonam.

Tuki Rituale 66. ⲡⲉⲕ ⲟⲩⲱϣ ⲉⲑ ⲟⲩⲁⲃ ⲛ ⲁⲅⲁⲑⲟⲛ.

ارادتك المقدسة الصالحة .tua sacrosancta voluntas.

In seiner Heiligkeit ist das Wort ausschliesslich: von allen persönlichen Wesen geht es fast nur auf Gott. Wie da, wo Gottes Güte als eine Güte über alle andern Güten geschildert werden soll, natürlich ⲁⲅⲁⲑⲟⲥ, nicht ⲛⲁⲛⲉ gesagt wird —

Matth. 19, 17. ⲉⲑⲃⲉ ⲟⲩ ⲕ ϣⲓⲛⲓ ⲙⲙⲟⲓ ⲉⲑⲃⲉ ⲡⲓ ⲁⲅⲁⲑⲟⲛ; ⲟⲩⲁⲓ ⲡⲉ ⲡⲓ ⲁⲅⲁⲑⲟⲥ ⲫϯ.

Ὁ δὲ εἶπεν αὐτῷ· Τί με ἐρωτᾷς περὶ τοῦ ἀγαθοῦ; εἷς ἐςὶν ὁ ἀγαθὸς ὁ θεός

so kann im umgekehrten Falle, wo es sich um anderer

Personen Gutheit handelt, ⲛⲁⲛⲉ schwer vermieden, ⲁⲅⲁⲑⲟⲥ kaum gebraucht werden. Selbst Christus wird kaum geradezu ⲁⲅⲁⲑⲟⲥ genannt. Er ist es wohl als Lehrer, als Hirt, als heiliger und schützender Name, oder in einer anderen einzelnen und bestimmten Beziehung, aber nicht als gesammte Persönlichkeit. Das ist nur der allumfassende Gott, die Urkraft selbst:

Matth. 19, 16. ⲟⲩⲟϩ ⲓⲥ ⲟⲩⲁⲓ ⲁϥⲓ ϩⲁⲣⲟϥ ⲡⲉϫⲁϥ ⲛⲁϥ ϫⲉ ⲫ ⲣⲉϥϯⲥⲃⲱ ⲛ ⲁⲅⲁⲑⲟⲥ ⲟⲩ ⲛ ⲁⲅⲁⲑⲟⲛ ⲉ ϯⲛⲁ ⲁⲓϥ ϩⲓⲛⲁ ⲛⲧⲁ ⲉⲣ ⲕⲗⲏⲣⲟⲛⲟⲙⲓⲛ ⲛ ⲟⲩ ⲱⲛϩ ⲛ ⲉⲛⲉϩ.

καὶ ἰδού, εἷς προσελθὼν εἶπεν αὐτῷ. Διδάσκαλε ἀγαθέ, τί ἀγαθὸν ποιήσω, ἵνα σχῶ ζωὴν αἰώνιον;

Tuki Rituale 172. ⲓⲏⲥⲟⲩⲥ ⲡⲓ ⲭⲣⲓⲥⲧⲟⲥ ⲛ ϩⲓⲏⲃ ⲛ ⲁⲗⲏⲑⲓⲛⲟⲥ ⲟⲩⲟϩ ⲡⲓ ⲙⲁⲛⲉⲥⲱⲟⲩ ⲛ ⲁⲅⲁⲑⲟⲥ.

يسوع المسيح الحمل الحقيقى والراعى الصالح

Jesus Christus agnus verus et pastor bonus.

Tuki Rituale 264. ⲡⲉϥ ⲣⲁⲛ ⲛ ⲁⲅⲁⲑⲟⲥ.

Ejus (Christi) nomen bonum et praeclarum.

In auffallendem Widerspruch gegen das Gesagte werden Menschen manchmal ausnahmsweise mit diesem erhabenen Adjectivum genannt. Aber der Widerspruch ist in der That nur ein scheinbarer. Er entspringt einerseits der titelhäufenden Devotion, andererseits dem mönchischen Wunsche, den durch das Dogma geheimnissvoll gereinigten Menschen als mit seinem Schöpfer völlig vereint, als ihm gleichartig und einverleibt darzustellen. Was die Titulatur betrifft, so wurde ausgezeichneten Geistlichen, obschon sie sich gewöhnlich mit ⲇⲓⲕⲉⲟⲥ und ⲑⲙⲏⲓ zufrieden zu geben hatten, in besonders ehrerbietiger Weise hier und da auch wohl das ⲁⲅⲁⲑⲟⲥ zugestanden, das Christus kaum beanspruchen darf:

Historia Monast. Aegypt. Z. 298. ⲁϥ ⲟⲛⲟⲙⲁⲍⲉ ⲛ ⲁⲡⲁ ⲁⲅⲁⲑⲟⲛ.

Vocavit eum bonum Apam.

Vita S. Theodori (Mingarelli 195). ⲁ ⲛ ⲛⲟⲉⲓⲕ ϥⲓ ⲛⲧⲟⲟⲧⲛ ⲛ ⲟⲩ ⲉⲓⲱⲧ ⲛ ⲁⲅⲁⲑⲟⲥ ⲉϥ ⲥⲁⲛϣ ⲛ ⲛⲉⲛ ⲯⲩⲭⲏ.

Deus abstulit bonum patrem qui animas nostras alebat (der Tod des Abt Petronius).

Reden wir nicht auch im Deutschen Gott als den Höchsten, weltliche Souveräne aber als allerhöchste an? Titulaturen haben ihre besondere Synonymik.

Darüber noch hinausgehend, spricht der der Geistlichkeit unterwürfige Sinn sogar von ihren Schriften gelegentlich als ⲁⲅⲁⲑⲟⲥ:

Vita S. Johannis Baptistae (Z. 107). ⲁϥ ϣⲱⲡⲓ ⲛϫⲉ ⲡⲁⲓ ϣⲉⲛⲉⲣⲫⲙⲉⲩⲓ ⲛⲧⲉ ⲡⲁⲓ ⲁⲅⲁⲑⲟⲛ ⲛ ϫⲱⲙ ⲛ ⲱϣ ⲉⲃⲟⲗϩⲓⲧⲟⲧⲟⲩ ⲛ ⲛⲉⲛ ⲙⲁⲓⲛⲟⲩϯ ⲛ ⲓⲟϯ.

Factum est hoc exemplar hujus boni libri ad legendum per patres nostros amantes Deum.

Acta S. Martyris Isaaci (Georgi XLII). ⲁϥ ϣⲱⲡⲓ ⲛϫⲉ ⲡⲁⲓ ⲁⲅⲁⲑⲟⲛ ⲛ ϣⲉⲛⲉⲣⲫⲙⲉⲩⲓ ⲛⲧⲉ ⲡⲁⲓ ⲕⲟⲩϫⲓ ⲛ ϫⲱⲙ.

Factum est hoc bonum exemplar istius parvi libri.

Sind diese beiden Beispiele auch einer späten Sprach- und Literaturperiode entnommen — das letzte datirt von 925 p. Chr. n. — so zeigen sie doch die gewaltige Stellung der Kirche schlagender, als lange, geschichtliche Details es vermöchten. In einer Zeit, in der, wie wir gesehen haben, ⲁⲅⲁⲑⲟⲥ fast niemals zur Bezeichnung von Sachen verwendet wurde; in einer Periode, welche von dem erhabenen Charakter des Wortes so innig durchdrungen war, dass, selbst wo sie es zur näheren Bestimmung von besessenen Gütern verwandte, fast immer das Ganze aller göttlichen Gaben, und zumal der geistigen, gemeint war: finden wir nicht allzu selten die Lesebücher der Mönche ⲁⲅⲁⲑⲟⲥ genannt. Der Himmel fing schon im Kloster an.

Der Mensch sodann wird erst dann ⲁⲅⲁⲑⲟⲥ, wenn er sämmtliche göttliche Mysterien in sich aufgenommen, und dadurch, entweder im irdischen oder jenseitigen

Leben, die letzten und tiefsten Wahrheiten der Welt schauen und wollen gelernt hat:

Pist. Soph. 286. 180. ⲉϣⲱⲡⲉ ϩⲱⲱϥ ⲟⲩ ⲯⲩⲭⲏ ⲧⲉ ⲉ ⲙⲉⲥ ⲥⲱⲧⲙ ⲛⲥⲁ ⲛ ⲁⲛⲧⲓⲙⲓⲙⲟⲛ ⲙ ⲡⲡⲁ̅ ϩⲣⲁï ϩⲛ ⲛⲉϥ ϩⲃⲏⲩⲉ ⲧⲏⲣⲟⲩ, ⲁⲩⲱ ⲧⲁï ⲁⲥ ⲉⲣ ⲁⲅⲁⲑⲟⲥ, ⲁⲥ ϫⲓ ⲛ ⲙ ⲙⲩⲥⲧⲏⲣⲓⲟⲛ ⲙ ⲡ ⲟⲩⲟⲉⲓⲛ.

Si quoque *ψυχη* est, quae haud audivit *αντιμιμον πνευματος* in suis facinoribus omnibus, atque haec fuit *αγαϑη*, (et) accepit mysteria luminis.

Pistis Sophia 204. 325. ⲉⲓⲉ ⲟⲩ ⲣⲱⲙⲉ ⲛ ⲁⲅⲁⲑⲟⲥ ⲉ ⲁϥ ϫⲱⲕ ⲉⲃⲟⲗ ⲙ ⲙⲩⲥⲧⲏⲣⲓⲟⲛ ⲛⲓⲙ.

Si homini *αγαϑω* qui absolvit mysteria omnia.

Und auch dann ist noch die besondere Hülfe Gottes dazu erforderlich:

Vita Matthaei Abbatis, Mingarelli 2, 256. ⲡⲉϫⲁϥ ϫⲉ ⲡ ϫⲟⲉⲓⲥ ⲉϥⲉ ⲕⲱ ⲛⲁⲕ ⲉⲃⲟⲗ ⲛ ⲛⲉⲕ ⲛⲟⲃⲉ ⲧⲏⲣⲟⲩ .... ⲛⲅ ϣⲱⲡⲉ ⲛ ⲟⲩ ⲣⲱⲙⲉ ⲛ ⲁⲅⲁⲑⲟⲥ, ϫⲉ ⲡⲁⲛⲧⲱⲥ ϩⲓⲧⲙ ⲡ ⲟⲩⲱϣ ⲙ ⲡ ⲛⲟⲩⲧⲉ ⲕⲛⲁ ϣⲱⲡⲉ ⲉ ⲛ ⲟⲩ ⲣⲱⲙⲉ ⲛ ⲇⲓⲕⲁⲓⲟⲥ.

Et dixit: Dimittat tibi Dominus peccata tua omnia .... et esto vir probus, quia omnino per Dei voluntatem vir justus fies.

Eine so eigenthümlich eingeschränkte und qualificirte Anwendung auf den Menschen tritt mithin unserem Nachweis von der göttlichen Beziehung des Wortes nicht entgegen, sondern bestätigt sie vielmehr.

Schliesslich sei noch bemerkt, dass ⲁⲅⲁⲑⲟⲥ wesentlich ein nachbiblisches Wort ist, und in der Bibelübersetzung selbst, ausser in einigen ihm gewogenen Büchern, wie dem Jesaias und den Briefen Petri, nicht allzu häufig auftritt. Man wird auch finden, dass die Abweichungen von seinem gewöhnlichen und eigentlichen Begriff gern den Büchern entstammen, die ihm diese besondere Vorliebe bezeigen.

ⲙⲉⲧⲁⲅⲁⲑⲟⲥ.

Da, wie wir gesehen haben, ein ⲙⲉⲧⲛⲁⲛⲉ nicht zulässig ist, ein ⲡⲓ ⲡⲉⲧ ⲛⲁⲛⲉ aber vielmehr die Bedeutung des guten Seins, als des gütigen Handelns hat, so war für den substantivischen Ausdruck dieser Eigenschaft ein anderes Wort vonnöthen. Ausser ⲙⲉⲧϩⲉⲗϫ und ⲙⲉⲧⲭⲣⲏⲥⲧⲟⲥ, die besonders behandelt werden, tritt ⲙⲉⲧⲁⲅⲁⲑⲟⲥ in die Lücke.

Gleich ⲁⲅⲁⲑⲟⲥ ist es ein wesentlich religiöses Wort; gleich ihm ist es erhaben über alles Dogma hinaus auf die Innerlichkeit der Dinge gehend; gleich ihm ist es fast ausschliesslich nachbiblisch. Die fromme Gütigkeit, die dem eigenen Werth entspringt, die sowohl auf dem religiösen Pflichtgefühl beruhende, als auch dem tiefsten sittlichen Ich unwillkürlich entquellende Nächstenliebe ist sein alleiniger Begriff. Dass es den eigenen Antheil des Menschen noch stärker, das religiöse Gebot noch schwächer betont, als ⲁⲅⲁⲑⲟⲥ, ist die Folge der Zusammensetzung mit dem Personen attribuirenden ⲙⲉⲧ.

Der Christ hat sie:

Galat. 5, 22. ⲡ ⲟⲩⲧⲁϩ ⲇⲉ ⲛⲧⲉ ⲡⲓ ⲡⲛⲉⲩⲙⲁ ⲫⲁⲓ ⲡⲉ ⲟⲩ ⲁⲅⲁⲡⲏ, ⲟⲩ ⲣⲁϣⲓ, ⲟⲩ ϩⲓⲣⲏⲛⲏ, ⲟⲩ ⲙⲉⲧⲣⲉϥⲱⲟⲩ ⲛ ϩⲏⲧ, ⲟⲩ ⲙⲉⲧⲭⲣⲓⲥⲧⲟⲥ, ⲟⲩ ⲙⲉⲧⲁⲅⲁⲑⲟⲥ, ⲟⲩ ⲛⲁϩϯ.

ὁ δὲ καρπὸς τοῦ πνεύματός ἐστιν ἀγάπη, χαρὰ, εἰρήνη, μακροθυμία, χρηστότης, ἀγαθωσύνη, πίστις.

2. Thess. 1, 11. ⲉⲧⲉ ⲫⲏ ⲡⲉ ⲉⲧ ⲉⲛ ⲧⲱⲃϩ ⲉⲑⲃⲏⲧϥ ⲛ ⲥⲛⲟⲩ ⲛⲓⲃⲉⲛ ⲉϩⲣⲏⲓ ⲉϫⲉⲛ ⲑⲏⲛⲟⲩ ϩⲓⲛⲁ ⲛⲧⲉϥ ⲟⲣⲉⲛ ⲉⲣ ⲡ ⲉⲙⲡϣⲁ ⲙ ⲡⲓ ⲑⲱϩⲉⲙ ⲛϫⲉ ⲡⲉⲛ ⲛⲟⲩϯ ⲟⲩⲟϩ ⲛⲧⲉϥ ϫⲉⲕ ϯ ⲙⲁϯ ⲛⲓⲃⲉⲛ ⲉⲃⲟⲗ ⲛⲧⲉ ϯ ⲙⲉⲧⲁⲅⲁⲑⲟⲥ ⲛⲉⲙ ⲟⲩ ϩⲱⲃ ⲛⲧⲉ ⲫ ⲛⲁϩϯ ϧⲉⲛ ⲟⲩ ϫⲟⲙ.

εἰς ὃ καὶ προςευχόμεθα πάντοτε περὶ ὑμῶν, ἵνα ὑμᾶς ἀξιώσῃ τῆς κλήσεως ὁ θεὸς ἡμῶν, καὶ πληρώσῃ πᾶσαν εὐδοκίαν ἀγαθωσύνης καὶ ἔργον πίςεως ἐν δυνάμει.

Aber ebenso jeder Gute, der aus eigenem Seelenadel Gütiges thut, sei es auch in geringfügigen Dingen:

Decreta Monastica, Mingarelli 96. ⲛⲉⲛ ⲉⲓⲱⲧⲉ ⲥⲩⲛⲭⲱⲣⲉⲓ ⲛⲁⲛ ϩⲛ ⲧⲉⲩ ⲙⲛⲧⲁⲅⲁⲑⲟⲥ ⲉ ⲧⲣⲉⲩ ϯ ⲛⲁⲛ ⲛ ϩⲉⲛ ⲕⲟⲩⲓ ⲛ ⲟⲉⲓⲕ ⲙⲡⲃⲟⲗ ⲙ ⲡ ⲙⲁ ⲛ ⲟⲩⲱⲙ.

Et patres nostri pro sua benignitate nobis concessere, ut parvi panes nobis darentur extra coenaculum.

Im höchsten Maass wohnt sie Gott inne, dem der Mensch ähnlich zu werden streben soll. Die Gebetbücher rechnen demnach das Wort zu ihren stehenden Ausdrücken:

Tuki Rituale 51. ⲧⲉⲛ ϯϩⲟ ⲟⲩⲟϩ ⲧⲉⲛ ⲧⲱⲃϩ ⲛ ⲧⲉⲕ ⲙⲉⲧⲁⲅⲁⲑⲟⲥ ⲡⲓ ⲙⲁⲓⲣⲱⲙⲓ.

نسال ونطلب الى صلاحك يامحب البشر

Oramus et rogamus tuam benignitatem o (deus) qui amat homines.

Tuki Pontificale ⲓ̅ⲉ̅ (ⲣ̅ⲗ̅ⲅ̅). ⲧⲉⲛ ϯ ϩⲟ ⲟⲩⲟϩ ⲧⲉⲛ ⲧⲱⲃϩ ⲛ ⲧⲉⲕ ⲙⲉⲧⲁⲅⲁⲑⲟⲥ ⲡⲓ ⲙⲁⲓⲣⲱⲙⲓ.

نسال ونطلب من صلاحك يا محب البشر

Veremur et adoramus tuam benignam sanctitatem, o (deus) amans homines.

Tuki Rituale 6. ⲉⲑⲃⲉ ⲫⲁⲓ ⲧⲉⲛ ϯϩⲟ ⲟⲩⲟϩ ⲧⲉⲛ ⲧⲱⲃϩ ⲛ ⲧⲉⲕ ⲙⲉⲧⲁⲅⲁⲑⲟⲥ ⲡⲓ ⲙⲁⲓⲣⲱⲙⲓ.

Propterea adoramus et invocamus tuam benignitatem, o deus amans homines.

Tuki Theotokia ⲣ̅ⲕ̅ⲅ̅. ϩⲓⲧⲉⲛ ⲧⲉϥ ⲙⲉⲧⲁⲅⲁⲑⲟⲥ.

صلاحه

Hist. Monast. Aegypt. Z. 322. ⲟⲩ ⲁϣⲛϭⲟⲧ (?) ⲧⲉ ⲧ ⲙⲛⲧⲁⲅⲁⲑⲟⲥ ⲉⲧⲉ ⲟⲩⲛⲧⲁϥⲥ ⲡ ⲛⲟⲩⲧⲉ ⲉϩⲟⲩⲛ ⲉ ⲛⲉⲧ ⲛⲏⲧ ⲉϩⲟⲩⲛ ⲉⲣⲟϥ ϩⲛ ⲟⲩ ⲙⲛⲧϩⲁⲕ.

Infinita (?) benignitas domino inest adversus eos qui confugiunt ad eum in alacritate.

Vita S. Theodori (Mingarelli 164). ⲁ ⲛⲁⲩ ⲉ ⲧ ⲙⲛⲧⲁⲅⲁⲑⲟⲥ ⲙ ⲡ ⲛⲟⲩⲧⲉ.

Videtis benignitatem Dei.

Die wenigen angeführten (und anführbaren) Bibelstellen zeigen, dass ⲙⲉⲧⲁⲅⲁⲑⲟⲥ in den Uebersetzungen für *ἀγαθωσύνη* steht; wo es dagegen in Originalschriften gebraucht wird, geht es, den angeführten Beispielen nach, unzweifelhaft über den blossen «inneren Werth» der biblischen *ἀγαθωσύνη* hinaus, und ist die demselben entspringende «Gütigkeit gegen andere». Das zur Wiedergabe der *ἀγαθωσύνη* gebildete Wort wird demnach durch die Art der Bildung mit dem persönlich attribuirenden ⲙⲉⲧ thätiger, wirksamer als das griechische Substantiv, das es übersetzt, und das koptische Adjectiv, von dem es gebildet ist. Geistige Gründe, die ausser diesem formellen das ⲙⲉⲧⲁⲅⲁⲑⲟⲥ höher gehoben hätten als *ἀγαθωσύνη* oder ⲁⲅⲁⲑⲟⲥ, vermag ich keine abzusehen.

In einem Fall tritt ⲙⲉⲧⲁⲅⲁⲑⲟⲥ ab, und eine nüchterne, einen handgreiflichen Pluralis zulassende Umschreibung dafür ein:

Röm. 15, 14. ⲧⲉⲧⲉⲛ ⲙⲉϩ ϧⲉⲛ ϩⲱⲃ ⲛⲓⲃⲉⲛ ⲛ ⲁⲅⲁⲑⲟⲛ.
μεστοί ἐςε ἀγαθωσύνης.

Der Mangel ähnlicher Beispiele verhindert eine sichere Erklärung. Der erhabene Werth des Wortes an sich kann das ⲙⲉⲧⲁⲅⲁⲑⲟⲥ nicht eliminirt haben, da Fälle wie

Ps. 33, 5. ⲡ ⲕⲁϩⲓ ⲙⲉϩ ⲉⲃⲟⲗϧⲉⲛ ⲫ ⲛⲁⲓ

Ps. 10, 28. ⲣⲱϥ ⲙⲉϩ ⲛ ⲥⲁϩⲟⲩⲓ ⲛⲉⲙ ϣⲁϣⲓ ⲛⲉⲙ ⲭⲣⲟϥ etc. gewöhnlich sind. Also muss, wenn wir es nicht mit einer willkürlichen Wendung zu thun haben, entweder der hohe Charakter des Fremdwortes dem sinnlichen μες weniger verwandt geschienen haben, oder aber man hat die ganze Stelle sinnlicher aufgefasst, als der Zusammenhang rechtfertigt:

Πέπεισμαι δέ, ἀδελφοί μου, καὶ αὐτὸς ἐγὼ περὶ ὑμῶν, ὅτι καὶ αὐτοὶ μεστοί ἐςε ἀγαθωσύνης, πεπληρωμένοι πάσης γνώσεως, δυνάμενοι καὶ ἀλλήλους νουθετεῖν.

Fünftes Kapitel.

ⲭⲣⲏⲥⲧⲟⲥ, ϩⲉⲗϫⲉ, ⲛⲟⲧⲉⲙ, ϣⲁⲩ.

Es ist ein für die Erkenntniss des koptischen Sprachgebrauchs günstiger Umstand, dass es im Griechischen ein Wort giebt, welches einerseits gewisse erhabene Eigenschaften Gottes, andererseits, fast im Gegensatz dazu, ganz alltägliche Beziehungen gewöhnlicher Dinge bezeichnet. Der markirte Unterschied, welcher zwischen beiden Bedeutungen dieses eigenthümlichen Wortes besteht, musste seine Uebersetzung durch ein einziges Wort im Koptischen unmöglich machen, wie er sie vielleicht in allen, gewiss in den meisten anderen Sprachen unmöglich gemacht haben würde. Die Spaltung, welche somit in der Wiedergabe des Wortes eintrat, gab, da die eine Hälfte seiner Bedeutung auf Göttliches, die andere auf Weltliches geht, eine besonders instructive Gelegenheit, die das Koptische beherrschende Neigung zu documentiren, die Genauigkeit, die den Glaubensbegriffen zukommt, durch Beibehaltung der griechischen Originalausdrücke zu wahren, Weltliches dagegen durch die Volkssprache selbst zu übersetzen. Wo *χρηστός* im griechischen Bibeltext auf Göttliches bezogen «allgütig» bedeutet, behält es der Kopte regelmässig bei, und sagt ⲭⲣⲏⲥⲧⲟⲥ, ⲭⲣⲓⲥⲧⲟⲥ, ⲭ̅ⲣ̅ⲥ̅; wo unser Wort dagegen einfach «nützlich», «angenehm» und dergl. besagt, wird es ebenso gewöhnlich durch Ausdrücke, die dem eigenen Bestand der koptischen Sprache entnommen sind, vertreten. Daraus ergiebt sich, dass ⲭⲣⲏⲥⲧⲟⲥ nicht etwa deshalb für Göttliches gesagt wurde, weil es in das Aegyptische überhaupt übergegangen gewesen wäre, da es dann ja den anderen, weltlichen Theil seiner Bedeutung, als den viel häufiger vorkommenden, ebenfalls hätte mit hinüber nehmen müssen; sondern dass es eben nur als dogmatisches Wort aufgenommen worden ist, für rein dogmatische Zwecke, und ohne sonst eine Heimstätte in dem neuen Idiom, dem es sich anschloss, zu finden. Die Bestätigung, welche das bereits erkannte Gesetz des koptischen religiösen Sprachgebrauchs in dieser Erscheinung findet, ist eine so glückliche, so schlagende, und durch ein so anziehendes Verhältniss zweier Semasiologieen hervorgebrachte, dass es sich lohnen wird, sie gründlich nachzuweisen.

Gott heisst sowohl *χρηςός*, als ⲭⲣⲏⲥⲧⲟⲥ, wo er, nach der neu eingeführten Glaubenslehre, als allgütig, allliebend, allverzeihend und allhelfend geschildert wird:

Ps. 24, 8 (25, 9). ⲟⲩ ⲭⲣⲏⲥⲧⲟⲥ ⲟⲩⲟϩ ⲉϥ ⲥⲟⲩⲧⲱⲛ ⲡⲉ ⲛ ⲟ̅ⲥ̅, ⲉⲑⲃⲉ ⲫⲁⲓ ⲉϥⲉ ⲥⲉⲙⲛⲉ ⲛⲟⲙⲟⲥ ⲛ ⲛⲏ ⲉⲧ ⲉⲣ ⲛⲟⲃⲓ ϩⲓ ⲫ ⲙⲱⲓⲧ.

Χρηςὸς καὶ εὐθὴς ὁ κύριος, διὰ τοῦτο νομοθετήσει ἁμαρτάνοντας ἐν ὁδῷ. (טוב)

Ps. 85, 4 (86, 5). ϫⲉ ⲛⲑⲟⲕ ⲟⲩ ⲭⲣⲏⲥⲧⲟⲥ ⲡ ⲟ̅ⲥ̅, ⲟⲩⲟϩ ⲟⲩ ⲉⲡⲓⲕⲏⲥ.

ὅτι σὺ κύριε χρηςὸς καὶ ἐπιεικὴς καὶ πολυέλεος.

Nah. 1, 7. ⲟⲩ ⲭⲣⲏⲥⲧⲟⲥ ⲡⲉ ⲡ ⲟ̅ⲥ̅ ⲛ ⲛⲏ ⲉⲧ ϫⲟⲩϣⲧ ⲉⲃⲟⲗ ⲑⲁϣⲱϥ, ⲟⲩⲟϩ ⲉϥ ⲥⲱⲟⲩⲛ ⲛ ⲛⲏ ⲉⲧ ⲉⲣ ϩⲟϯ ϧⲁ ⲧⲉϥ ϩⲏ.

χρηςὸς κύριος τοῖς ὑπομένουσιν αὐτὸν (ἐν ἡμέρᾳ θλίψεως) καὶ γινώσκων τοὺς εὐλαβουμένους αὐτόν.

Luc. 6, 35. ⲡⲗⲏⲛ ⲙⲉⲛⲣⲉ ⲛⲉⲧⲉⲛ ϫⲁϫⲓ, ⲟⲩⲟϩ ⲁⲣⲓ ⲡⲉⲑⲛⲁⲛⲉϥ ⲛⲱⲟⲩ, ⲟⲩⲟϩ ⲙⲟⲓ ⲛ ⲧⲉⲧⲉⲛ ⲉⲣ ⲁⲡⲉⲗⲡⲓⲍⲓⲛ ⲁⲛ ⲛ ϩⲗⲓ, ⲟⲩⲟϩ ϥ ⲛⲁ ϣⲱⲡⲓ ⲛϫⲉ ⲡⲉⲧⲉⲛ ⲃⲉⲭⲉ ⲉ ⲛⲁϣⲱϥ ⲟⲩⲟϩ ⲧⲉⲧⲉⲛ ⲛⲁ ϣⲱⲡⲓ ⲛ ϣⲏⲣⲓ ⲙ ⲡⲉⲧ ϭⲟⲥⲓ, ϫⲉ ⲛⲑⲟϥ ⲟⲩ ⲭⲣⲏⲥⲧⲟⲥ ⲡⲉ ⲉϫⲉⲛ ⲛⲓ ⲁⲧϩⲙⲟⲧ ⲛⲉⲙ ⲛⲓ ⲡⲟⲛⲏⲣⲟⲥ.

πλὴν ἀγαπᾶτε τοὺς ἐχθροὺς ὑμῶν, καὶ ἀγαθοποιεῖτε καὶ δανείζετε μηδὲν ἀπελπίζοντες· καὶ ἔσται ὁ μισθὸς ὑμῶν πολύς, καὶ ἔσεσθε υἱοὶ τοῦ ὑψίστου, ὅτι αὐτὸς χρηστός ἐστιν ἐπὶ τοὺς ἀχαρίστους καὶ πονηρούς.

Ebenso seine Gnade:

Ps. 68, 20 (69, 16). ⲥⲱⲧⲉⲙ ⲉⲣⲟⲓ ⲛ ⲟ̅ⲥ̅, ϫⲉ ⲟⲩ ⲭⲣⲏⲥⲧⲟⲥ ⲡⲉ ⲡⲉⲕ ⲛⲁⲓ, ⲕⲁⲧⲁ ⲡⲁ ϣⲁⲓ ⲛⲧⲉ ⲛⲉⲕ ⲙⲉⲧϣⲉⲛϩⲏⲧ ϫⲟⲩϣⲧ ⲉϩⲣⲏⲓ ⲉϫⲱⲓ.

εἰςάκουσόν μου κύριε, ὅτι χρηςὸν τὸ ἔλεός σου, κατὰ τὸ πλῆθος τῶν οἰκτιρμῶν σου ἐπίβλεψον ἐπ' ἐμέ.

Ps. 108, 20. ⲛⲑⲟⲕ ⲇⲉ ⲛ ⲟ̅ⲥ̅ ⲡⲁ ⲛⲟⲩϯ, ⲁⲣⲓ ⲟⲩ ⲛⲁⲓ ⲛⲉⲙⲏⲓ ⲉⲑⲃⲉ ⲡⲉⲕ ⲣⲁⲛ. ϫⲉ ⲟⲩⲏⲓ ⲟⲩ ⲭⲣⲏⲥⲧⲟⲥ ⲡⲉ ⲡⲉⲕ ⲛⲁⲓ, ⲛⲁϩⲙⲉⲧ.

καὶ σὺ κύριε κύριε ποίησον μετ' ἐμοῦ ἕνεκεν τοῦ ὀνόματός σου, ὅτι χρηςὸν τὸ ἔλεός σου, ῥῦσαί με.

Ebenso diejenigen Menschen, die den Nebenmenschen lieben, helfen und verzeihen um Gotteswillen:

Eph. 4, 32. ϣⲱⲡⲓ ⲇⲉ ⲉⲣⲉⲧⲉⲛ ⲟⲓ ⲛ ⲭⲣⲓⲥⲧⲟⲥ ⲉ ⲛⲉⲧⲉⲛ ⲉⲣⲏⲟⲩ, ⲛ ⲣⲉϥϣⲉⲛϩⲏⲧ, ⲉⲣⲉⲧⲉⲛ ⲭⲱ ⲉⲃⲟⲗ ⲛ ⲛⲉⲧⲉⲛ ⲉⲣⲏⲟⲩ ⲕⲁⲧⲁ ⲫ ⲣⲏϯ ⲉⲧ ⲁ ⲫ ⲛⲟⲩϯ ⲭⲱ ⲛⲱⲧⲉⲛ ⲉⲃⲟⲗϧⲉⲛ ⲡ ⲭⲣⲓⲥⲧⲟⲥ.

γίνεσθε δὲ εἰ ἀλλήλους χρηστοί, εὔσπλαγχνοι, χαριζόμενοι ἑαυτοῖς καθὼς καὶ ὁ θεὸς ἐν Χριστῷ ἐχαρίσατο ὑμῖν.

Ps. 111, 5 (112, 5). ⲟⲩ ⲭⲣⲏⲥⲧⲟⲥ ⲛ ⲣⲱⲙⲓ ⲡⲉ ⲫⲏ ⲉⲧ ϣⲉⲛ ϩⲏⲧ ⲟⲩⲟϩ ⲉϥ ϯ ⲉ ⲡⲟⲩ ϣⲁⲡ.

χρηςὸς ἀνὴρ ὁ οἰκτείρων καὶ κιχρῶν.

Proverb. 2, 21 (Fragm. ap. Mingar. 2, 333). ϫⲉ ⲛⲉⲧ ⲟ ⲛ ⲭⲣⲏⲥⲧⲟⲥ ⲛⲉⲧ ⲛⲁ ⲟⲩⲱϩ ϩⲓϫⲙ ⲡ ⲕⲁϩ. ⲁⲩⲱ ⲛ ⲃⲁⲗϩⲏⲧ ⲛⲉⲧ ⲛⲁ ϣⲱϫⲡ ϩⲓϫⲱϥ.

Qui sunt benigni habitabunt super terram, et qui sunt innocentes relinquentur in ea.

In dem letzten Beispiel steht ⲭⲣⲏⲥⲧⲟⲥ, obschon das Original יְשָׁרִים und die Septuaginta *εὐθεῖς* hat. Der Autor scheint irrig aus dem Kopf citirt zu haben.

Der durch die Bibelübersetzung somit festgestellte Gebrauch erhält sich danach in den ägyptischen Originalschriften:

Pist. Soph. 37, 54. ⲥⲱⲧⲙ ⲉⲣⲟⲓ, ⲡ ϫⲟⲉⲓⲥ, ϫⲉ ⲟⲩ ⲭⲣⲏⲥⲧⲟⲥ ⲡⲉ ⲡⲉⲕ ⲛⲁ.

Audi me, domine, si *χρηστόν* est tua misericordia.

Pist. Soph. 54. 80. ⲟⲩ ⲭⲣⲉⲥⲧⲟⲥ ⲁⲩⲱ ⲉϥ ⲥⲟⲩⲧⲱⲛ ⲡⲉ ⲡ ϫⲟⲉⲓⲥ, ⲉⲧⲃⲉ ⲡⲁⲓ ϥⲛⲁ ϯ ⲥⲃⲱ ⲛ ⲛⲉⲧ ⲉⲣ ⲛⲟⲃⲉ ϩⲓ ⲧ ϩⲓⲏ.

χρηστός et rectus est dominus, propter hoc docebit peccantes in via.

Soweit das göttliche *χρηστός*. Im ausgesprochenen Gegensatz hierzu wird das Wort in demjenigen Theil seiner Bedeutung, der sich auf weltliche Dinge bezieht, durch rein koptische Worte übersetzt, und zwar durch verschiedene, je nachdem der gerade hervortretende Ton seines wechselnden Farbenspiels das eine oder das andere zu erfordern scheint.

So durch ϩⲉⲗϫⲉ, ϩⲟⲗϫ, wo «süss, sanft, gütig» ausgedrückt werden soll:

Sinnlich: Süsse Feigen und Trauben:

Jer. 24, 2. ⲡⲓ ⲟⲩⲁⲓ ϫⲉ ⲛ ⲛⲓ ⲕⲟⲧ ⲛⲁϥ ⲙⲉϩ ⲛ ⲕⲉⲛⲧⲉ ⲉϥ ϩⲟⲗϫ ⲉ ⲙⲁϣⲱ, ⲙ ⲫ ⲣⲏϯ ⲛ ⲛⲓ ⲕⲉⲛⲧⲉ ⲉ ϣⲁⲩ ⲉⲣ ϣⲱⲣⲡ, ⲟⲩⲟϩ ⲡⲓ ⲕⲉ ⲕⲟⲧ ⲛⲁϥ ⲙⲉϩ ⲛ ⲕⲉⲛⲧⲉ ⲉⲩ ϩⲱⲟⲩ ⲉ ⲙⲁϣⲱ, ⲛ ⲥⲉⲛⲁ ⲟⲩⲟⲙⲟⲩ ⲁⲛ ⲉⲃⲟⲗϧⲉⲛ ⲡⲟⲩ ⲧ ϩⲟ.

ὁ κάλαθος ὁ εἷς σύκων χρηστῶν σφόδρα, ὡς τὰ σῦκα τὰ πρώϊμα· καὶ ὁ κάλαθος ὁ ἕτερος σύκων πονηρῶν σφόδρα, ἃ οὐ βρωθήσεται ἀπὸ πονηρίας αὐτῶν.

Jer. 24, 5. ϫⲉ ⲛⲁⲓ ⲛⲉ ⲛⲏ ⲉⲧ ⲉϥ ϫⲱ ⲙⲙⲱⲟⲩ ⲛϫⲉ ⲡ ⲟ̅ⲥ̅ ⲫϯ ⲙ ⲡ ⲓⲥⲣⲁⲏⲗ ϫⲉ ⲙ ⲫ ⲣⲏϯ ⲛ ⲛⲁⲓ ⲕⲉⲛⲧⲉ ⲉⲧ ϩⲟⲗϫ ⲉ ⲙⲁϣⲱ, ⲡⲁⲓ ⲣⲏϯ ⲉⲓⲉ ⲥⲟⲩⲉⲛ ⲛⲏ ⲉⲧ ⲁⲩ ⲟⲩⲟⲧⲃⲟⲩ ⲉⲃⲟⲗ ⲛⲧⲉ ⲓⲟⲩⲇⲁ.

τάδε λέγει κύριος ὁ θεὸς Ἰσραήλ. ὡς τὰ σῦκα τὰ χρηστὰ ταῦτα, οὕτως ἐπιγνώσομαι τοὺς ἀποικισθέντας Ἰουδαίους.

Luc. 5, 39. ⲟⲩⲟϩ ⲙⲙⲟⲛ ϩⲗⲓ ⲉϥ ⲥⲱ ⲁⲡⲁⲥ, ⲛⲁ ⲟⲩⲱϣ ⲃⲉⲣⲓ, ϥ ϫⲱ ⲅⲁⲣ ⲙⲙⲟⲥ ϫⲉ, ϥ ϩⲟⲗϫ ⲛϫⲉ ⲡⲓ ⲁⲡⲁⲥ.

καὶ οὐδεὶς πιὼν παλαιὸν, εὐθέως θέλει νέον. λέγει γὰρ Ὁ παλαιὸς χρηστός ἐστιν.

Uebergang zum Geistigen:

Sanft, nicht drückend:

Matth. 11, 30. πα ναϩϐεϥ ναρ ϩολϫ, ουοϩ τα ετϕω ασιωου.

ὁ γὰρ ζυγός μου χρηστὸς καὶ τὸ φορτίον μου ἐλαφρόν ἐστιν.

Sanft, nicht streng:

Ps. 118, 39 (119, 39). αλιουι μ π ϣιπι εϐολ ϩαροι ετ αι ερ ϭι σαυις εροϥ ϫε σε ϩολϫ ναρ υϫε νεκ ϩαπ.

περίελε τὸν ὀνειδισμόν μου, ὃν ὑπώπτευσα, ὅτι τὰ κρίματά σου χρηστά.

Geistig:

In Bezug auf Gott, vermittelt durch vorhergehendes *γεύσασθε*, welches, auf ϩελϫε leicht hinleitend, diesen ausnahmsweisen Gebrauch wohl veranlasst hat:

Ps. 33, 8 (34, 8). ϫεμ ϯπι ουοϩ α ναυ, ϫε ου ϩελϫε πε π ϭ̅ς̅. ω ουνιατϥ μ πι ρωμι ετ ερ ϩελπις εροϥ.

Γεύσασθε, καὶ ἴδετε ὅτι χρηστὸς ὁ κύριος. Μακάριος ἀνὴρ, ὃς ἐλπίζει ἐπ' αὐτόν.

Doch ist auch eine so verlockende Hinführung von der sinnlichen auf die geistige Seite des ϩελϫε meistens ungenügend, dem ϩελϫε eine Beziehung auf Gott zu verschaffen, die das Gebiet des χρηστος beeinträchtigt:

1. Petr. 2, 3. ισϫε α τετεν ϫεμ ϯπι, ϫε ου χριστος πε π ϭοεις.

εἴπερ ἐγεύσασθε ὅτι χρηστὸς ὁ κύριος.

Woraus man schliessen kann, wie ganz exceptionell die Anwendung des ϩελϫε auf Gott ohne solche specielle Veranlassung gewesen sein muss. In der That ist mir nur ein Fall einer derartigen Uebersetzung des *χρηστός* bekannt, und zwar einer, dessen ϩελϫε durch folgendes μετχρηστος sofort erklärt und als Licenz poetischen Styles hingestellt wird —

Ps. 118, 68 (119, 68). ⲛⲑⲟⲕ ⲟⲩ ϩⲉⲗϫⲉ ⲡ ⲟ̅ⲥ̅ ⲟⲩⲟϩ ϧⲉⲛ ⲧⲉⲕ ⲙⲉⲧⲭⲣⲏⲥⲧⲟⲥ ⲙⲁ ⲧⲥⲁⲃⲟⲓ ⲉ ⲛⲉⲕ ⲙⲉⲑⲙⲏⲓ.

χρηςὸς εἶ σὺ, κύριε, καὶ ἐν τῇ χρηςότητί σου δίδαξόν με τὰ δικαιώματά σου

während, wo es sich in ägyptischen Originalschriften nur darum handelt, Gott gütig zu nennen, ohne dass ein *χρηςός* mit seiner eigenthümlich dogmatischen Bedeutung der Allgüte wiederzugeben ist, allerdings ϩⲉⲗϫⲉ gelegentlich eintritt,

Tuki Theotokia ⲣ̅ⲙ̅ⲉ̅. ϩⲏⲡⲡⲉ ⲟⲩ ⲡⲉⲑ ⲛⲁⲛⲉϥ ⲓⲉ ⲟⲩ ⲡⲉⲧ ϩⲟⲗϫ.

عا ما هو الحسن وما هو الحلو

Ecce bonus et dulcis est (Christus),

zumal, wo eine halbsinnliche Nebenbeziehung (von des Arabers حسن pulcher et bonus auch im letzten Beispiel hineininterpretirt) deutlich vorhanden ist:

Tuki Theotokia ⲥ̅ϥ̅ⲍ̅. ⲍⲱⲛⲧⲉⲥ ⲛⲓⲃⲉⲛ ⲥⲉⲩⲉ ϯ ϩⲑⲏϥ ⲉ ϯ ⲥⲙⲏ ⲉⲧ ϩⲟⲗϫ ⲛ ⲕⲁⲗⲟⲥ ⲛⲧⲉ ⲡⲉⲕ ⲙⲉⲧϣⲁⲛϩⲑⲏϥ (حلو)

Omnes creaturae audient dulcem et jucundam vocem tuae misericordiae.

Tuki Theotokia ⲣ̅ⲕ̅ⲑ̅. ⲡⲉⲕ ⲣⲁⲛ ϩⲟⲗϫ ⲟⲩⲟϩ ϥ ⲥⲙⲁⲣⲱⲟⲩⲧ.

اسمك حلو ومبارك

dulce et benedictum nomen tuum.

Tuki Theot. ⲥ̅ⲗ̅ⲉ̅. ⲓⲏⲥⲟⲩⲥ ⲡ ⲭⲣⲓⲥⲧⲟⲥ ⲡⲓ ⲣⲁⲛ ⲉⲧ ϩⲟⲗϫ.

Jesus Christus dulce nomen. (حلو)

Die süsse Stimme und der süsse Name Christi, wo sie gütig bedeuten, eignen sich freilich ganz besonders für ϩⲉⲗϫⲉ. Der Araber übersetzt treffend حلو, gratus oculis vel animo.

Neben ϩⲉⲗϫⲉ wird in den bezeichneten Fällen ⲛⲁⲛⲉ für *χρηςός* übersetzt. Diese Version bietet sich dann als die nächststehende dar, wo *χρηςός*, gut griechisch gesinnt, den inneren und äusseren Werth weltlicher Dinge vermischt, verwechselt, verwirrt, der ernstere, einfachere Kopte aber den ersteren zu betonen wünscht.

So sagt der Grieche «gute Sitten» ἤθη χρηςά, Sitten meinend, die dem anderen dienlich sind, und die dieser interessirte andere, sich moralisch gebärdend, rechtschaffen nennt; während des Kopten «gut» in diesem Falle «gut an sich und darum förderlich» bezeichnet, also den grade entgegengesetzten Bedeutungsgang hat:

1. Cor. 15, 33. ⲙⲡⲉⲣ ⲥⲱⲣⲉⲙ. ϣⲁⲣⲉ ⲛⲓ ⲥⲁϫⲓ ⲅⲁⲣ ⲉⲧ ϩⲱⲟⲩ ϣⲁⲩ ⲧⲁⲕⲉ ⲛⲓ ϩⲏⲧ ⲉⲑ ⲛⲁⲛⲉⲩ.

μὴ πλανᾶσθε. φθείρουσιν ἤθη χρηστὰ ὁμιλίαι κακαί.

Desgleichen nennt der Grieche «Edelstein», was sich gut verwerthen lässt, der Kopte, was inneren Werth hat:

Hes. 28, 13. ⲱⲛⲓ ⲛⲓⲃⲉⲛ ⲉⲑ ⲛⲁⲛⲉⲩ ⲁⲕ ⲧⲏⲓⲧⲟⲩ ϩⲓⲱⲧⲕ, ⲟⲩ ⲥⲁⲣⲇⲓⲛⲟⲛ ⲛⲉⲙ ⲟⲩ ⲧⲟⲡⲁⲍⲓⲟⲛ.

πάντα λίθον χρηςὸν ἐνδέδεσαι, σάρδιον καὶ τοπάζιον (יְקָר)

Viel seltener ersetzen ϣⲁⲩ und ⲛⲟⲧⲉⲙ das χρηςός. Letzteres heisst «mild» und in Folge dessen «wohlthuend, angenehm» — eine Bedeutung, die sich dem materiellen Sinn des χρηςός nur dann substituiren lässt, wenn dieses Wort, noch materieller als sonst, schon eine äusserliche Bezeigung freundlicher Gesinnungen als etwas erspriessliches auffasst. So wo vom Griechen eine leutselige Ansprache schon als profitabel behandelt wird, der Aegypter aber sie nur als das zu bezeichnen wünscht, wofür sie sich giebt:

Jerem. 52, 32. ⲁϥ ⲥⲁϫⲓ ⲛⲉⲙⲁϥ ⲉϥ ⲛⲟⲧⲉⲙ, ⲁϥ ϯ ⲙ ⲡⲉϥ ⲑⲣⲟⲛⲟⲥ ⲥⲁⲡϣⲱⲓ ⲛ ⲛⲓ ⲟⲩⲣⲱⲟⲩ ⲛⲏ ⲉⲧ ⲛⲉⲙⲁϥ ϧⲉⲛ ⲃⲁⲃⲩⲗⲱⲛ.

καὶ ἐλάλησεν αὐτῷ χρηςὰ, καὶ ἔδωκε τὸν θρόνον αὐτοῦ ἐπάνω τῶν βασιλέων τῶν μετ' αὐτοῦ ἐν Βαβυλῶνι.

In ägyptischen Originalschriften hält sich das Wort immer innerhalb derselben klaren Gränzen seiner Bedeutung:

Tuki Rituale 177. ⲟⲩⲟϩ ⲙⲟⲓ ⲛⲁϥ ⲛ ⲟⲩ ⲥⲛⲟⲩ ⲛ ϫⲁⲙⲏ ⲛ ⲛⲟⲩⲧⲉⲙ ⲟⲩⲟϩ ⲙⲟⲓ ⲛⲁⲛ ⲛ ⲟⲩ ϩⲙⲟⲧ.

Et da ei tempus jucundae tranquillitatis et fave nobis.

ϣⲁⲩ heisst «passend», und von dieser Grundbedeutung nach allen Richtungen hin ausstrahlend subjectiv «ehrbar», objectiv «angemessen» und dadurch einerseits «angenehm und nützlich», andererseits «jemandem zukommend und gebührend». Wir wollen diese verschiedenen Bedeutungen des ϣⲁⲩ belegen, ehe wir zur Uebersetzung des χρηςός durch ihr Gesammtwort übergehen.

Subjectiv ehrbar:

1.Petri 2, 12. ⲡⲉⲧⲉⲛ ϫⲓ ⲛ ⲙⲟϣⲓ ⲙⲁⲣⲉϥ ϣⲱⲡⲓ ⲉϥ ⲉⲣ ϣⲁⲩ ϧⲉⲛ ⲛⲓ ⲉⲑⲛⲟⲥ, ϩⲓⲛⲁ, ⲉϣⲱⲡ ⲉⲩ ⲥⲁϫⲓ ϧⲁⲣⲱⲧⲉⲛ ⲙ ⲫ ⲣⲏϯ ⲛ ϩⲁⲛ ⲥⲁ ⲙ ⲡⲉⲧ ϩⲱⲟⲩ, ⲉⲩ ⲛⲁⲩ ⲉⲃⲟⲗϧⲉⲛ ⲛⲉⲧⲉⲛ ϩⲃⲏⲟⲩⲓ ⲉⲑ ⲛⲁⲛⲉⲩ, ⲛⲧⲟⲩ ϯ ⲱⲟⲩ ⲙ ⲫ ⲛⲟⲩϯ ϧⲉⲛ ⲡⲓ ⲉϩⲟⲟⲩ ⲛⲧⲉ ⲡⲓ ϫⲉⲙ ⲡ ϣⲓⲛⲓ.

τὴν ἀναςροφὴν ὑμῶν ἐν τοῖς ἔθνεσιν ἔχοντες καλήν, ἵνα ἐν ᾧ καταλαλοῦσιν ὑμῶν ὡς κακοποιῶν, ἐκ τῶν καλῶν ἔργων ἐποπτεύσαντες δοξάσωσι τὸν θεὸν ἐν ἡμέρᾳ ἐπισκοπῆς.

Ebenso fast wörtlich citirt im Gebetbuch:

Tuki Euchologium ⲗ̅ⲑ̅. ⲡⲉⲧⲉⲛ ϫⲓ ⲛ ⲙⲟϣⲓ ⲙⲁⲣⲉϥ ϣⲱⲡⲓ ⲉϥ ⲉⲣ ϣⲁⲩ ϧⲉⲛ ⲛⲓ ⲉⲑⲛⲟⲥ, ϩⲓⲛⲁ ⲉϣⲱⲡ ⲁⲩ ⲥⲁϫⲓ ϧⲁⲣⲱⲧⲉⲛ ⲙ ⲫ ⲣⲏϯ ⲛ ϩⲁⲛ ⲥⲁ ⲙ ⲡⲉⲧ ϩⲱⲟⲩ, ⲉⲩ ⲛⲁⲩ ⲇⲉ ⲉⲃⲟⲗϩⲓⲧⲉⲛ ⲛⲉⲧⲉⲛ ϩⲃⲏⲟⲩⲓ ⲉⲑ ⲛⲁⲛⲉⲩ.

(gleich, fähig, ziemlich, würdig لايق) سعيكم لايقاً

Honesta sit vita vestra in conspectu gentium, ut, si de vobis modo improborum locuti sint, videant vos recte agere.

Objectiv «angemessen», und dadurch einerseits «angenehm» (wenn dieses Beispiel nicht etwa besser zu den folgenden für decere, deberi gezogen wird):

Tuki Rituale 158. ⲛⲑⲟⲕ ⲫϯ ϥ ⲉⲣ ϣⲁⲩ ⲛⲁⲕ ⲛϫⲉ ⲡⲓ ϫⲱ ϧⲉⲛ ⲥⲓⲱⲛ.

انت يا الله يليق بك النشيد في صهيون

Gratus tibi est o domine hymnus in Sion.

Und reell nützlich, weil völlig sachgemäss:

Hist. Monast. Aegypt. Z. 329. ⲡⲁ ⲉⲓⲱⲧ ⲙⲉⲛ ⲁϥ ⲱⲛⲁϩ.

ϩⲛ ⲟⲩ ⲙⲛⲧⲣⲙⲣⲁϣ ⲙⲛ ⲟⲩ ⲙⲛⲧϩⲁⲕ ⲙⲛ ⲟⲩ ⲙⲛⲧϣⲁⲩ ⲉⲧ ⲛⲁⲛⲟⲩⲥ.

Pater meus vixit in temperantia, sobrietate et bona utilitate.

Tuki Rituale 231. ⲱⲗⲓ ⲙ ⲡⲉⲛ ⲕⲁϯ ⲛⲉⲙ ⲡⲉⲛ ⲛⲟⲩⲥ ⲉⲃⲟⲗϩⲁ ⲛⲓ ϩⲃⲏⲟⲩⲓ ⲛ ⲁⲧϣⲁⲩ.

ارفع فهمنا وعقلنا من الاعمال الباطلة

Tolle animum et spiritum nostrum (et averte nos) a rebus futilibus.

Röm. 3, 12. ⲁⲩ ⲣⲓⲕⲓ ⲉⲃⲟⲗ ⲧⲏⲣⲟⲩ ⲁⲩ ⲉⲣ ⲁⲧϣⲁⲩ ⲉⲩ ⲥⲟⲡ. ⲙⲙⲟⲛ ⲡⲉⲧ ⲓⲣⲓ ⲛ ⲟⲩ ⲙⲉⲧⲭⲣⲓⲥⲧⲟⲥ ⲙⲙⲟⲛ ϣⲁ ⲉ ϧⲟⲩⲛ ⲉ ⲟⲩⲁⲓ.

πάντες ἐξέκλιναν, ἅμα ἠχρειώθησαν. οὐκ ἔςι ποιῶν χρηςότητα, οὐκ ἔστιν ἕως ἑνός.

Andererseits zukommend und gebührend:

Tuki Euchologium ⲣ̅ⲝ̅. ⲛⲑⲟⲕ ⲫϯ ϥ ⲉⲣ ϣⲁⲩ ⲛⲁⲕ ⲛϫⲉ ⲡⲓ ϫⲱ ϧⲉⲛ ⲥⲓⲱⲛ.

لك ينبغى التسبيح يا الله فى صهيون

Tibi debetur hymnus in Sione.

Tuki Euchologium ⲉ̅. ϥ ⲉⲣ ϣⲁⲩ ⲙ ⲡⲉⲕ ⲏⲓ ⲛϫⲉ ⲡⲓ ⲧⲟⲩⲃⲟ ⲡ ⲟ̅ⲥ̅.

لبيتك ينبغى التقديس يا رب (congruere, decere (نَبَغَى

Tuam domum decet sanctitas, domine.

Tuki Theotokia ⲣ̅ⲡ̅ⲉ̅. ϥ ⲉⲣ ϣⲁⲩ ⲛⲁⲕ ⲛϫⲉ ⲡⲓ ⲥⲙⲟⲩ (dann folgt bald ϥ ⲉⲣ ⲡⲣⲉⲡⲓ ⲛⲁ ⲛϫⲉ ⲡⲓ ⲱⲟⲩ).

بك يليق التسبيح (convenire, congruere (لاق

So wird denn *χρηςός* an einer Stelle, wo es eine unklare Mischung von «nützlich» und «ehrbar», mit anderen, noch unklareren Nebentönen enthält, recht gut durch ϣⲁⲩ gegeben:

Jerem. 51, 17. ⲟⲩⲟϩ ⲛⲁⲛ ⲥⲛⲟⲩ ⲙ ⲡ ⲱⲓⲕ ⲡⲉ, ⲟⲩⲟϩ ⲁⲛ ϣⲱⲡⲓ ⲛ ⲉⲣϣⲁⲩ, ⲟⲩⲟϩ ⲙⲡⲉⲛ ⲛⲁⲩ ⲉ ϩⲗⲓ ⲙ ⲡⲉⲧ ϩⲱⲟⲩ.

ὅτι ποιοῦντες ποιήσομεν πάντα τὸν λόγον, ὅς ἐξελεύσεται ἐκ τοῦ ςόματος ἡμῶν. θυμιᾷν τῇ βασιλίσσῃ τοῦ οὐρανοῦ, καὶ σπένδειν αὐτῇ σπονδάς, καθὰ ἐποιήσαμεν ἡμεῖς καὶ οἱ πατέρες ἡμῶν .... καὶ ἐπλήσθημεν ἄρτων, καὶ ἐγενόμεθα χρηςοί, καὶ κακὰ οὐκ εἴδομεν.

Die Fälle, in denen *χρηςός* durch ϣⲁⲧ übersetzt werden kann, sind demnach sehr eigenthümlicher Art. Sie werden sich zählen lassen.

Sechstes Kapitel.

мєтχрнстос.

Dass von mehrdeutigen Adjectiven abgeleitete Substantiva die intensivste Bedeutung ihrer Stammworte ausschliesslich oder fast auschliesslich enthalten, ist in vielen Sprachen gültiges Gesetz. Die Bedeutung, im Adjectivum noch flüssig, und je nach dem Substantivum, zu dem es sich gesellt, verschieden krystallisirt, wird, substantivisch gefasst, naturgemäss eine festere, weil sie, in dieser selbstständigeren Form, selbstständige, bestimmte Dinge und Abstractionen wiederzugeben hat. Und zwar wählt sie vorwiegend die stärkste Färbung des ursprünglichen Adjectivs zum Grund ihres concentrirteren Begriffs, weil die Verengung der Bedeutung, die eine Folge der Befestigung ihrer Form ist, ihrerseits wiederum die Intensificirung consequenterweise nach sich zieht. «Bös» kann «boshaft» oder «leidig» bedeuten; aber «Bosheit» geht auf «boshaft» allein zurück, da, wenn es, bei der Annahme einer selbstständigen Form, zwischen «boshaft» und «leidlich» zu wählen hat, der erstere, stärkere Begriff sich naturgemäss als der passendere Inhalt für die Form darbietet. «Gross» kann «gross» oder «klein» bezeichnen, je nach dem Substantiv, welchem es dient; die «Grösse» aber, von der Relation emancipirt, und in die Sphäre des Absoluten erhoben, ist grossartig an sich. Substantiva, die von mehrdeutigen Verben abgeleitet sind, zeigen ein analoges Verhältniss in noch höherem Grade.

Diesem Gesetz gemäss wahrt denn auch χρηστότης nur selten den ursprünglichen Sinn des Nützlichen und Brauchbaren, der dem χρηστός zu Grunde liegt, sondern beschränkt sich meistens darauf, die Gipfelung seines Stammwortes in der «Güte» zu vertreten. Da diese Güte in den biblischen Schriften gewöhnlich religiöser Natur ist, so tritt das Wort dem Aegypter als ein rein dogmatischer Terminus entgegen, und besteht als solcher auf seine thatsächliche Hinübernahme in die koptische Version. Es erklärt sich daraus, dass Fälle seiner Uebersetzung durch koptische Worte nur äusserst sparsam vorkommen können, während ⲙⲉⲧⲭⲣⲏⲥⲧⲟⲥ und ⲙⲛⲧⲭⲣⲏⲥⲧⲟⲥ sehr häufig dafür sind.

Die Güte als Gottes geistige Eigenschaft, die Allgüte:

Ps. 30, 20 (31, 20). ⲓⲥϫⲉⲕ ϥ ⲟϣ ⲛϫⲉ ⲡⲁ ϣⲁⲓ ⲛⲧⲉ ⲧⲉⲕ ⲙⲉⲧⲭⲣⲏⲥⲧⲟⲥ, ⲡ ⲟ̅ⲥ̅.

ὡς πολὺ τὸ πλῆθος τῆς χρηστότητός σου, κύριε (טוּב)

Ps. 24, 7. 8 (25, 7). ⲕⲁⲧⲁ ⲡⲉⲕ ⲛⲁⲓ ⲛⲑⲟⲕ ⲁⲣⲓ ⲡⲁ ⲙⲉⲩⲓ ⲉⲑⲃⲉ ⲧⲉⲕ ⲙⲉⲧⲭⲣⲏⲥⲧⲟⲥ, ⲡ ⲟ̅ⲥ̅. ⲟⲩ ⲭⲣⲏⲥⲧⲟⲥ ⲟⲩⲟϩ ⲉϥ ⲥⲟⲩⲧⲱⲛ ⲡⲉ ⲡ ⲟ̅ⲥ̅.

κατὰ τὸ ἔλεός σου μνήσθητί μου ἕνεκεν τῆς χρηστότητός σου, κύριε. χρηστὸς καὶ εὐθὴς ὁ κύριος.

Römer 2, 4. ϣⲁⲛ ⲕ ⲉⲣ ⲕⲁⲧⲁⲫⲣⲟⲛⲓⲛ ⲛ ϯ ⲙⲉⲧⲣⲁⲙⲁⲟ ⲛⲧⲉ ⲧⲉϥ ⲙⲉⲧⲭⲣⲓⲥⲧⲟⲥ ⲛⲉⲙ ⲧⲉϥ ⲙⲉⲧⲣⲉϥⲉⲣⲁⲛⲉⲭⲉⲥⲑⲉ ⲛⲉⲙ ⲧⲉϥ ⲙⲉⲧⲣⲉϥϣⲱⲟⲩ ⲛ ϩⲏⲧ, ⲛ ⲕ ⲉⲙⲓ ⲁⲛ ϫⲉ ϯ ⲙⲉⲧⲭⲣⲓⲥⲧⲟⲥ ⲛⲧⲉ ⲫ ⲛⲟⲩϯ ⲥ ⲓⲛⲓ ⲙⲙⲟⲕ ⲉⲩ ⲙⲉⲧⲁⲛⲟⲓⲁ.

ἢ τοῦ πλούτου τῆς χρηστότητος αὐτοῦ καὶ τῆς ἀνοχῆς καὶ τῆς μακροθυμίας καταφρονεῖς, ἀγνοῶν ὅτι τὸ χρηστὸν τοῦ θεοῦ εἰς μετάνοιάν σε ἄγει;

Eph. 2, 7 (Tit. 3, 4). ϩⲓⲛⲁ ⲛⲧⲉϥ ⲟⲩⲱⲛϩ ⲉⲃⲟⲗ ϧⲉⲛ ⲛⲓ ⲉⲛⲉϩ ⲉⲑ ⲛⲏⲟⲩ ⲛ ϯ ⲙⲉⲧⲣⲁⲙⲁⲟ ⲉⲧ ⲉⲣ ϩⲟⲩⲟ ⲛⲧⲉ ⲡⲉϥ ϩⲙⲟⲧ ϧⲉⲛ ⲟⲩ ⲙⲉⲧⲭⲣⲓⲥⲧⲟⲥ ⲉϩⲣⲏⲓ ⲉϫⲱⲛ ϧⲉⲛ ⲡ ⲭⲣⲓⲥⲧⲟⲥ ⲓⲏⲥⲟⲩⲥ.

*ἵνα ἐνδείξηται ἐν τοῖς αἰῶσι τοῖς ἐπερχομένοις τὸν ὑπερβάλλοντα πλοῦτον τῆς χάριτος αὐτοῦ ἐν χρηστότητι ἐφ' ἡμᾶς ἐν **Χριστῷ** Ἰησοῦ.*

Ebenso nachbiblisch, unübersetzt:

Pistis Sophia 54, 80. ⲉⲧⲃⲉ ⲧⲉⲕ ⲙⲛⲧⲭⲣⲏⲥⲧⲟⲥ, ⲡ ϫⲟⲉⲓⲥ.
propter tuam χρηςότητα, domine.

Pistis Sophia 96. ⲁⲓ ⲧⲙⲁⲓⲟ ϧⲛ ⲧⲉⲕ ⲙⲛⲧⲭⲣⲏⲥⲧⲟⲥ.
justificatus sum tua χρηςότητι.

Ebenso 98 mehreremal.

Sermones Schenuthii Z. 447. ⲙ ⲙⲛⲧϣⲁⲛ ϩⲧⲏϥ ⲙ ⲙⲛⲧⲛⲁⲏⲧ ⲙ ⲙⲛⲧⲭⲣⲏⲥⲧⲟⲥ ⲙ ⲙⲛⲧⲣⲉⲙⲣⲁϣ ⲑ ⲉⲗⲡⲓⲥ ⲛ ϩⲱⲃ
ⲛⲓⲙ ⲛ ⲁⲅⲁⲑⲟⲛ ⲡⲉⲧ ϩⲉⲙ ⲡⲉⲥ ⲥⲟⲃⲧⲉ ⲛ ⲡⲉⲥ ⲧⲱϣ ⲧⲏⲣϥ.

Misericordia, indulgentia, benignitas, mansuetudo, spes
omnis boni, in universa dispositione et ordine ejus.

Catechesis, Mingarelli, Aegyptiorum Codicum Reliquiae
p. 87. ⲡ ϫⲟⲉⲓⲥ ⲇⲉ ⲓ̅ⲥ̅ ⲛⲉϥ ⲡⲁϩⲣⲉ ϩⲉⲛ ⲉⲃⲟⲗ ⲛⲉ ϩⲛ ⲛⲉϥ
ⲙⲛⲧⲛⲁⲏⲧ . . . . . ⲙⲛ ⲛⲉϥ ⲙⲛⲧⲭⲣⲏⲥⲧⲟⲥ ⲙⲛ ⲛⲉϥ ⲙⲛⲧ-
ⲙⲁⲓⲣⲱⲙⲉ.

Domini autem Jesu medicamenta constant ex ipsius
misericordiis . . . . . et benignitatibus et hominum di-
lectionibus.

Die Güte als Gottes That:

Ps. 118, 65 (119, 65). ⲁⲕ ⲓⲣⲓ ⲛ ⲟⲩ ⲙⲉⲧⲭⲣⲏⲥⲧⲟⲥ ⲛⲉⲙ
ⲡⲉⲕ ⲃⲱⲕ ⲡ ⳪ ⲕⲁⲧⲁ ⲡⲉⲕ ⲥⲁϫⲓ.

χρηςότητα ἐποίησας μετὰ τοῦ δούλου σου, κύριε, κατὰ
τὸν λόγον σου.

Ps. 20, 4 (21, 3). ϫⲉ ⲁⲕ ⲉⲣ ϣⲟⲣⲡ ⲉⲣⲟϥ ϧⲉⲛ ⲛⲓ ⲥⲙⲟⲧ
ⲛⲧⲉ ⲧⲉⲕ ⲙⲉⲧⲭⲣⲏⲥⲧⲟⲥ, ⲁⲕ ⲭⲱ ⲉϫⲱϥ ⲛ ⲟⲩ ⲭⲗⲟⲙ
ⲉⲃⲟⲗϧⲉⲛ ⲟⲩ ⲱⲛⲓ ⲉϥ ⲧⲁⲓⲏⲟⲩⲧ.

Ὅτι προέφθασας αὐτὸν ἐν εὐλογίαις χρηςότητος, ἔθηκας
ἐπὶ τὴν κεφαλὴν αὐτοῦ στέφανον ἐκ λίθου τιμίου.

Die Güte als die Eigenschaft gottgefälliger Menschen
die grundsätzliche, unerschöpfliche Nächstenliebe:

2. Cor. 6, 6. ϧⲉⲛ ⲟⲩ ⲧⲟⲩⲃⲟ, ϧⲉⲛ ⲟⲩ ⲥⲱⲟⲩⲛ, ϧⲉⲛ ⲟⲩ
ⲙⲉⲧⲣⲉϥϣⲟⲩ ⲛ ϩⲏⲧ, ϧⲉⲛ ⲟⲩ ⲙⲉⲧⲭⲣⲏⲥⲧⲟⲥ, ϧⲉⲛ ⲟⲩ ⲡⲛⲉⲩⲙⲁ
ⲉϥ ⲟⲩⲁⲃ, ϧⲉⲛ ⲟⲩ ⲁⲅⲁⲡⲏ ⲛ ⲁⲧⲙⲉⲧϣⲟⲃⲓ.

ἐν ἁγνότητι, ἐν γνώσει, ἐν μακροθυμίᾳ, ἐν χρηστότητι,
ἐν πνεύματι ἁγίῳ, ἐν ἀγάπῃ ἀνυποκρίτῳ.

Die Güte als die That gottgefälliger Menschen:

Ps. 13, 2. 4 (14, 2. 4). ⲁ ⲡ ⲟ̅ⲥ̅ⲥ ϫⲟⲩϣⲧ ⲉⲃⲟⲗϧⲉⲛ ⲧ ⲫⲉ ⲉϫⲉⲛ ⲛⲓ ϣⲏⲣⲓ ⲛⲧⲉ ⲛⲓ ⲣⲱⲙⲓ, ⲉ ⲛⲁⲩ ϫⲉ ⲟⲩⲟⲛ ⲡⲉⲧ ⲕⲁϯ ⲓⲉ ⲉϥ ⲕⲱϯ ⲛⲥⲁ ⲫϯ ...... ⲙⲙⲟⲛ ⲡⲉⲧ ⲓⲣⲓ ⲛ ⲟⲩ ⲙⲉⲧⲭⲣⲏⲥⲧⲟⲥ, ⲙⲙⲟⲛ ϣⲁ ⲉϧⲟⲩⲛ ⲉ ⲟⲩⲁⲓ.

κύριος ἐκ τοῦ οὐρανοῦ διέκυψεν ἐπὶ τοὺς υἱοὺς τῶν ἀνθρώπων, τοῦ ἰδεῖν εἰ ἔϛι συνιῶν ἢ ἐκζητῶν τὸν θεόν ...... οὐκ ἔϛι ποιῶν χρεϛότητα, οὐκ ἔϛιν ἕως ἑνός.

Ps. 36, 3 (37, 3). ⲁⲣⲓ ϩⲉⲗⲡⲓⲥ ⲉ ⲡ ⲟ̅ⲥ̅ ⲟⲩⲟϩ ⲁⲣⲓⲟⲩⲓ ⲛ ⲟⲩ ⲙⲉⲧⲭⲣⲏⲥⲧⲟⲥ.

Ἔλπισον ἐπὶ κύριον, καὶ ποίει χρηϛότητα.

Röm. 3, 12. ⲁⲩ ⲣⲓⲕⲓ ⲉⲃⲟⲗ ⲧⲏⲣⲟⲩ, ⲁⲩ ⲉⲣ ⲁⲧϣⲁⲩ ⲉⲩ ⲥⲟⲡ. ⲙⲙⲟⲛ ⲡⲉⲧ ⲓⲣⲓ ⲛ ⲟⲩ ⲙⲉⲧⲭⲣⲓⲥⲧⲟⲥ, ⲙⲙⲟⲛ ϣⲁ ⲉϧⲟⲩⲛ ⲉ ⲟⲩⲁⲓ.

πάντες ἐξέκλιναν, ἅμα ἠχρειώθησαν· οὐκ ἔστι ποιῶν χρηστότητα, οὐκ ἔστιν ἕως ἑνός.

Diesen vielfachen Fällen der durch ⲙⲉⲧⲭⲣⲏⲥⲧⲟⲥ gegebenen himmlischen Güte gegenüber wird *χρηϛότης*, wenn ich richtig gezählt habe, nur zweimal in der Bibel mit einem ächt koptischen Worte übersetzt, und zwar beidemal mit ⲙⲉⲧϩⲉⲗϫⲉ. Beidemal überdies ist es nicht die Güte Gottes selber, sondern nur die menschliche, gottnachahmende Güte, die die koptische Bezeichnung zulässt; beidemal ferner geschieht es in einer Aufzählung gottgefälliger Eigenschaften, die sämmtlich in koptischer Sprache genannt sind, und deren somit rein ägyptischer, populärer Catalog das überirdische Fremdwort vielleicht abgelehnt hat. Die letztere Vermuthung wird nahegelegt durch einen obenangeführten, ähnlichen Catalog (Sermones Schenuthii Z. 447), der, andere griechische Worte enthaltend, auch ⲙⲉⲧⲭⲣⲏⲥⲧⲟⲥ, nicht ⲙⲉⲧϩⲉⲗϫⲉ sagt. Die beiden erwähnten Beispiele sind:

Ps. 118, 66 (119, 66). ⲟⲩ ⲙⲉⲧϩⲉⲗϫⲉ ⲛⲉⲙ ⲟⲩ ⲥⲃⲱ ⲛⲉⲙ ⲟⲩ ⲉⲙⲓ ⲙⲁ ⲧⲥⲁⲃⲟⲓ ⲉⲣⲱⲟⲩ, ϫⲉ ⲁⲓ ⲛⲁϩϯ ⲉ ⲛⲉⲕ ⲉⲛⲧⲟⲗⲏ.

χρηϛότητα καὶ παιδείαν καὶ γνῶσιν δίδαξόν με, ὅτι ταῖς ἐντολαῖς σου ἐπίϛευσα.

Col. 3, 12. ⲙⲟⲓ ⲟⲩⲛ ϩⲓ ⲑⲏⲛⲟⲩ ⲙ ⲫ ⲣⲏϯ ⲛ ϩⲁⲛ ⲥⲱⲧⲡ ⲛⲧⲉ ⲫ ⲛⲟⲩϯ, ⲉⲩ ⲟⲩⲁⲃ ⲟⲩⲟϩ ⲙ ⲙⲉⲛⲣⲓⲧ, ⲛ ϩⲁⲛ ⲙⲉⲧϣⲁⲛⲑⲙⲁϩⲧ ⲛⲧⲉ ⲟⲩ ⲙⲉⲧⲣⲉϥϣⲉⲛϩⲏⲧ, ⲛ ⲟⲩ ⲙⲉⲧϩⲉⲗϫⲉ, ⲛ ⲟⲩ ⲑⲉⲃⲓⲟ ⲛ ϩⲏⲧ, ⲛ ⲟⲩ ⲙⲉⲧⲣⲉⲙⲣⲁⲩϣ, ⲛ ⲟⲩ ⲙⲉⲧⲣⲉϥⲱⲟⲩ ⲛ ϩⲏⲧ.

ἐνδύσασθε οὖν ὡς ἐκλεκτοὶ τοῦ θεοῦ, ἅγιοι καὶ ἠγαπημένοι, σπλάγχνα οἰκτιρμῶν, χρηςότητα, ταπεινοφροσύνην, πραΰτητα, μακροθυμίαν.

Es erübrigt, die äusserst wenigen Fälle zu berühren, in denen *χρηςότης*, in die Urbedeutung seines Adjectivs zurückfallend, einen zwischen «gütiger That» und «gegebenem Guten» schwankenden Sinn verräth. So z. B.:

Ps. 84, 13 (85, 12). ⲕⲉ ⲅⲁⲣ ⲡ ⲟ̅ⲥ̅ ⲉϥⲉ ϯ ⲛ ⲟⲩ ⲙⲉⲧⲭⲣⲏⲥⲧⲟⲥ, ⲟⲩⲟϩ ⲡⲉⲛ ⲕⲁϩⲓ ⲉϥⲉ ϯ ⲙ ⲡⲉϥ ⲟⲩⲧⲁϩ.

καὶ γὰρ ὁ κύριος δώσει χρηςότητα, καὶ ἡ γῆ ἡμῶν δώσει τὸν καρπὸν αὐτῆς.

Ps. 105, 5 (104, 5). ⲉ ⲡ ϫⲓⲛ ⲑⲣⲉⲛ ⲛⲁⲩ ϧⲉⲛ ϯ ⲙⲉⲧⲭⲣⲏⲥⲧⲟⲥ ⲛⲧⲉ ⲛⲉⲕ ⲥⲱⲧⲡ, ⲉ ⲑⲣⲉⲛ ⲟⲩⲛⲟϥ ϧⲉⲛ ⲡ ⲟⲩⲛⲟϥ ⲛⲧⲉ ⲡⲉⲕ ⲉⲑⲛⲟⲥ.

τοῦ ἰδεῖν ἐν τῇ χρηςότητι τῶν ἐκλεκτῶν σου, τοῦ εὐφρανθῆναι ἐν τῇ εὐφροσύνῃ τοῦ ἔθνους σου.

Dass der Kopte, an die andere, viel gebräuchlichere Bedeutung des *χρηςότης* gewöhnt, auch in diesen Fällen gern «die Güte» anstatt «des Guten» verstand, und sie deshalb mit dem dogmatischen ⲙⲉⲧⲭⲣⲏⲥⲧⲟⲥ übersetzen konnte, lehrt folgendes Beispiel:

Ps. 103, 29 (104, 28). ⲁⲕ ϣⲁⲛ ⲟⲩⲱⲛ ⲛ ⲧⲟⲧⲕ ϣⲁⲣⲉ, ⲛ ⲭⲁⲓ ⲛⲓⲃⲉⲛ ⲙⲟϩ ⲉⲃⲟⲗϧⲉⲛ ⲧⲉⲕ ⲙⲉⲧⲭⲣⲏⲥⲧⲟⲥ.

ἀνοίξαντος δέ σου τὴν χεῖρα, τὰ σύμπαντα πλησθήσονται χρηςότητος.

Der griechische Text lässt hier beide Interpretationen zu: «Alles wird von Güte erfüllt», und «Alles wird von Wohlsein erfüllt», während das ebräische Original vorwiegend den letzteren Sinn hat. Das Koptische dagegen, indem es dem *χρηςότης*, טוב ein ⲧⲉⲕ «dein» zusetzt, neigt sich der ersteren, persönlicheren Auslegung zu. Mit anderen Worten, es übersetzt, als ob *χρηςότητός σου* und טוֹבָה stünde, wie im nachstehenden Verse:

Ps. 64, 12 (65, 11). ⲉⲛⲉ ⲥⲙⲟⲩ ⲉ ⲡ ϫⲗⲟⲙ ⲛⲧⲉ ϯ ⲣⲟⲙⲡⲓ ⲛⲧⲉ ⲧⲉⲕ ⲙⲉⲧⲭⲣⲏⲥⲧⲟⲥ.

εὐλογήσεις τὸν ςέφανον τοῦ ἐνιαυτοῦ τῆς χρηςότητός σου.

Die Disposition ⲙⲉⲧⲭⲣⲏⲥⲧⲟⲥ als Gesinnung oder That, und damit religiös zu nehmen, selbst wo diese Auslegung nicht ganz zweifellos war, wird durch die Gegenüberstellung der beiden letzten Beispiele recht gut erwiesen.

Siebentes Kapitel.

καλως.

καλως als koptisches Wort verdient Beachtung. Es ist eins der wenigen, in die ägyptische Volkssprache übergegangenen, griechischen Wörter weltlichen Inhalts. Der in die Volkssprache übergegangenen, sagen wir; denn obschon die Gesammtzahl der in der koptischen Literatur vorkommenden griechischen Worte weltlichen Sinnes die der religiösen weit übertrifft, so zeigt doch die Seltenheit, mit der die meisten von ihnen auftreten, und das ungenaue synonymische Verhältniss, in dem diese ganze Klasse zu den sie gewöhnlich ersetzenden koptischen Worten steht, dass sie nicht zur Wiedergabe eines neu adoptirten Begriffs, sondern nur zur Schmückung und würdevollen Aufsteifung des Styls verwandt worden sind. Die verhältnissmässig geringe Menge der griechischen geistlichen Worte, die in das Aegyptische übergingen, wurden die stehenden Vertreter neuer Gedanken, und finden sich, durch den geistlichen Charakter der Literatur begünstigt, ungemein häufig vor; die weltlichen dagegen liegen meist wie zufällige Streustücke halb überflüssig in den Texten umher. Die geistlichen Worte sind unumgängliche, durch einen neuen Glauben und eine vielfach neue Anschauung des sittlichen Lebens veranlasste Ergänzungen des Sprachschatzes; die weltlichen Zier und Verbrämung. Obschon demnach das Register der weltlichen recipirten Worte gross, das der geistlichen klein ist, so ist doch die Häufigkeit ihres Vorkommens so sehr die umgekehrte, dass man den überirdischen Fremdlingen auf Schritt und Tritt, den irdischen verhältnissmässig selten im Laufe längerer Lectüre begegnen wird. Es würde eine umfangreiche Arbeit sein, die die Wechselbeziehungen der beiden Volks- und Sprachgeister vielfach beleuchten müsste, ein Lexikon dieser koptisch-griechischen Worte anzufertigen, die Fälle ihres Vorkommens zu zählen, und ihr Verhältniss zu ihren reinkoptischen Synonymen numerisch und semasiologisch zu erörtern. Ergänzend sollte einer solchen Untersuchung die Feststellung des hellenistisch-ägyptischen Styles an die Seite treten, wie sie Bernhardy schon vor zwanzig Jahren in seiner griechischen Literaturgeschichte (1, 427) gefordert hat. Und hieran wiederum sollte sich die Darlegung des Verhältnisses zwischen hellenistischem und ebräischem Sprachgebrauch aus der Septuaginta, der *καινὴ διαθήκη* und anderen Quellen schliessen, sintemal die Aegypter ihr Griechisch ebenso sehr von Juden, wie von Griechen und Macedoniern gelernt haben.*) In ihrer Gesammtheit würden diese drei neben einander laufenden Untersuchungen ein Werk bilden, welches, die innersten Beziehungen der drei Nationen schildernd, die Orient und Occident in Religion und Philosophie verbunden haben, die reichste Ausbeute für die Erkenntniss dieser geistigen That und ihrer bis auf den heutigen Tag andauernden Folgen liefern müsste.

Quatremère sagt in seinen «Récherches sur la langue et literature égypt. p. 17»: La religion chrétienne ayant pénétré de bonne heure en Egypte y apporta

*) Philo berechnet die Zahl der ägyptischen Juden zu Christi Zeit auf eine Million. Wahrscheinlich schon früher, gewiss aber 123 v. Chr. (Prologus zu Jesus Sirach in der Septuaginta) waren sie so weit gräcisirt, dass sie das Alte Testament nicht mehr in der Ursprache, sondern in der adoptirten Weltsprache des Mittelmeers lasen. Siehe Sharpe, Geschichte Aegyptens, deutsch von Jolowicz, ergänzt von Gutschmidt.

une foule d'idées nouvelles entièrement étrangères aux habitants de ce pays, et qui par conséquent ne pouvaient ètre exprimées par de mots de leur langue; d'ailleurs, plusieurs termes avoient été consacrées par la réligion, et l'on eût craint de les dénaturer en les traduisant dans un autre idiome: d'après cela il fallait nécessairement avoir recours à la langue Grecque, qui étoit la langue des premiers prédicateurs de l'Evangile, et dans laquelle avoient été ou composés ou traduits primitivement tous les livres fondamentaux de la foi chrétienne.» Und p. 27: «Si la réligion chrétienne a introduit un grand nombre de mots Grecques dans la langue Egyptienne, elle a du en même temps abolir et faire disparaitre tous les termes qui avoient rapport à l'ancienne mythologie. Il ne faut donc pas s'attendre à en trouver aucune trace dans les livres Egyptiens que nous possédons, qui appartiennent tous au genre ecclésiastique, et dont plusieurs tels que les Actes des Martyrs présentent une grande uniformité, tant pour le style que pour les faits.»

Zu diesen in vieler Beziehung richtigen Worten fügt Schwartze, Altes Aegypt. S. 974, folgendes hinzu:

«Wären diese Bemerkungen ohne alle Beschränkung gegründet, so würde daraus folgen, dass die koptische Sprache auf der einen Seite einen ebenso beträchtlichen, für uns leider gleichgültigen Zuwachs an fremden Wörtern erhalten, auf der anderen aber einen ebenso beträchtlichen, für uns sehr nachtheiligen Ausfall national ägyptischer und ohne Zweifel ehemals zum heiligen Dialect gehöriger Worte erlitten habe. Herrn Quatremère's Worte lassen indess einige Erläuterung zu. Es ist wahr, dass die Annahme einer vom Ausland gestifteten Religion den Aegyptern eine Anzahl Begriffe zuführte, wofür die Sprache zunächst eines bestimmten Ausdrucks ermangelte. So ist es möglich, dass Wörter wie *παραδεισος*, *αγγελος*, *σατανας*, *διαβολος*, *Γολγοθα*, *λιθοστρωτον* u. dergl. zunächst keine ganz genauen Synonymen im Altägyptischen fanden, und dass man sich die leichte Mühe nicht nahm, sie aus ägyptischen Wörtern zu bilden, oder verwandte ägyptische Ausdrücke, wie z. B. die Benennungen Typhons auf Satanas zu übertragen. Ja ich finde im Koptischen selbst kein Wort für Kreuz, wofür man ⲥⲧⲁⲩⲣⲟⲥ brauchte, während man *σταυρουν* durch ⲁϣ, ⲉϣ, ⲓϣⲓ, suspendere wiedergab. Allein, wie man sich sehr irren würde, wenn man den alten Aegyptern oder selbst nur den Kopten einen nationalen Ausdruck für den Begriff Kreuz absprechen wollte, so würde man sich nicht minder täuschen, wollte man annehmen, dass die Kopten für die Unzahl biblisch-griechischer Ausdrücke, deren sie sich in ihren Schriften bedienen, keine entsprechenden in ihrer eigenen Sprache gefunden hätten. Im Gegentheil besassen sie für den bei weitem grösseren Theil der am häufigsten von ihnen gebrauchten griechischen Wörter völlig entsprechende koptische wie z. B. *πιστις* ⲛⲁϩⲧⲉ, *διαθηκη* ⲥⲉⲙⲛⲉ, *νομος* ⲧⲱϣ, ϩⲱⲛ, *ῳδη* ϩⲱⲥ, *πνευμα* ⲛⲓϥⲉ, *σαρξ* ⲁϥ, *βοηθεια* ϯⲧⲟⲧϥ, *πηγη* ⲙⲟⲩⲙⲉ, *δικαιος* ⲙⲉ, ⲙⲏⲓ, ⲑⲙⲏⲓ, *ασεβης* ϣⲁϥⲧ, *τραπεζα* ⲥⲟⲕⲙⲁϫⲓ, *ευαγγελιον* ϣⲉⲛⲛⲟⲩϥⲉ, *θυσια* ϣⲱⲟⲩϣⲓ, ϣⲟⲩϣⲱⲟⲩϣⲓ, *σκανδαλον* ϫⲣⲟⲡ, ϭⲣⲟⲡ, *αιτια* ϣⲁϫⲓ, ⲥⲁϫⲓ, ϩⲱⲃ, ⲗⲱⲓϫⲓ, *μαθητης* ⲣⲉϥϭⲓⲥⲃⲱ, *βαπτιζειν*, *βαπτιστης* ⲱⲙⲥ, ⲟⲙⲥ ⲉⲙⲥ, ⲣⲉϥϯⲱⲙⲥ, *δαιμων* ϩⲓⲕ, ⲓϩ etc., welche sie mit den griechischen abwechseln liessen, so dass in der einen Stelle das Griechische, in der anderen das Koptische, oder auch für eine und dieselbe Stelle in dem einen Codex und vornehmlich in dem einen Dialect das griechische, in dem andern Codex und Dialect aber das koptische Wort gebraucht wird. Statt mehr dergleichen Beispiele zu häufen, führe ich lieber das Zeugniss eines Gelehrten an, welchem der Leser ein unbedingtes Vertrauen schenken wird. Derselbe Herr Quatremère sagt S. 18:

«Au reste il ne faut pas croire que tous les livres Coptes que nous possédons renferment un égal nombre d'expressions Grecques; elles y sont tantôt plus rares, tantôt plus fréquentes. D'ailleurs, parmi les mots Grecques, que nous trouvons dans ces ouvrages, on n'en pourrait guère citer qui n'eussent leur équivalent dans la langue égyptienne: c'est ce que j'ai eu souvent occasion de vérifier.» Es war also im Allgemeinen ganz und gar nicht Spracharmuth, welche die Kopten veranlasste, jene griechischen Wörter in ihre Sprache aufzunehmen, sondern vielmehr dieselbe Unsitte, welche in verschiedenen Zeiten die Deutschen zu dem Wahne verleitet hat, dass ihre Sprache um so schöner und gebildeter erscheine, je mehr sie lateinische und französische Wörter statt der gleichbedeutenden vaterländischen in die Rede verwebe. Für nicht tiefer begründet halte ich die zweite Besorgniss, dass durch die Annahme der christlichen Religion und Theologie die theologische oder mythologische Sprache der alten Aegypter gleichsam von dem Gebiete der ägyptischen Sprache verdrängt worden sei. Man ist nur zu leicht geneigt, den alten Völkern, und namentlich denjenigen unter ihnen, welche, wie die Aegypter, für die eigentliche Philosophie so wenig gethan haben, eine gewisse theologische und philosophische Sprache nach Art der Neueren unterzulegen. Man vergisst hierbei zunächst dass die neuere theologische und philosophische Sprache durch unsere auf die Classiker begründete Erziehung und durch den Zusammenhang mit dem mittelalterlichen Latein eine Veranlassung zu ihrer Ausbildung erhielt, welche den auf ihre eigene Sprache und Literatur beschränkten Aegyptern gänzlich abging. Zweitens irrt man sehr, wenn man den alten Aegyptern eine abstracte Sprache beilegen zu müssen glaubt. Die gesammte Theologie der alten Aegypter war auf eine Symbolik begründet, welche auch ihre tiefsinnigsten Lehren unter der Hülle concreter Erscheinungen verbarg. Diese sinnliche Hülle (z. B. heilige Thiere, Leiden des Osiris, Kämpfe des Hor etc.) liess sich durchaus nicht abstract, sondern nur durch die ganz gewöhnliche Rede veranschaulichen. Mit dem Untergange der altägyptischen Theologie ging daher nur der an jene concreten Erscheinungen, z. B. Käfer, Katze u. s. w., geknüpfte tiefere Sinn verloren. Die Namen der concreten Gegenstände selbst blieben natürlich mit ihrer Vulgärbedeutung in der Sprache der Priester wie des Volkes zurück. Herr Quatremère hat aber in so fern Recht, als die ägyptische Theologie, wie jede andere der alten Welt, gewiss eine Anzahl sogenannter Kunstausdrücke besass, welche ihre Anwendung eben nur bei diesem speciellen Cultus fanden. Dergleichen Wörter mussten natürlich bei dem völligen Untergange dieses Cultus ebenso wie die Namen der alten Götter ausser Gebrauch kommen. Aber gerade mehrere dieser altägyptischen Götternamen zeigen, wie unnöthig man eine geflissentliche Unterdrückung der dem heiligen Dialekte angehörigen altägyptischen Wörter seitens der christlichen Aegypter voraussetzt. Nichts in der That musste diesen in ihrem heiligen Eifer anstössiger sein, als die Namen der altägyptischen Gottheiten. Nichts desto weniger führten aber die christlichen Aegypter fortwährend Namen in denen bald eine, bald mehrere Benennungen heidnischer Gottheiten vorkamen, ohne dass dies ihnen irgend eine Bedenklichkeit erregt hätte».

Unsere eigenen Untersuchungen zeigen, dass die Wahrheit in Bezug auf den ersten Punkt in der Mitte liegt, in Bezug auf den zweiten aber — abgesehen davon, dass er in dieser Allgemeinheit überhaupt nicht zu behandeln sein wird — erst bei weiteren Fortschritten der Hieroglyphik eingehend erörtert werden kann. Wie sich aus der Untersuchung der wenigen Fremdwörter ergiebt, die in den von uns behandelten drei Reihen vorkommen, hat Quatremère allerdings Recht, wenn er von neuhinzugekommenen Ideen spricht; ebenso Recht aber auch Schwartze, wenn er keineswegs jedem Fremdwort die Ehre zuerkennen will, einen solchen Zuwachs vermittelt zu haben. Es muss jeder Fall individuell untersucht werden. Wie sehr dabei ein Urtheil, das in der vagen, lexikalischen Uebersetzung der Worte ihre Bedeutung zu haben wähnt, trügt, beweist Schwartze, wenn er *δικαιος* zu denen rechnet, die sich genügend hätten wiedergeben lassen. Wir haben oben gefunden, dass dies durchaus nicht für jeden Context richtig ist, und dass, während manches ⲇⲓⲕⲉⲟⲥ nur das gezierte Fremdwort war, als welches Schwartze es immer betrachtet sehen will, manches andere allerdings eine Bereicherung des ägyptischen Sprachschatzes bildete. Was den zweiten Punkt, das behauptete Absterben einer grossen Menge altägyptischer Worte in christlicher Zeit, betrifft, so fragt es sich, was unter «tous les termes qui avaient rapport à l'ancienne mythologie« verstanden wird. Dass die Götternamen und theologischen Kunstausdrücke verschwanden, wird niemand bestreiten wollen, obschon die Hieroglyphik das Material für ein endgültiges Urtheil erst zu beschaffen hat. Aber die ägyptische Mythologie war mit der ägyptischen Moral und Lebensführung eins. Weil sie es war, hatten eine ungleich grössere Menge von Worten, als durch das Griechische, das nur für die wesentlichsten Begriffe der neuen Religion eintrat, ersetzt werden, eine Bedeutung besessen, die sie für christliche Begriffe ungeeignet machte. Dennoch blieben sie nicht allein in der Sprache, sondern behielten häufig ihren ägyptischen Charakter und setzten die alte sittliche und religiöse Anschauung im neuen Glauben fort. Die Aegypter wahrten also auch im Christenthume viele eigene Gedanken über Sollen und Sein. Vide ⲙⲏⲓ. Um von dem, was uns zunächst beschäftigt, so weit ein Bild zu geben, als es sich durch blosse Aufzählung thun lässt, hängen wir ein Verzeichniss der in Uhlemann's Chrestomathie vorkommenden griechischen Worte an. Die umsichtige Auswahl der Chrestomathie giebt ein quantitativ und qualitativ richtiges Bild von den verschiedenen Stylen, und ist deshalb für den beabsichtigten Ueberschlag geeignet.

1. Weltliche Worte.

ⲁⲏⲣ	ⲇⲓⲡⲗⲟⲩⲛ	ⲉⲣⲫⲟⲣⲓⲛ
ⲁⲓⲱⲛ	ⲇⲓⲱⲕⲓ	ⲉⲣⲭⲣⲓⲁ
ⲁⲗⲗⲁ	ⲇⲩⲛⲁⲙⲓⲥ	ⲉⲣϩⲉⲗⲡⲓⲥ
ⲁⲗⲗⲟⲫⲩⲗⲟⲥ	ⲇⲱⲣⲟⲛ	ⲉⲭⲙⲁⲗⲱⲥⲓⲁ
ⲁⲙⲁ	ⲉⲑⲛⲟⲥ	ⲉⲭⲙⲁⲗⲱⲧⲟⲥ
ⲁⲛⲁⲃⲁⲑⲙⲟⲥ	ⲉⲓⲕⲏ	ⲑⲏⲣⲓⲟⲛ
ⲁⲛⲁⲅⲕⲏ	ⲉⲛⲉⲣⲅⲓⲁ	ⲑⲗⲓⲃⲉⲓⲛ
ⲁⲛⲧⲓⲗⲟⲅⲓⲁ	ⲉⲛⲓⲅⲙⲁⲧⲓⲧⲏⲥ	ⲑⲗⲓⲯⲓⲥ
ⲁⲛⲧⲓⲇⲓⲕⲟⲥ	ⲉⲡⲉⲇⲏ	ⲑⲣⲟⲛⲟⲥ
ⲁⲡⲁⲣⲭⲏ	ⲉⲡⲓⲑⲩⲙⲓⲁ	ⲓⲧⲁ
ⲁⲣⲓⲑⲙⲟⲥ	ⲉⲡⲓⲧⲓⲙⲓⲁ	ⲓⲧⲉ
ⲁⲣⲭⲏ	ⲉⲣⲁⲅⲁⲡⲁⲛ	ⲕⲁⲑⲉⲇⲣⲁ
ⲁⲣⲭⲏⲙⲁⲅⲓⲣⲟⲥ	ⲉⲣⲁⲛⲁⲅⲕⲁⲍⲓⲛ	ⲕⲁⲕⲓⲁ
ⲁⲣⲭⲏⲧⲉⲕⲧⲱⲛ	ⲉⲣⲁⲡⲟⲇⲁⲍⲉⲥⲑⲉ	ⲕⲁⲣⲡⲟⲥ
ⲁⲣⲭⲏⲧⲣⲓⲕⲗⲓⲛⲟⲥ	ⲉⲣⲃⲟⲏⲑⲓⲛ	ⲕⲁⲧⲁ
ⲁⲣⲭⲱⲛ	ⲉⲣⲅⲟⲇⲓⲱⲕⲧⲏⲥ	ⲕⲁⲧⲁⲣⲁⲕⲧⲏⲥ
ⲃⲁⲣⲃⲁⲣⲟⲥ	ⲉⲣⲇⲟⲕⲓⲙⲁⲍⲓⲛ	ⲕⲁⲩⲙⲁ
ⲃⲁⲧⲟⲥ	ⲉⲣⲉⲡⲓⲑⲩⲙⲓⲛ	ⲕⲗⲁⲇⲟⲥ
ⲃⲟⲏⲑⲓⲁ	ⲉⲣⲉⲡⲓⲧⲓⲙⲁⲛ	ⲕⲟⲥⲙⲟⲥ
ⲃⲟⲏⲑⲟⲥ	ⲉⲣⲉⲧⲓⲛ	ⲕⲧⲏⲥⲓⲥ
ⲅⲁⲣ	ⲉⲣⲉⲩⲑⲉⲛⲓⲛ	ⲕⲩⲃⲱⲧⲟⲥ
ⲅⲉⲛⲉⲁ	ⲉⲣⲕⲗⲏⲣⲟⲛⲟⲙⲓⲛ	ⲕⲩⲣⲓⲍ
ⲅⲉⲛⲟⲥ	ⲉⲣⲕⲩⲛⲇⲓⲛⲉⲩⲓⲛ	ⲗⲁⲙⲡⲁⲥ
ⲅⲛⲟⲫⲟⲥ	ⲉⲣⲙⲉⲗⲉⲧⲁⲛ	ⲗⲁⲟⲥ
ⲅⲛⲱⲙⲏ	ⲉⲣⲟⲓⲕⲟⲛⲟⲙⲓⲛ	ⲗⲩⲡⲏ
ⲅⲣⲁⲫⲏ, ⲕⲣⲁⲫⲏ	ⲉⲣⲡⲓⲣⲁⲍⲓⲛ	ⲙⲁⲑⲏⲧⲏⲥ
ⲇⲉ	ⲉⲣⲡⲟⲗⲉⲙⲓⲛ	ⲙⲁⲗⲁⲅⲙⲁ

ⲙⲁⲗⲗⲟⲛ	ⲡⲁⲣⲁⲫⲩⲥⲓⲥ	ⲥⲧⲣⲉⲃⲗⲁ
ⲙⲉⲗⲟⲥ	ⲡⲁⲣⲣⲏⲥⲓⲁ	ⲥⲧⲩⲗⲏ
ⲙⲏⲡⲟⲧⲉ	ⲡⲁⲧⲁⲥⲥⲉ	ⲥⲧⲩⲭⲟⲥ
ⲙⲏⲡⲱⲥ	ⲡⲉⲛⲧⲏⲕⲟⲛⲧⲁⲣⲭⲟⲥ	ⲥⲩⲅⲅⲉⲛⲓⲁ
ⲙⲏⲧⲓ	ⲡⲗⲏⲅⲏ	ⲧⲁⲅⲙⲁ
ⲛⲟⲙⲟⲥ	ⲡⲗⲏⲛ	ⲧⲁⲝⲓⲥ ⲧⲁⲩⲣⲟⲥ
ⲝⲉⲛⲓⲁ	ⲡⲟⲗⲉⲙⲓⲥⲧⲏⲥ	ⲧⲁⲫⲟⲥ
ⲟⲓⲕⲟⲩⲙⲉⲛⲏ	ⲡⲟⲗⲉⲙⲟⲥ	ⲧⲁⲭⲁ
ⲟⲣⲅⲁⲛⲟⲛ	ⲡⲟⲗⲓⲥ	ⲧⲉⲧⲣⲁⲣⲭⲏⲥ
ⲟⲣⲅⲏ	ⲡⲣⲟⲥ	ⲧⲉⲭⲛⲏ
ⲟⲩⲇⲉ	ⲡⲩⲗⲏ	ⲧⲟⲡⲁⲣⲭⲏⲥ
ⲟⲩⲧⲉ, ⲟⲩⲇⲉ	ⲡⲩⲣⲅⲟⲥ	ⲧⲣⲁⲡⲉⲍⲁ
ⲟⲩ ⲙⲟⲛⲟⲛ	ⲡⲱⲥ	ⲫⲩⲗⲏ
ⲟⲩⲛ	ⲥⲁⲗⲡⲓⲅⲝ	ⲭⲣⲏⲙⲁⲧⲓⲕⲟⲥ
ⲡⲁⲑⲟⲥ	ⲥⲁⲣⲝ	ⲭⲣⲏⲥⲓⲥ
ⲡⲁⲗⲓⲛ	ⲥⲕⲉⲩⲟⲥ	ⲭⲣⲟⲛⲟⲥ
ⲡⲁⲛⲧⲟⲥ	ⲥⲡⲉⲣⲙⲁ	ⲭⲱⲣⲓⲥ

2. Geistliche Worte.

ⲁⲅⲁⲑⲟⲛ	ⲇⲓⲁⲕⲱⲛ	ⲙⲁⲕⲁⲣⲓⲟⲥ
ⲁⲅⲁⲡⲏ	ⲇⲓⲕⲉⲟⲥ	ⲙⲉⲧⲁⲛⲟⲥⲧⲟⲗⲟⲥ
ⲁⲅⲅⲉⲗⲟⲥ	ⲉⲓⲇⲱⲗⲟⲛ, ⲓⲇⲱⲗⲟⲛ	ⲙⲉⲧⲁⲥⲉⲃⲉⲥ
ⲁⲅⲓⲟⲥ	ⲉⲕⲕⲗⲏⲥⲓⲁ	ⲙⲩⲥⲧⲏⲣⲓⲟⲛ
ⲁⲇⲓⲕⲓⲁ	ⲉⲛⲧⲟⲗⲏ	ⲡⲁⲣⲁⲛⲧⲱ́ⲙⲁ
ⲁⲇⲟⲕⲓⲙⲟⲥ	ⲉⲝⲟⲩⲥⲓⲁ	ⲡⲁⲣⲟⲩⲥⲓⲁ
ⲁⲗⲏⲑⲓⲁ	ⲉⲣⲡⲣⲟⲥⲉⲩⲭⲉⲥⲑⲉ	ⲡⲉⲧⲣⲁ
ⲁⲛⲁⲥⲧⲁⲥⲓⲥ	ⲉⲣⲡⲣⲟⲫⲏⲧⲉⲩⲓⲛ	ⲡⲓⲣⲁⲍⲉ
ⲁⲛⲟⲙⲓⲁ	ⲉⲣⲯⲁⲗⲓⲛ	ⲡⲓⲣⲁⲥⲙⲟⲥ
ⲁⲡⲟⲥⲧⲟⲗⲟⲥ	ⲉⲩⲁⲅⲅⲉⲗⲓⲟⲛ	ⲡⲓⲥⲧⲉⲩⲉ
ⲁⲡⲟⲣⲣⲟⲓⲁ	ⲉⲩⲁⲅⲅⲉⲗⲓⲍⲉ	ⲡⲓⲥⲧⲓⲥ
ⲁⲣⲭⲏⲉⲣⲉⲩⲥ	ⲉⲩⲭⲏ	ⲡⲓⲥⲧⲟⲥ
ⲁⲥⲉⲃⲏⲥ	ⲑⲟⲣⲁⲥⲓⲥ	ⲡⲗⲁⲛⲏ
ⲇⲓⲁⲃⲟⲗⲟⲥ	ⲓⲣⲏⲛⲏ	ⲡⲛⲉⲩⲙⲁ
ⲇⲓⲁⲑⲏⲕⲏ	ⲕⲁⲧⲁⲕⲗⲩⲥⲙⲟⲥ	ⲡⲛⲉⲩⲙⲁⲧⲓⲕⲟⲛ
ⲇⲓⲁⲕⲟⲛⲟⲥ	ⲕⲗⲏⲣⲟⲛⲟⲙⲓⲁ	ⲡⲟⲛⲏⲣⲓⲁ

ПОНИРОС	САТАНАС	ХАРІС
ПРЕСБУТЕРОС	СКИНН	ΨАЛМОС
ПРОСЕУХН	СТІГМН	ΨАЛТНРІОН
ПРОФНТНС	СТОЛН	ΨУХН
ПРОФНТІА	СУНАГωГН	ΨУХІКОН
САВАωθ	СωМА	ωДН
САВВАТОН	ФУСІКН	ωСАННА

Von den 200 Wörtern beider Verzeichnisse kommen 133, also $\frac{2}{3}$, auf die weltlichen, 67, also $\frac{1}{3}$, auf die geistlichen. Die Zählung ist freilich nicht ganz genau, da manche Worte beiden Sphären angehören, und nur eine eingehende Erörterung feststellen könnte, welche die wichtigere in jedem einzelnen Falle ist.

Aber es giebt Ausnahmen von der erkannten Regel. Eine geringe Minderheit weltlicher Worte ist trotz dieses ihres entgegenstehenden Charakters volksthümlich geworden. Es sind meist Conjunctionen, an denen die ägyptische Sprache ebenso arm ist, wie sie sich durch überschwänglichen Reichthum an Präpositionen auszeichnet. ОУН, ГАР, ϨОТЕ, ϪЕ u. s. w. sind in den Texten wenigstens völlig eingebürgert, und werden es demnach auch im Leben und Verkehr gewesen sein.*) Wenn bei dem zart pointirenden Charakter dieser Worte hierüber noch ein Zweifel obwalten kann, so ist das bei dem unmittelbaren Gegenstand unserer Betrachtung, dem derselben Klasse angehörenden КАЛωС, nicht der Fall. Ein so gewöhn-

*) Bunsen, On the result of the recent Egyptian researches sagt, vielleicht etwas zu weit gehend, p. 281: „The Coptic has not only adopted single nouns and verbs, living roots, but also particles, especially conjunctions in the proper sense, such as the Greek *ἀλλά*, but. This forms no exception to the rule above deduced from that striking phenomenon in the Romanic and Germanic languages, that foreign particles are as little apt to expel native ones as in general foreign grammatical forms to supplant the native; for the Egyptian language never had discriminating particles. In translations therefore from the Greek the Copts were obliged to adopt the Greek conjunctions for the same reason for which they took the Greek word *λαός*, nation; for owing to provincialism, pharaohs and priests, the idea of a nation had never been developed even into a word among the Egyptian race.“

liches Fremdwort, wie «Wohl», so wenig vornehm in Gebrauch und Sinn. würde, bei den die Aufnahme griechischer weltlicher Worte regelnden Motiven, schwerlich von den Gelehrten allein in die Literatur gebracht worden sein, selbst wenn die Eigenthümlichkeit seiner Bedeutung dem ägyptischen Geist besonders entsprochen hätte.

Nun ist aber von letzterer Supposition das Gegentheil nachweisbar der Fall. Zwei Umstände thun dies dar.

Erstens ist trotz der grossen Popularität des ⲕⲁⲗⲱⲥ, *καλός*, und zwar ungeachtet der viel grösseren Häufigkeit seines griechischen Vorkommens, kaum je koptisch gebraucht worden. Die Vermischung der beiden Nuancen der Billigung, die in diesem Worte liegt — der Billigung durch Urtheil und Geschmack — ist vielmehr der ägyptischen Anschauung so zuwider gewesen, dass *καλός* bei der Uebersetzung stets in seine Bestandtheile zerlegt und, je nach dem jedesmaligem Sinn, durch verschiedene einseitige Worte wiedergegeben worden ist. Was unter ⲛⲁⲛⲉ, ⲥⲁⲓ und ⲣⲁⲛ hierüber gefunden wurde, gestattet uns, eine ergänzende Bemerkung an dieser Stelle genügen zu lassen. Sogar in Sätzen, die sowohl *καλῶς* als *καλός*, und obenein in solcher Wechselbeziehung, enthalten, dass das eine das andere hebt, stärkt und bestätigt, wird das erstere angenommen, das letztere zurückgewiesen. Man sehe:

Hebr. 13, 18. ⲡⲉⲛ ϩⲏⲧ ⲇⲉ ⲑⲏⲧ ϫⲉ ⲟⲩⲟⲛⲧⲁⲛ ⲙⲙⲁⲩ ⲛ ⲟⲩ ⲥⲩⲛⲏⲇⲏⲥⲓⲥ ⲉ ⲛⲁⲛⲉⲥ, ϧⲉⲛ ⲟⲩⲟⲛ ⲛⲓⲃⲉⲛ ⲉⲛ ⲟⲩⲱϣ ⲉ ⲙⲟϣⲓ ⲛ ⲕⲁⲗⲱⲥ.

πειθόμεθα γὰρ ὅτι καλὴν συνείδησιν ἔχομεν, ἐν πᾶσιν καλῶς θέλοντες ἀναστρέφεσθαι.

1. Tim. 3, 13. ⲛⲏ ⲅⲁⲣ ⲉⲧ ⲁⲩ ϣⲉⲙϣⲓ ⲛ ⲕⲁⲗⲱⲥ ⲟⲩ ⲧⲱⲧⲉⲣ ⲉ ⲛⲁⲛⲉϥ ⲛⲉⲧ ⲟⲩ ⲑⲁⲙⲓⲟ ⲛⲱⲟⲩ.

οἱ γὰρ καλῶς διακονήσαντες βαθμὸν ἑαυτοῖς καλὸν περιποιοῦνται.

Zweitens liegt es dem Aegypter überhaupt nicht nahe, eine Bejahung mit einer Billigung zu verwechseln. «Ich stimme zu», und «ich finde wahr, richtig und gut,» sind ihm geschiedene Begriffe. Er kann auch mit den letzteren bejahen, aber nur in ihrem eigenthümlichen, nicht im allgemeinen, alltäglichen und schlechthin affirmirenden Sinn; er billigt oder er bejaht, aber er thut nicht beides auf einmal. Die gänzliche Auseinanderhaltung der ächt ägyptischen Ausdrücke für diese verschiedenen Dinge wird das belegen. Was ⲛⲁⲛⲉ, den allgemeinsten Ausdruck der Billigung, betrifft, so dürfen wir, wiederum auf die ausführlichen Erörterungen der vorstehenden Abschnitte verweisend, uns hier darauf beschränken, an einigen besonders lehrreichen Beispielen zu zeigen, wie stark dieses Wort die billigende Seite des *καλός*, wie wenig sie die mehr affirmative hat, die in *καλῶς* zu Tage tritt:

Matth. 15, 27 (Marc. 7, 28). ⲛⲑⲟϥ ⲇⲉ ⲁϥ ⲉⲣ ⲟⲩⲱ ⲡⲉϫⲁϥ ϫⲉ ⲛⲁⲛⲉⲥ ⲁⲛ ⲉ ⲉⲗ ⲡ ⲱⲓⲕ ⲛ ⲛⲓ ϣⲏⲣⲓ ⲉ ⲧⲏⲓϥ ⲛ ⲛⲓ ⲟⲩϩⲱⲣ. ⲛⲑⲟⲥ ⲇⲉ ⲡⲉϫⲁⲥ ϫⲉ ⲥⲉ ⲡⲁ ⲡ̅ⲥ̅.

ὁ δὲ ἀποκριθεὶς εἶπεν· οὐκ ἔξεστι λαβεῖν τὸν ἄρτον τῶν τέκνων καὶ βαλεῖν τοῖς κυναρίοις. ἡ δὲ εἶπεν· ναί, κύριε.

1. Petr. 3, 17. ⲛⲁⲛⲉⲥ ⲅⲁⲣ ⲛⲧⲉⲧⲉⲛ ⲓⲣⲓ ⲙ ⲡⲓ ⲡⲉⲑ ⲛⲁⲛⲉϥ.

κρεῖττον γὰρ ἀγαθοποιοῦντας, εἰ θέλοι τὸ θέλημα τοῦ θεοῦ, πάσχειν ἢ κακοποιοῦντας.

Marc. 9, 42. ⲟⲩⲟϩ ⲫⲏ ⲉⲑ ⲛⲁ ⲉⲣ ⲥⲕⲁⲛⲇⲁⲗⲓⲍⲉⲥⲑⲉ ⲛ ⲟⲩⲁⲓ ⲛ ⲛⲁⲓ ⲕⲟⲩϫⲓ ⲉⲑ ⲛⲁϩϯ ⲉⲣⲟⲓ ⲛⲁⲛⲉⲥ ⲛⲁϥ ⲙⲁⲗⲗⲟⲛ ⲉ ⲉϣ ⲟⲩ ⲱⲛⲓ ⲙ ⲙⲟⲩⲗⲟⲛ ⲛ ϧⲏⲧϥ ⲟⲩⲟϩ ⲛⲧⲟⲩ ϩⲓⲧϥ ⲉ ⲫ ⲓⲟⲙ.

καὶ ὃς ἂν σκανδαλίσῃ ἕνα τῶν μικρῶν τῶν πιστευόντων καλόν ἐστιν αὐτῷ μᾶλλον, εἰ περίκειται μύλος ὀνικὸς περὶ τὸν τράχηλον αὐτοῦ καὶ βέβληται εἰς τὴν θάλασσαν.

Luc. 17, 2. ⲛⲁⲛⲉⲥ ⲛⲁϥ ⲛⲧⲟⲩ ⲉϣ ⲟⲩ ⲱⲛⲓ ⲙ ⲙⲟⲩⲗⲟⲛ ⲉϧⲏⲧϥ.

λυσιτελεῖ αὐτῷ εἰ λίθος μυλικὸς περίκειται περὶ τὸν τράχηλον αὐτοῦ.

Ebenso wird das eigentliche Wort der Billigung ⲥⲟⲩⲧⲱⲛ, immer als «richtig, recht», niemals als blosses «Ja» gebraucht:

Gen. 4, 7. ⲉϣⲱⲡ ⲁⲕ ϣⲁⲛ ⲓⲛⲓ ⲉϧⲟⲩⲛ ⲉⲕ ⲥⲟⲩⲧⲱⲛ ⲛⲧⲉⲕ ϣⲧⲉⲙ ⲫⲱϣ ⲇⲉ ⲉⲕ ⲥⲟⲩⲧⲱⲛ ⲁⲕ ⲉⲣ ⲛⲟⲃⲓ.

ἐὰν ὀρθῶς προςενέγκῃς, ὀρθῶς δὲ μὴ διέλῃς, ἥμαρτες.

Deut. 5, 28. ⲁⲓ ⲥⲱⲧⲉⲙ ⲉ ⲧ ⲥⲙⲏ ⲛⲧⲉ ⲛⲉⲛ ⲥⲁϫⲓ ⲙ ⲡⲁⲓ ⲗⲁⲟⲥ ⲛⲏ ⲉⲧ ⲁⲩ ⲥⲁϫⲓ ⲙⲙⲱⲟⲩ ϣⲁ ⲣⲟⲓ ⲥⲉ ⲥⲟⲩⲧⲱⲛ ⲛϫⲉ ⲛⲏ ⲧⲏⲣⲟⲩ ⲉⲧ ⲁⲩ ⲥⲁϫⲓ ⲙⲙⲱⲟⲩ.

ἤκουσα τὴν φωνὴν τῶν λόγων τοῦ λαοῦ τούτου ὅσα ἐλάλησαν πρὸς σέ. ὀρθῶς πάντα ὅσα ἐλάλησαν.

Mich. 2, 7. ⲁⲩ ⲙⲁϣⲓ ⲉⲩ ⲥⲟⲩⲧⲱⲛ.

ὀρθοὶ πεπορεύονται.

Sermones Schenuthii Z. 451. ⲡⲁⲓ ⲡⲉ ⲡ ⲗⲟⲅⲟⲥ ⲛⲧⲁ ⲡⲉⲛ ⲓⲱⲧ ⲉⲧ ⲟⲩⲁⲁⲃ ⲙ ⲡⲣⲟⲫⲏⲧⲏⲥ ⲁⲡⲁ ϣⲉⲛⲟⲩⲧⲉ ϫⲟⲟϥ, ⲛⲧⲉⲣⲉ ⲟⲩ ⲫⲓⲗⲟⲥⲟⲫⲟⲥ ⲛ ϩⲉⲗⲗⲉⲛ ⲉⲓ ϣⲁ ⲣⲟϥ, ⲉ ⲁϥ ⲉⲓ ⲛⲁϥ ϩⲉⲛ ⲕⲉ ⲥⲟⲡ ⲉϥ ⲥⲟⲟⲩⲛ ⲇⲉ ⲙⲙⲟϥ ϫⲉ ⲙⲡⲉϥ ⲙⲉⲉⲩⲉ ⲥⲟⲩⲧⲱⲛ ⲁⲛ ⲉϩⲟⲩⲛ ⲉ ⲡ ⲛⲟⲩⲧⲉ.

Hic est sermo quem dixit pater noster sanctus Apa Schenuthe, cum philosophus gentilis venisset ad eum, qui jam et alias venerat, et de quo noverat, quod non recte sentiret de Deo.

Ps. 143, 10. ⲙⲁ ⲣⲉϥ ϭⲓ ⲙⲱⲓⲧ ⲛⲏⲓ ϧⲉⲛ ⲡⲉⲧ ⲥⲟⲩⲧⲱⲛ.

ὁδογήσει με ἐν τῇ εὐθείᾳ.

Das Gleiche gilt von ⲙⲉ, ⲙⲏⲓ, ⲙⲉⲑⲙⲏⲓ wahr, richtig:

Dan. 6, 12. ⲟⲩ ⲙⲏⲓ ⲡⲉ ⲡ ⲥⲁϫⲓ (Antwort auf eine Frage).

ἀληθινὸς ὁ λόγος.

Acta Concilii Ephesini Z. 278. ⲡ ⲭⲣⲓⲥⲧⲟⲥ ⲡ ⲟⲩⲁ ⲁⲩⲱ ⲡ ϣⲏⲣⲉ ⲛ ⲟⲩⲱⲧ ϩⲛ ⲟⲩ ⲙⲉ ⲛⲧⲉ ⲡ ⲛⲟⲩⲧⲉ.

Unus Christus est et in veritate filius unicus Dei.

Marc. 12, 32. ⲕⲁⲗⲱⲥ ⲡⲓ ⲣⲉϥϯⲥⲃⲱ ϧⲉⲛ ⲟⲩ ⲙⲉⲑⲙⲏⲓ ⲁⲕ ϫⲟⲥ ϫⲉ ⲟⲩⲁⲓ ⲡ ⲫϯ ⲟⲩⲟϩ ⲙⲙⲟⲛ ⲕⲉ ⲟⲩⲁⲓ ⲉⲃⲏⲗ ⲉⲣⲟϥ.

καλῶς, διδάσκαλε, ἐπ' ἀληθείας εἶπας, ὅτι εἷς ἐςὶ θεὸς καὶ οὐκ ἔςιν ἄλλος πλὴν αὐτοῦ.

Umgekehrt ist Bejahung niemals Billigung. Obschon die ägyptischen Ausdrucksweisen der Bejahung mannigfacher sind und den Gedanken zarter schattiren, als das Griechische der Septuaginta, den gelehrten Uebersetzern also auch in dieser Beziehung keinen Anlass gegeben haben können, zum καλως zu greifen, so schliessen sie doch niemals eine Approbation ein. Wir haben zuvörderst die schlichteste Art der Bejahung durch aussagende Wiederholung des Wortes, auf das der Accent der Frage fällt:

Jer. 44, 17 (37, 17). ⲟⲩⲟϩ ⲁϥ ⲟⲩⲱⲣⲡ ⲛϫⲉ ⲥⲉⲇⲉⲕⲓⲁⲥ ⲁϥ ⲙⲟⲩϯ ⲉⲣⲟϥ ⲁϥ ϣⲓⲛⲓ ⲙⲙⲟϥ ⲛ ϫⲱⲛ ⲛϫⲉ ⲛ ⲟⲩⲣⲟ ⲉϥ ϫⲱ ⲙⲙⲟⲥ ϫⲉ ⲁⲛ ⲟⲩⲟⲛ ⲥⲁϫⲓ ϣⲟⲡ ⲉⲃⲟⲗ ϩⲓⲧⲉⲛ ⲛ ⲡ̅ⲥ̅ ⲡⲉϫⲁϥ ϫⲉ ⲟⲩⲟⲛ ⲥⲉⲛⲁ ⲧⲏⲓⲕ ⲉϧⲣⲏⲓ ⲉ ⲛⲉⲛ ϫⲓϫ ⲙ ⲡ ⲟⲩⲣⲟ ⲙ ⲃⲁⲃⲩⲗⲱⲛ.

καὶ ἀπέςειλε Σεδεκίας καὶ ἐκάλεσεν αὐτὸν καὶ ἠρώτα αὐτὸν ὁ βασιλεὺς κρυφαίως εἰπεῖν εἰ ἔςιν ὁ λόγος παρὰ κυρίου; καὶ εἶπεν· Ἔςιν. Εἰς χεῖρας βασιλέως Βαβυλῶνος παραδοθήσῃ.

Gen. 27, 24. ⲟⲩⲟϩ ⲡⲉϫⲁϥ ϫⲉ ⲛⲑⲟⲕ ⲡⲉ ⲡⲁ ϣⲏⲣⲓ ⲏⲥⲁⲩ ⲡⲉϫⲁϥ ϫⲉ ⲁⲛⲟⲕ ⲡⲉ.

καὶ εἶπε· σὺ εἶ ὁ υἱός μου Ἠσαῦ; ὁ δὲ εἶπεν· Ἐγώ.

Gen. 29, 6. ⲡⲉϫⲁϥ ϫⲉ ⲛⲱⲟⲩ ϫⲉ ⲁⲛ ϥ ⲱⲛϧ ⲛⲑⲱⲟⲩ ϫⲉ ⲡⲉϫⲱⲟⲩ ϫⲉ ϥ ⲱⲛϧ.

εἶπε δὲ αὐτοῖς· ὑγιαίνει; οἱ δὲ εἶπον· ὑγιαίνει.

Sodann eine affirmirende Partikel, welche, nie zum gesteigerten Ausdruck verwendet, sich als einfaches Ja zu erkennen giebt: ⲥⲉ:

Matth. 9, 28. ⲉⲧ ⲁϥ ⲓ ϫⲉ ⲉϧⲟⲩⲛ ⲉ ⲡⲓ ⲏⲓ ⲁⲩ ⲓ ϩⲁⲣⲟϥ ⲛϫⲉ ⲛⲓ ⲃⲉⲗⲗⲉⲩ ⲟⲩⲟϩ ⲡⲉϫⲉ ⲓ̅ⲏ̅ⲥ̅ ⲉϥ ϫⲱ ⲛⲱⲟⲩ ϫⲉ ⲧⲉⲧⲉⲛ ⲛⲁϩϯ ϫⲉ ⲟⲩⲟⲛ ϣϫⲟⲙ ⲙⲙⲟⲓ ⲉ ⲉⲣ ⲫⲁⲓ ⲡⲉϫⲱⲟⲩ ⲛⲁϥ ϫⲉ ⲥⲉ ⲡⲉⲛ ⲡ̅ⲥ̅.

ἐλθόντι δὲ εἰς τὴν οἰκίαν προςῆλθον αὐτῷ οἱ τυφλοί, καὶ λέγει αὐτοῖς ὁ Ἰησοῦς· πιςεύετε ὅτι δύναμαι τοῦτο ποιῆσαι; λέγουσιν αὐτῷ· ναί, κύριε.

Matth. 15, 26. 27. Ebenso Marc. 7, 28. ⲛⲑⲟϥ ⲇⲉ ⲁϥ ⲉⲣ ⲟⲩⲱ ⲡⲉϫⲁϥ ϫⲉ ⲛⲁⲛⲉⲥ ⲁⲛ ⲉ ⲉⲗ ⲡ ⲱⲓⲕ ⲛ ⲛⲓ ϣⲏⲣⲓ ⲉ ⲧⲏⲓϥ ⲛ ⲛⲓ ⲟⲩϩⲱⲣ ⲛⲑⲟⲥ ⲇⲉ ⲡⲉϫⲁⲥ ϫⲉ ⲥⲉ ⲡⲁ ⲟ̅ⲥ̅.

ὁ δὲ ἀποκριθεὶς εἶπεν· οὐκ ἔξεστι λαβεῖν τὸν ἄρτον τῶν τέκνων καὶ βαλεῖν τοῖς κυναρίοις. ἡ δὲ εἶπεν· ναί, κύριε.

Matth. 17, 24. 25. ⲟⲩⲟϩ ⲡⲉϫⲱⲟⲩ ⲛⲁϥ ϫⲉ ⲡⲉⲧⲉⲛ ⲣⲉϥ ϯⲥⲃⲱ ⲫ ϯ ⲕⲓϯ ⲁⲛ ⲡⲉϫⲁϥ ϫⲉ ⲥⲉ. ⲟⲩⲟϩ ⲉⲧ ⲁϥ ⲓ ⲉϧⲟⲩⲛ ⲉ ⲡⲓ ⲏⲓ etc.

καὶ εἶπαν· ὁ διδάσκαλος ὑμῶν οὐ τελεῖ τὰ δίδραχμα; λέγει, ναί. καὶ ἐλθόντα εἰς τὴν οἰκίαν προέφθασεν αὐτὸν ὁ Ἰησοῦς λέγων etc.

Matth. 21, 16. ⲟⲩⲟϩ ⲡⲉϫⲱⲟⲩ ⲛⲁϥ ϫⲉ ⲕ ⲥⲱⲧⲉⲙ ⲁⲛ ϫⲉ ⲟⲩ ⲡⲉⲧⲉ ⲛⲁⲓ ϫⲱ ⲙⲙⲟϥ. ⲓ̅ⲏ̅ⲥ̅ ⲇⲉ ⲡⲉϫⲁϥ ⲛⲱⲟⲩ ϫⲉ ⲥⲉ.

καὶ εἶπαν αὐτῷ ἀκούεις τί οὗτοι λέγουσιν; ὁ δὲ Ἰησοῦς λέγει αὐτοῖς· ναί.

Joh. 11, 27. ⲧⲉ ⲛⲁϩϯ ⲉ ⲫⲁⲓ; ⲡⲉϫⲁⲥ ⲛⲁϥ ⲥⲉ ⲡⲁ ⲟ̅ⲥ̅ ⲁⲛⲟⲕ ϯ ⲛⲁϩϯ ϫⲉ ⲛⲑⲟⲕ ⲡⲉ ⲡ ⲭⲣⲓⲥⲧⲟⲥ ⲛ ϣⲏⲣⲓ ⲙ ⲫϯ ⲫⲏ ⲉⲑ ⲛⲛⲟⲩ ⲉ ⲡⲓ ⲕⲟⲥⲙⲟⲥ.

πιστεύεις τοῦτο; λέγει αὐτῷ· ναί, κύριε.

Joh. 21, 15. ϩⲟⲧⲉ ⲟⲩⲛ ⲉⲧ ⲁⲩ ⲟⲩⲱⲙ ⲡⲉϫⲉ ⲓⲏⲥⲟⲩⲥ ⲛ ⲥⲓⲙⲱⲛ ⲡⲉⲧⲣⲟⲥ ϫⲉ ⲥⲓⲙⲱⲛ ⲫⲁ ⲓⲱⲁⲛⲛⲏⲥ ⲕ ⲉⲣ ⲁⲅⲁⲡⲁⲛ ⲙⲙⲟⲓ ⲉϩⲟⲧⲉ ⲛⲁⲓ· ⲡⲉϫⲁϥ ⲛⲁϥ ϫⲉ ⲥⲉ ⲡⲁ ⲟ̅ⲥ̅ ⲛⲑⲟⲕ ⲉⲧ ⲉⲙⲓ ϫⲉ ϯ ⲙⲉⲓ ⲙⲙⲟⲕ.

ὅτι οὖν ἠρίστησαν, λέγει τῷ Σίμωνι Πέτρῳ ὁ Ἰησοῦς· Σίμων Ἰωάννου ἀγαπᾷς με πλέον τούτων; λέγει αὐτῷ· ναί, κύριε, σὺ οἶδας ὅτι φιλῶ σε.

Die neutrale, oder vielmehr abstracte Bedeutung, welche, wie wir in der vom Adverbium handelnden Anmerkung zu ⲙⲉⲑⲙⲏⲓ geschlossen haben, dem koptischen Plural beigelegt werden konnte, macht es wahrscheinlich, dass dies ⲥⲉ und die dritte Person Plur. Praes. von esse ursprünglich identisch waren.

Und eine andere affirmirende Partikel, die, häufig dem gesteigerten Ausdruck dienend, »Ja fürwahr«, »Ja, sogar«, »Ja freilich« übersetzt werden muss: ⲁϩⲁ:

Gen. 17, 17. 19. ⲟⲩⲟϩ ⲁϥ ϩⲓⲧϥ ⲛϫⲉ ⲁⲃⲣⲁⲙ ⲉϫⲉⲛ ⲡⲉϥ ϩⲟ ⲟⲩⲟϩ ⲁϥ ⲥⲱⲃⲓ ⲟⲩⲟϩ ⲡⲉϫⲁϥ ϧⲉⲛ ⲡⲉϥ ϩⲏⲧ ⲉϥ ϫⲱ ⲙⲙⲟⲥ ϫⲉ ⲁⲛ ⲉϥⲉ ϣⲱⲡⲓ ⲛϫⲉ ⲟⲩ ϣⲏⲣⲓ ⲙ ⲫⲏ ⲉⲧ ⲁϥ ⲉⲣ ⲣ ⲛ ⲣⲟⲙⲡⲓ ⲟⲩⲟϩ ⲥⲁⲣⲣⲁ ⲉ ⲁⲥ ⲉⲣ ϯ ⲋ︦ ⲛ ⲣⲟⲙⲡⲓ ⲁⲛ ⲉⲥⲉ ⲙⲓⲥⲓ . . . . . ⲡⲉϫⲉ ⲫ ⲛⲟⲩϯ ⲇⲉ ⲛ ⲁⲃⲣⲁⲁⲙ ϫⲉ ⲁϩⲁ ϩⲏⲡⲡⲉ ⲓⲥ ⲥⲁⲣⲣⲁ ⲧⲉⲕ ⲥϩⲓⲙⲓ ⲉⲥⲉ ⲙⲓⲥⲓ ⲛⲁⲕ ⲛ ⲟⲩ ϣⲏⲣⲓ.

καὶ ἔπεσεν Ἀβραὰμ ἐπὶ πρόςωπον αὐτοῦ καὶ ἐγέλασεν. καὶ εἶπεν ἐν τῇ διανοίᾳ αὐτοῦ λέγων εἰ τῷ ἑκατονταετεῖ γενήσεται υἱός; καὶ εἰ ἡ Σάῤῥα ἐνενήκοντα ἐτῶν τέξεται . . . . . . εἶπε δὲ ὁ θεὸς πρὸς Ἀβραάμ· ναί, ἰδού, Σάῤῥα ἡ γυνή σου τέξεταί σοι υἱόν.

Matth. 11, 9. ⲁⲗⲗⲁ ⲉⲧ ⲁⲣⲉⲧⲉⲛ ⲓ ⲉⲃⲟⲗ ⲉⲑⲃⲉ ⲟⲩ ⲉ ⲛⲁⲩ ⲉ ⲟⲩ ⲡⲣⲟⲫⲏⲧⲏⲥ ⲁϩⲁ ϯ ϫⲱ ⲙⲙⲟⲥ ⲛⲱⲧⲉⲛ ϫⲉ ⲟⲩ ϩⲟⲩⲟ ⲉ ⲟⲩ ⲡⲣⲟⲫⲏⲧⲏⲥ.

ἀλλὰ τί ἐξήλθατε; προφήτην ἰδεῖν; ναί, λέγω ὑμῖν, καὶ περισσότερον προφήτου.

Luc. 11, 51. ⲓⲥϫⲉⲛ ⲡ ⲥⲛⲟϥ ⲛ ⲁⲃⲉⲗ ϣⲁ ⲡ ⲥⲛⲟϥ ⲛ ⲍⲁⲭⲁⲣⲓⲁⲥ ⲫⲏ ⲉⲧ ⲁⲩ ⲧⲁⲕⲟϥ ⲟⲩⲧⲉ ⲡⲓ ⲙⲁ ⲛ ⲉⲣ ϣⲱⲟⲩϣⲓ ⲛⲉⲙ ⲡⲓ ⲏⲓ ⲥⲉ ϯ ϫⲱ ⲙⲙⲟⲥ ⲛⲱⲧⲉⲛ ϫⲉ ⲥⲉⲛⲁ ⲕⲱϯ ⲛ ⲥⲱϥ ⲛ ⲧⲟⲧⲥ ⲛ ⲧⲁⲓ ⲅⲉⲛⲉⲁ.

ἀπὸ αἵματος Ἄβελ ἕως αἵματος Ζαχαρίου τοῦ ἀπολομένου μεταξὺ τοῦ θυσιαςηρίου καὶ τοῦ οἴκου· ναί, λέγω ὑμῖν, ἐκζητηθήσεται ἀπὸ τῆς γενεᾶς ταύτης.

Luc. 12, 5. ⲁϩⲁ ϯ ϫⲱ ⲙⲙⲟⲥ ⲛⲱⲧⲉⲛ ϫⲉ ⲁⲣⲓ ϩⲟϯ ϧⲁ ⲧ ϩⲏ ⲙ ⲫⲁⲓ.

ὑποδείξω δὲ ὑμῖν τίνα φοβηθῆτε. φοβήθητε τὸν μετὰ τὸ ἀποκτεῖναι ἔχοντα ἐξουσίαν ἐμβαλεῖν εἰς τὴν γέεναν· ναί, λέγω ὑμῖν, τοῦτον φοβήθητε.

Phil. 19. 20. ⲁⲛⲟⲕ ⲡⲁⲩⲗⲟⲥ ⲁⲓ ⲥϧⲁⲓ ϧⲉⲛ ⲧⲁ ϫⲓϫ. ⲁⲛⲟⲕ ⲉⲑ ⲛⲁ ⲧⲱⲃ ϩⲓⲛⲁ ⲛⲧⲁ ϣⲧⲉⲙ ϫⲟⲥ ⲛⲁⲕ ϫⲉ ⲉ ⲕ ⲉ ⲣⲟⲕ ⲙⲙⲓⲛ ⲙⲙⲟϥ ⲉ ⲧⲏⲓⲕ ⲛⲏⲓ. ⲁϩⲁ ⲡⲁ ⲥⲟⲛ ⲁⲛⲟⲕ ⲉⲓ ⲙⲧⲟⲛ ⲙⲙⲟⲓ ⲛ ϧⲏⲧⲕ ϧⲉⲛ ⲡ ϭⲟⲉⲓⲥ. ⲙⲁ ⲙⲧⲟⲛ ⲛ ⲡⲁ ⲙⲉⲧϣⲁⲛⲑⲙⲁϩⲧ ϧⲉⲛ ⲡ ⲭⲣⲓⲥⲧⲟⲥ.

ἐγὼ Παῦλος ἔγραψα τῇ ἐμῇ χειρί, ἐγὼ ἀποτίσω· ἵνα μὴ λέγω σοι ὅτι καὶ σεαυτόν μοι προςοφείλεις, ναί, ἀδελφέ, ἐγώ σου ὀναίμην ἐν κυρίῳ· ἀνάπαυσόν μου τὰ σπλάγχνα ἐν Χριστῷ.

Doch ist auch in diesem Wort das Ja so sehr die Hauptsache, die Steigerung so nebensächlich, dass es geradezu für den abstracten Begriff der Bejahung gesetzt werden kann:

Matth. 5, 37. ⲙⲁⲣⲉ ⲡⲉⲧⲉⲛ ⲥⲁϫⲓ ⲇⲉ ⲉⲣ ⲟⲩ ⲁϩⲁ ⲁϩⲁ ⲙⲙⲟⲛ ⲙⲙⲟⲛ ⲡ ϩⲟⲩⲟ ⲇⲉ ⲛ ⲛⲁⲓ ⲉⲃⲟⲗϧⲉⲛ ⲡⲓ ⲡⲉⲧ ϩⲱⲟⲩ ⲡⲉ.

ἔσται δὲ ὁ λόγος ὑμῶν, ναὶ ναί, οὒ οὔ· τὸ δὲ περισσὸν τούτων ἐκ τοῦ πονηροῦ ἐςίν.

Jac. 5, 12. ⲛ ϣⲟⲣⲡ ⲇⲉ ⲛ ϩⲱⲃ ⲛⲓⲃⲉⲛ ⲛⲁ ⲥⲛⲏⲟⲩ ⲙⲡⲉⲣ ⲉⲣ ⲁⲛⲁϣ ⲟⲩⲇⲉ ⲉϩⲣⲉⲛ ⲧ ⲫⲉ ⲟⲩⲇⲉ ⲉϩⲣⲉⲛ ⲡ ⲕⲁϩⲓ ⲟⲩⲇⲉ ⲕⲉ ⲁⲛⲁϣ. ⲙⲁⲣⲉ ⲡⲉⲧⲉⲛ ⲥⲁϫⲓ ⲇⲉ ⲉⲣ ⲟⲩ ⲁϩⲁ ⲁϩⲁ ⲙⲙⲟⲛ ⲙⲙⲟⲛ ϩⲓⲛⲁ ⲛⲧⲉⲧⲉⲛ ϣⲧⲉⲙ ϣⲱⲡⲓ ϧⲁ ⲟⲩ ϩⲁⲡ.

πρὸ πάντων δέ, ἀδελφοί μου, μὴ ὀμνύετε μήτε τὸν οὐρανὸν μήτε τὴν γῆν μήτε ἄλλον τινὰ ὅρκον· ἤτω δὲ ὑμῶν τὸ ναὶ ναὶ καὶ τὸ οὒ οὔ, ἵνα μὴ ὑπὸ κρίσιν πέσητε.

2. Cor. 1, 17—19. ⲫⲁⲓ ⲟⲩⲛ ⲉⲓ ⲟⲩⲁϣϥ ⲙⲏⲧⲓ ϩⲁⲣⲁ ⲁⲓ ⲓⲣⲓ ϧⲉⲛ ⲟⲩ ⲁⲥⲓⲁⲓ ⲓⲉ ⲛⲏ ⲉ ϯ ⲥⲟϭⲛⲓ ⲉⲣⲱⲟⲩ ⲕⲁⲧⲁ ⲥⲁⲣⲝ ϩⲓⲛⲁ ⲛⲧⲉϥ ϣⲱⲡⲓ ⲛ ⲧⲟⲧ ⲛϫⲉ ⲡⲓ ⲁϩⲁ ⲁϩⲁ ⲛⲉⲙ ⲡⲓ ⲙⲙⲟⲛ ⲙⲙⲟⲛ. ϥ ⲉⲛϩⲟⲧ ⲇⲉ ⲛϫⲉ ⲫ ⲛⲟⲩϯ ϫⲉ ⲡⲉⲛ ⲥⲁϫⲓ ⲉⲧ ⲁϥ ϣⲱⲡⲓ ϩⲁⲣⲱⲧⲉⲛ ⲛ ⲟⲩ ⲁϩⲁ ⲁⲛ ⲡⲉ ⲛⲉⲙ ⲟⲩ ⲙⲙⲟⲛ. ⲡⲓ ϣⲏⲣⲓ ⲅⲁⲣ ⲛⲧⲉ ⲫ ⲛⲟⲩϯ ⲡ ⲭⲣⲓⲥⲧⲟⲥ ⲓⲏⲥⲟⲩⲥ ⲫⲁⲓ ⲉⲧ ⲁⲛ ϩⲓ ⲱⲓϣ ⲙⲙⲟϥ ϧⲉⲛ ⲑⲏⲛⲟⲩ ⲉⲃⲟⲗ ϩⲓⲧⲟⲧ ⲛⲉⲙ ⲥⲓⲗⲟⲩⲁⲛⲟⲥ ⲛⲉⲙ ⲧⲓⲙⲟⲑⲉⲟⲥ ⲙⲡⲉϥ ϣⲱⲡⲓ ⲛ ⲟⲩ ⲁϩⲁ ⲛⲉⲙ ⲟⲩ ⲙⲙⲟⲛ, ⲁⲗⲗⲁ ⲟⲩ ⲁϩⲁ ⲡⲉⲧ ⲁϥ ϣⲱⲡⲓ ⲛ ϧⲏⲧϥ.

τοῦτο οὖν βουλευόμενος, μή τι ἄρα τῇ ἐλαφρίᾳ ἐχρησάμην; ἢ ἃ βουλεύομαι, κατὰ σάρκα βουλεύομαι, ἵνα ᾖ παρ' ἐμοὶ τὸ ναὶ ναὶ καὶ τὸ οὒ οὔ; πιςὸς δὲ ὁ θεὸς ὅτι ὁ λόγος ἡμῶν ὁ πρὸς ὑμᾶς οὐκ ἔςι ναὶ καὶ οὔ. ὁ τοῦ θεοῦ γὰρ υἱὸς Χριςὸς Ἰησοῦς, ὁ ἐν ὑμῖν δι' ἡμῶν κηρυχθείς, δι' ἐμοῦ καὶ Σιλουανοῦ καὶ Τιμοθέου, οὐκ ἐγένετο ναὶ καὶ οὔ, ἀλλὰ ναὶ ἐν αὐτῷ γέγονεν.

Wie es denn auch in manchen concreten Fällen ohne sichtliche Emphase steht, und als blosses Ja gelten müsste, wenn nicht sein überwiegender Gebrauch dem widerspräche:

Matth. 13, 51. ⲁ ⲧⲉⲧⲉⲛ ⲕⲁϯ ⲉ ⲛⲁⲓ ⲧⲏⲣⲟⲩ ⲡⲉϫⲱⲟⲩ ⲛⲁϥ ϫⲉ ⲁϩⲏ ⲡ ⲟ̅ⲥ̅.

Συνήκατε ταῦτα πάντα; λέγουσιν αὐτῷ· ναί.

Da ⲉⲉ und ⲁϩⲁ verschiedene Versionen des griechischen *ναί* sind, so haben die Kopten zwei Worte für eins der Septuaginta. Von diesen entspricht ⲉⲉ der schwächeren, ⲁϩⲁ der stärkeren Affirmation des *καλῶς*, so dass, wenn man sich nicht an *καλῶς* gesprächsweise gewöhnt gehabt hätte, auch von dieser Seite her keine Ursache zu seinem Gebrauch vorlag. Um so weniger, als man sich für noch nachdrücklichere Versicherungen das religiöse *ἀμήν* aneignete:

Matth. 11, 11. ⲁⲙⲏⲛ ϯ ϫⲱ ⲙⲙⲟⲥ ⲛⲱⲧⲉⲛ ϫⲉ ⲙⲡⲉ ⲟⲩⲟⲛ ⲧⲱⲛϥ ϧⲉⲛ ⲡⲓ ϫⲓⲛ ⲙⲓⲥⲓ ⲛⲧⲉ ⲛⲓ ϩⲓⲟⲙⲓ ⲉ ⲛⲁⲁϥ ⲉ ⲓⲱⲁⲛⲛⲏⲥ ⲡⲓ ⲣⲉϥϯⲱⲙⲥ.

ἀμὴν λέγω ὑμῖν οὐκ ἐγήγερται ἐν γεννητοῖς γυναικῶν μείζων Ἰωάννου βαπτιςοῦ.

oder geradezu «wahrhaftig», ⲧⲁⲫⲙⲏⲓ für *ἀληθῶς*, sagt:

Dan. 3,24. ⲟⲩⲟϩ ⲛⲁⲃⲟⲩⲭⲟⲇⲟⲛⲟⲥⲟⲣ ⲁϥ ⲥⲱⲧⲉⲙ ⲉ ⲣⲱⲟⲩ ⲉⲩ ϩⲱⲥ ⲁϥ ⲉⲣ ϣⲫⲏⲣⲓ ⲟⲩⲟϩ ⲁϥ ⲧⲱⲛϥ ϧⲉⲛ ⲟⲩ ⲓⲏⲥ ⲟⲩⲟϩ ⲡⲉϫⲁϥ ⲛ ⲛⲉϥ ⲛⲓϣϯ ⲛⲉⲙ ⲛⲉϥ ⲣⲉϥϣⲉⲙϣⲓ ϫⲉ ⲙⲏ ⲅ̅ ⲛ ⲣⲱⲙⲓ ⲁⲛⲁⲛ ϩⲓⲧⲟⲩ ⲉ ⲡ ⲙⲏϯ ⲙ ⲡⲓ ⲭⲣⲱⲙ ⲉⲩ ⲥⲱⲛϩ ⲟⲩⲟϩ ⲡⲉϫⲱⲟⲩ ⲙ ⲡ ⲟⲩⲣⲟ ϫⲉ ⲁϩⲁ ⲧⲁⲫⲙⲏⲓ ⲡ ⲟⲩⲣⲟ.

καὶ Ναβουχοδονόσορ ἤκουσεν ὑμνούντων αὐτῶν καὶ ἐθαύμασε καὶ ἐξανέςη ἐν σπουδῇ καὶ εἶπε τοῖς μεγιςᾶσιν αὐτοῦ· οὐχὶ ἄνδρας τρεῖς ἐβάλομεν εἰς τὸ μέσον τοῦ πυρὸς πεπηδεμένους; καὶ εἶπον τῷ βασιλεῖ· Ἀληθῶς, βασιλεῦ.

Finden wir nach alledem die sowohl in Uebersetzungen als in Originalschriften sich ständig wiederholende, sorgfältige Analyse der mehreren Begriffe des *καλός* nicht auf *καλῶς* ausgedehnt, sondern das ganze Wort unterschieden in das Koptische hinübergenommen; finden wir dies, obschon keine seiner beiden Bedeutungen einem ägyptischen Ja, Wohl entspricht; so sind wir zu der Folgerung genöthigt, dass es nicht als die Uebersetzung jener prüfenden Männer zugelassen worden sein kann, die sein, seinen Bedeutungsbestandtheilen nach ziemlich gleichwerthiges, Adjectiv so streng ausgeschlossen haben. Die einzige Erklärungsweise, die uns unter diesen Umständen verbleibt, ist, dass, um in der Uebertragung der heiligen Schriften überhaupt figuriren zu können, *καλῶς* schon vor derselben mündlich seinen Weg in das Aegyptische gemacht, und eine anerkannte Stellung darin erlangt haben musste. Dieser linguistisch unumgängliche Schluss wird sowohl durch die bekannten ethnographischen Verhältnisse*), als durch die Bedeutungsform des Wortes, die es leicht umherwandern liess, bestätigt. Als alltägliche Bekräftigung konnte es bald an der gräcisirten Küste heimisch geworden und von dort weiter gedrungen sein. Werden doch Worte, welche die einfachsten Be-

*) Polybius 34, 14 (Strabo, 17, 797 seq) *ὁ γοῦν Πολύβιος γεγονὼς ἐν τῇ Ἀλεξανδρείᾳ βδελύττεται τὴν τότε κατάστασιν, καί φησι τρία γένη τὴν πόλιν οἰκεῖν, τό τε Αἰγύπτιον καὶ ἐπιχώριον φῦλον, ὀξὺ καὶ πολιτικόν, καὶ τὸ μισθοφορικόν, βαρὺ καὶ πολὺ καὶ ἀνάγωγον· ἐξ ἔθους γὰρ παλαιοῦ ξένους ἔτρεφον τοὺς τὰ ὅπλα ἔχοντας, ἄρχειν μᾶλλον ἢ ἄρχεσθαι δεδιδαγμένους διὰ τὴν τῶν βασιλέων οὐδένειαν. τρίτον δὲ ἦν γένος τὸ τῶν Ἀλεξανδρέων, οὐδ' αὐτὸ εὐκρινῶς πολιτικὸν διὰ τὰς αὐτὰς αἰτίας, κρεῖττον δ' ἐκείνων ὅμως. καὶ γὰρ εἰ μιγάδες, Ἕλληνες ὅμως ἀνέκαθεν ἦσαν, καὶ ἐμέμνητο τοῦ κοινοῦ τῶν Ἑλλήνων ἔθους. ἠφανισμένου δὲ καὶ τούτου τοῦ πλήθους, μάλιστα ὑπὸ τοῦ Εὐεργέτου τοῦ Φύσκωνος, καθ' ὃν ἧκεν εἰς τὴν Ἀλεξάνδρειαν ὁ Πολύβιος, καταστασιαζόμενος γὰρ ὁ Φύσκων πλεονάκις τοῖς στρατιώταις ἐφίει τὰ πλήθη καὶ διέφθειρε, τοιούτων δή, φησίν, ὄντων τῶν ἐν τῇ πόλει λοιπὸν ἦν τῷ ὄντι τὸ τοῦ ποιητοῦ Αἰγυπτόνδ' ἰέναι δολιχὴν ὁδὸν ἀργαλέην τε.*

Mannert, Geographie der Griechen und Römer 10, 1. 629: „Ein seltsames Gemisch von Menschen wimmelte auf allen Strassen; die Aegypter als ursprüngliche Einwohner, die noch grössere Zahl der herbeigezogenen Griechen, dann der unruhige, speculirende Haufe der Juden, nebst ihnen Leute aus allen Gegenden, schwarze und weisse, welche der Handel oder die Sklaverei hier in Vereinigung brachte; und endlich als befehlender Mann der Italiener, obgleich kein Römer vornehmen Standes, ohne selten ertheilte Erlaubniss des Kaisers, hier seinen Wohnsitz aufschlagen durfte."

griffe ausdrücken, und in allen Sprachen gut genug enthalten sind, um fremde Aequivalente unnöthig zu machen, im Verkehr der grossen Menge am ehesten von einem Volk zum andern verpflanzt. Sagen nicht die Deutschen der unteren Stände heute noch in ganzen Landschaften lieber «retour» als «zurück», obschon sie das Wort erst in den Franzosenkriegen am Anfang dieses Jahrhunderts kennen gelernt haben? Und ist nicht dem deutschen Pensylvanier sein «yes, sir» völlig geläufig gewesen, lange ehe er sich im Englischen zu versuchen anfing? Der Wunsch, sich über das Nächste zu verständigen, Nachahmung und Eitelkeit tragen gleichmässig dazu bei, diese scheinbaren Luxusadoptionen zu vermitteln.

Aus solchem Gang seiner Einschleppung erklärt es sich auch, dass *καλῶς* fast ausnahmslos durch καλωc übertragen, also nicht, wie andere aufgenommene Graeca nur in einem bestimmten Sinn, und in bestimmtem Verhältniss zu seinen ägyptischen Synonymis zugelassen, sondern ganz und gar, wie es stand und ging, zum ägyptischen Wort gemacht worden ist. Man vergleiche die folgende Tabelle seines Vorkommens im Neuen Testament: von 34 Fällen sind nur drei nicht καλωc, sondern zwei ⲛⲁⲛⲉϥ und einer ⲟⲩϫⲁⲓ übersetzt — alle anderen, mögen sie nun wohl, richtig, trefflich, gut oder ja bedeuten, haben dem Original gemäss einfach καλωc:

Matth. 12, 12. ⲉⲣ ⲡⲉⲑ ⲛⲁⲛⲉϥ.
15, 7. καλωc ⲁϥ ⲉⲣ ⲡⲣⲟⲫⲏⲧⲉⲩⲓⲛ.
Marc. 7, 6. καλωc ⲁϥ ⲉⲣ ⲡⲣⲟⲫⲏⲧⲉⲩⲓⲛ.
7, 37. καλωc ⲁϥ ⲁⲓⲧⲟⲩ ⲧⲏⲣⲟⲩ.
12, 28. καλωc ⲁϥ ⲉⲣ ⲟⲩⲱ ⲛⲱⲟⲩ.
32. καλωc ⲕ ϫⲟⲥ.
Luc. 6, 26. καλωc ⲁⲩ ϣⲁⲛ ϫⲟⲥ.
27. ⲁⲣⲓ ⲡⲉⲑ ⲛⲁⲛⲉϥ.
20, 39. καλωc ⲁⲕ ϫⲟⲥ.

Joh. 4, 17. ⲕⲁⲗⲱⲥ ⲁⲣⲉ ϫⲟⲥ.

8, 48. ⲕⲁⲗⲱⲥ ⲁⲛⲟⲛ ⲁⲛ ϫⲟⲥ.

13, 13. ⲕⲁⲗⲱⲥ ⲧⲉⲧⲉⲛ ϫⲱ ⲙⲙⲟⲥ.

18, 23. ⲓⲥϫⲉ ⲕⲁⲕⲱⲥ ⲁⲓ ⲥⲁϫⲓ ⲁⲣⲓ ⲙⲉⲑⲣⲉ
ⲙⲡⲓ ⲕⲁⲕⲱⲥ, ⲓⲥϫⲉ ⲇⲉ ⲕⲁⲗⲱⲥ ⲉⲑⲃⲉ
ⲟⲩ ⲕ ϩⲓⲟⲩⲓ ⲉⲣⲟⲓ.

Act. 10, 33. ⲕⲁⲗⲱⲥ ⲁⲕ ⲁⲓⲥ.

28, 25. ⲕⲁⲗⲱⲥ ⲁ ⲡⲓ ⲡⲛⲉⲩⲙⲁ ⲉⲑ ⲟⲩⲁⲃ ⲁϥ ⲥⲁϫⲓ.

Röm. 11, 20. ⲭⲛⲁ ϫⲟⲥ ⲟⲩⲛ ϫⲉ ⲁ ϩⲁⲛ ⲟⲩⲟⲛ
ⲕⲱⲣϫ ⲉⲃⲟⲗϧⲉⲛ ⲡⲓ ϫⲁⲗ ϩⲓⲛⲁ ⲁⲛⲟⲕ
ⲛⲧⲟⲩ ⲉⲣ ⲕⲉⲛⲧⲣⲓⲍⲓⲛ ⲙⲙⲟⲓ. ⲕⲁⲗⲱⲥ
ⲁⲩ ⲕⲱⲣϫ ϧⲉⲛ ⲧⲟⲩ ⲙⲉⲧⲁⲑⲛⲁϩϯ.
*ἐρεῖς οὖν· Ἐξεκλάσθησαν οἱ κλάδοι ἵνα ἐγὼ
ἐγκεντρισθῶ. καλῶς. τῇ ἀπιστίᾳ ἐξεκλάσθησαν.*

1.Cor. 7, 37. ⲫⲏ ⲇⲉ ⲉⲧ ⲟϩⲓ ⲉⲣⲁⲧϥ . . . ⲕⲁⲗⲱⲥ ϥⲛⲁ ⲁⲓⲥ·

7, 38. ⲫⲏ ⲉⲧ ϯ ⲛ ⲧⲉϥ ⲡⲁⲣⲑⲉⲛⲟⲥ ⲉⲩ ⲅⲁⲙⲟⲥ ⲕⲁⲗⲱⲥ
ⲫ ⲣⲁ ⲙⲙⲟⲥ ⲟⲩⲟϩ ⲫⲏ ⲉⲧⲉ ⲛ ϥ ϯ ⲛ ⲑⲱϥ
ⲁⲛ ⲟⲩ ϩⲟⲩⲟ ⲕⲁⲗⲱⲥ ⲡ ⲉⲧⲉ ϥ ⲛⲁ ⲁⲓϥ.

14, 17. ⲕⲁⲗⲱⲥ ⲕ ϣⲉⲡ ϩⲙⲟⲧ.

2.Cor. 11, 4. ⲕⲁⲗⲱⲥ ⲧⲉⲧⲉⲛ ⲛⲁ ⲉⲣ ⲁⲛⲉⲭⲉⲥⲑⲉ.

Gal. 4, 17. ⲉⲥ ⲭⲟϩ ⲉⲣⲱⲧⲉⲛ ⲛ ⲕⲁⲗⲱⲥ ⲁⲛ.

5, 7. ⲛⲁⲣⲉⲧⲉⲛ ϭⲟϫⲓ ⲡⲉ ⲛ ⲕⲁⲗⲱⲥ.

Phil. 4, 14. ⲡⲗⲏⲛ ⲕⲁⲗⲱⲥ ⲁⲣⲉⲧⲉⲛ ⲁⲓⲥ.

1.Tim. 3, 4. ⲉϥ ϥⲓ ⲙ ⲫ ⲣⲱⲟⲩϣ ⲙ ⲡⲉϥ ⲏⲓ ⲛ ⲕⲁⲗⲱⲥ.

3, 12. Ebenso.

3, 13. ⲛⲏ ⲅⲁⲣ ⲉⲧ ⲁⲩ ϣⲉⲙϣⲓ ⲛ ⲕⲁⲗⲱⲥ
ⲟⲩ ⲧⲱⲧⲉⲣ ⲉ ⲛⲁⲛⲉϥ ⲡⲉⲧ ⲟⲩ
ⲑⲁⲙⲓⲟ ⲙⲙⲟ·ϥ ⲛⲱⲟⲩ.
*οἱ γὰρ καλῶς διακονήσαντες βαθμὸν
ἑαυτοῖς καλὸν περιποιοῦνται.*

5, 17. ⲛⲓ ⲡⲣⲉⲥⲃⲩⲧⲉⲣⲟⲥ ⲉⲧ ⲟⲓ ⲙ ⲡⲣⲟⲉⲥⲧⲱⲥ ⲛ
ⲕⲁⲗⲱⲥ.

Hebr. 13, 18. ϧⲉⲛ ⲟⲩⲟⲛ ⲛⲓⲃⲉⲛ ⲉⲛ ⲟⲩⲱϣ ⲉ ⲙⲟϣⲓ ⲛ ⲕⲁⲗⲱⲥ.

Jac. 2, 3. ⲛⲑⲟⲕ ϩⲉⲙⲥⲓ ⲙ ⲡⲁⲓ ⲙⲁ ⲛ ⲕⲁⲗⲱⲥ.

2, 8. ⲕⲁⲗⲱⲥ ⲧⲉⲧⲉⲛ ⲓⲣⲓ ⲙⲙⲟⲥ.

Jac. 2, 19. ⲕⲁⲗⲱⲥ ⲕ ⲣⲁ ⲙⲙⲟⲥ.

2. Petr. 1, 19. ⲕⲁⲗⲱⲥ ⲧⲉⲧⲉⲛ ⲣⲁ ⲙⲙⲟⲥ.

3. Joh. 6. ⲕⲁⲗⲱⲥ ⲭⲛⲁ ⲁⲓⲥ ⲉⲕ ⲛⲁ ⲧⲫⲱⲟⲩ
ⲉⲩ ⲙⲡϣⲁ ⲙ ⲫ ⲛⲟⲩϯ.

Der Grund dieser in ihrer Regelmässigkeit doppelt anziehenden Erscheinung ist durch Vergleichung mit anderen, anders gearteten und aufgenommenen griechischen Fremdwörtern leicht erkennbar. ⲇⲓⲕⲉⲟⲥⲩⲛⲏ wurde von einsichtigen und linguistisch gebildeten Uebersetzern allerdings ebenfalls in seinem ursprünglichen Sinne acceptirt, aber, dem religiösen Motiv seiner Adoption gemäss, auf die religiöse Gerechtigkeit beschränkt, während die weltliche ägyptischen Worten verblieb; ⲕⲁⲗⲱⲥ dagegen, ohne genaueres Verständniss seiner Bedeutung von den kosmopolitischen, jüdisch-griechisch-ägyptischen Handelsleuten der Küste parlirend recipirt, deckt sein ganzes griechisches Gebiet auch im Aegyptischen. ⲕⲁⲗⲱⲥ als Wohl, Ja aufgefasst, und zwar von einer Klasse aufgefasst, die den eigentlichen inneren Werth seiner Bedeutung nicht kannte, sondern nur ein conversationelles Bedürfniss befriedigte, wird bald allgemeiner geworden und als eine emphatische Bekräftigung auch da beibehalten worden sein, wo die eingehendere Kenntniss seines Sinnes es ägyptisch unmöglich gemacht haben würde, selbst wenn man es in einer Art lingua franca ununterschieden gelten liess. Einmal volksthümlich, musste dann der Gelehrte, obschon er es für «richtig», «trefflich» u. s. w. noch weniger gebilligt haben kann, als für Ja, das Wort ebenso allgemein verwenden, wie das Volk. Desto eifersüchtiger schloss er aber *καλός* aus, das keine so bequeme Brücke ins Aegyptische hinein gefunden hatte, wie sein affirmirendes, und zu einer viel gebrauchten Partikel gemachtes Adverb.

Nachdem der Beweis für den kritiklosen Ursprung des ⲕⲁⲗⲱⲥ somit erbracht worden ist, haben wir, im

Anschluss an eine frühere Bemerkung, nur nöthig, die Fälle seiner griechischen Verwendung zu betrachten, um seine koptische zu kennen. Wir beginnen mit derjenigen, welche ihm den Weg ins Koptische am leichtesten gebahnt haben wird, als es gesprächsweise in dasselbe eindrang — mit dem kürzesten Ausdruck der Billigung, den das Griechische kannte, und den es fast zur einfachen Bejahung heruntersinken liess. Ob die Billigung in dem Richtigen, Angemessenen oder Guten des Gebilligten liege, bestimmt sich bei dem vagen Charakter des Wortes nur aus dem Zusammenhang, bleibt also, wo der Zusammenhang keine Bestimmung zulässt, zwischen den genannten Möglichkeiten unentschieden.

Ohne Verb, zustimmend als starkes Ja:

Vita S. M. Tiae (Georgi 151). ⲁⲩⲱ ⲛⲧⲉⲣⲉϥ ⲛⲁⲥ ⲉϩⲟⲩⲛ(?) ⲡⲉϫⲁϥ ⲛⲁⲥ ϫⲉ ϭⲱ ⲉⲣⲟⲓ ⲛ ⲟⲩ ⲕⲟⲩⲓ, ϫⲉ ⲟⲩ ⲛⲧⲁⲓ ⲟⲩ ⲛⲟⲙⲟⲥ, ϣⲁⲛϯ ϫⲟⲕϥ ⲉⲃⲟⲗ. ⲛⲧⲟⲥ ⲇⲉ ⲡⲉϫⲁⲥ, ϫⲉ, ⲕⲁⲗⲱⲥ ⲡⲁ ⲉⲓⲱⲧ.

Quum ad eam ingressus esset, ait illi: Morare apud me, quia statutum habeo, donec illud absolvam. Illa vero respondit, certe, mi pater. (Schön, mein Herr, ja, ich bleibe.)

Röm. 11, 19. 20. ⲭ ⲛⲁ ⲟⲩⲛ ϫⲟⲥ ϫⲉ ⲁ ϩⲁⲛ ⲟⲩⲟⲛ ⲕⲱⲣϫ ⲉⲃⲟⲗϧⲉⲛ ⲛⲓ ϫⲁⲗ ϩⲓⲛⲁ ⲁⲛⲟⲕ ⲛⲧⲟⲩ ⲉⲣ ⲕⲉⲛⲧⲣⲓⲍⲓⲛ ⲙⲙⲟⲓ. ⲕⲁⲗⲱⲥ. ⲁⲩ ⲕⲱⲣϫ ϧⲉⲛ ⲧⲟⲩ ⲙⲉⲧⲁⲑⲛⲁϩϯ. ⲛⲑⲟⲕ ⲇⲉ ⲕ ⲟϩⲓ ⲉⲣⲁⲧⲕ ϧⲉⲛ ⲫ ⲛⲁϩϯ. ⲙⲡⲉⲣ ϭⲓⲥⲓ ⲛ ϩⲏⲧ, ⲁⲗⲗⲁ ⲁⲣⲓ ϩⲟϯ.

Ἐρεῖς οὖν· Ἐξεκλάσθησαν κλάδοι, ἵνα ἐγὼ ἐγκεντρισθῶ. καλῶς· τῇ ἀπιστίᾳ ἐξεκλάσθησαν, σὺ δὲ τῇ πίστει ἕστηκας. μὴ ὑψηλοφρόνει, ἀλλὰ φοβοῦ.

Pist. Soph. 42. 62. ⲁⲥ ϣⲱⲡⲉ ϭⲉ ⲛⲧⲉⲣⲉ ⲓⲏⲥⲟⲩⲥ ⲥⲱⲧⲙ ⲉ ⲙⲁⲣⲑⲁ ⲉⲥ ϫⲱ ⲛ ⲛⲓⲙ ϣⲁϫⲉ, ⲡⲉϫⲁϥ ϫⲉ ⲉⲩⲅⲉ ⲙⲁⲣⲑⲁ ⲁⲩⲱ ⲕⲁⲗⲱⲥ.

Factum igitur est quum Jesus audisset Martham dicentem haec verba, dixit, *ευγε* Martha, et *καλως*.

Mit dem Verbo «sprechen», wo sich ebenfalls ein Ja ergiebt, wenn einem anderen, der eben gesprochen hat, zugestimmt wird:

Hist. Monast. Aegypt. Z. 350. ⲕⲁⲗⲱⲥ ⲁⲕ ϫⲟⲟⲥ.
bene dixisti.

Joh. 13, 13. Act. 28, 25. ⲛⲑⲱⲧⲉⲛ ⲧⲉⲧⲉⲛ ⲙⲟⲩϯ ⲉⲣⲟⲓ ϫⲉ ⲫ ⲣⲉϥϯⲥⲃⲱ ⲟⲩⲟϩ ⲡⲉⲛ ϭⲟⲓⲥ, ⲕⲁⲗⲱⲥ ⲧⲉⲧⲉⲛ ϫⲱ ⲙⲙⲟⲥ, ⲁⲛⲟⲕ ⲅⲁⲣ ⲡⲉ.

ὑμεῖς φωνεῖτέ με, ὁ διδάσκαλος, καὶ, ὁ κύριος· καὶ καλῶς λέγετε· εἰμὶ γάρ.

Luc. 20, 39. ⲁⲩ ⲉⲣ ⲟⲩⲱ ϫⲉ ⲛϫⲉ ϩⲁⲛ ⲟⲩⲟⲛ ⲉⲃⲟⲗϧⲉⲛ ⲛⲓ ⲥⲁϧ ⲡⲉϫⲱⲟⲩ ϫⲉ ⲡⲓ ⲣⲉϥϯⲥⲃⲱ ⲕⲁⲗⲱⲥ ⲁⲕ ϫⲟⲥ.

ἀποκριθέντες δέ τινες τῶν γραμματέων εἶπον· Διδάσκαλε, καλῶς εἶπας.

Wozu die besondere Bekräftigung der Richtigkeit kommen kann, die des Anderen Rede innewohnt:

Joh. 4, 17. 18. ⲁⲥ ⲉⲣ ⲟⲩⲱ ⲛϫⲉ ϯ ⲥϩⲓⲙⲓ ⲟⲩⲟϩ ⲡⲉϫⲁⲥ ϫⲉ ⲙⲙⲟⲛ ϯ ϩⲁⲓ ⲙⲙⲁⲩ. ⲡⲉϫⲉ ⲓ͞ⲏ͞ⲥ ⲛⲁⲥ ϫⲉ ⲕⲁⲗⲱⲥ ⲁⲣⲉ ϫⲟⲥ ϫⲉ ⲙⲙⲟⲛ ϯ ϩⲁⲓ ⲙⲙⲁⲩ. ⲉ͞ ⲅⲁⲣ ⲛ ϩⲁⲓ ⲁⲣⲉ ϭⲓⲧⲟⲩ ⲟⲩⲟϩ ⲫⲏ ⲉⲑ ⲛⲉⲙⲉ ϯ ⲛⲟⲩ ⲡⲉ ϩⲁⲓ ⲁⲛ ⲡⲉ ⲫⲁⲓ. ⲟⲩ ⲙⲏⲓ ⲡⲉ ⲉⲧ ⲁⲣⲉ ϫⲟϥ.

ἀπεκρίθη ἡ γυνὴ καὶ εἶπεν, Οὐκ ἔχω ἄνδρα. λέγει αὐτῇ ὁ Ἰησοῦς· καλῶς εἶπας ὅτι ἄνδρα οὐκ ἔχω. πέντε γὰρ ἄνδρας ἔσχες, καὶ νῦν ὃν ἔχεις, οὐκ ἔςι σου ἀνήρ. τοῦτο ἀληθὲς εἴρηκας.

Oder der Wahrheit:

Marc. 12, 32. ⲡⲉϫⲁϥ ⲛⲁϥ ⲛϫⲉ ⲡⲓ ⲥⲁϧ ϫⲉ ⲕⲁⲗⲱⲥ ⲡⲓ ⲣⲉϥϯⲥⲃⲱ ϧⲉⲛ ⲟⲩ ⲙⲉⲑⲙⲏⲓ ⲁⲕ ϫⲟⲥ. ϫⲉ ⲟⲩⲁⲓ ⲡ ⲫϯ, ⲟⲩⲟϩ ⲙⲙⲟⲛ ⲕⲉ ⲟⲩⲁⲓ ⲉⲃⲏⲗ ⲉⲣⲟϥ.

καὶ εἶπεν αὐτῷ ὁ γραμματεύς, καλῶς, διδάσκαλε, ἐπ᾽ ἀληθείας εἶπας, ὅτι εἷς ἐστὶ θεὸς καὶ οὐκ ἔστιν ἄλλος πλὴν αὐτοῦ.

Während die ursprüngliche adverbiale Bedeutung die blos bejahende überwiegt, sobald nicht zu Jemand, sondern von Jemand als sprechend gesprochen wird:

Luc. 6, 26. ⲟⲩⲟⲓ ⲛⲱⲧⲉⲛ ⲉϣⲱⲡ ⲁⲩ ϣⲁⲛ ϫⲟⲥ ⲉⲣⲱⲧⲉⲛ ⲛϫⲉ ⲛⲓ ⲣⲱⲙⲓ ⲧⲏⲣⲟⲩ ϫⲉ ⲕⲁⲗⲱⲥ. ⲛⲁⲓ ⲅⲁⲣ ⲟⲛ ⲙ ⲡⲁⲓ ⲣⲏϯ ⲉ ⲛⲁⲩ ⲓⲣⲓ ⲙⲙⲱⲟⲩ ⲛ ⲛⲓ ⲡⲣⲟⲫⲏⲧⲏⲥ ⲛ ⲛⲟⲩϫ ⲛϫⲉ ⲛⲟⲩ ⲓⲟϯ.

οὐαὶ ὑμῖν ὅταν καλῶς ὑμᾶς εἴπωσι πάντες οἱ ἄνθρωποι· κατὰ τὰ αὐτὰ γὰρ ἐποίουν τοῖς ψευδοπροφήταις οἱ πατέρες αὐτῶν.

Sei dieser Jemand auch der Sprechende selbst:

Joh. 8, 48. ⲁⲩ ⲉⲣ ⲟⲩⲱ ⲛϫⲉ ⲛⲓ ⲓⲟⲩⲇⲁⲓ ⲟⲩⲟϩ ⲡⲉϫⲱⲟⲩ ⲛⲁϥ ϫⲉ ⲟⲩ ⲕⲁⲗⲱⲥ ⲁⲛⲟⲛ ⲁⲛ ϫⲟⲥ ϫⲉ ⲛⲑⲟⲕ ⲟⲩ ⲥⲁⲙⲁⲣⲓⲧⲏⲥ ⲟⲩⲟϩ ⲟⲩⲟⲛ ⲟⲩ ⲇⲉⲙⲱⲛ ⲛⲉⲙⲁⲕ.

ἀπεκρίθησαν οὖν οἱ Ἰουδαῖοι καὶ εἶπον αὐτῷ· Οὐ καλῶς λέγομεν ἡμεῖς, ὅτι Σαμαρείτης εἶ σὺ καὶ δαιμόνιον ἔχεις;

Joh. 18, 23. ⲁϥ ⲉⲣ ⲟⲩⲱ ⲛϫⲉ ⲓ̅ⲏ̅ⲥ̅ ⲡⲉϫⲁϥ ⲛⲁϥ ϫⲉ ⲓⲥϫⲉ ⲕⲁⲕⲱⲥ ⲁⲓ ⲥⲁϫⲓ, ⲁⲣⲓ ⲙⲉⲑⲣⲉ ⲙ ⲡⲓ ⲕⲁⲕⲱⲥ. ⲓⲥϫⲉ ⲇⲉ ⲕⲁⲗⲱⲥ, ⲉⲑⲃⲉ ⲟⲩ ⲕ ϩⲓⲟⲩⲓ ⲉⲣⲟⲓ.

ἀπεκρίθη αὐτῷ ὁ Ἰησοῦς, Εἰ κακῶς ἐλάλησα, μαρτύρησον περὶ τοῦ κακοῦ· εἰ δὲ καλῶς, τί με δέρεις;

Die letzten drei Beispiele bilden den Uebergang zu dem adverbialen Gebrauch der verschiedenen Bedeutungen bei allen anderen Verben.

1) Bedeutung richtig.

Erkennen:

Jer. 1, 11. 12. ⲟⲩ ⲛⲑⲟⲕ ⲉⲧ ⲉⲕ ⲛⲁⲩ ⲉⲣⲟϥ? ⲟⲩⲟϩ ⲡⲉϫⲏⲓ ϫⲉ ⲟⲩ ϣⲃⲱⲧ ⲛ ϣⲉ ⲛ ⲕⲁⲣⲓⲁ ⲡⲉ. ⲟⲩⲟϩ ⲡⲉϫⲉ ⲡ ⲟ̅ⲥ̅ ⲛⲏⲓ ϫⲉ ⲕⲁⲗⲱⲥ ⲁⲕ ⲛⲁⲩ, ϫⲉ ϯ ⲣⲱⲓⲥ ⲁⲛⲟⲕ ⲉϫⲉⲛ ⲛⲁ ⲥⲁϫⲓ ⲉ ⲟⲣⲓ ⲁⲓⲧⲟⲩ.

τί σὺ ὁρᾷς; καὶ εἶπα· βακτηρίαν καρυΐνην. καὶ εἶπε κύριος πρός μέ· καλῶς ἑώρακας, διότι ἐγρήγορα ἐγὼ ἐπὶ τοὺς λόγους μου τοῦ ποιῆσαι αὐτούς.

Marc. 7, 6. — 15, 7. ⲛⲓ ϣⲟⲃⲓ ⲕⲁⲗⲱⲥ ⲁϥ ⲉⲣⲡⲣⲟⲫⲏⲧⲉⲩⲓⲛ ϧⲁⲣⲱⲧⲉⲛ ⲛϫⲉ ⲏⲥⲁⲓⲁⲥ ⲡⲓ ⲡⲣⲟⲫⲏⲧⲏⲥ ⲉϥ ϫⲱ ⲙⲙⲟⲥ.

ὑποκριταί, καλῶς ἐπροφήτευσε περὶ ὑμῶν Ἡσαΐας λέγων.

Fragen:

Pist. Soph. 24. ⲓ̅ⲥ̅ ⲡⲉϫⲁϥ ⲙ ⲙⲁⲣⲓⲁ ϫⲉ ⲉⲩⲅⲉ ⲙⲁⲣⲓⲁ. ⲧⲉ ϣⲓⲛⲉ ⲕⲁⲗⲱⲥ ϩⲛ ⲧ ϭⲓ ⲛ ϣⲓⲛⲉ ⲉⲧ ⲛⲁⲛⲟⲩⲥ.

Jesus dixit Mariae: ευγε, Maria! quaeris καλως in tua interrogatione bona.

Antworten:

Marc. 12, 28. ⲟⲩⲟϩ ⲁϥ ⲓ ϩⲁⲣⲟϥ ⲛϫⲉ ⲟⲩⲁⲓ ⲛ ⲛⲓ ⲥⲁϩ ⲉⲧ ⲁϥ ⲥⲱⲧⲉⲙ ⲉⲣⲱⲟⲩ ⲉⲩ ⲛⲱϯ. ⲉϥ ⲉⲙⲓ ϫⲉ ⲕⲁⲗⲱⲥ ⲁϥ ⲉⲣ ⲟⲩⲱ ⲛⲱⲟⲩ, ⲁϥ ϣⲉⲛϥ ϫⲉ ⲁϣ ⲧⲉ ϯ ⲉⲛⲧⲟⲗⲏ ⲉⲧ ⲟⲓ ⲛ ϣⲟⲣⲡ ⲉⲣⲱⲟⲩ ⲧⲏⲣⲟⲩ.

καὶ προσελθὼν εἷς τῶν γραμματέων, ἀκούσας αὐτῶν συνζητούντων, εἰδὼς ὅτι καλῶς ἀπεκρίθη αὐτοῖς, ἐπηρώτησεν αὐτόν· Ποία ἐστὶ ἐντολὴ πρώτη πασῶν.

2) Bedeutung richtig und recht.

Handeln, mit zweien der drei unter ⲛⲁⲛⲉ erklärten Verben, und einem dritten anderen.

Das starke ⲓⲣⲓ, schaffen, vollenden, eine That thun:

Jac. 2, 8. ⲕⲁⲗⲱⲥ ⲧⲉⲧⲉⲛ ⲓⲣⲓ ⲙⲙⲟⲥ.

εἰ μέντοι νόμον θελεῖτε βασιλικὸν κατὰ τὴν γραφήν· Ἀγαπήσεις τὸν πλησίον σου ὡς σεαυτόν, καλῶς ποιεῖτε.

Das ebenso starke, aber in den älteren Schriften nur mit folgendem ⲙⲙⲟ construirte ⲣⲁ:

Jac. 2, 19. ⲕⲁⲗⲱⲥ ⲕ ⲣⲁ ⲙⲙⲟⲥ.

σὺ πιστεύεις ὅτι εἷς ὁ θεός ἐστιν; καλῶς ποιεῖς· καὶ τὰ δαιμόνια πιστεύουσιν καὶ φρίσσουσιν.

2. Petr. 1, 19. ⲕⲁⲗⲱⲥ ⲧⲉⲧⲉⲛ ⲣⲁ ⲙⲙⲟⲥ.

καὶ ἔχομεν βεβαιότερον τὸν προφητικὸν λόγον, ᾧ καλῶς ποιεῖτε προσέχοντες, ὡς λύχνῳ φαίνοντι ἐν αὐχμηρῷ τόπῳ, ἕως οὗ ἡμέρα διαυγάσῃ καὶ φωσφόρος ἀνατείλῃ ἐν ταῖς καρδίαις ὑμῶν.

Conf. Gen. 39, 22. Matth. 6, 2. Marc. 7, 13. Joh. 5, 19. 36. Joh. 10, 25. 13, 7. 14, 12. 15, 15.

Das fast ebenso starke, aber rückbeziehende ⲁⲓ, zu etwas machen:

Marc. 7, 37. ⲟⲩⲟϩ ⲛ ϩⲟⲩⲟ ⲛ ϩⲟⲩⲟ ⲛⲁⲩ ⲉⲣ ϣⲫⲏⲣⲓ, ⲉⲩ ϫⲱ ⲙⲙⲟⲥ ϫⲉ ⲕⲁⲗⲱⲥ ⲁϥ ⲁⲓⲧⲟⲩ ⲧⲏⲣⲟⲩ ⲙ ⲫ ⲣⲏϯ ⲉⲧ ⲁϥ ⲑⲣⲉ ⲛⲓ ⲕⲟⲩⲣ ⲥⲱⲧⲉⲙ ⲟⲩⲟϩ ⲛⲓ ⲁⲧⲥⲁϫⲓ ⲛⲧⲟⲩ ⲥⲁϫⲓ.

καὶ ὑπερπερισσῶς ἐξεπλήσσοντο λέγοντες, καλῶς πάντα πεποίηκεν, καὶ τοὺς κωφοὺς ποιεῖ ἀκούειν καὶ ἀλάλους λαλεῖν.

Act. 10, 33. ⲛ ⲧ ⲟⲩⲛⲟⲩ ⲟⲩⲛ ⲁⲓ ⲟⲩⲱⲣⲡ ⲛⲥⲱⲕ, ⲛⲑⲟⲕ ⲇⲉ ⲕⲁⲗⲱⲥ ⲁⲕ ⲁⲓⲥ ⲉⲧ ⲁⲕ ⲓ. ⲧ ⲛⲟⲩ ⲟⲩⲛ ⲁⲛⲟⲛ ⲧⲏⲣⲉⲛ ⲧⲉⲛ ⲙ ⲡⲁⲓ ⲙⲁ ⲉⲛ ⲭⲛ ⲙ ⲡ ⲉⲙⲑⲟ ⲙ ⲫ ⲛⲟⲩⲧ ⲉ ⲥⲱⲧⲉⲙ ⲉ ⲛⲏ ⲧⲏⲣⲟⲩ ⲉⲧ ⲁ ⲡ ϭⲟⲉⲓⲥ ⲑⲁϣⲟⲩ ⲛⲁⲕ.

ἐξ αὐτῆς οὖν ἔπεμψα πρὸς σέ, σύ τε καλῶς ἐποίησας παραγενόμενος. νῦν οὖν πάντες ἡμεῖς ἐνώπιον τοῦ θεοῦ πάρεσμεν ἀκοῦσαι πάντα τὰ προστεταγμένα σοι ἀπὸ τοῦ θεοῦ.

1. Cor. 7, 37. ⲕⲁⲗⲱⲥ ϥ ⲛⲁ ⲁⲓⲥ.

ὃς δὲ ἕστηκεν ἑδραῖος ἐν τῇ καρδίᾳ, μὴ ἔχων ἀνάγκην, ἐξουσίαν δὲ ἔχει περὶ τοῦ ἰδίου θελήματος, καὶ τοῦτο κέκρικεν ἐν τῇ ἰδίᾳ καρδίᾳ, τηρεῖν τὴν ἑαυτοῦ παρθένον, καλῶς ποιεῖ.

3. Joh. 6. ⲕⲁⲗⲱⲥ ⲭ ⲛⲁ ⲁⲓⲥ.

οἳ ἐμαρτύρησάν σου τῇ ἀγάπῃ ἐνώπιον ἐκκλησίας, οὓς καλῶς ποιήσεις προπέμψας ἀξίως τοῦ θεοῦ.

1. Cor. 7, 38. ϩⲱⲥⲧⲉ ⲫⲏ ⲉⲧ ⲧ ⲛ ⲧⲉϥ ⲡⲁⲣⲑⲉⲛⲟⲥ ⲉⲩ ⲅⲁⲙⲟⲥ, ⲕⲁⲗⲱⲥ ϥ ⲣⲁ ⲙⲙⲟⲥ, ⲟⲩⲟϩ ⲫⲏ ⲉⲧⲉ ⲛ ϥ ⲧ ⲛⲑⲱϥ ⲁⲛ, ⲟⲩ ϩⲟⲩⲟ ⲕⲁⲗⲱⲥ ⲡ ⲉⲧⲉ ϥ ⲛⲁ ⲁⲓϥ.

ὥστε καὶ ὁ ἐκγαμίζων καλῶς ποιεῖ, καὶ ὁ μὴ ἐκγαμίζων, κρεῖσσον ποιεῖ.

Philipper 4, 14. ⲡⲗⲏⲛ ⲕⲁⲗⲱⲥ ⲁⲣⲉⲧⲉⲛ ⲁⲓⲥ ⲉ ⲁⲣⲉⲧⲉⲛ ⲉⲣ ϣⲫⲏⲣ ⲉ ⲡⲁ ϩⲟϫϩⲉϫ.

πλὴν καλῶς ἐποιήσατε, συγκοινωνήσαντές μου τῇ θλίψει.

Narratio Ezechielis Monachi Z. 365. (Quarta dialectus.) ⲛⲧⲉⲣⲉϥ ⲛⲁⲩ ⲉ ⲡⲁ ⲉⲓⲱⲧ ⲁⲡⲁ ⲡⲁⲩⲗⲉ, ⲁϥ ƀⲁϭϥ ⲉϩⲣⲁⲓ ϩⲓϫⲙ ⲡⲉϥ ⲑⲣⲟⲛⲟⲥ, ⲁϥ ⲱⲗⲉⲙ ⲉϩⲟⲩⲛ ⲉⲣⲟϥ, ⲁϥ ⲧⲛⲓ ⲉ ⲣⲱϥ ⲡⲉϫⲁϥ ϫⲉ ⲕⲁⲗⲟⲥ ⲁⲕ ⲓ ϣⲁⲣⲁⲛ ⲙⲡⲟⲟⲩ.

Viso Paulo, exsiliit de sella, amplectatus est, osculatus est, et dixit: Pulcre fecisti quod hodie ad me venisti.

Die Ausnahme des letzten Beispiels belegt nur die vielen Absonderlichkeiten des wahrscheinlich corrumpirten Textes, dem es entnommen ist.

Das schwache ep gesellt sich niemals dem καλωc, weil es, um vom blossen «geschehen» zum «machen» zu werden, ein Object bedarf, ein Adverb also ablehnt.

3) Bedeutung richtig und recht, in ein allgemeineres «angemessen» verschwimmend.

Leben und leiten:

Commentationes in regulam ordinis monastici Z. 563. ⲛ ⲟⲩⲟⲉⲓⲛ ⲉ ⲧⲣⲉⲩ ϥⲓ ⲡ ⲣⲟⲟⲩϣ ⲛ ϩⲱⲃ ⲛⲓⲙ ⲛ ϯ ⲉ ⲛ ⲟⲩⲟⲉⲓⲉ ⲕⲁⲗⲱⲥ ϩⲛ ⲟⲩ ϩⲟⲧⲉ ⲛⲧⲉ ⲡ ⲛⲟⲩⲧⲉ.

Curandum est ut agricolae omnibus suis negotiis (studiose diligenterque) obeant, et timor dei iis ut decet injiciendus est.

Vita S. M. Tiae (Georgi CLXXI). ⲡⲁ ⲛⲟⲩϯ ⲫⲏ ⲉⲧ ⲁϥ ϯⲛⲓⲥ ⲛⲏⲓ ⲉ ⲑⲣⲉⲥ ⲛ ⲫ ⲓⲟⲙ ⲛⲧⲉ ⲡⲁⲓ ⲃⲓⲟⲥ ⲛ ⲕⲁⲗⲱⲥ ϩⲓⲧⲉⲛ ⲧⲉⲕ ϩⲩⲡⲟⲙⲟⲛⲏ ⲛⲉⲙ ⲧⲉⲕ ϫⲟⲙ.

Domine qui dedisti mihi ut bene trajicerem mare hujus vitae propter patientiam et virtutem tuam.

Hebr. 13, 18. ⲧⲱⲃϩ ⲉϩⲣⲏⲓ ⲉϫⲱⲛ. ⲡⲉⲛ ϩⲏⲧ ⲇⲉ ⲑⲏⲧ ϫⲉ ⲟⲩⲟⲛⲧⲁⲛ ⲙⲙⲁⲩ ⲛ ⲟⲩ ⲥⲩⲛⲏⲇⲏⲥⲓⲥ ⲉ ⲛⲁⲛⲉⲥ, ϧⲉⲛ ⲟⲩⲟⲛ ⲛⲓⲃⲉⲛ ⲉⲛ ⲟⲩⲱϣ ⲉ ⲙⲟϣⲓ ⲛ ⲕⲁⲗⲱⲥ.

προσεύχεσθε περὶ ἡμῶν· πειθόμεθα γὰρ ὅτι καλὴν συνείδησιν ἔχομεν, ἐν πᾶσι καλῶς θέλοντες ἀναστρέφεσθαι.

1. Cor. 14, 17. ⲛⲑⲟⲕ ⲅⲁⲣ ⲙⲉⲛ ⲕⲁⲗⲱⲥ ⲕ ϣⲉⲡ ϩⲙⲟⲧ, ⲁⲗⲗⲁ ⲡⲓ ⲕⲉ ⲟⲩⲁⲓ ϥ ⲕⲏⲧ ⲁⲛ.

σὺ μὲν γὰρ καλῶς εὐχαριστεῖς, ἀλλ᾽ ὁ ἕτερος οὐκ οἰκοδομεῖται.

2. Cor. 11, 4. ⲓⲉϫⲉ ⲙⲉⲛ ⲅⲁⲣ ⲡⲉⲑ ⲛⲛⲏⲟⲩ, ϥ ⲛⲁ ϩⲓ ⲱⲓϣ ⲛⲱⲧⲉⲛ ⲛ ⲕⲉ ⲓⲏⲥⲟⲩⲥ ⲙⲡⲉⲛ ϩⲓ ⲱⲓϣ ⲙⲙⲟϥ, ⲓⲉ ⲧⲉⲧⲉⲛ ⲛⲁ ϭⲓ ⲛ ⲕⲉ ⲡⲛⲉⲩⲙⲁ ⲙⲡⲉⲧⲉⲛ ϭⲓⲧϥ, ⲓⲉ ⲕⲉ ⲉⲩⲁⲅⲅⲉⲗⲓⲟⲛ ⲙⲡⲉⲧⲉⲛ ϣⲟⲡϥ, ⲕⲁⲗⲱⲥ ⲧⲉⲧⲉⲛ ⲛⲁ ⲉⲣ ⲁⲛⲉⲭⲉⲥⲑⲉ.

εἰ μὲν γὰρ ὁ ἐρχόμενος ἄλλον Ἰησοῦν κηρύσσει, ὃν οὐκ ἐκηρύξαμεν, ἢ πνεῦμα ἕτερον λαμβάνετε ὃ οὐκ ἐλάβετε, ἢ εὐαγγέλιον ἕτερον ὃ οὐκ ἐδέξασθε, καλῶς ἀνείχεσθε·

4) Bedeutung richtig und recht, verdichtet in ein unbestimmtes, sowohl «gut» wie «völlig» einschliessendes «vollkommen»:

De re medica Z. 628. ⲛⲧⲟⲟⲩ ⲧⲏⲣⲟⲩ ⲑⲛⲟⲟⲩ ⲕⲁⲗⲱⲥ.

Et haec omnia (medicamenta) bene contere.

Esaias 23, 16. ϭⲓ ⲛ ⲟⲩ ⲕⲧⲑⲁⲣⲁ, ⲕⲱⲧ ⲉϩⲣⲏⲓ ⲉ † ⲃⲟⲕⲓ
† ⲡⲟⲣⲛⲏ ⲉⲧ ⲁⲩ ⲉⲣ ⲡⲉⲥ ⲱⲃϣ, ⲁⲣⲓ ⲟⲩⲱⲓⲛⲓ ⲛ ⲕⲁⲗⲱⲥ,
ϩⲱⲥ ⲉ ⲙⲁϣⲱ.

λάβε κιθάραν, ῥέμβευσον πόλις πόρνη ἐπιλελησμένη, καλῶς κιθάρισον, πολλὰ ᾆσον.

Sermones Schenuthii Z. 450. ⲁⲩⲱ (ⲡ ⲏⲓ) ϥ ⲧⲁϫⲣⲏⲩ
ϣⲁ ⲡⲉϥ ⲟⲩⲟⲉⲓϣ, ⲁⲩⲱ ϥ ⲙⲉϩ ⲛ ⲟⲩⲟⲉⲓⲛ ⲙ ⲡⲉϥ ⲛⲁⲩ.
ⲁⲩⲱ ϥ ⲕⲓⲙ ⲁⲛ ϩⲓⲧⲛ ⲛ ⲧⲏⲩ, ϫⲉ ϥ ⲕⲏⲧ ⲕⲁⲗⲱⲥ.

Et firma est (domus) usque ad tempus suum, et hora
congrua luce repletur, neque ventis movetur, quia bene
est aedificata.

Tetrasticha Z. 644. ⲡ ϫⲟⲉⲓⲥ ⲁⲣⲓ ⲟⲩⲟⲉⲓⲛ ⲉ ⲡⲁ ⲕⲁⲕⲉ.

  ϩⲁⲣⲉϩ ⲉⲣⲟⲓ ⲛⲑⲉ ⲙ ⲡ ⲃⲁⲗ ⲙⲛ ⲡⲉϥ ⲕⲉⲛⲉ

  ⲉ ⲧⲣⲁ ⲕⲱⲧ ⲕⲁⲗⲱⲥ ⲁⲩⲱ ⲙⲉⲓ ⲕⲁ ⲕⲉ

  ⲥⲛⲧⲉ ⲡⲁⲣⲁ ⲡⲉⲛⲧ ⲁϥ ⲕⲁⲁϥ ⲛϭⲓ ⲛ ⲁⲣⲭⲏ-

Domine illumina tenebras meas,   ⌠ⲧⲉⲕⲧⲱⲛ.
Protege me sicuti oculum ejusque pupillam,
Ut recte aedificem et non ponam
Fundamentum aliud quam posuit architectus.

Dieselbe Bedeutung zu einem bestimmteren «vollkommen» nach der Seite der Güte hin geworden — trefflich:

Gal. 5, 7. ⲛⲁⲣⲉⲧⲉⲛ ϭⲟϫⲓ ⲡⲉ ⲛ ⲕⲁⲗⲱⲥ. ⲛⲓⲙ ⲡⲉⲧ ⲁϥ
ⲧⲁϩⲛⲟ ⲙⲙⲱⲧⲉⲛ ⲉ ϣⲧⲉⲙ ⲑⲣⲉ ⲡⲉⲧⲉⲛ ϩⲏⲧ ⲑⲱⲧ ⲛⲉⲙ ⲟⲙⲏⲓ.

ἐτρέχετε καλῶς· τίς ὑμᾶς ἐνέκοψε τῇ ἀληθείᾳ μὴ πεί-
θεσθαι;

1. Tim. 3, 4 (3, 12. 5, 17) ⲉϥ ϭⲓ ⲙ ⲫ ⲣⲟⲟⲩϣ ⲙ ⲡⲉϥ
ⲏⲓ ⲛ ⲕⲁⲗⲱⲥ ⲉ ⲟⲩⲟⲛⲧⲁϥ ⲙⲙⲁⲩ ⲛ ϩⲁⲛ ϣⲏⲣⲓ ϧⲉⲛ ⲟⲩ
ϭⲛⲉϫⲱϥ ⲛⲉⲙ ⲙⲉⲧⲥⲉⲙⲛⲟⲥ ⲛⲓⲃⲉⲛ.

τοῦ ἰδίου οἴκου καλῶς προϊστάμενον, τέκνα ἔχοντα ἐν
ὑποταγῇ μετὰ πάσης σεμνότητος.

Acta 28, 25. ⲉϥ ϫⲱ ⲛ ⲟⲩ ⲥⲁϫⲓ ⲛⲟⲟⲩ ⲛϫⲉ ⲡⲁⲩⲗⲟⲥ
ϫⲉ ⲕⲁⲗⲱⲥ ⲁ ⲡⲓ ⲡⲛⲉⲩⲙⲁ ⲉⲑ ⲟⲩⲁⲃ ⲁϥ ⲥⲁϫⲓ ⲉⲃⲟⲗϩⲓⲧⲟⲧϥ ⲛ ⲏⲥⲁⲛⲁⲥ ⲡⲓ ⲡⲣⲟⲫⲏⲧⲏⲥ ⲛⲉⲙ ⲛⲉⲧⲉⲛ ⲓⲟ†.

ἀσύμφωνοι δὲ ὄντες πρὸς ἀλλήλους ἀπελύοντο, εἰπόντος τοῦ Παύλου ῥῆμα ἕν, ὅτι καλῶς τὸ πνεῦμα τὸ ἅγιον ἐλάλησε διὰ Ἡσαΐου τοῦ προφήτου πρὸς τοὺς πατέρας ὑμῶν.

Dieselbe Bedeutung zu einem bestimmteren «vollkommen» nach der Seite des Maasses hin geworden — völlig:

Marc. 7, 9. ⲟⲩⲟϩ ⲛⲁϥϫⲱ ⲙⲙⲟⲥ ⲛⲱⲟⲩ ϫⲉ ⲕⲁⲗⲱⲥ ⲧⲉⲧⲉⲛ ⲉⲣⲁⲑⲉⲧⲓⲛ ⲛ ϯ ⲉⲛⲧⲟⲗⲏ ⲛⲧⲉ ⲫ ϯ ϩⲓⲛⲁ ⲛⲧⲉⲧⲉⲛ ⲁⲣⲉϩ ⲉ ⲛⲉⲧⲉⲛ ⲡⲁⲣⲁⲇⲟⲥⲓⲥ.

καὶ ἔλεγεν αὐτοῖς, καλῶς ἀθετεῖτε τὴν ἐντολὴν τοῦ θεοῦ, ἵνα τὴν παράδοσιν ὑμῶν τηρήσητε.

Wir gelangen zu den Ausnahmen. ⲕⲁⲗⲱⲥ, das in den Uebersetzungen seinen Platz sonst so standhaft behauptet, wird, wie wir gesehen haben, einige wenige Male ohne erkennbaren Grund von ⲛⲁⲛⲉ, und in einer bestimmten Verbindung, die das Aegyptische mit einem Worte zu geben vermag, von ⲟⲩⲟϫ vertreten:

Marc. 16, 18. ⲟⲩⲟϩ ϩⲁⲛ ϩⲟϥ ⲉⲩⲉ ϥⲓⲧⲟⲩ ϧⲉⲛ ⲛⲟⲩ ϫⲓϫ, ⲕⲁⲛ ⲁⲩ ϣⲁⲛ ⲟⲩⲱⲙ ⲛ ⲟⲩ ⲉⲛⲭⲁⲓ ⲉ ⲫ ⲙⲟⲩ, ⲛ ⲛⲉϥ ⲉⲣ ⲃⲗⲁⲡⲧⲓⲛ ⲙⲙⲱⲟⲩ, ⲟⲩⲟϩ ⲉⲩⲉ ⲭⲱ ⲛ ⲛⲟⲩ ϫⲓϫ ⲉϫⲉⲛ ϩⲁⲛ ⲟⲩⲟⲛ ⲉⲩ ϣⲱⲛⲓ, ⲟⲩⲟϩ ⲉⲩⲉ ⲟⲩϫⲁⲓ.

Ὄφεις ἀροῦσιν· κἂν θανάσιμόν τι πίωσιν, οὐ μὴ αὐτοὺς βλάψει· ἐπὶ ἀῤῥώστους χεῖρας ἐπιθήσουσι, καὶ καλῶς ἕξουσιν.

Wobei der Unterschied zwischen καλῶς ἔχω und ὑγιαίνω nicht anerkannt wird:

Gen. 43, 27. ⲡⲉϫⲁϥ ⲛⲱⲟⲩ ϫⲉ ϥ ⲟⲩⲟϫ ⲛϫⲉ ⲡⲉⲧⲉⲛ ⲓⲱⲧ ⲡⲓ ϧⲉⲗⲗⲟ ⲉⲧ ⲁⲣⲉⲧⲉⲛ ϫⲟⲥ ⲉⲧⲓ ϥ ⲱⲛϧ.

καὶ εἶπεν αὐτοῖς· εἰ ὑγιαίνει ὁ πατὴρ ὑμῶν ὁ πρεσβύτης ὃν εἴπατε, ἔτι ζῇ;

Auch wird κάλλιον abgewehrt, obschon καλῶς in ähnlichem Sinne freien Zulass hat — recht als ob die bevorzugte Stellung des einen Gliedes einer ganzen Familie durch den Ausschluss des καλός noch nicht genügend bezeugt wäre:

Acta 25, 10. παυλος δε πεϫαϥ ϫε ϯ οϩι ερατ ϩιϫεν ni βημα ντε π ουρο, πι μα ετ ϲ ϣε ncε ϯ ϩαπ εροι μμοϥ. nι ιουδαι γαρ μπι σιτου n ϫονc n ϩλι, μ φ ρηϯ ϩωκ ετε κ cωουn εμαϣω.

εἶπε δὲ ὁ Παῦλος, Ἐπὶ τοῦ βήματος Καίσαρος ἑστώς εἰμι, οὗ με δεῖ κρίνεσθαι. Ἰουδαίους οὐδὲν ἠδίκησαν, ὡς καὶ σὺ κάλλιον ἐπιγινώσκεις.

Umgekehrt dagegen finden sich einige ganz vereinzelte, launenhaft dreinschauende Anwendungen des *καλός*:

Jac. 2, 3. ουοϩ ντετεν ϫουϣτ ε φη ετε ϯ ϩεβcω ετ φορι τοι ϩιωτϥ, ουοϩ ντετεν ϫοc ναϥ ϫε nθοκ ϩεμcι μ παι μα n καλοc, ουοϩ ντετεν ϫοc μ πι ϩηκι ϩωϥ ϫε, nθοκ οϩι ερατκ ϩα μιιι, ιε ϩεμcι μ παι μα ϧατεν φ μα n χα πι σαλαυϫ.

καὶ ἐπιβλέψητε ἐπὶ τὸν φοροῦντα τὴν ἐσθῆτα τὴν λαμπρὰν καὶ εἴπητε αὐτῷ, Σὺ κάθου ὧδε καλῶς, καὶ τῷ πτωχῷ εἴπητε, Σὺ στῆθι ἐκεῖ ἢ κάθου ὑπὸ τὸ ὑποπόδιόν μου.

Tuki Theotokia ϲϥζ. ζωντες nιβεν ευε ϯ ϩθηϥ ε ϯ cμη ετ ϩολϫ n καλοc ντε πεκ μετϣανϩθηϥ.

Omnes creaturae audient dulcem et jucundam vocem tuae misericordiae.

Dass das Adverb als solches verstanden, und nicht nur in seiner Bedeutung, sondern auch in seiner griechischen Construction völlig acceptirt wurde, lehrt sein unägyptisch unverknüpftes Auftreten im Satz; doch kommt es gelegentlich auch mit adverbial vorschlagendem n vor:

1. Tim. 3, 13. nη γαρ ετ αυ ϣεμϣι n καλωc.

οἱ γὰρ καλῶς διακονήσαντες.

Hebr. 13, 8. ϧεn ουον nιβεn εn ουωϣ ε μοϣι n καλωc πεντεκονταρχοc.

ἐν πᾶσι καλῶς θέλοντες ἀναστρέφεσθαι.

Die Ausnahmestellung der beiden letzten Beispiele bestätigt ferner die Erklärung, die wir von dem Uebergang des Wortes in das Aegyptische gegeben haben: der Schriftsprache nach sollten sie die Regel zeigen.

Ergebniss der Gruppe Gut und Gütig.

I. Einzelübersicht.

1. ⲛⲁⲛⲉ.

ⲛⲁⲛⲉ bezeichnet einerseits das, was, weil es in sich selber vollkommen ist, seiner idealen Bestimmung, die wesentlichen und reinen Zwecke der Welt zu fördern, genügen kann, will und thut; und andererseits alles wohlthätig Wirkende, wesentlichen und reinen Zwecken Dienende und insofern Vollkommene. Der Unterschied zwischen diesen beiden Bedeutungen liegt darin, dass die eine «immer und innerlich gut» besagt, die andere dagegen nur «zeitweilig gut», «in Bezug auf bestimmte Verhältnisse und Beziehungen gut». Beide fliessen vielfach in einander über. Von der Allgüte bis zum Geringfügigsten herab kann alles Greif- und Denkbare, sofern es sich in der genannten Weise bethätigt, in diesem weiten Begriff eingeschlossen sein. Weil der Accent auf das Wirken gelegt wird, und es kaum etwas giebt, das nicht unter Umständen der obigen Definition gemäss wirkt, so hat das Wort diese expansive Gewalt; weil es wirkt, kann es aber auch an die Zeit gebunden, und ebensowohl ewig, als vorübergehend sein. Das geistig oder sachlich Vollkommene an sich, ohne nothwendige Wirkung, aber auch ohne Zeitbeschränkung, war ⲙⲛⲓ; das Treffliche, das vollkommen ist, ebenfalls ohne nothwendige Wirkung, aber auch ohne Zeitbeschränkung, war ⲧⲁⲫⲙⲏⲓ; alles was vollkommen ist, und gleichzeitig wirkt, und zwar zu wohlthätigen und sittlichen Zwecken wirkt. ist, während es so wirkt, ⲛⲁⲛⲉ.

ⲛⲁⲛⲉ würde daher, auf Sachen gehend, «trefflich und nützlich», auf Menschen und Menschliches bezogen, «sittlich und wohlthätig» bedeuten, wäre es nicht seine schöne Eigenthümlichkeit, Ursache und Wirkung verschwimmen, und in einen allgemeinen, alles ungesondert umschliessenden Gedanken aufgehen zu lassen. Dadurch zieht sich einerseits sowohl «trefflich und nützlich», als «sittlich und wohlthätig» in den einen gleichen Gedanken der wohlwirkenden Vollkommenheit zusammen; andererseits spielen die einzelnen Elemente jedes dieser beiden Glieder in das andere hinein, so dass die Sache, die ⲛⲁⲛⲉ ist, etwas von der freien Sittlichkeit des Geistes zu haben, der Geist, der ⲛⲁⲛⲉ genannt wird, dagegen mit der naturgesetzlichen Sicherheit einer nützlichen Sache imprägnirt zu sein scheint. Jede der in dem Wort enthaltenen Farben kann je nach Umständen hervortreten; doch der freundliche Gesammtton des Wortes, der das Wie, Warum und Woher der Gutthat nicht scheidet. sondern die verschiedensten Träger, so wie alle ihre verschiedenen Weisen sich geltend zu machen, in demselben Begriff umfängt, bleibt der stets gegenwärtige und sichtbare Hintergrund des Ganzen.

Im Gegensatz zu manchen anderen Sprachen, die alles «gut» nennen können, was erwünschten Zwecken dient, ja sogar alles was tauglich, tüchtig und stark entwickelt ist, wird ⲛⲁⲛⲉ immer nur auf das Sittlichgute bezogen. Alles, aber nur insofern es wesentliche und reine Zwecke fördert, hat Anspruch auf unser Wort. Ein gutes Geschwür, ein guter Lump kann man koptisch nicht sagen.

Das Sittlichgute ist allerdings vom Religiösguten hierbei noch weniger getrennt, wie sonst in der koptischen Sprache, sintemal es sich ja in erster Linie um den Effect, nicht um das bewegende Agens handelt. So wird, da **nane** gleichzeitig das «gut» der Sachen bezeichnet, und seine Sittlichkeit somit etwas instinctives, unwillkührliches hat, auch die religiös gute Handlung, obschon sie durch den Himmel befohlen gedacht war, schliesslich wieder als ein selbstverständlicher Erguss der Menschenseele angesehen.

I. Sinnliche Güter.

1) Die dem Menschen unentbehrlichen: Schöpfung. Erde, Wasser, Luft, Licht — Saat, Baum, Frucht — Fleisch, Salz — Land, Weide.

2) Erwerb der Civilisation: Haus und Städte — Waffen — Gold, Perlen, Edelsteine — Hausthiere — aller Besitz.

3) Alles dem leiblichen Wohlergehen Förderliche: Ruhe, Schlaf, Gesundheit.

II. Die allgemeinen äusseren Verhältnisse des Lebens: Gedeihliche Lage — Ehre, Ruf — Seligkeit — Gepriesenes Andenken.

III. Seelische Güter. War schon die in sich vollkommene, Vollkommenes wirkende Sache die an sich vollkommene, die edele, so ist es um so natürlicher, dieselbe Begriffseinheit in Bezug auf den Geist wiederzufinden, dessen Vollkommenheit eben in innerem Adel besteht. Hier ist **nane** also ausschliesslich fromm, sittlich, liebend, wohlthätig, weise, rechtschaffen, pflichterfüllend. Hier kommt seine Verbindung mit den Verbis des Thuns, die es vor anderen Bezeichnungen des Guten voraus hat, recht zur Geltung.

1) Der ganze Mensch, insofern er diese Eigenschaften besitzt.

2) Der Mensch in bestimmten Beziehungen, in denen er diese Eigenschaften bewährt hat: Guter Diener, Lehrer, Soldat Christi, Verwalter Christi. Maria, die gute Mittlerin.

3) Diese Eigenschaften und Bethätigungen selbst.

a) die allgemeinsten, in Beziehung auf Gott erworbenen und ausgeübten: des Menschen ganze Gesinnung — Glaube — Bekenntniss — Hoffnung — Gewissen — Opfermuth — Demuth — Vermeiden der Versuchung.

b) Die Tugenden, die sich im Verkehr mit den Nebenmenschen zeigen, und diesen Verkehr, und alle Handlungen desselben, gut machen: Hülfe für Schwache und Arme — Ehrerbietung für Fromme — Reinheit und Würde des Wandels — Weisheit, Gerechtigkeit, Festigkeit, Selbstbeherrschung, verzeihende Liebe.

c) Ausdauer in diesen Tugenden, ihr Lohn und ihre bekehrende Wirkung auf andere.

d) die leitenden Grundsätze, die diesen Tugenden, und zumal der Liebe, Gerechtigkeit und Weisheit, für die Beurtheilung und Behandlung der wichtigsten menschlichen Verhältnisse entspringen, und die, von solch lauteren Quellen ausgehend, den Charakter ihres Ursprunges tragen.

Im Verhältniss zu allen Menschen heisst uns dies gut die Grundsätze der Gerechtigkeit, Hülfe und Rücksicht auf die einzelnen Vorkommnisse des Lebens anwenden. Und diesen Grundsätzen gemäss alles, was wir den Menschen zukommen lassen, so Geistiges wie Sachliches, zu bemessen; zumal gerechte Gesetze zu machen und zu beobachten; und das Wort freundlich, tröstlich, nachsichtig zu gebrauchen.

Im Verhältniss zu solchen Menschen dagegen, welchen wir uns fernstellen zu müssen glauben, weil wir gedeihliche Beziehungen nicht voraussehen, ihre Gesinnungen nicht beeinflussen können, kehrt das Wort die kühlere Seite seines Wesens heraus, und wird «weise, verständig», bis zum Zweckmässigen hinab.

Ein — sehr selten gethaner — Schritt weiter in diesem Rückzug auf das eigene Ich, und wir haben statt dessen, was zweckmässig ist, das, was zweckmässig erscheint, was beliebt.

c) Alles, was im Sinn der genannten Tugenden gethan, gemacht und ersonnen wird, insofern es diesen Tugenden dient — Gesetz, Krieg u. s. w.

IV. Göttliches. ⲛⲁⲛⲉ, auf die verschiedensten Dinge und all die mannigfaltigen Arten des Guten, deren sie fähig sind, angewendet, dehnt seinen Begriff folgerecht auf das absolut Gute aus.

1) Das Princip des Guten, uns selber innewohnend und der Welt, das alles belebt, allein ewig ist und glücklich macht. Das wir vor uns sehen in den Ordnungen der Welt und den Handlungen der Menschen; das wir im schrecklichen Geheimniss der Sünde erkennen; das aber erst durch die Erlösung der rechten Bethätigung zugänglich gemacht wurde.

2) Gott, der die Welt und das sie belebende gute Princip geschaffen hat, ist selber ganz gut. Ebenso Christus, den er zur Befruchtung dieses Princips gesendet. Alle seine Gaben sind gut, in ihrem Was und Wie, zumal seine Gebote, da sie den Menschen selbst gut zu machen bezwecken, und seine Vertheilung von Lohn und Strafe nach Verdienst.

2. ⲙⲛⲧⲡⲉⲧⲛⲁⲛⲟⲩϥ.

Das kaum existirende Wort ist in den wenigen Zeilen des zweiten Kapitels genügend charakterisirt.

3. ⲁⲅⲁⲑⲟⲥ.

ⲁⲅⲁⲑⲟⲥ ist das gute Weltprincip, sofern es in dem Wissen und Wollen, Thun und Haben geistiger Wesen begriffen ist. Es ist alles in der Welt vorhandene Gute zusammengenommen, das seelische und das sachliche, sofern es von Gott und den Menschen gewollt, gekannt. gethan und besessen wird. Ein unsäglich umfassender Begriff, und dabei doch nicht abstract, sondern im Gegentheil so persönlich und concret wie möglich.

Von Gott stammend, ist es «alles Gute» auf einmal, und kann kaum zwischen Geistigem und Sinnlichem unterscheiden: kommt doch alles aus einer heiligen Quelle, und ist demnach gleich werthvoll und würdig.

I. Wo der Mensch es besitzt oder erwirbt, ist es fast immer alles wünschenswerthe Glück der Erde und des Himmels — Wohlstand, Gesundheit, und reines Gemüth in einer Gabe gegeben. Nur ungern trennt es seelisches Glück vom sinnlichen; fast nie ist es sinnliches allein.

II. Als Gegenstand der geistigen Thätigkeit, des Wissens, Wollens und Thuns ist es das religiös geschaute, und deshalb wiederum das allgemeine, ganze Gute der Welt, nicht das durch Erfahrung oder Moral erkannte Gute eines einzelnen Falles. Das gesammte Gute, nicht das Detail der Sittenlehre, sofern es von dem denkenden Menschengeist aufgenommen und empfunden wird; aber fast nie das Gute an sich, als Abstraction, als unabhängig von der Menschenseele existirendes Princip.

III. Das gesammte Gute, nicht als abgezogenes Princip, sondern als persönliche, wollende Kraft genommen, ist Gott. Ihm kommt unser Wort, das wir bisher nur substantivisch gebraucht gesehen haben, adjectivisch zu. Ihm wohnt es unabänderlich inne, und seinem Namen tritt es, sein wesentlichstes Sein bezeichnend, als ein natürliches und stehendes Epitheton zur Seite. In dieser Weise dem Dienste des persönlichen Gottes geheiligt, dessen tiefste Wesenheit es ausdrückt, wird das Wort für Abstractionen folgerecht untauglich. Gott ist ⲁⲅⲁⲑⲟⲥ im Glaubensbekenntniss, ist es als Vater, Lehrer, Helfer und Hirt. Er ist es zumal als mystisch thronender Herr

Zebaoth, und jede seiner Eigenschaften ist es wiederum. Auch sein Evangelium ist es.

Christus ist es nicht. So heilig ist das Wort, dass selbst Christus es nur in seinen göttlichen, einzelnen Eigenschaften als Erlöser, Lehrer und Hirt beanspruchen kann, aber nicht als Person.

Aber was Christus nicht zugestanden wird, nehmen hervorragende Priester manchmal (obschon viel seltener als ⲇⲓⲕⲉⲟⲥ und ⲟⲙⲏⲓ) titularmässig für sich in Anspruch. Der Evangelienbezeichnung nachahmend, werden sogar alle priesterlichen Bücher gelegentlich so bezeichnet. Der Himmel fing schon im Kloster an.

Der Mensch, abgesehen von dieser priesterlichen Titulatur, kann nur durch geheimnissvolles Schauen ⲁⲅⲁⲑⲟⲥ werden — ein Vorzug und eine Beseeligung, die durch Gottes besonderen Beistand schon während des Erdenlebens erreichbar zu sein scheint, aber nur in den verzückten Schriften der Gnostiker erwähnt wird.

Das Wort gehört wesentlich der nachbiblischen Zeit an, zumal den Gebetbüchern, die ⲛⲁⲛⲉ kaum kennen.

4. ⲙⲉⲧⲁⲅⲁⲑⲟⲥ.

Ist das substantivisch gebrauchte Adjectivum ⲁⲅⲁⲑⲟⲥ das ganze Gute der Welt, das der Mensch schauen, wollen und erwerben kann, so ist das Substantivum ⲙⲉⲧⲁⲅⲁⲑⲟⲥ eine rein persönliche Eigenschaft des Menschen — die fromme Gütigkeit, die dem eigenen Werth entspringt, die sowohl auf dem religiösen Pflichtgefühl beruhende, als auch dem tiefsten sittlichen Ich unwillkürlich entquellende Liebe zu unseren Mitmenschen.

Der Christ hat sie. Aber ebenso jeder Gute, der aus eigenem Seelenadel Gütiges thut, sei es auch in geringfügigen Dingen.

Im höchsten Maasse wohnt sie Gott inne, dem der Mensch ähnlich zu werden streben soll. Auch hier ist sie nur die Gütigkeit der Gesinnung und des Handelns, nicht die Gutheit an sich.

Ebenfalls wesentlich nachbiblisch.

5. ⲭⲣⲏⲥⲧⲟⲥ.

Die dem Allmächtigen vom Christenthum zugesprochene Eigenschaft, allgütig, allliebend, allverzeihend, allhelfend zu sein.

Ebenso die Eigenschaft des Christen, den Menschen zu lieben, ihm zu helfen und zu verzeihen um Gotteswillen. In Gott und Mensch ist es eine wirksame, als fördernd empfundene Eigenschaft.

Ein in der Bibelübersetzung gewöhnliches Wort, das indess nur da für *χρηστός* gesagt wird, wo letzteres den genannten dogmatischen Begriff der neuen Religion bezeichnet.

Ist *χρηστός* nur freundlich und sanft in der Gesinnung, so steht ϩⲉⲗⲝⲉ; ist es mild, angenehm, wohlthuend in dem äusseren Benehmen ⲛⲟⲧⲉⲙ; ist es gar blos ehrbar und nützlich, ϣⲁⲩ.

6. ⲙⲉⲧⲭⲣⲏⲥⲧⲟⲥ.

Wie *χρηστότης* sich auf den stärksten Begriff des *χρηστος* beschränkt, und allein «die Güte» bezeichnet, so auch ⲙⲉⲧⲭⲣⲏⲥⲧⲟⲥ. Und zwar geht letzteres, da es dem *χρηστότης* der Glaubensschriften nachgebildet ist, allein auf die religiöse Gütigkeit des Christenthums.

Es ist Gottes Eigenschaft und That, die Allgüte.

Es ist ebenso die Eigenschaft und That gottgefälliger Menschen, die grundsätzliche, pflichtmässige und unerschöpfliche Nächstenliebe.

Es ersetzt *χρηστότης* regelmässig in der Bibel, das nur zweimal für letzteres ⲙⲉⲧϩⲉⲗⲝⲉ hat.

7. ⲕⲁⲗⲱⲥ.

Eins der wenigen in die ägyptische Volkssprache übergegangenen griechischen Worte weltlichen Inhalts. Vom Volk, nicht von den Gelehrten, und zwar schon vor der Bibelübersetzung recipirt. Nicht nur in einer oder mehreren Bedeutungen des Originals, und mit fester Begränzung gegen die ägyptischen Synonyma, sondern in allen seinen griechischen Bedeutungen hinübergenommen, obschon sie vermengen, was der Aegypter ägyptisch sonst schied: Billigung durch Urtheil und Geschmack, und Billigung und Bejahung.

A. Ohne Verb und mit den Verbis des Sprechens: Starkes Ja.

B. Ohne Verb, oder mit allerlei Verben die Richtigkeit und Wahrheit bekräftigend und billigend:

Richtig bei erkennen, fragen, antworten;
Richtig und recht, bei thun;
Angemessen, bei leben;
Vollkommen, bei reiben, geizen, bauen, arbeiten;
Sittlich vollkommen, trefflich, bei leben, reden, handeln, sich benehmen.

Gewöhnlich ohne einführendes ⲛ, welches es nach der ägyptischen Schriftsprache regelmässig haben sollte.

Die sonstige Sonderung der Billigung durch Urtheil und Geschmack erwiesen dadurch, dass *καλός* fast nie in das ägyptische zugelassen, sondern je nach seinen verschiedenen Färbungen ⲛⲁⲛⲉ, ⲥⲁⲓ und ⲣⲁⲛ übersetzt wird.

Die sonstige Sonderung der Billigung und Bejahung erwiesen dadurch, dass die billigende Bestätigung einer Frage oder That durch ⲛⲁⲛⲉ gut, ⲥⲟⲩⲧⲱⲛ rechtschaffen, ⲙⲏⲓ richtig und ⲙⲉⲑⲙⲏⲓ wahr, die bejahende Bestätigung aber durch Wiederholung des accentuirten Wortes, oder ⲥⲉ ja, ⲁϩⲁ freilich, ⲁⲙⲏⲛ gewisslich, oder ⲧⲁⲫⲙⲏⲓ fürwahr, gegeben wird.

II. Theilübersicht.

1. Adjectiva ⲛⲁⲛⲉ, ⲁⲅⲁⲑⲟⲥ, ⲭⲣⲏⲥⲧⲟⲥ, ϩⲉⲗϫⲉ, ⲛⲟⲧⲉⲙ, ϣⲁⲩ.

ⲁⲅⲁⲑⲟⲥ ist das ganze Gute, das seelische, wie das sinnliche, das der Geist verstehen, wollen, geniessen kann; ⲛⲁⲛⲉ jedes seelisch oder sinnlich Gute, einzeln oder zusammen, das die Seele weiss und will, das Leib oder Seele, einzeln oder zusammen, erhält oder erfreut. Alle Tugend und Wohlfahrt auf einmal ist ⲁⲅⲁⲑⲟⲥ und ⲛⲁⲛⲉ; jedes einzelne Bravheit, jedes einzelne Stücklein Brod allein nur ⲛⲁⲛⲉ. Der ganze kategorische Imperativ ist ⲁⲅⲁⲑⲟⲥ; das Detail der praktischen Moral ⲛⲁⲛⲉ.

ⲁⲅⲁⲑⲟⲥ, wie es das ganze Gute ist, ist auch das in seinem tiefsten Innern Gute, gleichgültig ob es wirkt, oder nicht, obschon es, wenn es wirkt, nur erhebend wirken kann; ⲛⲁⲛⲉ, wie es auf das Ganze und Einzelne gehen kann, ist folgerecht alles, was Edeles fördernd wirkt, und, insofern als es wirkt, vollkommen und trefflich genannt wird.

ⲁⲅⲁⲑⲟⲥ sondert das Geistige vom Sachlichen nur selten, da es die Dinge auf ihren innersten absoluten Werth anschaut, und somit beides für gleich nöthig im Weltplan, für gleichberechtigt und gleichgut erkennt; sondert es aber dann und wann, so ist es fast ausschliesslich dem geistig und sittlich Guten zugeeignet. ⲛⲁⲛⲉ, auf die Wirkung, nicht auf die Wesenheit gehend, oder vielmehr aus der Wirkung die Wesenheit erst folgernd, kann alles einen und alles sondern.

ⲁⲅⲁⲑⲟⲥ deutet von Personen nur auf Gott, selten auf Priester und gnostisch beseeligte, noch seltener auf Christus, es sei denn, dass er bei seinen religiösen Würden genannt wird; ⲛⲁⲛⲉ geht auf Gott, Christus, Maria, Priester und alle guten Menschen zumal. ⲁⲅⲁⲑⲟⲥ bezieht sich von Abstracten nur auf Gottes erhabene Eigenschaften,

Lehren, und das gesammte Gute der Welt, von Sachen fast nur auf religiöse Bücher. ⲛⲁⲛⲉ auf alle Eigenschaften und Thaten Gottes und der Menschen, und alle Dinge der Welt obenein, einzeln oder insgesammt, sofern sie Sittliches fördernd auftreten.

ⲁⲅⲁⲑⲟⲥ ist ewig, ⲛⲁⲛⲉ ewig oder zeitlich; ⲁⲅⲁⲑⲟⲥ heilig, ⲛⲁⲛⲉ sittlich und naturgesetzlich zugleich, fördernd, weil es edel ist zu fördern. ⲁⲅⲁⲑⲟⲥ majestätisch ruhend, auch wenn es wirkt, ⲛⲁⲛⲉ entweder nur vorhanden, insofern es wirkt, oder vorwiegend in Bezug auf die Wirkung betrachtet, auch wo es ewige, inhärirende Eigenschaft ist. Am weitesten entfernen sich beide Wörter von einander, wo ⲁⲅⲁⲑⲟⲥ in höchster Steigerung zu «allgut», «allgütig» hinaufsteigt, ⲛⲁⲛⲉ dagegen durch den Zusammenhang mehr «fördernd» wie «gut», mehr «zweckmässig» wie «sittlich und erfreuend» bedeutet.

Alles über den Unterschied von ⲁⲅⲁⲑⲟⲥ und ⲛⲁⲛⲉ Gesagte gilt übrigens hauptsächlich für die nachbiblische Periode: in der Bibel hat ⲛⲁⲛⲉ noch regelmässig beide Begriffe, während sich später das ausschliesslich religiöse ⲁⲅⲁⲑⲟⲥ aussondert, und in den Gebetbüchern sogar Dinge, die dem engeren Gebiet des ⲛⲁⲛⲉ gehören, zu sich hinüberzieht.

ⲭⲣⲏⲥⲧⲟⲥ ist nur die Gott innewohnende, und von ihm dem Christen befohlene Tugend der unverbrüchlichen Güte, Liebe und Hülfe für das gesammte menschliche Geschlecht. Während ⲁⲅⲁⲑⲟⲥ und ⲛⲁⲛⲉ «gütig» sein können, weil sie «gut» sind, hat ⲭⲣⲏⲥⲧⲟⲥ, das nur «religiös und pflichtgemäss gütig» heisst, mit dem Gutsein an sich nichts zu thun.

Neben ⲭⲣⲏⲥⲧⲟⲥ, dessen fördernde Hülfe wirksam empfunden wird, stehen drei schwächere Worte: ϩⲉⲗϫⲉ, das die Gesinnung des ⲭⲣⲏⲥⲧⲟⲥ hat, und auch seine Thaten thun kann, ohne sie thun zu müssen; ⲛⲟⲧⲉⲙ, wieder einen Grad zurück, das das Benehmen des ϩⲉⲗϫⲉ hat, und auch seine Gesinnung haben kann, ohne sie haben zu müssen; und das schwankende ϣⲁⲩ, das sich in ein unbestimmt motivirtes «nützlich» verliert.

2. Substantive. ⲙⲛⲧⲡⲉⲧⲛⲁⲛⲟⲩϥ, ⲙⲉⲧⲁⲅⲁⲑⲟⲥ, ⲙⲉⲧⲭⲣⲏⲥⲧⲟⲥ, ⲙⲉⲧϩⲉⲗϫⲉ.

Alle drei sind persönliche Eigenschaften Gottes und der Menschen.

Die beiden ersten stehen für ἀγαθωσύνη, sollten demnach Güte, nicht Gütigkeit sein*); die beiden letzten für χρηστότης sind also Gütigkeit, nicht Güte.

Ob ⲙⲛⲧⲡⲉⲧⲛⲁⲛⲟⲩϥ dem genannten Begriff des griechischen Wortes entspricht, lässt sich bei der grossen Seltenheit seines Vorkommens nicht bestimmen. ⲙⲉⲧⲁⲅⲁⲑⲟⲥ entspricht ihm gewiss nicht ganz, sondern ist, über die blosse «innere Güte» hinausgehend, die Eigenschaft der wirkenden, handelnden Gütigkeit. Es ist die auf innere Gutheit gegründete Gütigkeit, und zwar, bezeichnend genug, nicht bloss in dogmatischem, sondern in allgemeinerem Sinne. Scheint es doch, als ob das Wort, obschon vom Christenthum geschaffen, in seinem allumfassenden Ernst selbst über das Dogma hinaus jede Güte, auch die nicht religiös accentuirte, für heilig und himmlisch erklärt. ⲁⲅⲁⲑⲟⲥ selbst konnte das nicht, weil es, noch ernster, als sein Substantiv, auf Menschen und menschliche Eigenschaften überhaupt nicht bezogen werden darf.

ⲙⲉⲧⲭⲣⲏⲥⲧⲟⲥ ist, im Gegensatz zu ⲙⲉⲧⲁⲅⲁⲑⲟⲥ, allein die Gütigkeit, die helfende Nächstenliebe des Christen. Weder betont es die innere Gutheit, noch geht es über die religiöse Pflicht hinaus. Es hilft und fördert, wie ⲙⲉⲧⲁⲅⲁⲑⲟⲥ, aber nicht aus eigener Initiative; es ist liebreich gegen die Menschen, und gehorsam gegen Gott.

*) Cremer, Wörterbuch der Neutestamentlichen Gräcität, s. v.

aber es quillt ihm der hülfreiche Sinn nicht aus der Tiefe des eigensten edelen Wesens hervor.

ⲙⲉⲧϩⲉⲗϫⲉ ist ein ursprünglich koptisches, unreligiöses und darum weniger strenges χρηστότης. Es hat objectiv die ganze freundliche Gesinnung des ⲙⲉⲧⲭⲣⲏⲥⲧⲟⲥ, aber nicht auf subjectiv dogmatischem Boden, und ist deshalb weniger verbindlich, weniger sicher in Thaten umgesetzt. Es will helfen und erfreuen, aber aus Freundlichkeit, Milde und Huld; es thut es, so lange diese edelmüthigen Antriebe dauern; aber es muss es nicht thun, weil diese Antriebe freiwillig sind, und ein anderer, höherer, zwingender Grund nicht vorhanden ist.

III. Gesammtübersicht.

Das Gute als heiliger Geist, welcher alle Dinge der Welt gleichmässig beseelt, welcher jedoch zu ernst und gewaltig ist, um anders als in seiner Gesammtheit aufgefasst zu werden, und von einzelnen Geistern nur Gott und seinen Geweihten, von einzelnen Abstractionen nur der ganzen Tugend, von einzelnen Sachen nur einigen wenigen religiösen Dingen zuerkannt wird, ist ⲁⲅⲁⲑⲟⲥ. Das gute Princip, von Gott und dem von ihm Geschaffenen dargestellt, vom Menschen gekannt, geübt und geistig und sinnlich genossen.

Das Gute als das sachlich und sittlich Vollkommene, das sich bethätigen, und anderes und andere sachlich und sittlich fördern will, ist ⲛⲁⲛⲉ. So stark ist der Accent auf das Fördern geworfen, dass auch Indifferentes, während es wesentliche Zwecke unterstützt, in den Begriff mitaufgenommen werden kann, wenn nur nichts Unsittliches mitunterläuft. Jedes einzeln und alles zusammen, das solches wirkt, hat entweder, weil es nicht anders als so wirken kann, oder während es so wirkt, in dem weiten Umfange des Wortes Platz. Jeder Acker, jede Bravheit und der gesammte Weltplan, werden in diesem heitern und erfreulichen Gebiet untergebracht. Der Begriff des ⲁⲅⲁⲑⲟⲥ, zu hehr um das Fördern zu betonen, zu mächtig, um die Details zu beachten, ist in doppelter Beziehung enger als ⲛⲁⲛⲉ, und in der biblischen Sprache thatsächlich in demselben enthalten. Die religiöse Vertiefung, die der Einführung des Christenthums folgte, hat ihn nachmals aus dem ⲛⲁⲛⲉ heraus entwickelt und selbstständig hingestellt.

ⲁⲅⲁⲑⲟⲥ kann gütig sein, ist es auch oft, bleibt aber immerdar so erhaben und in sich selber vollendet, dass die Wirksamkeit, die ihm etwa entfliesst, und die sich dann wahrhaft segnend erweist, keinen nothwendigen und ausgesprochenen Theil seines Wesens ausmacht. ⲛⲁⲛⲉ dagegen ist nur ⲛⲁⲛⲉ, sofern es wirkt, sofern es seine eigene Vollkommenheit in der Förderung anderer bethätigen kann. Es muss helfen und erfreuen, weil es, selber gut und auf die tausendfachen Einzelheiten der Welt bezogen, zuviel Gelegenheit hat, thätig zu sein, um unthätig zu bleiben. Es ist der tiefe, sittliche Gedanke, dass das Treffliche, das sich in den individuellen Erscheinungen zeigt, zugleich das Förderliche sein muss, und keinen anderen Willen haben kann, als es zu sein.

Aber es ist nicht eigentlich «gütig». «Gütig», zwiefach von ⲛⲁⲛⲉ unterschieden, setzt im Geber keinen eigenen Werth voraus, bringt aber dafür den freien Willen des Gewährens hinzu. Es geht aus der Gesinnung gegen den anderen, nicht aus dem eigenen Wesen hervor, und ist entweder religiös eingeschärft in Bezug auf alle Menschen (ⲭⲣⲏⲥⲧⲟⲥ), oder persönlich empfunden in Bezug auf die, die, wie wir meinen, Lohn oder Mitleid beanspruchen dürfen (ϩⲉⲗϫⲉ). Parallel diesen Adjectiven laufen die, persönliche Eigenschaften bezeichnenden, Substantive ⲙⲉⲧⲭⲣⲏⲥⲧⲟⲥ und ⲙⲉⲧϩⲉⲗϫⲉ; und dazu kommt unerwarteterweise ein drittes, ⲙⲉⲧⲁⲅⲁⲑⲟⲥ, welches die

Gütigkeit, die auf eigener, innerer Güte beruht, ausdrückt, und damit einen, in seinem Adjectivum nur gelegentlich enthaltenen Gedanken scharf und pointirt herausbildet. Das ⲙⲉⲧⲁⲅⲁⲑⲟⲥ ist damit der religiösen Gütigkeit des ⲙⲉⲧⲭⲣⲏⲥⲧⲟⲥ nicht etwa entgegengesetzt, sondern, indem es das Gute als das tiefste Princip alles Geistigen darstellt, vindicirt es diese Seite der Religion der Persönlichkeit vielmehr, als dem Dogma.

ⲕⲁⲗⲱⲥ gehört nur insofern in diese recapitulirende Betrachtung, als es sowohl Billigung und Bejahung, als Billigung durch Prüfung und Billigung durch Geschmack nach griechischer Weise vermischend, Gelegenheit gegeben hat, die Trennung dieser drei verschiedenen Urtheile in eigentlich ägyptischer Rede nachzuweisen. Der Billigung durch Prüfung, das heisst der sittlichen und Verstandesbilligung dienen ⲛⲁⲛⲉ gut, ⲥⲟⲩⲧⲱⲛ richtig und recht, ⲙⲏⲓ richtig, ⲙⲉⲑⲙⲏⲓ Wahrheit. Drei davon sind im ersten Buch eingehend besprochen.

Drittes Buch.

Der Begriff des Reinen und Heiligen.

ⲥⲱⲧϥ, ⲥⲱⲧⲡ, ⲥⲱⲡⲧ.

Da es ein Verbum ⲥⲉⲡ, ⲥⲁⲡ, ⲥⲱⲡ tingere, und ein Verbum ⲥⲉϥ, ⲥⲁϥ, ⲥⲱϥ purificare, polluere giebt, ein Verbum ⲥⲉⲧ aber, dessen Bedeutung sich an unser Wort purificare anschlösse, nicht vorhanden ist, so sind wir berechtigt, von den beiden Formen ⲥⲱⲧⲡ und ⲥⲱⲡⲧ die letztere, obschon seltnere, für die ursprüngliche zu halten. Sie ist meist baschmurisch, und lautet dann, altem Gesetz gemäss, ⲥⲁⲡⲧ (S. 348. Schwartze, Lautlehre § 92. Altes Aegypten 1206). Das angehängte ⲧ erklärt sich aus unseren Suffixuntersuchungen unter ⲙⲁⲓ; die Versetzung von ⲧ und ⲡ, eine überaus häufige Erscheinung, nach dem Beispiel von ⲉⲧⲡ, ⲉⲡⲧ omnes, ⲕⲉⲧϥ decerpere, ⲕⲉϥⲧ, ⲕⲁϥ truncus, ⲥⲉⲡ, ⲥⲟϫⲡ superesse, ⲥⲱⲡⲧ, ⲥⲱⲧⲡ suscipere, ⲥⲱⲧϥ, ⲥⲱⲡⲧ abstergere, ϩⲉⲧⲡ, ϩⲱⲡ despondere, ϩⲟⲡ, ϩⲱⲧⲡ occultare, ϩⲟⲧⲡ, ϩⲟⲡⲧ corona, ϩⲱⲡⲧ, ϩⲱⲧⲡ conjungere, ϭⲱⲧⲡ, ϭⲱⲡⲧ vincere u. a., sowie nach den unter ⲑⲙⲁⲓⲉ dafür gegebenen hieroglyphischen Fällen (S. 326. Schwartze, Lautlehre § 378); der polarische Bedeutungswechsel von purificare zu polluere nach Analogie des unter ⲛⲁⲛⲉ Gesagten. (S. 459.)

Dem Koptischen tritt das Zeugnisss des Hieroglyphischen zur Seite. Aus einer Wasserwurzel entwickeln sich die Stämme des Fliessens und Waschens: 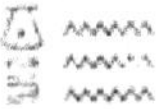 *kap*, ϩⲟⲩ, ϩⲱⲟⲩ, aqua,  *kap*, fluere, inundare, ϩⲟⲉⲓⲙ, ϣⲟⲩⲱ fluere,  *tef*, irrigare, lavare, ⲧⲁϥ, ⲟⲁϥ spuere, ϫⲁϥ ros, *teftef*, madefacere, aspergere, rorare. Aus dem Waschen das Reinigen: *sef*, lavare, colare, *sefa*, lavare, colare, purificare. Und aus Gewaschenem, Reinem das Unreine: *χeft*, impurus, sordes. Derselbe Prozess vollzieht sich an einem anderen Stamm dieser Wasserwurzel: *t-kem*, lavare, von dessen koptischen Vertretern der eine ϫⲉⲕⲙ, lavare, purificare, der andere ϫⲁϩⲙ, ϭⲁϩⲙ, ϣⲁϩⲙ polluere bedeutet.

(Anmerkung. ⲕ wandelt sich einerseits zu ϧ, χ, ϩ, spiritus lenis, und andererseits zu ϭ, ϫ, ϣ, ⲧ, ṭ, t', ⲑ, c. Z.B.: Erstens: *ḳarpu*, ⲕⲟⲣϥ, ϧⲟⲣϥ, percutere, ϧⲟⲣⲡ, *χelep*, pugnus, ϩⲟⲣⲡ percutere, *ḥarpu*, securis, ensis. ϩⲉⲗ jugulare, mactare, *arī*, ensis, *arī*, inimicus, *ar*, laborare, efficere, facere (cfr. ⲉⲣⲟ für ϩ-Anlaut) ϭⲣⲏⲛⲉ sceptrum, ϭⲁⲗⲡ pugnus, *ṭerp*, ⲧⲣⲟⲡ ictus, ⲁⲩⲣⲏϫ terminus, *nars*, ⲁⲡⲣⲏⲧⲉ minuta temporis, *t'enp*, ϭⲛⲟⲩϥ malleus, ⲥⲗⲡ abscindere, ⲥⲟⲣⲡ vellus, lana. — Zweitens: ⲕⲁⲗⲙ fluidum, ⲕⲉⲣⲙⲉⲥ gutta, *barkabutà* lacus, ⲃⲁⲣⲁϩⲉ navis, ϩⲉⲣⲡ aqua, ϩⲟⲣⲙⲉⲥ navale, *χerp* inundare, ϧⲣⲱⲟⲩ stillare, ϧⲉⲗⲙⲁϩⲓ navis, ϭⲗⲁⲡ gutta, ϣⲁϥⲟⲩⲣⲓ pisces, ⲛⲣⲁϣ rivulus, ⲧⲣⲉⲙⲟⲛⲓⲛ navis, *seref*, inundare. — Drittens: ⲕⲏⲙⲓ, *ken*, ϩⲏⲙ, ϧⲉⲙ, *nhem*, *χefi*, *χabs*, *semem*, ϣⲏⲙ, ϫⲟϥ, *t'af*, *sam*, *nbeṭ*, urere, lucere, videre. — Viertens: ⲛⲟⲩⲕⲉⲣ scalpere, percutere, ϩ/λ *neser*, ⲛⲟϣⲉⲣ vultur.  *neter*, pulsare, ⲁⲛⲑⲏⲣ malleus. Ueber die Metathesen hierin sofort.)

Die Ableitung des ⲥⲱϥ purificare, polluere von ⲥⲱⲛ tingere, ϩⲱⲟⲩ aqua, 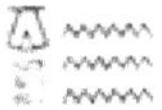 *kap*. aqua, wird bestätigt durch die Bedeutung des ⲥⲱϥ, die, wo sie sinnlich genommen wird, immer auf Flüssiges geht, und gewöhnlich polluere concubitu heisst. Wozu die naheliegende Erwägung kommt, dass wo ein Wort die entgegengesetzten Beziehungen purificare und polluere auszudrücken hat, die Flüssigkeit, die beide Wirkungen am ehesten vermittelt, als ein Zwischenbegriff gedient haben wird, die Kluft, die die beiden Extreme trennt, auszufüllen.

Die Ableitung des ⲥⲱⲧⲡ von ⲥⲱⲛ, und beider von 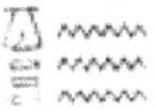 *kap*, ϩⲱⲟⲩ, aqua, wird des weiteren erhärtet durch die Bedeutung des ⲥⲱⲧⲡ, welche neben purificare auch effundere einschliesst:

Encomium Dioscori in Macarium Episcopum Z. 99.
ⲟⲩⲟϩ ⲡⲁⲓ ⲣⲏϯ ϣⲁⲛ ϭⲱⲧⲉⲃ ⲙ̀ⲙⲱⲟⲩ ⲛ̀ⲧⲉⲛ ⲥⲱⲧϥ ⲙ̀ ⲡⲟⲩ ⲥⲛⲟϥ ⲉ ϯ ϣⲏⲟⲩⲓ.

Et sic jugulamus sanguem super altari effundentes.

So dass also in dem letzten Sprossen der Wurzel, der, mit Ausschluss des zuerst hineinspielenden unreinen Gedankens, zum reinen purificare vorgedrungen ist, der ursprüngliche Flüssigkeitsbegriff wieder zu Tage tritt. An das reine purificare schliessen sich dann die intensivirenden, vollendenden Schattirungen des purificatus, purus, aus denen schliesslich die abgeleiteten Begriffe des melior und eligere hervorgehen. Dass es nur zu melior, aber nicht zu bonus kommt, ist die letzte Folge des comparativen Sinnes in purificare, dessen Doppelsinnigkeit wiederum auf den Voraussetzungen beruht, die das lavare zur Folge haben.

Das Reine, welches das Flüssige ist, ist aber das Lautere, nicht das Fleckenlose; es geht auf das innere

Wesen, nicht auf die äussere Oberfläche. Dieser etymologische Schluss wird durch den synonymischen Gebrauch unseres Wortes völlig bestätigt. ⲥⲱⲧⲡ purus geht meist auf das Wasser, während das Wasser seinerseits, soweit es ohne Nebenbedeutung sinnlich und sachlich rein genannt wird, immer ⲥⲱⲧⲡ heisst:

Ezechiel 36, 25. ⲧⲁ ⲛⲟⲩϫϧ ⲉϫⲉⲛ ⲑⲏⲛⲟⲩ ⲛ ⲟⲩ ⲙⲱⲟⲩ ⲉϥ ⲥⲱⲧⲡ ⲉⲣⲉⲧⲉⲛ ⲉⲣ ⲕⲁⲑⲁⲣⲓⲍⲓⲛ ⲉⲃⲟⲗϧⲉⲛ ⲛⲉⲧⲉⲛ ⲁⲕⲁⲑⲁⲣⲥⲓⲁ ⲧⲏⲣⲟⲩ ⲉⲓⲉ ⲧⲟⲩⲃⲟ ⲑⲏⲛⲟⲩ.

καὶ ῥανῶ ἐφ' ὑμᾶς καθαρὸν ὕδωρ, καὶ καθαρισθήσεσθε ἀπὸ πασῶν τῶν ἀκαθαρσιῶν ὑμῶν, καὶ ἀπὸ πάντων τῶν εἰδώλων ὑμῶν, καὶ καθαριῶ ὑμᾶς.

Tuki Euchologium ⲥ̅ⲡ̅ⲉ̅. ϯⲛⲁ ⲛⲟⲩϫϧ ⲉϩⲣⲏⲓ ⲉϫⲉⲛ ⲑⲏⲛⲟⲩ ⲛ ⲟⲩ ⲙⲱⲟⲩ ⲛ ⲥⲱⲧⲡ ⲟⲩⲟϩ ⲛⲧⲉⲧⲉⲛ ⲧⲟⲩⲃⲟ ⲉⲃⲟⲗϩⲁ ⲛⲉⲧⲉⲛ ⲛⲟⲃⲓ ⲧⲏⲣⲟⲩ.

ماءً مختارًا

Aqua pura lavabo vos, ut purgemini ab omnibus vestris peccatis.

Declamatio contra fanaticum. Z. 475. ⲛ ⲙⲟⲟⲩ ⲉⲧ ⲥⲟⲧϥ ⲛ ⲉⲧ ⲧⲁⲕⲣ. Aqua pura et limpida.

ⲧⲁⲕⲣ limpidus ist Zoega's durch Context und Etymologie gestützte Conjectur.

Wo dagegen das griechische *καθαρός* den Sinn des «geweihten» zulässt, tritt ⲉϥ ⲧⲟⲩⲃⲏⲟⲩⲧ auch bei *ὕδωρ* dafür ein:

Hebr. 10, 22 (23). ⲟⲩⲟϩ ⲉⲣⲉ ⲛⲉⲛ ⲥⲱⲙⲁ ϫⲱⲕⲉⲙ ϧⲉⲛ ⲟⲩ ⲙⲱⲟⲩ ⲉϥ ⲧⲟⲩⲃⲏⲟⲩⲧ.

καὶ λελουμένοι τὸ σῶμα ὕδατι καθαρῷ.

Num. 5, 17. ⲟⲩⲟϩ ⲉⲣⲉ ⲡⲓ ⲟⲩⲏⲃ ϭⲓ ⲛ ⲟⲩ ⲙⲱⲟⲩ ⲉϥ ⲧⲟⲩⲃⲏⲟⲩⲧ ⲉϥ ⲟⲛϧ ϧⲉⲛ ⲟⲩ ⲙⲟⲕⲓ ⲙ ⲃⲉⲗϫ. [ὀστρακίνῳ.

καὶ λήψεται ὁ ἱερεὺς ὕδωρ καθαρὸν ζῶν ἐν ἀγγείῳ

Ebenso bei Oel:

Lev. 24, 2. ⲟⲩⲟϩ ⲙⲁⲣⲟⲩ ϭⲓ ⲛⲁⲕ ⲛ ⲟⲩ ⲛⲉϩ ⲉⲃⲟⲗϧⲉⲛ ϩⲁⲛ ϫⲱⲓⲧⲉϥ ⲧⲟⲩⲃⲏⲟⲩⲧ ⲉϥ ⲧⲉⲛⲛⲏⲟⲩⲧ.

λαβέτωσάν σοι ἔλαιον ἐλάϊνον καθαρόν.

Ebenso bei Blut:

Lev. 12, 5. ⲉϣⲱⲛ ⲇⲉ ⲁⲥ ϣⲁⲛ ⲙⲓⲥⲓ ⲛϫⲉ ⲟⲩ ⲥϩⲓⲙⲓ ⲉⲥⲉ ϣⲱⲡⲓ ⲉⲥ ϭⲁϧⲉⲙ ⲛ ⲓ̅ⲇ̅ ⲛ ⲉϩⲟⲟⲩ ⲕⲁⲧⲁ ⲡⲉⲥ ϭⲱϧⲉⲙ ⲟⲩⲟϩ ⲉⲥⲉ ⲉⲣ ⲝ̅ⲋ̅ ⲛ ⲉϩⲟⲟⲩ ⲉⲥ ϩⲉⲙⲥⲓ ϧⲉⲛ ⲟⲩ ⲥⲛⲟϥ ⲛⲧⲁϥ ⲉϥ ⲧⲟⲩⲃⲏⲟⲩⲧ.

ἐὰν δὲ θῆλυ τέκῃ καὶ ἀκάθαρτος ἔςαι δὶς ἑπτὰ ἡμέρας κατὰ τὴν ἄφεδρον αὐτῆς. καὶ ἑξήκοντα ἡμέρας καὶ ἓξ καθεςήσεται ἐν αἵματι ἀκαθάρτῳ αὐτῆς.

וששים יום וששת ימים תשב על דמי טהרה

In dem letzten Beispiel greift die ägyptische Uebersetzung über das zweifelhafte griechische *ἀκάθαρτος* hinaus auf das klarere Wort des ebräischen Urtextes טהרה zurück — ein neuer Beweis zu den mehreren angeführten, dass die ägyptischen Uebersetzer nicht der Septuaginta allein gefolgt sind.

Vielleicht gehört auch hierher:

Tuki Theotokia ⲣ̅ⲃ̅. ⲭⲉⲣⲉ ⲡⲓ ⲕⲩⲙⲓⲗⲗⲓⲟⲛ ⲛ ⲁⲧⲁϭⲛⲓ ⲟⲩⲟϩ ⲉⲧ ⲥⲱⲧⲡ ⲛⲧⲉ ⲧ ⲡⲁⲣⲑⲉⲛⲓⲁ ⲙ ⲙⲏⲓ ⲟⲩⲟϩ ⲉⲧ ϫⲏⲕ ⲉⲃⲟⲗ. المصطفى

Ave thesaurus immaculatus et eximius immaculatae et purae virginitatis.

Der Araber übersetzt allerdings mit einer anderen, weiterhin zu erörternden Bedeutung des ⲥⲱⲧⲡ electus, perfectus. Aber das ⲁⲧⲁϭⲛⲓ weist auf die Urbedeutung purus, wie viel häufiger auch die abgeleitete electus sein mochte.

Sodann wird ⲥⲱⲧⲡ purus auf Edelsteine übertragen, ganz wie wir vom Wasser eines Diamanten sprechen:

Tractatus S. Epiphanii de duodecim gemmis. ⲉ ϣⲁϥ ϣⲱⲡⲉ ⲇⲉ ϩⲛ ⲧ ⲃⲁⲃⲩⲗⲱⲛ ⲉⲧ ϩⲁⲧⲛ ⲛ ⲁⲥⲥⲩⲣⲓⲟⲥ ⲛ ⲱⲛⲉ ⲇⲉ ⲉⲧⲙⲙⲁⲩ ⲡⲉϥ ⲁⲩⲁⲛ ⲥⲟⲧϥ.

Erat Babylone Assyriorum lapis, color ejus limpidus.

Desgleichen wird es von geschmolzenem und somit gänzlich gereinigtem Metall gesagt,

Ps. 11, 17. ⲛⲓ ⲥⲁϫⲓ ⲛⲧⲉ ⲡ ⲟ̅ⲥ̅ ϩⲁⲛ ⲥⲁϫⲓ ⲉⲩ ⲟⲩⲁⲃ ⲛⲉ,

ⲟⲩ ϩⲁⲧ ⲉϥ ⲫⲟⲥⲓ ⲛⲉ ⲉϥ ⲥⲱⲧⲡ ⲉ ⲡ ⲕⲁϩⲓ, ⲉϥ ⲟⲟⲩⲃⲏⲟⲩⲧ ⲛ ⲍ̅ ⲛ ⲕⲱⲃ.

τὰ λόγια κυρίου λόγια ἁγνά, ἀργύριον πεπυρωμένον δόκιμον τῇ γῇ κεκαθαρισμένον ἑπταπλασίως —
wo die innere Reinigung durch das beigefügte ⲫⲟⲥⲓ «ausglühen» unverkennbar bezeichnet wird. ⲫⲟⲥⲓ geht so sicher auf dies Durchfeuern, und die dadurch bewirkte Läuterung, dass es in geistiger Metapher sogar allein stehen kann in Sätzen wie der eben genannte

Psalm 119, 140. ϥ ⲫⲟⲥⲓ ⲛϫⲉ ⲡⲉⲕ ⲥⲁϫⲓ ⲉⲙⲁϣⲱ.

צְרוּפָה

πεπυρωμένον τὸ λόγιόν σου σφόδρα.

Nächst Wasser und Metall kenne ich diese Anwendung des ⲥⲱⲧⲡ nur in Bezug auf das ätherische Fluidum des Lichtes:

Als Participium Perfecti Passivi:

M. S. Borg. CCLV. ⲁϥ ⲧⲣⲉ ⲡ ⲁⲏⲣ ⲧⲏⲣϥ ⲥⲱⲧϥ ⲁϥ ⲉⲣ ⲟⲩⲟⲉⲓⲛ.

Reddidit aerem purum et translucentem.

Pist. Soph. 155. 99. ⲁⲓ ϣⲱⲡⲉ ⲛ̅ ⲟⲩⲟⲉⲓⲛ ⲉϥ ⲥⲟⲧ̅ϥ̅.

Facta sum lumen purgatum.

Pist. Soph. 36. 25. ⲡ ⲣⲉϥ ⲥⲱⲧ̅ⲡ̅ ⲛ̅ ⲟⲩⲟⲉⲓⲛ ⲁⲩⲱ ⲡⲉⲩ ϩⲩⲗⲓⲕⲟⲛ ⲛ̅ ⲥⲟⲣⲙ ϣⲁⲩ ϫⲓⲧ̅ϥ̅ ⲉ ⲧ ⲥⲫⲁⲓⲣⲁ ⲉⲧ ⲙ̅ⲡⲉⲥⲏⲧ ⲛ̅ ⲛ ⲁⲓⲱⲛ.

Purum lumen eorumque *ὑλικην* faecem tulerunt in *σφαιραν,* quae est infra *αἰωνας.*

Pist. Soph. 155. 99. ⲁⲕ ⲛⲟⲩϫⲉ ⲉϩⲟⲩⲛ ⲉⲣⲟⲟⲩ ⲛ̅ ⲟⲩ ⲟⲩⲟⲉⲓⲛ ⲉϥ ⲥⲟⲧ̅ϥ̅, ⲁⲩⲱ ⲛⲁ ⲙⲉⲗⲟⲥ ⲧⲏⲣⲟⲩ ⲛⲁⲓ ⲉⲧⲉ ⲙⲛ̅ ⲟⲩⲟⲉⲓⲛ ⲛ̅ϩⲏⲧⲟⲩ, ⲁⲕ ϯ ⲛⲁⲩ ⲛ̅ ⲟⲩ ⲟⲩⲟⲉⲓⲛ ⲉϥ ⲥⲟⲧϥ.

Injecisti in eas (sc. meas vires) lumen purum, et meis *μελεσιν* omnibus, quibus nullum lumen, dedisti lumen purum ex lumine altitudinis.

Ebenso 101 (159), 157 (249), 211 (337).

Als Perfectum Passivi:

Pist. Soph. 115. 74. ⲁⲩⲱ ⲛ̅ⲧⲉⲣⲉⲥ ⲉⲣ ⲟⲩ ⲕⲗⲟⲙ ⲛ ⲟⲩⲟϊⲛ

ⲉ ⲧⲉⲥ ⲁⲡⲉ. ⲁⲩ ⲕⲓⲙ ⲉ ⲛ̄ ϩⲩⲗⲏ ⲧⲏⲣⲟⲩ ⲉⲧ ⲛ̄ ϩⲏⲧⲥ, ⲁⲩⲱ ⲁⲩ ⲥⲱⲧϥ̄ ⲉⲃⲟⲗ ⲧⲏⲣⲟⲩ ⲛ̄ ϩⲏⲧⲥ̄, ⲁⲩ ⲧⲁⲕⲟ ⲁⲩⲱ ⲁⲩ ϣⲱⲡⲉ ϩⲙ̄ ⲡ ⲭⲁⲟⲥ.

atque quum esset corona lucis ejus capiti, motae sunt *ὑλαι* omnes quae in ea. et purgatae sunt omnes in ea, perierunt et fuerunt in chao.

Als substantivirtes Participium Perfectum Passivi verstanden, ⲡ ⲥⲱⲧⲡ puritas, ebenfalls in Bezug auf das Licht:

Pist. Soph. 84. 56. ⲛⲧⲟⲕ ⲡⲉ ⲡⲁ ⲥⲱⲧⲏⲣ, ⲁⲩⲱ ϯⲛⲁ ϯ ⲡ ⲥⲱⲧϥ̄ ⲙ̄ ⲡⲁ ⲟⲩⲟⲉⲓⲛ ⲉ ⲛⲉⲕ ϭⲓϫ.

Tu es meus *σωτηρ*, et dabo puritatem mei luminis in tuas manus (sagt Pistis Sophia zu Jesus).

Pistis Sophia 76. ⲁⲩⲱ ⲉϥ ϣⲁⲛ ϫⲱⲕ ⲛ̄ϭⲓ ⲡ ⲁⲣⲓⲑⲙⲟⲥ ⲛ̄ ⲧⲉⲗⲉⲓⲟⲥ ⲉ ⲧⲣⲉϥ ⲃⲱⲗ ⲉⲃⲟⲗ ⲛ̄ϭⲓ ⲡ ⲕⲉⲣⲁⲥⲙⲟⲥ. ϯⲛⲁ ⲕⲉⲗⲉⲩⲉ ⲛⲥⲉ ⲉⲓⲛⲉ ⲛ̄ ⲛ̄ ⲛⲟⲩⲧⲉ ⲧⲏⲣⲟⲩ ⲛ̄ ⲧⲩⲣⲁⲛⲛⲟⲥ ⲛⲁⲓ ⲉⲧⲉ ⲙⲡⲟⲩ ϯ ⲡ ⲥⲱⲧϥ̄ ⲙ̄ ⲡⲉⲩ ⲟⲩⲟⲓⲛ, ⲁⲩⲱ ϯⲛⲁ ⲕⲉⲗⲉⲩⲉ ⲙ̄ ⲡⲓ ⲕⲱϩⲧ̄ ⲛ̄ ⲥⲁⲃⲉ, ⲛⲁⲓ ⲉ ϣⲁⲣⲉ ⲛ̄ ⲧⲉⲗⲓⲟⲥ ϫⲓⲟⲟⲣ ⲙⲙⲟϥ, ⲉ ⲧⲣⲉϥ ⲟⲩⲱⲙ ⲉϩⲟⲩⲛ ⲛ̄ⲥⲁ ⲛ̄ ⲧⲩⲣⲁⲛⲛⲟⲥ ⲉⲧⲙⲙⲁⲩ, ϣⲁⲛⲧⲟⲩ ϯ ⲡ ϩⲁⲉ ⲛ ⲥⲱⲧϥ̄ ⲛ̄ⲧⲉ ⲛⲉⲩ ⲟⲩⲟⲉⲓⲛ.

Et quum impletus fuerit *αριϑμος τελειος*, ut solvatur *κερασμος*, *κελευσω*, ut adducant deos omnes tyrannos, qui nondum dederunt puritatem sui luminis, et *κελευσω* igni sapienti, quem *τελειοι* trajiciunt, ut consumat *τυραννους* illos, usque dum dederint ultimam puritatem sui luminis.

Pist. Soph. 228. 365. ⲁⲩⲱ ⲛⲧⲉ ⲍⲟⲣⲟⲕⲟⲑⲟⲣⲁ ⲙⲉⲗⲭⲓⲥⲉⲇⲉⲕ ⲛⲉϥ ϥⲓ ⲙ̄ ⲡ ⲥⲱⲧϥ̄ ⲛ̄ ⲛ̄ ⲟⲩⲟⲉⲓⲛ, ⲉⲛⲧ ⲁⲩ ⲥⲟⲧϥⲟⲩ ϩⲛ̄ ⲛ̄ ⲁⲣⲭⲱⲛ ⲛϥ ϫⲓⲧⲟⲩ ⲉ ⲡⲉ ⲑⲏⲥⲁⲩⲣⲟⲥ ⲙ ⲡ ⲟⲩⲟⲉⲓⲛ.

ut Zorokathra Melchisedec auferat puritatem luminum, quae purgarunt in *αρχουσι* ad adducenda ea in thesaurum luminis.

Pist. Soph. 31. 44. ⲁⲩⲱ ⲡ ⲛⲟϭ ⲛ̄ ⲧⲣⲓⲇⲩⲛⲁⲙⲟⲥ ⲛ̄ ⲁⲩⲑⲁⲇⲏⲥ ..... ⲟⲩⲇⲉ ⲙ̄ⲡⲉϥ̄ ϯ ⲡ ⲥⲱⲧϥ̄ ⲙ̄ ⲡⲉϥ ⲟⲩⲟⲉⲓⲛ.

Atque magnus *τριδυναμος αυϑαδης*, ... *ουδε* exhibens purum lumen.

Im Activ ebenfalls in Beziehung auf das Licht:

Pist. Soph. 75. 116. ⲁϥ ⲉⲓ ⲉⲃⲟⲗ ⲛ̄ϩⲏⲧⲉ ⲛ̄ϭⲓ ⲛ ⲥⲱⲙⲁ ⲛ̄ ⲟ ⲩⲗⲏ ⲉ̄ ϯ ϣⲟⲟⲡ ⲛ̄ϩⲏⲧϥ̄ ⲛⲁⲓ, ⲉⲛⲧ ⲁⲓ ⲧⲃ̄ⲃⲟϥ, ⲁⲩⲱ ⲁⲓ ⲥⲟⲧϥⲉϥ̄.

exiit a te *σωμα ὑλης* in quo sum quod purgavi et mundavi.

Pist. Soph. 157. 249. ⲁⲓ ⲉⲓⲛⲉ ⲛ̄ ⲙ̄ ⲙⲩⲥⲧⲏⲣⲓⲟⲛ ⲧⲏⲣⲟⲩ ⲛⲁⲩ ⲛⲧⲉ ⲡ ⲟⲩⲟⲉⲓⲛ ϫⲉ ⲉⲓⲉ ⲥⲱⲧϥ̄ ⲙ̄ ⲙⲟⲟⲩ.

attuli *μυςηρια* omnia iis luminis, ut purgarem eos.

Diesen Begriff der Lauterkeit auf die Gesinnung übertragen, bezeichnet ⲥⲱⲧⲡ «wahrhaft»,

Phil. 4, 3. ⲥⲉ ϯ ϯ ϩⲟ ⲉⲣⲟⲕ ϩⲱⲕ ⲡⲓ ⲥⲱⲧⲡ ⲥⲩⲛⲍⲩⲅⲉ

καὶ ἐρωτῶ καὶ σέ, γνήσιε σύνζυγε,

und die Weiterbildung ⲙⲉⲧⲥⲱⲧⲡ Wahrhaftigkeit:

2. Cor. 8, 8. ⲑ ⲙⲉⲧⲥⲱⲧⲡ ⲛ ⲧⲉⲧⲉⲛ ⲁⲅⲁⲡⲏ ⲉⲓ ⲉⲣ ⲇⲟⲕⲓⲙⲁⲍⲱⲛ ⲙⲙⲟⲥ.

καὶ τὸ τῆς ὑμετέρας ἀγάπης γνήσιον δοκιμάζων.

Beide Bedeutungen sind ungemein selten, und dürfen, da sie in Fällen stehen, die griechisch *γνήσιος* zulassen, nicht blos als «lauter», sondern auch als «ächt, trefflich» angesehen werden. Aehnlich dem *γνήσιος* nämlich, dass sein «ehelich» zu «ächt», und «ächt» wiederum zu «ausgezeichnet» verallgemeinert, wird ⲥⲱⲧⲡ «lauter» zu «besser, best, vorzüglich», und der formellen Beweglichkeit der ägyptischen Wurzeln gemäss, sogar zu «vorziehen, wählen». Dies kann um so eher geschehen, als der in ⲥⲱⲧⲡ ursprünglich liegende allgemeine Farbenbegriff hell und dunkel, rein und schmutzig zusammen enthält, und das «lauter» durch den somit in seine nächste Nähe gerückten Gegensatz zu «unlauter» als das Bessere, Vorzüglichere erscheinen muss.

Besser, *κρεῖττον*:

Ps. 63, 4. ϫⲉ ⲡⲉⲕ ⲛⲁⲓ ⲥⲱⲧⲡ ⲉ ϩⲟⲧⲉ ϩⲁⲛ ϫⲓ ⲛ ⲱⲛϩ̄.

ὅτι κρεῖσσον τὸ ἔλεός σου ὑπὲρ ζωάς.

Ezech. 32, 20 (21). ϫⲉ ϣⲱⲡⲓ ϧⲉⲛ ⲫ ⲛⲟⲩⲛ ⲙ ⲡⲓ ⲕⲁϩⲓ ⲉⲕ ⲥⲱⲧⲡ ⲉ ⲛⲓⲙ.

ἐν βάθει βόθρου γίνου, τίνος κρείττων εἶ;

Best, βέλτιςον:

Exod. 22, 5. ⲉϣⲱⲡ ⲇⲉ ⲁϥ ϣⲁⲛ ⲙⲟⲛⲓ ϧⲉⲛ ⲡⲓ ⲓⲟϩⲓ ⲧⲏⲣϥ ⲡⲓ ⲥⲱⲧⲡ ⲛⲧⲉ ⲡⲉϥ ⲓⲟϩⲓ ⲓⲉ ⲡⲓ ⲥⲱⲧⲡ ⲛⲧⲉ ⲡⲉϥ ⲓⲁϩ-ⲁⲗⲟⲗⲓ ⲉϥⲉ ⲧⲏⲓⲧⲟⲩ.

ἐὰν δὲ πάντα τὸν ἀγρὸν καταβοσκήσῃ, τὰ βέλτιςα τοῦ ἀγροῦ αὐτοῦ καὶ τὰ βέλτιςα τοῦ ἀμπελῶνος αὐτοῦ ἀποτίσει.

Vorzüglich, πρῶτος:

Ezech. 27, 17. ⲡⲓ ⲉⲃⲓⲱ ⲉⲧ ⲥⲱⲧⲡ.

καὶ πρῶτον μέλι ודבש מנג

Et mel optimum (Tattam).

Woraus sich ebenso erklärt:

Tuki Theotokia ⲟ̅ⲁ̅ (ⲣ̅ⲍ̅ⲁ̅). ⲛⲉⲙ ⲡⲓ ⲥⲟⲟⲓⲛⲟⲩϥⲓ ⲉⲧ ⲥⲱⲧⲡ ⲛ ⲁⲣⲱⲙⲁⲧⲁ.

thus optimum aromatum.

Tuki Theotokia ⲥ̅ⲁ̅. ⲡⲓ ⲕⲉ ⲥⲱⲧⲡ ⲛ ⲁⲥⲕⲏⲧⲏⲥ ⲡⲓ ⲡⲣⲟ-ⲫⲏⲧⲏⲥ ⲛⲉⲙ ⲡⲓ ⲑⲙⲏⲓ ⲡⲓ ⲟⲩⲣⲱⲟⲩ ⲛ ⲇⲓⲕⲉⲟⲥ.

Optimi ascetae, prophetae et probi reges pii.

Tuki Rituale 244. ⲉⲧ ⲁϥ ⲓ ⲛϫⲉ ⲡ ⲭ̅ⲥ̅ ⲉ ϯ ⲃⲁⲕⲓ Ⲓⲉ-ⲣⲟⲩⲥⲁⲗⲏⲙ ⲉ ϫⲱⲕ ⲉⲃⲟⲗ ⲛ ⲛⲓ ⲅⲣⲁⲫⲏ ⲛⲧⲉ ⲡⲓ ⲥⲱⲧⲡ ⲛ ⲡⲓ ⲡⲣⲟⲫⲏⲧⲏⲥ.

Et profectus est Christus in urbem Hierosolyma, ut accideret quod praedictum erat a prophetis praestantissimis.

Das Vorzügliche ist das erwählte:

Tuki Euchologium ⲗ̅ⲡ̅. ⲡⲓ ⲱⲛⲓ ⲉⲧ ⲟⲛϧ ⲉ ⲁⲩ ϣⲟϣϥ ⲛϫⲉ ⲛⲓ ⲣⲱⲙⲓ ⲉϥ ⲥⲱⲧⲡ ⲇⲉ ⲉⲃⲟⲗϧⲉⲛ ⲧⲉⲛ ⲫ̅ϯ̅.

المختار المكرم

Lapis vitae, quem homines rejecerunt, a nostro deo electus est.

Dass «erwählt» hier als «erlesen» zu fassen sei, weiss auch die arabische Uebersetzung, indem sie zwei Worte für das eine ⲥⲱⲧⲡ setzt, und zwar sowohl «erwählt» als «geehrt». So stark war dieser Nebenbegriff in ihm, dass es für ein durch *ἅγιοι καὶ ἠγαπημένοι* erläutertes *ἐκλεκτοί* steht:

Col. 3, 12. μοι ογη ϩι ⲑнноγ м ф рн† н ϩан сωтп нте ф ноγ†, еγ оγаⲃ оγоϩ м меηрιт, н ϩан метшанөмаϩт нте оγ метреqшенϩнт, н оγ метϩелϫе, н оγ өеⲃιо н ϩнт, н оγ метремраγш, н оγ метреqωоγ н ϩнт.

ἐνδύσασθε οὖν ὡς ἐκλεκτοὶ τοῦ θεοῦ ἅγιοι καὶ ἠγαπημένοι, σπλάγχνα οἰκτιρμῶν, χρηςότητα, ταπεινοφροσύνην, πραΰτητα, μακροθυμίαν.

Desgleichen für ein durch *χρηςότης* erläutertes *ἐκλεκτός*:

Ps. 106, 5. е п ϫιн өрен наγ ϧен † метχрнстос нте пек сωтп, е өрен оγноq ϧен н оγноq нте пек еөнос, е өрен шоγшоγ ммон нем тек клнрономιа.

τοῦ ἰδεῖν ἐν τῇ χρηςότητι τῶν ἐκλεκτῶν σου, τοῦ εὐφρανθῆναι ἐν τῇ εὐφροσύνῃ τοῦ ἔθνους σου, τοῦ ἐπαινεῖσθαι μετὰ τῆς κληρονομίας σου.

Für *ἐκλεκτός*, wo es auf die erlesenen Helden Gottes geht:

Christus:

Luc. 23, 35. наγ елк шаι ϫе пе нϫе нι ке архωн еγ ϫω ммос ϫе аq ноϩем н ϩан ке χωоγнι мареq наϩмеq ϩωq ιсϫе фаι пе п χрιстос п шнрι м ф† пι сωтп.

οὗτός ἐςιν ὁ Χριςὸς τοῦ θεοῦ ὁ ἐκλεκτός.

Moses:

Ps. 106, 23. оγоϩ аq ϫос е п ϫιн qотоγ еⲃол, еⲃнл ϫе а мωγснс пι сωтп нтаq.

καὶ εἶπε τοῦ ἐξολοθρεῦσαι αὐτούς, εἰ μὴ Μωυσῆς ὁ ἐκλεκτὸς αὐτοῦ.

Die Schaar der Frommen und durch den Glauben Geretteten:

Matth. 24, 24. еγе тωоγноγ гар нϫе ϩан χрιстос н ноγϫ нем ϩан профнтнс н ноγϫ оγоϩ еγе † н ϩан

ⲛⲓϣϯ ⲙ ⲙⲏⲓⲛⲓ ⲛⲉⲙ ϩⲁⲛ ϣⲫⲏⲣⲓ ϧⲱⲥⲧⲉ ⲉⲛⲉ ⲟⲩⲟⲛ ϣ-
ϫⲟⲙ ⲛⲥⲉ ⲥⲱⲣⲉⲙ ⲛ ⲛⲁ ⲕⲉ ⲥⲱⲧⲡ.

ἐγερθήσονται γὰρ ψευδόχριστοι καὶ ψευδοπροφῆται καὶ
δώσουσι σημεῖα μεγάλα καὶ τέρατα ὥστε πλανῆσαι, εἰ δυ-
νατὸν, καὶ τοὺς ἐκλεκτούς.

Luc. 18, 7. ⲫϯ ⲇⲉ ϥⲛⲁ ϭⲓ ⲙ ⲡ ⲉⲙϣⲓϣ ⲁⲛ ⲛ ⲛⲉϥ
ⲥⲱⲧⲡ ⲛⲁⲓ ⲉⲧ ⲱϣ ⲟⲩⲃⲏϥ ⲙ ⲡⲓ ⲉϩⲟⲟⲩ ⲛⲉⲙ ⲡⲓ ⲉϫⲱⲣϩ
ⲟⲩⲟϩ .ϥ ⲱⲟⲩ ⲛ ϧⲏⲧ ⲉϫⲱⲟⲩ.

ὁ δὲ θεὸς οὐ μὴ ποιήσῃ τὴν ἐκδίκησιν τῶν ἐκλεκτῶν
αὐτοῦ τῶν βοώντων αὐτῷ ἡμέρας καὶ νυκτός.

Ps. 78, 31. ⲟⲩⲟϩ ⲛⲓ ⲥⲱⲧⲡ ⲛⲧⲉ ⲡ ⲓⲥⲣⲁⲏⲗ ⲁϥ ⲥⲟⲛϧⲟⲩ.
καὶ τοὺς ἐκλεκτοὺς τοῦ Ἰσραὴλ συνεπόδισεν.

Ps. 89, 20. ⲧⲟⲧⲉ ϧⲉⲛ ⲟⲩ ϩⲟⲣⲁⲥⲓⲥ ⲁⲕ ⲥⲁϫⲓ ⲛⲉⲙ ⲛⲉⲕ
ϣⲏⲣⲓ ⲟⲩⲟϩ ⲁⲕ ϫⲟⲥ ϫⲉ ⲁⲓ ⲭⲱ ⲛ ⲟⲩ ⲃⲟⲏⲑⲓⲁ ⲉϫⲉⲛ
ⲡⲉⲧⲉ ⲟⲩⲟⲛ ϣϫⲟⲙ ⲙⲙⲟϥ. ⲁⲓ ϭⲓⲥⲓ ⲛ ⲟⲩ ⲥⲱⲧⲡ ⲉⲃⲟⲗϧⲉⲛ ⲡⲁ ⲗⲁⲟⲥ.

ὕψωσα ἐκλεκτὸν ἐκ τοῦ λαοῦ μου.

Ebenso 89, 4 — 105, 43 — 141, 4. Matth 24, 31.

Auch in dem Activum «erwählen» ist immer «das
Gute, das Bessere» zu suppliren, wenn es nicht, wie in
dem ersten der nachstehenden Beispiele, geradezu genannt wird:

Ps. 84, 11. ⲁⲓ ⲥⲱⲧⲡ ⲛⲏⲓ ⲉ ⲣⲟϫⲡⲧ ϧⲉⲛ ⲡ ⲏⲓ ⲙ ⲫϯ
ⲙⲁⲗⲗⲟⲛ ⲉ ϩⲟⲧⲉ ⲉ ϣⲱⲡⲓ ϧⲉⲛ ⲛⲓ ⲥⲕⲏⲛⲏ ⲛⲧⲉ ⲛⲓ ⲣⲉϥⲉⲣⲛⲟⲃⲓ.

ἐξελεξάμην παραριπτεῖσθαι ἐν τῷ οἴκῳ τοῦ θεοῦ μᾶλλον ἢ οἰκεῖν με ἐπί σκηνώμασιν ἁμαρτωλῶν.

Gott hat Sion, Jakob, Israel, Juda, David und das
ganze jüdische Volk vor allen anderen sich erwählt als
Gute zum Guten:

Ps. 132, 13. ϫⲉ ⲁ ⲡ ⲟ̅ⲥ̅ ⲥⲱⲧⲡ ⲛ ⲥⲓⲱⲛ. ⲁϥ ⲥⲱⲧⲡ ⲙⲙⲟⲥ
ⲉⲩ ⲙⲁ ⲛ ϣⲱⲡⲓ ⲛⲁϥ.

ὅτι ἐξελέξατο κύριος τὴν Σιών, ᾑρετίσατο αὐτὴν εἰς
κατοικίαν ἑαυτῷ.

Ps. 135, 4. ϫⲉ ⲁϥⲥⲱⲧⲡ ⲛⲁϥ ⲛϫⲉ ⲡ ⲟ̅ⲥ̅ ⲛ ⲓⲁⲕⲱⲃ ⲟⲩⲟϩ ⲡ ⲓⲥⲣⲁⲏⲗ ⲉⲩ ⲕⲗⲏⲣⲟⲛⲟⲙⲓⲁ ⲛⲁϥ.

ὅτι τὸν Ἰακὼβ ἐξελέξατο αὐτῷ ὁ κύριος, Ἰσραὴλ εἰς περιουσιασμὸν ἑαυτῷ.

Ps. 78, 68. ⲟⲩⲟϩ ⲁϥⲥⲱⲧⲡ ⲛ ⲧ ⲫⲩⲗⲏ ⲛ ⲓⲟⲩⲇⲁ.

καὶ ἐξελέξατο τὴν φυλὴν Ἰούδα.

Ps. 78, 70. ⲟⲩⲟϩ ⲁϥⲥⲱⲧⲡ ⲛ ⲇⲁⲩⲓⲇ ⲡⲉϥ ⲃⲱⲕ.

καὶ ἐξελέξατο Δαυὶδ τὸν δοῦλον αὐτοῦ.

Ps. 47, 5. ⲁϥⲥⲱⲧⲡ ⲛⲁⲛ ⲛ ⲧⲉϥ ⲕⲗⲏⲣⲟⲛⲟⲙⲓⲁ.

ἐξελέξατο ἡμῖν τὴν κληρονομίαν αὐτοῦ.

Christus erwählt die zwölf besten seiner Schüler zu Aposteln:

Luc. 6, 13. ⲟⲩⲟϩ ⲉⲧ ⲁ ⲡⲓ ⲉϩⲟⲟⲩ ϣⲱⲡⲓ ⲁϥⲙⲟⲩϯ ⲉ ⲛⲉϥ ⲙⲁⲑⲏⲧⲏⲥ ⲟⲩⲟϩ ⲁϥⲥⲱⲧⲡ ⲉⲃⲟⲗ ⲛϧⲏⲧⲟⲩ ⲙ ⲓ̅ⲃ̅ ⲛⲏ ⲉⲧ ⲁϥϯ ⲣⲉⲛⲟⲩ ϫⲉ ⲁⲡⲟⲥⲧⲟⲗⲟⲥ.

καὶ ὅτε ἐγένετο ἡμέρα προςεφώνησε τους μαθητὰς αὐτοῦ, καὶ ἐκλεξάμενος ἀπ' αὐτῶν δώδεκα, οὓς καὶ ἀποςόλους ὠνόμασεν.

Ehrgeizige Gäste wählen die besten Plätze:

Luc. 14, 7. ⲛⲁϥϫⲱ ⲇⲉ ⲛ ⲟⲩ ⲡⲁⲣⲁⲃⲟⲗⲏ ⲛ ⲛⲏ ⲉⲧ ⲑⲁϩⲉⲙ ⲉϥ ⲛⲁⲩ ⲇⲉ ⲡⲱⲥ ⲛⲁⲩ ⲥⲱⲧⲡ ⲛⲱⲟⲩ ⲛ ⲛⲓ ϣⲟⲣⲡ ⲙ ⲙⲁ ⲛ ⲣⲱⲧⲉⲃ ⲉϥϫⲱ ⲙⲙⲟⲥ.

ἔλεγε δὲ πρὸς τοὺς κεκλημένους παραβολὴν, ἐπέχων πῶς τὰς πρωτοκλισίας ἐξελέγοντο, λέγων πρὸς αὐτούς.

Und in instructivem Gegensatz zu ⲙ ⲥⲱⲧⲡ, puritas der Dinge, ein wenig gebräuchliches ⲑ ⲙⲉⲧⲥⲱⲧⲡ, electio der Menschen:

2. Petr. 1, 10. ⲉⲑⲃⲉ ⲫⲁⲓ ⲙⲁⲗⲗⲟⲛ, ⲛⲉⲛ ⲥⲛⲏⲟⲩ, ⲙⲁ ⲛⲧⲉⲛ ⲑⲛⲟⲩ, ϩⲓⲛⲁ ⲉⲃⲟⲗϩⲓⲧⲉⲛ ⲛⲓ ϩⲃⲏⲟⲩⲓ ⲉⲑ ⲛⲁⲛⲉⲩ ⲛⲧⲉⲧⲉⲛ ⲧⲁϫⲣⲉ ⲡⲉⲧⲉⲛ ⲑⲱϩⲉⲙ ⲛⲉⲙ ⲧⲉⲧⲉⲛ ⲙⲉⲧⲥⲱⲧⲡ.

διὸ μᾶλλον, ἀδελφοί, σπουδάσατε βεβαίαν ὑμῶν τὴν κλῆσιν καὶ ἐκλογὴν ποιεῖσθαι.

Der Bildungs- und Bedeutungs-Unterschied beider Worte erklärt sich durch das unter ⲙⲉⲑⲙⲏⲓ über die ⲙⲉⲑ-Formation Gesagte. Dass dies letzte ⲙⲉⲧⲥⲱⲧⲡ eine objective Beziehung, «die Erwählung, Berufung» durch einen dritten ist, während das bei «redlich» angeführte 2. Cor. 8, 8 das subjective Besitzen und Ueben einer Gesinnung war, ist ebenfalls dem verschiedenen Gebrauch des ⲙⲉⲟ entsprechend.

Von dem Flüssigkeits- und Rein- und Unreinbegriff gleichmässig beherrscht, ist ⲥⲱⲧⲡ demnach das Lautere, das durch die Abwesenheit jeder fremden Beimischung besteht, und zwar sowohl mit betonter Abwesenheit als mit betonter Leichtigkeit der Beimischung. Es ist verständlich, dass ein so eigenthümliches «lauter», das eigentlich nur «nicht unlauter» besagt, sich nicht zur Bezeichnung menschlicher Redlichkeit und Wahrhaftigkeit eignete, und nur ausnahmsweise, und auch dann nicht einmal sicher nachweisbar, für diesen Zweck verwendet wurde. Auch von Naturkörpern waren die festen einerseits der Beobachtung dieser inneren Lauterkeit, andererseits der Möglichkeit dieser inneren Beimischung und Beschmutzung zu sehr entgegen, um die Bezeichnung durch ⲥⲱⲧⲡ zuzulassen. Den flüssigen und luftförmigen dagegen eignete sich das Wort desto inniger zu, und das «nicht unlauter», welches einerseits der menschlichen Seele, und andererseits den festen, schwer durch und durch zu verunreinigenden Substanzen wenig angestanden hätte, wurde in Bezug auf die flüssigen, so leicht mit Schlechtem zu durchtränkenden Körper eine besonders nachdrückliche Angabe der Reinheit. Hieraus schreibt sich denn die weiter entwickelte Sinnesreihe des Vorzüglichen her. Die in dem ungesonderten Reinunreinbegriff liegende Vergleichung des Saubern mit dem Unsaubern schuf für das erstere zunächst die Bedeutung des Bessern und Besten, woran sich dann die Begriffe des Vorzüglicheren und des Vorziehens ergänzend schlossen. Damit hatte das Wort das Ende seiner Laufbahn erreicht. Gut an sich hat es nie bedeutet; die Zwiespältigkeit seiner Beziehungen war zu gross und zu wach, um es, auch wo nur die eine Seite derselben, die Reinheit, accentuirt wurde, je über das «Besser» hinauskommen zu lassen. Aus demselben Grunde ist allerdings auch sein Vorziehen nie in ein blosses Wählen umgeschlagen: die Comparation, die auf der einen Seite die Erhebung zum absoluten Guten verhinderte, hat auf der anderen die Verflachung zum blossen Wählen ohne fühlbare Hervorhebung des Motivs unmöglich gemacht.

ⲟⲩⲁⲃ.

Neben ⲟⲩⲁⲃ purus, sanctus stehen ⲟⲩⲁⲃⲉ purus, ⲟⲃϣ, ⲟⲩⲃϣ, ⲟⲩⲟⲃϣ, ⲟⲩⲃⲁϣ, ⲟⲩⲁϣ albus, candidus, *ubeχ*, albus, candidus, *ub*, lavatorium. Da ⲟⲩ = ⲃ, ⲟⲩⲃ aber eine gehäufte Form von ⲟⲩ oder ⲃ ist, so leiten ⲟⲩⲁϣ, ⲟⲩⲃϣ, ⲟⲩⲃⲁϣ, *ubeχ* zu *bek*, lux, tempus matutinum, coelum matutinum, *maχ*, ⲙⲟϩ, *meh*, ⲙⲟϩ, *emχai*, urere, splendere.

Die folgenden Beispiele werden das Verhältniss von ⲟⲩ, ⲃ (ⲡ, ⲙ) noch eingehender erläutern, als es bei früheren Gelegenheiten geschehen ist. ⲟⲩ, ⲃ: Anlaut: *us*, *s-beš*, ⲟⲩⲁⲥ, ⲃⲁⲥ, secare, jugulare, secare serrà; ⲟⲩⲁϫⲓ, ⲟⲩⲟϫⲟⲩⲉϫ, ⲟⲩⲟϫⲃⲉϫ, ⲃⲉϫ, *pesh*, mordere, mandere, maxilla; ⲟⲩⲉⲣⲧ, ⲃⲉⲣⲧ, rosa, *ūarīt*, rosa, *mārh*, ⲙⲉⲣϩ, ruber; *uāt*, ⲟⲩⲱⲧ, ⲃⲟⲧ, viridis; *uns*, *absi*, ⲟⲩⲱⲛϣ, ⲃⲱⲛϣ, lupus. Inlaut: *ūun*, ⲁⲟⲩⲁⲛ, ⲁⲃⲁⲛ, *uāā*, color, species; ⲗⲓⲃϣ, ⲣⲟⲟⲩⲉ, *nefrī*, stipula; ϭⲁⲟⲩ, ⲑⲉⲃⲓ saccus, *keb*, vas, vacuus;  *sau*, ⲥⲱⲟⲩⲛ, ⲥⲁⲃⲉ cognoscere, scire; ϩⲟⲃⲉ, ϩⲱⲟⲩⲓ humilis, ϭⲛⲟⲩ altus. Auslaut: 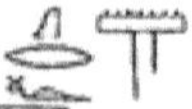 *kerf*, velum, ⲕⲉⲗⲟⲩ, evolvere, expandere; 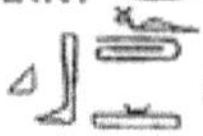 *keb*, ⲕⲱⲃ multus. ⲕⲟⲩⲓ parum;  *teb*, ⲧⲱⲃⲉ, ⲧⲟⲩⲉⲓⲟ retribuere; ϣⲓⲃ, ϣⲉⲃⲧ,  *šeb*, ϣⲉⲃⲓⲱ, ϭⲁⲟⲩⲁⲛ mutare;  *χru*, ϧⲣⲱⲟⲩ, clangere, clamare, ϩⲁⲣⲁⲃⲁⲓ tonitru. ⲟⲩ = ⲟⲩⲃ: ⲁⲓⲟⲩⲁⲛ, ⲁⲓⲟⲩⲃⲁⲛ diversicolor; ⲟⲩⲉ, ⲟⲩⲃⲉ contra; ⲟⲩⲟⲧ, ⲟⲩⲃⲉⲧ abstergere; ⲟⲩⲁϣ, ⲟⲩⲃⲁϣ albus. ⲟⲩ = ⲟⲩ und ⲃ: ⲟⲩⲟⲧ, ⲟⲩⲃⲉⲧ, ⲃⲉⲧ abstergere.

Ergiebt sich schon aus der nahen organischen Verwandtschaft und der häufigen, und aus einem inneren Grunde unerklärlichen, also euphonischen Verwechslung beider Laute, dass, wo sie nebeneinander erscheinen, eine phonetische Häufung, aber keine Mehrheit bedeutsamer Articulationen vorliegt, so wird dieser Schluss durch die Ersetzung der Häufung durch den einen oder anderen von beiden vollends erhärtet. Danach wird sich ⲟⲩⲃ vor Vocalen, wo ⲃ gewöhnlich gleich deutschem w lautet (S c h w a r t z e, Lautlehre § 67), ⲟⲩ aber, vor Lippenlaut stehend, seinen häufig erwiesenen Vocallaut u gehabt haben muss (S c h w a r t z e, Lautlehre § 66), in den Doppellaut des englischen w aufgelöst haben; vor Consonanten, wo der breite Laut des englischen w unaussprechbar wird, und ⲃ = b war, wird ub oder uv gelesen worden sein. Geht man in diesen Folgerungen einen Schritt weiter, so ergiebt sich für das ⲃ ersetzende ⲟⲩ, dem für ⲟⲩⲃ gefundenen Laut gemäss, die Wahrscheinlichkeit eines weichen, dem deutschen w ähnlichen, zwischen englischem w und v in der Mitte stehenden, und damit auch den Doppelcharakter des ⲃ wahrenden Klanges. Jedenfalls ist die organische Identität von ⲟⲩ, ⲟⲩⲃ, ⲃ in dem Obigen festgestellt, und damit ⲟⲩⲃϣ, ⲟⲩⲁϣ, ⲟⲩⲃⲁϣ auf 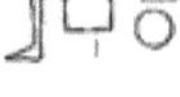 *bek* reducirt. Bestätigend treten ihnen zur Seite ⲟⲩⲟϫ purus, ⲃⲛϫ impurus, ⲟⲩϩⲓ gemmae lucentes, ⲟⲩⲟⲛϩ (ⲟⲩⲟϩ) lucere, apparere und eine ganze Reihe anderer, ähnlich lautender und bedeutender Stämme.

Andererseits stände nichts entgegen ubeχ als Wurzel mit präfigirtem Suffix zu erklären, nach Maassgabe der unter ⲟⲙⲁⲓⲟ beschriebenen Bildungen. Da aber eine Form *beχu*, welche diesen Vorgang eingeleitet haben müsste, nicht nachgewiesen ist, und die Entfaltung des ⲃ in ⲟⲩ derselben nicht bedarf, so ist es angemessen, die letztere Entwickelungsart zu statuiren.

Die Form ⲟⲩⲟⲃϣ, welche wir in diese Erörterungen nicht eingeschlossen haben, reiht sich ihnen durch die Beobachtung an, dass bei drei Consonanten der Charaktervocal ⲟ sich gern an den ersten, der Charaktervocal ⲁ an den zweiten heftet: ⲙⲟⲕϩ, ⲙⲕⲁϩ affligere, ⲙⲟⲧⲛ, ⲙⲧⲁⲛ quiescere, ϩⲟⲣϣ, ϩⲣⲁϣ gravis (aber auch ϩⲣⲟϣ) ⲡⲱⲣϣ, ⲡⲣⲁϣ sternere, ϣⲟⲗϩ, ϣⲗⲁϩ timidum esse, ϣⲱⲗϩ stigmata signare, ϣⲱⲗⲁϩ stigma, ⲧⲃϩ, ⲧⲱⲃϩ orare, ⲧⲱⲃⲁϩ oratio, ⲧⲱⲣⲡ suere, ⲧⲣⲁⲛⲉ subula, ϩⲱⲗⲕ implicare, ϩⲁⲗⲁⲕ annulus, ⲟⲩⲱϣⲙ subigere farinam, ⲟⲩϣⲁⲙ farina subacta, ⲟⲩⲟⲃϣ, ⲟⲩⲃⲁϣ albus. Diese Regel hat keine Anwendung 1) auf die Fälle, in denen einer der beiden auslautenden Consonanten suffigirtes, entweder an seiner ursprünglichen Stelle verbliebenes, oder um eine Stelle weiter vorgerücktes ⲧ ist: ϩⲱⲛ, ϩⲛⲧ, ϩⲁⲛⲧ accedere, ⲙⲉⲥⲧⲉ, ⲙⲁⲥⲧ invidere, ϣⲱϥⲧ, ϣⲁϥⲧ peccare u. s. w.; 2) wo unzulässige Consonantenanlaute entstehen würden, wie ⲟϣ, ⲟϥ, ⲟϭ, ⲟϩ, ⲗⲃ, ⲗⲕ, ⲗⲙ, ⲗⲛ, ⲗⲡ, ⲗⲣ, ⲗⲥ, ⲗϣ, ⲗϫ, ⲗϭ, ⲗϥ, ⲗϭ, ⲗϩ, ⲙⲣ, ⲙⲥ, ⲛϩ, ⲣⲕ, ⲣϭ, ϫϩ; 3) in einigen anderen, wie es scheint, auf versteckte Causativa weisenden Worten.

Die Form ⲟⲃϣ erklärt sich durch Herabkommen des anlautenden ⲟⲩ, ⲟⲩⲟ aus ⲟⲩⲟⲃϣ: ⲟⲩϫⲓ maxilla, ⲟⲩⲱϫⲛ mordere, frangere, ⲟϫⲛ conterere; ⲟⲩⲱⲛ, ⲟⲛ numerare; ⲟⲩⲱϣⲙ, ⲟϣⲙ miscere; ⲟⲩⲱⲛϩ, ⲟⲛϩ ostendere; ⲟⲩⲱϩ, ⲟⲩϣ augere; ⲟⲩⲛ, ⲟⲛ, alius, iterum; ⲟⲩⲟⲣⲡ emittere, ⲟⲣⲡ constrictum tenere; ⲟⲩϫⲁⲓ sanari, ⲟϫⲛ perire; ⲟⲩⲁϣ, ⲟϣ consumere.

Die Formen ⲟⲩⲁⲃ, ⲟⲩⲏⲃ von ⲟⲩⲁϣ, oder einem seiner verschiedenen Nachfolger ⲟⲩⲃϣ, ⲟⲩⲟⲃϣ, ⲟⲃϣ ⲟⲩⲁⲃⲉⲥ, ⲟⲩⲃⲁϣ abzuleiten, ist unthunlich. Denn so häufig wir auslautendes ⲕ successive zu Spiritus asper und lenis sich verflüchtigen sahen, so wenig wäre ein Beispiel zu finden, wo ein ϣ, dem keine ⲕ-Form zur Seite stünde, auf demselben Wege zu Grunde geht. ⲟⲩⲁⲃ und ⲟⲩⲏⲃ sind also als directe Nachkommen der ursprünglichen Form *bek* anzuerkennen.

Ausser den schon im Eingang angeführten hieroglyphischen Formen kommen in Betracht *āpš*, *aps*, *ābs*, illucere, ardere, illuminare, *āb*, lavatorium, *ab*, sacerdos, defunctus. Sie haben die Eigenthümlichkeit mit *a*, *ā* anzulauten, können also keine vocalische Entfaltung des ⲃ, sondern müssen vielmehr Präfix enthalten. Eine zweite, ebenso gerechtfertigte Ableitung weist sie der Wurzel *kep*, ⲕⲱⲛ, lucere, ardere zu, aus welcher sie durch Anlautsabfall, nach vollzogener Anlautswiederholung im Auslaut hervorgegangen sein können. Anlautswiederholung im Auslaut ohne Anlautsabfall, eins der regelmässigsten Mittel der ägyptischen Sprachbildung, wird durch die folgenden Beispiele erläutert: *beh*, *nehep*, percutere; *kau*, capere, ferre, *keb*, brachium, ϩⲱⲃ, ϩⲟϥⲧ, portare, ⲕⲉⲛϩⲉ, (ⲛⲁϩⲃⲓ) humerus; *keb*, lucere, *kemh*, videre; ⲕⲁⲡ, *kams*, crinis; ⲕⲉⲙ, ⲕⲉⲙⲉ obscurus, *kenh*, obscurus; *kepu*, suffimentum, odores (olfacere), σβωϣ, ϣομχ, ϫεμϣαι nasus; *kerk*, κωρϫ. frangere, ϫολϩ pars, minimus; *kehkeh*. *kehek*, senescere; *nek*, *nekenen* affligere; *senem* neben ϣανϣ alere.' Anlautswiederholung im Auslaut, mit Anlautsabfall bei Gutturalen werden die folgenden Beispiele belegen: *keb*, vas. ampulla, *ȧpt*, calyx, scyphus; *kebn*. aperire, indicare, *ȧptet*, indicare; *kebkeb*. percutere, *ȧpet*. baculus; *keb*, bracchium, *ḥept*, ϩϥωτ, ulna, *kem*. laborare, facere, *ȧpt*, labor; κωβ, multus, *keb*, copia, numerus, *ḥefennu*, centum milia, *ȧps*, οπε numerus; *kebḥ*, avis, *sif*, avis, *heb*, ϩιβ, Ibis, avis, *ȧpet*, avis; *ḥem*, videre, *χef*. videre, *kemh*. videre, *ȧps*. οβϣ, non videre, dormire, somnus, somniare; *hau*, ϩει, ire, invenire, incidere, *ahm*, ire, *hefti*, descendere, κιμ movere, *ȧbeχ*, invadere; *šep*, ϣεπϣων, lux, illuminare, *χabs*, ϩηβc, lucerna, lux, *ȧbt*, ειβτ, ιεβτ, oriens.*)

Die verschiedenen Wege, welche die Sprache bei der lautlichen Fortbildung unseres Stammes eingeschlagen

*) Die Wandelungen des Gutturals werden durch die im Anfang des vorstehenden Kapitels gegebenen κ Reihen erklärt. Einige der obigen Beispiele können auch durch t Suffix entstanden sein. Siehe S. 326.

haben kann, ergeben als gemeinsames Ziel die dem koptischen Vocalwerth entsprechende Reihe  *bek*, ( *kep*) lux, ⲟⲩⲁϣ, ⲟⲩⲃϣ, albus; intensiv gesteigert ⲟⲩⲟⲃϣ, ⲟⲃϣ candidus; metaphorisch gesteigert ⲟⲩⲁⲃ, ⲟⲩⲁⲃⲉⲥ purus; und die Passivirung als vollendete Thatsache nehmend, ⲟⲩⲏⲃ, purificatus, sanctificatus, sacerdos.

Ableitung und Bedeutung von ⲟⲩⲁⲃ, ⲟⲩⲁⲃϣ, ⲃⲁϣ nitidus, albus werden bestätigt durch die Worte ϫⲃⲓⲛ, ⲁϭⲓⲛ, ⲁϫⲓⲛ macula, maculatus, ϫⲟⲟⲩⲥ impurus, ϫⲫⲏⲟⲩⲧ atramentum, ⲁⲟⲓⲱⲟⲩ sordidus, ϫⲱϩⲙ, ϭⲱϫⲙ polluere, ϫⲱϩ albare, ϫⲱϭⲉ tingere, ϫⲏϭⲉ, ϭⲏϫⲓ purpura, ϭⲁⲃϭⲁⲃ niger, ⲕⲉⲙ niger, ϣⲉⲃ varius, ⲕⲁⲃⲓ, ϩⲃⲥ, ϧⲃⲥ lux, lucere, lucerna u. a. m. Die Bedeutung der drei letzten Worte stimmt mit der für ursprüngliches ⲟⲩⲁⲃ gefundenen überein; dass die Bedeutung der anderen mit der des ⲟⲩⲁⲃ ebenfalls verwandt sein könne, ergiebt sich aus den, in der Einleitung des Kapitel ⲛⲁⲛⲉ S. 459 gemachten Beobachtungen über polarischen Sinneswechsel. Im Lautbestand stimmen die angeführten Worte, neben geringen, später zu erwägenden Verschiedenheiten, darin überein, dass sie wurzelhaften Guttural + Labial zeigen, darin also dem für ⲟⲩⲁⲃ, ⲟⲩⲁⲃϣ wiederhergestellten ⲃⲁϣ, das Labial + Guttural hat, widersprechen. Dieser Widerspruch beweist ihre Einheit mit dem Worte gegen den er sich richtet: die Metathese zwei- und mehrlautiger Wurzeln ist eins der fruchtbarsten Stammbildungsmittel der ägyptischen Sprache, das, mit Lautwandel, Lautwuchs und polarischem Bedeutungswechsel zusammenwirkend, den Wort- und Begriffstand der Urzeit überreich wuchernd vermehrt hat. Häufig zeugt Laut- und Bedeutungsgang für wiederholte Metathese.

Die ausserordentliche Ausdehnung dieses Vorgangs

*) Ueber die Wandlungen der Guttural- und Labialreihen vergleiche man S. 423. 20. 208 etc.

einigermassen erschöpfend zu zeigen, setzt eine eingehende Darstellung der allgemeinen, die einzelnen Laute in diesen und anderen Fällen afficirenden Gesetze voraus. Beides erfordert eine besondere Schrift; doch wird das Folgende hinreichen, die Thatsache für den vorliegenden Zweck zu erweisen.

Die nachstehende Metathesen-Liste hält sich innerhalb der, in diesen Blättern bereits erkannten Lautgesetze, deren wichtigste die folgenden waren:

1. Wechsel von ⲛ, ⲃ, ⲙ, ϥ, ⲫ, ⲑ S. 20. 155.
2. Wechsel von ⲟⲩϥ, ⲡ, ⲃ, ϥ, ⲟⲩ, ab, in An- und Auslaut S. 208. 465. 611.
3. Wechsel von ⲛ, ⲃ, ⲁⲩ, ⲁⲓ, ⲉⲓ, ϥ S. 327.
4. Wechsel von ⲕ, ⲭ, ϩ, ⲧ, Spiritus lenis.
   ⲕ, ϭ, ϣ, ⲕⲥ, ϣϭ, ϣⲕ, ⲥⲭ, ϭⲭ, ⲧ, ⲑ, ⲥⲑ, ⲥⲧ, ⲥ S. 20. 326. 423. 463. 598.
5. ⲕ, ⲕⲛ, ⲛ S. 463.
6. Wechsel von ⲣ, ⲛ — ⲗ, ⲛ — ⲣ, ⲗ, ⲛ, ⲛⲣ S. 466.
7. Abfall des auslautenden ⲣ mit Ersatzdehnung S. 132.
8. Auslautmetathesen dreiconsonantiger Stämme:
   ⲙⲣ, ⲣⲙ (ⲣⲡ, ⲣⲟⲩ) S. 422.
   ⲕⲡ (ⲕⲙ, ⲕⲃ), ⲡⲕ (ⲙⲕ, ⲃⲕ) S. 424.
   ⲣϥ, ϥⲣ S. 464.
   ⲛϥ, ⲃⲛ S. 465.
   ⲥϥ, ϥⲥ S. 465.
   ϩⲃ, ⲃϩ S. 465.
   ⲃⲥ, ⲥⲃ S. 465.
   ϫⲡ, ⲃⲕ u. s. w. S. 465.
9. Suffigirtes *t*, bildet Metathese und verdrängt Auslaut S. 326.
10. Suffigirung von ⲓ, ⲉ, ⲧ, ⲥ, ϯ, ⲧⲉ, ⲧⲥ S. 279.
11. Suffigirung von *a*, *ā*, *à*, *i*, *ī*, *u*, *u* S. 388.
12. Präfigirung von ⲉ, ⲁ, ⲟⲩ, ⲉⲓ S. 133.
13. Präfigirung von *a*, ⲁ Brugsch, hieroglyphische

Grammatik S. 37. Schwarze, Koptische Grammatik S. 232.

14. Präfigirung von , ϲ, ⲧ Brugsch, hieroglyphische Grammatik S. 37.
15. Doppelung S. 237.
16. Anlautwiederholung im Anlaut oder Auslaut und Auslautwiederholung im Auslaut S. 207 cf. Brugsch, hieroglyphische Grammatik S. 36, hieroglyphisches Wörterbuch S. 8. Bötticher, Wurzelforsch. S. 6. Bei welchen Processen häufig der wurzelhafte oder angewucherte Laut in verwandte Laute übergehen; und zwar, thun es beide, in verschiedene:

a. Anlautwiederholung im Anlaut:

šen, ϣⲏⲛ, ϣϣⲏⲛ arbor

rem, *rerem*, Raja piscis

ner-àn, vultur *ne-ner-t*, vultur

ⲕⲉϩⲕⲱϩ, ⲕⲉⲕⲱϩ, sculpere

kap, aqua, ϫⲉ-ⲕⲙ, rigare, lavare

χab, lucere, ⲥ-ϣⲉⲙ, ⲥⲱ-ϣⲉⲙ, ϣⲱ-ⲥⲉⲙ lucere

ḥair, ϩⲁⲓⲣ-ⲉ, ⲥ(-ⲁ-)ϩⲣⲟⲩ stercus

ⲕⲉⲓⲁⲗ, lux, ⲧ-ⲁ-ⲕⲣ, ⲧⲁ-ⲕⲣ lucidus

χep-ā, edere, ⲥⲁ-ⲑⲙ-ⲓ, ruminare.

b. Anlautwiederholung im Auslaut (S. 614):

he, cadere, incidere, *heh*, «fallen lassen», negligere, omittere

hen, *henh-i-t*, lacus

ker-ker, *kerk*, ⲕⲱⲣϫ scindere

nek, *nekn*, percutere

keb, *kebḥ*, multus

seb, *sebs*, secare

hem, *hems*, ϩⲉⲙⲥ-ⲓ sedere

beḥ, secare *beḥn*, vulnerare

ⲁ-ⲛϣ, *neś-p*, flare

ⲡⲱⲕ, ⲫⲱϭ, ϥⲁϭ, ⲟⲁⲕⲙ scindere

bek-a, ⲃⲱⲕ, ⲡⲱϣ-ⲛ minister, servus.

ⲭⲁ, ϩⲟ-ⲕ, ⲑⲁ-ϣ ligare, funis

heb, *seb-ḥ*, ⲧⲱⲃ-ⲁ-ϩ, rogare.

Anlautwiederholung in An- und Auslaut:

ⲁ-ⲥ-ⲧⲓⲕ √ ⲧⲓⲕ, ϫⲱϩ, ⲥ-ⲑⲉⲕ-ⲑ-ⲉ tegmen, tectum

c. Auslautwiederholung im Auslaut:

het, *ḥtet*, pulsare, ferire

mes, ⲙⲟⲩⲧⲥ, *mess*, vertere, convertere

nen, *nenn-u* tempus

nem, *nemm-i-t*, quiescere

ⲑⲱⲗⲃ, ⲧⲟⲗⲙ, *tenemm*, sordes

keb, *keb-n*, navis

beḥ, secare *beḥs*, lacerare

Alle drei Arten dieser Doppelung knüpfen, wie man sieht, den angewucherten Consonant manchmal vokalisch an.

Dazu kommen die volle Reduplication Seite 237, die Sinnverkehrung S. 460 und die Vocaldifferenzirung Seite 255—400 als weitere Stammbildungsmittel.

Manchmal sind beide Lautstände, der ursprüngliche und der verkehrte, im Hieroglyphischen, manchmal im Koptischen, manchmal im Hieroglyphischen und Koptischen erhalten; zuweilen müssen sie aus beiden Sprachperioden aneinandergestellt werden. Die volle Lautstandverkehrung — der Gegenlaut — ist in unserem Verzeichniss mit ∧, die Sinnverkehrung — Gegensinn — mit ∨, das Zusammentreffen beider mit ◊ bezeichnet. Die Metathese zweier Consonanten in mehr als zweiconsonantigen Stämmen — Nebenlaut — wird durch <, und damit gleichzeitig eintretende Sinnverkehrung durch <> ausgedrückt.*) Wo bei dreiconsonantigen Stämmen erster, zweiter und dritter Consonant an der Umstellung betheiligt sind, steht ∧<, und bei gleichzeitig eintretender Sinnverkehrung ◊<.

Metathesen:

ⲁⲩ ferre, siehe ϥⲁ-ⲓ ferre

āuau, capere siehe *am*, prehendere

ā-āu-t, lignum siehe *bà*, ⲃⲱ lignum

àb ∧ *pa*, ⲫⲉⲓ saltare, *mama*, currere (*peḥ*, currere, saltare)

àb ∧ *fu*, solvere, cessare

āb, splendor siehe *am*, calor

àb, ∧ *pāpā*, ⲃⲟⲩⲃⲟⲩ, ⲛⲟⲩⲛⲓ, splendere, lucere

àb, murus, saxum ∧ *ba*, murus, saxum

āb, ⲉⲛ-ⲉ, ⲱⲛ-ⲉ lapis ∧ *bà*, *bu*, lapis

ābāb ∧ ⲃⲁⲃⲉ, evanescere

*) Will man genauer sein, so kann man die Versetzung des ersten und dritten Consonanten mit <, die Versetzung des ersten und zweiten, und zweiten und dritten aber > bezeichnen

aubku, lugere ∧ *kb*, lugere, plangere

à-bs-i, canis niloticus ∧ *sab*, canis niloticus

à-bt-t, rete siehe ⲡⲁϣ-ϥ rete

à-beχ, miscere siehe ⲙⲟϫ-ⲧ, jungere

à-beχ, movere ∧ *χep*, movere

ā-bś, urceus, ∧ *keb*, vas

ⲁⲟ praepositio negativa siehe ⲁⲧ

ⲁ-ⲑ-ⲛ-ⲁⲃ purus siehe *sef*, colare, lavare

āk frumentum ∧ *ḥu*, frumentum

ak, currere ∧ *se*, ⲥⲁ progredi

āk intrare, ∧ *ha*, ϣⲉ, ϣⲉ-ⲓ pervenire (∨ *ḥā* ∧ ⲟϩ-ⲉ stare)

āk, *nah*, ⲟⲩⲁϩ, ponere, addere ∧ ⲕⲱ, ϫⲁ, ⲕⲉⲕ, ⲕⲉⲕⲉ, ponere (siehe *aχ*, projicere)

ak, perdere, siehe ⲟⲩⲁϩ addere

ak, tangere, explorare siehe ∧ *χa*, tangere, explorare

āk-a ∧ *χa*, funis, ϩⲟ-ⲕ, ⲟⲗ-ϣ ligare

a-ḳeb, vocare siehe ⲥ-ⲧⲙ-ⲛ, ⲥⲧⲙ-ⲛ, cubitus

a-ḳeb, loqui ∧ ⲟⲩⲟϩ respondere

à-ken, vas siehe ⲧⲱⲃ-ⲓ vas, receptaculum

à-ḳap, aqua siehe *ḳap*, aqua

à-ḳap nubes ∧ *à-peḳ*, nubes

a-kes, conjungere, catena, ⲁ-ⲛⲉⲥ, cinctura *a-seχ*, ⲟⲥϩ secare, falx ∧ ⲥⲱ-ⲛ-ϩ jungere

à-ker, acutus siehe ϫⲏⲣ acutus

ⲁ-ⲗⲟⲕ, vola ∧ ϩⲉⲗ, ϣⲉⲣ, *ḥer*, volare

ⲁ-ⲗⲁⲕ annulus, ⲣⲉⲕ curvare ∧ *ś-ker*, ϣ-ϭⲟⲩⲣ, ϭ-ϣⲟⲩⲣ annulus

àm ∧ ⲙⲉ, ⲙⲁⲓ, ⲙⲉⲣ amare

am, calor, *āb*, splendor *pā*, ⲛⲟⲩⲛ-ⲓ aestus

àm, pariter, quam ∧ *ma*, pariter, quam, qualis

am, domus ∧ *na-à*, habitatio

am, *in*, ∧ ⲙⲁ locus, *ma*, locus, *be*, bu, locus

àm, veni ∧ *ma*, ⲙⲟⲩ, ⲁ-ⲙⲟⲩ, veni, *nā*, venire

am•(*ànan*, capere) ∧ ⲙⲟ prehendere

ām-a, cognoscere ∧ *ma*, videre

āām, aqua siehe ⲓⲟⲙ mare

ⲁ-ⲙⲁⲓ-ⲟ aqua ∧ ⲓⲟⲙ mare

ⲁⲙⲟⲓ da ∧ *àm mā*, dare (siehe unten)

ⲁⲙⲟⲩ veni siehe *àm*, veni

àmmā (*àm* ∧ *mā*) ∧ ⲙⲟⲓ, *mā*, dare, da.

a-meχ ∧ *a-χem*, non habere, nescire, ⲙⲉϣ deesse, fieri nequit (ⲁ-ⲙⲁϩⲓ privare siehe *meḥ*, ⲙⲉϩ implere)

a-mḥ, ⲙⲉϩ-ⲉⲓⲁⲧ, videre, ⲙⲉⲕⲙⲟⲕ cogitare ∧ *ḥem*, videre, observare, *ḥen*, videre, *sem-ti*, oculi

ⲁ-ⲙⲁϩ-ⲓ capere ∧ ϣⲉⲡ sumere

ⲁ-ⲙⲁϩ-ⲓ privare, siehe *ȧ-meχ*, non habere, nescire

ⲁ-ⲙⲁϩ-ⲓ capere, siehe *beḥ-ā*, capere

ān ∧ *na*, index, catalogus

ān, ⲉⲓⲛ imitari, ⲟⲛ similis ∧ ⲛⲁ quasi

ān, ∧ *ȧn-nu*, ⲁⲛ-ⲛⲁ-ⲓ pulchritudo

ān ∧ ⲛⲁ-ⲩ, *ne-u*, videre

ān, color ∧ *nāā*, color

ⲁⲩⲁⲛ color, splendor siehe *nāā*, color, splendor

ȧn-nu, ⲁⲛ-ⲛⲁ-ⲓ, pulchritudo, siehe *ān*, pulchritudo

ȧnnu, color, splendor ∧ *nāā*, color

ā-nt', navis, vacuus, vas ∧ ⲧⲟⲃ-ⲓ vas

ȧ-nt ∧ *ȧ-tn*, *ten-m*, (ϫⲱⲗ ⲉⲃⲟⲗ) repellere, impedire, negare

a-nχ, planta ∧ *ḥau*, planta

ⲁ-ⲛⲓϣ respirare (*meḥ*, ventus) ∧ *šna*, ventus, *ȧ-sni*, respirare *a-nḥ-u*, palpebrae ∧ *ḥeb-s*, tegere

āp, ascendere, elevare ∧ *fa*, ϥⲁ, elevare, ascendere

ⲁⲡ-ⲉ initium, caput ∧ *pā-t*, caput

ȧ-peḳ ∧ *ȧ-ḳap*, ϭⲏⲡⲓ nubes, *kep*, fumus, fumigare, *nef* (*knef) nubes, ⲛⲓϥⲓ nebula, spiritus

āpāp ∧ ⲫⲁⲫⲉ formare lateres

ⲁ-ⲡⲣⲏϫ terminus ∧ ⲕⲟⲗⲃ-ⲥ brevis, secatus, divisus

ȧ-pt ∧ *ṭep*, ⲧⲟⲡ, navis (*keb-n-t*, *kef-t-u*, *χsf-ī-t* navis)

a-pt, anser ∧ *ṭep*, anser

ȧ-pt, ∧ *ṭeb*, hippopotamus

ȧ-pś, lux ∧ *śep*, lux

ȧr, *her*, ϩⲗⲓ ∧ ⲗⲁⲁⲩ, aliquis

ȧr, ⲉⲣ, ⲓⲣⲓ facere ∧ *rā*, facere

a-rp-ī ∧ ϧⲉⲣ-ⲣ-ⲓ puer, adolescere

ⲁ-ⲣⲏϫ ∧ *ter*, *ȧ-ter*, terminus (*her-u*, extra)

as, percurrere ∧ *se*, progredi

ȧ-as, percurrere ∧ *se*, ⲥⲁ progredi

ȧs ∧ ϣⲟⲩ, nobilis, dignus, *ȧ-χu*, clarus, illustris; *χu*, dignus, decet

ȧs ∧ ⲥⲁ, pulcher, ornare

as, dignus, decet ∧ ϣⲁ dignus, decet

ȧs, miser, vilis ∧ *sa*, miser, vilis

ȧis, sepulchrum ∧ *sa*, sepulchrum, cista

ȧ-sni respirare ∧ ⲁ-ⲛϣ, respirare

as-t, ⲟⲉϣ, *aχ*, ∧ *se-t*, ⲛⲁ-ϩ-ⲓ, solum, huius

a-seχ, secare, falx ∧ *a-kes*, conjungere, catena

āṭ, adeps, ∧ *ṭeṭa*, adeps

ȧṭ dare siehe *ut*, dare

at, *ut* ∧ *tu*, ϯ, ⲧⲟⲓ dare ⲁⲧ, praepositio negativa. Siehe *ȧṭ*, deficiens

ăt, ∧ *tȧ*, ⲧⲟ pars

ȧṭ, deficiens, siehe *ȧt*, dare

ȧṭ, ⲁⲧ, ⲁⲑ ∧ *ȧṭṭ-u* (*ȧt* ∧ *tu*) deficiens, orbus, sine

ⲁⲧ praepositio negativa, siehe *ȧt*, dare

ȧt, symbolum ∧ *taia*, symbolum

ȧat, *ut-s*, ∧ ⲧⲟⲓ sedes, habitatio

ȧat, tempus, momentum ∧ *ta*, tempus, momentum

ȧa-ut ∧ *ta*, ϫⲟⲓ navis

ȧ-tu, occidere ∧ *nut'*, percutere

ȧ-tu repellere ∧ *ȧ-nt* repellere

ȧ-ter, terminus ∧ ⲁ-ⲣⲏⲝ terminus

ȧṭet, adeps siehe *t'eṭa*, adeps

ȧṭ-at, ligare ∧ *ṭȧ*, percutere, secare, dividere

ȧt-t granum, frumentum siehe *ḥu*, frumentum

ȧ-aṭ-t ∧ *ṭa*, ⲧⲟ-ⲉ, ⲟⲟ-ⲓ, maculatus, impurus

ȧṭ-tu, deficiens, orbus, sine, siehe *ȧṭ*, ⲁⲧ, praepos. negativa

ȧf, caro ∧ *fuā*, proles, caro

ⲁⲫ-ⲉ caput ∧ *pā-t*, caput

ȧ-fṭ, salire ∨ quiescere ∧ *tef*, salire

āf-t, ⲉⲃ-ⲓⲱ, ∧ *bu*, mel

aχ, projicere, deponere ∧ *χā*, ϫⲁ, ⲛⲱ, jacere, ponere

aχ, jacere, ponere siehe *ak*, jacere

aχ, Nilus flumen ∧ *χaī-t*, aqua

ȧχ ∧ *χa-u*, ϣⲛ-ⲟⲩⲉ altare

ȧχ, ∧ ϫⲁⲓ, *ka*, substantia, ens

ȧχ, quantus siehe ⲟⲩϣ multus

ȧχ, magnus, multus ∧ ϣⲁ mille

ȧχ, magnus, ∧ *ka*, magnus

aχ, *χu*, solum, humus, siehe *as-t*, solum, humus

aχ, terra ∧ *ḥa-t*, argilla

à-χu, lux, siehe *śep*, lux

à-χu, clarus, illustris ∧ *as*, nobilis, dignus

à-χem, non habere, nescire ∧ *à-meχ*, non habere, nescire

ⲁϣ multus ∧ ϣⲁ mille

Demot.: *ās*, loqui ∧ ϫⲉ, ϫⲱ loqui

ⲁϣ-ⲟ quantus siehe ⲟϣ multus

àḥ, substantia, caro ∧ *ḥā*, substantia, caro

ⲁϩ-ⲉ tempus vitae ∧ *ḥā*, tempus vitae

àh, ager siehe ⲓⲟϩ ager

àh, gaudere, jubilare ∧ *ḥā*, gaudere

ⲁϩ-ⲉ, stare ∧ *ḥā*, stare

ⲙ *àh* ∧ *hi*, ϩⲓ, versus

ⲁ-ϩⲣ-ⲉ, ϫⲟⲗ-ϩ ∧ ⲗⲟϭ, ⲧ-ⲁ-ⲗϭ-ⲟ sanare

ba, ⲃⲱ, lignum ∧ *ā-ān-t*, lignum

ⲃⲱ, lignum siehe *bā*, lignum

bu, lapis ∧ *āb*, *ba*, lapis

ba, lapis ∧ *àb*, lapis

ba, murus, saxum ∧ *ab*, murus, saxum

be, *bu*, locus ∧ *àm*, in

ba, mel, ∧ *àf-t*, mel

ⲃⲟⲩⲃⲟⲩ splendere ∧ *āb*, splendere

ⲃⲁ-ⲓ portare ∧ ⲟⲡ-ⲧ portare

ⲃⲁⲃⲉ ∧ *ābāb*, evanescere

bek ∧ *kep*, ⲕⲱⲡ, lux, *šep*, ϫⲟϥ, urere, lucere, *ken*, urere, lucere, (ⲛⲁⲩ, *ⲕⲛⲁⲩ, videre) ∨ ⲕⲏⲙ niger

bek, lucere, siehe ⲙⲟϩ lucere

bek, videre ∧ ϩⲟⲃ videre

bek, lux, splendor ∧ *šep*, lux

bek, videre ∧ ⲥⲱⲟⲩⲛ cognoscere

bek ∧ *kem*, ⲕⲉⲙ-ⲓ Aegyptus

ⲃⲱⲕ ire, currere ∧ *tef-ī*, exsilire, saltare

ⲃⲱⲕ ire ∨ ⲟⲩⲟϩ stare ∧ *χep*, ⲕⲓⲙ, *ḥun*, movere ◊ *ken*, sedes. (Siehe ⲕⲓⲙ movere, *t'ām*, sedes *χen*, stare *χep*, movere, *šem*, proficisci, *šep*, ϣⲱⲡ, commovere, *hems*, ϩⲉⲙⲥⲓ sedere, *ḥep*, movere)

ⲃⲏⲕ, proficisci siehe *mš-ā*, ⲙⲟϣ-ⲓ iter facere

ⲃⲱⲕ, ire ∧ *ḥep*, ire

ⲃⲱⲕ, ire ∧ *u-teb*, transire

ⲃⲱⲕ, ire ∧ *t'ām*, sedes

bek-a sedere, subsidere siehe ⲃⲱⲕ, ire
ⲃⲏⲕ, ⲃⲟϭ, ⲃⲱϣ, ϥⲉϫ, *fex* Λ ϣⲱⲛ, ϭⲟⲃ, ϭⲉⲛ,
ϩⲃ, *kef*, capere, spoliare
bāakabaka, demoliri, Λ
ḳabḳab-u, sternere
ⲃⲱⲕ servus Λ ⲭⲃ-ⲁ servitium
bek-á, servus siehe ⲃⲱⲕ servus
ⲃⲓⲕ-ⲓ cingulum, ⲃⲉϩ curvare Λ ⲕⲃⲃ-ⲉ plicare, ϩⲟⲃ-ⲉ circumire, *seb*, cingere, *sebseb-ā*, cingere, *ḥen*, curvare, nuere
beḳ, humilis Λ ϩⲟⲃ-ⲉ humilis
bek-á, ⲃⲱⲕ, ⲡⲱϣ-ⲛ Λ ϣⲁⲃ-ⲓ, ϣⲙ-ϣ minister, servus
bek Λ *keb-s*, ⲭⲁϥ, arbor
ⲃⲱⲕ, *bek*, conceptio Λ ϩⲟⲛ nuptiae
bek, urbs Λ *kef-u*, aedificare
beḳ-s-u, gula Λ *śb-b*, guttur
ⲃⲏⲗ Λ ⲗⲟⲙ tabescere, tabes
ⲃⲟⲗⲃⲗ Λ ⲗⲟϥⲗⲉϥ ruere, terere, destruere
ⲃⲁⲗⲕ-ⲟⲩ vas Λ ⲕⲟⲗⲃ-ⲉ, ϫⲁⲣⲃ-ⲉ, vas
bell', vas, Λ ϫⲁⲣⲃ-ⲉ, vas
bell', vas Λ ⲕⲟⲗⲃ-ⲉ, vas
ⲃⲉⲗϫ testa, *pert'*, ⲡⲱⲣϫ, *purś-a*, rumpere Λ *ḳarp-u*, ferire, percutere, ϫⲟⲣⲃ frangere
ⲃⲉⲗϫ, vas Λ ⲕⲟⲗⲃ-ⲉ, ϫⲁⲣⲃ-ⲉ, vas

ⲃⲱⲛ malus Λ ⲛⲟⲃⲉ peccatum

ⲃⲱⲛ malus Λ ⲛⲟⲩϥⲉ bonus

 *ben*, deesse ◊ ⲛⲓⲃ, ⲛⲓⲙ  *neb*, omnes

ⲃⲓⲣ Λ ⲣⲁ-ⲙ̇-ⲛ-ⲓ corbis

 *bar-ī*, ⲫⲟⲣ-ⲓ Λ ⲗⲉⲓϥ-ⲓ piscis

ⲃⲉⲣⲃⲉⲣ,  *berber*, ⲫⲉⲣⲫⲱⲣ Λ ⲗⲁⲡⲗⲉⲡ, ebullire

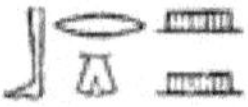 *berḳ*, monstrare (aperire?) Λ ϭⲱⲗⲡ revelare

ⲃⲉⲣ-ⲣ-ⲓ puer Λ  *a-rp-i*, puer

ⲃⲉⲣⲉϩ-ⲓ, 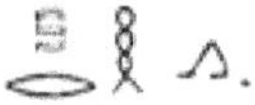 *perḥ*, currere Λ ⲭⲱⲗⲙ celer

ⲃⲣⲏϫ fulgur, fulgor Λ ⲭⲣⲱⲙ splendor, ignis ◊ ⲭⲣⲉⲃ, caligo

ⲃⲣⲏϫ fulgur, fulgor Λ ϭⲱⲗⲡ, revelare

ⲃⲁⲥ, ⲃⲓⲥ-ⲉ,  *us*, secare Λ ⲥⲏϥ-ⲓ gladius,  *seb*, secare Λ ⲥⲉⲃ-ⲓ circumcidere (S.  *fet-k*, *fet-q*, ⲫⲁϣ dividere,  ⲭⲉⲃ, secare)

 *bes*, ire Λ  *śem*, proficisci

 *bes*, ire Λ  *ḥep*, ire

 *bes*, ire Λ  *śep*, commovere

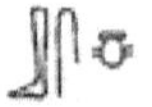 *bes*, urceus, Λ 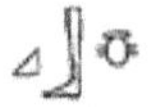 *keb*, vas

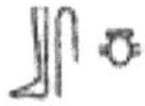 *bes*, urceus, siehe ⲙⲟⲕ urceus

 *bes*, lucere siehe ⲙⲟϩ urere

ⲃⲓⲧ ramus Λ ⲧⲉⲃ digitus

ⲃⲟϯ herba,  *nat'*, ⲟⲩⲉⲧⲟⲩⲱⲧ viridis Λ ⲧⲟⲩⲱ coloratus ⲃⲏⲧ ∧ *ṭeb*, ficus

betbet, fluere ∧ *ṭef*, fluere

ⲃⲟⲧ-ⲥ confodere ∧ ⲧⲟⲃ-ⲥ vulnerare

bṭ-ś, injuriam inferre ∧ *ṭem*, gladius

beṭ-ś, ∧ *ṭeb*, ϫⲱⲃ, injuriam inferre, miser, debilis, ϭⲁⲛ-ϩ debilis (ⲡⲱⲕ, ferire)

ⲃⲉⲭ-ⲉ merces ∧ ϩⲏⲙ-ⲓ merces

beχ-m-a, *χeb-m-a*, hippopotamus ∧ ϫⲉⲃ, hippopotamus

ⲃⲱϣ capere siehe ⲃⲏⲕ capere

ⲃⲁϣ spoliare ∧ ϣⲁϥ-ⲧ offendere

ⲃⲁϣ spoliare siehe ⲟⲩⲁϩ addere

beś-ṭ, *beś t* ∧ *seb*, hostis, malignus

ⲃⲁϣ nudus ∨ ⲃⲱϩ, ⲟⲩⲱϩ *u-nχ*, vestire ∨ exuere ∧ *ḥaun*, nudus ∨ *ḥeb-s*, ⲕⲁⲡ, ϩⲃ, ϭⲓⲁⲟⲩ-ⲱ tegere. Siehe ⲃⲱϩ, tegere

beś, ⲟⲩⲱϣ cibus ∧ *seb-t*, cibus

beś, ⲟⲟⲩϣ pulmentum ∧ ϫⲁⲩ mandere

ⲃⲁϣ-ⲓ dimidium ◊ ⲥⲟⲡ-ⲓ duplex

ⲃⲱϣ demonstrare ∧ ϫⲁⲩ revelare

beś, effundere ∧ *paṭ-u*, fons

beś ∧ *sab*, ϫⲉⲕ-ⲙ lavare

beḥ, phallus ∧ *ḥun-nu*, phallus

beḥ, phallus ∧ Demot.: *ḥun*, phallus

bāḥ, vacuus (√ ⲙⲉϩ plenus, vacuus) Λ *ḳau*, ϣⲟⲩ-ⲉⲓ-ⲧ vacuus

bāḥ, vacuus √ plenus siehe *meḥ*, implere

ⲃⲉϩ, ⲡⲉϩ-ⲧ, *beḥ*, ⲃⲏϩ, ⲟⲩⲁϩ Λ ⲭⲉⲃ, ⲭⲱⲃ, ⲕⲱⲃ, ϫⲱⲃ, ϭⲱⲃ, curvare, curvatus. Siehe ⲃⲏⲕⲓ cingulum, *seb*, cingere

ⲃⲉϩ inclinare, salutare, curvare Λ *χeb*, flectere

beh, inclinare siehe ⲡⲉϩ inclinare

ⲃⲉϩ curvare Λ *seb*, cingere

ⲃⲉϩ curvare, siehe ⲃⲓⲕ-ⲓ cingulum

ⲃⲉϩ inclinare Λ ϩⲟⲃ-ⲉ humilis

beh, ⲡⲱⲕ, ⲙⲉϣ, Λ ⲭⲉⲃ, ϩⲓⲟⲩ, impingere

beh, impingere Λ *ḳabḳab-u*, sternere

bek, ferire siehe ⲡⲱⲕ ferire

bek, impingere Λ *kenken*, impingere

beḥ-ā, ⲁ-ⲙⲁϩ-ⲓ capere Λ *ḳau*, ϭⲟⲡ, ϣⲉⲡ, capere

beh, cibus Λ ϫⲁⲩ, mandere

beh, cibus Λ *seb-t*, cibus

ⲃⲱϩ demonstrare Λ ⲭⲁⲩ revelare

beh-t, umbra Λ *χaïb-t*, umbra

ⲃⲱϩ, ⲟⲩⲱϩ, *beḥ-n* Λ ⲭⲉⲡ, ϩⲉⲡ, *ḥap*, tegere

ⲃⲟⲩϩ-ⲓ palpebrae Λ *ḥeb-s*, tegere

beḥ-ān, piscis Λ *meḥ-ī*, piscis

ⲃⲱϩ-ⲛ tegere, tectum Λ *ḥeb-s* tegere

beh-n, tegere siehe ⲃⲱϩ tegere

ⲃⲟϭ, capere siehe ⲃⲏⲕ capere

ⲉⲃ-ⲓⲱ, mel, siehe *āf-t*, mel

ⲉ-ⲃϣ, terrorem injicere, stupefacere siehe ⲡⲉϣ-ⲥ terrere

ⲉⲓⲙ-ⲉ videre, siehe *ma*, videre

ⲉ-ⲙⲕ devorare Λ ϫⲁⲧ mandere

ⲉⲛ elevare Λ *fa*, elevare

ⲉⲛ imitari siehe *ān*, imitari

ⲉⲛⲉ, lapis siehe *āb*, lapis

ⲉⲣ facere siehe *ar*, facere

ⲉⲣ facere Λ *rā*, facere

ⲉⲓⲱ-ⲣϩ videre Λ ϫⲱⲣ, videre

ⲉϣ-ϣⲉ decet Λ ϣⲁ dignus, decet

ⲛⲟⲩ-ⲓ, ⲛⲩ distans Λ ⲟⲩⲏ-ⲓ recedere

ⲑⲛⲟⲩ ventus siehe ⲕⲛⲓⲃ-ⲉ ventus

ⲑⲟ-ⲓ maculatus Λ *ā-aṭ-t*, maculatus, impurus

ⲑⲱⲗⲃ, ⲧⲱⲗⲙ, *ṭenemm*, ϩⲁⲗⲙ-ⲓ < ⲙⲁϩⲣ-ⲟ Λ ⲙⲣⲟϣ stercus

ⲑⲏⲙ stibium Λ *mes-ṭ-m*, stibium

ⲑⲁⲙ-ⲓⲉ, ϭⲟⲙ, *ṭem-ā* Λ ⲙⲁⲧ-ⲉ possidere

ⲑⲉⲣⲡ suere ◊ ⲡⲱⲣϫ, *pert'*, frangere discerpere, discindere, dividere

ⲑⲁϣ dividere siehe *ṭes*, separare, culter

ⲑⲁ-ϣ ligare Λ *āk-a*, funis

ⲓⲁⲗ urere siehe ⲕⲉⲓⲁⲗ urere, splendere

ⲓⲟⲙ mare, = *āām* ∧ ⲙⲟⲩ (*mer*,)
ⲁ-ⲙⲁⲓ-ⲟ aqua

ⲓⲛⲥ percurrere ∧ *se*, progredi

ⲓⲣ-ⲓ facere ∧ *rā*, facere

ⲓⲣⲓ facere siehe *ar*, facere

ⲓϩ ∧ *χu*, lucere

ⲓⲟϩ, *àḥ* ∧ *χa*, ⲕⲁⲓ-ⲉ ager

ḳa, substantia, ens, ∧ *àχ*, substantia, ens

ka-t, frumentum siehe *ḥu*, frumentum

ka, magnus siehe ϣⲁ mille

ka, ϫⲱ, magnus (ϣⲁ mille) ∧ *àχ*, magnus

ⲕⲱ ponere ∧ *āk*, ponere

ⲕⲱ jacere ∧ *aχ*, jacere

ⲕⲁⲓ-ⲉ ager ∧ ⲓⲟϩ ager

ḳau, vacuus ∧ *bāḥ*, vacuus

ḳau, tempus ∧ ⲟⲩⲟⲉⲓϣ tempus

ḳna, angustus ∧ *uś*, vastus

ḳna, angustus siehe ϫⲏⲃ angustus

ḳau, capere ∧ *beḥ-ā*, capere

ḳau, capere siehe ⲕⲁⲡ, capere

kb, ϩⲏⲃ ∧ *àu-bk-u*, lugere, plangere

keb, ⲕⲁⲃ-ⲓ, ϩⲟⲃ-ⲥ urceus ∧ *bes*, *ā-bś*, vas, urceus

keb, vas ∧ ⲙⲟⲕ urceus

keb, ⲕⲁⲃ-ⲓ vas, siehe ⲧⲱⲃ-ⲓ vas
ⲕⲱⲃ curvare ∧ ⲃⲉϩ curvare
ⲕⲱⲃ humilis ∧ ⲡⲉϩ inclinare
ⲕⲃⲃ-ⲉ plicare ∧ ⲃⲓⲕ-ⲓ cingulum

keb, multus siehe *ḥa*, cum, etiam

keb, multiplex siehe ⲥⲟⲡ-ⲓ duplex

ḳaḅ, aqua siehe *sef*, colare, lavare

ḳab, aqua ∧ *paṭ-u fons*

ḳaḅ, aqua siehe *tef*, fluere

ḳaḅ, aqua siehe ϩⲟⲉⲓⲙ fluctus

keb, ardere siehe *ken*, ardere

keb, lux siehe *śep*, lux

keb, brachium ∧ *meḥ*, ⲙⲁϩ-ⲓ brachium, cubitus

ḳabḳab-u, sternere ∧ *bàaḳabaka*, demoliri, impingere

ḳaḅḳaḅ, percutere siehe ⲧⲟⲃ-ⲥ vulnerare

ḳaḅḳaḅ, ferire ∧ ⲡⲱⲕ ferire

keb-n-t navis ∧ *à-pt*, navis

keb-s, arbor ∧ *bek*, arbor

ⲕⲉⲗ, ϩⲟⲗ-ϫ ∧ ⲣⲉⲕ, ⲣⲁⲕ-ⲧ, ⲱ-ⲗⲕ, plicare, curvare

ⲕⲉⲓⲗ, *kr-r*, ⲓⲁⲗ, *ter-o*, ϫⲉⲣ-ⲟ, ϭⲉⲣ-ⲟ,

urere, lux, ∧ ⲗⲱϩ splendere, urere, *rek*, ⲣⲱⲕϩ ardere

ⲕⲁⲗⲓⲃⲓ tugurium ∧ ⲫⲱⲣϣ tegere

ⲕⲟⲗⲃ-ⲥ brevis, secatus, divisus, *ṭrp* findere, ∧ ⲁ-ⲡⲣⲏϫ terminus, ⲡⲱⲣϫ dividere

ⲕⲟⲗⲃ-ⲥ, ϫⲟⲣⲃ-ⲥ, ϭⲉⲗⲙ-ⲁⲓ, *t'arb-u*, phiala, vas ∧ *belt'*, ⲃⲁⲗϫ-ⲉ, ⲃⲁⲗⲕ-ⲟⲩ, urceus, *mroχ*, vas

ⲕⲟⲗⲃ-ⲥ vas siehe ϫⲁⲣⲃ-ⲥ vas

ⲕⲟⲩⲗ-ⲱⲗ contrahere ∧ ⲗⲓⲕ contrahere

ⲕⲗ-ⲗ-ⲉ plicare, genu ∧ ⲣⲉⲕ, curvare

ⲕⲗ-ⲁⲗ catena ∧ ⲗⲱϧ laqueus

ⲕⲗⲟⲙ, *klem*, corona ∧ ⲙⲟⲩⲗϫ cingere, amplecti

ⲕⲉⲗⲡ, *χelp*, ϭⲁⲗⲡ, ϧⲟⲣⲡ pugnus, ϩⲟⲣⲃ, percutere, *ḥarp-u* gladius, *ḳarp-u*, *ṭerp*, ⲧⲣⲟⲡ ferire, ictus, ⲕⲉⲗⲡ, ϭⲟⲣⲡ baculus, ⲥⲗⲡ scindere, ∧ ⲙⲗⲁϩ pugna, ⲡⲱⲣϫ percutere

ⲕⲉⲗⲡ, *krp*, ϭⲱⲣⲡ, baculus ⲕⲗⲓⲡ-ⲓ sculpere *ḳarp-u*, ⲕⲱⲣϥ percutere, *hrp-u*, gladius *ṭerp*, ⲧⲣⲟⲡ percutere ∧ ⲡⲱⲣϫ percutere, ⲡⲗⲓⲕ-ⲓ sculpere

ⲕⲱⲗⲡ destruere, spoliare ∧ ⲡⲱⲗⲕ destruere

ⲕⲉⲗⲡ baculus siehe ϩⲟⲣⲃ percutere

ⲕⲗⲓⲡ-ⲓ ∧ ⲡⲗⲓⲕ sculpere

ⲕⲗⲓⲡ-ⲓ sculpere siehe ⲕⲉⲗⲡ baculus

ⲕⲱⲗ-ϩ, *kerker* ∧ ⲗⲱϩ-ⲧ, *reχ-s*, percutere, mactare

ⲕⲱⲗ-ϩ percutere ∧ ⲣⲱϧ-ⲧ contundere

κωλ-ϩ percutere ∧ *reχ-s*, mactare

κελϫ torquere, flectere siehe *ḥu-s-k*, torquere, flectere

κελ-ϫ flectere siehe ϣολ-κ flectere

κιμ, movere ∧ ϐωκ ire

κιμ, movere, ire siehe *ḥep*, ire

κιμ, movere, siehe *χep*, movere

κιμ, movere ∨ *χeu*, stare, manere

κιμ, movere, siehe *śep*, movere

κιμ, movere, siehe *śem*, proficisci

κιμ, movere, *śem*, proficisci ∧ μοοϣ-ε, *mś-ā*, iter facere (*χep*, movere, *χeu*, stare ∨ *ḥun*, movere ∧ νοϩ currere, saltare)

κιμ, movere, siehe *t'ām*, sedes

kem, κεμ-ι Aegyptus ∧ *bek*, Aegyptus

kem, κημ obscurus siehe *sam*, caligo

κημ niger ◊ *bek*, lux

kem, κημ-ι obscurus, niger ∧ *s-nek*, niger

κημ-ι niger ◊ μοϩ urere, lucere

κημ-ι urere, lucere ∧ μοϩ urere, lucere

kemkem, quaerere, ∧ μεϣ-ε quaerere

kemkem, posse ∧ μαϣ posse

ken, ardere, ϩημ calidus, ϩοϐ-ε urere, *keb*,

ϣⲱϧ-ϩ urere, *šep*, ϣⲉⲛϣⲱⲛ urere Λ ⲙⲉϩ,
meḥ, ardere

ken, urere, Λ ⲙⲟϩ *meh*, urere

ken, ardere siche *keb*, urere

ken, urere, lucere Λ *bek*, lux

ken, urere Λ ⲗⲁⲕ-ϩ, ⲣⲟⲕ-ϩ urere

ken, loqui, *ṭem*, loqui Λ *nut'*, loqui

ken, multus Λ *u-bes*, acervus

kem, plenus, perficere Λ *meḥ*, plenus, implere

ken, multiplex Λ ⲥⲟⲛ-ⲓ duplex

ken, infirmus Λ *nāś*, ⲛⲁϣ, infirmus

ken, fortis ◊ *nāś*, infirmus

ken, sedes ◊ ⲃⲱⲕ, ire

ken-àu, impingere Λ *nek*, affligere

ⲕⲛⲓⲃ-ⲉ, ⲛⲓϥ-ⲓ, spiritus, ventus Λ ⲡⲱⲛϭ, ⲫⲉⲛϩ, volare

kenken, ϭⲛⲉ Λ *nek*, *neś-ṭ*, ⲙⲓϣ-ⲓ, percutere

kenken, impingere Λ *beh*, impingere

ken-n, ϭⲛⲓ, ϫⲛⲓ Λ ⲡⲟⲕ mollis

ⲕⲉⲛ-ⲛⲏⲥ anser Λ *tep*, anser

ⲕⲩⲛⲁⲣ-ⲓ armilla < ⲙⲟⲩⲗϫ cingere

kanr-o, ϫⲓⲡⲣ-ⲓ < ⲙⲁϩⲣ-ⲓ ∧ ϩⲁⲗⲙ-ⲓ fimus

ⲕⲟⲛ-ϩ florere ∧ *ḥan-k*, florere

ⲕⲟⲛ-ϩ planta siehe *ḥan*, planta

ḳap, *à-ḳap*, ϩⲛ, ϩⲓⲙ-ⲏ aqua, imber, fluctus, *ḳap*, inundare, ϩⲟⲩ aqua, ∧ ⲡⲉϩ, ⲡⲱϩ-ⲧ effundere, *peḥ*, lacus

ḳap, aqua, fluere, inundare ∨ ⲥⲱ-ⲧ-ϥ abstergere

ḳap, aqua siehe *χai-t*, aqua

kep, ⲕⲱⲡ, lux ∧ *bek*, lux

kep, ⲕⲱⲡ occultare ∧ ϥⲟϭ, fraus

ⲕⲁⲡ tegere ◊ ⲃⲁϣ nudus

ⲕⲁⲡ crinis, lana ∧ ⲡⲟⲕ-ϥ crinis, lana

kep, fumus, fumigare ∧ *à-peḳ*, nubes

ⲕⲁⲛ, *ḳan*, capere ∧ *fex*, spoliare

ⲕⲏⲡ-ⲉ maxilla, palatum ∧ ⲟⲩⲁϫ-ⲓ maxilla

ḳapur, hostis < *ḳarp-u*, ⲕⲱⲣϥ percutere

ḳar, sapiens (ϫⲱⲣ, *ṭar*, videre) ◊ ⲣⲁⲕ-ⲁ stupidus (∨ ⲣⲱϣⲉ, *reś*, videre)

ⲕⲟⲟⲣ evellere ∧ ⲗⲟⲕⲗⲉⲕ evellere

ⲕⲁⲣ-ⲁ folium ∧ ⲣⲱⲧ planta

ⲕⲉⲣ-ⲁ caput, *ḥer*, supra ∧ ⲗⲁⲕ-ϩ, *leś-aàu*, apex

ḳer-ḳ, vastare siehe ϭⲉⲣ vastare

ḳer-ḳ, frangere Λ ⲗⲁⲕ-ϩ frangere

ⲕⲟⲣⲕⲉⲣ, *ḳer*, volare, volvere, *ter-nu*, circulus Λ ⲣⲉⲕ, volvere

kerker, percutere Λ ⲣⲱϭ-ⲧ, ⲕⲱⲗ-ϩ contundere

kerker, fluere Λ ⲣⲱϯ lac

krp, baculus siehe ⲕⲉⲗⲡ baculus

ḳarp-u, percutere < *ḳa-pur*, hostis

ḳarp-u, ferire siehe ⲕⲉⲗⲡ pugnus, percutere

ḳarp-u, ferire, percutere Λ ϭⲉⲗϫ testa

ḳarp-u, scindere siehe ⲥⲱⲗⲡ scindere

kr-r, urere siehe ⲕⲉⲓⲁⲗ urere

kr-r, ardere Λ ⲣⲟⲕ-ϩ ardere

ⲕⲣ-ⲟ-ⲥ annulus Λ ⲣⲉⲕ curvare

ker-t'a, plexus siehe ϣⲟⲗ-ⲕ plectere

kār-t-ī, culter Λ ⲣⲁϣ secare

ⲕⲱⲣϥ percutere < *ḳapur*, hostis

ⲕⲱⲣϥ percutere siehe ⲕⲉⲗⲡ percutere

ⲕⲱⲣϥ percutere Λ *mreχ* hasta

ⲕⲟⲣ-ϩ, ϫⲉⲣ-ⲉ Λ ⲣⲁⲕ-ϩ comburere

ⲕⲱⲣ-ϫ vastare siehe ϭⲉⲣ percutere

kas, secare Λ *sek*, decerpere, ⲥⲁϭ sculpere, ϣⲁⲧ secare

ⲕⲁⲓⲥ-ⲉ sepultura Λ ϣⲓⲕ fodere

ⲕⲟⲥ, ⲕⲁⲓⲥ-ⲉ sepulchrum, cista siehe *sa*, sepulchrum, cista

ⲕⲱⲥ cadaver Λ ϣⲁϭϣⲉϭ putridus

ket, parvus Λ *t'ek-ā*, findere, dividere

ⲕⲁϯ intelligere Λ ⲧⲁϩ-ⲟ apprehendere

keṭ, substantia, creare Λ ⲧⲁϫ massa

ket, requiescere *teh*, currere

ⲕⲁⲧ-ⲟ sagitta, ⲥⲁⲧ, *set-i* Λ ⲧⲓⲕ projicere

keṭb-ī-t, distribuere Λ *feṭk*, dissipare

kiṭ-t, ϭⲓϫ, ϫⲓϫ, ⲧⲟⲟⲧ manus Λ *teh*, *teχn*, ⲧⲁϩ-ⲟ sumere

(ϩⲉⲛ [ϭⲟⲛ, ⲕⲁϥ] capere mit Suffix ϩⲛⲧ; danach nach Seite 326, ϩⲧⲛ, ϩⲧ Λ ⲧⲁϩⲟ. Dagegen *teχn* < ϩⲛⲧ < **teχp* = *teχn*)

ⲕⲟⲧ, ⲕⲱϯ, *keṭ-t*, volvere Λ ⲧⲁϩⲧϩ vertere, ⲧⲟⲕ-ⲓ involucrum

ⲕⲱϯ volvere siehe ⲕⲟⲧ volvere

keṭ-t, volvere siehe ⲕⲟⲧ volvere

keṭ-ti frumentum Λ *tek-t*, cibus

ⲕⲁϥ, *kef*, ϫⲉⲛ, sumere, demere, ⲟⲩⲁϩ, ⲟⲩⲁϣ-ⲉ addere

kef, capere Λ ϭⲏⲕ capere

kef, capere Λ ⲡⲁϣ-ϥ, rete

kef, robur, siehe ⲧⲟϩ firmare

kef-n, aedificare ∧ *bek*, ⲃⲁⲕ-ⲓ urbs

kef-t-u, navis, ∧ *ȧ-pt*, navis

ⲕⲁϩ-ⲓ terra ∧ *ḥa-t*, argilla

ⲕⲁ-ϩ-ⲓ solum, humus ∧ *as-t*, solum, humus

keḥkeḥ, debilis ∧ *hek*, debilis

ⲕⲟⲩϫ-ⲓ parvus ∧ *t'ek-ā*, findere

ⲗⲁⲁⲩ aliquis ∧ *ar*, aliquis

ⲗⲓⲃ-ⲉ, *lib*, amare ∧ ⲙⲉⲣ-ⲉ amare

ⲗⲉⲕ, viridis ∧ ϩⲗⲏ-ⲗ, *hr-r*, flos, ⲥ-ⲕⲁⲣ-ⲁ, folium, ϣⲗ-ϩ frons, frondis

ⲗⲱⲕ ardere siehe ⲣⲟⲕ-ϩ urere

lek, desistere siehe ⲗⲱϫ desistere

lek, ⲗⲱⲕ, pars, periodus, ∧ ϩⲉⲗ secare

ⲗⲱⲕ frustum siehe ⲗⲟⲕⲗⲉⲕ evellere

lek, separare siehe *rek*, separare

ⲗⲓⲕ ∧ ⲕⲟⲩⲗ-ⲱⲗ contrahere ∨ ϭⲗ extendere, *ḥerḥer*, ϩⲉⲗϩⲱⲗ extendere

ⲗⲟⲕⲗⲉⲕ, evellere, ⲗⲱⲕ frustum, *lek*, pars ∧ ϩⲉⲗ, secare, ϩⲱⲗ-ⲉ, ⲕⲟⲟⲣ, ⲥⲟⲣ, evellere, discerpere

ⲗⲁⲕⲙ frustum ∧< ϩⲟⲣⲃ percutere

ⲗⲟⲕ-ⲥ pungere ∧ ϧⲱⲗ pungere

ⲗⲁⲕ-ϩ, *rek-ḥ*, ⲣⲁⲕ-ϩ ∧ ϫⲉⲗ, ϫⲉⲣ-ⲉ, ϭⲉⲣ-ⲟ, *ter-o*, urere

ⲗⲁⲕ-ϩ ∧ ϫⲟⲗ-ϩ *ḳer-ḳ*, frangere

ⲗⲁⲕ-ϩ acutus ∧ ϫⲏⲣ acutus

ⲗⲁⲕ-ϩ apex ∧ ⲕⲉⲣ-ⲁ caput

lek-h, lingere siehe ⲗⲁⲥ lingua

ⲗⲟⲩⲗⲁⲓ ululare, clamare Λ ⲟⲩⲉⲗⲟⲩⲉⲗ clamare
ⲗⲟⲙ tabescere Λ ⲃⲏⲗ tabes, tabescere
ⲗⲁ-ⲙ-ⲡ-ⲓ annulus Λ ⲙⲟⲣ cingere
ⲗⲁⲡ Λ ⲟⲩⲱⲗ-ⲉ, *mer*, turba
ⲗⲁⲡⲗⲉⲡ ebullire Λ ⲃⲉⲣⲃⲉⲣ ebullire
ⲗⲁⲡⲥ percutere < ⲥⲗⲡ abscindere, *ṭerp*, ⲧⲣⲟⲡ ictus, percutere
ⲗⲁⲥ, *las* lingua Λ (*lek-h*, ⲗⲱϭ-ϩ lingere) Λ *sal*, lingua
leś-ààu, apex, Λ ⲕⲉⲣ-ⲁ caput
ⲗⲉϣ-ⲓ, ⲣⲁϣ-ⲉ, *reś* Λ ϣⲁⲓⲣ-ⲓ gaudere, gaudium
ⲗⲉⲓϥⲓ piscis Λ *bar-ī*, piscis
ⲗⲟϥⲗϥ Λ ⲃⲟⲗⲃⲗ ruere, terere, destruere
ⲗⲱϭ laqueus Λ ⲕⲗ-ⲁ-ⲗ catena
ⲗⲱⲓϭ-ⲓ laqueus Λ ϫⲱⲣ-ϫ illaqueare
ⲗⲉϩ, curare siehe *neh*, curare
ⲗⲱϩ urere, splendere Λ ⲕⲉⲓⲁⲗ urere, splendere
ⲗⲟⲓϩ-ⲉ stercus Λ ϩⲁⲓⲣ-ⲉ stercus
ⲗϩⲏⲥ spirare ◊ < *ḥesm*, saffocare
ⲗⲱϩ-ⲧ percutere Λ ⲕⲱⲗ-ϩ percutere, mactare
ⲗⲱϫ, *lek* Λ ϫⲱⲗ desistere
ⲗⲱϫ separare siehe *rek*, separare
ⲗⲱϫ-ϩ contundere siehe ⲣⲱϭ-ⲧ contundere
ⲗⲟϭ sanare Λ ⲁ-ϩⲣ-ⲉ sanare
ⲗⲟϭ furari Λ ϭⲉⲗ furari
ⲗⲁϭ impudenter petere Λ ϭⲟⲗ, *χel*, rapere
ⲗⲁϭ poscere Λ ϣⲟⲗ petere
ⲗⲏϭ (*s-nek*) Λ ϩⲗ-ⲟⲗ obscurari
ⲗⲱϭ-ϩ lingere siehe ⲗⲁⲥ lingua
ⲙⲁ, *mạ* locus, Λ *àm*, in

mạ, ⲙⲟⲩ, veni ∧ *åm*, veni

må, ⲙⲁⲓⲏ ∧ *åm*, pariter, quam, qualis, quantus

ⲙⲁⲓⲏ, pariter, quam siehe *må*, pariter, quam

ⲙⲉ, ⲙⲁⲓ amare ∧ *åm*, amare

ma, videre, *mau*, videre, *mūi*, ⲙⲉⲩ-ⲉ cogitare ∧ ⲉⲓⲙ-ⲉ scire, *ām-a*, cognoscere

mau, videre siehe *ma*, videre

mu-i, ⲙⲉⲩ-ⲉ cogitare, siehe *ma*, videre

ⲙⲟ prehendere ∧ *am*, prehendere

mā, ⲙⲟⲓ, dare ∧ *åmmā*, dare

ⲙⲟⲩ aqua ∧ ⲓⲟⲙ mare

mama, currere ∧ *åb*, saltare

ⲙⲟⲕ, *meḥ-t*, *bes*, urceus, ∧ *keb*, *χeb-b*, vas

meḳ, devorare ∧ ϫⲁⲩ mandere

ⲙⲉⲕⲙⲟⲕ cogitare ∧ *kem-meḥ*, *mek-meḥ*, videre

ⲙⲉⲕⲙⲟⲕ considerare ∧ ϩⲟⲃ videre

ⲙⲟⲕ-ϩ, *mḳa-ḥ-u* ∧ < ⲧ-ϩⲉⲙ-ⲕ-ⲟ affligere

ⲙⲗⲁϩ pugna ∧ ⲕⲉⲗⲡ pugnus

ⲙⲟⲩⲗϫ cingere, amplecti ∧ ⲕⲗⲟⲙ, *klem*, corona, < ⲕⲩⲛⲁⲣ-ⲓ, *hafr*, armilla, ϩⲗⲉⲩ, circumjacere

ⲙⲛ ∧ ⲛⲉⲙ atque

mer, turba ∧ ⲗⲁⲡ turba

mer, aqua ∧ ⲓⲟⲙ mare

mer (ϩⲃⲟⲩⲣ) laeva manus ∧ *rem*, dextra manus

ⲙⲟⲣ cingere ∧ ⲣⲁ-ⲙ-ⲡ-ⲓ, ⲗⲁ-ⲙ-ⲡ-ⲓ, ⲗⲱⲟⲩ annulus

ⲙⲉⲣ, ⲙⲁⲓ, amare, ∧ *àm*, amare

ⲙⲉⲣ-ⲉ ∧ ⲗⲓⲃ-ⲉ, *lib*, *rāb*, amare, concupiscere

mreχ, ⲙⲉⲣϩ, ⲙⲉⲣⲉϫ, hasta ∧ *ḥarp-u*, gladius, securis, ⲕⲱⲣϥ percutere

ⲙⲣⲟϣ ∧ ⲧⲱⲗⲙ, ⲑⲱⲗⲃ, ϩⲁⲗⲙ-ⲓ stercus

ⲙⲉⲣⲉϫ hasta siehe *mreχ* hasta

ⲙⲉⲣϩ hasta siehe *mreχ* hasta

mes, vertere ∧ *seb*, cingere

mes, lavare siehe *paṭ-u*, fons

mes-ī, nox, ∧ *sam*, caligo

mās-t, tributum, offerre ∧ ϫⲓⲙ-ⲓ offerre

mes-t ∧ *sem-ṭ* fucare, colorare

mes-ṭ-m ∧ *sem-ṭ-t*, ⲥⲧⲏⲙ, ⲑⲏⲙ, stibium

mes-χ-t-i ∧ ϣⲟⲙ-ϫ, ϫⲉⲙ-ϣ-ⲁⲓ, nares, ϭⲃ-ϣ-ⲁ nasus

ⲙⲛ-ⲧ, *met*, *metr*, decem ∧ ⲧⲉⲃ digitus. *maṭbà* (*mat*∧*tb*) digitus

ⲙⲁⲧ-ⲉ possidere ∧ ⲑⲁⲙ-ⲓⲉ possidere

ⲙⲟⲩϯ, ⲙⲟⲩⲧ-ⲉ vox ∧ *śb-b*, guttur

met-ī, volumen ∧ *t'am-ā*, volumen

ⲙⲁⲧ-ⲟⲓ, *māt-aī*, mercenarius, ∧ ϩⲏⲙⲓ merces

māṭbā (*mat-tb*) digitus siehe ⲙⲏⲧ decem

māt-n gladius ∧ *ṭem*, gladius

ⲙⲧ-ⲟ-ⲛ quiescere ∧ *t'ām*, sedes

meχ, vacuus, deficere, ∧ vacuus, deficere

meχ, vacuus, siehe *meḥ*, plenus, implere

meχ, urere ∧ *keb*, urere

miχ, luctari, posse siehe ⲙⲁϣ posse

māχr-u, invocare ∧ ϧⲣⲱⲟⲩ clamare

ⲙⲁϣ posse, ⲙⲉϣ, ⲙⲓϣ-ⲓ, *miχ*, luctari, pugnare, fortis, ∧ ϫⲟⲙ vis, *kemkem*, ϭⲉⲙϭⲟⲙ posse ∧∨ *nāś*, ⲛⲁϣ, infirmus (quod vide) ∨ *neś-ṭ*, ⲛⲓϣ-ϯ firmus, magnus

ⲙⲉϣ, deesse, fieri nequit, siehe *ā-meχ* non habere, nescire

ⲙⲉϣ, ferire siehe ⲡⲱⲕ ferire

ⲙⲉϣ ferire siehe *beh*, ferire

ⲙⲓϣ-ⲓ percutere ∧ *kenken*, percutere

ⲙⲓϣ-ⲓ luctari siehe ⲙⲁϣ posse

ⲙⲉϣ-ⲉ quaerere ∧ *kemkem*, ϭⲙϭⲟⲙ, ϣⲓⲛ-ⲉ,

quaerere ◊ ⲧⲁⲙ-ⲟ ostendere, *sem-a*, ostendere

ms̀-ā, ⲙⲟϣ-ⲓ (ⲃⲏⲕ, ⲡⲱⲧ) ∧ *s̀em*, iter facere

ⲙⲟⲟϣ-ⲉ, *ms̀-ā* iter facere, ∧ ⲕⲓⲙ movere

ⲙⲟⲟϣ-ⲉ proficisci ◊ ϩⲱⲛ prope

ⲙⲟⲟϣ-ⲉ proficisci ◊ *t'ām*, sedes

ⲙⲉϣ-ⲧ perlustrare ∧ ϩⲟⲃ videre

ⲙⲁϣ-ⲧ crescere ∧ *ḥan*, planta

ⲙⲁϩ bibere, haurire ∧ ϩⲟⲉⲓⲙ fluctus

ⲙⲁϩ haurire ∧ *tef*, fluere

meḥ, ventus siehe ⲁ-ⲛϣ respirare, spirare

meḥ-ī, *beḥ-āu*, piscis ∧ *ḥam*, *ḥeb*, piscis

meḥ, ⲙⲁϩ-ⲓ bracchium, cubitus ∧ *keb*, bracchium

meḥ, ⲙⲉϩ implere ∨ *meχ*, vacuus, *bāḥ*, plenus ∨ vacuus ∧ *ḥen-nu*, plenus, *kem*, plenus, perficere

meḥ ∧ ⲙⲉϩ implere siehe *ā-meχ*, non habere, deesse

ⲙⲉϩ plenus ∨ vacuus siehe *bāḥ*, vacuus

meh, ⲙⲉϩ plenus ◊ *χem*, vacuus

meh, ⲙⲁϩ-ⲉ (ⲙⲟϫϩ) cingulum, corona ∧ ϩⲱⲙ-ⲓ

vertere, volvere, *ḥen*, corona (*śen*, vertere, volvere)

meh, corona siehe ⲣⲉⲕ curvare.

ⲙⲟϩ, *meh*, lucere, urere, *bek*, *bes*, lucere ∧ *ken*, *u-hem*, ϩⲏⲙ, ϧⲉⲙ, ⲕⲏⲙ-ⲓ, urere ∨ *sam*, obscurus, umbra, ⲕⲏⲙ-ⲓ niger

ⲙⲉϩ, *meh*, urere siehe ⲣⲟⲕ-ϩ urere

ⲙⲟϩ, *meh*, *meḥ*, urere ∧ *ken*, urere

ⲙⲉϩ-ⲉⲓⲁⲧ videre siehe *a-meḥ, (meḥ)*, videre

meḥ-t, urceus siehe ⲙⲟⲕ urceus

ⲙⲁϩⲣ-ⲓ fimus < *kanr-o* fimus

mäḥ-s, leo < *ḥesm-t*, leaena

ⲙⲁϫ-ⲉ auris ∧ ⲥ-ⲧⲙ-ⲏ auditus

ⲙⲟϫ-ⲧ (*peś*) jungere ∧ ⲡⲁϩ secare, conjungere, jungere, miscere, *ȧ-bex*, miscere ∧ *tem*, scindere ∨ *ṭem*, ⲧⲱⲙ jungere, miscere

ⲙⲟϫ-ⲧ jungere ∨ *peś*, dividere

ⲙⲟϫ-ϩ cingulum siehe *meḥ*, cingulum, corona

nā, venire ∧ *ȧm*, veni

naȧ, habitatio ∧ *ȧm*, domus, in, locus

nā ∧ *ān*, index, catalogus

ⲛⲁ quasi ∧ *an*, imitari

nāā ∧ *ān*, color, *ȧnnu*, ⲁⲩⲁⲛ color, splendor

ⲛⲁⲩ videre ∧ ⲟⲩⲟⲉⲓⲛ. *ubin* lux. *ub-ben,* lucere

ⲛⲁⲩ videre ∧ *ān*, videre

ⲛⲁⲩ videre siehe *bek*. lux

nāu, vas ∧ ⲟⲩⲉⲛ-ⲧ vas

ⲛⲓⲃ, *neb*, omnis ◊ *ben*, deesse

ⲛⲟⲃⲉ peccatum ∧ ⲃⲱⲛ malus

ⲛⲉⲃ navigare ∧ ⲟⲩⲉⲛ-ⲧ vas, vacuus, navis

neb-ti, vas ∧ ⲟⲩⲉⲛ-ⲧ vas, vacuus

nek, secare ◊ *sensen*, conjunctio

nek, impingere ∧ *kenken*, impingere

nek, affligere ∧ *ken-āu*, impingere

ⲛⲙ atque ∧ ⲙⲛ atque

ⲛⲓⲙ omnis ◊ *ben*, deesse

ⲛⲟⲉⲓⲛ agitari, siehe ⲕⲛⲓⲃ·ⲉ spiritus, ventus

ne-n, videre ∧ *ān*, videre

n-nuḥ, saltare, currere ◊ *χen*, stare, manere

n-neḥ, funis ∧ *ḥn*, ligare, funis

nept, ferire ∧< *t'enp*, securis, malleus

nes-b, cibus ∧ *seb-t*, cibus

nut', percutere ∧ *ā-tn*, ϫⲛ-ⲁ, ⲧⲟⲛ occidere

net-t, ligamen, fascia ∧ *sensen*, conjunctio

ⲛⲟⲩⲧ communis siehe *neh*. dividere

ⲛⲁⲧ cognoscere ∧ ⲥⲱⲟⲩⲛ cognoscere

nuṭ, loqui ∧ *ken*, loqui

net-a, ⲛⲟⲩϭ-ⲉ ∧ *ṭen-nu-ṭ*, ϭⲟⲛ-ⲧ ira

ⲛⲟⲧ-ⲙ couvolutio ∧ *ṭam*, involvere

neṭ-s exiguus ∧ ϫⲏⲃ angustus

nāś, ⲛⲁϣ, infirmus, quantus ∨ *neś-ṭ*. ⲛⲓϣ-ϯ, firmus, magnus *peḥ*, fortis ∧ *ken*, ϭⲛ-ⲉ, ϣⲟⲙ, ϫⲟⲙ fortis ∨ *ken*, ϣⲟⲙ, ϣⲟⲃ infirmus ∨ *χep-ś*, fortis, robur

nāś, ⲛⲁϣ infirmus. siehe ⲙⲁϣ posse

neś, terrere siehe ⲛⲉϣ-ⲉ terrere

neś-ṭ, percutere ∧ *kenken*, percutere

neś-ṭ, ⲛⲓϣ-ϯ firmus, magnus siehe *naś*, ⲛⲁϣ infirmus, quantus

neś-ṭ, ⲛⲓϣ-ϯ firmus, magnus siehe ⲙⲁϣ posse

neś-śen, terrere siehe ⲛⲉϣ-ⲉ terrere

nef, navigare ∧ ⲟⲩⲉⲛ-ⲧ vas, vacuus, navis

nef, nubes ∧ *à-peḳ*, nubes, q. v.

ⲛⲓϥ-ⲓ nebula, spiritus ∧ *à-peḳ*, nubes

ⲛⲓϥ-ⲓ spiritus, ventus siehe ⲕⲛⲓⲃ-ⲉ spiritus, ventus

ⲛⲟⲩϥ-ⲉ bonus ◊ ⲃⲱⲛ malus

neh, scindere, dividere ∨ *s-neḥ*, ⲛⲟϩ, funis ◊ ϣⲉⲛ-ⲧ dividere ◊ ⲛⲟⲩⲧ communis *neh*, scindere, separare ◊ *ḥu*, quoque, cum

ⲛⲟϩ funis Λ *sensen*. conjunctio

ⲛⲟϩ funis siehe *neh*, scindere, dividere

ⲛⲟϩ funis Λ *ḥu*, ligare

neh, ⲗⲉϩ, ⲣⲟⲟⲩϣ, *ruś*, curare Λ *χer*, ϩⲁⲣ-ⲉ-ϩ. laborare, curare

ⲛⲟϩ palpebrae Λ *ḥeb-s*, tegere

neḥ Λ *ḥen*, *ḥen-nu*, adorare (ⲥⲡⲥⲱⲡ, ⲧⲱⲃ-ϩ orare)

ⲛⲟϩ currere, saltare Λ ⲕⲓⲙ movere

ⲛⲟϩ currere. saltare ◊ *χen*, stare, manere

neh-m, sumere Λ *χen*, petere, necessarius

ⲛⲟⲩϭ-ⲥ ira siehe *net-a* ira

ϫⲟⲩⲣ annulus Λ ⲣⲉⲕ curvare

ⲟ-ⲙⲥ lavare siehe *paṭ-u*, fons

ⲟⲛ similis siehe *ān*, imitari

ⲟ-ⲛϣ terrere siehe ⲡⲉϣ-ⲥ terrere

ⲟⲡ-ⲧ Λ ϥⲁ-ⲓ, ⲃⲁ-ⲓ, *faī-t* (Λ *tūa*. *tebteb*, portare ?)

ⲟ-ⲥϫ secare, falx ◊ *a-kes*, conjungere, catena

ⲟⲧ ligare ◊ *tā*, percutere, dividere

ⲟϣ multus, *āχ*, ⲁϣ-ⲟ quantus Λ ϣⲟ multus, *ḥau*, multus, crescere, ϩⲟⲩ magis, (*ḥeb* multus) ⲟⲉϣ solum, humus siehe *as-t*, solum, humus

ⲟⲉϣ terra, pulvis ∧ *ḥa-t*, argilla

ⲟ-ϣϫ linire, obducere ∧ *s-ṭuχ* linire, obducere

ⲟϩ-ⲉ stare, siehe *āk*, intrare, pervenire

ⲟϩ-ⲉ stare ∧ *hā*, stare

ūa, remotus siehe ⲟⲩⲏ-ⲓ, recedere

ūa, ferre siehe ϥⲁ-ⲓ ferre

ⲟⲩⲏ-ⲓ recedere, *ūa*, remotus ∧ *fu*, ⲛⲟⲩ-ⲓ, ⲛⲩ distans

u-bes ∧ *u-seb*, acervus, ϣⲱϥ multus, *ken*, ϭⲛ-ⲱⲟⲩ multus

u-bīn, lucere, ∧ ⲛⲁⲩ videre

u-beṭ ∧ *tauf*, ϫⲛϥ, urere ∨ ϫⲁϥ. ⲱ-ϫⲉⲃ, ⲱ-ϭⲉⲃ, frigus

ⲟⲩⲟ-ⲃϣ lux ∧ *śep*, lux

uḳ-a, mandere ∧ ϫⲁⲩ mandere

uḳ-aï, maxilla siehe ⲟⲩⲁϫ-ⲓ maxilla

ⲟⲩⲁⲗ-ⲉ, ⲫⲏⲣ-ⲓ viridis, crescere *pir*, crescere ∧ *rep-i*, crescere, florere

ⲟⲩⲱⲗ-ⲉ turba ∧ ⲗⲁⲛ turba

ⲟⲩⲉⲗ ⲟⲩⲉⲗ (*ḥelel*) ∧ ⲗⲟⲩⲗⲁⲓ ululare, clamare

ⲟⲩⲟⲉⲓⲛ lux ∧ ⲛⲁⲩ videre

uīn, lux, siehe *ubīn*

ⲟⲩⲉⲛ-ⲧ vas, vacuus, navis ∧ *neb-ti*, vas, *nàu*, vas, ⲛⲉⲃ navigare *nef*, navigare *u-uχ*, vestire V exuere Λ ⲃⲁϣ nudus

ūar, (? ⲟⲩⲣ-ⲁ-ⲥ baculus) Λ ⲣⲱⲟⲩ-ⲉ palea

ⲟⲩⲏⲣ quot, quantus ◊ ⲗⲁⲁⲩ, aliquis V nullus, nihil

us, secare siehe ⲃⲁⲥ secare

u-seb, acervus Λ *u-bes* acervus

ut, *āt* Λ ϯ, ⲧⲁⲩ, ⲧⲟ-ⲓ, *tu*, tradere, retribuere, dare

ut, dare, siehe *āt*, dare

ūat, ⲟⲩⲉⲧⲟⲩⲱⲧ viridis siehe ⲃⲟϯ herba

u-teb, transire Λ *pet*, ⲡⲱⲧ (ⲃⲱⲕ) ire

ut-s, sedes, habitatio siehe *āat*, sedes

uχ Λ ϣⲁⲩ, *χe-t*, truncus, stirps, ramus

uχ-a nox Λ *χau*, nox

ⲟⲩⲉϣ sine ◊ *ḥā*, etiam

ⲟⲩⲉϣ carere V ⲟⲩⲁϩ addere, *uś*, ⲟⲩⲉϣ vastus Λ *śu*, ϣⲏⲟⲩ, magis, vastus

uś, ⲟⲩⲉϣ vastus Λ *śu*, ϣⲏⲟⲩ, vastus, longus, ⲥⲉⲗ-ϭⲁⲙ longus V *ḳua*, ϭⲏⲟⲩ, ϫⲏⲃ angustus

uś, ⲟⲩⲉϣ vastus siehe ⲟⲩⲉϣ carere

ⲟⲩⲉϣ angustus Λ ϫⲏⲃ angustus

ⲟⲩⲟⲉⲓϣ tempus Λ *śep*, ϫⲉⲡ, hora, dies, *ḳau*, tempus

ⲟⲩⲟⲉⲓϣ tempus Λ ⲥⲟⲩⲥⲟⲩ momentum temporis

uš, ⲟⲩϣ-ⲛ nox ∧ *χan*, nox

ⲟⲩⲱϣ consumere ∧ *ḥu*, granum, frumentum

ⲟⲟⲩϣ pulmentum ∧ ϫⲁⲩ mandere

uš-ū, ⲟⲩⲱϣ, consumere ∧ *ḥu*, frumentum

ⲟⲩⲁϣ-ⲉ sumere ∧ ⲕⲁϥ capere

u-šem, miscere siehe ϣⲃ, miscere

ⲟⲩⲟϩ stare, siehe ⲃⲱⲕ ire

ⲟⲩⲁϩ ire ∧ *ḥep*, ire

ⲟⲩⲁϩ movere ∧ *χep*, movere

ⲟⲩⲁϩ addere ∧ *χa*, ϣⲁⲓ multiplicare, *ḥeb*, *keb*, ⲕⲱⲃ multiplicare, multus, *sep*, ⲥⲟⲡ, vices, ϩⲟⲩ magis

ⲟⲩⲁϩ addere ∨ *feχ*, ⲃⲁϣ, spoliare ⲥⲟⲛ, ϣⲟⲛ *šep-t*, *kef*, demere, spoliare

ⲟⲩⲁϩ addere ∨ *ak*, perdere ∧ *ḥa*, ϩⲓ crescere, dilatare

ⲟⲩⲟϩ etiam ∧ *ḥā*, cum, etiam

ⲟⲩⲟϩ atque ∧ *ḥn*, cum, quoque

ūaḥ, ⲟⲩⲁϩ ponere, siehe *āk*, ponere, addere

ⲟⲩⲁϩ addere ⟠ ⲕⲁϥ capere

ⲟⲩⲁϩ addere siehe ⲟⲩⲉϣ carere

ⲟⲩⲟϩ respondere ∧ *a-ḳab*, *χen*, loqui, (?ϫⲟⲥ, **kebt*, *ketb*, *ket*, loqui)

ⲟⲩⲁϩ curvare siehe ⲃⲉϩ curvare

ⲟⲩⲱϩ tegere siehe ⲃⲱϩ tegere

ūaḥ, frumentum Λ *ḥu*, frumentum

ⲟⲩⲉϩ demonstrare Λ ⲭⲁⲩ revelare

ⲟⲩⲁϩ-ⲓ Λ *ḥeb*, piscator, capere pisces

u-hem, lucere, urere Λ ⲙⲟϩ urere, lucere

ⲟⲩⲱϫ cibus Λ *seb-t* cibus

ⲟⲩⲟϫ, ⲟⲩⲟϫⲟⲩⲉϫ mandere Λ ϫⲁⲩ mandere

ⲟⲩⲁϫ-ⲓ, *uḳ-ai*, maxilla, *pesḥ*, mordere Λ *χep-ā*, mandere, ⲕⲏⲡ-ⲉ maxilla, palatum, *tep*, ⲧⲉⲡ, ϫⲁⲩ, gustare, ⲥⲁⲡ-ⲧ, ⲥⲁ-ⲧ-ⲃ, ⲥⲁⲑⲙ-ⲓ ruminare

ⲟⲩⲟϫⲃⲉϫ cibus Λ *seb-t*, cibus

pā-t, *pā-i* Λ ⲁⲫ-ⲉ, ⲁⲡ-ⲉ initium, caput, ⲡⲉ super

ⲡⲉ super siehe *pā-t*, initium, caput

pa, saltare Λ *āb*, saltare

pā, ⲡⲟⲩⲏ-ⲓ aestus Λ *am*, calor

papā, splendere Λ *āb*, splendere

ⲡⲟⲩⲓ splendere, lucere Λ *āb*, splendere

ⲡⲱⲕ, *peχ* *beh* (ⲙⲉϣ) Λ ⲕⲁϥ, *ḳabḳab*, *χebχeb*, *teb*, ferire

ⲡⲱⲕ ferire Λ *ṭem*, gladius

ⲡⲱⲕ ferire siehe *beh*, ferire

ⲡⲟⲕ mollis Λ *ḳen-n*, mollis

ⲡⲟⲕ-ϥ ∧ ⲕⲁⲡ, *seb*, *set-i* (**seb-t, setb, set*) crinis, lana

ⲡⲗⲓⲕ ∧ ⲕⲗⲓⲡ-ⲓ sculpere

ⲡⲗⲓⲕ sculpere ∧ ⲕⲉⲗⲡ baculus

ⲡⲱⲗⲕ, ⲡⲱⲣϫ ∧ ⲕⲱⲗⲡ, ϩⲉⲗⲙ, ⲧⲟⲣⲡ, *ṭerp*, destruere, percutere, spoliare

ⲡⲱⲗⲕ spoliare, destruere ∧ ⲕⲉⲗⲡ pugnus

ⲡⲗⲁⲕ-ⲙ frustum ∧ ϩⲟⲣⲃ percutere

ⲡⲗⲟϭ ∧ ϫⲁⲣⲃ nudus

ⲡⲉⲗϭ-ⲉ ∧ ϣⲟⲣⲡ, *χerp*, antiquus

ⲡⲱⲛⲉ volare ∧ ⲕⲛⲓⲃ-ⲉ spiritus, ventus

ⲡⲉⲛϩ ∧ ϩⲉⲛϥ, *χenp*, capere

pir, crescere, siehe ⲟⲩⲁⲗ-ⲉ viridis, crescere

pir, ignis, ⲡⲉⲣ-ⲓⲱⲟⲩ lucere ◊ ⲣⲉⲃ, obscurus

ⲡⲉⲣ-ⲓⲱⲟⲩ lucere siehe *pir*, ignis

pert', discerpere ◊ ⲑⲉⲣⲡ suere

pert', rumpere siehe ⲃⲉⲗϫ testa

purś-a, frangere ∧ ⲥⲱⲗⲡ scindere

purś-a, rumpere, siehe ⲃⲉⲗϫ testa

perḥ, currere siehe ⲃⲉⲣⲉϩ-ⲓ currere

ⲡⲱⲣϫ rumpere siehe ⲃⲉⲗϫ testa

ⲡⲱⲣϫ frangere, discerpere ◊ ⲑⲉⲣⲡ suere

ⲡⲱⲣϫ percutere ∧ ⲕⲉⲗⲡ baculus, pugnus

ⲡⲱⲣϫ dividere ∧ ⲕⲟⲗⲃ-ⲉ brevis, secatus, divisus

ⲡⲱⲣϫ evellere ∧ ⲥⲱⲗⲡ scindere

ⲡⲱⲣϫ destruere siehe ⲡⲱⲗⲕ destruere

ⲡⲟⲥ aqua ∧ ⲥⲟϥ potio

ⲡⲟⲥ-ⲉ humidus siehe *paṭ-u*, fons

ⲡⲏⲥ-ⲥⲉ figere ∧ ⲥⲏⲃ-ⲉ gladius

pesh, mordere siehe ⲟⲩⲁϫ-ⲓ maxilla

peṭ, ⲡⲁⲧ pes ∧ ϭⲟⲡ, pes

peṭ, ⲡⲱⲧ ire ∧ *u-teb*, transire

ⲡⲱⲧ iter facere siehe *mś-ā*, ⲙⲟϣ-ⲓ proficisci

peṭ, ⲡⲁⲧ *pes*, siehe *s-bek*, crus

pet, vas ∧ ⲧⲱⲃ-ⲓ vas

pāt, cibus ∧ *seb-t*, cibus

paṭ-u, fons, ⲡⲟⲥ-ⲉ humidus ∧ *tef*, irrigare (*sef*, rigare *ḳab*, aqua, ϭⲉⲛ humidus ∧ *beś*, effundere, *mes*, ⲟ-ⲙⲥ lavare, mergere)

peχ, ferire siehe ⲡⲱⲕ ferire

peχ, scindere ◊ ϩⲱⲡ-ⲧ jungere

peś, ⲡⲱϣ dividere (∨ ⲙⲟϫ-ⲧ jungere) ∧ ϣⲁⲛ dividere ◊ ϣⲃ, *śeb*, jungere, miscere

ⲡⲉϣ, dividere siehe ⲙⲟϫⲧ jungere

peś, dividere siehe ⲡⲁϩ secare

peś, secare siehe ⲡⲱϭ-ⲉ secare

peś, ⲡⲱϣ destruere ◊ *sap*, tingere, formare

peś, jungere siehe ⲙⲟϫ-ⲧ jungere

ⲡⲱϣ-ⲛ servus siehe ⲃⲱⲕ servus

ⲛⲉϣ-ⲥ, ⲉ-ⲃϣ *neś*, ⲟ-ⲛϣ ∨ *neś śen* (*neś* ∧ *śen*) terrorem injicere, stupefacere

ⲛⲁϣ-ϥ, *a-bt-t*, rete ∧ ϣⲟⲛ, *kef*, capere

peḥ, currere ∧ *śem*, proficisci

peḥ rer ∧ *ḥep rer* currere in orbem

peḥ, ire ∧ *ḥep*, ire

peḥ, currere, saltare, siehe *ȧb*, saltare

ⲛⲉϩ, ⲛⲉϩ-ⲧ, *beh*, inclinare ∧ ⲕⲱⲃ, ϩⲓⲛⲃ, ϫⲁⲛ-ⲉ humilis, *χab*, ϫⲟⲃ-ⲥ inclinare (*χet*, **χeb-t*, *χetb* cadere facere, praecipitem dare); ⲧⲃⲃ-ⲛⲟⲩ humilis

ⲛⲉϩ-ⲧ inclinare, ⲃⲉϩ, curvare ∧ ϩⲟⲃ-ⲉ humilis

ⲡⲁϩ secare *peś*, ⲡⲱϣ, dividere ◊ ϩⲟⲩ-ⲓ suere

peḥ, secare ∧ *χeb*, secare

ⲡⲁϩ secare siehe ⲙⲟϫ-ⲧ jungere

ⲡⲁϩ findere ◊ ϩⲟⲛ-ⲧ jungere

peḥ, lacus ∧ *ḳap*, aqua

ⲡⲉϩ, ⲡⲱϩ-ⲧ effundere ∧ *ḳap*, aqua

ⲡⲱϩ-ⲧ, *fuḥ*, effundere ∧ ϣⲃ-ⲉ, ϣⲟⲩ-ⲉ *setf*, ⲥⲟⲧϥ für **sef-t*, effundere

ⲡⲱϭ-ⲉ, *peś* ∧ *sau*, ⲥⲟⲩⲥⲟⲩ, *χebχeb*, secare, frangere, destruere, *ṭem*, secare ∨ *ṭem-ī*, ⲧⲱⲙ, ϣⲱ-ⲛ-ⲃ, conjungere *ra*, facere ∧ *ar*, ⲉⲣ, ⲓⲣ-ⲓ facere

ⲣⲱⲟⲩ-ⲉ palea ∧ *nar* (?) ⲟⲩⲣ-ⲁ-ⲉ baculus

ⲣⲉⲃ obscurus ◊ *pir*, ignis

rāāb, amare, concupiscere ∧ ⲙⲉⲣ-ⲉ amare

ⲣⲉⲕ, ⲣⲁⲕ-ⲧ curvare ∧ ⲕⲉⲗ, curvare, ⲕⲗ-ⲗ-ⲉ plicare, genu, ⲕⲣ-ⲟ-ⲥ annulus, ϫⲟⲩⲣ, ϣ-ϭⲟⲩⲣ annulus

ⲣⲉⲕ curvare siehe ⲁ-ⲗⲁⲕ annulus

ⲣⲉⲕ curvare ◊ ϫⲏⲛ, rectus, planus.

ⲣⲉⲕ volvere ∧ ⲕⲟⲣⲕⲉⲣ, volare, volvere

rek, *rek-a*, *lek*, ⲗⲱϫ separare ∧ *χer-s*, separare ∨ *χer-ś*, conjungere

rek-a, separare siehe *rek*, separare

ⲣⲁⲕ-ⲁ stupidus ◊ *ḳar*, sapiens

rek, ⲣⲱⲕ-ϩ urere ∧ ⲕⲉⲓⲁⲗ urere, splendere

ⲣⲟⲕ-ϩ, *rek*, ⲗⲱⲕ ardere ∨ ⲣⲟϣ frigidus ◊ *kr-r*, ⲕⲟⲣ-ϩ ardere, ⲥⲟⲗ, *sāl*, lucerna, *tar*, ϫⲉⲣ-ⲉ, urere, ⲧⲉⲣ-ϣ rufus (confer *ken*, urere etc.)

rek-h, ⲣⲁⲕ-ϩ urere, siehe ⲗⲁⲕ-ϩ urere

ⲣⲁⲕ-ϩ urere ◊ ϩⲗⲟ-ⲗ obscurus

rem, dextra manus ◊ *mer*, laeva manus

ⲣⲁ-ⲙ-ⲡ-ⲓ corbis ∧ ⲃⲓⲣ, corbis

ⲣⲁ-ⲙ-ⲡ-ⲓ annulus ∧ ⲙⲟⲣ cingere

rep-i, crescere, florere ∧ ⲟⲩⲁⲗ-ⲉ viridis, crescere

ret, laqueus, illaqueare, ligare ∧ ϫωρ-ϫ illaqueare

ρωτ, *ret*, viridis, planta ∧ καρ-ⲁ folium, *hr-r*, ϩλ-н-λ-ι flos, *ten-nu*, crescere

ρωϯ *lac*, liquidus ∧ τλτλ stillare (*krker*, fluere neben *herp*, irrigare, ϩερπ aqua)

re-t-ḥ contundere siehe ρωϩ-τ contundere

reχ-s mactare, ραϣ secare, ρωϩ-τ, percutere ∧ κωλ-ϩ percutere

reχ-s percutere, mactare ∧ σορ-τ-ε, culter

reχ-s secare siehe ραϣ secare

reχ-s percutere ∧ ϩωλ pungere, ϩερ vastare

reχ-t metiri ∧ *χer*, metiri

reś gaudere siehe λεϣ-ι gaudere

ραϣ-ε gaudere siehe λεϣ-ι gaudere

ρωϣ-ε, *reś*, videre, attendere, curare ∧ ϩρ-ⲁ, cura, *tar*, ϫωρ, videre

reś, ρωϣ-ε videre ∨ λнσ occultus ◊ σωρ-σ cernere

ρωϣ-ε, *reś*, videre ∧ *ḳar*, sapiens

ροοϒϣ, *ruś*, curare siehe *uch*, curare

ροϣρεϣ ∧ ϣαιρ-ι ruber

ροϣ frigidus siehe ροκ-ϩ urere

ραϣ, *reχ-s* secare, ρωϩ-τ adlidere ∧ ϣαρ dividere, metiri, *kār-t-ī*, σορ-τ-ε culter, ϩερ-ϣ contundere

ⲣⲁϣ secare siehe *rex-s* mactare

ⲣⲁϣ metiri Λ *χer* metiri

ⲣⲱϩ-ⲧ percutere siehe *reχ s* mactare

ⲣⲱϩ-ⲧ adlidere siehe ⲣⲁϣ secare

ⲣⲱϩ-ⲧ, *re-t-ḥ*, ⲗⲱ-ϫ-ϩ, adlidere, contundere Λ ϩⲉⲣ-ϣ contundere, ϩⲉⲣ vastare, *kerker*, ⲕⲱⲗ-ϩ, ϣⲁⲁⲣ, percutere

ruh, ⲣⲟⲩϩ-ⲓ vesper siehe ⲣⲁϩ-ⲉ nitere, lucere

ⲣⲁϩ-ⲉ nitere, lucere V *ruh*, vesper, ⲣⲟⲩϩ-ⲓ vesper Λ ϩⲗ-ⲗ caligo

se, ⲥⲁ progredi Λ *as*, *ȧ-as*, ⲓⲏⲥ percurrere, *ak* currere

ⲥⲁ, pulcher, ornare Λ *ȧs*, *sa*, pulcher, ornare

sa Λ *ȧs*, miser, vilis

sa, *se-k* Λ *ȧis*, ⲕⲁⲓⲉ-ⲉ, ⲕⲟⲥ (ⲕⲁⲓ-ⲥ-ⲉ?) sarcophagus, arca, cista

ⲥⲟⲩⲁ frumentum siehe *ḥu*, frumentum

ⲥⲟⲟⲩ cognoscere siehe ⲥⲱⲟⲩⲛ cognoscere

sau, cognoscere siehe ⲥⲱⲟⲩⲛ cognoscere

sȧu, haurire siehe ϩⲟⲉⲓⲙ fluctus

sȧu, haurire siehe ⲥⲟϥ potio

sau, ⲥⲟⲩⲥⲟⲩ secare Λ ⲡⲱϭ-ⲉ secare

ⲥⲟⲩⲥⲟⲩ momentum temporis Λ ⲟⲩⲟⲉⲓϣ tempus

seb cingere Λ ⲃⲓⲕ-ⲓ cingulum, ⲃⲉϩ curvare. *mes*, vertere

seb, *sebseb-ā*, cingere ∧ ⲃⲓⲕ-ⲓ cingere

sab, ϫⲉ-ⲕⲙ lavare ∧ *beś*, lavare

seb, crinis, lana ∧ ⲛⲟⲕ-ϥ crinis, lana

sab ∧ *ā-bs-ī*, canis niloticus

ⲥⲟⲃ, fraus ∧ ϥⲟϭ fraus

seb, hostis, malignus ∧ *beś-ṭ*, hostis, malignus

seb, secare ∧ ⲃⲁⲥ secare, ⲛⲱϭ-ⲉ, secare

ⲥⲏϥ-ⲉ gladius ∧ ⲃⲁⲥ secare ∨ ⲡⲏⲥ-ⲥ-ⲉ figere ∧ ⲫⲁϩ, ⲫⲁϫ dividere

ⲥⲉⲃ-ⲓ circumcidere ∧ ⲃⲁⲥ secare

s-bek, crus, *peṭ*, ⲡⲁⲧ, pes ∧ *s-keb*, crura

s-ben ∧ *s-neb*, ligamina

seb-t, cibus, *ṭep*, ⲧⲁⲡ-ⲧ gustare ∧ *beś*, ⲟⲩⲱϣ, ⲟⲩⲟϫⲃⲉϫ, *nes-b*, cibus, *pāt*, cibus (*χep-ā* ∧ *beh*, cibus)

ⲥⲁⲑⲙ-ⲓ ruminare siehe ⲟⲩⲁϫ-ⲓ maxilla

sek, sarcophagus siehe *sa*, sepulchrum, cista

ⲥⲱⲕ, progredi, sequi siehe *χeṭ*, prosequi

sek, decerpere ∧ *ḳas*, secare

sek, arare siehe ⲥⲕⲁⲓ arare

ⲥⲕ-ⲁⲓ arare, laborare, *sek*, arare ∧ ϩⲓⲥ-ⲓ laborare

s-keb, crura ∧ *s-bek*, crus

sker, navis siehe *śer-h*, navis

ⲥ-ⲕⲁⲣ-ⲁ folium ∧ ⲗⲉⲕ viridis
ⲥⲟⲗ lucerna siehe ϫⲱⲣ videre
ⲥⲟⲗ, *sāl*, lucerna ∧ ⲣⲟⲕ-ϩ urere
sāl, lingua ∧ ⲗⲁⲥ lingua

ⲥⲱⲗⲡ scindere, lacerare *karp-u*, ϭⲱⲣϥ, ⲧⲉⲣⲡ scindere, ∧ ⲡⲱⲣϫ evellere, ⲫⲟⲣⲕ frangere, ⲫⲱⲣϫ-ⲥ scindere, *purś-a*, frangere

ⲥⲗⲡ abscindere < ⲗⲁⲡⲥ percutere
ⲥⲗⲡ abscindere siehe ⲕⲉⲗⲡ pugnus, baculus, percutere

ⲥⲉⲗ-ϭⲁⲙ longus siehe *uś*, ⲟⲩⲉϣ vastus

sam, caligo, ∧ *kem*, ⲕⲏⲙ obscurus, (*ḥep-t* occasus solis *χau*, nox ∨ ⲥⲁⲉⲓ-ⲧ clarus) ∨ *sem* apparere ◊ *mes-ï*, nox

sam, obscurus, umbra ◊ ⲙⲟϩ lucere, urere

sam, caligo siehe *χaib-t*, umbra

sm-ȧ, ostendere ◊ ⲙⲉϣ-ⲉ quaerere

sem, apparere siehe *sam*, caligo

sam, via, iter, siehe ϩⲱⲛ prope

sām, haurire siehe ϩⲟⲉⲓⲙ fluctus

smā, ⲥⲙⲏ vox, clamare siehe *śb-b*, guttur

ⲥⲙⲏ vox siehe ⲥ-ⲧⲙ-ⲏ auditus

sem-ti, oculi ∧ *ȧ-mḥ*, *ḥem-ḥ*, (?) videre

sem-ṭ, fucare, colorare ∧ *mes-t*, fucare

sem-ṭ-t, stibium ∧ *mes-ṭ-m* stibium

sen, сιн, proficisci siehe ϩωн prope

сωоυн, *sun-ȧu*, cognoscere (саъ-є, *sau*, сооυ scire, cf. *bek*, videre) ∧ нιаτ cognoscere

s-neb, ligamina ∧ *s-ben*, ligamina

s-nek ∧ *kem*, кнм-ι obscurus, niger

s-nek, obscurari siehe λнϭ obscurari

s-neḥ, funis siehe *neh*, scindere, dividere

sun-ȧu cognoscere siehe сωоυн cognoscere

sensen, conjunctio *χen-s-ṭ*, vitta, nodus ◊ *nek*, secare ∨ ноϩ funis *nett*, ligamen, fascia

сєн-ϩ ligare siehe *ḥn*, ligare

sn-ḥ, *s-neḥ*, сн-аυ-ϩ funis, ∧ *ḥn-sk*, torquere, flectere

sȧp, τъτωъ, fingere, formare, щнъ-ι statua ◊ *peś*, πωщ, φащ destruere

спсωп orare ∧ *neḥ*, adorare

sep, соп, vices ∧ оυаϩ addere

ⲥⲟⲛ-ⲓ duplex (*keb*, *ken*, ϭⲛⲉ multiplex) ◊
ⲃⲁϣ-ⲓ dimidium

ⲥⲁⲛ-ⲧ ruminare ∧ ⲟⲩⲁϫ-ⲓ maxilla

ⲥⲟⲣ, ⲕⲟⲟⲣ evellere ∧ ⲗⲟⲕⲗⲉⲕ evellere

s-reχ ∧ *s-χer*, alta sedes *ḥer*, altus

sesa, satiare siehe *tek-t*, cibus

se-t, solum, humus, siehe *as-t*, solum

ⲥⲁⲉⲓ-ⲧ clarus siehe *sam*, caligo

ⲥⲁⲧ, *set-i*, projicere ∨ ⲥⲉⲧ redimere ∧ ⲧⲁⲥ-ⲑ-ⲟ reducere ∨ ⲧⲓⲕ projicere

ⲥⲁⲧ, *set-i* projicere siehe ⲕⲁⲧ-ⲟ sagitta

set-i projicere siehe ⲥⲁⲧ projicere

set-i, crinis, lana siehe ⲡⲟⲕ-ϥ crinis

ⲥⲁ-ⲧ-ⲃ ruminare siehe ⲟⲩⲁϫ-ⲓ maxilla

s-ṭeb potare siehe ⲥⲟϥ potare

ⲥⲧⲏⲙ stibium ∧ *mes-ṭ-m* stibium

ⲥ-ⲧⲙ-ⲛ auditus ∨ ⲥⲙⲏ vox *a-ḥab*, vocare ◊ ⲙⲁϫ-ⲓ auris

s-ṭuχ ∧ ⲟ-ϣϫ linire, obducere, *ḥāt*, tegere

ⲥⲱ-ⲧ-ϥ (*ⲥⲱϥ-ⲧ *ḥap*, aqua, fluere) ∧ ϥⲱⲧ abstergere

setf, ⲥⲟⲧϥ effundere siehe ⲛⲱϩ-ⲧ effundere

seχ, ⲥⲱϩ ∧ *ḥes-k*, surdus

s-χeb, haurire siehe ϩⲟⲉⲓⲙ fluctus

s-χeb, haurire siehe ⲥⲟϥ, potio

seχm < *χesm*, sanctuarium

s-χep, edere siehe ϫⲁⲩ mandere

s-χer, alta sedes ∧ *s-reχ* alta sedes

seś, ⲥϣ-ⲉ decet ∨ ⲥⲱϣ dedecet ◊ *śes*, ϣⲟϣ decet ∨ ϣⲱⲥ dedecus

sef ∨ *fes*, colare, lavare (*ḳab*, aqua, *śen*, aqua, ? ⲁ-ⲑ-ⲛ-ⲁⲃ purus) <∨ ϫⲃⲓⲛ macula

sef, rigare ∧ *paṭ-u*, fons ⲥⲟϥ, potio *sau*, haurire *s-ṭeb*, potare *s-χeb*, haurire) ∧ ⲛⲟⲥ aqua

ⲥⲟϥ potio siehe *tef*, fluere

ⲥⲏϥⲓ gladius ∧ ⲃⲁⲥ secare

ⲥⲁϩ sculpere ∧ *ḳas*, secare

ⲥⲱϩ surdus siehe *seχ*, surdus

suḥ, ventus, aer, spiritus, ∧ *ḥes-t*, suffocare

shr-i, navis < *śr-h*, navis

ⲥ-ϭⲏⲣ navis < *śer-h*, navis

ta, tempus, momentum ∧ *áat*, tempus, momentum

t'a, navis ∧ *áa-ut*, navis

ⲧⲁⲩ dare ∧ *ut*, dare

ⲧⲟ-ⲓ dare ∧ *ut*, dare

ⲧⲟⲓ dare ∧ *ȧt*, dare

ṭu, dare ∧ *ut*, dare

tu, dare ∧ *ȧt*, dare

tȧ, percutere, secare, dividere, ⲧⲟ pars ◊ ⲟⲧ

ȧṭat, ligare

ⲧⲟ pars siehe *tȧ*, percutere, secare, dividere

tȧ, ⲧⲟ pars ∧ *ȧt*, pars

ṭa, maculatus ∧ *ȧ-aṭ-t*, maculatus, impurus

ⲧⲟ-ⲉ, ⲑⲟ-ⲓ maculatus ∧ *ȧ-aṭ-t*, maculatus, impurus

ⲧⲟⲩⲱ coloratus ∧ ⲃⲟϯ herba, ⲡⲓⲧⲁ flos (?)

tūa, portare siehe ⲟⲡ-ⲧ portare

taīu, symbolum ∧ *ȧt*, symbolum

ⲧⲏⲟⲩ ventus siehe ⲕⲛⲓⲃ-ⲉ, spiritus, ventus

ⲧⲟⲓ sedes, habitatio ∧ *ȧat*, sedes, habitatio

t'ab, vas siehe ⲧⲱⲃ-ⲓ receptaculum

ṭeb, ferire, injuriam inferre ∧ *beṭ-ś*, injuriam inferre

ṭeb, ferire ∧ ⲡⲱⲕ ferire

ṭeb, ficus ∧ ⲃⲏⲧ ficus

ṭeb, hippopotamus ∧ *ȧ-pt*, hippopotamus

ⲧⲉⲃ, *t'eb-a*, digitus ∧ ⲃⲛⲧ ramus, costa (?)

ⲧⲉⲃ digitus ∧ ⲙⲛⲧ decem

ⲧⲱⲃ-ⲓ vas, receptaculum, *t'ab*, ϫⲟⲃ vas, *ṭep*, navis, vacuus, (*a-ken*, vas ⲕⲉⲃ, ⲕⲁⲃⲓ vas) ∧ *pet*, vas, *a-nt'*, ⲟⲩⲉ-ⲛⲧ navis, vacuus, vas

ⲧⲟⲃ-ⲥ vulnerare, *ḳabḳab*, percutere ∧ ⲃⲟⲧ-ⲥ confodere

ⲧⲃ-ⲃ-ⲛⲩ humilis siehe ⲡⲉϩ inclinare

tebteb, portare ∧ ⲟⲡ-ⲧ portare

ⲧⲃⲧⲱⲃ fingere, formare siehe *sȧp*, fingere, formare

ṭebh < *hotp*, *hop-t* sacrificium

ⲧⲱⲃ-ϩ orare ∧ *neḥ*, adorare

ⲧⲟⲕ ∧ ϣⲁⲧ repetere (*keb*, multiplex, *keb-t*, *ketb*)

ⲧⲕ acervare ∧∨ ⲥⲁⲧ projicere

ⲧⲓⲕ projicere ∧ ⲕⲁⲧ-ⲟ sagitta

ⲧⲓⲕ projicere ∧ ⲥⲁⲧ projicere

t'ek-ā, findere, dividere ∧ *ket*, ⲕⲟⲩϫ-ⲓ parvus, ϫⲱϫ findere

ⲧⲟⲕ-ⲓ involucrum ∧ ⲕⲟⲧ volvere

tek-t, ϭⲁϭ-ⲉ cibus *sesa*, satiare ∧ *ḥat-ḥu*, cibus, *keṭ-ti*, frumentum

ⲧⲗⲧⲗ stillare ∧ ⲣⲱϯ lac, liquidus

ⲧⲁ-ⲗϭ-ⲟ sanare ∧ ⲁ-ϩⲣ-ⲉ sanare

ṭem, loqui, siehe *ken*, loqui

t'ām, sedes ∧ ⲙⲧ-ⲟ-ⲛ quiescere (∨ ⲃⲱⲕ, ⲕⲓⲙ movere *śem* ∧ ⲙⲟⲟϣ-ⲉ proficisci)

t'ām, sedes ∧ ⲃⲱⲕ, ire

ṭem, ⲧⲱⲙ, gladius, acutus ∧ *mt-n* gladius (ⲡⲱⲕ ferire, *bṭ-ś*, injuriam inferre)

ṭem, secare ∧ ⲡⲱϭ-ⲉ, secare

tem, scindere ◊ ⲙⲟϫ-ⲧ jungere

ⲧⲱⲙ conjungere ◊ ⲡⲱϭ-ⲉ secare

ṭem, ⲧⲱⲙ jungere, miscere ∧ ⲙⲟϫ-ⲧ jungere

ṭem-ī, ⲧⲱⲙ, conjungere ◊ ⲡⲱϭ-ⲉ secare

t'am, involvere ∧ ⲛⲟⲧ-ⲙ convolutio

t'am-ā, volumen, involucrum, ϫⲱⲙ liber ∧ *met-ī*, volumen

ⲧⲁⲙ-ⲟ ostendere ◊ ⲙⲉϣ-ⲉ quaerere

ten, ⲧⲱⲛ, altus, vastus, distans siehe ϩⲱⲛ prope

ⲧⲟⲛ occidere ∧ *nut'*, percutere

ten-m repellere, impedire, negare ∧ *ā-nt* repellere

ten-nu, crescere ∧ ⲛⲁϭ magnus

t'en-nu-ṭ, ira, ∧ *net'-a* ira

t'enp, ϭⲛⲟⲩϥ securis, malleus < *nept*, ferire

ṭep, **ⲧⲉⲡ** gustare siehe **ϫⲁⲩ** mandere

ṭep, **ⲧⲉⲡ** gustare ∧ **ⲟⲩⲁϫ-ⲓ** maxilla

ṭep, gustare ∧ *seb-t*, cibus

ⲧⲁⲡ-ⲧ gustare siehe *seb-t*, cibus

ṭep, **ⲧⲟⲡ** navis ∧ *à-pt*, navis

ṭep, navis, vacuus, siehe **ⲧⲱⲃ-ⲓ** vas, receptaculum

tupar, tuba < **ϩⲣⲱⲟⲩ** clamare

tep, **ⲕⲉⲛⲓⲛⲥ** (**ⲕⲉⲛ** ∨ **ⲛⲓⲥ**) ∧ *à-pt*, anser

ṭer, percutere siehe **ϩⲉⲣ** vastare

ter, terminus ∧ **ⲁ-ⲣⲏϫ** terminus

t'ar, videre siehe **ϫⲱⲣ** videre

t'ar, videre siehe *ḳar*, sapiens

t'ar, videre ∧ **ⲣⲱϣ-ⲉ** videre

t'ar, urere ∧ **ⲣⲟⲕ-ϩ** urere

ter-o, urere, lux, siehe **ⲕⲉⲓⲁⲗ** urere, lux

ter-o, urere ∧ **ⲗⲁⲕ-ϩ** urere

ter-uu, circulus siehe **ⲕⲟⲣⲕⲉⲣ**, volare, volvere

t'arb-u, vas siehe **ⲕⲟⲗⲃ-ⲥ** vas

t'arb-u, vas siehe **ϫⲁⲣⲃ-ⲥ** vas

ṭrp, findere siehe **ⲕⲟⲗⲃ-ⲥ** brevis, secatus, divisus

ṭerp, **ⲧⲣⲟⲡ** percutere siehe **ⲕⲉⲗⲡ** baculus

τορπ, *ṭerp*, percutere, destruere, spoliare ∧ πωλκ destruere

τερπ scindere siehe cωλπ scindere

ṭerp, τροπ percutere, ictus, siehe ϩορϦ percutere

τερ-ϣ rufus < ροκ-ϩ urere

τερ-ϣ lucidus, ruber < *ṭeśr*, τακρ, lucidus

ṭes, separare, culter, θαϣ dividere

∨ *teśteś-u*, *teχteχ* miscere ◊ *śet*, ϣετ amputare

τας-θ-ο reducere siehe cατ projicere

t'et, substantia, creare siehe ταϫ massa

τοοτ manus siehe *kit-t*, manus

t'eṭa ∧ *āṭ*, ωτ, *āṭet*, adeps

ṭeχ, rigare ∧ *χet*, fluere

ṭeχ ∧ *χeṭ*, cadere facere, caedere, fällen

teχteχ, τεϩτωϩ miscere, conjungere ∨ *ṭes*, separare ◊ *śet*, secare

teχ, sumere ∧ *kit-t*, manus

teśteś-u, miscere siehe *ṭes*, separare, culter

tauf, urere ∧ *u-beṭ*, urere*)

*) Révillout, Mélanges d'épigraphie et de linguistique Égyptienne. Troisième Article (Mélanges d'Archéologie III. 1) enthält eine sehr eingehende Untersuchung über ϕ, π, Ϧ, ϥ, ϒ.

t'ef, abundare ∧ ϥⲟϣ abundare

tef, irrigare ∧ *paṭ-u*, fons

tef, fluere (ⲥⲟϥ potio *ḳab*, aqua, ϩⲟⲉⲓⲙ fluctus) ∧ *betbet*, fluere (ⲙⲁϩ haurire)

tef, *ṭef-n* ∧ ϥⲟϭ, salire *à-fṭ*, salire ∨ quiescere

tef-ī, exsilire ∧ *à-fṭ*, ϥⲱϫ saltare (ⲃⲱⲕ ire, currere)

ṭefn, salire siehe *tef*, salire

ⲧⲟϩ firmare ◊ ϩⲉⲧ terere, destruere, *haṭ*, *het*, terere (*kef*, robur)

teh, ⲧⲟϩ currere ◊ *ket*, requiescere

teh, ⲧⲟϩ, progredi ∧ *χet*, prosequi

teh, sumere ∧ *kīt-t*, manus

ⲧⲁϩ-ⲟ sumere ∧ *kit-t*, manus

ⲧⲁϩ-ⲟ apprehendere ∧ ⲕⲁϯ intelligere

teḥ-u, jubilare ∧ *ḥat*, exclamare, jubilare

ⲧ-ϩⲉⲙ-ⲕ-ⲟ affligere ∧ ⲙⲟⲕ-ϩ affligere

t-ḥn, admovere, siehe ϩⲱⲛ prope

ⲧ-ⲁ-ϩⲛ-ⲟ admovere ∨ detinere siehe ϩⲱⲛ prope

ⲧⲉϩⲧⲱϩ miscere, conjungere siehe *teχteχ*, miscere, conjungere

ⲧⲁϩⲧⲟ vertere siehe ⲕⲟⲧ vertere

teḥ-ḥ-ui, jubilare, exclamare ∧ *ḥat*, jubilare

ⲧⲁϫ massa (keṭ, t'et, substantia, creare)
Λ ϣⲱϯ massa

χa, funis Λ *āk-a*, funis Λ ϩⲟ-ⲕ. ⲑⲁ̀-ϣ ligare

χa, ϫⲓ Λ *āk*, tangere, explorare

χā, ⲭⲁ, jacere Λ *aχ*, jacere

ⲭⲁ ponere Λ *āk*, ponere

χa, multiplicare Λ ⲟⲩⲁϩ addere

χa, copia siehe ϣⲁ mille

ⲭⲁ, ager Λ ⲓⲟϩ ager

ⲭⲁⲓ substantia Λ *àχ*, substantia

χai-t, *hī*, ϩⲟⲩ aqua (*ḳap*, aqua) Λ *àχ*, *χu*, Nilus, flumen

χa-u, ara Λ *āχ*, ara, altare

χau, nox siehe *sam*, caligo

χau, nox *ḥep*, occasus solis
Λ *uś*, ⲟⲩϣ-ⲛ, *uχ-a*, nox

ⲭⲁⲩ, ϭⲁⲩ revelare (V ⲭⲉⲛ, celare) Λ ⲟⲩⲉϩ, ⲃⲱϩ, ⲃⲱϣ demonstrare

χu, lux, siehe *śep*, lux

χu lucere Λ ⲓϧ lucere

χu, dignus, decet, siehe ϣⲁ decet

χu, dignus, decet Λ *às*, nobilis, dignus

χeb, ⲭⲱⲃ, curvare Λ ⲃⲉϩ curvare

χab, inclinare Λ ⲡⲉϩ inclinare

χeb, flectere Λ ϐⲉϩ, inclinare, salutare, curvare

χeb Λ *beχ-m-a*, *χeb-m-a* hippopotamus

χeb, impingere Λ *beh*, ferire

χab offendere siehe ϣⲁϥ-ⲧ offendere

χϐ-ⲁ servitium Λ ϐⲱⲕ servus

χaib-t, ϧⲏⲓϐ-ⲓ umbra, protectio Λ (*sam*, caligo) Λ *beh-t*, umbra

χeb-eb, vas Λ ⲙⲟⲕ, urceus

χebχeb, secare Λ ⲡⲱϭ-ⲉ secare, ⲡⲱⲕ ferire

χeb Λ *peḥ*, ⲡⲁϩ, ⲫⲁϩ, ⲫⲱϧ, ϐⲱϭ, *beḥ*, ϐⲁⲥ secare

χel, furari siehe ϭⲉⲗ furari

χel, rapere Λ ⲗⲁϭ impudenter petere

χⲱⲗⲙ celer Λ ϐⲉⲣⲉϩⲓ currere

χelp, pugnus siehe ⲕⲉⲗⲡ pugnus

χām, vox, clamare siehe *ṡeb-b*, guttur

χem Λ *meχ*, vacuus, deficere *meḥ*, ⲙⲉϩ, plenus

χen, stare, manere V *ḥun*, *hn*, ⲕⲓⲙ, movere, accedere Λ ⲛⲟϩ, *n-nuḥ*, saltare, currere, ϐⲱⲕ ire, ⲟⲩⲁϩ movere

χen, stare, ⲕⲏⲛ quiescere, ⲥⲉⲙ-ⲛ-ⲉ quies Λ ⲙⲟⲑ-ⲛ-ⲥ quiescere *χen*, loqui ∧ ⲟⲩⲟϩ respondere

χen, ϣⲓⲛ-ⲉ (ϣⲟⲗ) petere, necessarius ∧ *neh-m*, sumere

χen, petere siehe ϣⲟⲗ petere

χn-u-m ligare siehe *ḥn*, ligare

χenp, capere ∧ ⲡⲉⲛϩ capere

χon-s, proficisci siehe *śem*, proficisci

χen-s-ṭ, vitta, nodus siehe *sensen*, conjunctio

χen-ṭ, progredi siehe ϩⲱⲛ proper

χe-n-ś putredo, putridus siehe ϣⲁϭϣⲉϭ putridus

Ⲭⲉⲛ tegere ∧ ⲃⲱϩ tegere

Ⲭⲉⲛ sumere siehe ⲕⲁϥ capere

χep, ⲕⲓⲙ, ⲕⲓⲙ, ϫⲓⲛⲕⲓⲙ ∧ *á-beχ*, ⲟⲩⲁϩ movere

χep, movere ∧ ⲃⲱⲕ ire

χep, ⲕⲓⲙ movere ∧ ⲙⲟϣ-ⲓ, ire

χep, movere siehe *χet*, prosequi

χep, ire, siehe *ḥep*, ire

χep-ā, mandere ∧ ⲟⲩⲁϫ-ⲓ maxilla

χep-ā cibus siehe *seb-t*, cibus

χep-ś, ϭⲟⲙ, ϣ-ϭⲟⲙ, fortis, robur ⋄ *nāś*, ⲛⲁϣ, infirmus, quantus ∨ ⲙⲁϣ, ⲛⲁϣ posse

χer, curare ∧ *neh*, curare

χer ∧ reχ-t, ⲣⲁϣ, metiri

χer-s, separare ∧ rek, separare

χru, clamare, siehe ϧⲣⲱⲟⲩ clamare

ϫⲣⲉⲃ caligo ◊ ⲃⲣⲏϫ fulgur, fulgor, ⲉⲓⲉⲣϩ-ⲉ lux

ϫⲣⲱⲙ splendor ∨ ϫⲣⲉⲙ-ⲧ-ⲥ obscurus ◊ ⲟⲩⲣⲏϫ, fulgor

χerp, antiquus ∧ ⲡⲉⲗϭ-ⲉ antiquus

χer-ś, conjungere ◊ rek, separare

χesf < ⲥⲁϩⲛⲟⲩ amovere, secedere (? neben ⲥⲁ-ϩⲣⲓ amovere)

χsf-i-t navis ∧ á-pt, navis

χesm, sanctuarium < seχm, sanctuarium

χet prosequi (χep, χep-t, *χetp, χet) ∧ teh, ⲧⲟϩ, progredi, ⲥⲱⲕ progredi, sequi

χeṭ, inclinare siehe ⲛⲉϩ inclinare

χet, ϩⲁϯ fluere ∧ ṭeχ, rigare

χe-t, truncus, ramus, stirps ∧ uχ, truncus, ramus

χeṭ, caedere ∧ ṭeχ, caedere

χetb siehe ϣⲃ, miscere

ϫⲁϥ arbor ∧ bek, arbor

ⲱⲕ frumentum ∧ ḥu, frumentum

ⲱ-ⲗⲕ plicare, curvare ∧ ⲕⲉⲗ curvare

ⲱⲛⲉ lapis siehe *āb, bā*, lapis

ⲱⲧ adeps Λ *t'eṭa*, adeps

ⲱ-ϫⲉⲃ frigus ◊ *u-beṭ*, urere

ϣⲁ, ϣⲟⲩ, *χu*, dignus, decet ◊ ⲉϣ-ϣⲉ decet, *ȧs*, dignus

ϣⲁ mille *χa*, ϣⲓ copia *ka*, ϫⲱ magnus Λ ⲁϣ multus, *ȧχ*, magnus, multus

ϣⲁ mille ◊ ⲁϣ quantus V ⲁⲧ, ⲁⲑ non, nullus

ϣⲁⲓ multiplicare Λ ⲟⲩⲁϩ addere

ϣⲁⲩ abundare Λ ϥⲟϣ abundare

ϣⲁⲩ pars Λ ⲫⲁϫ-ⲓ pars

ϣⲁⲩ truncus, ramus, stirps Λ *uχ*, truncus

ϣⲉ, ϣⲉ-ⲓ pervenire Λ *āk*, intrare

ϣⲓ copia siehe ϣⲁ mille

ϣⲏ-ⲟⲩⲉ altare Λ *āχ*, altare, ara

ϣⲟ multus Λ ⲟϣ multus

ϣⲟⲩ dignus siehe ϣⲁ dignus, decet

ϣⲟⲩ nobilis, dignus V ϫⲁⲓ, ϫⲁⲓⲱⲟⲩ indignus Λ ⲃⲱϣ turpis

śu, ϣⲏⲟⲩ, magis, vastus ◊ ⲟⲩⲉϣ carere

śu, ϣⲏⲟⲩ vastus, longus Λ *uś*, ⲟⲩⲉϣ, vastus

ϣⲟⲩ-ⲉ effundere Λ ⲡⲱϩ-ⲧ effundere

ϣⲟⲩ-ⲉⲓ-ⲧ vacuus Λ *bāḥ*, vacuus

ϣⲃ, *śeb*, miscere ◊ ⲡⲉϣ dividere (*u-śem*, *χetb*, **χeb-t*, miscere)

ϣⲟⲃ infirmus ∧ *nāś*, ⲛⲁϣ infirmus
ϣⲃ-ⲉ effundere ∧ ⲡⲱϩ-ⲧ effundere
ϣⲁⲃ-ⲓ minister ∧ ⲃⲱⲕ servus
ϣⲛⲃ-ⲓ statua siehe *sáp*, fingere, formare
ϣⲟⲩⲱⲃ-ⲓ guttur siehe *śeb-b*, guttur
śeb-u, sumere siehe ϣⲉⲡ sumere
śb-b, ϣⲃ-ⲱ-ⲃ-ⲓ, ϣⲟⲩⲱⲃ-ⲓ (*śenb-t*,
χām, *smā*, ⲥⲙⲏ vox, clamare)
guttur ∧ *bek̦-s-u*, gula (ⲙⲟⲩϯ, vox)
ϣⲃ-ⲱ-ⲃ-ⲓ guttur siehe *śeb b*, guttur
ϣⲟⲃ-ϩ urere siehe *keb*, urere
ϣⲟⲃ-ϩ urere siehe *ken*, ardere
ϣⲓⲕ fodere ∧ ⲕⲁⲓⲥ-ⲉ sepultura
ś-ker, annulus ∧ ⲁ-ⲗⲁⲕ annulus
ϣⲟⲗ, *χen*, ϣⲓⲛ-ⲉ petere ∧ ⲗⲁϭ poscere
ϣⲟⲗ, *χen*, ϫⲛ-ⲟⲩ, petere, necessarius ∧ ⲙⲉϣ-ⲉ, ⲙⲉϣ-ⲧ petere
ϣⲟⲗ rapere ∧ ⲗⲱϭ rapere, furari
ϣⲟⲗ-ⲕ, ϩⲱⲗ-ⲕ plectere, *ḥun-k*, plectere,
ker-t'a plexus, ⲕⲉⲗ-ϫ flectere
ϣⲗ-ϩ frons, frondis ∧ ⲗⲉⲕ, viridis
ϣⲗ-ⲉ-ϩ navis siehe *śer-h*, navis
ϣⲟⲙ fortis ◊ *nāś*, ⲛⲁϣ infirmus, quantus
ϣⲟⲙ infirmus ∧ *nāś*, ⲛⲁϣ infirmus, quantus

śem, *χon-s*, proficisci, ⲕⲓⲙ movere
∧ *mś-ā*, ⲙⲟϣ-ⲓ proficisci, *bes*, ⲃⲱⲕ, ire, festinare, *peḥ*, currere

śem, proficisci siehe *t'ām*, sedes

ϣⲙ-ϣ servus ∧ ⲃⲱⲕ servus

ϣⲟⲙ-ϫ nasus ∧ *mes-χ-t-i*, nares

śen, aqua, siehe *sef*, colare, lavare

śen, vertere, volvere ∧ *meḥ*, cingulum, corona

śn-ā, ventus ∧ ⲁ-ⲛϣ, spirare

ϣⲓⲛ-ⲉ quaerere ∧ ⲙⲉϣ-ⲉ quaerere

ϣⲓⲛ-ⲉ, petere, necessarius, siehe *χen*, petere

ϣⲓⲛ-ⲉ petere siehe ϣⲟⲗ petere

ϣⲱ-ⲛ-ⲃ, ϣⲱⲛ-ⲃ, conjungere ∧ ∨ ⲡⲱϭ-ⲉ secare

‹ϥ4ⲟⲟⲏ *senb-t*, vox siehe *seb-b*, guttur

ϣⲉⲛ-ⲧ dividere ∧ *neh*, dividere

ϣ-ⲛ-ⲟϣ putredo siehe ϣⲁϧϣⲉϫ putridus

śep, ϣⲉⲡϣⲟⲡ (*keb*, *χu*, *ā-χu* lux) ∧ *ā-pś*, ⲟⲩⲟ-ⲃϣ, ⲫⲟⲥ-ⲓ, *bek*, lux, splendor

śep, hora, dies ∧ ⲟⲩⲟⲉϣ tempus

śep, urere ∧ *bek*, lux

śep, urere siehe *keb*, urere

śep, ϣⲉⲡϣⲟⲛ urere siehe *ken*, ardere

ϣⲉⲡ capere ∧ *beḥ-ā*, capere

ϣⲱⲡ capere ∧ ϭⲏⲕ capere

ϣⲉⲡ, *śeb-n*, sumere ∧ ⲁ-ⲙⲁϩ-ⲓ, ϥⲉϭ capere

ϣⲟⲡ capere ∧ ⲛⲁϣ-ϥ rete

ϣⲟⲡ demere ◊ ⲟⲩⲁϩ addere

śep-t, demere ◊ ⲟⲩⲁϩ addere

ϣⲁⲡ dividere ∧ *peś*, dividere

śep, ϣⲱⲡ, commovere ∧ ϭⲱⲕ *bes*, ire

śep, ϣⲱⲡ (ⲕⲓⲙ) commovere ∧ ⲡⲱϣ-ⲥ decedere, amovere

ϣⲉⲣ, volare ∧ ⲁ-ⲗⲟⲕ, vola

ϣⲁⲁⲣ percutere ∧ ⲣⲱϧ-ⲧ contundere

ϣⲁⲁⲣ-ⲉ percutere siehe ϧⲉⲣ percutere

ϣⲁⲣ dividere, metiri ∧ ⲣⲁϣ secare

ϣⲁⲓⲣ-ⲓ gaudere ∧ ⲗⲉϣ-ⲓ gaudere

ϣⲁⲓⲣ-ⲓ ruber ∧ ⲣⲟϣⲣⲉϣ ruber

ϣⲟⲣⲡ antiquus ∧ ⲡⲉⲗϭ-ⲉ antiquus

śer-h, ϣⲗ-ⲉ-ϩ < *shr-ī*, *sker*, ⲥ-ϭⲏⲣ, ϣ-ϭⲏⲣ, navis

śes, ϣⲱⲥ decet ∧ *seś*, decet

śet, ϣⲉⲧ, amputare ∧ *ṭes*, culter, separare

śet, secare ◊ *teχteχ*, miscere, conjungere

ϣⲁⲧ secare siehe *ḳas*, secare

ϣⲁⲧ repetere ∧ ⲧⲟⲕ repetere

ϣⲱϯ massa ∧ ⲧⲁϫ massa

ϣⲓ-ϣ terra siehe *ḥa-t*, argilla

ϣⲱϣ decet siehe *seś*, decet

ϣⲱϣ putridus siehe ϣⲁϩϣⲉϩ putridus

ϣⲱϥ multus ∧ *n-bes*, acervus

ϣⲁϥ-ⲧ, ϫⲁⲃ, offendere ∧ *feχ*, ⲃⲁϣ, spoliare

ϣⲁϩϣⲉϩ, ϣⲱϣ putridus (ϣ-ⲛ-ⲟϣ, *χenś*,) ∧ ⲕⲱⲥ, cadaver

ϣ-ϭⲏⲣ navis siehe *śer-h*, navis

ϣ-ϭⲟⲩⲣ annulus ∧ ⲁ-ⲗⲁⲕ annulus, ⲣⲉⲕ curvare

fa, ϥⲁ elevare ∧ *āp*, ascendere, elevare, ⲉⲛ elevare

ϥⲁ-ⲓ, *fa*, *ūa* ∧ ⲁⲩ ferre

ϥⲁ-ⲓ, *fa-ī-t*, portare ∧ ⲟⲡ-ⲧ portare

ⲫⲉⲓ saltare ∧ *āb*, saltare

fu, solvere, cessare ∧ *āb*, solvere, cessare

fu, distans siehe ⲟⲩⲏ-ⲓ recedere

fuā, proles, caro ∧ *āf*, caro

fek, mereri ∧ ϩⲏⲙ-ⲓ merces

f-n-ḳ-a mandere ∧ ϫⲁⲩ mandere

ⲫⲉⲛϩ volare ∧ ⲕⲛⲓⲃ-ⲉ spiritus, ventus

ⲫⲏⲣ-ⲓ viridis, crescere siehe ⲟⲩⲁⲗ-ⲉ viridis

ⲫⲟⲣ-ⲓ piscis siehe *bar-ī*, piscis

ⲫⲟⲣⲕ evellere ∧ ⲥⲟⲗⲡ scindere

ⲫⲉⲣⲕ ∧ ϭⲟⲗⲡ fodere, ϫⲟⲗϥ puteus

ⲫⲉⲣⲫⲱⲣ ebullire siehe ⲃⲉⲣⲃⲉⲣ ebullire

ⲫⲱⲣϣ tegere ∧ ⲕⲁⲗⲓⲃⲓ tugurium

ⲫⲱⲣϫ scindere ∧ ⲥⲱⲗⲡ scindere

fes, colare, lavare ∧ *sef*, colare, lavare

ⲫⲟⲥ-ⲓ lux ∧ *śep*, lux

ϥⲱⲧ abstergere ∧ ⲥⲱ-ⲧ-ϥ abstergere

fe-ṭ-k, dividere siehe ⲃⲁⲥ secare

fe-ṭ-k, ⲫⲁϣ dissipare, distribuere, ⲃⲁⲥ secare ∧

keṭb-ī-t distribuere

ⲫⲁⲫⲉ formare lateres ∧ *āpāp*, formare lateres

feχ, capere siehe ⲃⲏⲕ capere

feχ, spoliare ∧ ϣⲁϥ-ⲧ offendere

feχ, spoliare ∧ ⲕⲁⲡ capere

feχ, demere siehe ⲟⲩⲁϩ addere

ϥⲟϣ ∧ ϣⲁⲩ, ϫⲏⲡ-ⲓ, *ṭ'ef*, abundare

ⲫⲁϣ dissipare siehe *feṭk*, dissipare

ⲫⲁϣ destruere ∧ ∨ *śáp*, fingere, formare

ⲫⲁϣ dividere siehe ⲃⲁⲥ secare

ⲫⲱϧ, ⲫⲁϩ secare ∧ *χeb*, secare

ⲫⲁϧ, ⲫⲁϩ dividere ∧ ⲥⲏⲃ-ⲉ gladius

fuḥ, effundere siehe ⲡⲱϩ-ⲧ effundere

ϥⲉϫ capere siehe ⲃⲏⲕ capere

ⲫⲁϫ-ⲓ pars ∧ ϣⲁⲩ pars

ϥⲟϭ ∧ ⲥⲟⲃ fraus *kep*, ⲕⲱⲡ occultare

ϥⲱϫ saltare ∧ *ḥep*, ire

ϥⲱϫ, ϥⲱϭ saltare ∧ *tef-ī*, exsilire

ϥⲉϭ capere ∧ ϣⲉⲡ sumere

ϧⲏⲓⲃ-ⲓ umbra siehe  *χaib-t*, umbra, protectio

ϧⲱⲗ ( *ḥem* ?) Λ ⲗⲟⲕ-ⲥ pungere,  *reχ-s* percutere

ϧⲱⲗ pungere siehe ϧⲉⲣ vastare, percutere

ϧⲱⲛ-ⲧ progredi siehe ϩⲱⲛ prope

ϧⲉⲣ (ϧⲱⲗ pungere) percutere, vastare 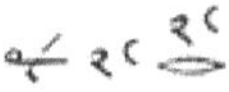 *ḳer-ḳ*, ⲕⲱⲣ-ϫ, 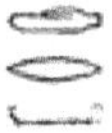 *ṭer*, ϣⲁⲁⲣ-ⲉ percutere Λ  *reχ-s*, ⲣⲱϧ-ⲧ percutere

ϧⲣⲱⲟⲩ, ϩⲣⲱⲟⲩ,  *χru*, clamare, sonare ϧⲁⲣⲁⲃⲁⲓ sonare, tonitru, ϩⲣⲟⲩⲃ tonitru, ϩⲱⲣⲡ, ϭⲱⲣⲙ clamare, <  *tupar*, tuba <  *māχr-u*, invocare

ϧⲁⲣⲁⲃ-ⲁⲓ sonare, tonitru siehe ϧⲣⲟⲱⲩ sonare

ϧⲟⲣⲡ pugnus siehe ⲕⲉⲗⲡ pugnus

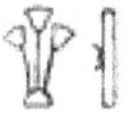 *ḥa*, ϩⲓ crescere, dilatare Λ ⲟⲩⲁϩ addere

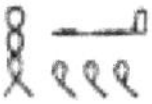 *ḥā* Λ  *āḥ*, substantia, caro

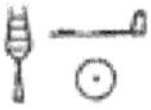 *ḥā* Λ ⲁϩ-ⲉ tempus vitae

 *ḥā* Λ 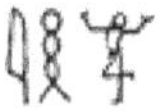 *āḥ*, gaudere, jubilare

 *ha*, pervenire Λ  *āk*, intrare

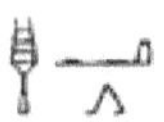 *ḥā*, stare ◊  *āk*, intrare, pervenire

 *ḥā* Λ ⲟϩ-ⲉ, ⲁϩ-ⲉ stare

 *ḥā*, ϩⲱ, cum, etiam, ϩⲟⲩ magis (∠  *keb*, multus) Λ ⲟⲩⲟϩ etiam V ⲟⲩⲉϣ sine

 *ḥā* Λ ⲟϩ-ⲓ acervus, multitudo

 *ḥau*, multus, crescere Λ ⲟϣ multus

ḥī, aqua ∧ *χaī-ṭ*, aqua

hi, ϩⲓ versus ∧ *ȧh*, versus

ϩⲓⲟⲩ impingere ∧ *beh*, ferire

ϩⲟⲩ magis ∧ ⲟϣ multus

ϩⲟⲩ magis siehe *ḥa*, cum, etiam

ϩⲟⲩ magis ∧ ⲟⲩⲁϩ addere

ḥu, *ḥuā*, ⲥⲟⲩⲁ, *ka-t* ∧ *ūaḥ*, ⲱⲕ, *ȧḳ* *ȧt-t*, granum, frumentum, esca, cibus, *uś-ā*, ⲟⲩϣ, consumere

ḥuā, granum, frumentum siehe *ḥu*, frumentum

ϩⲟⲩ aqua siehe *χaī-t*, aqua

ϩⲟⲩ aqua, siehe *ḳap*, aqua

ϩⲟⲩ-ⲓ suere ◊ ⲡⲁϩ secare

ϩⲱ cum, etiam siehe *ḥā*, cum

ḥaun, nudus ∧ ⲃⲁϣ nudus

ϩⲟⲃ videre ∧ *bek*, videre, ⲙⲉⲕⲙⲟⲕ considerare, ⲙⲉϣ-ⲧ perlustrare

ϩⲃ tegere ◊ ⲃⲁϣ nudus

heb, ire siehe *ḥep*, ire

ḥeb, piscis ∧ *meḥ-ī*, piscis

ḥeb, piscator, capere pisces ∧ ⲟⲩⲁϩ-ⲓ capere pisces

ϩⲃ capere ∧ ⲃⲏⲕ capere

 *ḥeb*, multus ∧ ⲟⲩⲁϩ addere, ⲟϣ multus

ϩⲏⲃ lugere siehe  *kb*, lugere

ϩⲓⲏⲃ humilis ∧ ⲡⲉϩ inclinare

ϩⲟⲃ-ⲉ humilis, ϩⲟⲡ-ϥ demittere ∧ 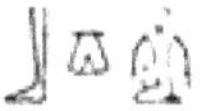 *bek*, humilis, ⲃⲉϩ, ⲡⲉϩ-ⲧ inclinare

ϩⲃⲟⲩⲣ laeva manus siehe  *mer*, laeva manus

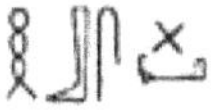 *ḥeb-s*, ϩⲃ-ⲥ tegere ∧  *beh-n*, tegere, ⲃⲱϩ-ⲛ tectum, ⲃⲟⲩϩ-ⲓ, ⲛⲟϩ  *à-nḥ-u*, palpebrae

 *ḥeb-s*, tegere ◊ ⲃⲁϣ nudus

ϩⲟⲃ-ⲥ circumire ∧ ⲃⲓⲕ-ⲓ cingulum

ϩⲟⲃ-ⲥ urceus siehe 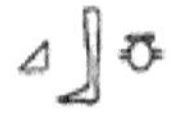 *keb*, urceus

ϩⲟⲃ-ⲥ urere siehe  *ken*, ardere

 *hafr*, armilla < ⲙⲟⲩⲗϫ cingere

 *ḥek* ∧ 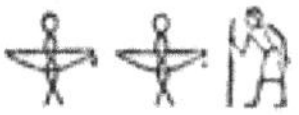 *keḥkeḥ*, ϫⲁϭ-ⲏ, ϭⲁϫ-ⲉ debilis

ϩⲟ-ⲕ ligare ∧  *āk-a* funis

ϩⲉⲗ secare, ϩⲱⲗ-ⲉ discerpere ∧ ⲗⲱⲕ frustum,  *lek*, pars, periodus, ⲗⲟⲕⲗⲉⲕ, discerpere

ϩⲉⲗ volare ∧ ⲁ-ⲗⲟⲕ, vola

ϩⲗⲉⲩ circumjacere ∧ ⲙⲟⲩⲗϫ cingere

ϩⲗⲓ aliquis siehe 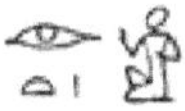 *ár*, aliquis

ϩⲱⲗ-ⲕ plectere siehe ϣⲟⲗ-ⲕ plectere

ϩⲗ-ⲏ-ⲗ flos ∧ ⲗⲉⲕ viridis

ϩⲗ-ⲏ-ⲗ-ⲓ planta ∧ ⲣⲱⲧ planta

ϩⲗ-ⲗ caligo ◊ ⲣⲁϩ-ⲉ nitere, lucere

ϩⲗ-ⲟ-ⲗ obscurari ∧ ⲗⲏϭ obscurari

ϩⲗ-ⲟ-ⲗ caligo siehe ϫⲱⲣ videre

ḥelel, clamare siehe ⲟⲩⲉⲗⲟⲩⲉⲗ clamare, ululare

ϩⲉⲗⲙ spoliare ∧ ⲡⲱⲗⲕ rapere

ϩⲁⲗⲙ-ⲓ fimus < *kaur* fimus

ϩⲉⲗϩⲱⲗ extendere ◊ ⲗⲓⲕ contrahere

ϩⲟⲗ-ϫ plicare, curvare siehe ⲕⲉⲗ plicare, curvare

ḥam, piscis ∧ *meḥ-i*, piscis

ḥem, pungere siehe ϭⲱⲗ pungere

ḥem, videre, observare ∧ *a-meḥ*, *kem-meḥ*, videre

ϩⲏⲙ urere, lucere ∧ ⲙⲟϩ lucere, urere

ϩⲏⲙ calidus siehe *ken*, ardere

ϩⲓⲙ-ⲛ imber siehe *ḳap*, aqua

ϩⲟⲉⲓⲙ fluctus siehe *tef*, fluere

ϩⲟⲉⲓⲙ, ϩⲓⲙ-ⲉ fluctus, *ḥun*, aqua, lacus (*s-χeb*, *sām*, haurire, *sān*, haurire *ḳab*, aqua) ∧ ⲙⲁϩ bibere, haurire

ϩⲱⲙ-ⲓ vertere, volvere ∧ *meḥ*, cingulum, corona

ϩⲏⲙ-ⲓ merces ∧ ϧⲉⲭ-ⲉ merces, *fek*, mereri (ⲙⲁⲧ-ⲟⲓ, *māt'-ai*, mercenarius, *mās* tributum, offerre)

ϩⲁⲙ-ⲟⲓ quoque, cum siehe *ḥu*, quoque

ḥem-s, ϩⲉⲙ-⸗-ⲓ, sedere ∨ *ḥun*, ⲕⲓⲙ movere *heb*, ire ◊ *beḳ-a*, subsidere, sedere ∨ ⲃⲱⲕ ire

ϩⲱⲛ prope, accedere, *ḥun-s*, prope, angustus *χen-t*, ϫⲱⲛ-ⲧ progredi, ⲧ-ⲁ-ϩⲛ-ⲟ admovere ∨ detinere, *t-ḥn*, admovere ∨ ϫⲱⲟⲩⲛ abire, *sam*, via, iter *sen*, ⲥⲛ proficisci ∧ ⲙⲟⲟϣⲉ proficisci (cf. *ḥer*, altus, vastus, distans, *ten*, ⲧⲱⲛ, vastus, altus, distans, procul.)

ḥun, movere siehe ⲕⲓⲙ movere, *ḥem-s*, sedere ∨ ⲙⲟⲟϣ-ⲉ, ⲃⲱⲕ, ire

ḥun, *hn*, movere siehe *χen*, stare, manere

ḥn, *χn-u-m*, ⲥⲉⲛ-ϩ, ϭⲱⲛ-ϩ, ligare, jungere ∧ ⲛⲟϩ funis, *n-neḥ*, funis

ḥen, corona ∧ *meḥ*, ⲙⲁϩ-ⲉ cinctura, corona

ḥn, ϩⲁⲙ-ⲟⲓ, quoque, cum, ligare ◊ *neḥ*, scindere, separare, ⲡⲉϣ dividere ∨ ⲟⲩⲟϩ, atque

ḥen, *ḥen-n-u*, adorare ∧ *neḥ*, adorare

ḥen, videre ∧ *kem-meḥ*, videre

ḥun, aqua, lacus siehe ϩⲟⲉⲓⲙ fluctus

ϩⲛ aqua, imber siehe *ḳap*, aqua

ḥan, ⲕⲟⲛ-ϩ Λ *a-nχ*, planta, ⲙⲁϣ-ⲧ crescere

ḥun-k, plectere siehe ϣⲟⲗ-ⲕ plectere

ḥun-k, angustus siehe ϫⲛⲃ angustus

ḥan-k, planta, florere Λ ⲕⲟⲛ-ϩ florere

hen-n, curvare, nuere Λ ⲙⲁϩ-ⲉ, ⲃⲓⲕ-ⲓ cingulum

ḥen-n-u, plenus Λ *meḥ*, ⲙⲉϩ, plenus, implere

ḥun-n-u, phallus Λ *beḥ*, phallus

ḥa-n-r, videre, siehe ϫⲱⲣ videre

ḥun-s, prope, angustus siehe ϩⲱⲛ prope

ḥu-s-k, ⲕⲉⲗ-ϫ torquere, flectere Λ *sen-ḥ*, ⲥⲛ-ⲁⲩ-ϩ funis

ϩⲉⲛϥ Λ ⲡⲉⲛϩ capere

Λ *ḥep*, Λ *heb*, Λ χⲉⲡ, ⲕⲓⲙ Λ *peḥ*, ⲃⲱⲕ, ⲟⲩⲁϩ, *bes*, ⲡⲱⲧ, ϥⲱϫ movere, ire, festinare

ḥep rer Λ *peḥ rer* currere in orbem

ḥap, ϩⲉⲡ tegere Λ ⲃⲱϩ tegere

ϩⲉⲡ capere siehe *kit-t*, manus

ϩⲟⲡ nuptiae Λ *bek*, ⲃⲱⲕ, conceptio

ḥep, occasus solis siehe *χau*, nox

ḥep-t, occasus solis siehe *sam*, caligo

ϩⲱⲡ-ⲧ, ϩⲱ-ⲧ-ⲡ, *ḥe-t-p*, conjungere, ⲡⲁϩ, *peχ*, scindere, findere ϩⲟⲡ-ϥ demittere siehe ϩⲟⲃ-ⲉ humilis

her, aliquis siehe *ar*, aliquis

ḥer, volare Λ ⲁ-ⲗⲟⲕ, vola

ḥer, volvere, volare siehe ⲕⲟⲣⲕⲉⲣ volare, volvere

ḥer, altus Λ *s-reχ*, alta sedes

ḥer, altus, vastus, distans siehe ϩⲱⲛ prope

ḥer, supra siehe ⲕⲉⲣ-ⲁ caput

her-u, extra Λ ⲁ-ⲣⲏϫ terminus

ϩⲣ-ⲁ cura Λ *reś*, videre, attendere, curare

ϩⲁⲓⲣ-ⲉ, *hāir* Λ ⲗⲟⲓϩ-ⲉ stercus

ϩⲣⲱⲟⲩ clamare siehe ϫⲣⲱⲟⲩ clamare

ϩⲟⲣⲃ percutere, *ḥarp-u*, gladius, securis Λ ⲡⲗⲁⲕ-ⲙ (ⲗⲁⲕ-ⲙ frustum, ⲕⲉⲗⲡ baculus, *ṭerp*, ⲧⲣⲟⲡ, percutere, ictus)

ϩⲣⲟⲩⲃ tonitru siehe ϫⲣⲱⲟⲩ sonare

herḥer, extendere ◇ ⲗⲓⲕ contrahere

herp, irrigare, ϩⲉⲣⲡ aqua siehe ⲣⲱϯ lac, liquidus

ϩⲱⲣⲡ clamare siehe ϫⲣⲱⲟⲩ clamare

ḥrp-u, gladius siehe ⲕⲉⲗⲡ baculus, pugnus

ḥarp-u, gladius Λ< ⲛⲟⲩⲕⲉⲣ secare

ḥarp-u, gladius, securis Λ *mreχ*, hasta

ḥarp-u, gladius, securis siehe ϩⲟⲣⲃ, percutere

ḥr-r, ϩⲗ-ⲛ-ⲗ-ⲓ flos ∧ ⲣⲱⲧ planta

ḥr-er flos ∧ ⲗⲉⲕ viridis

ϩⲉⲣ-ϣ contundere, adlidere ∧ ⲣⲁϣ secare, percutere
ϩⲉⲣ-ϣ contundere ∧ ⲣⲱϧ-ⲧ contundere
ϩⲓⲥ-ⲓ laborare ∧ ⲥⲕ-ⲁⲓ arare, laborare

ḥes-k, surdus ∧ *seχ*, surdus

ḥesm-t leaena ∧< *māḥ-s*, leo

ḥesm suffocare ◊< ⲗϩⲛⲥ spirare (?)

ḥes-t suffocare ◊ *suḥ* (ⲧⲏⲟⲩ) ventus, aer, spiritus

ḥat ∧ *teḥ-u*, *teḥ-ḥ-ui*, jubilare, exclamare

ḥa-t argilla, ⲕⲁ-ϩ-ⲓ, ϣⲓ-ϣ terra ∧ *áχ*, (*χu*) ⲟⲉϣ, terra, pulvis, lutum

ḥāt tegere ∧ *s-ṭuχ* obducere, linire

haṭ, ϩⲟⲧ, terere ◊ ⲧⲟϩ firmare

ḥāt-ḥu cibus ∧ *tek-t* cibus

ϩⲱ-ⲧ-ⲡ *ḥetp*, conjungere siehe ϩⲱⲡⲧ jungere

ϩⲁϯ fluere siehe *χet*, fluere

ϫⲁⲩ mandere *ṭep*, ⲧⲉⲡ gustare, *s-χep* edere ∧ ⲟⲩⲟϫ, ⲟⲩⲟϫⲟⲩⲉϫ, *uḳ-a* mandere (*fn-ḳ-a*, mandere, *beḳ*, cibus, *beś*, ⲟⲟⲩϣ, pulmentum, *meḳ*, ⲉ-ⲙⲕ devorare)

ϫⲁⲩ gustare ∧ ⲟⲩⲁϫ-ⲓ maxilla
ϫⲉ, ϫⲱ ∧  *āś*, loqui
ϫⲓ tangere, explorare siehe  *χa*, tangere, explorare
ϫⲟ-ⲓ navis ∧  *àa-nt*, navis
ϫⲱ magnus siehe ϣⲁ mille
ϫⲱ magnus siehe  *ka*, magnus
ϫⲏⲃ, ϭⲏⲟⲩ ( *ḳūa*,  *ḥun-ḳ*) ∧ ⲟⲩⲉϣ angustus ( *net'-s*, exiguus)
ϫⲏⲃ angustus  *uś*, vastus
ϫⲟⲃ vas siehe ⲧⲱⲃ-ⲓ vas
ⲧⲱⲃ curvare ∧ ⲃⲉϩ curvare
ϫⲱⲃ injuriam inferre ∧  *beṭ-ś*, injuriam inferre
ϫⲃⲓⲛ macula siehe  *sef*, colare, lavare
ϫⲟⲃ-ⲥ inclinare ∧ ⲡⲉϩ inclinare
ϫⲉⲕ-ⲙ lavare siehe 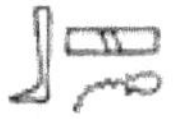 *beś*, lavare
ϫⲉⲗ urere ∧ ⲗⲁⲕ-ϩ urere
ϫⲱⲗ desistere ∧ ⲗⲱϫ desistere
ϫⲱⲗ ⲉⲃⲟⲗ repellere ∧ 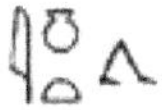 *à-nt*, repellere
ϫⲟⲗ-ϩ sanare siehe ⲁ-ϩⲣ-ⲉ sanare
ϫⲟⲗ-ϩ frangere ∧ ⲗⲁⲕ-ϩ frangere
ϫⲟⲗϥ puteus ∧ ⲫⲉⲣⲕ fodere
ϫⲱⲙ liber siehe 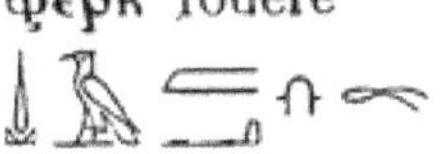 *t'am-ā*, volumen
ϫⲟⲙ vis ∧ ⲙⲁϣ posse
ϫⲟⲙ fortis 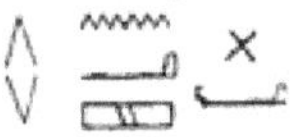 *nāś*, ⲛⲁϣ infirmus
ϫⲉⲙ-ϣ-ⲁⲓ nares ∧ 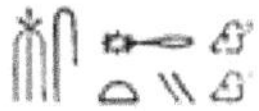 *mes-χ-t-i* nares
ϫⲏⲛ mollis siehe 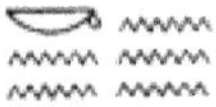 *ken-n*, mollis

ϫⲱⲟⲩⲛ abire siehe ϩⲱⲛ prope

ϫⲛ-ⲁ occidere ∧ 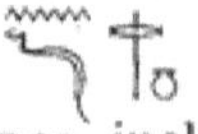 *nut'*, percutere

ϫⲁⲛ-ⲉ humilis ∧ ⲡⲉϩ inclinare

ϫⲓⲛⲣ-ⲓ fimus siehe 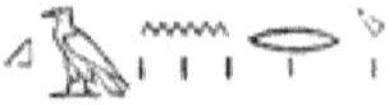 *kaur*, fimus

ϫⲉⲛ hora, dies ∧ ⲟⲩⲟⲉⲓϣ tempus

ϫⲏⲡ-ⲓ abundare ∧ ϥⲟϣ abundare

ϫⲏⲣ acutus siehe ϩⲉⲗ secare

ϫⲏⲣ, 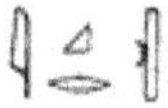 *a-ker* ∧ ⲗⲁⲕ-ϩ acutus

ϫⲱⲣ,  *t'ar*, 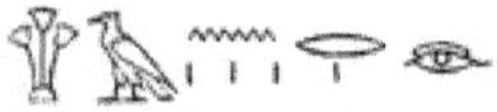 *ha-n-r*, videre (ⲥⲟⲗ lucerna ∨ ϭⲱⲣ-ϩ nox, ϩⲗ-ⲟ-ⲗ caligo ◊ ⲣⲟϣ-ⲉ,  *reś*, ⲉⲓⲱ-ⲣϩ, videre

ϫⲱⲣ videre siehe  *ḳar*, videre

ϫⲱⲣ videre ∧ ⲧ-ⲣⲉϣ-ⲣⲱϣ, lucere

ϫⲉⲣ-ⲉ, urere siehe ⲕⲟⲣϩ, ⲕⲉⲓⲁⲗ urere

ϫⲉⲣ-ⲉ urere ∧ ⲗⲁⲕ-ϩ urere

ϫⲉⲣ-ⲉ urere ∧ ⲣⲟⲕ-ϩ ardere

ϫⲁⲣⲃ ∧ ⲡⲗⲟϭ nudus

ϫⲟⲣⲃ frangere ∧ ⲃⲉⲗϫ testa

ϫⲁⲣⲃ-ⲥ, ⲕⲟⲗⲃ-ⲥ,  *t'arb-u*, ϭⲗⲙ-ⲁⲓ ∧ ⲃⲁⲗⲕ-ⲟⲩ, ⲃⲉⲗϫ, 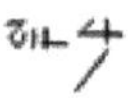 *bell'*, vas

ϫⲱⲣ-ϫ illaqueare ∧ ⲗⲱⲓϫ-ⲓ laqueus,  *reṭ*, laqueus, illaqueare, ligare

ϫⲟⲥ loqui siehe ⲟⲩⲟϩ respondere

ϫⲁϥ frigus ∨ ϫⲏϥ ∧  *n-beṭ* urere

ϫⲟϥ urere, lucere ∧  *bek*, lux

ϫⲱϫ findere siehe 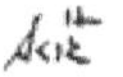 *t'ek-ā*, findere, dividere

ϫⲓϫ manus siehe 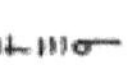 *kit-t*, manus

ϫⲁϭ-ⲛ debilis ∧  *hek*, debilis

ϭⲁⲩ revelare siehe ϫⲁⲩ revelare

ϭⲓⲗⲟⲩ-ⲱ tegere ◊ ⲃⲁϣ nudus

ϭⲛⲟⲩ augustus siehe ϫⲏⲃ angustus

ϭⲛⲟⲩ augustus ◊  *uś*, vastus

ϭⲟⲃ capere ∧ ⲃⲏⲕ capere

ϭⲱⲃ curvare ∧ ⲃⲉϩ curvare

ϭⲃ-ϣ-ⲁ nasus ∧ 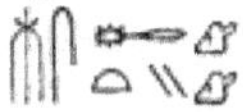 *mes-χ-t-i* nares

ϭⲗ extendere ◊ ⲗⲓⲕ contrahere

ϭⲉⲗ,  *χel*, ϣⲟⲗ ∧ ⲗⲟϭ furari

ϭⲟⲗ rapere ∧ ⲗⲁϭ impudenter petere

ϭⲉⲗⲙ-ⲁⲓ vas siehe ⲕⲟⲗⲃ-ⲥ vas

ϭⲟⲗⲡ fodere ∧ ⲫⲉⲣⲕ fodere

ϭⲱⲗⲡ revelare ∧  *berḳ*, monstrare, (aperire?) ⲃⲣⲏϫ, fulgur, fulgor ◊ ⲕⲉⲣⲙ-ⲓ fuligo

ϭⲁⲗⲡ pugnus siehe ⲕⲉⲗⲡ pugnus

ϭⲟⲙ possidere siehe ⲑⲁⲙ-ⲓⲉ possidere

ϭⲉⲙϭⲟⲙ posse ∧ ⲙⲁϣ posse

ϭⲉⲙϭⲟⲙ quaerere ∧ ⲙⲉϣ-ⲉ quaerere

ϭⲉⲣ-ⲟ urere ∧ ⲗⲁⲕ-ϩ urere

ϭⲉⲛ humidus ∧  *paṭ-u*, fons

ϭⲏⲛ mollis siehe 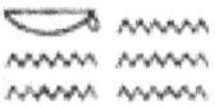 *ken-n*, mollis

ϭⲛ-ⲉ multiplex siehe ⲥⲟⲛ-ⲓ duplex

ϭⲛ-ⲉ impingere siehe  *kenken*, impingere

ϭⲛ-ⲉ fortis ◊ 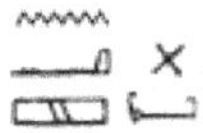 *näś*, ⲛⲁϣ infirmus

ϭⲛ-ⲱⲟⲩ multus siehe  *n-bes*, acervus

ϭⲱⲛ-ⲧ ira ∧  *net'-a*, ira

ϭⲛⲟⲩϥ securis, malleus siehe  *t'enp*, securis

ϭⲁⲛ-ϩ, debilis ◊  *beṭ-ś*, injuriam inferre σωn-ϩ ligare siehe  *ḥn*, ligare

σen capere ∧ бнк capere

σon capere ∧  *beḥ-ă*, capere

σon capere siehe  *kīt-t*, manus

σon demere ∧∨ ουaϩ addere

σon ∧ πaτ,  *peṭ*, pes

σнπι nubes ∧ 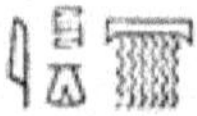 *ȧ-peḳ*, nubes

σep-o urere, lux, siehe κeιaλ urere, lux

σopπ baculus siehe κeλπ pugnus, baculus

σωpм clamare siehe ϧpωoυ clamare

σop-τ-e culter ∧ paϣ secare

σωpq scindere siehe cωλπ scindere

σωp-ϩ nox, siehe ϫωp videre

σ-ϣoυp annulus ∧ a-λaκ annulus

σιϫ manus siehe 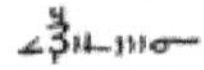 *kīt-t*, manus

σaϫ-e debilis siehe  *ḥek*, debilis

σaσ-e cibus siehe  *tek-t*, cibus

ϯ dare ∧  *ȧt*,  *ut*, dare ∨  *ȧṭ*, deficiens, sine

Das vorstehende Gegenlautverzeichniss zeigt Gegenlaut, Nebenlaut (d. i. ganze und theilweise Lautstandsverkehrung), Gegensinn, Nebensinn (d. i. polarischen und vokalischen Bedeutungswechsel), ganze und theilweise Doppelung (d. i. Reduplication und Lautwuchs), Veränderlichkeit und Abfall der einzelnen Laute, Präfixe, Suffixe und deren Aufnahme in den Stamm, und ein Infix.

Die Sicherheit des Gegenlautnachweises zu erhöhen, sind die Beispiele des vorstehenden Verzeichnisses so gewählt, dass von den andern eben genannten Wandlungen möglichst wenige gleichzeitig auftreten, und der Lautwechsel innerhalb der nächsten und allgemeinsten Gesetze sich hält. Indess wird sich aus dieser Probe der einfachsten Wandlungen entnehmen lassen, welche fluthende Fülle der Sinn- und Lautgestaltungen den genannten Quellen entspringt, wo sie alle gemeinsam in das Leben der Wurzel hineinspielen. Nach Sinn und Laut erweitert sich damit das Gebiet der Etymologie. Die Formen treten in ihrer ursprünglichen Flüssigkeit hervor, erklären sich aus vorhandenen oder erschliessbaren Durchgangsformen, und zeigen sich mit anderen, scheinbar fremden, in Wahrheit aber nur in einem andern Stadium des Processes krystallisirten verwandt.

Da der Anlautwiederholungen in An- und Auslaut und der Auslautwiederholungen im Auslaut eine grosse Zahl in diesem Verzeichniss vorkommen, so wurden S. 614. 618. 619 nur einige fünfzig Beispiele eines Vorgangs gegeben, der an jedem ägyptischen Stamme zur Erscheinung gelangend, das gesammte Wörterbuch mit seinen Producten erfüllt. Und zwar meist mit solchen, die sowohl die einfachen als die gedoppelten und gewandelten Formen nebeneinander erhalten zeigen. Lautwuchs und Lautverkehrung zuerst gesehen hat Fr. Karl Meyer, wie sich aus einigen entscheidenden in den Münchener Gelehrten-Anzeigen 1841. S. 894. 900 von ihm angeführten Beispielen ergiebt: *ā-aw*, *āw: mer-r*, *mer: nach-n*, *nach: nm*, *mn: sach*, *chos*. Bunsen, Egypt's Place I, 290 lässt die Lautverkehrung fallen und spricht von der Erweiterung der zweiconsonantigen in die dreiconsonantige Wurzel bei gleichzeitiger Erhaltung der ersteren, scheint aber Präfixe, Infixe und Suffixe zu meinen. Schwartze kennt keine Lautverkehrung und fasst den Lautwuchs zu eng, insofern er eine häufige Erscheinung nur in der Red. des Auslauts (Gramm. 332) erblickt. Die Red. des Anlauts im Anlaut (Gramm. 322) hält er für selten, die des Anlauts im Auslaut entgeht ihm. Bei Peyron und Uhlemann Gramm. Copt. 8 ist der ganze Fund wieder verloren, bis Brugsch (Wört. IV) den Lautwuchs neu entdeckt. Daran schliessen sich nunmehr die Nachweisungen des Gegenlauts, Gegensinns, Nebenlauts, Nebensinns und vielfachen Wandels einzelner Laute nebst Suffixen, Infixen und Präfixen.

Den Umfang dieser wunderbaren Processe zu belegen und einen weiteren, erhärtenden Nachweis vorzubereiten, lassen wir die Wandlungen einiger Wurzeln in ihrer Gesammtheit folgen

I. *χeb, secare, scindere, dividere, parvus* V *conjungere, suere, miscere.*

χeb, secare, destruere, *ḳabḳab*, *ḳabḳabu*, ⲕⲁϥ percutere, ⲕⲁϥ truncus (*kefn*, aedificare?) ⲕⲟⲃϩ, ϩⲱⲡⲧ jungere, *neḥb*, ⲛⲁϩⲃⲓ, jugum, ⲕⲟⲩⲓ *ket*, ⲕⲟⲩϫⲓ, parvus, *kennuiu*, sartor (?) *ḳas*, secare, tondere crinem, *ḳešu*, acutus, gladius, *ḥesk*, secare, scindere, separare, *kemā*, *ken*, ϭⲛⲉ prosternere, *χebχeb*, secare, *χebs*, *χetbs*, *χebst*, scindere, percutere, *χet*, *χetχet*, (ϣⲉⲧϣⲱⲧ, ϭⲉⲧ) scindere, caedere *ket*, ⲕⲱⲧ, ⲑⲱϣ fingere, construere *χepš*, gladius *χus*, construere *χeft*, *χetf*, cum, *χem*, (ϫⲉⲙϫⲟⲙ) prosternere, *χem*, exiguus, *χmā*, ϣⲙⲁ, minuere, *χnum*, ϣⲱⲛϥ, ϣⲱⲛⲃ conjungere, struere, ϩⲱⲛⲧ conjungere, ϩⲟϫⲓ suere, *ḥebs*, *ḥesb*, scalpere, *ḥep-t*, *ḥetp*, ϩⲱⲡⲧ, ϩⲱⲧⲡ conjungere, *ḥet*, percutere, *ḥet'*, gladius, *ḥen*, *ḥān*, cum, quoque *ḥem*, dissecare, *ȧn*, secare, *ȧnt*, punctum temporis(?), ϫⲉⲙϫⲟⲙ prosternere, *ȧu*, *ḥā*, ϩⲱ, cum, quoque, *aχā* sculpere, *ā*, scalprum fabrile, *keḥkeḥu*, ⲕⲉϩⲕⲱϩ, ⲕⲉⲕⲱϩ, sculpere, (ϩⲉⲕⲉ tondere) incidere, *śepś*, ⲥⲏⲃⲉ, gladius, *śeb*, conjungere, miscere, mutare. *śeben*, ϣⲃ, ϣⲟϥ, ϣⲱⲛϥ conjungere, miscere (praeparare, struere) varietas, ϣⲱϥ caedere *ȧśāfi*, ⲟⲩⲟϣϥ, minuere (?), ϣⲁⲩ frustum, portio, pars, *śā*, ⲥⲟⲩⲥⲟⲩ secare, *śā*, aedificare *uśem*, necare, *sep*, interficere, *sept*, destruere, *sāp*, fingere, construere, *sept*, ⲥⲟⲃⲧ construere, praeparare, *setp*, *sept*, secare, secatus, *śet*, *śetā*, *śāt*, ϣⲉⲧ, ϣⲉⲧϣⲱⲧ, ϣⲉⲛⲧ, ϭⲉⲧ, ϭⲉϫ mactare, amputare, ϭⲛⲟⲩϥ securis, malleus, ϭⲓⲃϭⲓⲃ frustum, ϫⲟⲧϥ vulnerare, ϣⲛⲁⲩ, duo, *ȧspu*, ⲥⲉⲃⲓ, ⲥⲟⲩⲃⲉ, ⲥⲃⲃⲉ. circumcidere, *sebā*, ⲥⲏϥⲉ, gladius. *sāb*, bos castratus, *san*, secare, ⲥⲟⲩⲥⲟⲩ brevis, *sbk*, *sbk*, ⲥⲃⲟⲕ parvus, *sebś*, caedere, *śeś*, aedificare, *seft*, *self*, secare, ⲑⲁⲕⲙ dividere, *t'ekā*, ϫⲱϫ, findere, dividere, *teχteχ*, ⲑⲉϭⲑⲱϭ, ⲧⲉϩⲧⲱϩ, miscere *tā*, *āt*, portio, *ut*, ⲟⲩⲱⲧ separare, *ṭes*, secare, gladius, *sek*, ⲥⲱⲕⲓ, decerpere, *seḥ*, ⲥⲉⲩϩ, ⲥⲟⲟⲩϩ colligere, *useḥ*, secare, *seḥseḥ*, ⲥⲉϩⲥⲱϩ conterere, ⲥⲉϩ secare, sculpere, scribere, *seχ*, secare, *sχaī*, ⲥⲁϧ, ⲥϧⲁⲓ, sculpere, scribere, *āseχ*, ⲟⲥϧ metere, ⲥⲁϣ, ϣⲁϣ percutere, *sam*, ⲧⲙ, ⲧⲟⲙ, conjungere. *sam-t*, ⲧⲱⲙⲥ, conjungere, copulare, fodere, sepelire, *samīs*, destruere, *sen*, ⲥⲛⲁⲩ (conjunctus) duo, *sen*, ⲥⲟⲛ plur. ⲥⲛⲏⲩ frater, *sensen*, conjunctio, foedus, foedere jungi, *senen*, copia, liber (?)

senef, ⲥⲁⲛⲁϥ, secare *teb*, ⲧⲃⲉ, pungere, *ṭem*, ⲧⲱⲙ gladius, acutus, *ṭem*, conjungere, *ṭemī*, ⲧⲱⲙ conjungere, adhaerere, *ṭem*, secare, *ten*, amputare, *ṭent*, dissecare, mactare, ⲧⲱⲙ, acutus, (ⲥⲉⲃϣⲱⲃ, ϣⲉⲃϣⲱⲃ, ϣⲟⲃϣⲉⲃ acutus) *tenās*, gladius, *ṭ'eṭb*, ϫⲟⲧϥ vulnerare, *ṭ'enp*, ϭⲛⲟⲩϥ, securis, malleus, *nept*, pungere, ferire, *tet*, portio.

∧ *beḳ*, secare, percutere, scindere *beh*, lancea, baculus, *beḥ*, praeputium, *beḥs*, lacerare, *beḥn*, vulnerare, *nḥa*, dissecare, destruere, *beχn*, scindere, *beḳs*, pugio, interficere, *bekenken*, ⲃⲁⲕⲱⲛ, lancea, hasta, malleus, ⲃⲱϫ scindere, *beśt*, *beṭś*, ⲃⲱⲧⲥ bellum, pugnare, *us*, ⲃⲁⲥ, secare serra, *uśa*, ⲟⲩⲟϭ destruere, conterere, ⲟⲩⲟⲧ *at*, separare, *āṭ*, pugnare, *āaṭ-t*, parvus esse, fieri, ⲡⲱⲕ, ⲡⲁϩ, *peḥṭ*, dividere, secare, *peṭḥ*, sculpere, *petpet*, ferire, destruere, *peχ*, ⲡⲏϭ dividere, *peś*, *peśeś*, *peseś*, ⲡⲱϣ dividere, *peseś-tet*, dimidia, *peseḳ*, *trabs* (*sbk*, ⲥⲃⲟⲕ, ⲥⲟⲃⲕ, parvus, exiguus) ⲡⲏⲥⲉ figere, *feṭk*, ϥⲱϫ evellere, ⲫⲱϣ, ⲫⲱϩ scindere, ⲫⲁϩ praeputium, *fu*, *fu*, ϯⲟⲩⲱ, scindere, separare.

nek, percutere, *neh*, ⲛⲉϩ, scindere,

net', *net's*, exiguus, ⲛⲓϣϯ magnus, *nemḥ*, *nem*, parvus, (juvenis) pauper, miser, *senemḥ*, humilem esse, *mten*, gladius, *mṭes*, interficere.

Bemerkung: Die Endung *pt*, *tp*, *t* ist unter *kp* eingeordnet; Lautwuchs, Gegenlaut, Nebenlaut, Gegensinn, Nebensinn, Suffigirung, Präfigirung und Lautwandel nicht besonders bezeichnet.

II. Die drei Wurzeln *krp*, *kr*, *rp*,
Curvus, *Rota*, *Circulus*, *Annulus*, *plectere*, *flectere*, *torquere*, *cingere*.

1. *krp*.

ⲕⲗⲟⲙ, *kelem*, ⲕⲗⲱⲙ, ⲕⲗⲓⲙⲟⲥ, ⲭⲗⲟⲙ, corona; ⲕⲉⲗⲡⲕⲁϩ cubitus; ⲭⲁⲣⲉⲃ curvus; *χenpi*, corbis; ϩⲗⲉⲩ circumjacere; ϭⲣⲏⲡⲓ corona; ϫⲛⲟϥ, ϫⲁⲛⲏ, ϫⲁⲛⲟ, corbis; *śenp*, ϣⲛⲟⲩϥ, corbis; ⲧⲏⲣϥ annulus; *senb*, includere, circumdare.

Λ ⲁⲡⲣⲉⲕ, ⲁⲃⲣⲉⲕ, inclina caput, ⲡⲱⲛⲉ, ⲡⲱⲱⲛⲉ, *penā*, convertere, vertere; ⲫⲉⲛϩ vertere; ⲙⲟⲩⲗϫ complecti.

> ⲗⲱⲃϣ corona, ⲁⲛϫⲓⲣ circus.

2. *kr*.

ⲕⲉⲗ, convolvere, plicare, ⲕⲉⲗⲗⲉ genua, ⲕⲱⲗϫ inclinare, ⲕⲟⲩⲗⲱⲗ, ⲥⲕⲉⲣⲕⲉⲣ, *kerker*, involvere, *kerker*, cylindrus, *kerta*, filum netum, ⲕⲟⲣⲕⲉ annulus, ⲕⲣⲟⲥ circulus.

ϫⲗⲁⲗ torques.

ϩⲁⲗⲁⲕ, ϩⲱⲗⲕ annulus, ⲁⲗⲁⲕ, circulus *ḥunk*, implexum opus, cincinnus comae, ϩⲟⲗϫ plicatus. ϩⲣⲏϣⲓ torques

rer, *lel*, convolvere, volvere, rotare, *rer*, orbis, circulus, *sereru*, volvere

ⲥⲱⲗⲕ, incurvare, ϭⲱⲗⲉ circumdare, ϭⲱⲗ redire, ϭⲗⲁⲕ torquere, ⲁϭⲟ axilla, ϭⲁϫⲉ annulus, inaures.

ⲁϫⲱ incurvatus, ϯϫⲟⲗ, ϯϫⲱ circumferre

ksur, ⲕⲥⲟⲩⲣ, ϫⲟⲩⲣ, ϣϭⲟⲩⲣ annulus, *śker*, annulus, *śki*, annulus, inaures, *sχent*, corona, ϣχⲉⲛ, ϣⲟⲗⲕ, ϣⲉⲛⲧ plectere

ternu, circulus, *atennu*, circulus qui dicitur horizon, ⲧⲟ, ⲑⲟ orbis, ⲧⲁⲥⲑⲟ convertere, redire, ⲉⲥⲧⲱ plectere

ⲥⲁϩⲧ plectere

ⲁⲗⲁⲕ circulus, annulus, ⲱⲗⲕ curvare

ⲣⲁⲕ, convolvere, ⲣⲁⲕⲧ curvare

nat, filum netum, ⲛⲟⲧⲙ inversio, conversio.

3. *rp.*

ⲣⲁⲙⲛⲓ, ⲗⲁⲙⲛⲓ annulus, ⲗⲱⲟⲩ annulus

nefert. filum netum, *nebt*, ⲛⲟⲩⲃⲧ. ⲛⲟⲩⲧⲛ, ⲛⲉϥⲧ, ⲛⲉⲧϥ, plectere, comam in gradus formare

ⲃⲁⲓⲣⲓ corbis (?), *beb*, rotundus, volvere, *beb*, collare, monile, torques, *beb*, turbo, vertigo, *baba*, ⲃⲏⲃ. antrum, foramen. fovea (?), *ben*, *benen*, *bebenen*, circulus, globulus.

aar-tet, *ăarer*, ⲁⲙⲟϫ *arai*, ⲟⲩⲣⲁⲥ, corona.

ⲙⲟⲣ, ⲙⲟⲩⲣ, ⲙⲏⲣⲉ cingere.

manen, *emanen*, ⲙⲟⲛⲙⲉⲛ, ⲙⲙⲟⲛⲙⲉⲛ contorqueo.

III. Die drei Wurzeln *krp*, *kr*, *rp*, aqua, fluere, natare, siccus.

1. *krp*.

ϩⲉⲣⲡ, fluctus, aqua, unda, ϩⲟⲣⲡ, ϩⲱⲣⲡ humidus, lavare, ⲛⲁⲗⲙ ⲛⲟⲗϩ fluidum dulce, ϫⲣⲱⲟⲩ stillare, ϫⲉⲗⲙⲁϩⲓ. ⲧⲣⲙⲟⲛⲏⲛ navis, *χerp*, inundare.

seref, inundare, ϩⲟⲣⲙⲉⲥ navale, ⲕⲉⲣⲙⲉⲥ, ϭⲗⲁⲛ gutta.

ϣⲁϥⲟⲩⲣⲓ pisces (plani), ⲕⲟⲩⲗⲁϫⲓ pisces (parvi).

χnum, ϩⲟⲛⲃⲉ puteus, cisterna, fons.

barkabutá, lacus, ⲃⲁⲣⲁϩⲉ navis, ⲛⲣⲁϣ rivulus, ⲑⲁⲣⲓⲕⲓ piscis.

2. *kr*.

kerker, fluere, *χer*, *karo*, navis, ⲕⲉⲣⲥ, ϫⲓⲣ, *šerḥ*, ϣⲗⲉϩ rivulus, (< *sherī*, navis, سكر *sker*, ⲥϭⲏⲣ, ϣϭⲏⲣ navigare.

ϩⲗⲟⲓⲗⲉ, ⲗⲟⲓⲗⲉ natare, *ăšer*, *ăšel*, aqua,

rivus, ϫⲟⲗ, *âtel*, *âter*, fluctus, ϫⲱⲗϩ haurire, ϭⲣⲟϭ, ϫⲣⲟϫ, ϫⲱⲣ, ϭⲟ, ϫⲟ, semen, *ttîlau*, ⲧⲗⲧⲗ, ⲟⲗⲏ, ⲟⲗⲏⲗⲓ stillare.

tūr, ⲧⲗⲏ, lavare, *atera*, ⲧⲗⲧⲗ, ϫⲉⲗϫⲱⲗ guttatim fluere, *sūrâ*, ⲥⲱ, ⲥⲟⲟ, ⲥⲁⲩ, potare, *uśer*, siccus, aridus. *śu*, ϣⲟⲟⲩ, siccus.

ⲣⲓⲕⲓ fluere, *reṭua*, liquor, liquidus, ⲣⲱϩⲧ semen *ret'a*, piscis quidam, *reχl*, lavare, ⲣⲱϩ, lavare, fullo, *lekaï*, ⲗⲟⲩⲗⲉⲕ, lavare, emollire, *lekeh*, ⲗⲱϫϩ, lingere(?), ⲗⲉⲕ humidus.

3. *pr*.

barî, ⲃⲁⲣⲓ navicula, *uârt* navis, ⲉⲃⲣⲁ, ϥⲣⲉ semen, ⲃⲗⲃⲓⲗⲉ semen, *pir*, exundare, inundare, intumescere, ⲃⲱⲱⲣⲉ, intumescere, *uar*, inundare, *ūarem*, inundatio, *âar*, *îar*, *ir*, ⲉⲓⲟⲟⲣ, ⲓⲁⲣⲟ, flumen, *îl*, liquidus, liquor, *mer*, aqua, lacus, inundatio, *mā*, ⲙⲟⲩ aqua, *mā*, litus, ⲙⲟⲩ insula, *merî*, ⲙⲣⲟ, ⲉⲙⲣⲟ, ⲉⲙⲏⲣⲟ, portus, ⲙⲣⲟⲙ navis, ⲙⲣⲁⲏ cisterna, *mer*, *meter*, ⲙⲏⲣⲉ *mel*, ⲙⲧⲟ fluctus(?), *metu*, ⲙⲁⲧⲟⲩ, liquidus, venenum, *nār*, piscis quidam.

∧ *rem*, ⲣⲓⲙⲓ lacryma, ⲉⲣⲱⲛ aqua, [illegible] *rāi*, parvi pisces, ⲗⲉⲓⲕⲓ, ⲗⲓⲕ sitire, *rem*, piscis, ⲓⲟⲙ, [illegible] *iām*, *ima*, mare.

IV. Die drei Wurzeln *krp*, *kr*, *rp*, *lux*, *color*, *obscurus*, *niger*.

1. *krp*.

ⲕⲣⲙⲕⲣⲟⲙ niger, ⲕⲱⲣⲙ fuligo, ⲭⲣⲉⲃ caligo, ⲭⲣⲉⲙⲧⲥ obscuritas.

∧ ⲫⲣⲏϣ, rufus, flavus, ⲃⲣⲁϩⲓ, ⲙⲃⲉⲣⲉϩⲓ bitumen, ⲉⲓⲉⲣϩⲉ lux, *ureχ*, virescere, ⲙⲉⲣϣ, *mreś*, rufus, flavus, ⲙⲁⲩⲣⲟⲥ fuscus, *merḥ*, sordes, polluere.

> ⲗⲓⲕⲙ obscurari, *mśer*, vespera, *mesi*, nox, tenebrae, *uter*, virescere, crescere.

2. *kr*.

krer, ⲕⲟⲣϩ, urere, splendere, ⲕⲩⲣⲟⲥ fuscus *χer seti* candelabrum, ϩⲗⲟⲗ caligo, ϩⲣⲏⲉⲓⲙ lucere, *kauro*, ϫⲓⲛⲣⲓ sordes, ϣⲁⲓⲣⲓ ruber, *sūreχ*, *sureś*, viridis, [illegible] *sal*, ⲥⲟⲗ lucerna, *teri*, splendor, color, ⲧⲉⲣϣ, ⲑⲱⲣϣ, ⲧⲣⲉϣⲣⲱϣ, ⲧⲁⲕⲣ,  *ṭeśer*, 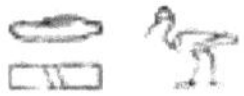 *ṭeś*, ruber, ⲧⲁⲕⲣ, lucidus, ⲧⲣⲉϣⲣⲉϣ nigrescere, ϫⲏⲣ varius.

Λ ⲣⲟϣ ruber, ⲣⲟϣⲣⲉϣ, rufus, flavus, ⲗⲉⲕ viridis, ⲗⲓⲕⲧ, ⲗⲓϩ obscurari.  *ruḥ*, ⲣⲟⲩϩⲓ tenebrae, vesper, ⲣⲁϩⲉ nitidus,  *rā*, ⲣⲏ, sol, dies,  *ro*, coelum,  *ārut*, albus,  *reṭ*, ⲣⲱⲧ, virescere, ⲣⲟⲟⲩⲧ splendidus.

3. *rp.*

ⲣⲉⲃ obscurus, ⲗⲓⲛ urere, ⲗⲁⲛ candescere, ⲁⲗⲏⲩ albus,  *ārut*, albus, ⲗⲁⲙ splendidus, ⲗⲁⲁⲙ, ⲗⲱⲱⲙⲉ macula.

Λ  *pir*, ⲛⲉⲣⲓⲱⲟⲩ, ⲫⲓⲣⲓ splendere, ⲫⲓⲣⲓ nigrescere, ⲃⲣⲁⲓ ruber, ⲃⲗⲗⲉ albus,  *pāpū*, ⲃⲟⲩⲃⲟⲩ, splendere,  *bābū*, splendere,  *uār*, ⲟⲩⲣⲧ, rosa.

Diese Beobachtungen werden in der Folge auf weitere Gebiete ausgedehnt werden.

Wir kehren zu unserm Ausgangspunkt zurück. Nachdem die Identität von Guttural + Labial und Labial + Guttural somit erwiesen worden ist, erübrigt es noch die Gesetzmässigkeit der anderen unsere Worte nüancirenden Lautunterschiede zu verstehen. Wir haben einerseits ⲟⲩⲁⲃ, ⲟⲩⲁⲃϣ, ⲃⲁϣ purus, andererseits ϫⲃⲓⲛ, ⲁϭⲛⲓ, ⲁϫⲛⲓ macula, maculatus, ϫⲟⲟⲩⲉ impurus, ϫⲫⲏⲟⲩⲧ atramentum, ⲁⲟⲓⲱⲟⲩ sordidus, ϫⲱϩⲙ, ϭⲱϧⲙ, polluere (ϫⲱϩ albare, ϫⲉϭⲉ tingere, ϫⲏϭⲉ, ϭⲏϫⲓ purpura) ϭⲁⲃϭⲁⲃ niger, ⲕⲉⲙ niger, ϣⲉⲃ varius, ⲕⲁⲃⲓ, ϩⲃⲉ, ϧⲃⲉ lux, lucere. Die dem ϣ des ⲃⲁϣ gegenüberstehenden ⲕ, ϭ, ϫ, ϣ, ϧ, ϩ, ⲟ erklären sich nach Seite 20. 326. 423. 463. 598. 617 als die Parallelreihen der Spiranten, in welche das ⲕ sich aufzulösen liebt. Für das ⲃ des ⲃⲁϣ finden wir ⲫ, ⲙ, ⲛ, ⲟⲩ, letzteres verlängert ⲱⲟⲩ, ⲟⲟⲩ, gerechtfertigt nach S. 20. 208. 465.; während die Häufung ⲃⲛ als Auslauts-Reduplication (S. 619. Brugsch, hier. Gramm. S. 37. 38 Schwartze, Gramm. S. 332. 333), die auslautenden ⲉ und ⲧ als Suffixe (S. 280), und das ⲁ als Präfix (Brugsch hieroglyph. Gramm. S. 37. Peyron Lex. 1) erkannt werden. ϫⲱϩⲙ ist dem *kem* (ⲕⲁⲃⲓ) gegenüber mit Anlautreduplication gebildet (S. 618); ebenso auch (wenn es nicht — theilweis invertirte — *pt*, *tp*, *t* Endungsformen sind) ϫⲱϩ, ϫⲱϭⲉ, ϫⲛϭⲉ, ϭⲛϫⲓ, welche den anslautenden Labial abgeworfen, und theilweis durch Suffix ersetzt haben. Für Erweichung und späteren Abfall des auslautenden Labials vergleiche man: ⲧⲱⲃ, retribuere, ⲧⲟⲩⲉⲓⲟ. ⲧⲉⲓ, ϯ, ⲧ dare; ⲗⲁⲃⲟ, ⲗⲁⲟⲩ, ⲗⲁⲩⲟ, ⲗⲁⲩ velum; ⲕⲃ, ϩⲓⲛⲃ, ϫⲱⲟⲩ, ϫⲱ, ϫⲟ, ϫⲁ, ϫⲉ, ϫ clamare, vocare; ϫⲡⲟ, ⲥⲟⲩⲁ, ϫⲟ, ϭⲟ generare, semen; ⲕⲗⲟⲙⲗⲉⲙ (neben ⲥⲗϥ-ⲧ, volvere) ⲥⲗⲟⲩⲗⲟⲗ, volvere u. a. m.

Also geht der Begriff unseres Stammes vom Leuchten, Glänzen aus, und es heissen ⲟⲩⲁϣ, ⲟⲩⲃϣ »licht«, und ⲟⲩⲟⲃϣ, ⲟⲃϣ »weiss, hell, candidus«:

Sermo Schenuthii Z. 519. ⲡ ⲁⲩⲁⲛ ⲛ ⲏⲣⲡ ⲁⲩⲱ ⲉⲧ ⲙⲟⲣϣ ϫⲉ ⲥⲉ ⲙⲟⲣϣ ⲛϭⲓ ⲛⲉϥ ⲃⲁⲗ ⲉⲃⲟⲗϩⲙ ⲡ ⲏⲣⲡ, ⲁⲩⲱ ⲟⲛ ϫⲉ ⲡⲉ ⲥⲙⲟⲧ ⲙ ⲡⲁ ⲥⲟⲛ ⲉϥ ⲧⲣⲉϣⲣⲱϣ ⲧⲏⲣϥ ⲉϥ ⲟⲩⲟⲃϣ ⲉϥ ⲣⲁϩⲉ ⲉⲃⲟⲗ ⲟⲩⲧⲉ ⲟⲩ ⲧ ⲃⲁ.

Vini color ruber est rubentque oculi vino; sed fratris mei forma candescit nitetque inter decem milia.

Psalm 50, 9. ⲉⲕⲉ ⲛⲟⲩϫϧ ⲉϫⲱⲓ ⲙ ⲡⲉⲕ ϣⲉ ⲛ ϩⲩⲥⲱⲡⲟⲛ ⲟⲩⲟϩ ⲉⲓⲉ ⲧⲟⲩⲃⲟ, ⲉⲕⲉ ⲣⲁϩⲧ ⲟⲩⲟϩ ⲉⲓⲉ ⲟⲩⲃⲁϣ ⲉϩ ⲧⲉ ⲟⲩ ⲭⲓⲱⲛ.

Ῥαντιεῖς με ὑσσώπῳ, καὶ καθαρισθήσομαι, πλυνεῖς με καὶ ὑπὲρ χιόνα λευκανθήσομαι.

Danach ist ⲟⲩⲁⲃ purus rein, insofern eine helle Oberfläche eine fleckenlose ist. ⲟⲩⲁⲃ purus ist also eine Bezeichnung des äusseren An- und Aussehens, und dadurch von der inneren Reinheit des ⲥⲱⲧⲡ geschieden.

Aber der metaphorisch gesteigerte Charakter der ⲁ-Reihe indicirt eine seelische Auffassung dieser äusseren Reine, eine Würdigung derselben als ein Zeichen innerer Tugend, welche das Wort dem Gebiete der Sinnlichkeit, auf dem es entstand, rasch entzieht. Nur in einigen wenigen Fällen, und auch dann nur für die äusserste Reinigkeit, deren die Materie fähig, ist es auf ihm noch anzutreffen. So für einen völlig gewaschenen Menschen:

Johannes 13, 10. ⲡⲉϫⲉ ⲓ̅ⲏ̅ⲥ̅ ⲛⲁϥ ϫⲉ ⲫⲏ ⲉⲧ ⲁϥ ϫⲱⲕⲉⲙ ⲛ ϥ ⲉⲣ ⲭⲣⲓⲁ ⲁⲛ ⲉⲃⲏⲗ ⲉ ⲛⲁ ⲣⲁⲧϥ ⲁⲗⲗⲁ ϥ ⲟⲩⲁⲃ ⲧⲏⲣϥ ⲟⲩⲟϩ ⲛⲑⲱⲧⲉⲛ ϩⲱⲧⲉⲛ ⲧⲉⲧⲉⲛ ⲟⲩⲁⲃ ⲁⲗⲗⲁ ⲧⲏⲣ-ⲟⲩ ⲁⲛ.

Λέγει αὐτῷ Ἰησοῦς ὁ λελουμένος οὐκ ἔχει χρείαν ἢ τοὺς πόδας νίψασθαι, ἀλλ' ἔστιν καθαρὸς ὅλος· καὶ ὑμεῖς καθαροί ἐστε, ἀλλ' οὐχὶ πάντες.

Für frisch gewaschene Wäsche:

Matth. 27, 59. ⲟⲩⲟϩ ⲁϥ ϭⲓ ⲙ ⲡⲓ ⲥⲱⲙⲁ ⲛϫⲉ ⲓⲱⲥⲏⲫ ⲁϥ ⲕⲟⲩⲗⲱⲗϥ ϧⲉⲛ ⲟⲩ ϣⲉⲛⲧⲱ ⲉⲥ ⲟⲩⲁⲃ.

Καὶ λαβὼν τὸ σῶμα ὁ Ἰωσὴφ ἐνετύλιξεν αὐτὸ ἐν σινδόνι καθαρᾷ.

Während schon ein reiner Hut, weil er nicht so ersichtlich, so blendend rein werden konnte, wie Linnen, für das lichte ⲟⲩⲁⲃ sich nicht mehr eignete,

Zacharias 3, 5. ⲟⲩⲟϩ ⲙⲟⲓ ϩⲓⲱⲧϥ ⲛ ⲟⲩ ⲡⲟⲧⲏⲣⲓ ⲟⲩⲟϩ ⲭⲱ ϩⲓϫⲉⲛ ⲧⲉϥ ⲁϥⲉ ⲛ ⲟⲩ ⲙⲏⲧⲣⲁ ⲉⲥ ⲧⲟⲩⲃⲏⲟⲩⲧ ⲟⲩⲟϩ ⲁⲩ ϯ ϩⲓⲱⲧϥ ⲛ ϩⲁⲛ ϩⲃⲱⲥ ⲟⲩⲟϩ ⲁⲩ ⲭⲱ ⲛ ⲟⲩ ⲙⲏⲧⲣⲁ ⲉⲥ ⲧⲟⲩⲃⲏⲟⲩⲧ ϩⲓϫⲉⲛ ⲧⲉϥ ⲁϥⲉ ⲟⲩⲟϩ ⲁϥ ⲟϩⲓ ⲉⲣⲁⲧϥ ⲛϫⲉ ⲡⲓ ⲁⲅⲅⲉⲗⲟⲥ ⲛⲧⲉ ⲡ ϭⲥ

Καὶ ἐπέθηκαν κίδαριν καθαρὰν ἐπὶ τὴν κεφαλὴν αὐτοῦ, καὶ περιέβαλον αὐτὸν ἱμάτια. καὶ ὁ ἄγγελος κυρίου εἱστήκει

und selbst das reine Wasser dafür nicht hell genug schien, sondern — wie wir unter ⲥⲱⲧⲡ gesehen, entweder lauter hiess, oder — wie sich aus den nachstehenden Beispielen ergiebt — gereinigt:

Numeri 5, 17. ⲟⲩⲟϩ ⲉⲣⲉ ⲡⲓ ⲟⲩⲏⲃ ϭⲓ ⲛ ⲟⲩ ⲙⲱⲟⲩ ⲉϥ ⲧⲟⲩⲃⲏⲟⲩⲧ ⲉϥ ⲟⲛϧ ϧⲉⲛ ⲟⲩ ⲙⲟⲕⲓ ⲙ ⲃⲉⲗϫ.

καὶ λήψεται ὁ ἱερεὺς ὕδωρ καθαρὸν ζῶν ἐν ἀγγείῳ ὀστρακίνῳ, καὶ τῆς γῆς τῆς οὔσης ἐπὶ τοῦ ἐδάφους τῆς σκηνῆς τοῦ μαρτυρίου, καὶ λαβὼν ὁ ἱερεὺς ἐμβαλεῖ εἰς τὸ ὕδωρ.

Hebr. 10, 23. ⲙⲁⲣⲉⲛ ⲓ ⲉϧⲟⲩⲛ ϧⲉⲛ ⲟⲩ ϩⲏⲧ ⲙ ⲙⲏⲓ ⲛⲉⲙ ⲟⲩ ϫⲱⲕ ⲛⲧⲉ ⲟⲩ ⲛⲁϩϯ ⲉⲩ ⲛⲟϫϧ ⲛϫⲉ ⲛⲉⲛ ϩⲏⲧ ⲉⲃⲟⲗϩⲁ ⲟⲩ ⲥⲩⲛⲏⲇⲏⲥⲓⲥ ⲉⲥ ϩⲱⲟⲩ ⲟⲩⲟϩ ⲉⲣⲉ ⲛⲉⲛ ⲥⲱⲙⲁ ϫⲱⲕⲉⲙ ϧⲉⲛ ⲟⲩ ⲙⲱⲟⲩ ⲉϥ ⲧⲟⲩⲃⲏⲟⲩⲧ.

καὶ λελουμένοι τὸ σῶμα ὕδατι καθαρῷ.

Desto besser stimmt unser Wort, von dem Aussehen genommen, und aufs Innerliche gewendet und erhöht, für die Bezeichnung der körperlichen Reine, die, nach den Bad-, Speise- und Gesundheitsgesetzen Aegyptens, gleichzeitig eine religiöse war. Herodot sagt II, 37:

Θεοσεβέες δὲ περισσῶς ἐόντες μάλιστα πάντων ἀνθρώπων νόμοισι τοιοίσιδε χρέωνται. ἐκ χαλκέων ποτηρίων πίνουσι διασμέωντες ἀνὰ πᾶσαν ἡμέρην· οὐχ ὁ μὲν, ὁ δ' οὔ, ἀλλὰ πάντες. εἵματα δὲ λίνεα φορέουσι αἰεὶ νεόπλυτα, ἐπιτηδεύοντες τοῦτο μάλιστα. τά τε αἰδοῖα περιτάμνονται καθαριότητος εἵνεκεν, προτιμῶντες καθαροὶ εἶναι ἢ εὐπρεπέστεροι. οἱ δὲ ἱρέες ξυρεῦνται πᾶν τὸ σῶμα διὰ τρίτης ἡμέρης, ἵνα μήτε φθεὶρ, μήτε ἄλλο μυσαρὸν μηδὲν ἐγγίνηταί σφι θεραπεύουσι τοὺς θεούς. ἐσθῆτα δὲ φορέουσι οἱ ἱρέες λινέην μούνην, καὶ ὑποδήματα βύβλινα. ἄλλην δέ σφι ἐσθῆτα οὐκ ἔξεστι λαβεῖν, οὐδὲ ὑποδήματα ἄλλα. λοῦνται δὲ δὶς τῆς ἡμέρης ἑκάστης ψυχρῷ, καὶ δὶς ἑκάστης νυκτός. ἄλλας τε θρησκίας μυρίας ἐπιτελέουσι, ὡς εἰπεῖν λόγῳ· πάσχουσι δὲ καὶ ἀγαθὰ οὐκ ὀλίγα· οὔτε τι γὰρ τῶν οἰκηΐων τρίβουσι, οὔτε δαπανέωνται. ἀλλὰ καὶ σιτία σφί ἐστι ἱρὰ πεσσόμενα, καὶ χηνέων καὶ βοέων κρεῶν πλῆθός τι ἑκάστῳ γίνεται πολλὸν ἑκάστης ἡμέρης. δίδοται δέ σφι καὶ οἶνος ἀμπέλινος. ἰχθύων δὲ οὔ σφι ἔξεστι πάσασθαι. κυάμους δὲ οὔτε τι μάλα σπείρουσι Αἰγύπτιοι ἐν τῇ χώρῃ, τούς τε γενομένους οὔτε τρώγουσι, οὔτε ἕψοντες πατέονται· οἱ δὲ δὴ ἱρέες οὐδὲ ὁρέοντες ἀνέχονται, νομίζοντες οὐ καθαρόν μιν εἶναι ὄσπριον. ἱρᾶται δὲ οὐκ εἷς ἑκάστου τῶν θεῶν, ἀλλὰ πολλοί, τῶν εἷς ἐστὶ ἀρχιέρεως· ἐπεὰν δέ τις ἀποθάνῃ, τούτου ὁ παῖς ἀντικατίσταται.

Entsprechend kündet die Edfu Tempelinschrift an der Thürwange:

Ha honu nuteru nu tes hor nuter tefu au nu ḥuṭ

χont-ark-nuter n ḥor n nubt ḥer-seśt nuter āb n

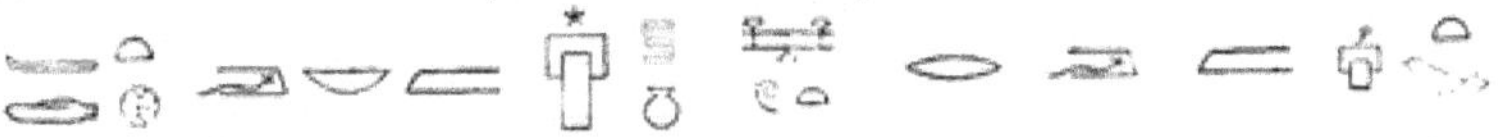

ḥuṭ āk nib em seb pen ḥer-ut er āk m sat

ter nuter mer āb er ḥeḥ n χet er hefen-u nu

usem sai - u - f n maa-t ḥotep-f ḥir-s ȧb-f ḥir

āb.

»O ihr Propheten des Sitzes des Horus, ehrwürdige heilige Väter der Stadt Hud, du in der göttlichen Halle des Horus von Gold, du Stolist, heiliger Priester der Stadt Hud, wenn ihr durch diese Thüre eintretet, sei sie frei von Schmutz, weil Gott die Reinheit mehr liebt als eine Million von Dingen, als hunderttausend Dinge von Gold. Er sättigt sich von der Wahrheit, die ihn befriedigt, und sein Herz ist erhaben über die Sünde.« *)

*) Brugsch, Hieroglyphische Grammatik § 345.

Demgemäss wird, da die Juden in ähnlichen Anschauungen und Gebräuchen lebten, die Heiligung der Bibel, die durch Reinigung nach dem Ceremonialgesetz zu erwerben war und erworben werden musste, passend durch ⲟⲩⲁⲃ gegeben:

Rein im Gegensatz zu dem durch die Berührung eines Todten Verunreinigten:

Numeri 19, 18. ⲟⲩⲟϩ ⲉⲩⲉϭⲓ ⲛ ⲟⲩ ϩⲩⲥⲱⲡⲟⲥ ⲟⲩⲟϩ ⲉϥⲉ ⲥⲟⲡϥ ϧⲉⲛ ⲟⲩ ⲙⲱⲟⲩ ⲛϫⲉ ⲟⲩ ⲣⲱⲙⲓ ⲉϥ ⲟⲩⲁⲃ ⲟⲩⲟϩ ⲉϥⲉ ⲛⲟⲩϫϧ ⲉϫⲉⲛ ⲡⲓ ⲏⲓ.

Καὶ λήψεται ὕσσωπον, καὶ βάψει εἰς τὸ ὕδωρ ἀνὴρ καθαρὸς, καὶ περιῤῥανεῖ ἐπὶ τὸν οἶκον, καὶ ἐπὶ τὰ σκεύη, καὶ ἐπὶ τὰς ψυχὰς, ὅσαι ἂν ὦσιν ἐκεῖ, καὶ ἐπὶ τὸν ἡμμένον τοῦ ὀστέου τοῦ ἀνθρωπίνου, ἢ τοῦ τραυματίου, ἢ τοῦ τεθνηκότος, ἢ τοῦ μνήματος.

Rein im Gegensatz zu dem, der Opferthiere getödtet und verbrannt hat:

Numeri 19, 9. ⲟⲩⲟϩ ⲉⲣⲉ ⲟⲩ ⲣⲱⲙⲓ ⲉϥ ⲟⲩⲁⲃ ⲑⲟⲩⲉⲧ ϯ ⲕⲉⲣⲙⲓ ⲛⲧⲉ ϯ ⲃⲁϩⲥⲓ ⲟⲩⲟϩ ⲉϥⲉ ⲭⲁⲥ ⲥⲁⲃⲟⲗ ⲛ ϯ ⲡⲁⲣⲉⲙⲃⲟⲗⲏ ϧⲉⲛ ⲟⲩ ⲙⲁ ⲉϥ ⲧⲟⲩⲃⲏⲟⲩⲧ ⲟⲩⲟϩ ⲉϥⲉ ϣⲱⲡⲓ ⲛ ϯ ⲥⲩⲛⲁⲅⲱⲅⲏ ⲛⲧⲉ ⲛⲉⲛ ϣⲏⲣⲓ ⲙ ⲡ ⲓⲥⲣⲁⲏⲗ ⲉⲩ ⲁⲣⲉϩ. ⲟⲩ ⲙⲱⲟⲩ ⲛ ⲛⲟⲩϫϧ ⲉϥ ⲧⲟⲩⲃⲏⲟⲩⲧ ⲡⲉ.

Καὶ συνάξει ἄνθρωπος καθαρὸς τὴν σποδὸν τῆς δαμάλεως, καὶ ἀποθήσει ἔξω τῆς παρεμβολῆς εἰς τόπον καθαρόν. καὶ ἔσται τῇ συναγωγῇ υἱῶν Ἰσραὴλ εἰς διατήρησιν. ὕδωρ ῥαντισμοῦ ἅγνισμά ἐστι.

Rein im Gegensatz zu geschlechtlicher Verunreinigung:

Deuteronomium 23, 10—11. ⲉϣⲱⲡ ⲇⲉ ⲉ ⲟⲩⲟⲛ ⲟⲩ ⲣⲱⲙⲓ ⲛϧⲏⲧⲕ ⲛ ϥ ⲟⲩⲁⲃ ⲁⲛ ⲉⲃⲟⲗϧⲉⲛ ⲡⲉϥ ϫⲱϣ ⲉⲃⲟⲗ ⲛ ϫⲱⲣϩ.

Ἐὰν ᾖ ἐν σοὶ ἄνθρωπος ὃς οὐκ ἔσται καθαρὸς ἐκ ῥύσεως αὐτοῦ νυκτὸς καὶ ἐξελεύσεται ἔξω τῆς παρεμβολῆς, καὶ οὐκ εἰσελεύσεται εἰς τὴν παρεμβολὴν καὶ ἔσται τὸ πρὸς ἑσπέραν λούσεται τὸ σῶμα αὐτοῦ ὕδατι, καὶ δεδυκότος ἡλίου εἰσελεύσεται εἰς τὴν παρεμβολήν.

Rein in all diesen Bedeutungen zusammen, und folglich würdig, vom Opfer zu essen:

Numeri 18, 11. ⲟⲩⲟϩ ⲫⲁⲓ ⲉϥⲉ ϣⲱⲡⲓ ⲛⲱⲧⲉⲛ ⲛ ⲁⲡⲁⲣⲭⲏ ⲛⲧⲉ ⲛⲟⲩ ⲧⲁⲓⲟ ⲉⲃⲟⲗϧⲉⲛ ⲛⲏ ⲧⲏⲣⲟⲩ ⲉⲧ ⲟⲩ ⲉⲣ ⲉⲡⲓⲑⲩⲙⲓⲛ ⲉⲣⲱⲟⲩ ⲛϫⲉ ⲛⲉⲛ ϣⲏⲣⲓ ⲙ ⲡ ⲓⲥⲣⲁⲏⲗ ⲁⲓ ⲧⲏⲓⲧⲟⲩ ⲛⲁⲕ ⲛⲉⲙ ⲛⲉⲕ ϣⲏⲣⲓ ⲛⲉⲙ ⲛⲉⲕ ϣⲉⲣⲓ ⲛⲉⲙⲁⲕ ⲛ ⲟⲩ ⲛⲟⲙⲓⲙⲟⲛ ϣⲁ ⲉⲛⲉϩ ⲟⲩⲟⲛ ⲛⲓⲃⲉⲛ ⲉⲑ ⲟⲩⲁⲃ ϧⲉⲛ ⲡⲉⲕ ⲏⲓ ⲉⲩⲉ ⲟⲩⲟⲙⲟⲩ.

Καὶ τοῦτο ἔσται ὑμῖν ἀπαρχῶν δομάτων αὐτῶν, ἀπὸ πάντων τῶν ἐπιθεμάτων τῶν υἱῶν Ἰσραήλ. σοὶ δέδωκα αὐτὰ καὶ τοῖς υἱοῖς σου καὶ ταῖς θυγατράσι σου μετὰ σοῦ νόμιμον αἰώνιον. πᾶς καθαρὸς ἐν τῷ οἴκῳ σου ἔδεται αὐτά.

Rein, das heisst, in sinnlicher Weise fehlerlos, durch keinen Unrath entstellt und desshalb Gottes und seiner Frommen würdig, muss auch das Opferthier sein, der Ort, in dem es bereitet wird, und das Geräthe, das dabei in Anwendung kömmt:

Maleachi 1, 11. ⲛⲉⲙ ⲟⲩ ϣⲟⲩϣⲱⲟⲩϣⲓ ⲉϥ ⲟⲩⲁⲃ.

Διότι ἀπὸ ἀνατολῶν ἡλίου καὶ ἕως δυσμῶν τὸ ὄνομά μου δεδόξασται ἐν τοῖς ἔθνεσι, καὶ ἐν παντὶ τόπῳ θυμίαμα προςάγεται τῷ ὀνόματί μου, καὶ θυσία καθαρά. διότι μέγα τὸ ὄνομά μου ἐν τοῖς ἔθνεσι λέγει κύριος παντοκράτωρ.

Leviticus 4, 12. ⲟⲩⲟϩ ⲉⲩⲉ ⲱⲗⲓ ⲙ ⲡⲓ ⲙⲁⲥⲓ ⲧⲏⲣϥ ⲉⲃⲟⲗ ⲥⲁⲃⲟⲗ ⲛ ϯ ⲡⲁⲣⲉⲙⲃⲟⲗⲏ ⲉ ⲟⲩ ⲙⲁ ⲉϥ ⲟⲩⲁⲃ, ⲡⲓ ⲙⲁ ⲉⲧ ⲟⲩ ⲛⲁ ⲫⲉⲛ ϯ ⲕⲉⲣⲙⲓ ⲉⲃⲟⲗ ⲙⲙⲟϥ.

Καὶ ἐξοίσουσιν ὅλον τὸν μόσχον ἔξω τῆς παρεμβολῆς εἰς τόπον καθαρὸν, οὗ ἐκχεοῦσι τὴν σποδιάν. καὶ κατακαύσουσιν αὐτὸν ἐπὶ ξύλων ἐν πυρί. ἐπὶ τῆς ἐκχύσεως τῆς σποδιᾶς καυθήσεται.

Exodus 31, 6 u. 8. ⲛⲉⲙ ϯ ⲗⲩⲭⲛⲓⲁ ⲉⲑ ⲟⲩⲁⲃ ⲛⲉⲙ ⲛⲉⲥ ⲥⲕⲉⲩⲟⲥ ⲧⲏⲣⲟⲩ.

Καὶ ποιήσουσι πάντα ὅσα συνέταξά σοι. καὶ τὰ θυσιαστήρια, καὶ τὴν τράπεζαν καὶ πάντα τὰ σκεύη αὐτῆς, καὶ τὴν λυχνίαν τὴν καθαρὰν καὶ πάντα τὰ σκεύη αὐτῆς.

Und alles Geniessbare, dessen Genuss erlaubt sein soll, so Thier, wie Wasser. Wir treffen hier auf die Auffassung aller primitiven Völker, dass das Schädliche auch das Unheilige sei; dass das äusserlich Unreine auch innerlich Böse wäre; ja dass das solchergestalt Geächtete von anderen, artverschiedenen Kräften geschaffen und geleitet sein müsse, als das Gute*). Daher die innere Heiligung des Zuträglichen; daher die Annahme, das Reine, wie das Zuträgliche oder zuträglich Dünkende, seiner sinnlichen Erscheinung gemäss, genannt wurde, stelle das Göttliche vor; daher das Ceremonialgesetz, nicht etwa nur als eine mechanische Erinnerung an sanitäre, religiöse und sittliche Pflichten, sondern als eine wahre, geistige Verehrung der Gottheit selbst, vermittelt durch Dinge, die ihr näher standen, als der von Dämonen beeinflusste Rest der Welt.

Reine Speise:

Genesis 7, 7—9. ⲟⲩⲟϩ ⲉⲃⲟⲗϧⲉⲛ ⲛⲓ ϩⲁⲗⲁϯ ⲛⲉⲙ ⲛⲓ ⲧⲉⲃⲛⲱⲟⲩⲓ ⲉⲑ ⲟⲩⲁⲃ ⲛⲉⲙ ⲉⲃⲟⲗϧⲉⲛ ⲛⲓ ⲧⲉⲃⲛⲱⲟⲩⲓ ⲉⲧⲉ ⲛ ⲥⲉ ⲟⲩⲁⲃ ⲁⲛ.

Εἰςῆλθε δὲ Νῶε καὶ οἱ υἱοὶ αὐτοῦ, καὶ ἡ γυνὴ αὐτοῦ, καὶ αἱ γυναῖκες τῶν υἱῶν αὐτοῦ μετ' αὐτοῦ εἰς τὴν κιβωτὸν διὰ τὸ ὕδωρ τοῦ κατακλυσμοῦ. καὶ ἀπὸ τῶν πετεινῶν τῶν καθαρῶν, καὶ ἀπὸ τῶν πετεινῶν τῶν μὴ καθαρῶν, καὶ ἀπὸ τῶν κτηνῶν τῶν καθαρῶν, καὶ ἀπὸ τῶν κτηνῶν τῶν μὴ καθαρῶν.

Genesis 7, 2. (7. 8, 9 u. 8, 20). ⲉⲃⲟⲗ ⲇⲉ ϧⲉⲛ ⲛⲓ ⲧⲉⲃⲛⲱⲟⲩⲓ ⲉⲑ ⲟⲩⲁⲃ ⲁⲗⲓⲟⲩⲓ ⲉϧⲟⲩⲛ ϩⲁⲣⲟⲕ ⲛ ⲍ̅ⲍ̅ ⲟⲩ

*) Confer ϭⲁϧⲉⲙ immundus, profanus, inquinare; [illegible]ⲛⲧ sudor, immundus, abominandus, profanus; ⲥⲟϥ tingere, polluere, profanus; ⲁⲑⲓⲱⲟⲩ illotus, profanus; ⲃⲱⲛ malus, invidus, laedere, fascinare; ϩⲓⲕ veneficus, daemon, magia; et cetera.

ϩⲱⲟⲩⲧ ⲛⲉⲙ ⲟⲩ ⲥϩⲓⲙⲓ. ⲉⲃⲟⲗϧⲉⲛ ⲛⲓ ⲧⲉⲃⲛⲱⲟⲩⲓ ⲉⲧⲉ ⲥⲉ ⲟⲩⲁⲃ ⲁⲛ ⲃ̅ⲃ̅ ⲟⲩ ϩⲱⲟⲩⲧ ⲛⲉⲙ ⲟⲩ ⲥϩⲓⲙⲓ.

Ἀπὸ δὲ τῶν κτηνῶν τῶν καθαρῶν εἰσάγαγε πρὸς σὲ ἑπτὰ ἄρσεν καὶ θῆλυ, ἀπὸ δὲ τῶν κτηνῶν τῶν μὴ καθαρῶν δύο δύο ἄρσεν καὶ θῆλυ.

Deuteronomium 14, 11. ϩⲁⲗⲏⲧ ⲛⲓⲃⲉⲛ ⲉⲑ ⲟⲩⲁⲃ ⲉⲣⲉⲧⲉⲛⲉ ⲟⲩⲟⲙⲟⲩ.

Πᾶν ὄρνεον καθαρὸν φάγεσθε.

Leviticus 11, 36. ϣⲁⲧⲉⲛ ⲛⲓ ⲙⲟⲩⲙⲓ ⲙ ⲙⲱⲟⲩ ⲛⲉⲙ ⲛⲓ ⲗⲁⲕⲕⲟⲥ ⲛⲉⲙ ⲛⲓ ⲙⲁ ⲛ ⲑⲱⲟⲩϯ ⲛⲧⲉ ⲛⲓ ⲙⲱⲟⲩ ⲉⲩⲉ ϣⲱⲡⲓ ⲉⲩ ⲟⲩⲁⲃ. ⲫⲏ ⲇⲉ ⲉⲧ ⲛⲁ ϭⲓ ⲛⲉⲙ ⲛⲏ ⲉⲧ ⲙⲱⲟⲩⲧ ⲛⲧⲉ ⲛⲁⲓ ⲉϥⲉ ϣⲱⲡⲓ ⲉϥ ϭⲁϧⲉⲙ.

Πλὴν πηγῶν ὑδάτων καὶ λάκκου καὶ συναγωγῆς ὕδατος, ἔσται καθαρόν. ὁ δὲ ἁπτόμενος τῶν θνησιμαίων αὐτῶν ἀκάθαρτος ἔσται.

Allmählig ward die innere Weihe des Ceremonialgesetzes vergessen, seine äussere Uebung aber, obschon sie nicht einmal die Sachen mehr heiligte, für wichtig genug gehalten, um die sittliche Heiligung der Seele, die ursprünglich mit dem Ceremonialgesetz Hand in Hand ging, zu ersetzen. Dagegen protestirt die das Ceremonialgesetz beschränkende, den Genuss aller Speisen erlaubende, und die Moral accentuirende Auffassung der Propheten und des Neuen Testaments. Alle Sachen sind nun gottgeschaffen und rein, so lange der Mensch sie nur mit reiner Seele gebraucht:

Rom. 14, 20. ⲥⲉ ⲟⲩⲁⲃ ⲙⲉⲛ ⲧⲏⲣⲟⲩ ⲁⲗⲗⲁ ⲟⲩ ⲡ ⲉⲧ ϩⲱⲟⲩ ⲡⲉ ⲙ ⲡⲓ ⲣⲱⲙⲓ ⲫⲏ ⲉⲑⲛⲁ ⲟⲩⲱⲙ ⲉ ⲃⲟⲗ ϩⲓ ⲧⲉⲛ ⲟⲩ ϭⲣⲟⲡ.

Πάντα μὲν καθαρά, ἀλλὰ κακὸν τῷ ἀνθρώπῳ τῷ διὰ προσκόμματος ἐσθίοντι.

An diese eine sinnlich-sittliche Seite des Wortes schliesst sich eine zweite ähnlicher Art, in ihrem Ursprung sinnlicher, in ihrem Ziele sittlicher als die erste. Ebenso etymologisch richtig tritt das durch sein ⲁ vom Sinnlichen zum Geistigen erhöhte ⲟⲩⲁⲃ ein, wo körperliche Reinheit sittliche Unschuld bezeugt, also, wie in den anderen obgenannten Fällen der persönlichen Reinheit wiederum das Flecken- mit dem Makellosen sich verbindet:

Rein von Blut, frei von Gewaltthat:

Acta 20, 26. ϫⲉ ⲧ ⲟⲩⲁⲃ ⲁⲛⲟⲕ ⲉⲃⲟⲗϩⲁ ⲡⲉⲧⲉⲛ ⲥⲛⲟϥ ⲧⲏⲣⲟⲩ.

Διὸ μαρτύρομαι ὑμῖν ἐν τῇ σήμερον ἡμέρᾳ ὅτι καθαρὸς ἐγὼ ἀπὸ τοῦ αἵματος πάντων.

Acta 18, 6. ⲡⲉⲧⲉⲛ ⲥⲛⲟϥ ⲉϩⲣⲏⲓ ⲉϫⲉⲛ ⲧⲉⲧⲉⲛ ⲁⲫⲉ ⲧ ⲟⲩⲁⲃ ⲁⲛⲟⲕ ⲓⲥϫⲉⲛ ⲧ ⲛⲟⲩ ⲉⲓⲉ ϣⲉ ⲛⲏⲓ ⲉ ⲛⲓ ⲉⲑⲛⲟⲥ.

Ἀντιτασσομένων δὲ αὐτῶν καὶ βλασφημούντων ἐκτιναξάμενος τὰ ἱμάτια εἶπεν πρὸς αυτούς. Τὸ αἷμα ὑμῶν ἐπὶ τὴν κεφαλὴν ὑμῶν· καθαρὸς ἐγὼ ἀπὸ τοῦ νῦν εἰς τὰ ἔθνη πορεύσομαι.

Nachdem somit das Reine aus doppelten Gründen das Sittliche geworden, wurde das Sittliche seinerseits das Reine. Mit anderen Worten, nachdem einerseits den Leib sauber zu halten zur stätig geübten Religion erklärt, andererseits die Unschuld an reinen Händen und blutlosen Kleidern erkannt war, wurden die seltener erfüllten Pflichten des Gewissens insgesammt mit dem, allerdings schon geistig gewendeten Namen belegt, den die häufigere Waschung und die blosse Enthaltung von Mord dem Wesen aller Religion gegeben hatte.

Den Uebergang vermittelten Fälle, in denen, wie sich entweder aus dem Griechischen Original, oder aus einem halb sinnlichen Beisatz ersehen lässt, das Sittliche nach bewusst als das Fleckenlose bezeichnet ward:

Für *ἄμωμος*:

Ezechiel 28, 15. ⲁⲕ ϣⲱⲡⲓ ⲛⲑⲟⲕ ⲉⲕ ⲟⲩⲁⲃ ϧⲉⲛ ⲛⲉⲕ ⲉϩⲟⲟⲩ ⲓⲥϫⲉⲛ ⲡⲓ ⲉϩⲟⲟⲩ ⲉⲧ ⲁⲩ ⲥⲱⲛⲧ ⲙⲙⲟⲕ ϣⲁ ⲉϩⲣⲏⲓ ⲉ ⲧⲛⲟⲩ.

Ἐγενήθης σὺ ἄμωμος ἐν ταῖς ἡμέραις σου, ἀφ᾽ ἧς ἡμέρας σὺ ἐκτίσθης ἕως εὑρέθη τὰ ἀδικήματα ἐν σοί.

Für *ἀθῷος*:

Psalm 15, 5. **ⲡⲉϥ ϩⲁⲧ ⲙⲡⲉϥ ⲧⲏⲓϥ ⲉ ⲑⲙⲏⲥⲓ ⲟⲩⲟϩ ⲙⲡⲉϥ ϭⲓ ⲛ ϩⲁⲛ ⲧⲁⲓⲟ ⲉϫⲉⲛ ⲛⲏ ⲉⲑ ⲟⲩⲁⲃ.**

τὸ ἀργύριον αὐτοῦ οὐκ ἔδωκεν ἐπὶ τόκῳ, καὶ δῶρα ἐπ᾽ ἀθῴοις οὐκ ἔλαβεν.

Psalm 25, 6. **ϯⲛⲁ ⲓⲁ ⲧⲟⲧ ⲉⲃⲟⲗϧⲉⲛ ⲛⲉⲑ ⲟⲩⲁⲃ ⲟⲩⲟϩ ⲛⲧⲁ ⲕⲱϯ ⲉ ⲡⲉⲕ ⲙⲁ ⲛ ⲉⲣ ϣⲱⲟⲩϣⲓ ⲡ ⲟ͞ⲥ.**

Νίψομαι ἐν ἀθῴοις τὰς χεῖράς μου, καὶ κυκλώσω τὸ θυσιαστήριόν σου κύριε.

Ps. 72, 13 dafür **ⲁⲑⲛⲟⲃⲓ.**

Reine Hände:

Psalm 23, 3—4. **ⲛⲓⲙ ⲉⲑ ⲛⲁ ϣ ϣⲉ ⲉϩⲣⲏⲓ ⲉϫⲉⲛ ⲡ ⲧⲱⲟⲩ ⲙ ⲡ ϭ͞ⲥ ⲓⲉ ⲛⲓⲙ ⲉⲑ ⲛⲁ ϣ ⲟϩⲓ ⲉⲣⲁⲧϥ ϧⲉⲛ ⲡⲉϥ ⲙⲁ ⲉⲑ ⲟⲩⲁⲃ. ⲉϥ ⲟⲩⲁⲃ ϧⲉⲛ ⲛⲉϥ ϫⲓϫ ⲟⲩⲟϩ ⲉϥ ⲧⲟⲩⲃⲏⲟⲩⲧ ϧⲉⲛ ⲡⲉϥ ϩⲏⲧ.**

Τίς ἀναβήσεται εἰς τὸ ὄρος τοῦ κυρίου, καὶ τίς στήσεται ἐν τόπῳ ἁγίῳ αὐτοῦ; ἀθῷος χερσὶ καὶ καθαρὸς τῇ καρδίᾳ, ὃς οὐκ ἔλαβεν ἐπὶ ματαίῳ τὴν ψυχὴν αὐτοῦ, καὶ οὐκ ὤμοσεν ἐπὶ δόλῳ τῷ πλησίον αὐτοῦ.

Reine Augen:

Habakuk 1, 13. **ϥ ⲟⲩⲁⲃ ⲛϫⲉ ⲡⲁ ⲃⲁⲗ ⲉ ϣⲧⲉⲙ ⲛⲁⲩ ⲉ ϩⲁⲛ ⲡⲉⲧ ϩⲱⲟⲩ.**

Καθαρὸς ὁ ὀφθαλμὸς τοῦ μὴ ὁρᾷν πονηρά, καὶ ἐπιβλέπειν ἐπὶ πόνους ὀδύνης. ἱνατί ἐπιβλέπεις ἐπὶ καταφρονοῦντας; παρασιωπήσῃ ἐν τῷ καταπίνειν ἀσεβῆ τὸν δίκαιον.

Reinen Herzens:

Matth. 5, 8. **ⲱ ⲟⲩⲛⲓⲁⲧⲟⲩ ⲛ ⲛⲏ ⲉⲑ ⲟⲩⲁⲃ ϧⲉⲛ ⲡⲟⲩ ϩⲏⲧ.**

Μακάριοι οἱ καθαροὶ τῇ καρδίᾳ, ὅτι αὐτοὶ τὸν θεὸν ὄψονται.

Tuki Rituale 233. **ⲛϩⲣⲏⲓ ϧⲉⲛ ⲟⲩ ϩⲏⲧ ⲉϥ ⲟⲩⲁⲃ.**

بقلب نقى

Genesis 20, 5. **ϧⲉⲛ ⲟⲩ ϩⲏⲧ ⲉϥ ⲟⲩⲁⲃ ⲛⲉⲙ ⲟⲩ ⲙⲉⲑⲙⲏⲓ ⲛⲧⲉ ⲛⲁ ϫⲓϫ ⲁⲓ ⲉⲣ ⲫⲁⲓ.**

Οὐκ αὐτός μοι εἶπεν, ἀδελφή μου ἐστίν; καὶ αὕτη μοι εἶπεν, ἀδελφός μου ἐστίν; ἐν καθαρᾷ καρδίᾳ καὶ ἐν δικαιοσύνῃ χειρῶν ἐποίησα τοῦτο.

Woran sich der, in Beispielen wie das letzte, erwachsene geistigere Uebergang vom Herzen auf das Gewissen schliesst:

Tuki Rituale 222. ⲙⲁⲣⲉⲛ ⲉⲣⲛⲏⲥⲧⲉⲩⲓⲛ ϧⲉⲛ ⲥⲡⲟⲩⲇⲏ, ⲟⲩⲟϩ ⲛⲧⲉⲛ ⲉⲣⲡⲣⲟⲥⲉⲩⲭⲉⲥⲑⲉ ⲛϩⲣⲏⲓ ϧⲉⲛ ⲡⲁⲓ ⲉϩⲟⲟⲩ ⲉⲑ ⲟⲩⲁⲃ ϧⲉⲛ ⲟⲩ ⲥⲩⲛⲉⲓⲇⲏⲥⲓⲥ ⲉϥ ⲟⲩⲁⲃ.

الايام المقدسة بنية طاهرة

Intente jejunium servemus et oremus hoc die festo nullius culpae conscii.

II Timoth. 1, 3. ϯ ϣⲉⲡ ϩⲙⲟⲧ ⲛⲧⲉⲛ ⲫ ⲛⲟⲩϯ ⲫⲁⲓ ⲉ ϯ ϣⲉⲙϣⲓ ⲙⲙⲟϥ ⲓⲥϫⲉⲛ ϩⲏ ⲛ ⲛⲁ ⲓⲟϯ ϧⲉⲛ ⲟⲩ ⲥⲩⲛⲏⲇⲏⲥⲓⲥ ⲉⲥ ⲟⲩⲁⲃ.

Χάριν ἔχω τῷ θεῷ ᾧ λατρεύω ἀπὸ προγόνων ἐν καθαρᾷ συνειδήσει, ὡς ἀδιάλειπτον ἔχω τὴν περὶ σοῦ μνεῖαν ἐν ταῖς δεήσεσίν μου νυκτὸς καὶ ἡμέρας.

Und die Gegenüberstellung von äusserlich reinen Dingen und den unreinen Gedanken, die sich an sie knüpfen können:

Titus 1, 15. ϩⲱⲃ ⲅⲁⲣ ⲛⲓⲃⲉⲛ ⲥⲉ ⲟⲩⲁⲃ ⲛ ⲛⲏ ⲉⲧ ⲧⲟⲩⲃⲏⲟⲩⲧ ⲛⲏ ⲇⲉ ⲉⲧ ⲥⲟϥ ⲛⲉⲙ ⲛⲓ ⲁⲑⲛⲁϩϯ ⲙⲙⲟⲛ ϩⲗⲓ ⲛ ⲟⲩⲁⲃ ⲛⲱⲟⲩ ⲁⲗⲗⲁ ϥ ⲥⲟϥ ⲛϫⲉ ⲡⲟⲩ ϩⲏⲧ ⲛⲉⲙ ⲧⲟⲩ ⲥⲩⲛⲏⲇⲏⲥⲓⲥ.

Πάντα καθαρὰ τοῖς καθαροῖς. τοῖς δὲ μεμιαμμένοις καὶ ἀπίστοις οὐδὲν καθαρόν, ἀλλὰ μεμίανται αὐτῶν καὶ ὁ νοῦς καὶ ἡ συνείδησις.

Einen zweiten, der Versittlichung noch näher tretenden Schritt thaten Gedanken, die, ohne auf die Fleckenlosigkeit des Körpers als charakteristisches Merkmal hinzuweisen, von der reinigenden Vorbereitung für eine religiöse Handlung sprechen, und danach den ganzen Mann, äusserlich und innerlich, ⲟⲩⲁⲃ »heilig« benennen:

Heiligung für Gelübde durch Fernbleiben von Todten u. s. w.:

Numeri 6, 8. ⲛ ⲛⲓ ⲉϩⲟⲟⲩ ⲧⲏⲣⲟⲩ ⲛⲧⲉ ⲧⲉϥ ⲉⲩⲭⲏ ⲉϥⲉ ϣⲱⲡⲓ ⲉϥ ⲟⲩⲁⲃ ⲙ ⲡ ϭⲟⲓⲥ.

Πάσας τὰς ἡμέρας τῆς εὐχῆς αὐτοῦ ἅγιος ἔσται κυρίῳ.

Heiligung für das Opfern:

Numeri 16, 7. ⲟⲩⲟϩ ⲉⲥⲉ ϣⲱⲡⲓ ⲡⲓ ⲣⲱⲙⲓ ⲉⲧⲉ ⲫ ⲛⲟⲩϯ ⲛⲁ ⲥⲟⲧⲡϥ ⲫⲁⲓ ⲉϥⲉ ϣⲱⲡⲓ ⲉϥ ⲟⲩⲁⲃ.

Καὶ ἐπίθετε ἐπ᾽ αὐτὰ πῦρ, καὶ ἐπίθετε ἐπ᾽ αὐτὰ θυμίαμα ἔναντι κυρίου αὔριον, καὶ ἔσται ὁ ἀνὴρ ὃν ἐκλέλεκται κύριος, οὗτος ἅγιος· ἱκανούσθω ὑμῖν υἱοὶ Λευί.

Heiligung für Gewissenspflichten, eine bildliche Nachahmung der vorstehenden Redeweise:

II Corinth. 7, 11. ϧⲉⲛ ϩⲱⲃ ⲛⲓⲃⲉⲛ ⲁⲣⲉⲧⲉⲛ ⲧⲁϩⲉ ⲑⲏⲛⲟⲩ ⲉⲣⲁⲧⲉⲛ ⲑⲏⲛⲟⲩ ⲉⲣⲉⲧⲉⲛ ⲟⲩⲁⲃ ⲙ ⲡⲓ ϩⲱⲃ.

Ἐν παντὶ συνστήσατε ἑαυτοὺς ἁγνοὺς εἶναι τῷ πράγματι.

Wir stehen somit vor der letzten Stufe, die das Wort noch von der völligen Verinnerlichung trennt. Kann der ganze Mensch als rein bezeichnet werden, in Bezug auf sein inneres Wesen allein, und ohne jede Anspielung auf die ceremoniellen Bedingungen dieses Zustandes, so ist ⲟⲩⲁⲃ an das letzte Ziel seiner Entwicklung gelangt, und hat, von der Weisse und dem Waschen ausgehend, in dem Heiligthum der Seele und des Gewissens seine schliessliche Stätte gefunden. Unser Wort vollzieht diesen Schritt innerhalb der Eigenthümlichkeit seiner Zeit. Es finden sich vollwichtige Beispiele, wie diese:

Leviticus 11, 45. ⲟⲩⲟϩ ⲉ ⲑⲣⲉ ⲧⲉⲛ ϣⲱⲡⲓ ⲉⲣⲉⲧⲉⲛ ⲟⲩⲁⲃ ϫⲉ ϯ ⲟⲩⲁⲃ ⲁⲛⲟⲕ.

Καὶ ἔσεσθε ἅγιοι, ὅτι ἅγιός εἰμι ἐγὼ κύριος.

Marc. 6, 20. ⲏⲣⲱⲇⲏⲥ ⲅⲁⲣ ⲛⲁϥ ⲉⲣ ϩⲟϯ ϧⲁⲧϩⲏ ⲛ ⲓⲱⲁⲛⲛⲏⲥ ⲉϥ ⲥⲱⲟⲩⲛ ⲙⲙⲟϥ ϫⲉ ⲟⲩ ⲣⲱⲙⲓ ⲛ ⲑⲙⲏⲓ ⲡⲉ ⲟⲩⲟϩ ϥ ⲟⲩⲁⲃ.

ὁ γὰρ Ἡρώδης ἐφοβεῖτο τὸν Ἰωάννην, εἰδὼς αὐτὸν ἄνδρα δίκαιον καὶ ἅγιον.

Aber solche, auf die ganze Gesinnung gehende Fälle sind selten, und was ihnen zunächst steht, zeigt schon eine merkliche Veränderung der Farbe. Hier kommen wir auf die wichtigste Eigenthümlichkeit unseres Wortes zurück. Indem wir die Heiligung des äusserlich Reinen betrachteten, haben wir gefunden, dass sie zuerst auch eine innerliche war; zur Betrachtung des allein innerlich Heiligen, des Sittlichen, fortschreitend, werden wir umgekehrt sehen, wie es, unter den eigenthümlichen Bedingungen des Alterthums, in das äusserliche versank. Wenn wir in einer modernen Sprache von sittlicher Reine reden, so erheben wir damit keinen Anspruch auf völlige Reine, sondern nur auf Reine in allem Wesentlichen; sagen wir aber »heilig«, so denken wir nur an Gott, oder einige biblische Persönlichkeiten. Es war anders vormals. In der Urzeit wurde die Welt, der Meinung ihrer Bewohner nach, nicht durch die unveränderlichen Gesetze eines einigen Gottes, sondern durch das stätig sich erneuende, launenhafte und eifersüchtige Eingreifen einer sich tumultuarisch bekämpfenden Götterschaar regiert.*) Als die Keime des Guten erstarkten,**) schienen die milden Gedanken, die inmitten des Kampfes erwuchsen, auf wunderbare Weise eingegeben zu sein, und wurden unverbrüchlich gemacht durch

*) Dieser, für die Würdigung des ⲟⲩⲁⲃ heranzuziehende Gedanke kommt in ihm durch den Gegensatz gegen andere Worte wie ⲓϭ, ϩⲓⲕ, ⲣⲉϥϣⲟⲟⲣ, ⲇⲓⲁⲃⲟⲗⲟⲥ u. s. w. zum Ausdruck. Seine Definition musste demnach theilweis aus der Bedeutung der letzteren supplirt werden. Auch die bereits für profanus = polluere citirten Worte kommen hier wieder zur Geltung.

**) An einer anderen Stelle wird dargethan werden, in welcher Ueberzahl sich im Aegyptischen die Wurzeln und Stämme des Hauens, Stossens und Vernichtens gegen die von freundlicherer Bedeutung befinden. Dabei sind einige unter den vergleichsweise wenigen Stämmen des Guten nachweisbar aus dem reichen Wurzelwalde des Schlechten hervorgegangen, sind also erst ein zweiter Schoss.

ihren erhabenen Ursprung, durch das dringende Bedürfniss, dem sie entsprachen, und durch die empfundene Scheu, der Debatte, und damit dem Bürgerkrieg, aufs neue die Thüre zu öffnen.*) Wie die Verpflichtungen von Mensch gegen Mensch einerseits auf das genaueste bestimmt wurden, andererseits durch göttliche Offenbarung auferlegt zu sein schienen, so glaubte die antike Religion, alle wohlthätige Einsicht für absolut nehmend, einen exacten Maassstab auch für die Beziehungen zwischen Menschen und Göttern zu besitzen. Es gab bestimmte Glaubensgesetze, an welche die seelische Reine gebunden war; man konnte diese Reine ganz erlangen, wenn man diese Gesetze hielt; man konnte sie aber auch nur erlangen, wenn man diese Gesetze für die ausschliesslichen nahm. Im alten Aegypten waren es nach Ausweis des Todtenbuches bekanntlich zweiundvierzig Fragen, die man verneinen können musste, um gerechtfertigt zu sein; in der neuen Religion blieb von der alten Auffassung genug zurück, um solch völliges Reinwerden, wenigstens als einen Zukunftsgedanken neben mehreren anderen, möglich zu lassen. Damit war der Begriff der völligen seelischen Läuterung gegeben, welche die antike Heiligkeit ausmachte; damit trat aber gleichzeitig die wache Thätigkeit des Einzelgewissens zurück. Ein heiliger Mensch zu sein, war allerdings nichts Unmögliches, wie heut, da die sittlichen Pflichten zu mannigfaltig, zu zart und manchmal zu widerspruchsvoll auftreten, um sie gänzlich zu erfüllen; aber das vermeintliche Erreichen der damaligen Zeit war kaum etwas so Innerliches als das heutige Streben nach dem, was zugestan-

*) Dieser Theil der Ausführung ist, soweit er sich nicht, aus ⲟⲩⲁⲃ ergiebt, supplirt aus den Wortbedeutungen von ϩⲁⲡ (Tuki Rudimenta linguae Copticae 102), ϩⲱⲛ, ϩⲟϯ, ⲧⲱϣ, ϩⲁⲡⲥ, ⲥϣⲁ, ϫⲡⲉ, ϥⲧⲟⲙ etc. Ueber das Auftreten des Begriffes der einen, die anderen einschliessenden Gottheit siehe Grébaut, Hymne à Amon Ra du musée de Boulaq.

denermassen unerreichbar ist. Denn, obschon der beseeligende Gedanke der vollständigen Läuterung im Alterthum vorhanden war und das höchste Ziel des Menschen allgemein zugänglich zu machen schien, wurde durch die enge und verhältnissmässig mechanische Form, in der allein er zu verwirklichen war, das Persönliche dieser Reinigung, die Selbstständigkeit ihres inneren Werdens vermindert. Ziehen wir nun in Erwägung, dass während die innere Sittlichkeit, also paragraphirt, allmählig mehr Gehorsam als Ueberzeugung werden musste, die äussere Anbetung Gottes in gewissen guten zuträglichen und ihm vermeintlich besonders nahestehenden Dingen ebenfalls eine wirkliche innere Heiligung enthielt, so lässt sich begreifen, wie von beiden Seiten aus die Frömmigkeit Gefahr lief, sich in den Ritus zu verlieren. Es ist so viel leichter unreine Thiere zu vermeiden, als gegen den Nebenmenschen gerecht und billig zu sein. So wurde die »Heiligkeit«, die doch erreichbar sein sollte, weniger der Lohn des die sittliche Versuchung Ueberwindenden, als der Besitz des opfernden, badenden und betenden Gläubigen. So ward die Moral der alten Welt, der ägyptischen, wie der benachbarten jüdischen, zuerst weit über das heute möglich Dünkende gesteigert; ward heilig anstatt rein; und versank danach, weil das Innerliche umsomehr äusserlich wurde, als das Aeusserliche innerlich war, ins Ceremoniell, dem einzigen Mittel, durch welches sich die ersehnten, absoluten Erfolge erreichen liessen.

Diese Auffassung lehrt der Gebrauch des verinnerlichten ⲟⲩⲁⲃ. Während Beispiele, in denen die Gesinnung die Berechtigung zu diesem Namen verleiht, selten sind,

Col. 3, 12. ⲙⲟⲓ ⲟⲩⲛ ϩⲓ ⲑⲏⲛⲟⲩ ⲙ ⲫ ⲣⲏϯ ⲛ ϩⲁⲛ ⲥⲱⲧⲡ ⲛⲧⲉ ⲫ ⲛⲟⲩϯ ⲉⲩ ⲟⲩⲁⲃ ⲟⲩⲟϩ ⲛ ⲙⲉⲛⲣⲓⲧ, ⲛ ϩⲁⲛ ⲙⲉⲧϣⲁⲛⲑⲙⲁϩⲧ ⲛⲧⲉ ⲟⲩ ⲙⲉⲧⲣⲉϥϣⲉⲛϩⲏⲧ, ⲛ ⲟⲩ ⲙⲉⲧϩⲉⲗϫⲉ, ⲛ ⲟⲩ ⲑⲉⲃⲓⲟ ⲛ ϩⲏⲧ, ⲛ ⲟⲩ ⲙⲉⲧⲣⲉⲙⲣⲁⲩϣ, ⲛ ⲟⲩ ⲙⲉⲧⲣⲉϥⲱⲟⲩ ⲛ ϩⲏⲧ.

Ἐνδύσασθε οὖν ὡς ἐκλεκτοὶ τοῦ θεοῦ ἅγιοι καὶ ἠγαπημένοι σπλάγχνα οἰκτιρμοῦ, χρηστότητα, ταπεινοφροσύνην, πραΰτητα, μακροθυμίαν —

muss die Heiligung vorzugsweise durch die Befolgung bestimmter Satzungen erstrebt worden sein, wo sie denen, die aus der Beobachtung der betreffenden Vorschriften einen Lebensberuf machten, am ehesten zukam. Während der Laie kaum jemals heilig genannt wird, wurde jedem einzelnen Priester, — und um wie viel mehr noch dem ganzen Stande — dieses gewaltige Epitheton regelmässig beigelegt. Neben dem ⲟⲩⲏⲃ, welches »Priester« bedeutet, liegt in dieser fast ausschliesslichen Verwendung des ⲟⲩⲁⲃ »heilig«, als eines Epithetons desselben Priesterstandes, eine merkwürdige Erläuterung des Vorstehenden. Aus der Coexistenz beider Worte ergiebt sich, dass die Begriffe »Priester« und »heilig« in einer früheren Periode gesonderter gewesen sein müssen, als in der koptischen, die ihren Unterschied begrifflich noch kennt, aber thatsächlich kaum mehr beachtet. Dasselbe folgt aus ihrer verschiedenen, etymologischen Bildung, deren jede ihrem speciellen Begriff entspricht: ⲟⲩⲏⲃ, mit stark passivirendem ⲏ, ist der geweihte, ⲟⲩⲁⲃ, mit metaphorisch intensivirendem ⲁ, der, der auf einem sinnlich-geistigen Wege eine gewisse edle Reinheit erworben hat. Zwei völlig verschiedene Dinge und Bezeichnungen, deren eine dem Diener des Tempels, deren andere jedem Frommen zukömmt. Wenn es trotzdem eine Zeit gab, in der beide dem Priester fast allein beigelegt wurden, so muss die Frömmigkeit vorher eine solche geworden sein, dass sie sich wesentlich in dem Ritus ausdrückte.

Da somit unser Wort eine Art selbstverständlichen Zubehörs der priesterlichen Stellung geworden war, schloss es sich leicht an die geistlichen Titel an, und trat, nur selten vor dem blossen Eigennamen erscheinend, mit desto bewussterem Pomp vor die Würden- und Dignitätsbezeichnungen.

Selten vor dem Eigennamen:

Martyrium S. Aptiae (Zoeg. 26). ⳨ ⲙⲁⲣⲧⲩⲣⲓⲁ ⲛⲧⲉ ⲡⲓ ⲁⲅⲓⲟⲥ ⲟⲩⲟϩ ⲙ ⲙⲁⲧⲣⲩⲣⲟⲥ ⲛⲧⲉ ⲡⲉⲛ ⲟ̅ⲥ̅ ⲓ̅ⲏ̅ⲥ̅ ⲡ̅ⲭ̅ⲥ̅ ⲫⲏ ⲉⲑ ⲟⲩⲁⲃ ⲁⲡⲧⲓⲁ.

Martyrium Sancti et Martyris Domini nostri Jesu Christi, viri augusti Aptiae.

Histor. Monast. Aegypt. Z. 321. ⲁⲓ ⲃⲱⲕ ϭⲉ ⲉϩⲟⲩⲛ ⲧⲉⲛⲟⲩ ⲉ ⲧ ⲉⲕⲕⲗⲏⲥⲓⲁ ⲉⲧ ⲟⲩⲁⲁⲃ ⲙ ⲡⲉⲛ ⲛⲟⲩⲧⲉ ⲉ ⲡⲉ ⲡⲉⲧ ⲟⲩⲁⲁⲃ ⲏⲥⲁⲓⲁⲥ.

Nunc autem introivi in sanctam ecclesiam domini et audivi Sanctum Jesaiam.

Fast ebenso selten vor »Mann« oder ohne jede andere Bezeichnung, wo Priester oder Laie gemeint sein könnte, gewöhnlich aber der erstere gemeint ist:

Acta S. Martyris Epime (Georgi LXV). ⲁϥ ⲉⲣ ⲕⲉⲗⲉⲩⲓⲛ ⲛϫⲉ ⲡⲓ ϩⲏⲅⲉⲙⲱⲛ ⲉ ⲑⲣⲟⲩ ⲓϣⲓ ⲙ ⲫⲏ ⲉⲑ ⲟⲩⲁⲃ ⲉ ⲡⲓ ⲉⲣⲙⲏⲧⲁⲣⲓⲟⲛ ⲛⲥⲉ ϩⲱⲕⲓ ⲙⲙⲟϥ.

Jussit Praeses parari Caldarium viro sancto, ut excrucient eum.

Mirac. S. Coluthi (Georgi 191). ⲁⲓ ⲉⲓ ϣⲁⲣⲟⲕ ⲁⲓ ⲡⲁⲣⲁⲕⲁⲗⲉⲓ ⲙⲙⲟⲕ, ϫⲉ ⲉⲣⲉ ⲡⲉⲕ ϩⲙⲟⲧ ⲛⲁ ⲧⲁϩⲟⲓ, ⲛϥ ⲧⲁⲗϭⲟ ϩⲓⲧⲟⲧⲕ. ⲁϥ ⲟⲩⲱϣⲃ ⲛϭⲓ ⲡ ⲡⲉⲧ ⲟⲩⲁⲁⲃ ⲡⲉϫⲁϥ, ϫⲉ ⲱ ⲡⲁ ⲥⲟⲛ ⲓⲟⲩⲗⲓⲟⲥ, ⲁⲛⲟⲕ ⲅⲁⲣ ϩⲱⲱⲧ ⲁⲛⲅ ⲟⲩ ⲣⲱⲙⲉ ⲛ ⲣⲉϥ ⲛⲟⲃⲉ. ⲡⲁⲛⲛ ⲁ ⲉⲓⲛⲉ ⲛⲉⲕ ⲥⲟⲛ ⲛⲁⲓ ⲉ ⲡⲉⲓ ⲙⲁ.

Ad te proinde veni teque oro, ut gratia tua me apprehendat et ille sanus per te fiat, o pater sancte. Ad haec respondens vir sanctus dixit: O frater mi Juli. Sum enimvero et ego homo peccator. Attamen huc tu fratrem tuum ad me adducito.

Benedictio S. Macarii (? Z. 106). ⲱⲛⲁⲓⲁⲧϥ ⲉⲧ ⲟⲩⲁⲁⲃ beatus ille sanctus.

Häufig vor dem Titel des Abts:

Sermo S. Cyrilli Archiep. Alex. (Zoeg. 31). ⲡⲉϫⲉ ⲫⲏ ⲉⲑ ⲟⲩⲁⲃ ⲁⲡⲁ ⲁⲛⲟⲩⲃ ⲙ ⲡⲓ ⲣⲱⲙⲓ ⲉⲑ ⲛⲁⲛⲉϥ ⲓⲟⲩⲗⲓⲟⲥ: ⲱ ⲡⲓ ⲣⲱⲙⲓ ⲛⲧⲉ ⲫϯ.

Dixit Sanctus Apa Anub ad virum bonum Julium: O homo dei etc.

Vor dem Titel der Presbyter, Patriarchen und Bischöfe:

Visio a sancto viro communicata Z. 620. ⲡⲉⲓ ϫⲟⲩⲧⲁϥⲧⲉ ⲙ ⲡⲣⲉⲥⲃⲩⲧⲉⲣⲟⲥ ⲉⲧ ⲟⲩⲁⲁⲃ.

Vigesimus quartus presbyter sanctus.

Menae Vita Archiep. Isaac. Zg. 108. ⲫ ⲃⲓⲟⲥ ⲙ ⲡⲓ ⲛⲓϣϯ ⲙ ⲡⲁⲧⲣⲓⲁⲣⲭⲏⲥ ⲉⲑ ⲟⲩⲁⲁⲃ ⲟⲩⲟϩ ⲡⲓ ⲁⲣⲭⲏⲉⲡⲓⲥⲕⲟⲡⲟⲥ ⲛⲧⲉ ϯ ⲛⲓϣϯ ⲙ ⲡⲟⲗⲓⲥ ⲣⲁⲕⲟϯ ⲁⲃⲃⲁ ⲓⲥⲁⲁⲕ, ⲉ ⲁϥ ϩⲓⲥⲧⲟⲣⲓⲛ ⲙⲙⲟϥ ⲛϫⲉ ⲫⲏ ⲉⲑ ⲟⲩⲁⲃ ⲁⲃⲃⲁ ⲙⲏⲛⲁ ⲡⲓ ⲟⲥⲓⲟⲧⲁⲧⲟⲥ ⲛ ⲉⲡⲓⲥⲕⲟⲡⲟⲥ ⲛⲧⲉ ϯ ⲡⲟⲗⲓⲥ ⲡ ϣⲁϯ.

Vita magni patriarchae sancti et Archiepiscopi magnae urbis Alexandriae abbatis Isaac, quam scripsit sanctus Abba Mena sanctissimus episcopus urbis Schat.

Depositio ossium Z. 95. ⲡⲓ ⲡⲁⲧⲣⲓⲁⲣⲭⲏⲥ ⲉⲑ ⲟⲩⲁⲃ ⲥⲉⲩⲏⲣⲟⲥ.

Sanctus Patriarcha Severus.

Vor der kirchlichen Bezeichnung als Märtyrer:

Martyrium S. Johannis Zg. 88. ⲟⲩⲟϩ ϯⲛⲟⲩ ⲱ ⲡⲓ ⲙⲁⲣⲧⲩⲣⲟⲥ ⲉⲑ ⲟⲩⲁⲃ.

Et nunc sancte Martyr.

Zachariae Vita Joh. Kolobi Z. 116. ⲁⲑⲁⲛⲁⲥⲓⲟⲥ ⲡⲉ ⲡⲓ ⲙⲁⲣⲧⲩⲣⲟⲥ ⲉⲑ ⲟⲩⲁⲃ.

Athanasius martyr sanctus.

Vor der kirchlichen Bezeichnung als Apostel und Propheten:

Acta Concilii Ephesini Z. 277. ⲧ ⲡⲓⲥⲧⲓⲥ ⲛ ⲙⲙⲁⲩ ⲧⲉⲛⲧ ⲁⲩ ⲧⲁⲁⲥ ⲉⲧⲟⲟⲧⲟⲩ ⲛ ⲉⲕⲕⲗⲏⲥⲓⲁ ϩⲓⲧⲛ ⲛ ⲁⲡⲟⲥⲧⲟⲗⲟⲥ ⲉⲧ ⲟⲩⲁⲁⲃ ⲙⲛ ⲛ ⲉⲩⲁⲅⲅⲉⲗⲓⲥⲧⲏⲥ ⲁⲩⲱ ϩⲓⲧⲛ ⲛⲉ ⲥⲙⲛ ⲉⲧ ⲟⲩⲁⲁⲃ ⲛ ⲛⲉ ⲡⲣⲟⲫⲏⲧⲏⲥ.

Fides quae tradita est ecclesiis per sanctos apostolos et evangelistas et per voces sanctas prophetarum.

Tuki Rituale 33. ⲫ̀ ⲛⲏⲃ ⲡⲟⲥ ⲓ̅ⲏ̅ⲥ̅ ⲡⲭ̅ⲥ̅ ⲡⲉⲛ ⲛⲟⲩϯ ⲫⲏ ⲉⲧ ⲁϥ ϫⲟⲥ ⲛ ⲛⲉϥ ⲁⲅⲓⲟⲥ ⲙ ⲙⲁⲑⲏⲧⲏⲥ ⲟⲩⲟϩ ⲛ ⲁⲡⲟⲥⲧⲟⲗⲟⲥ ⲉⲑⲩ̅ ϫⲉ ϩⲁⲛ ⲙⲏϣ ⲙ ⲡⲣⲟⲫⲏⲧⲏⲥ ⲛⲉⲙ ϩⲁⲛ ⲑⲙⲏⲓ ⲁⲩ ⲉⲣⲉⲡⲓⲑⲩⲙⲓⲛ ⲉ ⲛⲁⲩ ⲉ ⲛⲏ ⲉⲧⲉ ⲧⲉⲛ ⲛⲁⲩ ⲉⲣⲱⲟⲩ ⲟⲩⲟϩ ⲙⲡⲟⲩ ⲛⲁⲩ.

السيد الرب يسوع المسيح الاهنا الذي قال لتلاميذه القديسين ورسله الاطهار ان انبيا كثير وصديقين اشتهوا ان يروا ما رايتم فلم يروا

Dominus noster Jesus Christus, deus noster qui locutus est cum suis sanctis discipulis et apostolis probis, quia multi prophetae et justi desideraverunt videre quod nos videmus, id autem non viderunt.

Fast durchgängig vor dem Titel »Vater« der den Priestern jeden Ranges gemeinsam zukam, und zwar sowohl, wenn nur der einzelne erwähnt wird,

Zachariae Vita Joh. Kolobi Z. 116. ⲫ̀ ⲃⲓⲟⲥ ⲙ ⲡⲓ ⲛⲓϣϯ ⲛ ⲫⲱⲥⲧⲏⲣ ⲟⲩⲟϩ ⲉⲧ ϫⲏⲕ ⲉⲃⲟⲗ ϧⲉⲛ ⲁⲣⲉⲧⲏ ⲛⲓⲃⲉⲛ ⲡⲉⲛ ⲓⲱⲧ ⲉⲑ ⲟⲩⲁⲃ ⲙ ⲡⲣⲉⲥⲃⲩⲧⲉⲣⲟⲥ ⲟⲩⲟϩ ⲛ ϩⲏⲅⲟⲩⲙⲉⲛⲟⲥ ⲛⲧⲉ ϣⲓⲏⲧ ⲁⲃⲃⲁ ⲓⲱⲁⲛⲛⲏⲥ ⲡⲓ ⲕⲟⲗⲟⲃⲟⲥ, ⲉⲧ ⲁϥ ⲓⲥⲧⲟⲣⲓⲛ ⲙⲙⲟϥ ⲫⲓⲗⲟⲡⲟⲛⲟⲥ ⲛϫⲉ ⲡⲓ ⲑⲉⲟⲫⲟⲣⲟⲥ ⲁⲗⲏⲑⲱⲥ ⲟⲩⲟϩ ⲡⲓ ⲥⲁϧ ⲛ ϯ ⲙⲉⲧⲉⲩⲥⲉⲃⲏⲥ ⲁⲃⲃⲁ ⲍⲁⲭⲁⲣⲓⲁⲥ ⲡⲓ ⲟⲥⲓⲟⲧⲁⲧⲟⲥ ⲛ ⲉⲡⲓⲥⲕⲟⲡⲟⲥ ⲛⲧⲉ ϯ ⲡⲟⲗⲓⲥ ⲙ ⲙⲁⲓⲭ̅ⲥ̅ ⲥϧⲱⲟⲩ.

Vita magni luminaris et perfecti in omni virtute patris nostri sancti presbyteri et praepositi in Schijet abbatis Johannis Kolobi, quam diligenter enarravit deo vere inflatus doctor pietatis Abbas Zacharias sanctissimus episcopus urbis Christum amantis Schou.

Instituta S. Pachomii (Zg. 71). ⲡⲉⲛ ⲓⲱⲧ ⲉⲑ ⲟⲩⲁⲃ ⲁⲃⲃⲁ ⲁⲙⲟⲩⲛ.

Sanctus pater noster Abbas Amun.

Sermones Seniorum de Abbate Antonio. (Zg. 52). ⲁϥ ϫⲟⲥ ⲟⲛ ⲛϫⲉ ⲡⲉⲛ ⲓⲱⲧ ⲉⲑ ⲟⲩⲁⲃ ⲁⲃⲃⲁ ⲁⲛⲧⲱⲛⲓ.

Dixit autem pater noster sanctus Abba Antonius.

Acta S. Schenuti (Z. 33). ϩⲁⲛ ⲕⲟⲩϫⲓ ⲉⲃⲟⲗϧⲉⲛ ⲛⲓ ϫⲟⲙ ⲛⲉⲙ ⲛⲓ ϣⲫⲏⲣⲓ ⲉⲧ ⲁ ⲫϯ ⲁⲓⲧⲟⲩ ⲉⲃⲟⲗϩⲓⲧⲟⲧϥ ⲙ ⲡⲉⲛ ⲓⲱⲧ ⲉⲑ ⲟⲩⲁⲃ ⲙ ⲡⲓ ⲡⲣⲟⲫⲏⲧⲏⲥ ⲁⲡⲁ Ϣⲉⲛⲟⲩϯ.

Minuta quaedam de gestis et miraculis quae Deus fecit per patrem nostrum sanctum prophetam Apa Schenuti —

als wenn der ganze Stand mit diesem Berufsnamen belegt wird:

Tuki Rituale 259. ⲛⲉⲛ ⲓⲟϯ ⲉⲑ ⲟⲩⲁⲃ ⲛ ⲁⲡⲟⲥⲧⲟⲗⲟⲥ.

Acta Concilii Ephesini. Z. 278. ⲉⲧⲉⲧⲛ ⲉⲓⲣⲉ ⲟⲛ ⲙ ⲡ ⲙⲉⲉⲩⲉ ⲛ ⲛⲉⲧⲛ ⲉⲓⲟⲧⲉ ⲉⲧ ⲟⲩⲁⲁⲃ, ⲛⲁⲓ ⲛⲧⲁⲩ ⲣ ⲟⲩⲏⲏⲃ ϩⲛ ⲟⲩ ⲥⲟⲟⲩⲧⲛ ⲙⲛ ⲟⲩ ⲧⲃⲃⲟ.

Recordamini sanctorum patrum vestrorum qui sacerdotes fuerunt in rectitudine et puritate.

De rebus S. Macarii (Z. 121). ⲁⲥ ϣⲱⲡⲓ ϧⲉⲛ ⲡⲓ ⲥⲏⲟⲩ ⲉⲧ ⲁ ⲡⲓ ⲥⲟⲫⲟⲥ ⲕⲩⲣⲓⲗⲗⲟⲥ ⲑⲱϩⲉⲙ ⲡⲓ ⲁⲅⲓⲟⲥ ⲁⲡⲁ ϣⲉⲛⲟⲩϯ ⲉ ϯ ⲥⲩⲛⲟⲇⲟⲥ ⲉⲑ ⲟⲩⲁⲃ ⲉⲧ ⲁⲥ ⲑⲱⲟⲩϯ ϧⲉⲛ ⲉⲫⲉⲥⲟⲥ ⲉⲑⲃⲉ ⲡⲓ ⲁⲥⲉⲃⲏⲥ ⲛ ϣⲁⲙϣⲉ ⲣⲱⲙⲓ ⲛⲉⲥⲧⲟⲣⲓⲟⲥ.

Eo tempore doctus Cyrillus vocavit sanctum apa Schenuti ad sanctam synodum Ephesi congregatam adversus impium anthropolatram Nestorium.

Acta concilii Niceni. Z. 246. ⲧ ⲡⲓⲥⲧⲓⲥ ⲉⲧ ⲟⲩⲁⲁⲃ ⲛⲧⲁⲥ ϣⲱⲡⲓ ϩⲛ ⲛⲓⲕⲉⲓⲁ, ⲧⲁⲓ ⲛ ⲧⲁⲛ ⲛ ⲉⲓⲟⲧⲉ ⲉⲧ ⲟⲩⲁⲁⲃ ⲕⲁⲁⲥ ⲉϩⲣⲁⲓ

Sancta fides quae fuit in Nicaea et quam patres nostri sancti constituerunt.

Acta S. Schenuti. ⲁϥ ϭⲟϫϥ ⲉⲡϣⲱⲓ ϧⲉⲛ ⲟⲩ ϫⲱⲛⲧ ⲛ ⲇⲓⲕⲉⲟⲛ ϧⲉⲛ ⲑⲙⲏϯ ⲛ ⲛⲉⲛ ⲓⲟϯ ⲉⲑ ⲟⲩⲁⲃ.

justa ira incensus exsiluit in medium patrum sanctorum d. h. in der Synode, wo alle ⲉⲑ ⲟⲩⲁⲃ sind.

Woran sich dann natürlich die abstractere Titulaturen »Heiligkeit« und »Heilige Väterlichkeit« schlossen:

Epistola Archiepiscopi Antiocheni. Z. 605. ⲉⲓⲥ ⲛⲁⲓ ⲙⲉⲛ ⲛⲓ ⲥϩⲁⲓⲥⲟⲩ ϣⲁ ⲧⲉⲕ ⲙⲛⲧⲙⲉⲧⲟⲩⲁⲁⲃ ⲉ ϩⲉⲛ ⲕⲟⲩⲓ ⲛⲉ ⲉⲃⲟⲗϩⲛ ⲛⲉⲛⲧ ⲁⲩ ϣⲱⲡⲉ ⲙ ⲡⲉⲓ ⲙⲁ.

En haec scripsi sanctitati tuae pauca quidem e multis quae hic evenerunt.

Visio a sancto viro communicata Z. 620. ⲉⲓⲥ ϩⲏⲛⲧⲉ ⲁⲓ ⲡⲗⲏⲣⲟⲫⲟⲣⲉⲓ ⲛ ⲧⲉⲕ ⲙⲛⲧⲉⲓⲱⲧ ⲉⲧ ⲟⲩⲁⲁⲃ.

En persuasi tuam paternitatem sanctam.

So sind auch alle Mönche »heilige Brüder«, »heilige Gemeinschaft«,

Vita S. Theodori (Mingarelli 177). ⲉϥ ⲧⲁⲉⲓⲟ ⲛ ⲧ ⲡⲟⲗⲩⲧⲓⲁ ⲛ ⲛⲉ ⲥⲛⲏⲩ ⲉⲧ ⲟⲩⲁⲁⲃ honorabat (d. h. observabat) regulam fratrum sanctorum.

S. Antonii Epistolae (Mingarelli 201). ⲛ ϣⲏⲣⲉ ⲙ ⲡⲁϩⲱⲙ ⲛ ⲧ ⲕⲟⲓⲛⲱⲛⲓⲁ ⲉⲧ ⲟⲩⲁⲁⲃ Pachomii filii (viventes) in sancta communitate (Mönche)

und schliesslich Synoden und Kirche heilig, weil sie aus lauter Heiligen zusammengesetzt sind:

Acta Concilii Ephesini. Z. 273. ⲕⲩⲣⲓⲗⲗⲟⲥ ⲡ ⲉⲡⲓⲥⲕⲟⲡⲟⲥ ⲛ ⲣⲁⲕⲟⲧⲉ ⲁϥ ⲟⲩⲱϣⲃ ⲡⲉϫⲁϥ ϫⲉ ⲟⲩ ⲡⲉⲧ ⲥ ⲇⲟⲕⲉⲓ ⲛ ⲧⲉⲓ ⲛⲟϭ ⲛ ⲥⲩⲛϩⲟⲇⲟⲥ ⲉⲧ ⲟⲩⲁⲁⲃ ⲉⲧⲃⲉ ⲧ ⲉⲡⲓⲥⲧⲟⲗⲏ ⲛ ⲛⲉⲥⲧⲱⲣⲓⲟⲥ ⲛⲧⲁⲩ ⲟϣⲥ ⲉⲣⲟⲛ ⲧⲉⲛⲟⲩ.

Cyrillus episcopus Alexandriae respondet dicens: Quid videtur huic magnae synodo sanctae de epistola Nestorii, quae nunc coram nobis est recitata.

Acta Concilii Ephesini. Z. 276. ⲕⲁⲡⲣⲉⲟⲗⲟⲥ ⲉϥ ⲥϩⲁⲓ ⲛ ⲣⲉϥϣⲙϣⲉⲛⲟⲩⲧⲉ ⲁⲩⲱ ⲙ ⲙⲁⲕⲁⲣⲓⲟⲥ ⲉⲧ ⲟⲩⲁⲁⲃ ⲛ ϣⲃⲣ ⲗⲓⲧⲟⲩⲣⲅⲟⲥ.

Capreolus scribit Deo servientibus et beatis sanctis collegis suis.

Tuki Rituale 43. ⲉⲕⲕⲗⲏⲥⲓⲁ ⲉⲑ ⲟⲩⲁⲃ.

الكنيسة المقدسة

Tuki Rituale 52. ⲧⲏⲥ ⲁⲅⲓⲁⲥ ⲉⲕⲕⲗⲏⲥⲓⲁⲥ.

البيعة المقدسة

Während so ein Klassenbegriff geschaffen wird, der sowohl den einzelnen Priester, als die ganze Priesterschaft umfasst, werden die Laien, einzeln kaum jemals ⲟⲩⲁⲃ genannt, insofern sie fromm sind, als Gesammtheit in den Klassenbegriff mit aufgenommen. Das irdische Leben, das ihnen die betreffende Pflichterfüllung sichtlich zu sauer macht, schliesst die einzelnen Nichtpriester von dem erhabenen Kreise aus; die ideale Auffassung des ganzen seelischen Daseins dagegen gewährt der gesammten Menschheit, ob Priester oder nicht, eine vage Möglichkeit, vielleicht im Diesseits, wahrscheinlicher im Jenseits, der erlesenen Schaar sich zu gesellen.

So sind alle Heiligen eingeschrieben zum ewigen Leben:

Esaias 4, 3. *Ἅγιοι κληθήσονται πάντες οἱ γραφέντες εἰς ζωὴν ἐν Ἰερουσαλήμ.*

ⲉⲩⲉ ⲙⲟⲩϯ ⲉⲣⲱⲟⲩ ϫⲉ ⲥⲉ ⲟⲩⲁⲃ ⲙ ⲡ ⲟ̅ⲥ̅ ⲟⲩⲟⲛ ⲛⲓⲃⲉⲛ ⲉⲧ ⲁⲩ ⲥϧⲏⲧⲟⲩ ⲉ ⲡ ⲱⲛϧ ϧⲉⲛ ⲓ̅ⲗ̅ⲏ̅ⲙ̅.

Sermo Abbatis Amphilochii (Z. 65) ⲡ ⲟ̅ⲥ̅ ϯ ⲙⲧⲟⲛ ⲛⲱⲟⲩ ϧⲉⲛ ⲡⲓ ⲡⲁⲣⲁⲇⲓⲥⲟⲥ ⲛⲧⲉ ⲡ ⲟⲩⲛⲟϥ ⲛⲧⲉ ⲡ ⲟⲥ ϯ ⲕⲗⲏⲣⲟⲛⲟⲙⲓⲛ ⲛⲱⲟⲩ ϧⲉⲛ ⲑ ⲙⲉⲧⲟⲩⲣⲟ ⲛ ⲛⲓ ⲫⲏⲟⲩⲓ, ⲛⲥⲉ ⲥϧⲁⲓ ⲙ ⲡⲟⲩ ⲣⲁⲛ ϩⲓ ⲡ ϫⲱⲙ ⲙ ⲡ ⲱⲛϩ ⲛⲉⲙ ⲛⲏ ⲉⲑ ⲟⲩⲁⲃ ⲧⲏⲣⲟⲩ ⲁⲙⲏⲛ.

Dominus det requiem iis in paradiso gaudii, dominus tribuat iis hereditatem in regno coelorum, ut scribatur nomen eorum in libro vitae cum sanctis omnibus amen.

Die Heiligen werden gestärkt und vor Nachtheil behütet:

Acta S. Martyris Epime (Georgi LXXIII). ⲟⲩ ⲛⲓϣϯ ⲡⲉ ⲫϯ ⲛ ⲛⲓ ⲭⲣⲓⲥⲧⲓⲁⲛⲟⲥ ⲫⲏ ⲉⲧ ϯ ϫⲟⲙ ⲛ ⲛⲏ ⲉⲑ ⲟⲩⲁⲃ.

Magnus est Deus Christianorum, qui dat virtutes sanctis suis.

Psalm 33, 10. ⲁⲣⲓ ϩⲟϯ ϧⲁ ⲧ ϩⲏ ⲙ ⲡ ⲟⲥ ⲛⲏ ⲉⲑ ⲟⲩⲁⲃ ⲧⲏⲣⲟⲩ ⲛⲧⲁϥ.

Φοβήθητε τὸν κύριον πάντες οἱ ἅγιοι αὐτοῦ, ὅτι οὐκ ἔστιν ὑστέρημα τοῖς φοβουμένοις αὐτόν.

Psalm 15, 2. ⲁϥ ⲟⲩⲱⲛϩ ⲛ ⲛⲉϥ ϣⲫⲏⲣⲓ ⲉ ⲛⲏ ⲉⲑ

ⲟⲩⲁⲃ ⲉⲧ ϧⲉⲛ ⲡⲉϥ ⲕⲁϩⲓ ⲁϥ ⲓⲣⲓ ⲛ ⲛⲉϥ ⲟⲩⲱϣ ⲧⲏⲣⲟⲩ ⲛϧⲣⲏⲓ ⲛϧⲏⲧⲟⲩ.

Τοῖς ἁγίοις τοῖς ἐν τῇ γῇ αὐτοῦ ἐθαυμάστωσε πάντα τὰ θελήματα αὐτοῦ ἐν αὐτοῖς.

Ihre Gebete werden erhört:

Tuki Rituale 3. ⲧⲱⲃϩ ϩⲓⲛⲁ ⲛⲧⲉ ⲫϯ ⲛⲁⲓ ⲛⲁⲛ .... ⲛⲧⲉϥ ϭⲓ ⲛ ⲛⲓ ϯϩⲟ ⲛⲉⲙ ⲛⲓ ⲧⲱⲃϩ ⲛⲧⲉ ⲛⲏ ⲉⲑⲩ.

اطلبوا لكي الله يرحمنا ...... ويقبل سوال وطلبات قديسيه

Orate ut deus misereatur nostri .... ut accipiat precationes et vota sanctorum.

Tuki Rituale 41. ⲟⲩⲟϩ ⲉ ⲓⲣⲓ ⲛ ⲡⲉⲕ ⲉⲩⲁⲅⲅⲉⲗⲓⲟⲛ ⲉⲑⲩ ϧⲉⲛ ⲛⲓ ⲧⲱⲃϩ ⲛⲧⲉ ⲛⲏ ⲉⲑ ⲟⲩⲁⲃ ⲛⲧⲁⲕ.

والعمل بانجيلك المقدس بطلبات قديسيك

et observare tuum sanctum evangelium in precibus sanctorum.

Sie bilden eine Gemeinschaft auf Erden,

Tuki Euchologium. ⲥⲡⲉ. ⲟⲩⲟϩ ⲛ ⲥⲟϭⲛⲓ ⲛⲧⲉ ⲛⲏ ⲉⲑ ⲟⲩⲁⲃ.

ومشورة الابرار

Consilium sanctorum

und haben einen besonderen ⲧⲟⲡⲟⲥ im Himmel:

Pistis Sophia 236. ⲉ ⲡ ⲧⲟⲡⲟⲥ ⲛ ⲧ ⲁⲗⲏⲑⲉⲓⲁ ⲑ ⲙⲛ ⲧ ⲙⲛⲧⲁⲅⲁⲑⲟⲥ ⲙ ⲡ ⲧⲟⲡⲟⲥ ⲛ ⲡⲉⲧ ⲟⲩⲁⲁⲃ ⲛⲧⲉ ⲛⲉⲧ ⲟⲩⲁⲁⲃ.

ad locum sanctum sanctorum.

Wie die ganze, von göttlichen Vorschriften geleitete Menschheit, und vor allem der Priester heilig werden können, so auch das, nach solchen Vorschriften eingerichtete Denken und Thun des einzelnen Mannes. Oder vielmehr, das letztere ist vielleicht noch eher und allgemeiner so bezeichnet worden, als der ganze Mann selbst, insofern es, an die halbsinnlichen Ausdrücke der reinen Hände und Herzen sich anschliessend, Allen Einzelnen erreichbare Eigenschaften bezeichnet, während der ganze Mann als Einzelner nur ⲟⲩⲁⲃ werden konnte, wenn er schon vorher ⲟⲩⲛⲃ war. Befähigt die heilige göttliche Weisheit in sich aufzunehmen,

Jac. 3, 17. ϯ ⲥⲃⲱ ⲇⲉ ⲉⲧⲉ ⲟⲩ ⲉⲃⲟⲗ ⲙ ⲡ ϣⲱⲓ ⲧⲉ ⲛ ϣⲟⲣⲡ ⲙⲉⲛ ⲉ ⲟⲩⲁⲃ ⲛⲧⲁ ⲟⲩ ⲣⲉϥⲉⲣϩⲓⲣⲏⲛⲏ ⲧⲉ ⲟⲩ ⲉⲡⲓⲕⲏⲥ ⲧⲉ ⲉⲥ ⲥⲟⲩⲧⲱⲛ ⲉⲥ ⲙⲉϩ ⲛ ⲛⲁⲓ ⲛⲉⲙ ⲟⲩⲧⲁϩ ⲉ ⲛⲁⲛⲉϥ ⲟⲩ ⲁⲧϯϩⲁⲡ ⲉⲣⲟⲥ ⲧⲉ ⲟⲩ ⲁⲧⲙⲉⲧϣⲟⲃⲓ ⲧⲉ.

Ἡ δὲ ἄνωθεν σοφία πρῶτον μὲν ἁγνή ἐστιν, ἔπειτα εἰρηνική, ἐπιεικής, εὐπειθής, μεστὴ ἐλέους καὶ καρπῶν ἀγαθῶν, ἀδιάκριτος, ἀνυπόκριτος —

wird sein ganzes Wollen und Handeln heilig:

Hist. Monast. Aegypt. Z. 324. ⲁⲩⲱ ⲧⲟⲧⲉ ⲧⲉ ⲯⲩⲭⲏ ⲉⲧ ⲟ ⲛ ⲁϭⲣⲏⲛ ϣⲁⲥ ϭⲙϭⲟⲙ ⲉ ⲙⲓⲥⲉ ⲛ ϩⲉⲛ ⲡⲉⲛⲩⲙⲁ ⲉⲩ ⲟⲩⲁⲁⲃ.

Tunc autem anima sterilis procreare poterit sancta consilia operaque —

sein ganzes Sein:

Deuteronomium 23, 14. ⲉⲥⲉ ϣⲱⲡⲓ ⲉⲥ ⲟⲩⲁⲃ ⲛϫⲉ ⲧⲉⲕ ⲡⲁⲣⲉⲙⲃⲟⲗⲏ.

Καὶ ἔσται ἡ παρεμβολή σου ἁγία, καὶ οὐκ ὀφθήσεται ἐν σοὶ ἀσχημοσύνη πράγματος, καὶ ἀποστρέψει ἀπὸ σοῦ.

sein Glauben:

Acta Concilii Niceni Z. 246. ⲧ ⲡⲓⲥⲧⲓⲥ ⲉⲧ ⲟⲩⲁⲁⲃ ⲛⲧⲁⲥ ϣⲱⲡⲉ ϩⲛ ⲛⲓⲕⲉⲓⲁ

Sancta fides quae fuit in urbe Nicaea —

sein Lehren und Beten:

Acta S. Schenutii. (Z. 35). ⲧⲉⲛ ⲟⲃⲓ ⲛⲁⲣ ⲙⲙⲟⲕ ⲛⲉⲙ ⲛⲉⲕ ⲥⲃⲱⲟⲩⲓ, ⲉⲑ ⲟⲩⲁⲃ . . . . . . ⲁⲣⲓ ⲡⲉⲛ ⲙⲉⲩⲓ ϧⲉⲛ ⲛⲉⲕ ϣⲗⲏⲗ ⲉⲑ ⲟⲩⲁⲃ. ⲟⲩϫⲁⲓ ϧⲉⲛ ⲫ ⲣⲁⲛ ⲛ ϯ ⲁⲅⲓⲁ ⲛ ⲧⲣⲓⲁⲥ

Sitimus enim te et tuas sanctas doctrinas . . . . . Memento nostrum in tuis sanctis orationibus Salve in nomine Sanctae Trinitatis.

Mirac. S. Coluthi (Georgi p. 172). ⲛⲟⲛ' ⲛ ⲟⲩⲏⲏⲃ ⲉϣⲁⲛ ⲁⲣⲭⲉⲓ ⲉⲧ ⲉⲩⲭⲏ ⲉⲧ ⲟⲩⲁⲁⲃ, ⲉⲛ ϫⲱ ⲙⲙⲟⲥ ϫⲉ, ⲙⲁⲣⲉⲛ ϣⲡ ϩⲙⲟⲧ ⲙ ⲡ ϫⲟⲉⲓⲥ. ϣⲁⲣⲉ ⲡ ⲗⲁⲟⲥ ⲟⲩⲱϣⲃ, ⲉϥ ϫⲟⲟⲥ ϫⲉ ϥ ⲙⲡϣⲁ ⲁⲩⲱ ⲟⲩ ⲇⲓⲕⲁⲓⲟⲛ ⲡⲉ.

Nos sacerdotes quum incipiamus sanctas precationes dicimus: Gratias agamus Domino. Populus vero respondet, dicens: Decorum ac justum hoc est —
sein Ringen mit dem Leben und sein Tod:

Depositio ossium sanctorum Martyrum. (Z. 95). Ⲁⲥ ϣⲱⲡⲓ ⲙⲉⲛⲉⲛⲥⲁ ⲑⲣⲟⲩ ϫⲱⲕ ⲉⲃⲟⲗ ϧⲉⲛ ⲟⲩ ⲙⲉⲧⲅⲉⲛⲛⲉⲟⲥ ⲛ ⲧⲟⲩ ⲁⲑⲗⲏⲥⲓⲥ ⲉⲑ ⲟⲩⲁⲃ ⲛϫⲉ ⲛⲁⲓ ⲁⲅⲓⲟⲥ ⲉ ⲧⲉⲛ ⲉⲣ ϣⲁⲓ ⲛⲱⲟⲩ, ⲁⲩ ⲕⲱⲥⲟⲩ ..... ⲟⲩⲟϩ ⲡⲁⲓ ⲣⲏϯ ⲁⲩ ⲭⲁⲩ ϧⲉⲛ ⲟⲩ ⲥⲡⲏⲗⲉⲟⲛ ⲉϥ ⲟⲩⲁⲃ.

Postquam sancti quorum festum hodie celebramus consummaverant certamen suum, sepeliverunt eos et deposuerunt hoc modo in spelunca sacra —
ja sein von einem solchen Geiste ehemals bewohnter Leichnam noch nach dem Tode:

S. Petri Archiep. Alex. (Z. 14.) ⲁⲩ ⲕⲱⲥ ⲙ ⲡⲉϥ ⲥⲱⲙⲁ ⲉⲑ ⲟⲩⲁⲃ, ⲁⲩ ⲭⲁϥ ϧⲉⲛ ⲡⲓ ⲕⲩⲙⲓⲧⲏⲣⲓⲟⲛ ⲉⲧⲉⲙⲙⲁⲩ.

Sepeliebant ejus sanctum corpus et collocabant ibi in coemeterio —
zumal er noch nach dem Tode durch Wunderthun seine alte Weihe und Wirksamkeit erweist:

Mirac. S. Coluthi (Georgi 141). ⲟⲩ ⲙⲏϣⲉ ⲛ ϣⲡⲏⲣⲉ ϣⲱⲡⲉ ⲉⲃⲟⲗ ϩⲓⲧⲙ ⲡⲉϥ ⲥⲱⲙⲁ ⲉⲧ ⲟⲩⲁⲁⲃ.

magna miraculorum multitudo facta est per sanctum illius corpus.

Dieselbe Anschauung, welche den Gedanken einer vorgeschriebenen, erreichbaren, uniformen höchsten Vollkommenheit geschaffen, hat ihn vom Menschen auf alles andere begrifflich oder sinnlich Vorhandene ausgedehnt. Ja, während der Mensch nur als Priester diese Eigenschaft ganz sein eigen nennen kann, kommt sie vielen Dingen und Begriffen, die mit dem Göttlichen in Verbindung stehen, durchaus zu; sie sind willenlos, sind zum Guten geschaffen, sind ein für allemal heilig. Die Welt als Ganzes, wie wir oben sahen, ist ein wogendes Chaos feindlicher Kräfte. Nur eine einzige, von der guten Obmacht gegebene Auffassung und Behandlung derselben löst das Geheimniss des Zwiespalts, lehrt ihn besiegen, und die eigene Seele retten. Alles was dazu hilft, was in irgend einer Berührung mit dem geweihten Wissen und Wirken steht, ist dem Einfluss der lauernden Hölle entgegen, ist in den Kreis der befreienden Heiligkeit gezogen. Die Sittlichkeits- und Sittengesetze, deren Beobachtung heilig machen kann, ja die Orte, Geräthschaften und alles sachliche und seelische Zubehör, das dazu beiträgt, so Hohes zu erwirken, sind demnach ebenfalls dem Guten geweiht, sind von dem Schlechten eximirt, sind heilig.

Heilig vor allem ist die Heilige Schrift, als welche die heilige Lehre übermittelt:

Hist. Monast. Aegypt. Z. 322. ⲧⲉⲧⲉⲛ ⲉⲓⲙⲉ ϭⲉ ⲱ ⲛⲉ ⲭⲣⲏⲥⲧⲓⲁⲛⲟⲥ ⲉⲃⲟⲗϩⲛ ⲛⲉ ⲅⲣⲁⲫⲏ ⲉⲧ ⲟⲩⲁⲁⲃ ⲙⲛ ⲛ ϭⲱⲗⲡ ⲉⲃⲟⲗ ⲉⲧ ⲧⲃⲃⲏⲩ.

Vos autem Christiani intelligitis ex sacra scriptura et revelatione.

Sermo de Josepho. Z. 631. ⲧⲉ ⲅⲣⲁⲫⲏ ⲉⲧ ⲟⲩⲁⲁⲃ.

Sancta scriptura.

Acta Schenutii. Z. 37. ⲙ ⲡⲓ ⲇ̅ ⲛ ⲉⲩⲁⲅⲅⲉⲗⲓⲟⲛ ⲉⲑ ⲟⲩⲁⲃ.

Quatuor sancta evangelia.

Tuki, Pontificale, ⲉ̅. ⲛⲉⲕ ⲉⲩⲁⲅⲅⲉⲗⲓⲟⲛ ⲉⲑ ⲟⲩⲁⲃ.

Das Ganze der göttlichen Gebote und Worte:

II Petr. 2, 21. ϧⲉⲛ ϯ ⲉⲛⲧⲟⲗⲏ ⲉⲑ ⲟⲩⲁⲃ ⲉⲧ ⲁⲩ ⲧⲏⲓⲥ ⲉⲧⲟⲧⲟⲩ.

Κρεῖττον γὰρ ἦν αὐτοῖς μὴ ἐπεγνωκέναι τὴν ὁδὸν τῆς δικαιοσύνης, ἢ ἐπιγνοῦσιν ἐπιστρέψαι ἐκ τῆς παραδοθείσης αὐτοῖς ἁγίας ἐντολῆς.

Tuki Rituale 16. ⲕⲁⲧⲁ ⲡⲉⲕ ⲟⲩⲱϣ ⲉⲑ ⲟⲩⲁⲃ.

secundum tuam voluntatem sanctam.

Die Taufe, die ein gegenseitiges Heiligungsgelöbniss zwischen Gott und den Menschen bildet:

Tuki Pontificale, ⲓⲁ̄. ⲡⲓ ⲱⲙⲥ ⲉⲑ ⲟⲩⲁⲃ.

Die Priesterweihe, die ein besonderes Heiligungsgelöbniss zwischen Gott und den Menschen bildet:

Cyrilli encomium trium sanctorum. (Z. 108). ⲟⲩ ⲉⲩⲕⲱⲙⲓⲟⲛ ⲉ ⲁϥ ⲧⲁⲟⲩⲟϥ ⲛϫⲉ ⲡⲓ ⲁⲅⲓⲟⲥ ⲕⲩⲣⲓⲗⲗⲟⲥ ⲡⲓ ⲁⲣⲭⲏⲉⲡⲓⲥⲕⲟⲡⲟⲥ ⲛⲧⲉ ⲣⲁⲕⲟϯ, ⲉϥ ⲟⲩⲱⲛϩ ⲉⲃⲟⲗ ⲛ ⲛⲓ ϫⲟⲙ ⲛⲉⲙ ⲛⲓ ϣⲫⲏⲣⲓ ⲉⲧ ⲁ ⲫϯ ⲁⲓⲧⲟⲩ ⲉⲃⲟⲗϩⲓⲧⲉⲛ ⲡⲓ ⲅ̄ ⲛ ⲁⲅⲓⲟⲥ ⲁⲛⲁⲛⲓⲁⲥ ⲁⲍⲁⲣⲓⲁⲥ ⲙⲓⲥⲁⲏⲗ, ϧⲉⲛ ⲡⲓ ⲥⲛⲟⲩ ⲉⲧ ⲁⲩ ⲕⲱⲧ ⲛⲱⲟⲩ ⲙ ⲡⲁⲓ ⲛⲓϣϯ ⲛ ⲉⲩⲕⲧⲏⲣⲓⲟⲛ ϧⲉⲛ ⲣⲁⲕⲟϯ ϯ ⲙⲏⲧⲣⲟⲡⲟⲗⲓⲥ ⲛⲧⲉ ⲭⲏⲙⲓ, ϧⲉⲛ ⲡⲓ ⲉϩⲟⲟⲩ ⲛⲧⲉ ⲛⲟⲩ ⲁⲅⲓⲁⲥⲙⲟⲥ ⲉⲑ ⲟⲩⲁⲃ ⲉⲧⲉ ⲥⲟⲩ ⲓ̄ ⲙ ⲡⲓ ⲁⲃⲟⲧ ⲙ ⲡⲁϣⲟⲛⲥ ⲡⲉ.

Encomium quod scripsit Sanctus Cyrillus, archiepiscopus Alexandriae, demonstrans opera et miracula quae deus fecit per tres sanctos Ananias, Azarias et Misael, quo tempore aedificatum iis est hoc magnum oratorium Alexandriae, quae metropolis est Aegypti, die consecrationis eorum, scilicet X mensis Paschons.

Der Gottesdienst und die wunderbaren Geheimnisse desselben:

Acta S. Abbatis Nub (Georgi LVI). ⲁⲩ ⲓⲣⲓ ⲙ ⲡⲓ ϣⲉⲙϣⲓ ⲉⲑ ⲟⲩⲁⲃ ϧⲉⲛ ϯ ⲉⲕⲕⲗⲏⲥⲓⲁ. ⲉϥ ⲓⲛⲓ ⲉ ⲛ ϣⲱⲓ ϧⲉⲛ ϯ ⲁⲛⲁⲫⲟⲣⲁ ⲉⲑ̄ⲩ̄. ⲁϥ ϭⲓ ⲉⲃⲟⲗ ⲛ ⲛⲓ ⲙⲩⲥⲧⲏⲣⲓⲟⲛ ⲉⲑ̄ⲩ̄ ⲛϫⲉ ⲡⲓ ⲕⲟⲩϫⲓ ⲛ ⲁⲗⲱⲟⲩⲓ.

Ministrabant divinum cultum in ecclesia. Venit ad sanctum sacrificium, et accepit sancta mysteria iste parvulus puer.

Hist. Monast. Aegypt. Z. 331. ⲙⲩⲥⲧⲏⲣⲓⲟⲛ ⲉⲧ ⲟⲩⲁⲁⲃ. Coena domini.

Zachariae Vita Joh. Kolobi. Z. 118. ⲁⲩ ϫⲱⲕ ⲉⲃⲟⲗ ⲉϫⲱϥ ⲛ ϯ ⲡⲣⲟⲥⲫⲟⲣⲁ ⲉⲑ ⲟⲩⲁⲁⲃ

celebraverunt sanctam eucharistiam.

Die Gebete:

Tuki, Rituale 1. ⲛⲉⲙ ⲛⲓ ⲕⲉ ⲉⲩⲭⲏ ⲉⲑ ⲟⲩⲁⲁⲃ.

Cum aliis sanctis precationibus.

Die symbolischen Opfergaben, besonders häufig in diesem determinirenden Sinn erwähnt:

Acta Concilii Niceni Z. 249. εϒ ταλο εϩραι μ π δωρον ετ ουααβ μ π νουτε.

ut donum sanctum offerant Deo.

Die guten Werke:

Jacobi 1, 27. πι ϣεμϣι δε εθ ουαβ ουοϩ ν ατθωλεβ ϧατεν φ νουϯ ουοϩ φ ιωτ φαι πε ε ϫεμ π ϣινι ν νι ορφανος.

θρησκεία καθαρὰ καὶ ἀμίαντος παρὰ θεῷ καὶ πατρὶ αὕτη ἐςίν, ἐπισκέπτεσθαι ὀρφανούς.

Die Tage, die zu besondern Feiern eingesetzt sind:

Jes. 58, 13. ουοϩ ντεκ μουϯ ν νι σαββατον ϫε ν ετ ϫηνι εθ ουαβ μ πεκ νουϯ.

καὶ καλέσεις τὰ σάββατα τρύφερα, ἅγια τῷ θεῷ.

Tuki Euchologium. ϒιᾱ. ϧεν παι εϩοου εθ ουαβ.

اليوم المقدس

Epistolae Athanasii Archiep. Alex. Z. 607. ναι νε επιςτολη μ πεν πετ ουααβ ν ειωτ απα αθανασιος π αρχηεπισκοπος ν ρακοτε ετβε π πασχα ετ ουααβ.

Hae sunt epistolae sancti patris nostri abbatis Athanasii Archiepiscopi Alexandriae de paschate sancto.

Die Tempel und die Geräthe derselben:

Tuki Rituale 18. ουοϩ ϯνα ουωϣτ ναϩρεν πεκ ερφει εθ ουαβ.

هيكلك المقدس

Et glorificabo templum tuum sanctum.

Encomium Abbatis Cyrilli Z. 615. τε στολη ετ ουααβ ν τ μντουηηβ.

Stola sancta sacerdotii.

Threni 4, 1. πως ϥνα ερ ϩλολ νϫε πι νουβ ουοϩ ϥνα ϣωβτ νϫε πι ϩατ εθ νανεϥ αυ φων εβολ νϫε νι ωνι εθ ουαβ ϧεν τ αρχη ν νι μωιτ τηρου.

Πῶς ἀμαυρωθήσεται χρυσίον, ἀλλοιωθήσεται τὸ ἀργύριον τὸ ἀγαθόν; ἐξεχύθησαν λίθοι ἅγιοι ἐπ' ἀρχῆς πασῶν ἐξόδων.

Der Ort der Tempel und andere durch die persönliche, dauernde oder zeitweilige Anwesenheit Gottes oder seiner Heiligen ausgezeichnete Orte:

Psalm 2, 6. ⲉϫⲉⲛ ⲥⲓⲱⲛ ⲡⲓ ⲧⲱⲟⲩ ⲉⲑ ⲟⲩⲁⲃ ⲛⲧⲁϥ.

Ἐγὼ δὲ κατεστάθην βασιλεὺς ὑπ᾽ αὐτοῦ ἐπὶ Σιὼν ὄρος τὸ ἅγιον αὐτοῦ.

Menae Vita Archiep. Isaac (Z. 108). ⲁϥ ϣⲉ ⲛⲁϥ ⲉ ⲟⲩ ⲧⲱⲟⲩ ⲉⲑ ⲟⲩⲁⲃ ⲛ ⲧⲉ ϣⲓⲏⲧ.

Secessit in sanctum montem Schiget.

Depositio Ossium Martyrum Z. 95. ⲛⲓ ⲛⲓϣϯ ⲛ ϣⲁϥⲉⲩ ⲉⲑ ⲟⲩⲁⲃ ⲛⲧⲉ ϣⲓⲏⲧ.

Magna deserta sancta regionis Schiget.

Zachariae Vita Joh. Kolobi Z. 116, 118. ⲉⲩ ϣⲱϣ ⲛ ⲛⲓ ⲧⲟⲡⲟⲥ ⲉⲑ ⲟⲩⲁⲃ.

profanabant sanctos locos.

Exodus 3, 5. ⲟⲩⲟϩ ⲡⲉϫⲁϥ ϫⲉ ⲙⲡⲉⲣ ϧⲱⲛⲧ ⲉⲙⲛⲁⲓ ⲃⲱⲗ ⲙ ⲡⲓ ⲑⲱⲟⲩⲓ ⲉⲃⲟⲗϧⲉⲛ ⲛⲉⲕ ϭⲁⲗⲁⲩϫ ⲡⲓ ⲙⲁ ⲅⲁⲣ ⲉⲧ ⲉⲕ ⲟϩⲓ ⲉⲣⲁⲧⲕ ϩⲓⲱⲧϥ ⲟⲩ ⲕⲁϩⲓ ⲉϥ ⲟⲩⲁⲃ.

Ὁ δὲ εἶπε. μὴ ἐγγίσῃς ὧδε. λῦσαι τὸ ὑπόδημα ἐκ τῶν ποδῶν σου. ὁ γὰρ τόπος, ἐν ᾧ σὺ ἕστηκας, γῆ ἁγία ἐστί.

Exodus 29, 31. ⲟⲩⲟϩ ⲉⲕⲉ ⲫⲓⲥⲓ ⲛ ⲛⲓ ⲁϥ ϧⲉⲛ ⲟⲩ ⲙⲁ ⲉϥ ⲟⲩⲁⲃ.

Καὶ τὸν κριὸν τῆς τελειώσεως λήψῃ, καὶ ἑψήσεις τὰ κρέα ἐν τόπῳ ἁγίῳ.

Matth. 4, 5. ⲧⲟⲧⲉ ⲁϥ ⲟⲗϥ ⲛϫⲉ ⲡⲓ ⲇⲓⲁⲃⲟⲗⲟⲥ ⲉ ϯ ⲃⲁⲕⲓ ⲉⲑ ⲟⲩⲁⲃ ⲟⲩⲟϩ ⲁϥ ⲧⲁϩⲟϥ ⲉⲣⲁⲧϥ ⲉϫⲉⲛ ⲛ ⲧⲉⲛϩ ⲛⲧⲉ ⲡⲓ ⲉⲣⲫⲉⲓ.

Τότε παραλαμβάνει αὐτὸν ὁ διάβολος εἰς τὴν ἁγίαν πόλιν καὶ ἵστησιν αὐτὸν ἐπὶ τὸ πτερύγιον τοῦ ἱεροῦ.

Die Heiligkeit gipfelt in Gott und seiner himmlischen Hierarchie, von denen sie, im Gegensatz zu den bösen Mächten, allein ausgeht und mitgetheilt wird. Da aber die Welt der sinnlichen Dinge, ebenso wie die der geistigen, zwischen gute und böse Einflüsse getheilt ist, und jegliches, je nach seiner Wesenheit, auf der einen oder anderen Seite mitarbeitet, so ist alles Sinnliche und Aeussere, das den guten Geistern zugeschrieben wird, ebenfalls als heilig anzusehen.

Gott ist heilig:

Esaias 12, 6. ⲁϥ ϭⲓⲥⲓ ϧⲉⲛ ⲧⲉ ⲙⲏϯ ⲛϫⲉ ⲡⲉⲑ ⲟⲩⲁⲃ ⲛⲧⲉ ⲡ ⲓⲥⲣⲁⲏⲗ.

Ἀγαλλιᾶσθε, καὶ εὐφραίνεσθε οἱ κατοικοῦντες Σιὼν, ὅτι ὑψώθη ὁ ἅγιος τοῦ Ἰσραὴλ ἐν μέσῳ αὐτῆς.

I Joh. 3, 3. ⲟⲩⲟϩ ⲟⲩⲟⲛ ⲛⲓⲃⲉⲛ ⲉⲧⲉ ⲧⲁⲓ ϩⲉⲗⲡⲓⲥ ⲛ ⲧⲟⲧϥ ⲉϩⲣⲏⲓ ⲉϫⲱϥ ϣⲁϥ ⲧⲟⲩⲃⲟϥ ⲕⲁⲧⲁ ⲫ ⲣⲏϯ ⲉⲧⲉ ⲫⲏ ⲟⲩⲁⲃ ⲙⲙⲟϥ.

Καὶ πᾶς ὁ ἔχων τὴν ἐλπίδα ταύτην ἐπ' αὐτῷ ἁγνίζει ἑαυτόν καθὼς ἐκεῖνος ἁγνός ἐστιν.

I Joh. 2, 20. ⲟⲩⲟϩ ⲛⲑⲱⲧⲉⲛ ϩⲱⲧⲉⲛ ⲟⲩⲟⲛ ⲧⲱⲧⲉⲛ ⲙ ⲙⲁⲩ ⲛ ⲟⲩ ⲑⲱϩⲥ ⲉⲃⲟⲗϧⲉⲛ ⲡⲉⲑ ⲟⲩⲁⲃ ⲟⲩⲟϩ ⲧⲉⲧⲉⲛ ⲥⲱⲟⲩⲛ ⲛ ϩⲱⲃ ⲛⲓⲃⲉⲛ.

Καὶ ὑμεῖς χρῖσμα ἔχετε ἀπὸ τοῦ ἁγίου καὶ οἴδατε πάντα.

Er ist Christi heiliger Vater:

Pist. Soph. 235. } Mi pater sancte (sagt Jesus zu Gott)
376. } ⲡⲁ ⲉⲓⲱⲧ ⲉⲧ ⲟⲩⲁⲁⲃ.

Sein Name ist heilig:

Tuki Euchologium. ⲗ̅. ⲉⲛ ⲉⲣϩⲩⲙⲛⲟⲥ ⲉ ⲡⲉⲕ ⲣⲁⲛ ⲉⲑ ⲟⲩⲁⲃ.

laudamus tuum nomen sanctum.

اسمك القدوس

Seine Würde ist heilig:

Tuki Rituale 180. ⲕⲩⲣⲓⲟⲥ ⲥⲁⲃⲁⲱⲑ . . . . . . ⲡⲉⲕ ⲧⲁⲓⲟ ⲉⲑ ⲟⲩⲁⲃ.

كرامتك المقدسة

tua sancta dignitas.

Sein Wille ist heilig:

Tuki Rituale 66. (Euchologium ⲩ̅ⲝ̅ⲑ̅) ⲡⲉⲕ ⲟⲩⲱϣ ⲉⲑ ⲟⲩⲁⲃ.

tua sancta voluntas.

Christus ist heilig, seine Hand und sein Kreuz:

Pistis Sophia 243. | ⲛⲁ ⲛⲁⲓ, ⲛⲁ ⲛⲁⲓ, ⲡ ϣⲏⲣⲉ ⲙ ⲡⲉⲧ ⲟⲩⲁⲁⲃ.
390. | Miserere nostri, miserere nostri, fili sancti.

Theodori Archiep. Encomium Christi (Z. 56). ϯ ϫⲓϫ ⲉⲑ ⲟⲩⲁⲃ ⲛⲧⲉ ⲡ ⲭ̅ⲥ̅

Manus sancta Christi.

Martyrium S. Cyriaci Archiep. Hierosolymorum Z. 114. ⲡⲓ ⲥⲧⲁⲩⲣⲟⲥ ⲉⲑ ⲟⲩⲁⲃ ⲛⲧⲉ ⲡⲉⲛ ⲟ̅ⲥ̅ ⲓ̅ⲏ̅ⲥ̅ ⲡ ⲭ̅ⲥ̅.

Crux sancta Domini nostri Jesu Christi.

Der heilige Geist ist eine besondere Anschauungsform der Heiligkeit Gottes und Christi:

Acta 11, 15. ⲉⲧ ⲁⲓ ⲉⲣ ϩⲏⲧⲥ ⲇⲉ ⲛ ⲥⲁϫⲓ ⲁϥ ⲓ ⲉϩⲣⲏⲓ ⲉϫⲱⲟⲩ ⲛϫⲉ ⲡⲓ ⲡⲛⲉⲩⲙⲁ ⲉⲑ ⲟⲩⲁⲃ.

Ἐν δὲ τῷ ἄρξασθαί με λαλεῖν ἐπέπεσεν τὸ πνεῦμα τὸ ἅγιον ἐπ' αὐτοὺς ὥςπερ καὶ ἐφ' ἡμᾶς ἐν ἀρχῇ.

Sermo Abbatis Amphilochii (Z. 65). ϧⲉⲛ ⲫ ⲣⲁⲛ ⲙ ⲫ ⲓⲱⲧ ⲛⲉⲙ ⲡ ϣⲏⲣⲓ ⲛⲉⲙ ⲡ ⲡ̅ⲛ̅ⲁ̅ ⲉⲑ ⲟⲩⲁⲃ ϯ ⲡⲁⲛⲁⲅⲓⲁ ⲧⲣⲓⲁⲥ ⲓⲥϧⲉⲛ ⲟⲩ ⲙⲉⲑⲛⲟⲩϯ ⲛ ⲟⲩⲱⲧ

In nomine Patris et Filii et Spiritus Sancti, Sanctissimae Trinitatis in Divinitate una —
was die Aegypter allerdings nicht ganz genau verstanden, da sie neben dem bestimmten Artikel der beiden vorstehenden Beispiele auch den unbestimmten für artikelloses Griechisch für zulässig hielten:

Marcus 1, 8. ⲛⲑⲟϥ ⲇⲉ ϥⲛⲁ ⲉⲙⲥ ⲑⲏⲛⲟⲩ ϧⲉⲛ ⲟⲩ ⲡ̅ⲛ̅ⲁ̅ ⲉϥ ⲟⲩⲁⲃ.

Im alten Testament, wo der heilige Geist noch nicht personificirt war, steht der unbestimmte Artikel dagegen richtig:

Daniel 4, 6. ⲃⲁⲗⲧⲁⲥⲁⲣ ⲡ ⲁⲣⲭⲱⲛ ⲛⲧⲉ ⲛⲓ ⲣⲉϥⲉⲣϩⲓⲕ ⲛⲑⲟⲕ ⲁⲓ ⲉⲙⲓ ⲉⲣⲟⲕ ϫⲉ ⲟⲩⲟⲛ ⲟⲩ ⲡ̅ⲛ̅ⲁ̅ ⲉϥ ⲟⲩⲁⲃ ⲛⲧⲉ ⲫϯ ⲛϧⲏⲧⲕ ⲟⲩⲟϩ ⲙⲙⲟⲛ ϩⲗⲓ ⲙ ⲙⲩⲥⲧⲏⲣⲓⲟⲛ ⲟⲩ ⲛ ⲁⲧϫⲟⲙ ⲛⲧⲟⲧⲕ.

Βαλτάσαρ ὁ ἄρχων τῶν ἐπαοιδῶν, ὃν ἐγὼ ἔγνων ὅτι

πνεῦμα θεοῦ ἅγιον ἐν σοί, καὶ πᾶν μυστήριον οὐκ ἀδυνατεῖ σε, ἄκουσον τὴν ὅρασιν τοῦ ἐνυπνίου μου, οὗ ἴδον, καὶ τὴν σύγκρισιν αὐτοῦ εἰπόν μοι.

Die heilige Dreieinigkeit, als die Vereinigung der drei guten Obmächte, trägt den Charakter der Heiligkeit ebenfalls in besonders nachdrücklicher Betonung:

Vita S. Johannis Baptistae (Z. 107). ϧⲉⲛ ⲫ ⲣⲁⲛ ⲙ ⲫ ⲓⲱⲧ ⲛⲉⲙ ⲡ ϣⲏⲣⲓ ⲛⲉⲙ ⲡ ⲡ̅ⲛ̅ⲁ̅ ⲉⲑ ⲟⲩⲁⲃ ϯ ⲧⲣⲓⲁⲥ ⲉⲑ ⲟⲩⲁⲃ ϩⲟⲙⲟⲟⲩⲥⲓⲟⲥ.

In nomine Patris et Filii et Spiritus sancti, Trinitatis sanctae homousiae.

Die heilige Jungfrau wird ebenfalls emphatisch die Heilige genannt, weil sie die Verkörperung des guten Princips geboren:

De obdormitione Mariae Z. 225. ⲧ ⲡⲁⲣⲑⲉⲛⲟⲥ ⲉⲧ ⲟⲩⲁⲃ.

Sancta virgo.

Sermo Abbatis Theodosii Archiep. Alex. Zg. 94. ϯ ⲑⲉⲟⲧⲟⲕⲟⲥ ⲉⲑ ⲟⲩⲁⲃ ⲙⲁⲣⲓⲁ.

Sancta Deipara Maria.

Tuki Pontificale. ⲉ̅. ϯ ⲑⲉⲟⲧⲟⲕⲟⲥ ⲉⲑ ⲟⲩⲁⲃ.

Encomium Abbatis Cyrilli Z. 615. ⲧⲉ ⲑⲉⲟⲧⲟⲕⲟⲥ ⲉⲧ ⲟⲩⲁⲁⲃ ⲙⲁⲣⲓⲁ.

Deipara sancta Maria.

Die heilige Himmelfahrt der heiligen Jungfrau:

Sermo Abbatis Theodosii Archiep. Alexandr. (Z. 94). ⲉ ⲁⲩ ⲉⲣ ϩⲏⲧⲥ ⲉ ϯ ⲟⲓⲕⲟⲛⲟⲙⲓⲁ ⲛⲧⲉ ⲡ ⲭ̅ⲥ̅ ϣⲁ ⲡ ϫⲱⲕ ⲉⲃⲟⲗ ⲛ ⲧⲁⲓ ⲁⲅⲓⲁ ⲙ ⲡⲁⲣⲑⲉⲛⲟⲥ ⲛⲉⲙ ⲧⲉⲥ ⲁⲛⲁⲗⲩⲙⲯⲓⲥ ⲉⲑ ⲟⲩⲁⲃ, ⲕⲁⲧⲁ ⲫ ⲣⲏϯ ⲉⲧ ⲁⲓ ϫⲉⲙⲥ ϧⲉⲛ ϩⲁⲛ ⲥⲩⲛⲧⲁⲅⲙⲁ ⲛ ⲁⲣⲭⲉⲟⲥ ϧⲉⲛ ⲓ̅ⲗ̅ⲏ̅ⲙ̅, ⲛⲁⲓ ⲉⲧ ⲁⲩ ⲓ ⲉⲧⲟⲧ ϧⲉⲛ ϯ ⲃⲓⲃⲗⲓⲟⲑⲏⲕⲏ ⲛⲧⲉ ⲡⲓ ⲁⲅⲓⲟⲥ ⲙⲁⲣⲕⲟⲥ ϧⲉⲛ ⲣⲁⲕⲟϯ.

Incipientes ab oeconomia Christi usque ad consummationem hujus sanctae virginis et assumptionem ejus sanctam, quemadmodum historice (enarratam) inveni in scriptis veteribus Hyerosolomitanis, quae ad manus meas venerunt in bibliotheca S. Marci Alexandriae.

Die heiligen Erzengel:

Tuki Theotokia ⲣ̅ⲝ̅ⲅ̅ ⲡⲓ ⲁⲣⲭⲁⲅⲅⲉⲗⲟⲥ ⲉⲑ ⲟⲩⲁⲃ.

Dies Verzeichniss liesse sich für Himmel und Erde leicht erweitern. In beiden giebt es wenige Dinge, die, wenn sie zur Förderung des guten göttlichen Weltplanes dienen, nicht heilig genannt werden können. Muss doch in einer Welt, die zwischen dem guten und bösen Princip getheilt erscheint, alles entweder heilig oder unheilig sein.

Der Wechsel der ⲉⲧ und ⲉϥ Anknüpfung des adjectivischen ⲟⲩⲁⲃ unterliegt der allgemeinen Regel, dass vorn flectirende Verbaladjectiva ⲉⲧ nach bestimmtem, ⲉϥ nach unbestimmtem Artikel verlangen. Hinten flectirende Verbaladjectiva, wie z. B. ⲛⲁⲛⲉ, haben ebenfalls ⲉⲧ nach bestimmtem Artikel, dagegen ⲉ nach unbestimmtem; doch ist diese letztere Regel, wenn sie auch die grosse Mehrheit aller vorkommenden Fälle beherrscht, nicht so fest, dass sie nicht gelegentliche Verwechselungen von ⲉ und ⲉⲧ zuliesse. Nach ⲛⲓⲃⲉⲛ steht immer ⲉⲧ; nach anderen artikellosen Verbindungen vorwiegend ⲉⲧ.

ⲧⲟⲩⲃⲉ, ⲧⲟⲩⲃⲟ.

Gemäss der unter ⲙⲁⲓ angestellten Untersuchung über die Bedeutungen der vokalisch differenzirten Intensiva-Passiva; gemäss ferner dem unter ⲑⲙⲁⲓⲉ für die Activa gefundenen zweiten Theile dieser Lehre, haben wir das vorliegende Wort in zwei Formen vor uns: ⲧⲟⲩⲃⲉ, ⲧⲃⲃⲉ mundare, und ⲧⲟⲩⲃⲟ, ⲧⲃⲃⲟ mundare, mundari, wozu ⲧⲩⲃⲃⲁ, ⲧⲃⲃⲁ als Baschmurische Variante für ⲧⲟⲩⲃⲟ, ⲧⲃⲃⲟ kömmt. Der Charaktervokal ist, der für die Causativa unter ⲑⲙⲁⲓⲉ gefundenen Regel nach, an das Ende getreten. Dies führt im Memphitischen und Sahidischen, die dem ⲧⲟⲩⲃⲟ keine ⲁ-Form zuerkennen, dahin, von dem, ihm etymologisch vorangehenden Simplex ⲟⲩⲁⲃ das ⲃ als einzigen organischen Bestandtheil in unserem Wort übrig zu lassen. (ⲟⲩⲁⲃ=ⲟⲩⲃⲁϣ=ⲃⲁϣ cf. ⲟⲩⲁⲃ).

Bedeutung und Construction der ⲉ-Form ⲧⲟⲩⲃⲉ entsprechen im allgemeinen den unter ⲑⲙⲁⲓⲉ für diese Klasse erkannten Gesetzen. Die ⲉ-Form ⲧⲟⲩⲃⲉ ist nur activ und hat das Object stets ohne präpositionelle Anknüpfung hinter sich; sie allein drückt das rein Sinnliche aus; geht überhaupt vorwiegend auf das Sinnliche, und würde desshalb, wo sie auf Geistiges angewandt wird, zu der bei ähnlichen Stämmen generell erwiesenen Folgerung zwingen, dass es sich in solchen Fällen um einen in das Handgreifliche gezogenen und darum besonders starken Ausdruck des Seelischen, nicht aber um eine Erhöhung des Sinnlichen ins Geistige und Metaphorische handelt, wäre nicht ein diesem Schluss entgegenstehender Umstand in Betracht zu ziehen. ⲧⲟⲩⲃⲉ kann nämlich sowohl von ⲟⲩⲁⲃ, als von ⲟⲩⲁⲃϣ gebildet sein; im ersteren Falle hiesse es vorwiegend reinigen = heiligen, im letzteren weissmachen — reinigen. Indess, was auch seine Genealogie sein möge, ob es nun der Sohn des ⲟⲩⲁⲃϣ oder vielmehr der Sohn des ⲟⲩⲁⲃ und Enkel des ⲟⲩⲁⲃϣ sei, es steht in der Form jedenfalls dem ⲟⲩⲁⲃ am nächsten, und wird sich, als das schwächere Wort, dem das ganze ägyptische Leben erfüllenden stärkeren leichter assimilirt, als die Assimilirung desselben an sich selber verursacht haben. Concreter gesprochen, ein Wort, das seinem Laut nach sowohl weiss machen = reinigen, als reinigen = heiligen bedeuten konnte, würde, selbst wenn der Laut nicht der letzteren Bedeutung noch näher gestanden hätte, als der ersteren, dennoch bei der Weihe und Alltäglichkeit des letzteren Vorganges dieser letzteren Bedeutung vorzugsweise sich haben zuneigen müssen. Es darf uns deshalb nicht befremden, die Scheidung zwischen Sinnlichem und Geistigen in ⲧⲟⲩⲃⲉ und ⲧⲟⲩⲃⲟ nicht so streng aufrecht erhalten zu finden, wie bei anderen Fällen derart. Allerdings ist nur ⲧⲟⲩⲃⲉ rein sinnlich:

Reinigung eines Bechers:

Matth. 23, 26. ⲡⲓ ⲃⲉⲗⲗⲉ ⲙ ⲫⲁⲣⲓⲥⲉⲟⲥ ⲙⲁ ⲧⲟⲩⲃⲉ ⲥⲁ ϧⲟⲩⲛ ⲙ ⲡⲓ ⲁⲫⲟⲧ ⲛ ϣⲟⲣⲡ ⲛⲉⲙ ϯ ⲡⲁⲣⲟⲯⲓⲥ ϩⲓⲛⲁ ⲛⲧⲉ ⲥⲁⲃⲟⲗ ⲙⲙⲱⲟⲩ ⲧⲟⲩⲃⲟ.

Φαρισαῖε τυφλέ, καθάρισον πρῶτον τὸ ἐντὸς τοῦ ποτηρίου, ἵνα γένηται τὸ ἐκτὸς αὐτοῦ καθαρόν.

Nach welchem Beispiel das ⲧⲟⲩⲃⲟ der folgenden Variante als irrig anzusehen, und in ⲧⲟⲩⲃⲉ zu amendiren sein würde —

Lucas 11, 39. (Ed. Schwartziana). пеҳаϥ ⲇⲉ ⲛⲁϥ ⲛϫⲉ ⲡ ⲟ̅ⲥ̅ ϫⲉ ϯ ⲛⲟⲩ ⲛⲑⲱⲧⲉⲛ ⲛⲁ ⲛⲓ ⲫⲁⲣⲓⲥⲉⲟⲥ ⲧⲉⲧⲉⲛ ⲧⲟⲩⲃⲟ ⲥⲁⲃⲟⲗ ⲙ ⲡⲓ ⲁⲫⲟⲧ ⲛⲉⲙ ⲛⲓ ⲃⲓⲛⲁⲝ ⲥⲁϧⲟⲩⲛ ⲇⲉ ⲙⲙⲱⲧⲉⲛ ⲙⲉϩ ⲛ ϩⲱⲗⲉⲙ ⲛⲉⲙ ⲡⲟⲛⲏⲣⲓⲁ.

Εἶπεν δὲ ὁ κύριος πρὸς αὐτόν· Νῦν ὑμεῖς οἱ Φαρισαῖοι τὸ ἔξωθεν τοῦ ποτηρίου καὶ τοῦ πίνακος καθαρίζετε, τὸ δὲ ἔσωθεν ὑμῶν γέμει ἁρπαγῆς καὶ πονηρίας —
wäre es nicht, wie wir weiter unten erkennen werden, denkbar, dass der geistige Nachsatz unser, ungemein geistig geneigtes Wort in die Steigerungsform gehoben hätte, auch wo der Gedanke, dem es zunächst dient, die sinnliche verlangt.

Körperliche Reinigung in Verbindung mit Kleiderwechsel:

Genesis 35, 2. ⲟⲩⲟϩ ⲙⲁ ⲧⲟⲩⲃⲉ ⲑⲏⲛⲟⲩ ⲟⲩⲟϩ ϣⲱⲃⲧ ⲛ ⲛⲉⲧⲉⲛ ⲥⲧⲟⲗⲏ.

Εἶπε δὲ Ἰακὼβ τῷ οἴκῳ αὐτοῦ, καὶ πᾶσι τοῖς μετ᾽ αὐτοῦ· ἄρατε τοὺς θεοὺς τοὺς ἀλλοτρίους τοὺς μετ᾽ ὑμῶν ἐκ μέσου ὑμῶν, καὶ καθαρίσθητε, καὶ ἀλλάξατε τὰς στολὰς ὑμῶν.

Waschen und gesammte körperliche Reinigung, als Vorbedingung und Symbol sittlicher Heiligung:

Hist. Monast. Aegypt. 2. 321. ⲁⲛⲟⲕ ⲟⲩ ⲣⲱⲙⲉ ⲛ ⲣⲉϥⲛⲟⲃⲉ ⲁⲩⲱ ⲁⲓ ⲱⲛⲁϩ ϩⲛ ϩⲉⲛ ⲡⲟⲣⲛⲓⲁ ⲛ ⲟⲩ ⲛⲟϭ ⲛ ⲟⲩⲟⲉⲓϣ ϣⲁ ⲉϩⲣⲁⲓ ⲉ ⲧⲉⲛⲟⲩ. ⲁⲓ ⲃⲱⲕ ϭⲉ ⲉϩⲟⲩⲛ ⲧⲉⲛⲟⲩ ⲉ ⲧ ⲉⲕⲕⲗⲏⲥⲓⲁ ⲉⲧ ⲟⲩⲁⲁⲃ ⲛⲧⲉ ⲡ ⲛⲟⲩⲧⲉ . . . . . ϫⲉⲕⲙ ⲧⲏⲩⲧⲛ ⲧⲃⲃⲉ ⲧⲏⲩⲧⲛ ϥⲓ ⲛ ⲛⲉⲓ ⲡⲟⲛⲏⲣⲓⲁ.

Ego sceleratus sum et semper vixi in amoribus usque ad hunc diem. Nunc autem introivi in ecclesiam sanctam Dei . . . . . Lavate vos et purificate vos ut nequitiam exuatis.

Esaias 1, 16. ϫⲉⲕⲉⲙ ⲑⲏⲛⲟⲩ ⲟⲩⲟϩ ⲙⲁ ⲧⲟⲩⲃⲉ ⲑⲏⲛⲟⲩ ⲱⲗⲓ ⲛ ⲛⲓ ⲡⲟⲛⲏⲣⲓⲁ.

Λούσασθε, καθαροὶ γένεσθε, ἀφέλετε τὰς πονηρίας ἀπὸ τῶν ψυχῶν ὑμῶν, ἀπέναντι τῶν ὀφθαλμῶν μου.

Jac. 4, 8. ⲙⲁ ⲧⲟⲩⲃⲉ ⲛⲉⲧⲉⲛ ϫⲓϫ ⲛⲓ ⲣⲉϥⲉⲣⲛⲟⲃⲓ ⲙⲁ ⲧⲟⲩⲃⲉ ⲛⲉⲧⲉⲛ ϩⲏⲧ ⳓⲁ ⲛⲓ ϩⲏⲧ ⲃ̄.

Καθαρίσατε χεῖρας ἁμαρτωλοί, καὶ ἁγνίσατε καρδίας δίψυχοι.

Wohin wahrscheinlich auch die beiden folgenden, auf die Reinigung von Aussätzigen bezüglichen Beispiele zu ziehen sind, weil in ihnen die o-Form nicht durch den Sinn, sondern durch den Eintritt des Suffix verursacht worden sein kann (cf. ⲑⲙⲁⲓⲉ):

Matth. 10, 8. ⲛⲓ ⲣⲉϥⲙⲱⲟⲩⲧ ⲙⲁ ⲧⲟⲩⲛⲟⲥⲟⲩ ⲛⲓ ⲕⲁⲕⲥⲉϩⲧ ⲙⲁ ⲧⲟⲩⲃⲱⲟⲩ.

Ἀσθενοῦντας θεραπεύετε, λεπροὺς καθαρίζετε, δαιμόνια ἐκβάλλετε· δωρεὰν ἐλάβετε, δωρεὰν δότε.

Matth. 3, 2. ⲟⲩⲟϩ ⲓⲥ ⲟⲩ ⲕⲁⲕⲥⲉϩⲧ ⲁϥ ⲓ ϩⲁⲣⲟϥ ⲉϥ ⲟⲩⲱϣⲧ ⲙⲙⲟϥ ⲉϥ ϫⲱ ⲙⲙⲟⲥ ϫⲉ ⲡⲁ ⲟ̅ⲥ̅ ⲁⲛ ϣⲁⲛ ⲟⲩⲱϣ ⲟⲩⲟⲛ ϣϫⲟⲙ ⲙⲙⲟⲕ ⲉ ⲧⲟⲩⲃⲟⲓ.

Καὶ ἰδοὺ λεπρὸς προσελθὼν προσεκύνει αὐτῷ λέγων κύριε, ἐὰν θέλῃς, δύνασαί με καθαρίσαι.

Da ⲧⲟⲩⲃⲟ die Pronomina Personalia sowohl suffigiren, als auch durch eine Präposition anknüpfen kann, wie z. B. ⲛⲧⲟⲧ (reflexiv ⲙⲙⲟ), so muss die Abwesenheit einer solchen in den vorstehenden Fällen ursprüngliches, und nur des Suffixes halber in ⲧⲟⲩⲃⲟ verwandeltes ⲧⲟⲩⲃⲉ um so sicherer machen. Denn hätte man ⲧⲟⲩⲃⲟ auszudrücken beabsichtigt, wo der Sinn ⲧⲟⲩⲃⲉ nahelegt, so würde man sich ja der disponiblen, deutlich unterscheidenden Präpositionalverbindung haben bedienen können. Man vergleiche als Beleg dafür:

Ezech. 43, 26. ⲛ ⲍ̄ ⲛ ⲉϩⲟⲟⲩ ⲉⲩⲉ ⲧⲱⲃϩ ⲉϫⲉⲛ ⲡⲓ ⲙⲁ ⲛ ⲉⲣ ϣⲱⲟⲩϣⲓ ⲉⲩⲉ ⲉⲣ ⲕⲁⲑⲁⲣⲓⲍⲓⲛ ⲙⲙⲟϥ ⲉⲩⲉ ⲧⲟⲩⲃⲟ ⲛⲧⲟⲧϥ ⲉⲩⲉ ϫⲱⲕ ⲉⲃⲟⲗ ⲛ ⲛⲓ ⲉϩⲟⲟⲩ.

καὶ ἐξιλάσονται τὸ θυσιαστήριον καὶ καθαριοῦσιν αὐτό. καὶ πλήσουσι χεῖρας αὐτῶν.

Umgekehrt, suffigirte ⲧⲟⲩⲃⲟ nur direct, und lauteten demnach seine Suffixformen denen des ⲧⲟⲩⲃⲉ unter allen

Umständen gleich, so wären wir darauf angewiesen, allein aus dem Sinn auf die Deutung der unterschiedslosen Formen zu schliessen — ein Verfahren, das nach dem Eingangs Gesagten bei ⲧⲟⲩⲃⲉ, ⲧⲟⲩⲃⲟ seine Schwierigkeiten hat. In den beiden vorstehenden Fällen zumal könnte die Heilung eines Aussätzigen, der ja nicht bloss als krank, sondern auch als unheilig galt, ebensowohl als Heilung, wie als Heiligung aufgefasst worden sein. Was mich indessen, auch abgesehen von dem genannten syntactischen Grunde, für sinnliches ⲧⲟⲩⲃⲉ, das heisst für Reinigung = Heilung entschieden haben würde, wäre der Umstand, dass ich kein sicheres Beispiel kenne, in dem actives ⲧⲟⲩⲃⲟ, dass heisst Heilung = Heiligung, auf Aussätzige angewandt wird. Passivisches und unsicher actives, weil suffigirtes, siehe Matth. 8, 3. Marc. 1, 40. 41. 42, Luc. 5, 12. 13.

Mit geringerer Sicherheit lassen sich die folgenden, derselben Vermischung lautlicher und begrifflicher Einflüsse unterliegenden Fälle classificiren:

Exodus 40, 8. ⲟⲩⲟϩ ⲉⲕⲉ ⲑⲱϩⲥ ⲛ ϯ ⲥⲕⲩⲛⲏ ⲛⲉⲙ ⲛ ⲭⲁⲓ ⲛⲓⲃⲉⲛ ⲉⲧⲉ ⲛ̀ϧⲏⲧⲥ ⲟⲩⲟϩ ⲉⲕⲉ ⲧⲟⲩⲃⲟⲥ ⲛⲉⲙ ⲛⲉⲥ ⲥⲕⲉⲩⲟⲥ ⲧⲏⲣⲟⲩ.

Καὶ περιθήσεις τὴν σκηνήν, καὶ πάντα τὰ αὐτῆς ἁγιάσεις κύκλῳ.

Exodus 19, 14. ⲁϥ ⲓ ⲇⲉ ⲛϫⲉ ⲙⲱⲩⲥⲏⲥ ⲉⲡⲉⲥⲏⲧ ϩⲁ ⲡⲓ ⲗⲁⲟⲥ ⲉⲃⲟⲗ ϩⲓϫⲉⲛ ⲡⲓ ⲧⲱⲟⲩ ⲟⲩⲟϩ ⲁϥ ⲧⲟⲩⲃⲱⲟⲩ ⲟⲩⲟϩ ⲁⲩ ⲣⲱϧⲓ ⲛ ⲛⲟⲩ ϩⲃⲱⲥ.

Κατέβη δὲ Μωυσῆς ἐκ τοῦ ὄρους πρὸς τὸν λαόν, καὶ ἡγίασεν αὐτούς. καὶ ἔπλυναν τὰ ἱμάτια.

Leviticus 13, 23. ⲉϣⲱⲡ ⲇⲉ ⲛⲧⲉϥ ⲟϩⲓ ⲙ ⲡⲉϥ ⲙⲁ ⲛϫⲉ ⲡⲓ ⲁⲟⲩⲁⲛ ⲉⲑ ⲟⲩⲟⲃϣ ⲉⲧ ⲁϥ ⲟⲩⲱⲛϩ ⲟⲩⲟϩ ⲛⲧⲉϥ ϣⲧⲉⲙ ϫⲱⲣ ⲉⲃⲟⲗ ⲟⲩ ⲟⲩⲗⲏ ⲛⲧⲉ ⲡⲓ ⲉⲣϧⲟⲧ ⲡⲉ ⲟⲩⲟϩ ⲉϥⲉ ⲧⲟⲩⲃⲟϥ ⲛϫⲉ ⲡⲓ ⲟⲩⲏⲃ.

Ἐὰν δὲ κατὰ χώραν μείνῃ τὸ τηλάυγημα καὶ μὴ διαχέηται, οὐλὴ τοῦ ἕλκους ἐστί, καὶ καθαριεῖ αὐτὸν ὁ ἱερεύς.

In allen dreien kann körperliche Reinigung zum Zweck der inneren Heiligung gemeint sein, wie wir sie in den ersten Beispielen dieses Kapitels durch sinnliches ⲧⲟⲩⲃⲉ gegeben fanden; in allen kann aber auch der Zweck dieser Reinigung den ganzen Gedanken beherrscht, und von vornherein erhöhtes ⲧⲟⲩⲃⲟ gefordert haben, wie wir das in lautlich unzweifelhaften Fällen derselben Art sofort exemplicificirt sehen werden. Dieser, nach entgegengesetzten Seiten gerichtete Doppelsinn des Satzes macht es erklärlich, dass man einen doppelsinnigen Laut für seinen angemessensten Ausdruck hielt, und nicht etwa auf ⲧⲟⲩⲃⲟ ⲛⲧⲟⲧ recurrirte.

Kommt danach die ⲉ-Kraft des ⲧⲟⲩⲃⲉ so weit zur Geltung, dass es für rein Sinnliches keinen Rivalen hat, und für Halbsinnliches manchmal mit ziemlicher Gewissheit als die wahrscheinlichere Lesart angenommen, manchmal wenigstens als eine mögliche in Betracht gezogen werden darf, so gewährt seine vornehm klingende Abstammung ihm doch wiederum das Recht, sich auch auf geistigem Gebiete mit einer Freiheit zu bewegen, die man eher seinem Heraufsteigen ins Seelische, als dem Hinuntersinken der betreffenden Contexte ins Sinnliche zuschreiben muss:

Gott heiligt die Erstgeburt:

Numeri 3, 13. ⲁⲓ ⲧⲟⲩⲃⲉ ϣⲁⲙⲓⲥⲓ ⲛⲓⲃⲉⲛ ⲛⲏⲓ ϧⲉⲛ ⲡ ⲓⲥⲣⲁⲏⲗ.

Gott heiligt die nichtsnutzige Seele:

Esaias 49, 7. ⲫⲁⲓ ⲡⲉ ⲙ ⲫ ⲣⲏϯ ⲉⲧ ⲉϥ ϫⲱ ⲙⲙⲟⲥ ⲛϫⲉ ⲡ ⲟ̅ⲥ̅ ⲫⲏ ⲉⲑ ⲁϥ ⲛⲁϩⲙⲉⲕ ⲫϯ ⲛⲧⲉ ⲡ ⲓ̅ⲥ̅ⲗ̅ ⲙⲁ ⲧⲟⲩⲃⲉ ⲙⲁ ⲧⲟⲩⲃⲉ ⲫⲏ ⲉⲧ ϣⲱϣϥ ⲛ ⲧⲉϥ ⲯⲩⲭⲏ.

Beidemal lassen Sinn und griechisches *ἁγιάζω* keinen Zweifel an der ächten ⲧⲟⲩⲃⲟ Bedeutung des ⲧⲟⲩⲃⲉ zu. In den beiden nachstehenden Fällen, wo es sich um seelische Reinigung vom Sündenschmutze handelt, spricht der Sinn ebenfalls so deutlich, dass man, obschon das

Original nur *καθαρίζω* hat, dennoch den gehobenen Werth des ⲧⲟⲩⲃⲉ anerkennen muss:

Leviticus 16, 30. ⲛϩⲣⲏⲓ ⲅⲁⲣ ϧⲉⲛ ⲡⲁⲓ ⲉϩⲟⲟⲩ ⲉⲩⲉ ⲧⲱⲃϩ ⲉϩⲣⲏⲓ ⲉϫⲱⲧⲉⲛ ⲉ ⲧⲟⲩⲃⲉ ⲑⲏⲛⲟⲩ ⲉⲃⲟⲗϩⲁ ⲛⲉⲧⲉⲛ ⲛⲟⲃⲓ ⲧⲏⲣⲟⲩ ⲙ ⲡ ⲉⲙⲑⲟ ⲙ ⲡ ϭⲟⲓⲥ ⲟⲩⲟϩ ⲉⲣⲉⲧⲉⲛⲉ ⲧⲟⲩⲃⲟ.

Ἐν γὰρ τῇ ἡμέρᾳ ταύτῃ ἐξιλάσεται περὶ ὑμῶν, καθαρίσαι ὑμᾶς ἀπὸ πασῶν τῶν ἁμαρτιῶν ὑμῶν ἔναντι κυρίου, καὶ καθαρισθήσεσθε.

Ezechiel 36, 33. ϧⲉⲛ ⲡⲓ ⲉϩⲟⲟⲩ ⲉ ϯⲛⲁ ⲧⲟⲩⲃⲉ ⲑⲏⲛⲟⲩ ⲉⲃⲟⲗϧⲉⲛ ⲛⲉⲧⲉⲛ ⲁⲛⲟⲙⲓⲁ.

Τάδε λέγει ἀδωναΐ κύριος· ἐν ἡμέρᾳ ᾗ καθαριῶ ὑμᾶς ἐκ πασῶν ἀνομιῶν, καὶ κατοικιῶ τὰς πόλεις, καὶ οἰκοδομηθήσονται ἔρημοι.

In das bestimmte Gebiet des ⲟⲩⲁⲃ hinein tritt das Wort erst mit der Steigerungsform ⲧⲟⲩⲃⲟ. Hier kommt, was auch die Herkunft des Wortes sein möge, das erhöhende ⲟ dem durchschlagenden Anklang an das ⲟⲩⲁⲃ zu Hülfe, und wir finden uns in den geistigen Kreis des Heiligen, sei es durch sinnliche, sei es durch seelische Mittel versetzt. Auch diese sinnliche Heiligung ist ja überdies, wie ⲟⲩⲁⲃ gelehrt, in ihrem Ursprung eine geistige.

Das Ueberwiegen dieser geistigen Auffassung, selbst wo sinnliche Mittel den erhabenen Zweck erzielen, ist in lautlich und begrifflich gesicherten Beispielen nachzuweisen:

Gott schafft gewisse Thiere rein und heiligt sie damit für den menschlichen Genuss:

Acta 10, 15. (11, 9). ⲡⲁⲗⲓⲛ ⲟⲛ ⲁⲥ ϣⲱⲡⲓ ϩⲁⲣⲟϥ ⲛϫⲉ ⲟⲩ ⲥⲙⲏ ϫⲉ ⲧⲱⲛⲕ ⲙ ⲫ ⲙⲁϩ ⲥⲟⲛ ⲃ̅. ϫⲉ ⲛⲏ ⲉⲧ ⲁ ⲫ ⲛⲟⲩϯ ⲧⲟⲩⲃⲱⲟⲩ ⲛⲑⲟⲕ ⲇⲉ ⲙⲡⲉⲣ ϭⲁϧⲙⲟⲩ.

Καὶ φωνὴ πάλιν ἐκ δευτέρου πρὸς αὐτόν. Ἃ ὁ θεὸς ἐκαθάρισεν, σὺ μὴ κοίνου.

Der Priester reinigt wiederum das Opferthier besonders und heiligt es damit für den Altar:

Leviticus 9, 15. ⲟⲩⲟϩ ⲁϥϭⲓ ⲙ ⲡⲓ ⲃⲁⲉⲙⲡⲓ ⲫⲏ ⲉⲧⲉ ⲉⲑⲃⲉ ⲫ ⲛⲟⲃⲓ ⲙ ⲡⲓ ⲗⲁⲟⲥ ⲟⲩⲟϩ ⲁϥ ϧⲉⲗϧⲱⲗϥ ⲟⲩⲟϩ ⲁϥ ⲧⲟⲩⲃⲟϥ ⲙ ⲫ ⲣⲏϯ ⲟⲛ ⲙ ⲫⲏ ⲉⲧⲉ ϣⲟⲣⲡ.

Καὶ ἔλαβε τὸν χίμαρον τὸν περὶ τῆς ἁμαρτίας τοῦ λαοῦ. Καὶ ἔσφαξεν αὐτὸν καθὰ καὶ τὸν πρῶτον.

Der Priester reinigt den Altar, und heiligt sogar ihn, den leblosen, für den weihevollen Zweck:

Exodus 40, 10. ⲟⲩⲟϩ ⲉⲕⲉ ⲧⲟⲩⲃⲟ ⲙ ⲡⲓ ⲙⲁ ⲛ ⲉⲣ ϣⲱⲟⲩϣⲓ ⲟⲩⲟϩ ⲉϥⲉ ϣⲱⲡⲓ ⲛϫⲉ ⲡⲓ ⲙⲁ ⲛ ⲉⲣ ϣⲱⲟⲩϣⲓ ⲉϥ ⲟⲩⲁⲃ ⲛⲧⲉ ⲛⲏ ⲉⲑ ⲟⲩⲁⲃ.

Καὶ ἁγιάσεις τὸ θυσιαστήριον, καὶ ἔσται τὸ θυσιαστήριον ἅγιον τῶν ἁγίων.

Leviticus 8, 15. ⲟⲩⲟϩ ⲁϥ ⲧⲟⲩⲃⲟ ⲙ ⲡⲓ ⲙⲁ ⲛ ⲉⲣ ϣⲱⲟⲩϣⲓ.

Καὶ ἔλαβε Μωυσῆς ἀπὸ τοῦ αἵματος, καὶ ἐπέθηκεν ἐπὶ τὰ κέρατα τοῦ θυσιαστηρίου κύκλῳ τῷ δακτύλῳ, καὶ ἐκαθάρισε τὸ θυσιαστήριον.

Der Priester reinigt den Unreinen und Unheiligen durch Opferblut nach der für diese ganze Anschauung massgebenden Stelle:

Hebr. 9. 22. ⲕⲁⲧⲁ ⲟⲩ ϧⲱⲛⲧ ϣⲁⲩ ⲧⲟⲩⲃⲟ ⲧⲏⲣⲟⲩ ⲕⲁⲧⲁ ⲡⲓ ⲛⲟⲙⲟⲥ ϧⲉⲛ ⲟⲩ ⲥⲛⲟϥ ⲟⲩⲟϩ ⲁⲧϭⲛⲉ ⲫⲉⲛ ⲥⲛⲟϥ ⲉⲃⲟⲗ ⲙⲡⲁⲣⲉ ⲭⲱ ⲉⲃⲟⲗ ϣⲱⲡⲓ.

Καὶ σχεδὸν ἐν αἵματι πάντα καθαρίζεται κατὰ τὸν νόμον, καὶ χωρὶς αἱματεκχυσίας οὐ γένεται ἄφεσις.

Christus reinigt die Welt durch sein Blut, und heiligt sie damit für ein sündenloses Sein:

Homilia, Mingarelli 2, 298. ⲛⲧⲉⲣⲉ ⲡⲉⲛ ⲁⲣⲭⲓⲉⲣⲉⲩⲥ ⲅⲁⲣ ⲡⲉ ⲭ̅ⲥ̅ ⲧⲁⲗⲟ ⲉϩⲣⲁⲓ ⲛ ⲟⲩ ⲑⲩⲥⲓⲁ ⲛ ⲟⲩⲱⲧ ⲁⲥ ⲧⲃⲃⲟⲛ.

Quum pontifex noster Christus ablatus sit, unicum illud sacrificium nos mundavit.

Hebr. 9, 14. ⲡ ⲥⲛⲟϥ ⲙ ⲡ ⲭ̅ⲥ̅, ⲫⲁⲓ ⲉⲧⲉ ⲉⲃⲟⲗ ϩⲓⲧⲉⲛ ⲟⲩ ⲡⲛⲉⲩⲙⲁ ⲉϥ ⲟⲩⲁⲃ ⲁϥ ⲉⲛϥ ⲉϧⲟⲩⲛ ⲉϥ ⲧⲟⲩⲃⲏⲟⲩⲧ ⲙ ⲫ ⲛⲟⲩϯ, ϥ ⲛⲁ ⲧⲟⲩⲃⲟ ⲛ ⲧⲉⲛ ⲥⲩⲛⲏⲇⲏⲥⲓⲥ ⲉⲃⲟⲗϩⲁ ϩⲁⲛ ϩⲃⲏⲟⲩⲓ ⲉⲩ ⲙⲱⲟⲩⲧ.

τὸ αἷμα τοῦ Χριστοῦ, ὃς διὰ πνεύματος αἰωνίου ἑαυτὸν προςήνεγκεν ἄμωμον τῷ Θεῷ, καθαριεῖ τὴν συνείδησιν ὑμῶν ἀπὸ νεκρῶν ἔργων.

Hebr. 13, 12. Ⲉⲑⲃⲉ ⲫⲁⲓ ⲱⲱϥ ⲓⲏⲥⲟⲩⲥ ϩⲓⲛⲁ ⲛⲧⲉϥ ⲧⲟⲩⲃⲟ ⲙ ⲡⲓ ⲗⲁⲟⲥ ⲉⲃⲟⲗ ϩⲓⲧⲉⲛ ⲡⲉϥ ⲥⲛⲟϥ.

Διὸ καὶ Ἰησοῦς, ἵνα ἁγιάσῃ διὰ τοῦ ἰδίου αἵματος τὸν λαὸν ἔξω τῆς πύλης ἔπαθεν.

I Joh. 1, 7. ⲟⲩⲟϩ ⲡ ⲥⲛⲟϥ ⲛ ⲓⲏⲥⲟⲩⲥ ⲡ ⲭⲣⲓⲥⲧⲟⲥ ⲡⲉϥ ϣⲏⲣⲓ ϥⲛⲁ ⲧⲟⲩⲃⲟⲛ ⲉⲃⲟⲗϩⲁ ⲛⲟⲃⲓ ⲛⲓⲃⲉⲛ.

Ἐὰν δὲ ἐν τῷ φωτὶ περιπατῶμεν ὡς αὐτός ἐστιν ἐν τῷ φωτί, κοινωνίαν ἔχωμεν μετ᾿ ἀλλήλων καὶ τὸ αἷμα Ἰησοῦ τοῦ υἱοῦ αὐτοῦ καθαρίζει ἡμᾶς ἀπὸ πάσης ἁμαρτίας.

Wie völlig in all diesen Fällen der geistige Zweck das sinnliche Mittel verdunkelt, wie sehr er sich mit demselben identificirt haben muss, lässt sich aus einer vergleichenden Nebeneinanderstellung beider entnehmen, in denen wiederum der erstere überwiegt:

Maleachi 3, 3. ⲟⲩⲟϩ ⲉϥⲉ ϩⲉⲙⲥⲓ ⲉϥⲉ ⲟⲩⲱⲧϩ ⲟⲩⲟϩ ⲉϥⲉ ⲧⲟⲩⲃⲟ ⲛ ⲙ ϣⲏⲣⲓ ⲛⲧⲉ ⲗⲉⲩⲓ . . . . . . ⲉⲩⲉ ⲛⲓ ⲛⲁϥ ⲉϧⲟⲩⲛ ⲛ ϩⲁⲛ ϣⲟⲩϣⲱⲟⲩϣⲓ ϧⲉⲛ ⲟⲩ ⲙⲉⲑⲙⲏⲓ.

Καθιεῖται χωνεύων καὶ καθαρίζων ὡς τὸ ἀργύριον, καὶ ὡς τὸ χρυσίον, καὶ καθαρίσει τοὺς υἱοὺς Λευί, καὶ χεεῖ αὐτοὺς ὥςπερ τὸ χρυσίον καὶ τὸ ἀργύριον. Καὶ ἔσονται τῷ κυρίῳ προςάγοντες θυσίαν ἐν δικαιοσύνῃ.

Hier erscheint die mechanische Läuterung des Silbererzes sogar ideal, weil sie als ein Vorbild gebraucht wird der geistigen Erhebung der Söhne Levi's.

Ein Wort, das die seelischen Ziele der Reinigung betonend, sogar einen nur begleitenden, sinnlichen Vorgang ins Seelische assimilirt, wird sich der geistigen Seite seines Begriffs um so williger gelichen haben, je völliger sie die sinnliche überwand. Auf diesem, dem Sünden-, Reue- und Weihebegriff gewidmeten Felde begegnet man in der That unserem Wort immerwährend. Und das natürlich. Denn war schon die äussere Reinigung nicht nur ein Symbol der inneren, sondern eine wirkliche innere Reinigung und Gottverähnlichung zugleich, so ist ⲧⲟⲩⲃⲟ auf die innere sittliche Reinigung angewandt, mehr als eine blosse Metapher, ist nur die Uebertragung eines schon gebildeten, schon existirenden Heiligkeitsbegriffes auf einen anderen derselben Art. Eine Metapher ist allerdings da vorhanden, wo von dem Schmutz der Sünde gesprochen wird, insofern der Schmutz sinnlich, die Sünde geistig ist; da aber wirklicher, sinnlicher Schmutz gleichzeitig eine geistige Sünde war, so war es kein blosses Bild, die Sünde Schmutz zu nennen, sondern nur die Umdrehung einer schon gewonnenen Gleichung.

Dadurch, dass wir Gott fürchten und seinen Willen thun, reinigen wir uns von dem Schmutz der Sünde:

II Corinth. 7, 1. ⲉ ⲟⲩⲟⲛⲧⲁⲛ ⲟⲩ ⲙⲙⲁⲩ ⲛ ⲛⲁⲓ ⲱϣ ⲛⲁ ⲙⲉⲛⲣⲁϯ ⲙⲁⲣⲉⲛ ⲧⲟⲩⲃⲟⲛ ⲉⲃⲟⲗϩⲁ ⲑⲱⲗⲉⲃ ⲛⲓⲃⲉⲛ ⲛⲧⲉ ⲧ ⲥⲁⲣⲝ ⲛⲉⲙ ⲡⲓ ⲡⲛⲉⲩⲙⲁ ⲉⲛ ϫⲱⲕ ⲙ ⲡⲓ ⲧⲟⲩⲃⲟ ⲉⲃⲟⲗϧⲉⲛ ϯ ϩⲟϯ ⲛⲧⲉ ⲫ ⲛⲟⲩϯ.

Ταύτας οὖν ἔχοντες τὰς ἐπαγγελίας, ἀγαπητοί, καθαρίσωμεν ἑαυτοὺς ἀπὸ παντὸς μολυσμοῦ σαρκὸς καὶ πνεύματος, ἐπιτελοῦντες ἁγιωσύνην ἐν φόβῳ θεοῦ.

Ebenso dadurch, dass wir unsere Missethat bereuen:

Hist. Monast. Aegypt. Z. 322. ⲟⲩ ⲁϣⲛϭⲟⲧ ⲧⲉ ⲧ ⲙⲛⲧⲁⲅⲁⲑⲟⲥ ⲉⲧⲉ ⲟⲩⲛⲧⲁϥⲥ ⲡ ⲛⲟⲩⲧⲉ ⲉϩⲟⲩⲛ ⲉ ⲛⲉⲧ ⲡⲏⲧ ⲉϩⲟⲩⲛ ⲉⲣⲟϥ ϩⲛ ⲟⲩ ⲙⲛⲧⲣⲁϣ. ⲁⲩⲱ ϫⲉ ⲛⲉⲩ ϣⲟⲣⲡ ⲛ ⲛⲟⲃⲉ ⲛⲧⲁⲩ ⲁⲁⲩ ϣⲁⲩ ⲧⲃⲃⲟ ⲛⲁⲩ ϩⲓⲧⲛ ⲧ ⲙⲉⲧⲁⲛⲟⲓⲁ,

Infinita (?) benignitas domino inest erga eos qui confugiunt ad eum in alacritate. Priora eorum peccata sunt purificata poenitentia.

Gott seinerseits reinigt uns, indem er uns seine Wahrheit mittheilt, und sie in uns wirksam werden lässt zu Erkenntniss, Reue und Glauben,

Johannes 17, 17. ⲙⲁ ⲧⲟⲩⲃⲱⲟⲩ ⲛϧⲣⲏⲓ ϧⲉⲛ ⲧⲉⲕ ⲙⲉⲑⲙⲏⲓ.

Ἁγίασον αὐτοὺς ἐν τῇ ἀληθείᾳ σου· ὁ λόγος ὁ σὸς ἀλήθειά ἐστιν.

I Joh. 1, 9. ⲉϣⲱⲡ ⲁⲛ ϣⲁⲛ ⲟⲩⲱⲛϩ ⲛ ⲛⲉⲛ ⲛⲟⲃⲓ ⲉⲃⲟⲗ ϥ ⲉⲛϩⲟⲧ ⲟⲩⲟϩ ⲟⲩ ⲑⲙⲏⲓ ⲡⲉ ϩⲓⲛⲁ ⲛⲧⲉϥ ⲭⲁ ⲛⲉⲛ ⲛⲟⲃⲓ ⲛⲁⲛ ⲟⲩⲟϩ ⲛϥⲛⲁ ⲧⲟⲩⲃⲟⲛ ⲉⲃⲟⲗ ⲛ ϭⲓ ⲛ ϫⲟⲛⲥ ⲛⲓⲃⲉⲛ.

Ἐὰν ὁμολογῶμεν τὰς ἁμαρτίας ἡμῶν, πιστός ἐστιν καὶ δίκαιος, ἵνα ἀφῇ ἡμῖν τὰς ἁμαρτίας καὶ καθαρίσῃ ἡμᾶς ἀπὸ πάσης ἀδικίας.

Acta 15, 8—9. ⲁϥ ⲧⲟⲩⲃⲟ ⲛ ⲛⲟⲩ ϩⲏⲧ ⲛϧⲣⲏⲓ ϧⲉⲛ ⲡⲓ ⲛⲁϩϯ.

Καὶ ὁ καρδιογνώστης θεὸς ἐμαρτύρησεν αὐτοῖς δοὺς τὸ πνεῦμα τὸ ἅγιον καθὼς καὶ ἡμῖν, καὶ οὐδὲν διέκρινεν μεταξὺ ἡμῶν τε καὶ αὐτῶν, τῇ πίστει καθαρίσας τὰς καρδίας αὐτῶν

und danach die begangenen Sünden sowohl in unserer Seele tilgt,

Tuki Rituale 70. (Pontificale ⲣ̅ⲗ̅ⲑ̅). ⲉⲕⲉ ⲧⲟⲩⲃⲟ ⲛ ⲛⲉⲛ ⲯⲩⲭⲏ ⲉⲃⲟⲗϩⲁ ⲛ ⲑⲱⲗⲉⲃ ⲛ ⲛⲉⲛ ⲛⲟⲃⲓ.

تطهر نفوسنا من دنس الخطية

Purga animam nostram macula peccatorum nostrorum.

Tuki Theotokia ⲋ̅. (Tuki Euchologium ⲧ̅ⲓ̅ⲑ̅). ⲟⲩⲟϩ ⲉⲕⲉ ⲧⲟⲩⲃⲟⲓ ⲉⲃⲟⲗϩⲁ ⲛⲁ ⲛⲟⲃⲓ. ومن خطيتي تطهرني

Purifica et libera me a meis peccatis.

Psalm 50, 4. ⲉⲕⲉ ⲧⲟⲩⲃⲟⲓ ⲉⲃⲟⲗϩⲁ ⲛⲁ ⲛⲟⲃⲓ.

Ἐπιπλεῖον πλῦνόν με ἀπὸ τῆς ἀνομίας μου, καὶ ἀπὸ τῆς ἁμαρτίας μου καθάρισόν με

wie auch in seinem eigenen, vergeltenden Gedächniss auslöscht, wenn sie nicht besonders gerächt zu werden verdienen:

Deuteronomium 5, 11. ⲛⲛⲉⲕ ϭⲓ ⲙ ⲫ ⲣⲁⲛ ⲙ ⲡ ϭⲟⲓⲥ ⲡⲉⲕ ⲛⲟⲩϯ ⲉϫⲉⲛ ⲟⲩ ⲙⲉⲧⲉⲫⲗⲏⲟⲩ ⲛⲛⲉ ϭⲟⲓⲥ ⲅⲁⲣ ⲧⲟⲩⲃⲟ ⲙ ⲫⲏ ⲉⲧ ⲛⲁ ϭⲓ ⲙ ⲡⲉϥ ⲣⲁⲛ ⲉϫⲉⲛ ⲟⲩ ⲙⲉⲧⲉⲫⲗⲏⲟⲩ.

Οὐ λήψῃ τὸ ὄνομα κυρίου τοῦ θεοῦ σου ἐπὶ ματαίῳ, οὐ γὰρ μὴ καθαρίσῃ κύριος ὁ θεός σου τὸν λαμβάνοντα τὸ ὄνομα αὐτοῦ ἐπὶ ματαίῳ.

Numeri 14. 18. ϫⲉ ⲛ ϭⲟⲓⲥ ⲡⲓ ⲣⲉϥⲱⲟⲩ ⲛ ϩⲏⲧ ⲫⲁ ⲡⲓ ⲛⲓϣϯ ⲛ ⲛⲁⲓ ⲟⲩⲟϩ ⲛ ⲟⲙⲏⲓ ⲫⲏ ⲉⲧ ⲱⲗⲓ ⲛ ⲛⲓ ⲁⲛⲟⲙⲓⲁ ⲛⲉⲙ ⲛⲓ ⲁⲇⲓⲕⲓⲁ ⲛⲉⲙ ⲛⲓ ⲛⲟⲃⲓ ⲟⲩⲟϩ ϧⲉⲛ ⲟⲩ ⲧⲟⲩⲃⲟ ϥ ⲧⲟⲩⲃⲟ ⲁⲛ ⲙ ⲡⲓ ⲣⲉϥⲉⲣⲛⲟⲃⲓ ⲉϥ ⲓⲛⲓ ⲛ ⲛⲓ ⲛⲟⲃⲓ ⲛⲧⲉ ⲛⲓ ⲓⲟϯ ⲉϫⲉⲛ ⲛⲓ ϣⲏⲣⲓ ϣⲁ ⲫ ⲙⲁϩ ⲅ̅ ⲛⲉⲙ ⲫ ⲙⲁϩ ⲇ̅ ⲛ ϫⲱⲟⲩ.

Κύριος μακρόθυμος, καὶ ἀληθινός, ἀφαιρῶν ἀνομίας καὶ ἀδικίας καὶ ἁμαρτίας, καὶ καθαρισμῷ οὐ καθαριεῖ τὸν ἔνοχον, ἀποδιδοὺς ἁμαρτίας πατέρων ἐπὶ τέκνα ἕως τρίτης καὶ τετάρτης γενεᾶς.

Den Höhepunkt dieser geistigen Bedeutung erreicht das Wort, wo ein Lebloses, geistigen Zwecken geweihtes, Geistiges zu wirken vermag. Der Tempel heiligt und weiht das Gold, das in ihm ist:

Matth. 23, 17. ⲛⲓⲙ ⲅⲁⲣ ⲉⲧ ⲟⲓ ⲛ ⲛⲓϣϯ ⲡⲓ ⲛⲟⲩⲃ ⲡⲉ ϣⲁⲛ ⲡⲓ ⲉⲣⲫⲉⲓ ⲉⲧ ⲧⲟⲩⲃⲟ ⲙ ⲡⲓ ⲛⲟⲩⲃ.

Τίς γὰρ μείζων ἐστίν, ὁ χρυσὸς ἢ ὁ ναὸς ὁ ἁγιάσας τὸν χρυσόν.

Wir gehen zu den secundären Bedeutungen über, die aus der vorigen abgeleitet, oder aus ihr vielmehr allmählig erwachsen sind. Das Heiligen durch sinnliche oder sittliche Reinigung setzt Schmutz oder Sünde voraus: dies der nachgewiesene etymologische und begriffliche Ursprung des Wortes. Im Laufe der Cultusentwicklung aber, wie ebenfalls unter ⲟⲩⲁⲃ gezeigt, wird die heiligende Reinigung allgemach zur Ceremonie, und geschieht ohne Rücksicht darauf, ob die genannten Vorbedingungen fühlbar vorhanden sind, oder nicht. Man reinigt und heiligt sich, auch wenn man sich eben nicht besonders schmutzig oder sündhaft weiss. Es ist dann weder die Reinigung, noch die Heiligung, weder das Mittel, noch der Zweck, welche das eigentliche Motiv der Handlung bilden, sondern vielmehr die Erfüllung einer anerkannten und gewohnheitsmässigen Pflicht. ⲧⲟⲩⲃⲟ, heiligen, heisst dann weder waschen, noch sühnen, sondern nur gewisse religiöse Regeln beobachten, und sich dadurch dem Himmel angenehm und geweiht erhalten. In diesem Stadium wird die innere Sühne für etwa begangenes Unrecht durch die, von der Begehung unabhängige, regelmässige Wiederholung der sühnenden Ceremonie immer weniger empfunden; was bleibt, ist nur die Absicht der steten Weihung. Sich heiligen heisst dann sich dem Himmel im allgemeinen weihen, und täglich zu bestimmten Stunden wird gebetet:

Tuki Rituale 61. (146 etc.) ⲙⲁ ⲧⲟⲩⲃⲟⲛ ⲁⲣⲓⲧⲉⲛ ⲛ ⲣⲉⲙϩⲉ. طهرنا حللنا

purifica et libera nos.

Diese Weihung nun, wie sie der Mensch an seiner ganzen Seele regelmässig vollziehen kann, kann auch von der Bethätigung derselben in der Zeit, von dem Leben, oder einem Theil desselben, von Tagen, Fristen und Jahren besonders nachdrücklich prädicirt werden. Die allgemeine Weihung wird eben wieder zu allgemein, und die menschliche Schwäche bedarf aufs neue besonderer Anhaltspunkte.

Der Sabbath wird durch specielle Gebräuche geweiht:

Exodus 20, 8. ⲁⲣⲓ ⲫ ⲙⲉⲩⲓ ⲛ ⲡⲓ ⲉϩⲟⲟⲩ ⲛⲧⲉ ⲡⲓ ⲥⲁⲃⲃⲁⲧⲟⲛ ⲉ ⲧⲟⲩⲃⲟϥ.

Μνήσθητι τὴν ἡμέραν τῶν σαββάτων ἁγιάζειν αὐτήν.

Der Festtag:

Joel 2, 15. ⲁⲣⲓ ⲥⲁⲗⲡⲓⲍⲓⲛ ⲛ ⲟⲩ ⲥⲁⲗⲡⲓⲅⲝ ϧⲉⲛ ⲥⲓⲱⲛ ⲙⲁ ⲧⲟⲩⲃⲟ ⲛ ⲟⲩ ⲛⲏⲥⲧⲓⲁ ϩⲓ ⲱⲓϣ ⲛ ⲟⲩ ϣⲉⲙϣⲓ.

Σαλπίσατε σάλπιγγι ἐν Σιών, ἁγιάσατε νηστείαν, κηρύξατε θεραπείαν.

Das Jubeljahr:

Leviticus 25, 10. ⲟⲩⲟϩ ⲉⲣⲉⲧⲉⲛⲉ ⲧⲟⲩⲃⲟ ⲛ ϯ ⲣⲟⲙⲡⲓ ⲙ ⲙⲁϩ ⲡ̅.

Καὶ ἁγιάσετε τὸ ἔτος τὸν πεντηκοστὸν ἐνιαυτόν, καὶ διαβοήσετε ἄφεσιν ἐπὶ τῆς γῆς πᾶσι τοῖς κατοικοῦσιν αὐτήν.

Der Bedeutung »weihevoll machen durch Gebet und

Gebräuche« folgt bei längerem Gebrauch naturgemäss die allgemeinere, »weihevoll machen überhaupt«. Diese überlässt die Art des Vorganges zu bestimmen dem Context, und kann je nachdem sowohl »durch Anordnung weihen« besagen,

Genesis 2, 3. ⲟⲩⲟϩ ⲁ ⲫ ⲛⲟⲩϯ ⲥⲙⲟⲩ ⲉ ⲡⲓ ⲉϩⲟⲟⲩ ⲙ ⲙⲁϩ ⲍ̅ ⲟⲩⲟϩ ⲁϥ ⲧⲟⲩⲃⲟϥ ϫⲉ ⲛϧⲣⲏⲓ ⲛϧⲏⲧϥ ⲁϥ ⲙⲧⲟⲛ ⲙⲙⲟϥ

Καὶ εὐλόγησεν ὁ θεὸς τὴν ἡμέραν τὴν ἑβδόμην, καὶ ἡγίασεν αὐτήν

als auch »durch Ehrerbietung weihen«:

Tuki Rituale 2. ⲡⲉⲛ ⲓⲱⲧ ⲉⲧ ϧⲉⲛ ⲛⲓ ⲫⲏⲟⲩⲓ ⲙⲁⲣⲉϥ ⲧⲟⲩⲃⲟ ⲛϫⲉ ⲡⲉⲕ ⲣⲁⲛ.

يا ابانا الذي في السموات يتقدس اسمك

Pater noster qui es in coelis sanctificatum sit nomen tuum.

Tuki Rituale 87. ⲙⲁⲣⲉϥ ⲧⲟⲩⲃⲟ ⲛϫⲉ ⲡⲉⲕ ⲣⲁⲛ

يتقدس اسمك

pie sancteque colatur nomen tuum.

Esaias 8, 13. ⲡ ⲟ̅ⲥ̅ ⲇⲉ ⲛⲑⲟϥ ⲙⲁ ⲧⲟⲩⲃⲟϥ ⲟⲩⲟϩ ⲛⲑⲟϥ ⲉϥⲉ ϣⲱⲡⲓ ⲛⲁⲕ ⲉⲩ ϩⲟϯ

Κύριον αὐτὸν ἁγιάσατε, καὶ αὐτὸς ἔσται σου φόβος.

Im ersten Fall ist Gott ebenso natürlich Subject, wie im zweiten Object. Wahrscheinlich gehört mit ganzer oder halber Bedeutung hierher auch ein Theil jener, oben vom Reinigungsgesichtspunkt aus behandelter Beispiele, in denen die Reinigung eine Weihung für einen bestimmten Zweck einschliesst, selbst wo der letztere nicht ausdrücklich genannt ist. Denn auch dann kann sich der abgeleitete, aber alltäglichere und handlichere Begriff des Weihens neben dem ernsteren des Heiligmachens an sich geltend gemacht haben:

Lev. 8, 15. ⲟⲩⲟϩ ⲁϥ ⲧⲟⲩⲃⲟ ⲙ ⲡⲓ ⲙⲁ ⲛ ⲉⲣ ϣⲱⲟⲩϣⲓ.

Καὶ ἐκαθάρισε τὸ θυσιαστήριον.

Um wie viel mehr wo die Weihung geradezu ausgesprochen wird,

Numeri 6, 11, 12. ⲟⲩⲟϩ ⲉϥⲉ ⲧⲟⲩⲃⲟ ⲛ ⲧⲉϥ ⲁⲫⲉ ϧⲉⲛ ⲡⲓ ⲉϩⲟⲟⲩ ⲉⲧⲉⲙⲙⲁⲩ. ⲁϥ ⲧⲟⲩⲃⲟ ⲙ ⲡ ϭⲟⲓⲥ ⲛ ⲛⲓ ⲉϩⲟⲟⲩ ⲧⲏⲣⲟⲩ ⲛⲧⲉ ⲧⲉϥ ⲉⲩⲭⲏ.

καὶ ἁγιάσει τὴν κεφαλὴν αὐτοῦ ἐν ἐκείνῃ τῇ ἡμέρᾳ, ᾗ ἡγιάσθη κυρίῳ, τὰς ἡμέρας τῆς εὐχῆς —
und somit vor der Reinigung, die Selbstzweck ist, die damit beabsichtigte Dedication in den Vordergrund tritt. Die Wegnahme alten Unraths, welche die eigentliche Bedeutung des Wortes war, geht hier in der Widmung für einen religiösen Dienst, ja in der dieselbe ausdrückenden Ceremonie, fast verloren.

Das Passivum fordert gesonderte Behandlung. Es hat die beiden Formen ⲧⲟⲩⲃⲟ, ⲧⲟⲩⲃⲏⲟⲩⲧ, die darin von einander verschieden sind, dass die erste vollendetes oder unvollendetes, die letzte nur vollendetes Leiden anzeigen kann. Nach dem was am Schluss des Kapitels ⲑⲙⲁⲓⲉ über den Ursprung der passivischen Bedeutung in den Intensiven erkannt wurde, ist ⲉϥ ⲧⲟⲩⲃⲟ die erste Form des ⲧⲟⲩⲃⲟ gewesen, die passivisch ward, und zwar als Resultat der intensivirten, mitverstandenen Handlung passivisch ward, als Thatsache, dass ein Gerechtfertigter vorhanden ist, und dass derselbe gerechtfertigt wird oder wurde. In diese in Bezug auf Art und Zeit unklare Thatsache der dritten Person ist dann durch die Ausdehnung des passivischen Gebrauchs auf die handelnden Personen, die erste und zweite, das bestimmte Leiden hineingekommen, hat aber in seiner Bestimmtheit den passiven Gebrauch dieser Personen zu einem verhältnissmässig seltenen gemacht. Danach müssen wir erwarten, im Passiv ⲧⲟⲩⲃⲟ einerseits deutliches Vorwiegen der dritten Person als letzte Spur der in ihr entstandenen, und ursprünglich auf sie beschränkten Passivbedeutung zu finden, andererseits, wenn auch seltener, die erste und zweite Person als späteren Zuwachs vertreten zu sehen. Beiden Erwartungen entspricht der Sachverhalt.

Ich kann 11 Fälle dritter Person, 3 zweiter Person und einen erster Person anführen, welches Verhältniss die vergleichsweise Häufigkeit ihres Vorkommens gut charakterisirt:

Dritte Person:

Leviticus 14, 4. ⲟⲩⲟϩ ⲉϥⲉ ⲟⲩⲁϩⲥⲁϩⲛⲓ ⲛϫⲉ ⲡⲓ ⲟⲩⲏⲃ ⲟⲩⲟϩ ⲉϥⲉ ϭⲓ ⲛϫⲉ ⲫⲏ ⲉⲧ ⲁϥ ⲧⲟⲩⲃⲟ ⲛ ⲉⲣϫ ⲥⲛⲟⲩϯ ⲉⲩ ⲟⲛϩ ⲟⲩⲟϩ ⲉⲩ ⲧⲟⲩⲃⲏⲟⲩⲧ.

Καὶ προστάξει ὁ ἱερεύς, καὶ λήψονται τῷ κεκαθαρισμένῳ δύο ὀρνίθια ζῶντα καθαρά, καὶ ξύλον κέδρινον, καὶ κεκλωσμένον κόκκινον, καὶ ὕσσωπον.

I Corinth. 7, 14. ⲁϥ ⲧⲟⲩⲃⲟ ⲅⲁⲣ ⲛϫⲉ ⲡⲓ ϩⲁⲓ ⲛ ⲁⲑⲛⲁϩϯ ϧⲉⲛ ϯ ⲥϩⲓⲙⲓ ⲟⲩⲟϩ ⲁⲥ ⲧⲟⲩⲃⲟ ⲛϫⲉ ϯ ⲥϩⲓⲙⲓ ⲛ ⲁⲑⲛⲁϩϯ ϧⲉⲛ ⲡⲓ ⲥⲟⲛ.

Ἡγίασται γὰρ ὁ ἀνὴρ ὁ ἄπιστος ἐν τῇ γυναικί, καὶ ἡγίασται ἡ γυνὴ ἡ ἄπιστος ἐν τῷ ἀδελφῷ· ἐπεὶ ἄρα τὰ τέκνα ὑμῶν ἀκάθαρτά ἐστιν, νῦν δὲ ἅγιά ἐστιν.

Exodus 29, 37. ⲍ̅ ⲛ ⲉϩⲟⲟⲩ ⲉⲕⲉ ⲧⲟⲩⲃⲟ ⲙ ⲡⲓ ⲙⲁ ⲛ ⲉⲣ ϣⲱⲟⲩϣⲓ ⲛⲧⲉ ⲡ ϭⲟⲓⲥ ⲟⲩⲟϩ ⲉⲕⲉ ⲉⲣ ⲁⲅⲓⲁⲍⲓⲛ ⲙⲙⲟϥ ⲟⲩⲟϩ ⲉϥⲉ ϣⲱⲡⲓ ⲛϫⲉ ⲡⲓ ⲙⲁ ⲛ ⲉⲣ ϣⲱⲟⲩϣⲓ ⲉϥ ⲧⲟⲩⲃⲏⲟⲩⲧ ⲛⲧⲉ ⲛⲉⲑ ⲟⲩⲁⲃ. ⲟⲩⲟⲛ ⲛⲓⲃⲉⲛ ⲉⲧ ⲛⲁ ϭⲓ ⲛⲉⲙ ⲡⲓ ⲙⲁ ⲛ ⲉⲣ ϣⲱⲟⲩϣⲓ ⲉϥⲉ ⲧⲟⲩⲃⲟ.

Ἑπτὰ ἡμέρας καθαριεῖς τὸ θυσιαστήριον, καὶ ἁγιάσεις αὐτό. καὶ ἔσται τὸ θυσιαστήριον ἅγιον τοῦ ἁγίου. πᾶς ὁ ἁπτόμενος τοῦ θυσιαστηρίου ἁγιασθήσεται.

Matth. 6, 9. ⲡⲉⲛ ⲓⲱⲧ ⲉⲧ ϧⲉⲛ ⲛⲓ ⲫⲏⲟⲩⲓ ⲙⲁⲣⲉϥ ⲧⲟⲩⲃⲟ ⲛϫⲉ ⲡⲉⲕ ⲣⲁⲛ.

Οὕτως οὖν προσεύχεσθε ὑμεῖς Πάτερ ἡμῶν ὁ ἐν τοῖς οὐρανοῖς, ἁγιασθήτω τὸ ὄνομά σου.

Hebr. 9, 22. ⲕⲁⲧⲁ ⲟⲩ ϧⲱⲛⲧ ϣⲁⲩ ⲧⲟⲩⲃⲟ ⲧⲏⲣⲟⲩ ⲕⲁⲧⲁ ⲡⲓ ⲛⲟⲙⲟⲥ ϧⲉⲛ ⲟⲩ ⲥⲛⲟϥ ⲟⲩⲟϩ ⲁⲧϭⲛⲉ ⲫⲉⲛ ⲥⲛⲟϥ ⲉⲃⲟⲗ ⲙⲡⲁⲣⲉ ⲭⲱ ⲉⲃⲟⲗ ϣⲱⲡⲓ *καὶ σχεδὸν ἐν αἵματι πάντα καθαρίζεται κατὰ τὸν νόμον, καὶ χωρὶς αἱματεκχυσίας οὐ γίνεται ἄφεσις.*

Numeri 12, 15. ⲟⲩⲟϩ ⲙⲡⲉϥ ⲟⲩⲱⲧⲉⲃ ⲛϫⲉ ⲡⲓ ⲗⲁⲟⲥ ϣⲁⲧⲉϥ ⲧⲟⲩⲃⲟ ⲛϫⲉ ⲙⲁⲣⲓⲁⲙ

καὶ ἀφωρίσθη Μαριὰμ ἔξω τῆς παρεμβολῆς ἑπτὰ ἡμέρας. καὶ ὁ λαὸς οὐκ ἐξῆρεν, ἕως ἐκαθαρίσθη Μαριάμ.

Lucas 4, 27. ⲟⲩⲟϩ ⲛⲉ ⲟⲩⲟⲛ ⲟⲩ ⲙⲏϣ ⲛ ⲕⲁⲕⲥⲉϩⲧ ⲡⲉ ϧⲉⲛ ⲡ ⲓⲥⲗ̅ ⲛⲁ ϩⲣⲁϥ ⲛ ⲉⲗⲓⲥⲉⲟⲥ ⲡⲓ ⲡⲣⲟⲫⲏⲧⲏⲥ ⲟⲩⲟϩ ⲙⲡⲉ ϩⲗⲓ ⲛϩⲏⲧⲟⲩ ⲧⲟⲩⲃⲟ ⲉⲃⲏⲗ ⲉ ⲛⲉⲙⲁⲛ ⲡⲓ ⲥⲩⲣⲟⲥ

καὶ πολλοὶ λεπροὶ ἦσαν ἐν τῷ Ἰσραὴλ ἐπὶ Ἐλισσαίου τοῦ προφήτου, καὶ οὐδεὶς αὐτῶν ἐκαθαρίσθη εἰ μὴ Ναιμὰν ὁ Σύρος.

Ezechiel 39, 16. ⲟⲩⲟϩ ⲟⲩⲟⲛ ⲟⲩ ⲃⲁⲕⲓ ⲛⲁ ϣⲱⲡⲓ ϧⲉⲛ ⲡⲓ ⲙⲁ ⲉⲧⲉⲙⲙⲁⲩ ⲙ ⲡⲉϥ ⲙⲏϣ ⲟⲩⲟϩ ⲡⲓ ⲕⲁϩⲓ ⲛⲁ ⲧⲟⲩⲃⲟ

καὶ γὰρ τὸ ὄνομα τῆς πόλεως, πολυάνδριον. καὶ καθαρισθήσεται ἡ γῆ.

Leviticus 14, 11. ⲟⲩⲟϩ ⲡⲓ ⲟⲩⲏⲃ ⲉⲧ ⲧⲟⲩⲃⲟ ⲉϥⲉ ⲧⲁϩⲟ ⲉⲣⲁⲧϥ ⲙ ⲡⲓ ⲣⲱⲙⲓ ⲉⲧ ⲛⲁ ⲧⲟⲩⲃⲟ ⲛⲉⲙ ⲛⲁⲓ ⲙ ⲡ ⲉⲙⲑⲟ ⲙ ⲡ ϭⲟⲓⲥ ϩⲓ ⲣⲉⲛ ⲫ ⲣⲟ ⲛ ϯ ⲥⲕⲏⲛⲏ ⲛⲧⲉ ϯ ⲙⲉⲧⲙⲉⲑⲣⲉ

καὶ στήσει ὁ ἱερεὺς ὁ καθαρίζων τὸν ἄνθρωπον τὸν καθαριζόμενον καὶ ταῦτα ἔναντι κυρίου, ἐπὶ τὴν θύραν τῆς σκηνῆς τοῦ μαρτυρίου.

Ezechiel 44, 26. ⲙⲉⲛⲉⲛⲥⲁ ⲡⲉϥ ⲧⲟⲩⲃⲟ ⲇⲉ ϥⲛⲁ ⲏⲡ ⲛⲁϥ ⲛ ⲍ̅ ⲛ ⲉϩⲟⲟⲩ

καὶ μετὰ τὸ καθαρισθῆναι αὐτόν, ἑπτὰ ἡμέρας ἐξαριθμήσῃ αὐτῷ.

Hoseas 8, 5. ϣⲁ ⲑⲛⲁⲩ ⲡⲉ ⲥⲉⲛⲁ ϣϫⲉⲙϫⲟⲙ ⲁⲛ ⲉ ⲧⲟⲩⲃⲟ ϧⲁ ⲛⲓ ϣⲏⲣⲓ ⲛⲧⲉ ⲡ ⲓⲥⲗ̅.

ἕως τίνος οὐ μὴ δύνωνται καθαρισθῆναι ἐν Ἰσραήλ.

Erste Person:

Psalm 50, 9. ⲉⲕⲉ ⲛⲟⲩϫϧ ⲉϫⲱⲓ ⲙ ⲡⲉⲕ ϣⲉ ⲛ ϩⲩⲥⲱⲡⲟⲛ ⲟⲩⲟϩ ⲉⲓⲉ ⲧⲟⲩⲃⲟ.

ῥαντιεῖς με ὑσσώπῳ καὶ καθαρισθήσομαι.

Zweite Person:

Ezechiel 24, 13. ⲁⲣⲉ ϣⲁⲛ ϣⲧⲉⲙ ⲧⲟⲩⲃⲟ ⲓⲉϫⲉⲛ ϯ ⲛⲟⲩ ϣⲁ ⲧⲁϣⲟ ⲙ ⲡⲁ ⲙⲃⲟⲛ ⲉϧⲣⲏⲓ ⲛϧⲏⲧⲥ.

καὶ τί ἐὰν μὴ καθαρισθῇς ἔτι ἕως οὗ ἐμπλήσω τὸν θυμόν μου;

Johannes 15, 3. ϩⲏⲇⲏ ⲛⲑⲱⲧⲉⲛ ⲁⲧⲉⲧⲉⲛ ⲧⲟⲩⲃⲟ ⲉⲑⲃⲉ ⲡⲓ ⲥⲁϫⲓ ⲉⲧ ⲁⲓ ⲥⲁϫⲓ ⲙⲙⲟϥ ⲛⲉⲙⲱⲧⲉⲛ

Ἤδη ὑμεῖς καθαροί ἐστε διὰ τὸν λόγον ὃν λελάληκα ὑμῖν.

Numeri 31, 24. ⲟⲩⲟϩ ⲉⲣⲉⲧⲉⲛⲉ ⲣⲱϧ ⲛ ⲛⲓ ϩⲃⲱⲥ ϧⲉⲛ ⲡⲓ ⲉϩⲟⲟⲩ ⲙ ⲙⲁϩ ⳁ ⲟⲩⲟϩ ⲉⲣⲉⲧⲉⲛⲉ ⲧⲟⲩⲃⲟ.

Καὶ πλυνεῖσθε τὰ ἱμάτια τῇ ἡμέρᾳ τῇ ἑβδόμῃ, καὶ καθαρισθήσεσθε.

Um die vergleichsweise Häufigkeit der dritten Person in ihrer ganzen Bedeutung zu erkennen, muss man in Betracht ziehen, dass das vorliegende Verbum zu denen gehört, die ein besonderes Participium Passivi auf ⲟⲩⲧ bilden, und dass letzteres, wie sich weiter unten zeigen wird, das Participium ganz, und die dritte Person grossentheils für sich in Anspruch nimmt.

Zunächst das Reflexivum, soweit wir sein Verhältniss zum Passiv der starken Verba zu fixiren haben. Wie alle starken, das heisst laut- und begriffssteigerungsfähigen Verben eine reflexivische Bedeutung in ihrer passivischen enthalten, so auch ⲧⲟⲩⲃⲟ. Diese passivische Bedeutung ist ja, wie wir gesehen, ursprünglich überhaupt kein Leiden, sondern nur eine Intransivirung, die auf dem Gipfel der Intensivirung erreicht wird, ein Aufhören der Handlung nach erreichtem Resultat. In sie tritt die passivische, und damit auch die reflexive Nüance erst später hinein. Finden wir deshalb das Reflexivum besonders ausgedrückt, so muss in den betreffenden, übrigens nicht häufigen Fällen ein specieller Grund für seine specielle Bezeichnung vorgelegen haben.

Das Reflexiv kann sowohl durch einfache Suffigirung, als durch suffigirtes ⲙⲙⲟ, als durch die vollen Pronominalformen ausgedrückt werden. Es tritt ein

1) wenn hinter dem starken Verbum ein ⲙ, ⲛ, ⲉ steht, so dass, würde das Verbum nicht reflectiv conjugirt, diese Präpositionen Objectsanknüpfung zu vermitteln scheinen könnten. Und zwar sowohl bei reflectivem als passivem Sinne:

Numeri 19, 11—12. ⲫⲁⲓ ⲉϥⲉ ⲧⲟⲩⲃⲟϥ. ⲙ ⲡⲓ ⲉϩⲟⲟⲩ ⲙ ⲙⲁϩ ⲅ̄ ⲛⲉⲙ ⲡⲓ ⲉϩⲟⲟⲩ ⲙ ⲙⲁϩ ⲍ̄ ⲉϥⲉ ⲧⲟⲩⲃⲟ. ⲉϣⲱⲡ ⲇⲉ ⲁϥ ϣⲧⲉⲙ ⲧⲟⲩⲃⲟ ϧⲉⲛ ⲡⲓ ⲉϩⲟⲟⲩ ⲙ ⲙⲁϩ ⲅ̄ ⲛⲉⲙ ⲡⲓ ⲉϩⲟⲟⲩ ⲙ ⲙⲁϩ ⲍ̄ ⲛⲛⲉϥ ⲧⲟⲩⲃⲟ.

Ὁ ἁπτόμενος τοῦ τεθνηκότος πάσης ψυχῆς ἀνθρώπου ἀκάθαρτος ἔσται ἑπτὰ ἡμέρας. οὗτος ἁγνισθήσεται τῇ ἡμέρᾳ τῇ τρίτῃ καὶ τῇ ἡμέρᾳ τῇ ἑβδόμῃ, καὶ καθαρὸς ἔσται. ἐὰν δὲ μὴ ἀφαγνισθῇ τῇ ἡμέρᾳ τῇ τρίτῃ καὶ τῇ ἡμέρᾳ τῇ ἑβδόμῃ, οὐ καθαρὸς ἔσται.

Psalm 19, 14. ⲛⲉⲙ ⲉⲃⲟⲗϩⲁ ⲛⲏ ⲉⲧⲉ ⲛⲟⲩⲓ ⲁⲛ ⲛⲉ ⲙⲁ ⲁⲥⲟ ⲉ ⲡⲉⲕ ⲃⲱⲕ. ⲉϣⲱⲡ ⲁⲩ ϣⲧⲉⲙ ⲉⲣ ϭ̄ⲥ̄ ⲉⲣⲟⲓ ⲧⲟⲧⲉ ⲉⲓⲉ ϣⲱⲡⲓ ⲉⲓ ⲧⲟⲩⲃⲏⲟⲩⲧ. ⲟⲩⲟϩ ⲉⲓⲉ ⲧⲟⲩⲃⲟⲓ ⲉⲃⲟⲗ ϩⲁ ⲫ ⲛⲟⲃⲓ ⲉⲑ ⲛⲁⲁϥ.

Καὶ ἀπὸ ἀλλοτρίων φεῖσαι τοῦ δούλου σου· ἐὰν μή μου κατακυριεύσωσι, τότε ἄμωμος ἔσομαι, καὶ καθαρισθήσομαι ἀπὸ ἁμαρτίας μεγάλης.

Besonders häufig und deutlich tritt dieser Unterschied hervor in den Verbis des Wendens, die ohne folgendes ⲛ, ⲙ, ⲉ die reflexivische Bedeutung in sich haben, mit folgendem ⲛ, ⲙ, ⲉ dieselbe aber nur durch Reflexivpronomen ausdrücken können:

Reflexivisch ohne folgende Präposition:

Hosea 11, 8. ⲁϥ ⲧⲁⲥⲑⲟ ⲛϫⲉ ⲡⲁ ϩⲏⲧ ⲛ ϯ ϩⲟϯ ϧⲉⲛ ϯ ϩⲟϯ.

μετεστράφη ἡ καρδία μου ἐν τῷ αὐτῷ.

Reflexivisch durch Pronomen bei folgendem ⲉ:

Hosea 7, 16. ⲁⲩ ⲧⲁⲥⲑⲟⲟⲩ ⲉ ⲟⲩ ϩⲗⲓ
ἀπεστράφησαν εἰς οὐδέν.

Hosea 8, 13. ⲛⲑⲱⲟⲩ ⲇⲉ ⲁⲩ ⲧⲁⲥⲑⲟⲟⲩ ⲉ ⲭⲏⲙⲓ
αὐτοὶ δὲ εἰς Αἴγυπτον ἀπέστρεψαν.

Andere, diesen Verbis folgende Präpositionen haben denselben Einfluss, aber nicht mit derselben Sicherheit. Am meisten ϩⲁ:

Hosea 7, 10. ⲟⲩⲟϩ ⲙⲡⲟⲩ ⲧⲁⲥⲑⲱⲟⲩ ϩⲁ ⲡ ⲟ̅ⲥ̅ ⲡⲟⲩ ⲛⲟⲩϯ

καὶ οὐκ ἐπέστρεψαν πρὸς κύριον τὸν θεὸν αὐτῶν.

Joel 2, 12. ⲕⲉⲧ ⲑⲏⲛⲟⲩ ϩⲁⲣⲟⲓ ⲉⲃⲟⲗϧⲉⲛ ⲡⲉⲧⲉⲛ ϩⲏⲧ ⲧⲏⲣϥ.

Ἐπιστράφητε πρὸς ἐμὲ ἐξ ὅλης τῆς καρδίας ὑμῶν.

Joel 2, 8. ⲟⲩⲟϩ ⲫ ⲟⲩⲁⲓ ⲫ ⲟⲩⲁⲓ ⲛⲛⲉϥ ϩⲉⲛϥ ⲉⲃⲟⲗϩⲁ ⲡⲉϥ ⲥⲟⲛ

καὶ ἕκαστος ἀπὸ τοῦ ἀδελφοῦ αὐτοῦ οὐκ ἀφέξεται.

Dagegen:

Hosea 12, 6. ⲟⲩⲟϩ ⲛⲑⲟⲕ ⲉⲕⲉ ⲧⲁⲥⲑⲟ ϩⲁ ⲡ ⲟ̅ⲥ̅ ⲡⲉⲕ ⲛⲟⲩϯ

καί συ ἐν θεῷ σου ἐπιστρέψεις.

2) Hinter dem Imperativ, dessen Befehl damit ausdrücklicher gemacht wird, und zu mehrerer Deutlichkeit gewöhnlich das volle Pronomen verlangt:

Genesis 35, 2. ⲟⲩⲟϩ ⲙⲁ ⲧⲟⲩⲃⲉ ⲑⲏⲛⲟⲩ ⲟⲩⲟϩ ϣⲱⲃⲧ ⲛ ⲛⲉⲧⲉⲛ ⲥⲧⲟⲗⲏ

καὶ καθαρισθήσετε καὶ ἀλλάξατε τὰς στολὰς ὑμῶν.

Esaias 1, 16. ϫⲉⲕⲉⲙ ⲑⲏⲛⲟⲩ ⲟⲩⲟϩ ⲙⲁ ⲧⲟⲩⲃⲉ ⲑⲏⲛⲟⲩ ⲱⲗⲓ ⲛ ⲛⲓ ⲡⲟⲛⲏⲣⲓⲁ.

Λούσασθε, καθαροὶ γένεσθε, ἀφέλετε τὰς πονηρίας.

Joel 2, 12. ⲕⲉⲧ ⲑⲏⲛⲟⲩ ϩⲁⲣⲟⲓ ⲉⲃⲟⲗϧⲉⲛ ⲡⲉⲧⲉⲛ ϩⲏⲧ ⲧⲏⲣϥ.

Ἐπιστράφητε πρὸς ἐμὲ ἐξ ὅλης τῆς καρδίας ὑμῶν.

3) Hinter Fremdwörtern, die unsteigerbar sind. Ein in dieser Verbindung vor- oder nachstehendes koptisches Verbum wird ebenfalls pronominell reflectivirt um keinen Zweifel an dem Zusammenhang beider aufkommen zu lassen. Diese Reflectivirung kann, da das Fremdwort unsuffigirbar ist, nur durch die vollen Pronomina geschehen:

Esaias 66, 17. ⲛⲏ ⲉⲧ ⲧⲟⲩⲃⲟ ⲙⲙⲱⲟⲩ ⲟⲩⲟϩ ⲉⲧ ⲉⲣ ⲕⲁⲑⲁⲣⲓⲍⲓⲛ ⲙⲙⲱⲟⲩ ϧⲉⲛ ⲛⲓ ϭⲱⲙ ⲟⲩⲟϩ ⲉⲑ ⲟⲩⲱⲙ ϩⲓ ⲣⲉⲛ ⲛⲓ ⲣⲱⲟⲩ ⲛ ⲛⲓ ⲁϥ ⲛ ⲉϣⲱ ⲛⲉⲙ ⲛⲓ ⲥⲱϥ ⲛⲉⲙ ⲛⲓ ⲫⲏⲛ ⲉⲩⲉ ⲙⲟⲩⲛⲕ ⲉⲩ ⲥⲟⲡ ⲡⲉϫⲉ ⲡ ⲟ̅ⲥ̅

οἱ ἁγνιζόμενοι καὶ καθαριζόμενοι εἰς τοὺς κήπους, καὶ ἐν τοῖς προθύροις ἔσθοντες κρέας ὑΐειον, καὶ τὰ βδελύγματα, καὶ τὸν μῦν, ἐπιτοαυτὸ ἀναλωθήσονται, εἶπε κύριος.

4) In anderen Fällen, die, da sie keine syntaktische Veranlassung zeigen, sich nur durch den, aus einem besonders emphatischen Context hervorgehenden Wunsch erklären lassen, jeden Zweifel über die Art des Vorganges auszuschliessen.

So, wo griechisches *ἐμαυτὸς* zu übersetzen, und gleichzeitig folgendes ⲉ abzusondern war:

Joh. 17. 19. ⲟⲩⲟϩ ϯ ⲧⲟⲩⲃⲟ ⲙⲙⲟⲓ ⲁⲛⲟⲕ ⲉϩⲣⲏⲓ ⲉϫⲱⲟⲩ ϩⲓⲛⲁ ⲛⲧⲟⲩ ϣⲱⲡⲓ ϩⲱⲟⲩ ⲉⲩ ⲧⲟⲩⲃⲏⲟⲩⲧ ϧⲉⲛ ⲟⲩ ⲙⲉⲑⲙⲏⲓ

καὶ ὑπὲρ αὐτῶν ἐγὼ ἁγιάζω ἐμαυτὸν ἵνα ὦσιν καὶ αὐτοὶ ἡγιασμένοι ἐν ἀληθείᾳ.

Wo, wie in dem folgenden Beispiel, die Priesterweihe zu betonen war als eine die von den Priestern selbst, nicht von dritten ausgeht:

Exodus 19, 22. ⲟⲩⲟϩ ⲛⲓ ⲟⲩⲏⲃ ⲉⲧ ϧⲱⲛⲧ ⲙⲙⲱⲟⲩ ⲉ ⲡ ϭⲟⲓⲥ ⲫ ⲛⲟⲩϯ ⲙⲁⲣⲟⲩ ⲧⲟⲩⲃⲱⲟⲩ ⲙⲏⲡⲱⲥ ⲛⲧⲉ ⲡ ϭⲟⲉⲓⲥ ⲧⲁⲕⲉ ϩⲁⲛ ⲟⲩⲟⲛ ⲉⲃⲟⲗ ⲛϩⲏⲧⲟⲩ.

5) Bei Verben, die das Reflexiv regelmässig, oder sehr überwiegend auszudrücken lieben:

ⲁⲣⲉϩ ⲉⲣⲟ cavere

ⲁϣ, ⲁϣⲧ ⲉϩⲣⲁ suspendere se

ⲁϩⲉ ⲉⲣⲁⲧ sistere se, stare

ⲉⲓⲁⲧ
ϥⲓⲁⲧ
ϯⲛⲁⲧ } intueri, considerare

ⲉⲣ ϩⲏⲧ poenitere

ⲑⲱϣ siche ⲧⲱϣ

ⲏⲥ ⲙⲙⲟ festinare

ⲕⲁⲧ
ⲕⲧⲟ } convertere

ⲕⲱ ⲛⲁ acquirere

ⲕⲱ ⲛⲥⲁ derelinquere

ⲗⲱϫ cessare

ⲙⲉⲕⲙⲟⲩⲕ
ⲙⲟⲕⲙⲉⲕ } considerare

ⲙⲧⲟⲛ ⲙⲙⲟ quiescere

ⲛⲟϫ projicere se, accumbere

ⲟⲩⲁϩ, ⲟⲩⲁϩ ⲛⲥⲁ addere se, sequi

ⲟⲩⲛⲟϥ ⲙⲙⲟ laetari

ⲟⲩⲟⲛϩ manifestare se, apparere

ⲟⲩⲱϩ siehe ⲟⲩⲁϩ

ⲟⲩⲱϩⲙ addere se, iterare

ⲟϥϣ despicere

ⲟϩⲓ ⲉⲣⲁⲧ sistere, stare

ⲡⲁϩⲧ prosternere se

ⲡⲱⲣϫ ⲙⲙⲟ separare se

ⲣⲉⲕ, ⲣⲁⲕ, ⲣⲁⲕⲧ avertere se

ⲥⲁⲧ ⲉⲃⲟⲗ projicere se

ⲥⲁϧⲉⲙ subrepere

ⲥⲁϩⲉ amovere se

ⲧⲁⲗϭⲉ desinere, cessare

ⲧⲁⲛϩⲟⲩⲧ credere, fidere

ⲧⲁⲥⲑⲟ reverti

ⲧⲁϣⲉ multiplicare, assiduum esse

ⲧⲉⲛⲑⲱⲛ similem se facere, imitari

ⲧⲟⲛ assuefacere se, assuescere

ⲧⲱⲙ canjungere se, adhaerere

ⲧⲱⲛ surgere

ⲧⲱϣ statuere, constituere

ⲧⲱϭ adjungere, adhaerere

ⲫⲱⲛϩ convertere se

ϫⲁ, ϫⲱ, ϫⲁ ⲛⲧⲟⲧ ponere sibi, habere

ⲱⲃϣ oblivisci

ⲱⲗ sumere se, ascendere
ⲱⲙⲥ ⲉϧⲟⲩⲛ insinuare se, irrepere
ⲱⲣϥ, ⲉⲣϥ subtrahere se, secedere
ϣⲉ ⲛⲁ ire
ϣⲛ ϩⲏⲧ misereri
ϣⲟⲩϣⲟⲩ laudare se, gloriari
ϣⲱⲡ ⲛⲁ emere
ϣⲟⲣⲡ, ϣⲱⲣⲡ ⲙⲙⲟ surgere
ϥⲁⲓ ⲙⲙⲟ conferre se, progredi
ϥⲉϭ } evellere se, exsilire
ϥⲟϫ }
ϧⲉⲛⲧ ⲙⲙⲟ accedere
ϩⲉⲣⲓ ⲙⲙⲟ quiescere
ϩⲓ projicere se
ϩⲓ ⲧⲟⲧ aggredi, incipere
ϩⲓⲥⲉ, ϩⲁⲥⲧ defatigari
ϩⲛⲧ, ϩⲛⲧ ⲉϩⲟⲩⲛ ⲉⲣⲟ accedere
ϩⲟⲗϭ ⲉϩⲟⲩⲛ, ϩⲟⲗϭ ⲉϩⲟⲩⲛ ⲉⲣⲟ adhaerere
ϩⲟⲡ abscondere
ϩⲱ contentum esse
ϩⲱⲕ cingere se
ϩⲱϯ ⲉⲣⲟ debeo
ϫⲓ ⲛⲁ accipere sibi, habere
ϫⲓ ⲉϩⲣⲁⲓ assumere
ϫⲟⲗϩ ⲙⲙⲟ amicire
ϫⲡⲟ } ⲛⲁ comparare, habere
ϫⲫⲟ }
ϭⲱⲗϫ adhaerere, abstinere
ϭⲱⲛⲧ conari
ϯ ⲉⲧⲟⲧ dare sibi, assumere
ϯ ϩⲏⲧ considerare.

Wir gelangen zu ⲧⲟⲩⲃⲏⲟⲩⲧ, und finden es, wie alle Participien seiner Art, in zwei wesentlichen Punkten von den entsprechenden Formen des starken Verbi geschieden.*) Passivisches ⲧⲟⲩⲃⲟ geht so ausschliesslich auf Personen, dass Sachbeziehungen eine ungemein seltene Ausnahme bilden; ⲧⲟⲩⲃⲏⲟⲩⲧ geht gleichmässig auf Personen und Sachen. Passivisches ⲧⲟⲩⲃⲟ ferner, während es am liebsten in der dritten Person erscheint, kommt in dem mit dem Präsens dieser Person gleichlautenden Participium Perfecti Passivi überhaupt nicht vor, sondern überlässt dieses ganze Tempus dem ⲧⲟⲩⲃⲏⲟⲩⲧ. Im ersten Fall scheut ⲧⲟⲩⲃⲟ vor unbelebten Dingen zurück; im zweiten vor dem von aussen her bewirkten Leiden, welches, abstract und völlig vollendet, durch das Participium Perfecti Passivi ausgedrückt wird. Der Schluss drängt sich uns auf, wie wir unter ⲑⲙⲁⲓⲉ sahen, dass ⲉϥ ⲧⲟⲩⲃⲟ ein Resultat vorstellt, in welchem die Thätigkeit, die es hervorbringt, noch mitgedacht wurde, und dass somit eine blos sachliche und leidende Beziehung seiner activen Vergangenheit widersprach. ⲉϥ ⲧⲟⲩⲃⲟ war ein »ist geheiligt« als Ergebniss eines mitverstandenen Processes, aber weder Process und Leiden allein, noch Resultat und Vollendung allein. Es hatte sich vom Activ getrennt, ohne ins Pasiv hineinzugelangen, und blieb, selbst als die anderen, weniger objectiven Personen den Leidensbegriff bestimmt in sich aufnahmen, auf seine ursprüngliche, unklarere Bedeutung beschränkt. Diese alte Bedeutung, deren Erhaltung und Erkenntniss wir theilweis dem Vorhandensein der Nebenform ⲧⲟⲩⲃⲏⲟⲩⲧ zu danken haben, ist aber dieselbige, die sich aus anderen Gründen unter ⲑⲙⲁⲓⲏⲟⲩⲧ herausstellte. Wenn dort die der ersten und zweiten Person gegenüber vergleichsweise Häufigkeit der dritten Person darauf hinwies, dass ⲑⲙⲁⲓⲉ als Thatsache und Leiden, nicht als eins oder das andere passivirt worden sei, so zeigt sich hier dasselbe in der alten Häufigkeit der dritten Person, bei gleichzeitiger Abwesen-

*) Bei der Erörterung von ⲉϥ ⲑⲙⲁⲓⲟ und ⲑⲙⲁⲓⲏⲟⲩⲧ schon angezogen.

heit des ihr gleichlautenden, aber durch den bestimmten Vollendungsbegriff von ihr geschiedenen Participii Perfecti Passivi. Allerdings finden, wo keine ⲟⲩⲧ-Form vorhanden ist, beide Beschränkungen des ⲟ Passiv nicht statt; hier hat sich, durch keine speciell passive Nebenform gehemmt, die Vermischung von Handeln und Leiden vollzogen. Das dem Participium Perfecti Passivi gleichlautende Participium Perfecti Activi wird von alledem nicht berührt, sondern ist gegen den ganzen Unterschied unempfindlich.

Als Beleg für diese Regeln verweisen wir, soweit sie ⲧⲟⲩⲃⲟ betreffen, auf die vorhergehenden Beispiele. Die zweite Regel erläutert sich dadurch, dass wir keinen Fall eines Participii Perfecti Passivi ⲉϥ ⲧⲟⲩⲃⲟ angeführt haben, wie es überhaupt keinen giebt; die erste bestätigt sich, wenn wir erwägen, dass von den sechszehn angeführten ⲧⲟⲩⲃⲟ Passiven nur drei nicht auf Personen gehen, diese drei sich aber auf Dinge edler und grosser Art beziehen, und, im Lichte des Vorangegangenen, als geistige Metaphern aufzufassen sind. Matth. 6, 9 geht auf den Namen Gottes; Ezech. 39, 16 auf die ganze, zu heiligende Erde; Hebr. 9, 22 auf alles Heilige auf der Erde. Den Unterschied zwischen dem persönlichen ⲧⲟⲩⲃⲟ und dem persönlich-unpersönlichen ⲧⲟⲩⲃⲏⲟⲩⲧ zeigt in besonders belehrender Gegenüberstellung

Exodus 29, 37. ⲍ̅ ⲛ ⲉϩⲟⲟⲩ ⲉⲕⲉ ⲧⲟⲩⲃⲟ ⲙ ⲡⲓ ⲙⲁ ⲛ ⲉⲣ ϣⲱⲟⲩϣⲓ ⲛⲧⲉ ⲡ ⲟ̅ⲥ̅ ⲟⲩⲟϩ ⲉⲕⲉ ⲉⲣ ⲁⲅⲓⲁⲍⲓⲛ ⲙⲙⲟϥ ⲟⲩⲟϩ ⲉϥⲉ ϣⲱⲡⲓ ⲛϫⲉ ⲡⲓ ⲙⲁ ⲛ ⲉⲣ ϣⲱⲟⲩϣⲓ ⲉϥ ⲧⲟⲩⲃⲏⲟⲩⲧ ⲛⲧⲉ ⲡⲉⲑ ⲟⲩⲁⲃ. ⲟⲩⲟⲛ ⲛⲓⲃⲉⲛ ⲉⲧ ⲛⲁ ϭⲓ ⲛⲉⲙ ⲡⲓ ⲙⲁ ⲛ ⲉⲣ ϣⲱⲟⲩϣⲓ ⲉϥⲉ ⲧⲟⲩⲃⲟ.

Ἑπτὰ ἡμέρας καθαριεῖς τὸ θυσιαστήριον, καὶ ἁγιάσεις αὐτό. καὶ ἔσται τὸ θυσιαστήριον ἅγιον τοῦ ἁγίου. πᾶς ὁ ἁπτόμενος τοῦ θυσιαστηρίου ἁγιασθήσεται.

Für ⲧⲟⲩⲃⲏⲟⲩⲧ folgen die Belege der Reihe nach:

1. ⲧⲟⲩⲃⲏⲟⲩⲧ in Bezug auf Sachen:

Wolle:

Dan. 7, 9. ⲟⲩⲟϩ ⲡⲓ ϥⲱⲓ ⲛⲧⲉ ⲧⲉϥ ⲁϥⲉ ⲙ ⲫ ⲣⲏϯ ⲛ ⲟⲩ ⲥⲟⲣⲧ ⲉϥ ⲧⲟⲩⲃⲏⲟⲩⲧ.

Καὶ ἡ θρὶξ τῆς κεφαλῆς αὐτοῦ ὡςεὶ ἔριον καθαρόν.

Weihrauch:

Leviticus 24, 7. ⲟⲩⲟϩ ⲉϥⲉ ⲧⲁⲗⲟ ⲉϩⲣⲏⲓ ⲉϫⲉⲛ ⲡⲓ ⲑⲉⲙⲁ ⲛ ⲟⲩ ⲗⲓⲃⲁⲛⲟⲥ ⲉⲧ ⲧⲟⲩⲃⲏⲟⲩⲧ ⲛⲉⲙ ⲟⲩ ϩⲙⲟⲩ ⲟⲩⲟϩ ⲉⲩⲉ ϣⲱⲡⲓ ⲛϫⲉ ⲡⲓ ⲱⲓⲕ ⲉⲩ ⲭⲏ ⲉϧⲣⲏⲓ ⲉ ⲡ ϫⲓⲛ ⲉⲣ ⲫ ⲙⲉⲩⲓ ⲙ ⲡ ϭⲟⲓⲥ.

Καὶ ἐπιθήσετε ἐπὶ τὸ θέμα λίβανον καθαρὸν καὶ ἅλα, καὶ ἔσονται εἰς ἄρτους εἰς ἀνάμνησιν προκείμενα τῷ κυρίῳ.

Oel:

Exod. 27, 20. ⲟⲩⲟϩ ⲟⲩⲁϩⲥⲁϩⲛⲓ ⲉⲧⲟⲧⲟⲩ ⲛ ⲛⲉⲛ ϣⲏⲣⲓ ⲙ ⲡ ⲓⲥⲣⲁⲏⲗ ⲙⲁⲣⲟⲩ ϭⲓ ⲛ ⲟⲩ ⲛⲉϩ ⲛ ⲁⲧⲥⲟⲣⲉⲙ ⲉϥ ⲧⲟⲩⲃⲏⲟⲩⲧ.

Καὶ λαβέτωσάν σοι ἔλαιον ἐξ ἐλάιων ἄτρυγον καθαρόν.

Gold:

Tuki Euchologium ⲣ̅ⲙ̅ⲑ̅ ⲛⲟⲩⲃ ⲉϥ ⲧⲟⲩⲃⲏⲟⲩⲧ

aurum purum putum.

Erz:

Tuki Euchologium ⲣ̅ⲡ̅ⲩ̅ ⲟⲩ ϩⲟⲙⲧ ⲉϥ ⲧⲟⲩⲃⲏⲟⲩⲧ

aes purum

النحاس الخالص

Hut:

Zach. 3, 5. ⲟⲩⲟϩ ⲁⲩ ⲭⲱ ⲛ ⲟⲩ ⲙⲓⲧⲣⲁ ⲉⲥ ⲧⲟⲩⲃⲏⲟⲩⲧ ϩⲓϫⲉⲛ ⲧⲉϥ ⲁϥⲉ

καὶ ἐπέθηκεν κίδαριν καθαρὰν ἐπὶ τὴν κεφαλὴν αὐτοῦ.

2. ⲧⲟⲩⲃⲏⲟⲩⲧ in Bezug auf Sachen, die durch äussere Reinigung und Weihe auch innerlich rein und heilig werden:

Leuchter des Tempels:

Lev. 24, 6. ϯ ⲗⲩⲭⲛⲓⲁ ⲉⲧ ⲧⲟⲩⲃⲏⲟⲩⲧ

τὴν λυχνίαν τὴν καθαράν.

Tisch des Tempels:

Lev. 24, 6. ϯ ⲧⲣⲁⲡⲉⲍⲁ ⲉⲧ ⲧⲟⲩⲃⲏⲟⲩⲧ

τὴν τράπεζαν τὴν καθαράν.

Opfer:

Tuki Rituale 12. ⲛⲉⲙ ⲟⲩ ⲑⲩⲥⲓⲁ ⲉⲥ ⲧⲟⲩⲃⲏⲟⲩⲧ
Et sacrificium sanctificatum
وصعيلة طاهرة

Oertlichkeit:

Leviticus 6, 4. ⲟⲩⲟϩ ⲉϥⲉ ⲃⲁϣϥ ⲛ ⲧⲉϥ ⲥⲧⲟⲗⲏ ⲟⲩⲟϩ ⲉϥⲉ ϯ ϩⲓⲱⲧϥ ⲛ ⲕⲉ ⲥⲧⲟⲗⲏ ⲟⲩⲟϩ ⲉϥⲉ ⲱⲗⲓ ⲉⲃⲟⲗ ⲙ ⲡⲓ ϭⲗⲓⲗ ⲫⲏ ⲉⲧⲉ ⲡⲓ ⲭⲣⲱⲙ ⲛⲁ ⲟⲩⲟⲙϥ ⲥⲁⲃⲟⲗ ⲛ ϯ ⲡⲁⲣⲉⲙⲃⲟⲗⲏ ϧⲉⲛ ⲟⲩ ⲙⲁ ⲉϥ ⲧⲟⲩⲃⲏⲟⲩⲧ

Καὶ ἐκδύσεται τὴν στολὴν αὐτοῦ, καὶ ἐνδύσεται στολὴν ἄλλην. καὶ ἐξοίσει τὴν κατακάρπωσιν ἔξω τῆς παρεμβολῆς εἰς τόπον καθαρόν.

Alles was unter diesen religiösen Begriff kommt:

Ezechiel 44, 23. ⲟⲩⲟϩ ⲙⲁⲣⲟⲩ ϯ ⲥⲃⲱ ⲙ ⲡⲓ ⲗⲁⲟⲥ ⲉ ⲛ ϫⲓⲛⲧⲟⲩ ϯ ϩⲟⲛⲟⲩ ϧⲉⲛ ⲡⲓ ⲙⲁ ⲉⲑ ⲟⲩⲁⲃ ⲉⲃⲟⲗ ϧⲉⲛ ⲫⲏ ⲉⲧ ϣⲟϣϥ ⲟⲩⲟϩ ϧⲉⲛ ⲑⲙⲏϯ ⲙ ⲫⲏ ⲉⲧ ϭⲁϧⲉⲙ ⲛⲉⲙ ⲫⲏ ⲉⲧ ⲧⲟⲩⲃⲏⲟⲩⲧ.

Καὶ τὸν λαόν μου διδάξουσι ἀναμέσον ἁγίου καὶ βεβήλου, καὶ ἀναμέσον ἀκαθάρτου καὶ καθαροῦ γνωριοῦσιν αὐτοῖς.

Ezechiel 22, 26. ⲟⲩⲟϩ ⲛⲉⲥ ⲟⲩⲏⲃ ⲁⲩ ϣⲱϣ ⲛ ⲛⲁ ⲛⲟⲙⲟⲥ ⲁⲩ ϭⲱϧⲉⲙ ⲛ ⲛⲏ ⲉⲑ ⲟⲩⲁⲃ ⲛⲧⲏⲓ ⲙⲡⲟⲩ ⲫⲱⲣϫ ϧⲉⲛ ⲑ ⲙⲏϯ ⲙ ⲡⲉⲑ ⲟⲩⲁⲃ ⲛⲉⲙ ⲫⲏ ⲉⲧ ϭⲁϧⲉⲙ ⲟⲩⲟϩ ϧⲉⲛ ⲑⲙⲏϯ ⲛ ⲟⲩ ⲁⲕⲁⲑⲁⲣⲧⲟⲥ ⲛⲉⲙ ⲫⲏ ⲉⲧ*) ⲧⲟⲩⲃⲏⲟⲩⲧ, ⲁⲩ ⲱⲃϣ ϧⲉⲛ ⲛⲟⲩ ⲃⲁⲗ ⲛ ⲛⲁ ⲥⲁⲃⲃⲁⲧⲱⲛ ⲟⲩⲟϩ ⲁⲓ ϣⲱⲡⲓ ⲉⲓ ⲟⲣⲉⲃ ϧⲉⲛ ⲧⲉⲥ ⲙⲏϯ.

---

*) Ed. Tattam ⲑⲉⲃⲓⲏⲟⲩⲧ. Muss indess nach dem vorhergehenden Beispiel, und da es eine sichtliche Verwechslung mit dem lautlich ähnlichen, aber in der Bedeutung völlig geschieden ⲑⲉ.ⲙⲏⲟⲩⲧ humilis ist, ⲧⲟⲩⲃⲏⲟⲩⲧ heissen. Tattam corrigirt es an einem anderen Ort unter Anführung der bestätigenden arabischen Uebersetzung selbst. (Esaias 35, 8 via pura طريق نقية Umgekehrt wird ⲧⲉⲃⲃⲏⲩ irrthümlich für ⲑⲉⲃⲓⲏⲩ, [illegible], humilis, gesetzt 2 Tim. 2. 21.

Καὶ οἱ ἱερεῖς αὐτῆς ἠτέθησαν νόμον μου, καὶ ἐβεβήλουν τὰ ἅγιά μου· ἀναμέσον ἁγίου καὶ βεβήλου οὐ διέστελλον, καὶ ἀναμέσον ἀκαθάρτου καὶ τοῦ καθαροῦ οὐ διέστελλον, καὶ ἀπὸ τῶν σαββάτων μου παρεκάλυπτον τοὺς ὀφθαλμοὺς αὐτῶν, καὶ ἐβεβηλούμην ἐν μέσῳ αὐτῶν.

3. ⲧⲟⲩⲃⲏⲟⲩⲧ in Bezug auf Personen, die durch äussere Reinigung und Weihe auch innerlich rein und heilig werden:

Reinigung der Leviten zum Priesteramt:

Numeri 8, 7. ⲟⲩⲟϩ ⲡⲁⲓ ⲣⲏϯ ⲉⲕⲉ ⲓⲣⲓ ⲙⲙⲱⲟⲩ ⲙ ⲡⲟⲩ ⲧⲟⲩⲃⲟ, ⲉⲕⲉ ⲛⲟⲩϫϩ ⲉϫⲱⲟⲩ ⲛ ⲟⲩ ⲙⲱⲟⲩ ⲛ ⲧⲟⲩⲃⲟ ⲟⲩⲟϩ ⲉⲕⲉ ⲙⲓ ⲛ ⲟⲩ ⲑⲟⲕ ⲉⲃⲟⲗ ⲉϫⲉⲛ ⲡⲟⲩ ⲥⲱⲙⲁ ⲧⲏⲣϥ ⲟⲩⲟϩ ⲉⲩⲉ ⲣⲱϩⲓ ⲛ ⲛⲟⲩ ϩⲃⲱⲥ ⲟⲩⲟϩ ⲉⲩⲉ ϣⲱⲡⲓ ⲉⲩ ⲧⲟⲩⲃⲏⲟⲩⲧ.

Περιῤῥανεῖς αὐτοὺς ὕδωρ ἁγνισμοῦ. καὶ ἐπελεύσεται ξυρὸν ἐπὶ πᾶν τὸ σῶμα αὐτῶν, καὶ πλυνοῦσι τὰ ἱμάτια αὐτῶν, καὶ καθαρὰ ἔσονται.

Gereinigte Aussätzige:

Matth. 11, 5. ϫⲉ ⲛⲓ ⲃⲉⲗⲗⲉⲩ ⲥⲉ ⲛⲁⲩ ⲙ ⲃⲟⲗ, ⲛⲓ ϭⲁⲗⲉⲩ ⲥⲉ ⲙⲟϣⲓ, ⲛⲓ ⲕⲁⲕⲥⲉϩⲧ ⲥⲉ ⲧⲟⲩⲃⲏⲟⲩⲧ, ⲛⲓ ⲕⲟⲩⲣ ⲥⲉ ⲥⲱⲧⲉⲙ, ⲛⲓ ⲣⲉϥⲙⲱⲟⲩⲧ ⲥⲉ ⲧⲱⲟⲩⲛⲟⲩ, ⲛⲓ ϩⲏⲕⲓ ⲥⲉ ϩⲓ ϣⲉⲛ ⲛⲟⲩϥⲓ ⲛⲱⲟⲩ.

Τυφλοὶ ἀναβλέπουσιν καὶ χωλοὶ περιπατοῦσιν, λεπροὶ καθαρίζονται καὶ κωφοὶ ἀκούουσιν, καὶ νεκροὶ ἐγείρονται καὶ πτωχοὶ εὐαγγελίζονται.

Der Gereinigte, d. h. der nach dem Ceremonialgesetz Lebende im Gegensatz zu dem unreinen Heiden:

Deuteronomium 12, 15. ⲫⲏ ⲉⲧ ϭⲁϩⲉⲙ ⲛϩⲏⲧⲕ ⲛⲉⲙ ⲫⲏ ⲉⲧ ⲧⲟⲩⲃⲏⲟⲩⲧ ⲉⲩⲉ ⲟⲩⲟⲙϥ ⲉⲩ ⲥⲟⲡ ⲙ ⲫ ⲣⲏϯ ⲛ ⲟⲩ ϭⲁϩⲥⲓ ⲓⲉ ⲟⲩ ⲉⲓⲟⲩⲗ.

Ἀλλ' ἢ ἐν πάσῃ ἐπιθυμίᾳ σου θύσεις, καὶ φαγῇ κρέα κατὰ τὴν εὐλογίαν κυρίου τοῦ θεοῦ σου, ἣν ἔδωκέ σοι ἐν πάσῃ πόλει. ὁ ἀκάθαρτος ἐν σοὶ καὶ ὁ καθαρὸς ἐπὶ τὸ αὐτὸ φάγεται αὐτὸ ὡς δορκάδα ἢ ἔλαφον.

4. ⲧⲟⲩⲃⲏⲟⲩⲧ in Bezug auf Personen, die durch Be-

folgung der göttlichen Glaubens- und Sittengesetze seelisch gereinigt sind:

Titus 1, 8. ⲁⲗⲗⲁ ⲉ ⲟⲩ ⲙⲁⲓ ϣⲉⲙⲙⲟ ⲡⲉ, ⲙ ⲙⲁⲓ ⲡⲉⲑ ⲛⲁⲛⲉϥ, ⲛ ⲥⲁⲃⲉ, ⲛ ⲑⲙⲏⲓ, ⲉϥ ⲧⲟⲩⲃⲏⲟⲩⲧ, ⲉ ⲟⲩ ⲉⲩⲕⲣⲁⲧⲏⲥ ⲡⲉ.

ἀλλὰ φιλόξενον, φιλάγαθον, σώφρονα, δίκαιον, ὅσιον, ἐγκρατῆ.

Exodus 23, 7. ⲥⲁϫⲓ ⲛⲓⲃⲉⲛ ⲛ ϭⲓ ⲛ ϫⲟⲛⲥ ⲉⲕⲉ ϩⲉⲛⲕ ⲉⲃⲟⲗ ⲙⲙⲱⲟⲩ, ⲡⲉⲧ ⲧⲟⲩⲃⲏⲟⲩⲧ ⲟⲩⲟϩ ⲛ ⲑⲙⲏⲓ ⲛⲛⲉⲕ ϧⲟⲑⲃⲉϥ ⲟⲩⲟϩ ⲛⲛⲉⲕ ⲑⲙⲁⲓⲉ ⲡⲓ ⲁⲥⲉⲃⲏⲥ.

Ἀπὸ παντὸς ῥήματος ἀδίκου ἀποστήσῃ. ἀθῶον καὶ δίκαιον οὐκ ἀποκτενεῖς. καὶ οὐ δικαιώσεις τὸν ἀσεβῆ ἕνεκεν δώρων.

Deren Herz, Gewissen und Wandel rein sind:

II Timoth. 2, 22. ϭⲟϫⲓ ⲇⲉ ⲛⲥⲁ ϯ ⲙⲉⲑⲙⲏⲓ ⲡⲓ ⲛⲁϩϯ ϯ ⲁⲅⲁⲡⲏ ϯ ϩⲓⲣⲏⲛⲏ ⲛⲉⲙ ⲟⲩⲟⲛ ⲛⲓⲃⲉⲛ ⲉⲧ ⲱϣ ⲟⲩⲃⲉ ⲫ ⲣⲁⲛ ⲙ ⲡ ϭⲟⲓⲥ ⲉⲃⲟⲗ ϧⲉⲛ ⲟⲩ ϩⲏⲧ ⲉϥ ⲧⲟⲩⲃⲏⲟⲩⲧ.

Τὰς δὲ νεωτερικὰς ἐπιθυμίας φεῦγε, δίωκε δὲ δικαιοσύνην, πίστιν, ἀγάπην, εἰρήνην μετὰ τῶν ἐπικαλουμένων τὸν κύριον ἐκ καθαρᾶς καρδίας.

Siehe Matth. 5, 5. ⲛ ⲏⲏ ⲉⲑ ⲟⲩⲁⲃ ϧⲉⲛ ⲡⲟⲩ ϩⲏⲧ

οἱ καθαροὶ τῇ καρδίᾳ.

Tuki Rituale ⲣ̅ⲙ̅ⲇ̅ (ebenso ⲣ̅ⲡ̅ⲩ̅) ⲟⲩ ⲥⲩⲛⲏⲇⲏⲥⲓⲥ ⲉⲥ ⲧⲟⲩⲃⲏⲟⲩⲧ.

Conscientia pura.

I Petr. 3, 1–2. ⲉⲩ ⲛⲁⲩ ⲉ ⲡⲉⲧⲉⲛ ϫⲓ ⲛ ⲙⲟϣⲓ ⲉⲧ ⲧⲟⲩⲃⲏⲟⲩⲧ ϧⲉⲛ ⲟⲩ ϩⲟϯ.

5. Die vorstehenden Beispiele sind von dem vergleichsweise nebensächlichen Gesichtspunkt des Gegensatzes gegen das persönliche ⲧⲟⲩⲃⲟ geordnet. Ihre wirkliche Bedeutung tritt uns erst entgegen, wenn wir ⲧⲟⲩⲃⲏⲟⲩⲧ von dem Kerne seines eigenen Inhalts, vom Zeit- und Leidensbegriff aus, betrachten. Gehen wir von der Beobachtung aus, dass das Participium Perfecti Passivi, die Form der absoluten, von aussen gekom-

menen Vollendung, nur durch ⲧⲟⲩⲃⲏⲟⲩⲧ gegeben werden kann,

Tuki Theotokia ⲛ̄ⲑ̄ ⲛⲑⲟ ⲡⲉ ⲡⲓ ⲥⲧⲁⲙⲛⲟⲥ ⲛ ⲛⲟⲩⲃ ⲉⲧ ⲧⲟⲩⲃⲏⲟⲩⲧ.

Tu es vas auri puri

الذهب النقى

Lev. 24, 7. ⲛ ⲟⲩ ⲗⲓⲃⲁⲛⲟⲥ ⲉⲧ ⲧⲟⲩⲃⲏⲟⲩⲧ

λιβανὸν καθαρόν.

1 Tim. 3, 9. ⲛϫⲉ ⲡⲓ ⲙⲩⲥⲧⲏⲣⲓⲟⲛ ⲛⲧⲉ ⲫ ⲛⲁϩϯ ϧⲉⲛ ⲟⲩ ⲥⲩⲛⲏⲇⲏⲥⲓⲥ ⲉⲥ ⲧⲟⲩⲃⲏⲟⲩⲧ

τὸ μυστήριον τῆς πιστέως ἐν καθαρᾷ συνειδήσει —

und erinnern wir uns gleichzeitig, dass alle Fälle sachlicher, sinnlicher, objectiv angesehener Reinheit, die vorhergegangene Reinigung voraussetzen, von demselben ⲧⲟⲩⲃⲏⲟⲩⲧ monopolisirt werden, so ergiebt sich im Gegensatz zu dem, in beiden Beziehungen anders gearteten, in der Zeitbestimmung schwächeren, im Persönlichen aber stärkeren ⲧⲟⲩⲃⲟ, dass ⲧⲟⲩⲃⲏⲟⲩⲧ die völlige sachliche Vollendung, die durch einen Dritten erzielt ist, besagt. Es ist ein Participium Perfecti Passivi, in welchem die Eigenthümlichkeit der Begriffsform dieses Tempus, sowohl in Bezug auf die Zeit, als in Bezug auf das Leiden, besonders stark ausgeprägt ist. Es heisst gereinigt, also vom Unreinen ins Reine gebracht durch einen Dritten. Und zwar vollständig ins Reine gebracht, also vollständig rein, gewöhnlich nach vorangegangener Reinigung, seltener ohne Betonung derselben, und mit blosser Hervorhebung der Vollständigkeit. Hiernach erhalten wir folgende, aus dem eigenen Wesen des Wortes stammende Gliederung seiner Bedeutungen:

I. Unreines gereinigt.

1) Unreine Dinge, die gesäubert worden sind zum nützlichen Gebrauch:

Oel:

Leviticus 24, 2—3. ϫⲉ ϩⲟⲛϩⲉⲛ ⲉⲧⲟⲧⲟⲩ ⲛ ⲛⲉⲛ ϣⲏⲣⲓ

ⲙ ⲡ ⲓⲥⲣⲁⲏⲗ ⲟⲩⲟϩ ⲙⲁⲣⲟⲩ ϭⲓ ⲛⲁⲕ ⲛ ⲟⲩⲛⲉϩ ⲉⲃⲟⲗϧⲉⲛ
ϩⲁⲛ ϫⲱⲓⲧ ⲉϥ ⲧⲟⲩⲃⲏⲟⲩⲧ ⲉϥ ⲧⲉⲙⲙⲏⲟⲩⲧ ⲉⲩ ⲟⲩⲱⲓⲛⲓ ⲉⲧⲉⲙ
ⲙ ϩⲟ ⲛ ⲟⲩ ⲋⲙⲃⲥ.

Ἔντειλαι τοῖς υἱοῖς Ἰσραήλ καὶ λαβέτωσάν σοι ἔλαιον
ἐλάϊνον καθαρὸν κεκομμένον εἰς φῶς, καῦσαι λύχνον δια-
παντός, ἔξωθεν τοῦ καταπετάσματος ἐν τῇ σκηνῇ τοῦ
μαρτυρίου.

Wolle:

Daniel 7, 9. ⲟⲩⲟϩ ⲧⲉϥ ϩⲉⲃⲥⲱ ⲛⲁⲥ ⲟⲩⲟⲃϣ ⲙ ⲫ ⲣⲏϯ
ⲛ ⲟⲩ ⲭⲓⲱⲛ ⲟⲩⲟϩ ⲛⲓ ϥⲱⲓ ⲛⲧⲉ ⲧⲉϥ ⲁϥⲉ ⲙ ϥ ⲣⲏϯ ⲛ ⲟⲩ
ⲥⲟⲣⲧ ⲉϥ ⲧⲟⲩⲃⲏⲟⲩⲧ.

Ἐθεώρουν ἕως ὅτου οἱ θρόνοι ἐτέθησαν, καὶ παλαιὸς
ἡμερῶν ἐκάθητο, καὶ τὸ ἔνδυμα αὐτοῦ λευκὸν ὡσεὶ χιὼν
καὶ ἡ θρὶξ τῆς κεφαλῆς αὐτοῦ ὡσεὶ ἔριον καθαρόν, ὁ
θρόνος αὐτοῦ φλὸξ πυρός, οἱ τροχοὶ αὐτοῦ πῦρ φλέγον.

ilut:

Zach. 3. 5. ⲟⲩⲟϩ ⲁⲩ ⲭⲱ ⲛ ⲟⲩ ⲙⲏⲧⲣⲁ ⲉⲥ ⲧⲟⲩⲃⲏⲟⲩⲧ
ⲟⲓϫⲉⲛ ⲧⲉϥ ⲁϥⲉ.

Καὶ ἐπέθηκαν κίδαριν καθαρὰν ἐπὶ τὴν κεφαλὴν αὐτοῦ.

Gold:

Exodus 25, 11. ϧⲉⲛ ⲟⲩ ⲛⲟⲩⲃ ⲉϥ ⲧⲟⲩⲃⲏⲟⲩⲧ.

Καὶ καταχρυσώσεις αὐτὴν χρυσίῳ καθαρῷ, ἔσωθεν καὶ
ἔξωθεν χρυσώσεις αὐτήν. καὶ ποιήσεις αὐτῇ κυμάτια
χρυσᾶ στρεπτὰ κύκλῳ.

2) Dinge, die heilig gemacht worden sind durch
ceremonielle Säuberung und Weihe, oder Weihe allein:

Tisch des Tempels:

Leviticus 24, 6. ⲟⲩⲟϩ ⲉⲣⲉⲧⲉⲛⲉ ⲧⲁⲗⲱⲟⲩ ⲉⲡϣⲱⲓ ⲛ
ϫⲓⲛ ⲧⲁⲗⲟ ⲁ̅ ⲃ̅ ⲛ ⲱⲓⲕ ⲉ ϯ ⲟⲩ ⲛ ⲧⲟⲓ ⲉϫⲉⲛ ϯ ⲧⲣⲁⲡⲉⲍⲁ
ⲉⲧ ⲧⲟⲩⲃⲏⲟⲩⲧ ⲙ ⲡ ⲉⲙⲑⲟ ⲙ ⲡ ⳪

καὶ ἐπιθήσετε αὐτοὺς δύο θέματα, ἓξ ἄρτους τὸ ἓν
θέμα ἐπὶ τὴν τράπεζαν τὴν καθαρὰν ἔναντι κυρίου.

Leuchter des Tempels:

Lev. 24, 4. ϯ ⲗⲩⲭⲛⲓⲁ ⲉⲧ ⲧⲟⲩⲃⲏⲟⲩⲧ
τῆς λυχνίας τῆς καθαρᾶς.

Lager des Frommen:

Tuki Rituale 270 (Theotokia ϥ̄ō). πι μα ϩ ϣελετ ετ τουβηουτ ντε πι νυμφιος ν καθαρος.

Purus thalamus sponsi casti.

Haus, in dem die Pest gewesen ist:

Leviticus 14, 53. εϥε ουωρπ εβολ μ πι ερϫ ετ ονϧ caβολ ν ϯ βακι ε πι μεϣϣωτ ουοϩ εϥε τωβϩ εϩρηι εϫεν πι ηι ουοϩ εϥε ϣωπι εϥ τουβηουτ.

Καὶ ἐξαποστελεῖ τὸ ὀρνίθιον τὸ ζῶν ἔξω τῆς πόλεως εἰς τὸ πεδίον. καὶ ἐξιλάσεται περὶ τῆς οἰκίας, καὶ καθαρὰ ἔσται.

Weihwasser:

Num. 19, 9. ου μωου ν νουϫϧ εϥ τουβηουτ πε *ὕδωρ ῥαντισμοῦ ἅγνισμά ἐςι.*

3) Menschen, die heilig gemacht worden sind durch ceremonielle Säuberung:

Der Aussätzige:

Leviticus 13, 13. ουοϩ εϥε ναυ νϫε πι ουηβ ουοϩ ις πι cεϩτ ετ αϥ ϩωβc εϫεν πι ϣαρ τηρϥ ντε πεϥ λουαν ουοϩ εϥε τουβοϥ νϫε πι ουηβ ϫε αϥ ουωτεβ τηρϥ ε πεθ ουοβϣ ϥ τουβηουτ.

Καὶ ὄψεται ὁ ἱερεύς, καὶ ἰδοὺ ἐκάλυψεν ἡ λέπρα πᾶν τὸ δέρμα τοῦ χρωτός, καὶ καθαριεῖ αὐτὸν ὁ ἱερεὺς τὴν ἀφήν, ὅτι πᾶν μετέβαλε λωκόν, καθαρόν ἐστι.

Der Geschlechtlich befleckte:

Leviticus 15, 8. ε ϣωπ δε αϥ ϣαν ελ τοϥ νϫε φη ετε πεϥ ϫροϫ τελτελ εϫεν φη ετ τουβηουτ εϥε ρωϧι ν πεϥ ϩβωc, ουοϩ εϥε ϫωκεμ ϧεν ου μωου ουοϩ εϥε ϣωπι εϥ σαϧεμ ϣα φ ναυ ν ϩαν αρουϩι.

Ἐὰν δὲ προσσιελίσῃ ὁ γονοῤῥυὴς ἐπὶ τὸν καθαρὸν πλυνεῖ τὰ ἱμάτια αὐτοῦ, καὶ λούσεται ὕδατι, καὶ ἀκάθαρτος ἔσται ἕως ἑσπέρας.

4) Gereinigt von begangener Sünde durch Reue und Gnade:

Tuki Euchologium. ⲡ̅ⲛ̅ⲁ̅. ⲟⲩⲟϩ ⲙⲁ ⲧⲟⲩⲃⲟϥ ϩⲓⲧⲉⲛ ⲡⲓ ϩⲙⲟⲧ ⲛⲧⲉ ⲡⲉⲕ ⲡ̅ⲛ̅ⲁ̅ ⲉⲑ ⲟⲩⲁⲃ ϩⲓⲛⲁ ⲛⲧⲉϥ ϣⲱⲡⲓ ⲛ ⲟⲩ ⲥⲕⲉⲩⲟⲥ ⲉϥ ⲧⲟⲩⲃⲏⲟⲩⲧ (beidemal نقي)
purifica eum dono Spiritus sancti ut fiat purificatus.

Pistis Sophia 150 / 96:
ⲁⲓ ϣⲱⲡⲉ ⲉⲓ ϭⲙ̅ϭⲟⲙ ϩⲙ̅ ⲧⲉⲕ ⲙⲛ̅ⲧⲙⲉ,
ⲉⲓ ⲧⲃ̅ⲃⲏⲩ ϩⲙ̅ ⲧⲉⲕ ⲇⲓⲕⲁⲓⲟⲥⲩⲛⲏ
Factus sum validus tua veritate,
purgatus tua *δικαιοσυνῃ*.

Numeri 32, 22. ⲟⲩⲟϩ ⲛⲧⲟⲩ ⲉⲣ ϭⲟⲓⲥ ⲉ ⲡⲓ ⲕⲁϩⲓ ⲙ ⲡ ⲉⲙⲑⲟ ⲙ ⲡ ϭⲟⲓⲥ ⲟⲩⲟϩ ⲙⲉⲛⲉⲛⲥⲁ ⲛⲁⲓ ⲉⲣⲉⲧⲉⲛⲉ ⲧⲁⲥⲑⲟ ⲉⲣⲉⲧⲉⲛ ⲧⲟⲩⲃⲏⲟⲩⲧ ⲙ ⲡ ⲉⲙⲑⲟ ⲙ ⲡ ϭⲟⲓⲥ ⲛⲉⲙ ⲉⲃⲟⲗϩⲁ ⲡ ⲓⲥⲣⲁⲏⲗ.

Καὶ μετὰ ταῦτα ἀποστραφήσεσθε καὶ ἔσεσθε ἀθῷοι ἔναντι κυρίου, καὶ ἀπὸ Ἰσραήλ.

Numeri 5, 31. ⲉϥⲉ ϣⲱⲡⲓ ⲛϫⲉ ⲡⲁⲓ ⲣⲱⲙⲓ ⲉϥ ⲧⲟⲩⲃⲏⲟⲩⲧ ⲉⲃⲟⲗϩⲁ ⲫ ⲛⲟⲃⲓ ⲟⲩⲟϩ ϯ ⲥϩⲓⲙⲓ ⲉⲧⲉⲙⲙⲁⲩ ⲉⲥⲉ ϭⲓ ⲙ ⲡⲉⲥ ⲛⲟⲃⲓ.

Καὶ ἀθῷος ἔσται ὁ ἄνθρωπος ἀπὸ ἁμαρτίας. καὶ γυνὴ ἐκείνη λήψεται τὴν ἁμαρτίαν αὐτῆς.

5) Gereinigt, das heisst befreit von einer Auflage:
Genesis 24, 8. ⲉϣⲱⲡ ⲇⲉ ⲛⲧⲉⲥ ϣⲧⲉⲙ ⲟⲩⲱϣ ⲛϫⲉ ϯ ⲥϩⲓⲙⲓ ⲉ ⲓ ⲛⲉⲙⲁⲕ ⲉ ⲡⲁⲓ ⲕⲁϩⲓ ⲉⲕⲉ ϣⲱⲡⲓ ⲉⲕ ⲧⲟⲩⲃⲏⲟⲩⲧ ⲉⲃⲟⲗϩⲁ ⲡⲁ ⲁⲛⲁϣ ⲙⲟⲛⲟⲛ ⲣⲱ ⲛⲑⲟϥ ⲙⲡⲉⲣ ⲧⲁⲥⲑⲟ ⲙ ⲡⲁ ϣⲏⲣⲓ ⲉⲙⲁⲩ.

Ἐὰν δὲ μὴ θέλῃ ἡ γυνὴ πορευθῆναι μετὰ σοῦ εἰς τὴν γῆν ταύτην, καθαρὸς ἔσῃ ἀπὸ τοῦ ὅρκου μου. μόνον τὸν υἱόν μου μὴ ἀποστρέψῃς ἐκεῖ.

Genesis 24, 41. ⲧⲟⲧⲉ ⲉⲕⲉ ϣⲱⲡⲓ ⲉⲕ ⲧⲟⲩⲃⲏⲟⲩⲧ ⲉⲃⲟⲗ ϩⲁ ⲡⲁ ⲥⲁϩⲟⲩⲓ. ⲉϣⲱⲡ ⲅⲁⲣ ⲁⲕ ϣⲁⲛ ⲓ ⲉ ⲧⲁ ⲫⲩⲗⲏ ⲟⲩⲟϩ ⲛⲧⲟⲩ ϣⲧⲉⲙ ϯ ⲛⲁⲕ ⲉⲕⲉ ϣⲱⲡⲓ ⲉⲕ ⲧⲟⲩⲃⲏⲟⲩⲧ ⲉⲃⲟⲗϩⲁ ⲡⲁ ⲁⲛⲁϣ.

Τότε ἀθῷος ἔσῃ ἀπὸ τῆς ἀρᾶς μου. ἡνίκα γὰρ ἐὰν ἔλθῃς εἰς τὴν φυλήν μου, καὶ μή σοι δῶσι, καὶ ἔσῃ ἀθῷος ἀπὸ τοῦ ὁρκισμοῦ μου.

II. Vollständig rein und heilig in sich, ohne vorhergegangene Beschmutzung und Reinigung. Gemäss der Theilung aller Dinge in reine und unreine, heilige und unheilige, ist es die sondernde Anordnung Gottes, durch welche die eine Hälfte geweiht wird, ohne dass sie vorher sichtlich unrein war:

1) Sachen:

Leviticus 10, 10. ⲉ ⲟⲩⲱϯ ⲉⲃⲟⲗ ⲟⲩⲧⲉ ⲛⲏ ⲉⲑ ⲟⲩⲁⲃ ⲛⲉⲙ ⲛⲏ ⲉⲧ ⲥⲟϥ ⲛⲉⲙ ⲟⲩⲧⲉ ⲛⲏ ⲉⲧ ϭⲁϧⲉⲙ ⲛⲉⲙ ⲟⲩⲧⲉ ⲛⲏ ⲉⲧ ⲧⲟⲩⲃⲏⲟⲩⲧ.

Νόμιμον αἰώνιον εἰς τὰς γενεὰς ὑμῶν, διαστεῖλαι ἀναμέσον τῶν ἁγίων καὶ τῶν βεβήλων, καὶ ἀναμέσον τῶν ἀκαθάρτων καὶ τῶν καθαρῶν.

Lucas 11, 41. ⲡⲗⲏⲛ ⲛⲏ ⲉⲧ ϣⲟⲡ ⲙⲙⲱⲧⲟⲩ ⲉ ⲟ ⲙⲉⲧⲛⲁⲏⲧ ⲟⲩⲟϩ ⲓⲉ ϩⲱⲃ ⲛⲓⲃⲉⲛ ⲥⲉ ⲧⲟⲩⲃⲏⲟⲩⲧ ⲛⲱⲧⲉⲛ.

Πλὴν τὰ ἐνόντα δότε ἐλεημοσύνην, καὶ ἰδοὺ πάντα καθαρὰ ὑμῖν ἐστίν.

Num. 5, 17. ⲟⲩⲟϩ ⲉⲣⲉ ⲡⲓ ⲟⲩⲁⲃ ϭⲓ ⲛ ⲟⲩ ⲙⲱⲟⲩ ⲉϥ ⲧⲟⲩⲃⲏⲟⲩⲧ ⲉϥ ⲟⲛϧ.

Καὶ λήψεται ὁ ἱερεὺς ὕδωρ καθαρὸν ζῶν.

2) Thiere:

Deuteronomium 14, 20, 21. ϩⲁⲗⲏⲧ ⲛⲓⲃⲉⲛ ⲉⲧ ⲧⲟⲩⲃⲏⲟⲩⲧ ⲉⲣⲉⲧⲉⲛⲉ ⲟⲩⲟⲙⲟⲩ.

Πᾶν πετεινὸν καθαρὸν φάγεσθε, πᾶν θνησιμαῖον οὐ φάγεσθε.

3) Mensch rein und heilig nach dem Ceremonialgesetz:

Numeri 9, 13. ⲟⲩⲟϩ ⲡⲓ ⲣⲱⲙⲓ ⲉⲧ ⲛⲁ ϣⲱⲡⲓ ⲉϥ ⲧⲟⲩⲃⲏⲟⲩⲧ ⲟⲩⲟϩ ⲉϥ ϧⲉⲛ ⲟⲩ ⲙⲱⲓⲧ ⲉⲛϥ ⲟⲩⲏⲟⲩ ⲁⲛ ⲟⲩⲟϩ ⲛⲧⲉϥ ϭⲓ ϩⲟ ⲉ ⲓⲣⲓ ⲙ ⲡⲓ ⲡⲁⲥⲭⲁ ⲉⲩⲉ ⲫⲱϯ ⲛ ϯ ⲯⲩⲭⲏ ⲉⲧⲉⲙⲙⲁⲩ ⲉⲃⲟⲗϧⲉⲛ ⲡⲉⲥ ⲗⲁⲟⲥ.

Καὶ ἄνθρωπος ὃς ἐὰν καθαρὸς ᾖ, καὶ ἐν ὁδῷ μακρὰν οὐκ ἔστι, καὶ ὑστερήσῃ ποιῆσαι τὸ πάσχα, ἐξολοθρευθήσεται ἡ ψυχὴ ἐκείνη ἐκ τοῦ λαοῦ αὐτῆς, ὅτι τὸ δῶρον κυρίῳ οὐ προςήνεγκε κατὰ τὸν καιρὸν αὐτοῦ, ἁμαρτίαν αὐτοῦ λήψεται ὁ ἄνθρωπος ἐκεῖνος.

Numeri 5, 28. ⲉϣⲱⲡ ⲇⲉ ⲙⲡⲉⲥ ⲥⲱϧ ⲛϫⲉ † ⲥϩⲓⲙⲓ
ⲟⲩⲟϩ ⲥ ⲧⲟⲩⲃⲏⲟⲩⲧ ⲟⲩⲟϩ ⲉⲥⲉ ϣⲱⲡⲓ ⲉⲥ ⲧⲟⲩⲃⲏⲟⲩⲧ ⲉⲃⲟⲗϧⲉⲛ ⲟⲩ ⲭⲣⲟⲭ ⲉⲥⲉ ⲓⲣⲓ ⲛ ⲟⲩ ⲭⲣⲟⲭ.

Ἐὰν δὲ μὴ μιανθῇ ἡ γυνὴ καὶ καθαρὰ ᾖ, καὶ ἀθῷα
ἔσται καὶ ἐκσπερματιεῖ σπέρμα.

Deuteronomium 15, 22. ⲉⲕⲉ ⲟⲩⲟⲙⲥϥ ϧⲉⲛ ⲧⲉⲕ ⲃⲁⲕⲓ ⲫⲏ
ⲉⲧ ϭⲁϧⲉⲙ ⲛ ϧⲏⲧⲕ ⲛⲉⲙ ⲫ ⲣⲏ† ⲛ ⲟⲩ ϭⲁϧⲥⲓ ⲓⲉ ⲟⲩ
ⲉⲓⲟⲩⲗ.

Ἐν ταῖς πόλεσί σου φαγῇ αὐτό. ὁ ἀκάθαρτος ἐν σοὶ καὶ
ὁ καθαρὸς ὡσαύτως ἔδεται ὡς δορκάδα ἢ ἔλαφον.

4) Mensch rein und heilig nach dem Sittengesetz:

Frei von einer bestimmten Schuld, die ihm etwa
beigemessen werden könnte:

Exodus 21, 28. ⲉϣⲱⲡ ⲇⲉ ⲁⲣⲉ ϣⲁⲛ ⲟⲩ ⲙⲁⲥⲓ ϧⲟⲗϧⲉⲗ
ⲛ ⲟⲩ ⲣⲱⲙⲓ ⲓⲉ ⲟⲩ ⲥϩⲓⲙⲓ ⲟⲩⲟϩ ⲛⲧⲟⲩ ⲙⲟⲩ ϧⲉⲛ ϧⲁⲛ ⲱⲛⲓ
ⲉⲩⲉ ⲥⲉ ⲧⲱⲛⲓ ⲉϫⲉⲛ ⲡⲓ ⲙⲁⲥⲓ ⲟⲩⲟϩ ⲛⲛⲟⲩ ⲟⲩⲟⲙ ⲛ ⲛⲉϥ
ⲁϥⲟⲩⲓ, ⲡ ϭⲟⲓⲥ ⲇⲉ ⲙ ⲡⲓ ⲙⲁⲥⲓ ⲉϥⲉ ϣⲱⲡⲓ ⲉϥ ⲧⲟⲩⲃⲏⲟⲩⲧ.

Ἐὰν δὲ κερατίσῃ ταῦρος ἄνδρα ἢ γυναῖκα καὶ ἀποθάνῃ,
λίθοις λιθοβοληθήσεται ὁ ταῦρος, καὶ οὐ βρωθήσεται τὰ
κρέα αὐτοῦ, ὁ δὲ κύριος τοῦ ταύρου ἀθῷος ἔσται.

Im ganzen Wesen rein und heilig:

1 Tim. 5, 22. ⲁⲣⲉϩ ⲉⲣⲟⲕ ⲉⲕ ⲧⲟⲩⲃⲏⲟⲩⲧ.
σεαυτὸν ἁγνὸν τήρει.

2 Pet. 3, 1. ⲛⲁ ⲙⲉⲛⲣⲁ† ⲑⲁⲓ ϧⲁⲛ ⲑ ⲙⲁϩ ⲃ̅† ⲛ ⲉⲡⲓⲥⲧⲟⲗⲏ ⲧⲉ ⲉ † ⲥϧⲁⲓ ⲙⲙⲟⲥ ⲛⲱⲧⲉⲛ ⲛⲁⲓ ⲉⲧⲉ ⲛϧⲣⲏⲓ ⲛϧⲏⲧⲟⲩ
ⲉⲓⲉ ⲧⲟⲩⲛⲟⲥ ⲡⲉⲧⲉⲛ ϩⲏⲧ ⲉⲧ ⲧⲟⲩⲃⲏⲟⲩⲧ ϧⲉⲛ ⲟⲩ ⲙⲉⲩⲓ.

Ταύτην, ἤδη, ἀγαπητοί, δευτέραν ὑμῖν γράφω ἐπιστολήν,
ἐν αἷς διεγείρω ὑμῶν ἐν ὑπομνήσει τὴν εἰλικρινῆ διάνοιαν

Exod. 23, 7. ⲡⲉⲧ ⲧⲟⲩⲃⲏⲟⲩⲧ ⲟⲩⲟϩ ⲛ ⲟⲙⲏⲓ ⲛⲛⲉⲕ
ϧⲟⲑⲃⲉϥ.

ἀθῷον καὶ δίκαιον οὐκ ἀποκτενεῖς.

II Corinth. 11, 2. † ⲭⲟϩ ⲅⲁϩ ⲉⲣⲱⲧⲉⲛ ϧⲉⲛ ⲟⲩ ⲭⲟϩ
ⲛⲧⲉ ⲫ ⲛⲟⲩ† ⲁⲓ ϧⲉⲧⲛ ⲑⲏⲛⲟⲩ ⲅⲁⲣ ⲛ ⲟⲩ ϩⲁⲓ ⲛ ⲟⲩⲱⲧ
ⲛ ⲟⲩ ⲡⲁⲣⲑⲉⲛⲟⲥ ⲉⲥ ⲧⲟⲩⲃⲏⲟⲩⲧ ⲙ ⲡ ⲭⲣⲓⲥⲧⲟⲥ.

Ζηλῶ γὰρ ὑμᾶς θεοῦ ζήλῳ, ἡρμοσάμην γὰρ ὑμᾶς ἑνὶ ἀνδρὶ παρθένον ἁγνὴν παραστῆσαι τῷ Χριστῷ.

Tuki Theotokia. ρ̄ϐ̄. χερε ω ϯ παρθενος ετ τουϐηουτ ν ατταϰο.

Ave virgo pura et incorrupta.

Und alles Sein, Haben und Thun einer solchen reinen Seele:

Herz:

II Tim 2, 22. ϧεν ου ϩητ εϥ τουϐηουτ.

ἐκ καθαρᾶς καρδίας.

Gewissen:

Hist. Monast. Aegypt. Z. 322. ϯ αποτασσε μ παρανομια νιμ, αυω ϫιν τενου ϯνα ρϩμϩαλ ναϰ ϩν ου συνηδειςις ες τϐϐηυ.

Renuncio omnibus peccatis, et abhinc serviam tibi recte religioseque.

Gottesfurcht:

Psalm 18, 10. ϯ ϩοϯ ντε π σ̄ς̄ ε τουϐηουτ ες ϣοπ ϣα ενεϩ ντε πι ενεϩ. νι ϩαπ ντε π σ̄ς̄ ϩαν ϩαπ μ μηι νε σε θμαιηουτ ευ σοπ.

Ὁ φόβος κυρίου ἁγνὸς διαμένων εἰς αἰῶνα αἰῶνος, τὰ κρίματα κυρίου ἀληθινὰ δεδικαιωμένα ἐπὶ τὸ αὐτό.

Gebete:

Tuki Rituale. ρ̄λ̄ζ̄. νι ϣληλ ετ τουϐηουτ الصلوات للنقية preces purae.

Werke:

Epist. ad Lausium Praepositum. Z. 129. ει ερεπιθυμιν ε νι ϩϐηουι ετ τουϐηουτ ουοϩ εθ μεϩ νεμ αρετη νιϐεν ντε νι ϧελλοι εθ ουαϐ.

Desidero exponere tibi opera puritate et omni virtute plena horum sanctorum senum.

5) Gottes Gesetz und Offenbarung:

Psalm 18, 8. ⲫ νομος μ π σ̄ς̄ ϥ τουϐηουτ εϥ τασθο ν νι ψυχη.

Hist. Monast. Aegypt. Z. 322. τετν ειμε σε ω νε

ⲭⲣⲏⲥⲧⲓⲁⲛⲟⲥ ⲉⲃⲟⲗϩⲛ ⲛⲉ ⲅⲣⲁⲫⲏ ⲛⲉⲧ ⲟⲩⲁⲁⲃ ⲙⲛ ⲛ ϭⲱⲗⲡ ⲉⲃⲟⲗ ⲉⲧ ⲧⲃⲃⲏⲩ.

Vos autem, Christiani, intelligitis ex sancta scriptura et revelatione.

Gemäss der in Aegypten noch stattfindenden, in Hellas aber bereits theilweise überwundenen Identificirung des Reinen und Heiligen, stehen ⲧⲟⲩⲃⲉ, ⲧⲟⲩⲃⲟ, ⲧⲟⲩⲃⲏⲟⲩⲧ sowohl für *καθαρίζω* reinigen, als für *ἁγίαζω* heiligen, als auch für die im Griechischen noch nicht ganz verschwundene Vereinigung beider, *ἁγνίζω* reinigen = heiligen. *καθαρίζω* wird durch den Stamm des ⲧⲟⲩⲃⲉ, *ἁγιάζω* durch seinen zu ⲟ gesteigerten Charaktervocal, *ἁγνίζω* durch Stamm- und Charactervocal zusammen wieder gegeben. So stark wurde die Verschmelzung beider Begriffe in dem Worte gefühlt, dass für nicht wenige Sätze, in denen Griechisch *καθαρίζω* und *ἁγιάζω* nebeneinander vorkommen, koptisch beidemal ⲧⲟⲩⲃⲟ gesagt wird:

Eph. 5, 25—26. ⲛⲓ ⲣⲱⲙⲓ ⲁⲣⲓ ⲁⲅⲁⲡⲁⲛ ⲛ ⲛⲉⲧⲉⲛ ϩⲓⲟⲙⲓ ⲕⲁⲧⲁ ⲫ ⲣⲏϯ ⲉⲧ ⲁ ⲡ ⲭⲣⲓⲥⲧⲟⲥ ⲉⲣ ⲁⲅⲁⲡⲁⲛ ⲛ ϯ ⲉⲕⲕⲗⲏⲥⲓⲁ ⲟⲩⲟϩ ⲁϥ ⲧⲏⲓϥ ⲉϩⲣⲏⲓ ⲉϫⲱⲥ ϩⲓⲛⲁ ⲛⲧⲉϥ ⲧⲟⲩⲃⲟⲥ ⲉ ⲁϥ ⲧⲟⲩⲃⲟⲥ ϧⲉⲛ ⲡⲓ ⲱⲙⲥ ⲛⲧⲉ ⲛⲓ ⲙⲱⲟⲩ ⲛϩⲣⲏⲓ ϧⲉⲛ ⲡ ⲥⲁϫⲓ.

Οἱ ἄνδρες, ἀγαπᾶτε τὰς γυναῖκας, καθὼς καὶ ὁ Χριστὸς ἠγάπησεν τὴν ἐκκλησίαν καὶ ἑαυτὸν παρέδωκεν ὑπὲρ αὐτῆς, ἵνα αὐτὴν ἁγιάσῃ καθαρίσας τῷ λουτρῷ τοῦ ὕδατος ἐν ῥήματι.

Exodus 29, 36. ⲟⲩⲟϩ ⲡⲓ ⲙⲁⲥⲓ ⲉ ϣⲁⲩ ⲉⲛⲉϥ ⲉϫⲉⲛ ⲫ ⲛⲟⲃⲓ ⲉⲛⲉ ⲑⲁⲙⲓⲟϥ ϧⲉⲛ ⲡⲓ ⲉϩⲟⲟⲩ ⲛⲧⲉ ⲡⲓ ⲧⲟⲩⲃⲟ ⲟⲩⲟϩ ⲉⲛⲉ ⲧⲟⲩⲃⲟ ⲙ ⲡⲓ ⲙⲁ ⲛ ⲉⲣ ϣⲱⲟⲩϣⲓ ϧⲉⲛ ⲡ ϫⲓⲛ ⲑⲣⲉⲕ ⲧⲟⲩⲃⲟ ϩⲓϫⲱϥ ⲟⲩⲟϩ ⲉⲛⲉ ⲑⲁϩⲥⲉϥ ϩⲱⲥⲇⲉ ⲉ ⲧⲟⲩⲃⲟϥ.

Καὶ τὸ μοσχάριον τῆς ἁμαρτίας ποιήσεις τῇ ἡμέρᾳ τοῦ καθαρισμοῦ. καὶ καθαριεῖς τὸ θυσιαστήριον ἐν τῷ ἁγιάζειν σε ἐπ' αὐτῷ. καὶ χρίσεις αὐτὸ ὥστε ἁγιάσαι αὐτό.

Matth. 8, 3. ⲟⲩⲟϩ ⲉⲧ ⲁϥ ⲥⲟⲩⲧⲉⲛ ⲧⲉϥ ϫⲓϫ ⲉⲃⲟⲗ ⲁϥ

ϭⲓ ⲛⲉⲙⲁϥ ⲉϥ ϫⲱ ⲙⲙⲟⲥ ϫⲉ ϯ ⲟⲩⲱϣ ⲙⲁ ⲧⲟⲩⲃⲟ ⲟⲩⲟϩ ⲥⲁⲧⲟⲧϥ ⲁϥ ⲧⲟⲩⲃⲟ ⲛϫⲉ ⲡⲉϥ ⲥⲉϩⲧ.

Καὶ ἐκτείνας τὴν χεῖρα ἥψατο αὐτοῦ λέγων Θέλω, καθαρίσθητι· καὶ εὐθέως ἐκαθαρίσθη αὐτοῦ ἡ λέπρα.

Ebenso vertritt unser Wort *καθαρός*, *ἅγιος*, *ἁγνός*, und, dem Vollendungsbegriff des ⲧⲟⲩⲃⲏⲟⲩⲧ zufolge, sogar *ὅσιος*, *ἄμωμος*, *ἀθῶος*, *εἰλικρινής* und einigemal selbst *δίκαιος*. Arabisch heisst es mit Vorliebe dafür طَهُر, dessen theologische Bedeutung der des ⲟⲩⲁⲃ und ⲧⲟⲩⲃⲟ trefflich entspricht.

Hieroglyphisch lautet unser Verb, der alten 𓋴 Causativbildung gemäss, *se-uab* (Brugsch, Hieroglyphengrammatik § 118), und ist schon häufig in dem entwickelten Sinne des ⲧⲟⲩⲃⲟ zu lesen:

Se-uab ḥā-uk em usex-t šuu
Tu es purifié dans la salle du Dieu Su

(Šai en sinsin, ou Livre des souffles. Rouget, Chrestomathie II 55).

Zahlreiche, aber der Sichtung bedürftige Beispiele von causalivem 𓋴, ⲥ, ϣ bei Ancessi Etude de grammaire comparée sur le S causatif et le Thème N. Paris 1873. pag. 75 ff.

ⲡⲓ ⲧⲟⲩⲃⲟ.

Am auffallendsten tritt die umfassende Bedeutung des ⲧⲟⲩⲃⲟ als ⲡⲓ ⲧⲟⲩⲃⲟ hervor, weil die Zahl und Nüancirung der entsprechenden griechischen Substantiva, die es in dieser Form vertritt, grösser und reicher ist, als die der Verba und Adjectiva. *καθαριότης* Reinlichkeit; *καθαρότης* sinnliche und sittliche Reinheit; *καθαρισμός* sinnlich-sittliche Reinigung und Reinheit; *ἁγνότης* sittlich-sinnliche Reinheit; *ἁγιότης* innere, äusserlich anerkannte Heiligkeit, Geweihtheit; *ἁγιασμός* innere, äusserlich anerkannte Heiligung; *ἁγιωσύνη* innere Weihe der Empfindung; *ἁγίασμα* geweihter Ort; *ὁσιότης* Heiligkeit der Gesinnung und Gottesfurcht; *εἰλικρινεία* Aufrichtigkeit — alle werden, entweder ausschliesslich oder neben anderen Worten, durch ⲡⲓ ⲧⲟⲩⲃⲟ vertreten.

Nach dem bereits Erwiesenen können wir uns hier mit einigen wenigen Beispielen begnügen:

καθαριότης:

Psalm 17, 21. ⲛⲉⲙ ⲕⲁⲧⲁ ⲡ ⲧⲟⲩⲃⲟ ⲛⲧⲉ ⲛⲁ ϫⲓϫ ⲉϥⲉ ϯ ⲛⲏⲓ ⲛ ⲧⲟⲩ ϣⲉⲃⲓⲟ.

Καὶ ἀνταποδώσει μοι κύριος κατὰ τὴν δικαιοσύνην μου, καὶ κατὰ τὴν καθαριότητα τῶν χειρῶν μου ἀνταποδώσει μοι.

καθαρότης:

Hebr. 9, 13, 14. ⲓⲥϫⲉ ⲅⲁⲣ ⲡ ⲥⲛⲟϥ ⲛⲧⲉ ϩⲁⲛ ⲃⲁⲣⲏⲓⲧ ⲛⲉⲙ ϩⲁⲛ ⲙⲁⲥⲓ ⲛⲉⲙ ⲟⲩ ⲕⲉⲣⲙⲓ ⲛⲧⲉ ⲟⲩ ⲃⲁϩⲥⲓ ⲉϥ ⲛⲟϫϫ ⲉϫⲉⲛ ⲛⲏ ⲉⲧ ϭⲁϩⲉⲙ ϣⲁϥ ⲧⲟⲩⲃⲟ ⲉ ⲛ ⲧⲟⲩⲃⲟ ⲛⲧⲉ ϯ ⲥⲁⲣⲝ. ⲓⲉ ⲁⲩ ⲛⲣ ⲙⲁⲗⲗⲟⲛ ⲡⲉ ⲡ ⲥⲛⲟϥ ⲙ ⲡ ⲭⲣⲓⲥⲧⲟⲥ ⲫⲁⲓ ⲉⲧⲉ ⲉⲃⲟⲗ ϩⲓⲧⲉⲛ ⲟⲩ ⲡⲛⲉⲩⲙⲁ ⲉϥ ⲟⲩⲁⲃ ⲁϥ ⲉⲛϥ ⲉϩⲟⲩⲛ ⲉϥ ⲧⲟⲩⲃⲛⲟⲩⲧ ⲙ ⲫ ⲛⲟⲩϯ ϥⲛⲁ ⲧⲟⲩⲃⲟ ⲛ ⲧⲉⲛ ⲥⲩⲛⲏⲇⲏⲥⲓⲥ ⲉⲃⲟⲗϩⲁ ϩⲁⲛ ϩⲃⲏⲟⲩⲓ ⲉⲧ ⲙⲱⲟⲩⲧ.

Εἰ γὰρ τὸ αἷμα τράγων καὶ ταύρων καὶ σποδὸς δαμάλεως ῥαντίζουσα τοὺς κεκοινωμένους ἁγιάζει πρὸς τὴν τῆς σαρκὸς καθαρότητα, πόσῳ μᾶλλον τὸ αἷμα τοῦ Χριστοῦ, ὃς διὰ πνεύματος αἰωνίου ἑαυτὸν προσήνεγκεν ἄμωμον τῷ θεῷ, καθαριεῖ τὴν συνείδησιν ἡμῶν ἀπὸ νεκρῶν ἔργων εἰς τὸ λατρεύειν θεῷ.

καθαρισμός:

Sinnlich:

Lucas 2, 22. ⲟⲩⲟϩ ⲉⲧ ⲁ ⲛⲓ ⲉϩⲟⲟⲩ ⲙⲟϩ ⲉⲃⲟⲗ ⲛⲧⲉ ⲡⲟⲩ ⲧⲟⲩⲃⲟ ⲕⲁⲧⲁ ⲡⲓ ⲛⲟⲙⲟⲥ ⲛⲧⲉ ⲙⲱⲩⲥⲏⲥ.

Καὶ ὅτε ἐπλήσθησαν αἱ ἡμέραι τοῦ καθαρισμοῦ αὐτῶν, κατὰ τὸν νόμον Μωυσέως, ἀνήγαγον αὐτὸν εἰς Ἱεροσόλυμα παραστῆσαι τῷ κυρίῳ.

Sittlich:

Psalm 88, 45. ⲁⲕ ϯ ⲟⲩⲱ ⲙⲙⲟϥ ⲉⲃⲟⲗϧⲉⲛ ⲟⲩ ⲧⲟⲩⲃⲟ ⲟⲩⲟϩ ⲁⲕ ⲫⲱⲛϫ ⲙ ⲡⲉϥ ⲑⲣⲟⲛⲟⲥ ϩⲓϫⲉⲛ ⲡⲓ ⲕⲁϩⲓ.

Κατέλυσας ἀπὸ καθαρισμοῦ αὐτόν, τὸν θρόνον αὐτοῦ εἰς τὴν γῆν κατέῤῥαξας.

Sinnlich — sittlich:

Moyses Archimandrita de puritate corporis et cordis Z. 532. ⲁ ⲡⲉⲛ ⲉⲓⲱⲧ ⲁⲡⲁ ϣⲉⲛⲟⲩⲧⲉ ϫⲟⲟⲥ ϫⲉ ϩⲁϩ ⲛⲉⲧ ⲟⲩ ⲛⲁ ϭⲛ ⲛⲉⲩ ⲧⲃⲃⲟ ⲉϥ ⲟ ⲛⲟⲉ ⲛ ⲧ ϩⲟⲉⲓⲗⲉ ⲙⲛ ⲧ ⲃⲗϫⲉ.

Pater noster Abbas Schenute dixit: Multi sunt qui purificationem suam quasi lutum ac stercus esse percipient.

ἁγνότης:

2 Cor. 6, 4—6. ⲁⲗⲗⲁ ϧⲉⲛ ϩⲱⲃ ⲛⲓⲃⲉⲛ ⲉⲛ ⲧⲁϩⲟ ⲙⲙⲟⲛ ⲉⲣⲁⲧⲉⲛ ϩⲱⲥ ϩⲁⲛ ⲇⲓⲁⲕⲱⲛ ⲛⲧⲉ ⲫ ⲛⲟⲩϯ ϧⲉⲛ ⲟⲩ ⲧⲟⲩⲃⲟ

ἀλλ᾽ ἐν παντὶ συνιστάντες ἑαυτοὺς ὡς θεοῦ διάκονοι ἐν ἁγνότητι.

Sermo de tentatione Diaboli Z. 287. ⲡⲉϫⲉ ⲡ ⲣ̅ⲣⲟ ϫⲉ
ⲛⲧⲁⲓ ⲧⲏⲙⲟⲟⲩ ⲛⲥⲁ ⲧⲉⲕ ⲙⲛⲧⲡⲉⲧⲟⲩⲁⲃ ⲉⲧⲃⲉ ⲡⲁⲓ ϩⲱⲃ.

Dixit rex (episcopo) Arcessivi tuam sanctitatem propter
hanc rem.

Tuki Theotokia ⲡ̅ⲡ̅ ⲛⲓ ⲡⲁⲣⲑⲉⲛⲟⲥ ⲧⲏⲣⲟⲩ ⲙⲉⲛⲣⲉ ⲡⲓ
ⲧⲟⲩⲃⲟ ϩⲓⲛⲁ ⲛⲧⲉⲧⲉⲛ ϣⲱⲡⲓ ⲛ ϣⲉⲣⲓ ⲛ ⲑⲏ ⲉⲟ ⲟⲩⲁⲃ
ⲙⲁⲣⲓⲁ

حبوا الشبارة

O virgines omnes amate puritatem ut sitis filiae purae
Mariae.

Tuki Theotokia ϥ̅ ⲡ ⲧⲁϫⲣⲟ ⲙ ⲡⲉⲛ ⲧⲟⲩⲃⲟ
confirmatio nostrae puritatis.

ἁγιότης:

2 Col. 1, 12. ⲡⲉⲛ ϣⲟⲩϣⲟⲩ ⲅⲁⲣ ⲫⲁⲓ ⲡⲉ † ⲙⲉⲧⲙⲉⲑⲣⲉ
ⲛⲧⲉ ⲧⲉⲛ ⲥⲩⲛⲏⲁⲛⲉⲓⲥ ϫⲉ ⲛϧⲣⲏⲓ ϧⲉⲛ ⲟⲩ ⲧⲟⲩⲃⲟ ⲛⲉⲙ ⲟⲩ
ⲙⲉⲑⲙⲏⲓ ⲛⲧⲉ ⲫ ⲛⲟⲩ†, ϧⲉⲛ ⲟⲩ ⲥⲃⲱ ⲛ ⲥⲁⲣⲕⲓⲕⲏ ⲁⲛ, ⲁⲗⲗⲁ
ϧⲉⲛ ⲟⲩ ϩⲙⲟⲧ ⲛⲧⲉ ⲫ ⲛⲟⲩ† ⲁⲛ ⲙⲟϣⲓ ϧⲉⲛ ⲡⲓ ⲕⲟⲥⲙⲟⲥ.

Ἡ γὰρ καύχησις ἡμῶν αὕτη, ἐξίν, τὸ μαρτύριον τῆς
συνειδήσεως ἡμῶν ὅτι ἐν ἁγιότητι καὶ εἰλικρινίᾳ τοῦ
θεοῦ, οὐκ ἐν σοφίᾳ σαρκικῇ ἀλλ. ἐν χάριτι θεοῦ ἀνεστρά-
φημεν ἐν τῷ κόσμῳ.

ἁγιασμός:

Rom 6, 19. ⲙ ⲫ ⲣⲏ† ⲅⲁⲣ ⲉⲧ ⲁⲣⲉⲧⲉⲛ ⲧⲁϩⲉ ⲛⲉⲧⲉⲛ
ⲙⲉⲗⲟⲥ ⲙ ⲃⲱⲕ ⲙ ⲡ ϭⲱϧⲉⲙ ⲛⲉⲙ † ⲁⲛⲟⲙⲓⲁ ⲉϧⲣⲏⲓ ⲉ
† ⲁⲛⲟⲙⲓⲁ, ⲡⲁⲓ ⲣⲏ† ⲟⲛ † ⲛⲟⲩ ⲙⲁ ⲧⲁϩⲉ ⲛⲉⲧⲉⲛ ⲙⲉⲗⲟⲥ
ⲙ ⲃⲱⲕ ⲛ † ⲙⲉⲑⲙⲏⲓ ⲉϧⲣⲏⲓ ⲉ ⲡ ⲧⲟⲩⲃⲟ.

ὥσπερ γὰρ παρεστήσατε τὰ μέλη ὑμῶν δοῦλα τῇ ἀκα-
θαρσίᾳ καὶ τῇ ἀνομίᾳ εἰς τὴν ἀνομίαν, οὕτως νῦν παραστή-
σατε τὰ μέλη ὑμῶν δοῦλα τῇ δικαιοσύνῃ, εἰς ἁγιασμόν.

ἁγιωσύνη:

2 Cor. 7, 1. ⲉ ⲟⲩⲟⲛⲧⲁⲛ ⲟⲩⲛ ⲙⲙⲁⲩ ⲛ ⲛⲁⲓ ⲱϣ ⲛⲁ
ⲙⲉⲛⲣⲁ† ⲙⲁⲣⲉⲛ ⲧⲟⲩⲃⲟⲛ ⲉⲃⲟⲗϩⲁ ⲑⲱⲗⲉⲃ ⲛⲓⲃⲉⲛ ⲛⲧⲉ ⲧ
ⲥⲁⲣⲝ ⲛⲉⲙ ⲡⲓ ⲡⲛⲉⲩⲙⲁ ⲉⲛ ϫⲱⲕ ⲙ ⲡⲓ ⲧⲟⲩⲃⲟ ⲉⲃⲟⲗϧⲉⲛ
† ϩⲟ† ⲛⲧⲉ ⲫ ⲛⲟⲩ†.

Ταύτας οὖν ἔχοντες τὰς ἐπαγγελίας, ἀγαπητοὶ καθαρί-

σωμεν ἑαυτοὺς ἀπὸ παντὸς μολυσμοῦ σαρκὸς καὶ πνεύματος ἐπιτελοῦντες ἁγιωσύνην ἐν φόβῳ θεοῦ.

ἁγίασμα:

Exodus 29, 34. ⲟⲩ ⲧⲟⲩⲃⲟ ⲅⲁⲣ ⲡⲉ.

Ἐὰν δὲ καταλειφθῇ ἀπὸ τῶν κρεῶν τῆς θυσίας τῆς τελειώσεως καὶ τῶν ἄρτων ἕως πρωΐ κατακαύσεις τὰ λοιπὰ πυρί. οὐ βρωθήσεται. ἁγίασμα γάρ ἐστι.

Psalm 113, 1—2. ⲁ ϯ ⲓⲟⲩⲇⲉⲁ ϣⲱⲡⲓ ⲛⲁϥ ⲉⲩ ⲙⲁ ⲛ ⲧⲟⲩⲃⲟ ⲛ ⲓⲥⲣⲁⲏⲗ ⲡⲉ ⲛⲉϥ ⲉⲣϣⲓϣⲓ.

Ἐν ἐξόδῳ Ἰσραὴλ ἐξ Αἰγύπτου, οἴκου Ἰακὼβ ἐκ λαοῦ βαρβάρου, ἐγενήθη Ἰουδαία ἁγίασμα αὐτοῦ, Ἰσραὴλ ἐξουσία αὐτοῦ.

ὁσιότης:

Eph. 4, 24. ⲟⲩⲟϩ ⲛⲧⲉⲧⲉⲛ ϩⲓ ⲑⲏⲛⲟⲩ ⲙ ⲡⲓ ⲣⲱⲙⲓ ⲙ ⲃⲉⲣⲓ ⲫⲏ ⲉⲧ ⲁⲩ ⲥⲟⲛⲧϥ ⲕⲁⲧⲁ ⲫ ⲛⲟⲩϯ ϧⲉⲛ ⲟⲩ ⲙⲉⲑⲙⲏⲓ ⲛⲉⲙ ⲟⲩ ⲧⲟⲩⲃⲟ ⲛⲧⲉ ⲑⲙⲏⲓ

καὶ ἐνδύσασθαι τὸν καινὸν ἄνθρωπον τὸν κατὰ θεὸν κτισθέντα ἐν δικαιοσύνῃ καὶ ὁσιότητι τῆς ἀληθείας.

Tuki Euchologium ⲉ̄ ϥ ⲉⲣ ϣⲁⲩ ⲙ ⲡⲉⲕ ⲏⲓ ⲛϫⲉ ⲡⲓ ⲧⲟⲩⲃⲟ ⲡ ⲟ̅ⲥ̅

Tuam domum decet sanctitas domine

لبيتك ينبغى التقديس يا رب

Psalm 92. 7. Das griechische Original hat *ἁγίασμα*; die arabische Uebersetzung versteht *ὁσιότης*.

εἰλικρινεία, sittliche Reinheit und Aufrichtigkeit, ohne vorhergegangenen religiösen Läuterungsprocess:

1. Cor. 5. 8. ϩⲱⲥⲧⲉ ⲙⲁⲣⲉⲛ ⲉⲣ ϣⲁⲓ ϧⲉⲛ ⲟⲩ ϣⲉⲙⲏⲣ ⲛ ⲁⲡⲁⲥ ⲁⲛ, ⲟⲩⲇⲉ ϧⲉⲛ ⲟⲩ ϣⲉⲙⲏⲣ ⲛ ⲕⲁⲕⲓⲁ ⲁⲛ ⲛⲉⲙ ⲡⲟⲛⲏⲣⲓⲁ, ⲁⲗⲗⲁ ϧⲉⲛ ϩⲁⲛ ⲙⲉⲧⲁⲧϣⲉⲙⲏⲣ ⲛⲧⲉ ⲟⲩ ⲧⲟⲩⲃⲟ ⲛⲉⲙ ⲟⲩ ⲙⲉⲑⲙⲏⲓ

ὥστε ἑορτάζωμεν μὴ ἐν ζύμῃ παλαιᾷ μηδὲ ἐν ζύμῃ κακίας καὶ πονηρίας, ἀλλ᾽ ἐν ἀζύμοις εἰλικρινείας καὶ ἀληθείας.

2. Cor. 2. 17. ⲛ ⲁⲛⲟⲛ ⲅⲁⲣ ⲁⲛ ⲙ ⲫ ⲣⲏϯ ⲛⲟⲩ ⲙⲏϣ ⲉⲩⲉⲣ ⲓⲉⲃ ϣⲟⲧ ⲙ ⲡ ⲥⲁϫⲓ ⲙ ⲫ ⲛⲟⲩϯ, ⲁⲗⲗⲁ ϩⲱⲥ ⲉⲃⲟⲗ-

ϧⲉⲛ ⲟⲩ ⲧⲟⲩⲃⲟ, ⲁⲗⲗⲁ ϩⲱⲥ ⲉⲃⲟⲗϧⲉⲛ ⲫ ⲛⲟⲩϯ ⲙ ⲡ ⲉⲙⲑⲟ ⲙ ⲫ ⲛⲟⲩϯ ϧⲉⲛ ⲡ ⲭⲣⲓⲥⲧⲟⲥ ⲧⲉⲛⲥⲁϫⲓ.

οὐ γάρ ἐσμεν ὡς οἱ πολλοὶ καπηλεύοντες τὸν λόγον τοῦ θεοῦ, ἀλλ᾽ ὡς ἐξ εἰλικρινείας, ἀλλ᾽ ὡς ἐκ θεοῦ κατενώπιον τοῦ θεοῦ ἐν Χριστῷ λαλοῦμεν.

Nehmen wir dazu, dass ⲧⲟⲩⲃⲟ adjectivisch sogar einmal für *δίκαιος* steht, so ergiebt sich eine Kette von eilf zusammenhängenden, aber verschiedenen Bedeutungen, welche von der blos äusseren Reinlichkeit ausgehend zu der im religiösen Sinn erzielten körperlichen Reinigung und Reine fortschreitet, die innere, seelische, religiöse Läuterung erreicht, in der Weihe culminirt, und sodann von dem, der ganzen Reihe zu Grunde liegenden Begriff der Läuterung und Reinigung absehend, sich zu dem natürlichen und angeborenen Adel einer aufrichtigen und rechtschaffenen Seele erhebt. So sehr war die körperliche Reinheit ursprünglich religiöse Pflicht, und so sehr blieb sie es im Laufe der Zeit, gegenüber der seelischen Reine, dass sie das ganze Gebiet der Sittlichkeit mit ihrem einen Namen erfüllte.

ⲁⲅⲓⲟⲥ.

Die Bibelübersetzung kennt ⲁⲅⲓⲟⲥ kaum. In ihren wenigen Beispielen findet sich der erste Gebrauch des Wortes einerseits für mystisch Unverständliches, welches in den Bedeutungen des einheimischen, wohlverstandenen ⲟⲩⲁⲃ kein Aequivalent zu haben schien,

Daniel 4, 10. ⲛⲁⲓ ⲛⲁⲩ ⲡⲉ ϧⲉⲛ ⲟⲩ ϩⲟⲣⲟⲙⲁ ⲛⲧⲉ ⲛⲓ ⲉϫⲱⲣϩ ϩⲓϫⲉⲛ ⲛⲁ ⲙⲁ ⲛ ⲉⲛⲕⲟⲧ ϩⲏⲡⲡⲉ ⲓⲉ ⲟⲩ ⲏⲣ ⲟⲩⲟϩ ⲁⲅⲓⲟⲛ ⲁϥ ⲓ ⲉⲃⲟⲗϧⲉⲛ ⲧ ⲫⲉ.

Ἐθεώρουν ἐν ὁράματι τῆς νυκτὸς ἐπὶ τῆς κοίτης μου, καὶ ἰδοὺ εἶρ, καὶ ἅγιος ἀπ᾽ οὐρανοῦ κατέβη.

Daniel 8, 14. ϥⲛⲁ ⲧⲟⲩⲃⲟ ⲛϫⲉ ⲛⲓ ⲁⲅⲓⲟⲛ.

Καὶ εἶπεν αὐτῷ. ἕως ἑσπέρας καὶ πρωΐ ἡμέραι δισχίλιαι καὶ τετρακόσιαι, καὶ καθαρισθήσεται τὸ ἅγιον.

andererseits als rein stylistischer Schmuck, wie Fremdwörter, die man ägyptisch wiederzugeben vermochte, und oft auch wiedergab, ihn gelegentlich liefern mussten:

Die Heiligen Gottes:

I Corinth. 6, 1. ⲟⲩⲟⲛ ⲟⲩⲁⲓ ⲛⲁ ⲉⲣ ⲧⲟⲗⲙⲁⲛ ϧⲉⲛ ⲑⲏⲛⲟⲩ ⲉ ⲟⲩⲟⲛⲧⲉϥ ⲛ ⲟⲩ ϩⲱⲃ ⲟⲩⲧⲱϥ ⲛⲉⲙ ⲡⲉϥ ϣⲫⲏⲣ ⲉ ϭⲓ ϩⲁⲡ ϩⲓ ⲛⲓ ⲣⲉϥϭⲓ ⲛ ϫⲟⲛⲥ ⲟⲩⲟϩ ϩⲓ ⲛⲓ ⲁⲅⲓⲟⲥ ⲁⲛ.

Τολμᾷ τις ὑμῶν πρᾶγμα ἔχων πρὸς τὸν ἕτερον κρίνεσθαι ἐπὶ τῶν ἀδίκων καὶ οὐχὶ ἐπὶ τῶν ἁγίων;

Ephes 5, 3. ϯ ⲡⲟⲣⲛⲓⲁ ⲇⲉ ⲛⲉⲙ ϭⲱϫⲉⲙ ⲛⲓⲃⲉⲛ ⲓⲉ ⲟⲩ ⲙⲉⲧⲣⲉϥϭⲓ ⲛ ϫⲟⲛⲥ ⲙⲡⲉⲛ ⲑⲣⲟⲩ ϫⲉ ⲡⲉⲥ ⲣⲁⲛ ϧⲉⲛ ⲑⲏⲛⲟⲩ ⲕⲁⲧⲁ ⲫ ⲣⲏϯ ⲉⲧ ⲥ ⲉⲙⲡϣⲁ ⲛ ⲛⲓ ⲁⲅⲓⲟⲥ.

Πορνεία δὲ καὶ ἀκαθαρσία πᾶσα ἢ πλεονεξία μηδὲ ὀνομαζέσθω ἐν ὑμῖν, καθὼς πρέπει ἁγίοις.

Heilige Brüder in Gott:

Hebr. 3, 1—2. ⲉⲑⲃⲉ ⲫⲁⲓ ⲛⲁ ⲥⲛⲏⲟⲩ ⲛ ⲁⲅⲓⲟⲥ ⲟⲩⲟϩ ⲛ ϣⲫⲏⲣ ⲛⲧⲉ ⲛⲓ ⲑⲱϩⲉⲙ ⲛⲧⲉ ⲧ ⲫⲉ ⲙⲁ ⲓⲁⲧⲉⲛ ⲑⲏⲛⲟⲩ ⲙ ⲡⲓ ⲁⲡⲟⲥⲧⲟⲗⲟⲥ ⲟⲩⲟϩ ⲛ ⲁⲣⲭⲓⲉⲣⲉⲩⲥ ⲛⲧⲉ ⲡⲉⲛ ⲟⲩⲱⲛϩ ⲉⲃⲟⲗ ⲓⲏⲥⲟⲩⲥ.

Ὅθεν, ἀδελφοὶ ἅγιοι, κλήσεως ἐπουρανίου μέτοχοι, κατανοήσατε τὸν ἀπόστολον καὶ ἀρχιερέα τῆς ὁμολογίας ἡμῶν Ἰησοῦν, πιστὸν ὄντα τῷ ποιήσαντι αὐτόν, ὡς καὶ Μωυσῆς ἐν τῷ οἴκῳ αὐτοῦ.

All das hätte ⲟⲩⲁⲃ auch übersetzen können. So ist denn ⲁⲅⲓⲟⲥ, wie andere Fremdworte auch, allerdings durch eine Lücke in die Sprache geschlüpft, nur dass die Lücke diesmal nicht durch einen, dem Aegyptischen mangelnden Gedanken, sondern vielmehr durch die Abneigung veranlasst worden ist, für einen unverständlichen griechischen Text ein verständliches ägyptisches Wort zu setzen. Gleichzeitig, oder bald darauf, hat sich ⲁⲅⲓⲟⲥ, durch seinen mystischen Gebrauch, sowie durch seine fremde Abkunft gehoben, auch in einigen anderen Fällen, in denen es wohl entbehrlich war, decorativ geltend zu machen gewusst.

Daraus erklärt sich sein späterer, viel häufigerer, aber engerer und besser definirter Gebrauch. Der Umstand, dass man für *ἅγιος*, wo der Text überhaupt fassbar war, immer ⲟⲩⲁⲃ sagen konnte, musste denjenigen Fällen, in denen man letzteres hätte sagen können, aber nicht sagte, sondern durch ⲁⲅⲓⲟⲥ ersetzte, schon in der Bibel eine besondere Weihe und Würde verleihen. Denn nun war ein Wort, welches, wo es nothwendigerweise eintrat, Mystisches bedeutete, für Verständliches verwendet, und das Verständliche somit in die höhere Sphäre des Himmlischen und Unverständlichen emporgezogen. Dieser Charakter des besonders Weihevollen aber, mit dem das Wort in die allgemeine Sprache überging, blieb ihm auch bei häufigerem Gebrauch durch die siegreiche Sicherheit erhalten, mit der das ihm völlig gewachsene ⲟⲩⲁⲃ sein Gebiet behauptete und dem Eindringen des Fremdlings wehrte. Somit ungemein weihevoll, aber keinen neuen Gedanken enthaltend, der ihm ein wirkliches Gebiet hätte erobern können, zog sich ⲁⲅⲓⲟⲥ auf die Vornehmheit zurück, die sein alleiniges Besitzthum war, und wurde Titulatur. Es ist der, die, das anerkannte Heilige, aber so gut wie niemals der, die, das Fromme.

Während ⲟⲩⲁⲃ ursprünglich eine Eigenschaft, und danach erst die Würde und Klasse derjenigen bezeichnete, die diese Eigenschaft am häufigsten besassen, ist ⲁⲅⲓⲟⲥ, sobald es einmal eingebürgert war, immer nur für die Bezeichnung der Würde, und was damit zusammenhängt, verwendet worden. Und zwar nur für die vornehmsten Titel, die den hauptsächlichsten heiligen Personen und Dingen allein zukommen. Da sie alle auch ⲟⲩⲁⲃ heissen können, letzteres aber jedem Geistlichen, dem des untersten Ranges nicht ausgenommen, zukömmt, so muss, wo ⲁⲅⲓⲟⲥ und ⲟⲩⲁⲃ zusammen auftreten, das erstere dem höheren Begriffe dienen. Man vergleiche:

Dreieinigkeit ⲁⲅⲓⲟⲥ, heiliger Geist ⲟⲩⲁⲃ÷

Tuki Rituale 36. ⲟⲩ ⲱⲟⲩ ⲛⲉⲙ ⲟⲩ ⲧⲁⲓⲟ ⲟⲩ ⲧⲁⲓⲟ ⲛⲉⲙ ⲟⲩ ⲱⲟⲩ ⲛ ϯ ⲁⲅⲓⲁ ⲛ ⲧⲣⲓⲁⲥ ⲫ ⲓⲱⲧ ⲛⲉⲙ ⲡ ϣⲏⲣⲓ ⲛⲉⲙ ⲡⲓ ⲡ̅ⲛ̅ⲁ̅ ⲉⲑⲟ̅ⲩ̅ ϯⲛⲟⲩ

مجدا وكرامة كرامة ومجد للثالوث المقدس الاب والابن والروح
القدس الان

Gloria et honor, honor et gloria sanctae trinitati, patri tilio et spiritui sancto hoc tempore.

Kirche ⲁⲅⲓⲟⲥ, Priester ⲟⲩⲁⲃ:

Acta Sancti Martyris Isaaci (Georgi XLII). ϧⲉⲛ ⲫ ⲣⲁⲛ ⲛ ϥ ⲓⲱⲧ ⲛⲉⲙ ⲡ ϣⲏⲣⲓ ⲛⲉⲙ ⲡⲓ ⲡ̅ⲛ̅ⲁ̅ ⲉⲑ ⲟⲩⲁⲃ, ⲁϥ ϣⲱⲡⲓ ⲛϫⲉ ⲡⲁⲓ ⲁⲅⲁⲑⲟⲛ ⲛ ϣⲉⲛⲉⲣⲫⲙⲉⲩⲓ ⲛⲧⲉ ⲡⲁⲓ ⲕⲟⲩϫⲓ ⲛ ϫⲱⲙ . . . . . ⲁϥ ⲧⲏⲛϥ ⲉϧⲟⲩⲛ ⲉ ϯ ⲁⲅⲓⲁ ⲛ ⲉⲕⲕⲗⲏⲥⲓⲁ ⲛⲧⲉ ⲡⲉⲛ ⲓⲱⲧ ⲉⲑ ⲟⲩⲁⲃ ⲁⲃⲃⲁ ⲙⲁⲕⲁⲣⲓ.

In nomine Patris, Filii et Spiritus Sancti. Factum est hoc bonum exemplar istius parvi libelli . . . . . illatumque est in sanctam ecclesiam S. P. N. Abbatis Macarii. (Spät, 925 nach Christus).

Die Person des Heiligen ⲁⲅⲓⲟⲥ, der Titel ⲟⲩⲁⲃ:

Tuki Rituale 75. ϯ ⲑⲉⲟⲧⲟⲕⲟⲥ ⲉⲑ ⲟⲩⲁⲃ ϯ ⲁⲅⲓⲁ ⲙⲁⲣⲓⲁ

Sancta deipara pura Maria.

السيدة الالة القديسة مريم الطاهرة

Acta S. Schenutii (Zoeg. 35). ⲉⲓ ⲥϧⲁⲓ ⲉⲣⲁⲧⲕ ⲱ ⲡⲓ ⲁⲅⲓⲟⲥ ⲁⲡⲁ ϣⲉⲛⲟⲩϯ, ⲫ ⲣⲱⲙⲓ ⲙ ⲫϯ ϧⲉⲛ ⲟⲩ ⲙⲉⲑⲙⲏⲓ. ϯ ⲟⲩⲱϣⲧ ⲉⲣⲟⲕ ⲱ ⲡⲁ ⲓⲱⲧ ⲉⲑ ⲟⲩⲁⲃ, ⲟⲩⲟϩ ϯ ϯϩⲟ ⲉⲣⲟⲕ etc.

Scribo tibi, sancta apa Schenuti, qui es vir dei in veritate. Adoro te, mi pater sanctissime, et rogo te ut etc.

Encomium Macarii (Zoeg. 102). ⲁⲩ ϥⲁⲓ ⲙⲙⲟϥ ⲁⲩ ⲟⲗϥ ⲉ ⲡⲓ ⲙⲁⲣⲧⲩⲣⲓⲟⲛ ⲛⲧⲉ ⲡⲓ ⲁⲅⲓⲟⲥ ⲓⲱⲁⲛⲛⲏⲥ ⲡⲓ ⲣⲉϥϯⲱⲙⲥ ⲛⲉⲙ ⲉⲗⲓⲥⲉⲟⲥ ⲡⲓ ⲡⲣⲟⲫⲏⲧⲏⲥ, ⲁⲩ ⲭⲁϥ ⲉϫⲉⲛ ϯ ⲧⲁⲓⲃⲓ ⲛⲧⲉ ⲛⲏ ⲉⲑ ⲟⲩⲁⲃ

corpus ejus sublatum portaverunt ad oratorium S. Johannis Baptistae et Elisaei prophetae, et posuerunt super arcam horum sanctorum.

Dagegen sind Beispiele, in denen das ⲁⲅⲓⲟⲥ auch auf die innerliche Gesinnung geht, und sowohl fromm als recipirt heilig besagt, ungemein seltene Ausnahmen:

Tuki Rituale 243. ⲙⲟⲓ ⲛⲁⲛ ⲛ ⲟⲩ ⲙⲁ ⲛ ϣⲱⲡⲓ ⲛⲉⲙ ⲛⲉⲕ ⲁⲅⲓⲟⲥ ϧⲉⲛ ⲓⲉⲣⲟⲩⲥⲁⲗⲏⲙ ⲛⲧⲉ ⲧ ⲫⲉ

مع قديسيك

Allein «fromm« besagt es nie.

Nachdem wir somit sowohl die Höhe, als die Enge des Begriffs skizzirt haben, gehen wir zu den Belegen über:

»Der Heilige« als Titel, zumal »der grosse Heilige«:

Encomia S. Moysis Abbatis (Zoeg. 43). ⲁⲓ ϫⲓⲙⲓ ⲛ ⲟⲩ ⲛⲓϣϯ ⲛ ⲁⲅⲓⲟⲥ ϧⲉⲛ ⲡⲁⲓ ⲧⲱⲟⲩ ϫⲉ ⲁⲡⲁ ⲕⲟⲗⲟⲩⲑⲟⲥ ⲉ ⲡⲉϥ ϣⲗⲏⲗ ⲡⲉ ⲫⲁⲓ ⲛⲛⲁⲩ ⲛⲓⲃⲉⲛ ϫⲉ ⲡⲉⲕ ⲟⲩⲱϣ ⲫϯ ⲙⲁⲣⲉ ϣⲱⲡⲓ.

Inveni magnum sanctum in hoc monte, Apam Coluthum, cujus oratio quovis tempore haec erat: Domine fiat voluntas tua.

Serapionis Vita S. Antonii (Zg. 48). ⲁⲩ ⲟⲛϩⲟⲩ ⲉⲣⲟϥ ⲛϫⲉ ⲃ̄ ⲛ ⲁⲅⲓⲟⲥ.

Apparuerunt ei duo Sancti.

Zachariae Vita Johannis Kolubi (Z. 118). ⲟⲩⲟϩ ⲁⲩ ϫⲁϥ ⲟⲛ ϧⲁⲧⲉⲛ ϩⲁⲛ ⲕⲉ ⲁⲅⲓⲟⲥ

et posuerunt eum juxta alios sanctos ei similes.

Acta S. Martyris Epime (Georgi XLIII). ⲡⲉϫⲉ ⲡⲓ ⲁⲅⲓⲟⲥ ⲛⲁϥ. Dixit illi Sanctus.

Zachariae Vita Johannis Kolubi (Zg. 117). ⲡⲁⲓ ⲁⲅⲓⲟⲥ ⲉ ⲧⲉⲛ ⲉⲣ ϣⲁⲓ ⲛⲁϥ ⲙ ⲫⲟⲟⲩ.

Sanctus cujus festum hodie celebramus.

»Der Heilige« in Verbindung mit dem geistlichen Titel ⲁⲡⲁ:

Martyrium S. Epime (Georgi p. XXXIV) ⲁⲛⲟⲕ ⲡⲉ ⲓⲟⲩⲗⲓⲟⲥ ⲁⲓ ⲥϧⲁⲓ ⲛ ϩⲩⲡⲟⲙⲛⲏⲙⲁ ⲛⲧⲉ ⲡⲓ ⲁⲅⲓⲟⲥ ⲁⲡⲁ ⲉⲡⲓⲙⲉ

Ego Julius hunc commentarium scripsi de S. Abbate Epime.

Vita S. Macarii (Zg. 68). ⲡⲓ ⲁⲅⲓⲟⲥ ⲁⲃⲃⲁ ⲙⲁⲕⲁⲣⲓ.

Sanctus Abbas Macarius.

Martyrium S. Anub. ⲁϥ ⲓ ⲛϫⲉ ⲟⲩ ⲥⲡⲉⲕⲩⲗⲁⲧⲱⲣ ⲁϥ ⲱⲗⲓ ⲛ ⲟ ⲛⲁϩⲃⲓ ⲙ ⲡⲓ ⲁⲅⲓⲟⲥ ⲁⲡⲁ ⲁⲛⲟⲩⲃ ⲉⲃⲟⲗ ⲙⲙⲟϥ.

Venit speculator, cervicem abscindit sancto patri Anub.

Wie alle Apas auf diesen Titel standesgemässen Anspruch hatten, zeigt besonders lehrreich die folgende Stelle aus einem Todtengebetsformular, welches zwischen ⲁⲃⲃⲁ und ⲡⲓ ⲁⲅⲓⲟⲥ eine Lücke für den Namen des Verstorbenen lässt:

Tuki Rituale 265. ⲛⲉⲙ ⲓⲱⲧ ⲁⲃⲃⲁ (Name) ⲡⲓ ⲁⲅⲓⲟⲥ ⲫⲏ ⲉⲧ ⲁϥ ϫⲱ ⲛ ⲡⲓ ⲭⲣⲏⲙⲁ ⲧⲏⲣⲟⲩ ⲛⲧⲉ ⲫⲁⲓ ⲕⲟⲥⲙⲟⲥ ⲟⲩⲟϩ ⲁϥ ⲙⲟϣⲓ ⲛⲥⲁ ⲡ ⲭ̅ⲥ̅.

pater noster Abba (Name) qui reliquisti omnia hujus mundi negotia et profectus es ad Christum.

Der heilige Apostel:

Praedicatio Apostoli Philippi (Z. 228). ⲡ ⲁⲅⲓⲟⲥ ⲛ ⲁⲡⲟⲥⲧⲟⲗⲟⲥ ⲫⲓⲗⲓⲡⲡⲟⲥ.

Die heiligen Märtyrer:

Martyrium S. Johannis (Zg. 88). ⲁϥ ϫⲱⲕ ⲙ ⲡⲉϥ ⲁⲅⲱⲛ ⲉⲃⲟⲗ ⲛ ⲥⲟⲩ ⲇ̅ ⲙ ⲡⲁϣⲟⲛⲥ ϧⲉⲛ ⲫ ⲛⲁⲩ ⲛ ⲁϫⲡ ⲃ̅ ϧⲉⲛ ⲟ ⲙⲁϩ ⲣ̅ⲕ̅ⲋ̅ ⲛ ⲣⲟⲙⲡⲓ ⲛⲧⲉ ⲛⲓ ⲁⲅⲓⲟⲥ ⲙ ⲙⲁⲣⲧⲩⲣⲟⲥ.

Consummavit certamen suum die IV mensis Paschons, hora II, anno martyrum sanctorum CXXVI.

Die heiligen drei Männer:

Sermo Abbatis Theophili (Zg. 107). ⲉ ⲁϥ ϫⲟϥ ϧⲉⲛ ⲡⲓ ⲙⲁⲣⲧⲩⲣⲓⲟⲛ ⲛⲧⲉ ⲡⲓ ⲅ̅ ⲛ ⲁⲗⲟⲩ ⲛ ⲁⲅⲓⲟⲥ ⲁⲛⲁⲛⲓⲁⲥ ⲁⲍⲁⲣⲓⲁⲥ ⲙⲓⲥⲁⲏⲗ.

Sermo quem scripsit Abba Theophilus Archiepiscopus Alexandriae et recitavit in oratorio trium puerorum sanctorum Ananiae Azariae et Misaelis.

Tuki Rituale 238. ⲡⲓ ϣⲟⲙⲧ ⲛ ⲁⲗⲟⲩ ⲛ ⲁⲅⲓⲟⲥ.

Tres pueri sancti.

Der Heilige (mit folgenden Eigennamen).

Martyrium S. Johannis (Z. 87). ϯ ⲙⲁⲣⲧⲩⲣⲓⲁ ⲛⲧⲉ ⲡⲓ ⲁⲅⲓⲟⲥ ⲓⲱⲁⲛⲛⲏⲥ ⲡⲓ ⲙⲁⲣⲧⲩⲣⲟⲥ ⲙ ⲃⲉⲣⲓ.

Martyrium S. Sancti Johannis martyris novi.

Sermo Cyrilli Episcopi (Zg. 108). ⲛ ⲡⲓ ϫⲟⲙ ⲛⲉⲙ ⲡⲓ ϣⲫⲏⲣⲓ ⲉⲧ ⲁ ⲫϯ ⲁⲓⲧⲟⲩ ⲉⲃⲟⲗϩⲓⲧⲉⲛ ⲡⲓ ⲅ̅ ⲛ ⲁⲅⲓⲟⲥ ⲁⲛⲁⲛⲓⲁⲥ ⲁⲍⲁⲣⲓⲁⲥ ⲙⲓⲥⲁⲏⲗ.

Opera et Miracula quae Deus fecit per tres sanctos Ananias Azarias et Misael.

Sermo Joh. Chrysostomi (Z. 120). ⲛⲑⲟϥ ⲟⲛ ⲡⲓ ⲁⲅⲓⲟⲥ ⲓⲱⲁⲛⲛⲏⲥ ⲡⲓ ⲭⲣⲩⲥⲟⲥⲧⲟⲙⲟⲥ ⲉϥ ⲥⲁϫⲓ.

Sanctus Joh. Chrysostomus loquens.

Sermo S. Severiani (Z. 120). ⲟⲩ ⲗⲟⲅⲟⲥ ⲛⲧⲉ ⲡⲓ ⲁⲅⲓⲟⲥ ⲥⲉⲩⲏⲣⲓⲁⲛⲟⲥ ⲛ ⲉⲡⲓⲥⲕⲟⲡⲟⲥ ⲛⲧⲉ ⲛⲓ ⲕⲁⲃⲁⲗⲉⲟⲥ.

Sermo S. Severiani episcopi Gabalorum.

Tuki Rituale. ⲡⲓ ϫⲱⲙ ⲛⲧⲉ ⲡⲓ ϣⲟⲙⲧ ⲛ ⲁⲛⲁⲫⲟⲣⲁ ⲉⲧⲉ ⲛⲁⲓ ⲛⲉ ⲙ ⲡⲓ ⲁⲅⲓⲟⲥ ⲃⲁⲥⲓⲗⲓⲟⲥ ⲛⲉⲙ ⲡⲓ ⲁⲅⲓⲟⲥ ⲅⲣⲏⲅⲟⲣⲓⲟⲥ ⲡⲓ ⲑⲉⲟⲗⲟⲅⲟⲥ ⲛⲉⲙ ⲡⲓ ⲁⲅⲓⲟⲥ ⲕⲩⲣⲓⲗⲗⲟⲥ.

Liber trium ritualium (ceremoniarum), sancti quidem Basilii, sancti Gregorii theologi et sancti Cyrilli.

للقديس باسيليوس

Die heilige Maria:

Tuki Euchologium ⲧⲓⲅ ⲛⲓ ⲁⲅⲓⲁ ⲙⲁⲣⲓⲁ ⲛⲉⲙ ⲡⲓ ⲁⲅⲓⲟⲥ ⲓⲱⲁⲛⲛⲏⲥ (beidemal قدس).

Alle diese hohen Begriffe werden durch das gesteigerte ⲡⲁⲛⲁⲅⲓⲟⲥ noch weiter erhöht:

Apa:

Zachariae Vita Kolubi (Z. 118). ⲡⲓ ⲥⲟⲫⲟⲥ ⲁⲗⲏⲑⲱⲥ ⲟⲩⲟϩ ⲙ ⲡⲁⲛⲁⲅⲓⲟⲥ ⲁⲃⲃⲁ ⲡⲟⲓⲙⲏⲛ ⲁϥ ⲥϧⲉ ϩⲁⲛ ⲙⲏϣ.

Vere doctus et sanctissimus Abbas Poimen scripsit multa.

Maria:

Tuki Rituale 260. ⲡⲁⲛⲁⲅⲓⲁ ⲙⲁⲣⲓⲁ.

In welcher Verbindung dann und wann auch die gewöhnliche geistliche Anrede ⲓⲱⲧ vorkömmt, die sonst das alltägliche ⲉⲑ ⲟⲩⲁⲃ neben sich hat, ⲁⲅⲓⲟⲥ aber als zu vornehm und gewählt ablehnt. Solch ⲡⲁⲛⲁⲅⲓⲟⲥ ⲛ ⲓⲱⲧ ist aber nicht Anrede, sondern Titulatur:

Zachariae Vita Joh. Kolubi (Z. 118). ⲙⲉⲛⲉⲛⲥⲁ ⲛⲁⲓ ⲁϥ ϯ ⲱⲙⲥ ⲛⲁϥ ⲛⲉⲙ ⲡⲉϥ ⲏⲓ ⲧⲏⲣϥ ⲛϫⲉ ⲡⲉⲛ ⲡⲁⲛⲁⲅⲓⲟⲥ ⲛ ⲓⲱⲧ.

Postea sanctissimus pater noster baptizabat eum et ejus domum totam.

Dieselbe Ausnahme mit superlativem ⲁⲅⲓⲱⲧⲁⲧⲟⲥ, das, mit ⲁⲅⲓⲟⲥ zusammen attribuirend, wiederum ein völliges Herabsinken des letzteren auf das Titulaturniveau involvirt:

Menae Encomium Macrobii Episcopi (Z 133). ⲟⲩ ⲉⲩⲕⲱⲙⲓⲟⲛ ⲉⲧ ⲁϥ ⲧⲁⲟⲩⲟϥ ⲛϫⲉ ⲁⲃⲃⲁ ⲙⲏⲛⲁ ⲡⲓ ⲟⲥⲓⲱⲧⲁⲧⲟⲥ ⲛ ⲉⲡⲓⲥⲕⲟⲡⲟⲥ ⲛⲧⲉ ϯ ⲡⲟⲗⲓⲥ ⲙ ⲙⲁⲓⲭ̅ⲥ̅ ⲡϣⲁϯ ⲉ ⲡⲓ ⲁⲅⲓⲱⲧⲁⲧⲟⲥ ⲟⲩⲟϩ ⲡⲓ ⲙⲁⲣⲧⲩⲣⲟⲥ ⲛⲧⲉ ⲧⲁⲓ ⲡⲟⲗⲓⲥ ⲛ ⲟⲩⲱⲧ ⲡϣⲁⲧⲓ.

Encomium quod scripsit Abbas Mena sanctississimus episcopus urbis Christum amantis Pschati in sanctissimum et ter beatum patrem nostrum abbatem Macrobium episcopum et martyrem ejusdem urbis Pschati.

ⲁⲅⲓⲟⲥ kam ausserdem nicht selten in griechischen Gebetformeln vor,

Tuki Rituale 15. ⲡⲣⲟⲥⲉⲩⲝⲁⲥⲑⲉ ⲩⲡⲉⲣ ⲧⲏⲥ ⲉⲓⲣⲏⲛⲏⲥ ⲧⲏⲥ ⲁⲅⲓⲁⲥ ⲙⲟⲛⲏⲥ ⲕⲁⲑⲟⲗⲓⲕⲏⲥ.

صلوا من اجل سلامة الواحد وحدها

Rogate deum pacem sanctam solam catholicam.

Tuki Rituale 251. ⲁⲅⲓⲟⲥ ⲟ ⲑⲉⲟⲥ, ⲁⲅⲓⲟⲥ ⲓⲥⲭⲩⲣⲟⲥ, ⲁⲅⲓⲟⲥ ⲁⲑⲁⲛⲁⲧⲟⲥ.

Tuki Rituale ⲓ̅ⲏ̅ ⲡⲁⲧⲏⲣ ⲁⲅⲓⲟⲥ, ⲩⲓⲟⲥ ⲁⲅⲓⲟⲥ, ⲡⲛⲉⲩⲙⲁ ⲁⲅⲓⲟⲛ,
was dazu beigetragen haben muss, seinen hochreligiösen Charakter zu conserviren, und ihm die Neigung zu geben, sich zumal an griechische Religionstitulaturen anzuschliessen:

Tuki Rituale 59. ⲫⲏ ⲉⲧ ⲁϥ ⲛⲓϥⲓ ⲉϧⲟⲩⲛ ϧⲉⲛ ⲡ ϩⲟ ⲛ ⲛⲉϥ ⲁⲅⲓⲟⲥ ⲙ ⲙⲁⲑⲏⲧⲏⲥ ⲟⲩⲟϩ ⲛ ⲁⲡⲟⲥⲧⲟⲗⲟⲥ ⲉⲑ̅ⲩ̅.

الذى نفخ فى وجه تلاميذه للقديسين والرسل الاخيار

Qui afflavit faciem discipulorum suorum sanctorum et apostolorum proborum.

Ergebniss der Gruppe Rein und Heilig.

I. Einzelübersicht.

1. ⲥⲱⲧⲡ.

ⲥⲱⲧⲡ stammt von ⲥⲟⲡ, in welchem sich zwei gleichlautende und verwandte, aber bedeutungsgesonderte Wurzeln vereinen, deren eine auf das Farbige, deren andere auf das Flüssige geht. Beider Sinn in sich zusammenfassend, besagt es ursprünglich rein und flüssig, d. h. lauter. Es ist also rein im Sinn von durch und durch rein, nicht im Sinn von fleckenlos; es geht auf das innere Wesen, nicht auf die äussere Oberfläche.

In dieser ersten Bedeutung wird es hauptsächlich vom Wasser gesagt, während das Wasser seinerseits, soweit es ohne religiöse Nebenbedeutung sinnlich und sachlich rein genannt wird, immer ⲥⲱⲧⲡ heisst. Danach wird es auf Edelstein übertragen, ganz wie wir vom Wasser eines Diamanten sprechen; desgleichen auf geschmolzenes und somit gänzlich gereinigtes Metall; und auf das ätherische, durchsichtig reine Fluidum des Lichts. Im letzteren Sinne wird es activisch als mystisch-religiöses »Reinigen durch das Licht.«

In der zweiten, von der ersten abgeleiteten Bedeutung, tritt der in dem Worte ursprünglich liegende allgemeine Farbenbegriff, der hell und dunkel, rein und unrein zusammen enthält, wieder hervor und lässt, in seiner die Gegensätze verbindenden Mischung, das »lauter«, durch supplirtes Heterogonon »unlauter« als das »bessere« »vorzüglichere« erscheinen. ⲥⲱⲧⲡ wird somit zu »besser, best, vorzüglich«, und, der formellen Beweglichkeit der ägyptischen Wurzeln gemäss, zu »vorziehen, erwählen, wählen«. Es bezieht sich dann sowohl auf ausgezeichnete Gegenstände der unbelebten Natur, wie z. B. Mehl, Oel, Weihrauch u. s. w.; als auch auf die vortrefflichsten aller Geister, die Erlesenen Gottes, von Christus und Moses bis auf die Schaar der Heiligen und Erlösten herab; als auf den abgezogenen Begriff des Bessern überhaupt, der aus der Vergleichung verschiedener Dinge und Begriffe sich ergiebt. Demgemäss ist zu dem daraus entstehenden Activ »erwählen« immer »das Gute, das Bessere« zu suppliren, auch wenn nicht, wie öfter geschieht, durch beigefügtes ⲙⲁⲗⲗⲟⲛ geradezu darauf hingewiesen wird.

Der unter ⲙⲉⲑⲙⲏⲓ gefundenen Substantivirungsregel gemäss haben wir ausserdem ein ⲡⲓ ⲥⲱⲧⲡ als Reinheit der Dinge, und ein ⲙⲉⲧⲥⲱⲧⲡ als Reinheit, Vorzüglichkeit und Erwählung der Menschen. Die Erwählung kann subjectiv und objectiv sein. Beide Worte sind nicht häufig, halten sich aber in den wenigen Fällen ihres Vorkommens auf der Linie des entsprechenden Adjectivs und Verbs.

Recapituliren wir. Von dem Flüssigkeits- und Allerleifarbenbegriff gleichmässig beherrscht, ist ⲥⲱⲧⲡ das Lautere, das durch die Abwesenheit jeder fremden Beimischung besteht, und zwar sowohl mit betonter Abwesenheit, als mit betonter Leichtigkeit der Beimischung. Ein so eigenthümliches »lauter«, das eigentlich »nicht unlauter« besagt, schien sich zur Bezeichnung menschlicher Wahrhaftigkeit nicht zu eignen, und wurde nur in seltenen, überdies zweifelhaften Fällen für diesen, gerade durch seine Bestimmtheit und Integrität ehrwürdigen Begriff verwendet. Auch von Naturkörpern waren die festen, einerseits der Prüfung dieser inneren Lauterkeit, andererseits der Möglichkeit dieser inneren Vermischung und Beschmutzung zu sehr entgegen, um eine Bezeichnung durch ⲥⲱⲧⲡ zuzulassen. Für die flüssigen und luftförmigen dagegen passte das Wort desto besser, und das »nicht unlauter«, welches sowohl der menschlichen Seele, als den festen, schwer durch und durch zu verunreinigenden Substanzen wenig angestanden hätte, wurde in Bezug auf die flüssigen, so leicht mit Schlechtem zu durchtränkenden Körper, eine besonders nachdrückliche Angabe der Reinheit.

Hieraus schreibt sich denn die weiter entwickelte Sinnesreihe des Vorzüglichen her. Die in dem ungesonderten Farbenbegriff liegende Vergleichung des Saubern mit dem Unsaubern schuf für das Erstere zunächst die Bedeutung des Bessern und Besten, woran sich dann die Begriffe des Vorzüglicheren und des Vorziehens ergänzend schlossen. Damit war das Wort an das Ziel seiner Laufbahn gelangt. Gut an sich hat es nie bedeutet. Die Zwiespältigkeit seiner Beziehungen war zu gross und zu wach, um es, auch wo nur die eine Seite desselben, die Reinheit, accentuirt wurde, die Unreinheit vergessen, und über den Vergleich, über das Besser hinauskommen zu lassen. Aus demselben Grunde hat sich auch sein Vorziehen nie in ein blosses Wählen verallgemeinert: die Comparation, die auf der einen Seite die Erhebung zum allgemeinen Guten verhinderte, hat auf der anderen die Verflachung zum blossen Wählen ohne fühlbare Hervorhebung des bestimmenden Motivs unmöglich gemacht.

2. ⲟⲩⲁⲃ.

ⲟⲩⲁⲃ, intensiv gesteigert von ⲟⲩⲃⲁϣ »hell, glänzend«, bedeutet »rein«, insofern eine helle Oberfläche eine fleckenlose ist. Es ist ursprünglich eine Bezeichnung des äusseren An- und Aussehens, und dadurch scharf von der inneren Reinheit des ⲥⲱⲧⲡ geschieden.

In seiner weiteren Entwicklung wird es zuerst sinnlich-seelisch, und dann allein seelisch. Vom Lichte ausgehend hat es dem metaphorisch gesteigerten Charakter der ⲁ-Form alsbald eine Erhöhung ins Seelische zu danken, welche es dem Gebiet der blossen Sinnlichkeit, auf dem es entstanden ist, entzieht. Nur in einigen wenigen Fällen, und auch dann nur für die äusserste Reinigkeit, deren die Materie fähig ist, ist es auf ihm noch anzutreffen. So z. B. für einen völlig gewaschenen Menschen, für frisch gewaschene Wäsche; während schon ein reiner Hut, weil er nicht so ersichtlich, so blendend rein werden konnte, wie Linnen, sich für das lichte ⲟⲩⲁⲃ̀ nicht mehr eignete, und selbst das reine Wasser dafür nicht äusserlich hell genug (oder, wie wir gesehen, zu innerlich rein) erschien, und entweder »lauter« oder »gereinigt«, ⲥⲱⲧⲡ oder ⲧⲟⲩⲃ̀ⲏⲟⲩⲧ, genannt wurde.

Desto natürlicher eignet sich unser Wort, von dem Aussehen genommen und aufs Innerliche gewendet und erhöht, für die Bezeichnung der körperlichen Reine, die nach den Bad-, Speise- und Gesundheitsgesetzen Aegyptens gleichzeitig eine religiöse war. Diesen Gebrauch des Wortes in der heidnischen Periode belegen die Hieroglyphen; und da die Juden in ähnlichen Anschauungen lebten, so ward diejenige Heiligung der Bibel, die durch Reinigung nach dem Ceremonialgesetz zu erwerben war, in der koptisch-christlichen Zeit ebenfalls passend durch ⲟⲩⲁⲃ̀ gegeben. Dahin fällt z. B. die Befreiung von der Unreinheit, die die Berührung eines Todten, eines Aussätzigen oder anderen ekelhaften Kranken, oder irgend welchen widerlichen Unraths mitgetheilt hatte. Dahin fällt auch der Begriff der reinen und unreinen Speise u. s. w.

Wir treffen hier auf die Auffassung der primitiven Völker, dass das Schädliche auch das Unheilige sei; dass das äusserlich Unreine auch innerlich böse wäre; ja dass das solchergestalt Geächtete von anderen, artverschiedenen Kräften geleitet sein müsse, als das Gute. Daher die innere Heiligung des Zuträglichen; daher die Annahme, das Reine, wie das Zuträgliche, oder zuträglich Dünkende, seiner sinnlichen Erscheinung gemäss, genannt würde, stelle das Göttliche vor; daher das Ceremonialgesetz nicht etwa nur als eine mechanische Erinnerung an sanitäre, religiöse oder sittliche Pflichten, sondern als eine wahre geistige Verehrung der Gottheit selbst, vermittelt durch Dinge, die ihr näher standen, als der von Dämonen geleitete Rest der Welt. Allmählig ward allerdings diese innere Weihe des Ceremonialgesetzes vergessen, seine äussere Uebung aber, obschon sie nicht einmal die Sachen mehr heiligte, für wichtig genug gehalten, um die sittliche Heiligung der Seele, die ursprünglich mit dem Ceremonialgesetz Hand in Hand gegangen war, zu ersetzen. Dagegen protestirte dann die das Ceremonialgesetz beschränkende, den Genuss aller Speisen erlaubende und die Moral accentuirende Auffassung der Propheten und des Neuen Testaments. Alle Sachen sind nun gottgeschaffen und rein, so lange der Mensch sie nur mit reiner Seele gebraucht.

An diese eine sinnlich-sittliche Seite des Wortes schliesst sich eine zweite ähnlicher Art, in ihrem Ursprung sinnlicher, ihrem Ziele sittlicher, als die erste. Ebenso etymologisch richtig tritt nämlich das durch sein ⲁ vom Sinnlichen zum Geistigen erhöhte **ⲟⲩⲁⲃ** ein, wo körperliche Reinheit sittliche Unschuld bezeugt, also wiederum das Flecken- mit dem Makellosen sich verbindet. So, rein von Blut, frei von Gewaltthat, reine Hände u. s. w.

Nachdem somit aus doppelten Gründen das Reine

das Sittliche geworden, wurde das Sittliche seinerseits das Reine. Mit anderen Worten, nachdem einerseits den Leib sauber zu halten zur stätig geübten Religion erklärt, andererseits die Unschuld an reinen Händen und blutlosen Kleidern erkannt war, wurden die seltener erfüllten Pflichten des Gewissens insgesammt mit dem allerdings schon geistig gewandten Namen belegt, den die häufigere Waschung und die blosse Enthaltung von Mord dem Wesen aller Religion gegeben hatte.

Den Uebergang vermittelten Fälle, in denen das ⲟⲩⲁⲃ, als *ἄμωμος, ἀθῷος, καθαρός* stehend, oder neben den halbsinnlichen Beisätzen des Augens und Herzens auftretend, noch bewusst als das Fleckenlose gefasst wurde. An das Herz schloss sich dann die Beziehung auf das Gewissen. Einen zweiten der Versittlichung noch näher tretenden Schritt thaten Gedanken, die, ohne auf die Fleckenlosigkeit des Körpers als charakteristisches Merkmal hinzuweisen, von der reinigenden Vorbereitung für eine religiöse Handlung sprechen, und danach den ganzen Mann, äusserlich und innerlich, ⲟⲩⲁⲃ »heilig« benennen.

Wir stehen somit vor der letzten Stufe, die das Wort noch von der völligen Verinnerlichung trennt. Kann der ganze Mensch als »rein« bezeichnet werden in Bezug auf sein inneres Wesen allein, und ohne jede Anspielung auf die ceremoniellen Bedingungen dieses Zustandes, so ist ⲟⲩⲁⲃ an das letzte Ziel seiner Entwicklung gelangt, und hat, von der Weisse und dem Waschen ausgehend, in dem Heiligthum der Seele und des Gewissens seine schliessliche Stätte gefunden. Unser Wort vollzieht diesen Schritt, aber nur in wenigen, seltenen Fällen. Die Beispiele, in denen es, auf die ganze Gesinnung gehend, den Mann ⲟⲩⲁⲃ nennt, sind ungemein dünn gesäet.

Hier entfaltet sich vor uns die wichtigste Eigenthümlichkeit unseres Wortes. Die Sicherheit, mit welcher das Alterthum die seinen primitiven Bedürfnissen entsprechenden Gesetze als die allein und ausschliesslich sittlichen aufstellte, und die Scheu, mit der der geglaubte göttliche Ursprung sie umgab, liessen die Erlangung der Seeligkeit von ihrer Befolgung allein abhängig, durch ihre Befolgung aber völlig thunlich erscheinen. Indem die Seeligkeit somit an die Innehaltung gewisser, genau definirter Vorschriften gebunden war, wurde das Seelische ihrer Uebung, die Persönlichkeit des inneren Werdens entsprechend vermindert. Ziehen wir nun in Erwägung, dass, während die innere Sittlichkeit, also paragraphirt, vielmehr Gehorsam als Ueberzeugung werden musste, die äussere Anbetung Gottes in gewissen guten, zuträglichen und ihm vermeintlich besonders nahestehenden Dingen ebenfalls eine wirkliche innere Heiligung enthielt, so lässt sich begreifen, wie von beiden Seiten aus die Frömmigkeit Gefahr lief, sich in den Ritus zu verlieren. Es ist so viel leichter, unreine Thiere zu vermeiden, als gerecht und billig zu sein. So wurde die Heiligkeit, die doch erreichbar sein sollte, weniger der Lohn des die sittliche Versuchung Ueberwindenden, als der Besitz des opfernden, badenden und betenden Gläubigen. So ward das moralische Ziel der alten Welt, der ägyptischen, wie der benachbarten jüdischen, zuerst weit über das heute möglich Dünkende gesteigert; ward heilig, anstatt rein; und versank danach, weil das Innerliche äusserlich wurde, das Aeusserliche innerlich war, ins Ceremoniell — dem einzigen Mittel, durch welches sich die ersehnten, absoluten Erfolge erreichen liessen.

Diese Auffassung lehrt der Gebrauch des verinnerlichten ⲟⲩⲁⲃ. Während Beispiele, in denen die Gesinnung diesen Namen verleiht, nicht häufig vorkommen, wurde denen, die aus der Beobachtung der Satzungen einen Lebensberuf machten, das ⲟⲩⲁⲃ als stehender Titel ertheilt. Laien sind es kaum je; Priester immer. Der Priester, der mit einer noch höheren Steigerung desselben Stammes bereits ⲟⲩⲏⲃ, der Geweihte, heisst, wird ausserdem noch ⲟⲩⲁⲃ, der Reinheilige genannt, weil er, der berufsmässig Opfernde, allein in der Lage war, dasjenige vollkommen zu verrichten, was zur Erwerbung der Heiligkeit vonnöthen war. Mit bewusstem Pomp tritt das also beschränkte Wort vor die Würden- und Dignitätsbezeichnungen der Geistlichkeit; vor die Bezeichnung geistlicher Gemeinschaften; und vor die Namen der ganzen Kirche und des gesammten Clerus.

Während so ein Klassenbegriff geschaffen wird, der sowohl den einzelnen Priester, als die ganze Priesterschaft umfasst, werden die Laien, einzeln kaum jemals ⲟⲩⲁⲃ genannt, insofern sie fromm sind, als Gesammtheit in den Klassenbegriff mitaufgenommen. Das irdische Leben, das ihm die betreffende Pflichterfüllung sichtlich zu sauer macht, schliesst den einzelnen Nichtpriester von dem erhabenen Kreise aus; die ideale Auffassung des ganzen seelischen Daseins dagegen gewährt der gesammten Menschheit, ob Priester oder nicht, eine vage, tröstende Möglichkeit, vielleicht im Diesseits, wahrscheinlicher im Jenseits, der erlesenen Schaar sich zu gesellen. So sind alle Heilige eingeschrieben zum ewigen Leben, ohne dass man darunter die Priester allein zu verstehen hätte; sie werden vor Nachtheil behütet; gestärkt; erhört; und erhalten im Himmel schliesslich besondere Sitze angewiesen.

Wie die ganze, von göttlichen Vorschriften geleitete Menschheit, und vor allem die Priester, heilig werden können, so auch das, nach solchen Vorschriften eingerichtete Denken und Thun des einzelnen Mannes. Oder vielmehr, das letztere ist allgemeiner so genannt worden, als der ganze Mann, sintemal es, an die halbsinnlichen Ausdrücke der reinen Hände und Herzen sich anschliessend, einzelne Eigenschaften bezeichnet, die allen Menschen erreichbar sind, während der ganze Mann als Einzelner ja nur ⲟⲩⲁⲃ werden konnte, wenn er schon vorher ⲟⲩⲏⲃ war. ⲟⲩⲁⲃ ist somit das Wollen und Handeln des Frommen, sein Glauben, sein Lehren und Beten, sein Ringen mit dem Leben, sein Tod, ja sein Leichnam. Es ist nicht wenig lehrreich zu beobachten, wie die einzelnen Eigenschaften des Laien ⲟⲩⲁⲃ sein können, während er selbst nur in der Schaar der ⲟⲩⲁⲃ erscheinen, als Einzelner den Namen aber kaum beanspruchen kann. Den Trost, einzelne gute Eigenschaften zu besitzen, und in einer weniger bestimmten Weise, zumal im Jenseits, zu den Erlesenen zu gehören, verlangte jede Menschenseele, auch wenn sie nicht in priesterlichen Gewändern einherging; ganz heilig schon hier zu sein, kam allein dem Priester zu, und konnte, bei der Absonderlichkeit des Massstabes, nach dem die Heiligkeit gemessen wurde, in der That auch nur ihm zukommen.

Dieselbe Anschauung, welche den Gedanken einer vorgeschriebenen, erreichbaren, uniformen höchsten Vollkommenheit geschaffen, hat ihn vom Menschen auf alles andere, begrifflich oder sinnlich Vorhandene ausgedehnt. Ja, während der Mensch nur als Priester diese Eigenschaft ganz sein eigen nennen kann, kommt sie vielen Dingen und Begriffen, die mit dem Göttlichen in Verbindung stehen, durchaus zu: sie sind willenlos, sind dafür geschaffen, sind ein für allemal heilig. Die Welt als Ganzes, wie wir oben sahen, ist ein wogendes Chaos feindlicher Kräfte. Nur eine einzige, von der guten und gütigen Obmacht eingegebene Auffassung und Behandlung derselben, löst das Geheimniss des Zwiespalts, lehrt ihn besiegen und die eigene Seele retten. Alles was dazu hilft, was in irgend einer Berührung mit dem geweihten Wissen und Wirken steht, ist dem Einfluss der lauernden Hölle entgegen, ist in den Kreis der befreienden Heiligkeit gezogen. Die Sittlichkeits- und Sittengesetze, deren Beobachtung heilig machen kann, ja die Orte, Geräthschaften und alles sachliche und seelische Zubehör, das dazu beiträgt, so hohes zu erwirken, sind demnach ebenfalls dem Guten geweiht, sind von dem Schlechten eximirt, sind heilig. Heilig ist so die Heilige Schrift, die Priesterweihe, das Gebet, Opfer, der Tempel, der Feiertag u. s. w.

Diese Heiligkeit gipfelt in Gott und seiner himmlischen Hierarchie, von denen sie, im Gegensatz zu den bösen Mächten, allein ausgeht und mitgetheilt wird. Da aber die Welt der sinnlichen Dinge, ebenso wie die der geistigen, zwischen gute und böse Einflüsse getheilt ist, und Jegliches, je nach seiner Wesenheit, auf der einen oder anderen Seite mitarbeitet, so ist alles Sinnliche und Aeussere, dass den guten Geistern zugeschrieben wird, ebenfalls als heilig anzusehen. Gott und Gottes Wille sind heilig; ebenso Christus, und Christi Kreuz und Hand. In Himmel und Erde giebt es wenige Dinge, die, wenn sie zur Förderung des guten göttlichen Weltplanes dienen, nicht heilig genannt werden können. Muss doch in einer Welt, die zwischen dem guten und bösen Princip getheilt ist, alles entweder heilig oder unheilig sein.

3. **τογϐε**, **τογϐο**.

Von diesen beiden Nebenformen kann nur **τογϐε** rein sinnlich und activisch sein; geht aber gleichzeitig auch auf sinnliche Reinigung zum Zweck innerer, geistiger Heiligung; und kann, seiner möglichen Abstammung von **ογαϐ** gemäss, in selteneren Fällen sogar von dem sinnlichen ganz absehen, und für reine innere Heiligung der Seele und des Gewissens gesagt werden.

τογϐο dagegen heiligt immer innerlich und geistig, sowohl durch innere, geistige, als durch äussere, sinnliche Mittel. Ist doch diese sinnliche Heiligung, wie ⲟⲩⲁⲃ gelehrt, in Ursprung und Kern ebenfalls eine geistige.

Um mit der letzteren zu beginnen, so heiligt Gott gewisse Thiere, indem er sie rein erschafft; der Priester reinigt wiederum das Opferthier und heiligt es für den Altar; reinigt den Altar selbst; reinigt den Reinen und Unreinen ebenfalls durch Opferblut. Schliesslich reinigt Christus die ganze Welt durch sein Blut für ein sündenloses Sein.

Sodann heiligt ⲧⲟⲩⲃⲟ auch durch innere, sittliche Reinigung allein. War schon die äussere Reinigung nicht nur ein Symbol der inneren, sondern eine wirkliche innere Heiligung und Gottverähnlichung zugleich, so ist ⲧⲟⲩⲃⲟ, auf die Heiligung durch innere Mittel angewandt, mehr als eine blosse Metapher, ist nur eine Uebertragung eines schon gebildeten, schon existirenden Heiligungsbegriffes auf einen anderen derselben Art. Eine Metapher ist allerdings da vorhanden, wo von dem Schmutz der Sünde geradezu gesprochen wird; da aber wirklicher, greifbarer Schmutz nicht nur eine äusserliche Unsitte, sondern schon eine geistliche Sünde war, so war es kein blosses Bild, die Sünde Schmutz zu nennen, sondern nur die Umdrehung einer bereits gewonnenen Gleichung.

Also reinigen wir uns von dem Schmutz der Sünde, indem wir Gott fürchten und seinen Willen thun; unsere Missethat bereuen; an ihn glauben und zu ihm beten. Gott seinerseits reinigt und heiligt uns durch seinen geistigen Beistand in diesem frommen Werk, indem er uns seelisch kräftigt und ermuthigt, und die Sünden, deren Spuren er in uns selber tilgt, auch in seiner eigenen Abschätzung unseres Werthes nicht mehr in Anrechnung bringt.

Hieraus entspringt eine abgeleitete Bedeutung allgemeineren Sinns. Die heiligende Ceremonie des ⲧⲟⲩⲃⲉ, ⲧⲟⲩⲃⲟ sinkt allmählig zu einer gewohnheitsmässigen Pflicht herab, bei der man weder an das Waschen und Säubern, noch an das Entsündigen und Heiligen denkt. Man reinigt und heiligt sich, auch wenn man sich eben nicht besonders schmutzig oder sündhaft weiss. Man fühlt weder das Bedürfniss zu baden noch zu sühnen, sondern nur gewisse religiöse Regeln zu beobachten, und sich dadurch dem Himmel angenehm und geweiht zu erhalten. In diesem Stadium wird ⲧⲟⲩⲃⲟ, da für Reinigung und Sühne keine besondere Veranlassung vorliegt, aus der Heiligung nach Beschmutzung oder Frevel zur vorschriftsmässigen, in bestimmten Zwischenräumen stattfindenden Weihe. Sie ist nicht mehr Therapie, sondern Prophylaxe, und hält ein für allemal ein gewisses Hingebungs- und Dedicationsverhältniss zwischen dem Menschen und seinem Gott aufrecht. Gott weiht uns durch die Einhauchung seines heiligen Geistes. Der Mensch weiht sich durch Gebet und Uebung; weiht, um in der allgemeinen Weihe besondere, stärkende Anhaltspunkte zu gewinnen, besondere Theile seines Lebens, Tage, Jahre; weiht schliesslich nicht mehr durch Gottesdienst allein, sondern durch die blosse Gesinnung und Ehrerbietung alles was mit dem Göttlichen in Verbindung steht. So ist Reinigen Sühnen, Sühnen Heiligen, Heiligen Weihen geworden. Der erste Schritt führte aus dem Sinnlichen ins Seelische; der zweite erweiterte die einzelne seelische Handlung zum allgemeinen seelischen Zweck; während der dritte, auf der Bahn dieser Verallgemeinerung fortschreitend, den allgemeinen Zweck der einzelnen Handlung auch da zu erreichen sucht, wo für die Handlung ein specieller Anlass nicht mehr vorgelegen hat. Von dem Waschen gelangen wir somit durch das Heiligen und Weihen hindurch zur blossen weihenden, ehrfürchtigen Gesinnung.

4. πι τοτβο.

Fügt den Verben keine neue Bedeutung hinzu, und ist nur bemerkenswerth, insofern es den weiteren Umfang des Begriffs noch schlagender zeigt, weil Zahl und Nüancirung der von ihm vertretenen griechischen Substantiva noch grösser und reicher ist, als die der entsprechenden griechischen Verba und Adjectiva (Participia Perf. Pass.). *καθαριότης*, Reinlichkeit; *καθαρότης*, sinnliche und sittliche Reinheit; *καθαρισμός* sinnlich-sittliche Reinigung und Reinheit; *ἁγνότης*, sittlich-sinnliche Reinheit; *ἁγιότης* innere, äusserlich anerkannte Heiligkeit, Geweihtheit; *ἁγιασμός* innere, äusserlich anerkannte Heiligung; *ἁγιωσύνη* innere Weihe der Empfindung; *ἁγίασμα* geweihter Ort; *ὁσιότης* Heiligkeit der Gesinnung und Gottesfurcht; *εἰλικρινεία* Aufrichtigkeit — alle werden, entweder ausschliesslich oder neben anderen Worten, durch πι τοτβο übersetzt. Nehmen wir dazu, dass τοτβο adjectivisch sogar einmal für *δίκαιος* steht, so ergiebt sich eine Kette von eilf zusammenhängenden, aber verschiedenen Bedeutungen, welche von der blos äusseren Reinlichkeit ausgehend zu der im religiösen Sinn erzielten körperlichen Reinigung und Reine fortschreitet, die innere, seelische, religiöse Läuterung erreicht, in der Weihe culminirt, und sodann von dem der ganzen Reihe zu Grunde liegenden Begriff der Läuterung und Reinigung absehend, sich zu dem natürlichen und angeborenen Adel einer aufrichtigen und rechtschaffenen Seele erhebt. So sehr war die körperliche Reinheit ursprünglich religiöse Pflicht, und so sehr blieb sie es im Laufe der Zeit gegenüber der seelischen Reine, dass sie das ganze Gebiet der Sittlichkeit mit ihrem einen Namen erfüllen konnte.

5. ⲁⲅⲓⲟⲥ.

Zuerst für mystisch Unverständliches in einigen wenigen Stellen der Bibelübersetzung gebraucht; dazu nicht viel öfter als stylistischer Schmuck für ⲟⲩⲁⲃ.

Später häufig, und gewissermassen in errungenem, selbstständigem Sinn. Da man für ἅγιος immer ⲟⲩⲁⲃ sagen konnte, wenn der Text überhaupt fassbar war, so musste denjenigen Fällen, in denen man es hätte sagen können, aber es nicht sagte, sondern durch ⲁⲅⲓⲟⲥ ersetzte, schon in der Bibel eine besondere Weihe und Würde inwohnen. Denn nun war ein Wort, welches, wo es nothwendigerweise eintrat, Mystisches bedeutete, für Verständliches verwendet, und das Verständliche somit in die höhere Sphäre des Himmlischen und Unverständlichen emporgezogen. Dieser Charakter des besonders Weihevollen aber, mit dem das Wort ursprünglich decorativ in die allgemeine Sprache überging, blieb ihm auch bei häufigerem Gebrauch durch die siegreiche Sicherheit, mit der das ihm völlig gewachsene ⲟⲩⲁⲃ sein Gebiet behauptete, und dem Eindringen des Fremdlings wehrte. Somit ungemein weihevoll, aber keinen neuen Gedanken enthaltend, der ihm ein wirkliches Gebiet hätte erobern können, zog sich ⲁⲅⲓⲟⲥ auf die Vornehmheit zurück, die sein alleiniges Besitzthum war, und wurde Titulatur. Es ist der, die, das anerkannt Heilige, so gut wie niemals der, die, das Fromme. Während ⲟⲩⲁⲃ ursprünglich eine Eigenschaft, und danach erst die Würde und Klasse derjenigen bezeichnete, welche diese Eigenschaft am häufigsten besassen, ist ⲁⲅⲓⲟⲥ, sobald es einmal eingebürgert war, immer nur für die Be-Bezeichnung der Würde, und was damit zusammenhängt, verwendet worden. Und zwar nur für die vornehmsten Titel, die den hauptsächlichsten heiligen Personen und Dingen zukamen. ⲁⲅⲓⲟⲥ sind der Kirchenheilige, zumal der grosse Heilige; der ⲁⲡⲁ, dem es als stehende Titulatur zukömmt; die Apostel, Märtyrer, Maria, die Kirche, die Dreieinigkeit. Aber keineswegs jeder Priester, denn der ist nicht höher als ⲟⲩⲁⲃ; und selten, wenn jemals Gott, denn der ist zu hoch für ⲁⲅⲓⲟⲥ. ⲟⲩⲁⲃ ist sachliche Bezeichnung, und deshalb sowohl dem höchsten Wesen als dem geringsten Priester zustehend; ⲁⲅⲓⲟⲥ ein blosser vornehmer Titel, und deshalb nicht gut genug für Gott, obschon zu gut für den niederen Clerus.

II. III. Theilübersicht und Gesammtübersicht.

Zwei entgegen gesetzte Arten der Reinheit, die innerliche und die äusserliche, die das ganze Sein durchdringende, und die nur an der Oberfläche haftende, treten uns in ⲥⲱⲧⲡ und ⲟⲩⲁⲃ entgegen. Beide sind zuerst sinnlich, werden geistig, und sollten sich, wie man, von modernen Sprachen ausgehend, zu denken versucht wäre, in das höhere, seelische Gebiet also theilen, dass ⲥⲱⲧⲡ das Wahrhafte, ⲟⲩⲁⲃ das Unschuldige erhielte. Keines von beiden ist der Fall. Die Lauterkeit des ⲥⲱⲧⲡ wird in erster, sinnlicher Bedeutung mit dem Flüssigen in Verbindung gebracht, da nur das Flüssige sich sofort als lauter erkennen lässt: sie wird durch einen, zwei gleichlautende Wurzeln vereinenden Stamm ausgedrückt, welcher, beider Bedeutungen verbindend, sowohl flüssig als hell bedeutet. Dies Hell ist aber, dem Gesetz des polarischen Bedeutungswechsels gemäss, eine Allerleifarbenwurzel, und hängt demnach mit »dunkel« so enge zu nahe zusammen, dass in unserem »lauter« ebensowohl die Abwesenheit, wie die Leichtigkeit der Beimischung betont wird. Indem sich die Begriffe des Flüssigen und Hellen in ihm treffen, heisst es allerdings »durchscheinend klar«; indess, weil die Flüssigkeit leicht zu versetzen ist, die Helligkeit aber den alten Zusammenhang mit der Dunkelheit noch nicht verloren hat — weder im Begriff noch im Laut des Wortes verloren hat — so liegt der Gedanke an Beschmutzung zu nahe, um das Wort für eine Kategorie menschlicher Seelen passend zu machen, deren Werth in einer ausgesprochenen Reine sich offenbart. ⲥⲱⲧⲡ ist zu sinnlich, und trägt die Spuren des Processes, durch den sich die erfreuliche Seite auch des sinnlichen Begriffes in ihm aus dem Gegensatz losgerungen hat, zu sichtlich an Gestalt und Bedeutung, als dass es sich auf Edelgeistiges hätte übertragen lassen. Wie es einerseits zu viel vom Flüssigen hat, um die innere, weniger controlirbare Reinheit fester Körper ausdrücken zu können, so steht es, trotz seiner Reinheit, dem Schmutz noch zu nahe, um an die seelische Kläre überhaupt hinanzureichen. Wo es mit schwacher Synekdoche sich in das seelische Gebiet erhebt, geschieht es deshalb nur als Comparativ, nicht als Positiv, nur als »lauterer«, nicht als »lauter«; und weil »lauterer« eine Verneinung von »lauter« implicite enthält, da Lauterkeit entweder völlig oder gar nicht existirt, so verliert dieses seelische »lauterer«, was das sinnliche »lauter« an schlecht geschützter Reinheit besass, und wird, aus dem adligen Charaktergedanken des Wortes heraustretend, zu einem gleichgültigen »besser, vorzüglich.«

Eine glücklichere Entwicklung hat ⲟⲩⲁⲃ gehabt. Bescheiden anfangend, besagt es zunächst nicht mehr, als »hell an der Oberfläche, rein von aussen.« Im Alterthum wurde diese Reinheit aber eine religiöse Tugend, sobald sie den Menschenleib betraf. Schmutz wurde mit Krankheit, Reinheit mit Gesundheit identificirt.*)

---

*) Vergleiche zu dem bereits Citirten ⲃⲉⲧ, ⲃⲏⲧ, sordes, abstergere, delere, profanus; ϥⲱⲧ sudor, sordes, abstergere, abominandus, delere; ϫⲁϩ albus, purus, lavare, anus; polluere, inquinare, profanus, corrumpere; ⲟⲩⲟϫ sanus, ⲃⲁϣ für ⲟⲩⲟⲃϣ purus etc.

Schmutz war also schädlich, und als schädlich von unheiligen Geistern geschaffen, entheiligend, und selber unheilig; Reinheit war zuträglich, und als zuträglich von der gütigen Obmacht gewollt, heiligend, und selber heilig. So ward Baden Religion, weil Nichtbaden schädlich war, das Schädliche aber, in primitiver Zeit, ehe die Gedanken der menschlichen Sünde und göttlichen Strafe entstanden, gütigen Mächten nicht zugeschrieben werden konnte.*) In derselben Auffassung wurde alles Zuträgliche, oder für zuträglich Geltende, Speisen, Kleider u. s. w. »rein« genannt; bis »rein« überhaupt »heilig« wurde, und während es das sinnlich-sittliche Gebiet weiter behauptete, auf die Erfüllung der allmählig erkannten rein sittlichen Pflichten mitbezogen ward.

Wir haben indess gesehen, wie es mit dieser Versittlichung des Wortes ging. Es gelangte allerdings dahin, »sittlich fromm« zu bedeuten; aber die Fälle, in denen es von dem Gewissen gesagt wurde, waren immer nur selten, und die Beziehung auf die Erfüllung ceremonieller Pflichten blieb die bei weitem überwiegende. Es konnte wohl »gerecht« besagen, aber war gewöhnlich nicht mehr als »fromm gegen die Götter«, nicht mehr als der technische Name desjenigen, der gehörig betete, badete und opferte. In beiden Fällen wohnte ihm der Anspruch auf eine besonders enge Beziehung zur Gottheit inne. So geschah es, dass der Priester, der aus diesen Pflichten und Ansprüchen Beruf machte, das Wort schliesslich für sich allein in Anspruch nahm, und dass der Laie in dieser Welt kaum je ⲟⲩⲁⲃ sein konnte, obschon ihm die tröstliche Hoffnung verblieb, in einem besseren Jenseits einmal zur grossen Schaar aller ⲟⲩⲁⲃ zu gehören.

Aber konnte auch der ganze Mensch nur dann ⲟⲩⲁⲃ

---

*) Vergleiche zu dem bereits Gesagten ϩⲁⲗ malus, malignus, decipere, nocere; ϩⲱⲟⲩ malus, saevus; ϣⲁⲣ percutere, occidere, daemon etc.

werden, wenn sein Leben ausschliesslich diesem Zweck gewidmet wurde, so durfte er doch unter allen Umständen, ob er Priester oder Laie war, seine einzelnen guten Eigenschaften so benennen. Hier hatte sein Herz, sein Gewissen, sein ganzes Thun und Lassen dasselbe Anrecht, wie jedes andere Ding, das das Gute förderte, oder auch nur in äusserlicher Berührung mit ihm stand, und insofern in den grossen Kreis des Heiligen aufgenommen war. In einer Welt, in der Gutes und Böses von verschiedenen Mächten geschaffen und geleitet war, musste jede gute That, jede gute Sache eine Beziehung zur gütigen Obmacht haben, und darum heilig sein, wie diese Obmacht selbst.

So ist also, so nahe diese Wendung unter den Bedingungen des heutigen Lebens zu liegen scheint, **ⲥⲱⲧⲡ** nicht »wahrhaft«, **ⲟⲩⲁⲃ** nicht »unschuldig« geworden, sondern das erstere in »besser«, das letztere in »heilig« verlaufen. Der Kampf mit der Auffassung und Entwicklung sachlicher Begriffe, den die primitive Sprache zu kämpfen hatte, hat vielmehr das erstere zu keinem gefestigten »Lauter«, und damit auch zu keinem »wahrhaft«, sondern nur zu einem »nicht unlauter«, das heisst »besser« gelangen lassen; während das Ringen mit dem Gedanken der Sittlichkeit in jenen Tagen der grauen Vorzeit nicht weit genug fortgeschritten war, um metaphorisches »weiss« — **ⲟⲩⲁⲃ** — auf das Gewissen allein zu wenden, sondern vielmehr das Nützliche mit dem Guten noch allzu sehr verwechselte, um über das Erstere weit hinauszugehen, wenn man das Letztere meinte. **ⲥⲱⲧⲡ** scheiterte ganz in seinem Uebergang auf die Seele; **ⲟⲩⲁⲃ** halb.

ⲧⲟⲩⲃⲉ, **ⲧⲟⲩⲃⲟ** heisst »**ⲟⲩⲁⲃ** machen«, **ⲧⲟⲩⲃⲏⲟⲩⲧ** also »**ⲟⲩⲁⲃ** gemacht«. Vergleichen wir nun **ⲧⲟⲩⲃⲏⲟⲩⲧ** mit **ⲟⲩⲁⲃ**, so tritt ersteres zunächst für die betreffende Form von *καθαρίζω* ein, verhält sich also darin zu letzterem wie »gereinigt« zu »rein«. Dann aber concurrirt ⲧⲟⲩⲃⲏⲟⲩⲧ auch mit ⲟⲩⲁⲃ in der Wiedergabe von *καθαρός*, und zwar dergestalt, dass es 1) die Reinheit der festen Körper ausdrückt, die als innerlich rein geschildert werden sollen, also durch das oberflächliche ⲟⲩⲁⲃ nicht bezeichnet werden können. Auch die flüssige Reinheit wird mit ⲧⲟⲩⲃⲏⲟⲩⲧ anstatt des ihr eigentlich dienenden ⲥⲱⲧⲡ gegeben, sogar manchmal in Bezug auf das Wasser, und das selbst in Fällen, wo man nicht ganz sicher ist, ob »Weihwasser« (was metaphorisches ⲧⲟⲩⲃⲏⲟⲩⲧ erklärlich machen würde) zu lesen ist. 2) Obschon ⲧⲟⲩⲃⲏⲟⲩⲧ und ⲟⲩⲁⲃ die sinnlich-geistige Heiligung sowohl sinnlicher Dinge:

Exod. 31, 8. (39, 7). ⲛⲉⲙ ⲡⲓ ⲙⲁ ⲛ ⲉⲣ ϣⲱⲟⲩϣⲓ ⲛⲉⲙ ϯ ⲧⲣⲁⲡⲉⲍⲁ ⲛⲉⲙ ⲛⲉⲥ ⲥⲕⲉⲩⲟⲥ ⲧⲏⲣⲟⲩ ⲛⲉⲙ ϯ ⲗⲩⲭⲛⲓⲁ ⲉⲑ ⲟⲩⲁⲃ.

καὶ τὰ θυσιαςήρια καὶ τὴν τράπεζαν καὶ πάντα τὰ σκέυη αὐτῆς καὶ τὴν λυχνίαν τὴν καθαράν.

Lev. 24, 4. ϯ ⲗⲩⲭⲛⲓⲁ ⲉⲧ ⲧⲟⲩⲃⲏⲟⲩⲧ.

τὴν τράπεζαν τὴν καθαράν.

Deut. 14, 11. ϩⲁⲗⲏⲧ ⲉⲑ ⲟⲩⲁⲃ. *πᾶν ὄρνεον καθαρόν.*

Deut. 14, 20. ϩⲁⲗⲏⲧ ⲉⲑ ⲧⲟⲩⲃⲏⲟⲩⲧ. *πᾶν πέτεινον καθαρόν*

als auch geistiger:

II Tim. 1, 3. ⲥⲩⲛⲏⲇⲏⲥⲓⲥ ⲉⲑ ⲟⲩⲁⲃ.

Hist. Monast. Aegypt. (Z. 322). ϩⲛ ⲟⲩ ⲥⲩⲛⲏⲇⲉⲓⲥⲓⲥ ⲉⲥ ⲧⲃⲃⲏⲩ.

Deuteronomium 12, 22. ⲙ ⲫ ⲣⲏϯ ⲉ ϣⲁⲩ ⲟⲩⲱⲙ ⲛ ϯ ϭⲁϩⲥⲓ ⲛⲉⲙ ⲡⲓ ⲉⲓⲟⲩⲗ ⲡⲁⲓ ⲣⲏϯ ⲉⲕⲉ ⲟⲩⲟⲙϥ ⲫⲏ ⲉⲧ ϭⲁϧⲉⲙ ⲛⲉⲙ ⲫⲏ ⲉⲧ ⲧⲟⲩⲃⲏⲟⲩⲧ ⲛ ϧⲏⲧⲕ ⲉⲕⲉ ⲟⲩⲱⲙ ⲙ ⲡⲁⲓ ⲣⲏϯ.

Ὡς ἔσθεται ἡ δορκὰς καὶ ἡ ἔλαφος, οὕτω φάγῃ αὐτό. ὁ ἀκάθαρτος ἐν σοὶ καὶ ὁ καθαρὸς ὡςαύτως ἔδεται.

Numeri 18, 11. ⲟⲩⲟⲛ ⲛⲓⲃⲉⲛ ⲉⲑ ⲟⲩⲁⲃ ϧⲉⲛ ⲡⲉⲕ ⲏⲓ ⲉⲩⲉ ⲟⲩⲟⲙⲟⲩ.

πᾶς καθαρὸς ἐν τῷ οἴκῳ σου ἔδεται αὐτά
ununterschiedlich geben können, und in diesen häufig miteinander verwechselt werden, so wird doch da, wo sie beide gemeinsam auftreten, ⲟⲩⲁⲃ immer für das äusserlichere, ⲧⲟⲩⲃⲏⲟⲩⲧ für das innerlichere gewählt:

ⲟⲩⲁⲃ für Hand, ⲧⲟⲩⲃⲏⲟⲩⲧ für Herz:

Psalm 23, 3—4. ⲛⲓⲙ ⲉⲑ ⲛⲁ ϣ ϣⲉ ⲉϩⲣⲏⲓ ⲉϫⲉⲛ ⲡ ⲧⲱⲟⲩ ⲙ ⲡ ⳪ ⲓⲉ ⲛⲓⲙ ⲉⲑ ⲛⲁ ϣ ⲟϩⲓ ⲉⲣⲁⲧϥ ϧⲉⲛ ⲡⲉϥ ⲙⲁ ⲉⲑ ⲟⲩⲁⲃ. ⲉϥ ⲟⲩⲁⲃ ϧⲉⲛ ⲛⲉϥ ϫⲓϫ, ⲟⲩⲟϩ ⲉϥ ⲧⲟⲩⲃⲏⲟⲩⲧ ϧⲉⲛ ⲡⲉϥ ϩⲏⲧ.

Τίς ἀναβήσεται εἰς τὸ ὄρος τοῦ κυρίου, καὶ τίς στήσεται ἐν τόπῳ ἁγίῳ αὐτοῦ; ἀθῷος χερσὶ καὶ καθαρὸς τῇ καρδίᾳ, ὃς οὐκ ἔλαβεν ἐπὶ ματαίῳ τὴν ψυχὴν αὐτοῦ, καὶ οὐκ ὤμοσεν ἐπὶ δόλῳ τῷ πλησίον αὐτοῦ.

ⲟⲩⲁⲃ für die Sache, ⲧⲟⲩⲃⲏⲟⲩⲧ für den Menschen:

Titus 1, 15. ϩⲱⲃ ⲅⲁⲣ ⲛⲓⲃⲉⲛ ⲥⲉ ⲟⲩⲁⲃ ⲛ ⲛⲏ ⲉⲧ ⲧⲟⲩⲃⲏⲟⲩⲧ. *πάντα καθαρὰ τοῖς καθαροῖς.*

ⲟⲩⲁⲃ für *καθαρός*, ⲧⲟⲩⲃⲏⲟⲩⲧ für *ἅγιος*:

Exodus 30, 35. ⲉϥ ⲟⲩⲁⲃ ⲟⲩϩⲱⲃ ⲉϥ ⲧⲟⲩⲃⲏⲟⲩⲧ.

Καὶ ποιήσουσιν ἐν αὐτῷ θυμίαμα μυρεψικὸν ἔργον μυρεψοῦ μεμιγμένον. καθαρὸν ἔργον ἅγιον.

Auch hier also bewährt ⲟⲩⲁⲃ die formale Natur, die wir ihm oben zugeschrieben haben, in so hohem Grade, dass es seinem Rivalen gegenüber darauf verzichtet, eine betonte innerliche Reinheit geistiger Art auszudrücken. ⲧⲟⲩⲃⲏⲟⲩⲧ dagegen als gereinigt, gilt auch geistig für innerlich rein, wie wir es schon oben auf dem Gebiet der Sinnlichkeit in dieser intensiven Bedeutung gefunden haben. Ja, da es einigemale in dieser Weise als *ἀθῷος*, *ἄμωμος* und *δίκαιος* auftritt, so enthält es den Keim desselben seelischen Werthes, der sich auch in ⲟⲩⲁⲃ gelegentlich regte, bei der mehr formellen Natur der auszudrückenden Frömmigkeit aber in beiden unentwickelt blieb.

ⲁⲅⲓⲟⲥ als technisch religiöses Wort, und zwar

hauptsächlich als Titel, tritt nur zu ᎣᏍᏛ in ein näheres Verhältniss, worüber in der Einzelübersicht genügend gehandelt ist.

Was ᎢᎣᏍᏛᎣ als Verbum betrifft, so wäre noch wiederholend zu bemerken, dass wie Gott gewisse zuträgliche Dinge ᎣᏍᏛ schafft, andere gute, aber verunreinigte ᎣᏍᏛ macht, der Mensch das letztere durch Waschen, Tödten und Beten ebenfalls vermag. Gott schafft zuträgliche Speise ᎣᏍᏛ; macht den reuigen Sünder durch Verzeihung und geistige Stärkung ᎣᏍᏛ; und billigt und hilft, wenn der Mensch sein sündiges Herz durch Opferblut und Gebet, seinen durch Krankheit oder Todtenberührung verunreinigten Körper durch Waschen und Ceremonien ᎣᏍᏛ macht. Rein und Heilig sind identisch geworden, und daraus erwächst das ᎣᏍᏛ-machen als stehende Ceremonie ohne besondern Anlass: die Heiligung ohne vorhergegangene Beschmutzung oder Sünde: die Weihe. Der Mensch weiht sich und das Seinige durch regelmässig wiederholte Gebräuche dem Himmel, theils um zu sühnen, was er etwa unbewusst begangen, theils um eine dauernde Verbindung aufrecht zu erhalten mit den schützenden Mächten, die Beachtung heischen nicht nur durch Gutthat für andere, sondern durch unmittelbare Darbringungen an sie selbst.

Inhaltsverzeichniss.

Seite

Sachregister.

Passivum: o und noυτ-Form unterschieden 406—417. 753. 761. 762.
Passiva, Activpassiva mit ω 222. 226. 232.
Passiva, Activpassiva mit ⲁ 217.
— Activpassiva ohne ⲁ und o 235.
— gestützt von Partikeln 225.
— aus Transitiven 256.
— hieroglyphisches, nachgewiesen von Maspero 399.
ⲡⲉ esse bei Subst. abstr. fem. gen. 89.
Perfectum, Intensivcharakter des mit ⲁ, 259.
Person, dritte, gebiert das Passivum 411. 412. 415. 417.
— — Pass., nach ⲉⲧ und Reflexiv activisch umschrieben 413. 414.
Person, zweite und erste Pass. activisch umschrieben 412.
— erste, zweite, dritte, des Passivi 754.
— im Verhältniss zum Bedeutungsunterschied der Charactervokale 503.
ⲡⲉⲧ, ⲙⲉⲧ 200.
ⲡⲉⲧ zur Substantivirung der Verbaladjectiva 189.
ⲡⲉⲧ, ⲫⲏ ⲉⲧ, Schwache Scheidung von, 192.
Pluralia auf u, iu, iiu, ui, au, aiu, auuiia 401. 402.
— — tu, t 403. 405.
— mit vorgesetztem ⲉ 131.
— — — ⲁ 132.
— — — ⲟⲩ, ⲉⲓ 133.
Pluralsuffixa u, iu, au, ωⲟⲩⲓ, ⲟⲟⲩⲉ, ⲛⲟⲩⲉ, ⲉⲉⲩⲉ zu Präfixen verwandelt 133.
Pluralia, mit nach innen geschlagenem Suffix 389.
Plural- und Verbalsuffixe, identisch 401.
Präfix ⲉ, ⲁ, ⲟⲩ, ⲉⲓ 133.
Präfixe aus Plural-Suffixen u, iu, au, ωⲟⲩⲓ, ⲟⲟⲩⲉ, ⲛⲟⲩⲉ, ⲉⲉⲩⲉ 133.
Präposition, knüpft das Object an alle Verben an, ausser denen mit ⲉ Charactervokal 347.
Präposition, keine in stehenden Verbindungen mit ⲉⲣ, ⲭⲣⲉ, ⲭⲁ, ϯ, ϩⲓ, ϭⲓ, ϥⲓ, ϫⲉ, ϫⲉⲙ, ϣⲉⲡ, ⲣⲉϥ, ⲙⲁⲓ, ⲥⲉ 97.
Präposition hinter starken Verb. Refl. 756.
— steigernd bei o-Formen 333.
— ergänzend bei ⲉ-Formen 334.
— Stellung 334.
Präpositionen oder Suffixe knüpfen Pronomina an 742.
Pronomina durch Suffix oder Präposition angeknüpft 742.

Wortregister.*)

---

*) In welches die in den etymologischen Verzeichnissen und Beispielen und die in den phonologischen Beispielen enthaltenen Worte nicht aufgenommen sind.

Berichtigungen.

Seite 21 letzte Zeile velie muss heissen velle.
» 223 Zeile 4—6 Das Beispiel ⲉⲩ ⲥⲱⲣⲉⲙ ⲟⲩⲟϩ ⲉⲩ ⲥⲟⲣⲉⲙ fällt fort.
» 270 » 13 ⲕ muss heissen ⲥ.
» 313 » 10 v. u. muss heissen »intransitiven« statt »intensiven«.
» 327 » 30 muss »neben« stehen statt »haben«.
» 462 » 9 »  stehen statt 
» 462 » 9 »  stehen statt 
» 617 » 15 » ⲧ an das Ende der Zeile.
» 617 » 12 » 424 hinzugefügt werden.
» 620 muss zu Anfang der Zeile 8 stehen »oder ∧ <«
» 622 Zeile 10 muss ∧ zwischen 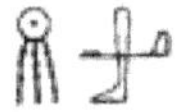 *āb*, splendor und  *pā*, aestus.

Seite 628 letzte Zeile muss ◊ stehen statt ∧
» 630 Zeile 2 muss ◊ stehen statt ∧
» 684 » 1 » »siehe« stehen statt ∧
» 684 » 1 » *χait* stehen statt *χaiṯ*
» 696 » 12 » destruere hinter parvus, und
» 13 construere hinter miscere eingefügt werden.
» 696 » 1 muss »Tattam« nach »Peyron« eingefügt werden.

In das Metathesenverzeichniss sind drei erschlosse Stämme irrthümlicherweise aufgenommen worden:
S. 622 ⲁ-ⲗⲟⲕ, volo, bezeugt durch ⲗⲓⲕ-ⲧ velum,  *u-rt-u*, volucer,  *reś*, pennae,  *r-rt-u*, volitare, wonach sich auch die betreffenden An-

führungen von ⲁⲗⲟⲕ S. 680 Z. 11, S. 685 Z. 19 und S. 689 Z. 3 berichtigen; S. 627 ⲁ-ϩⲣ-ⲉ sanare bezeugt durch  *ā-rk*, ⲗⲟϭ sanare √ ⲗⲟϫⲗⲉϫ morbus, wonach sich auch die betreffenden Anführungen von ⲁϩⲣⲉ S. 643 Z. 24, S. 668 Z. 27, S. 691 Z. 20 berichtigen; S. 655 ⲡⲱⲕ ferire bezeugt durch  *pek*, findere, ⲡⲱϩ.  *peχ*,  *bek* ferire, wonach sich auch die betreffenden Anführungen von ⲡⲱⲕ S. 632 Z. 14, S. 635 Z. 20, S. 146 Z. 21, S. 657 Z. 15, S. 667 Z. 22, S. 669 Z. 6 und S. 674 Z. 11 berichtigen.

A. W. Schade's Buchdruckerei (L. Schade) in Berlin, Stallschreiberstr. 47.

www.ingramcontent.com/pod-product-compliance
Lightning Source LLC
Chambersburg PA
CBHW030900270326
41929CB00008B/506
* 9 7 8 3 7 4 3 3 4 4 4 5 7 *